Contraste insuffisant

NF Z 43-120-14

Reliure serrée

LES PENSÉES
DE
PASCAL

REPRODUITES D'APRÈS LE TEXTE AUTOGRAPHE

DISPOSÉES SELON LE PLAN PRIMITIF

ET SUIVIES DES *OPUSCULES*

~~~~~~

ÉDITION PHILOSOPHIQUE ET CRITIQUE

ENRICHIE DE NOTES ET PRÉCÉDÉE D'UN

ESSAI SUR L'APOLOGÉTIQUE DE PASCAL

PAR

A. GUTHLIN

Ancien vicaire général et chanoine d'Orléans

PARIS

P. LETHIELLEUX, Libraire-Éditeur

10, RUE CASSETTE, 10

LES PENSÉES

DE

PASCAL

LES PENSÉES
DE
PASCAL

REPRODUITES D'APRÈS LE TEXTE AUTOGRAPHE

DISPOSÉES SELON LE PLAN PRIMITIF

ET SUIVIES DES *OPUSCULES*

ÉDITION PHILOSOPHIQUE ET CRITIQUE

ENRICHIE DE NOTES ET PRÉCÉDÉE D'UN

ESSAI SUR L'APOLOGÉTIQUE DE PASCAL

PAR

A. GUTHLIN

Ancien vicaire général et chanoine d'Orléans

PARIS
P. LETHIELLEUX, Libraire-Éditeur
10, rue cassette, 10

AVERTISSEMENT DES ÉDITEURS

La publication d'une nouvelle édition des *Pensées* de Pascal se justifie d'elle-même.

« Chaque époque, écrivait Sainte-Beuve, va refaisant une édition à son usage. Ce sont les aspects et comme les perspectives du même homme qui changent en s'éloignant. Il ne me paraît du tout certain que l'édition actuelle (*Faugère*), que nous proclamons la meilleure, soit la définitive. On a un bon texte, c'est l'essentiel ; mais il y aurait bien à tailler et à rejeter pour que la lecture redevînt un peu suivie et je dirai même supportable (1). »

Ces réflexions, nous les faisions nous-même, en recueillant dans l'héritage littéraire d'un prêtre vénérable, le manuscrit qu'après bien des hésitations, nous avons entrepris de publier.

Plus que tout autre, peut-être, M. l'abbé A. Guthlin, attaché à la personne de l'illustre évêque d'Orléans, en qualité de Grand-Vicaire, était pénétré de l'importance que présentent, au point de vue de l'apologie de la foi chrétienne, les admirables fragments de Pascal.

Mais, de toutes les éditions existantes des *Pensées*, aucune ne lui paraissait satisfaisante.

---

(1) *Port-Royal* (3ᵉ édition), t. III, p. 388.

Ou bien la disposition des matières lui semblait défectueuse ; ou bien les plus belles pensées étaient, à son avis, comme noyées et perdues au milieu de fragments incomplets, d'un intérêt purement archéologique ; ou bien enfin, les notes et commentaires qui accompagnaient le texte, loin d'en faire ressortir la force et la beauté, n'avaient d'autre résultat que d'affaiblir la valeur des arguments qu'ils avaient la prétention de combattre ou de redresser.

Il entreprit donc de recomposer le volume des *Pensées* d'après un ordre méthodique qui rappelât, d'aussi près que possible, le plan primitivement conçu par Pascal.

Un semblable travail était depuis longtemps dans les vœux des meilleurs esprits. « Pascal, écrivait le
« P. Lacordaire à un de ses amis, est illisible dans
« M. Faugère, et cependant tout ce qui ne sera pas
« corrigé sur son texte, devenu le texte authentique,
« ne sera plus lisible non plus. Il faut absolument,
« dans une préface étendue et forte, apprécier Pascal
« comme philosophe catholique, puis établir son
« texte dans sa suite logique et dans toute sa pu-
« reté... Ensuite, il serait bien essentiel de déter-
« miner la part que les opinions jansénistes ont eue
« dans les *Pensées* ; là est le nœud que présente le
« texte, plutôt que dans une sorte de scepticisme
« philosophique... Il nous faut une édition avec une
« préface profonde et des notes lumineuses (1). »

Faire ressortir le point de vue apologétique ; saisir la pensée fondamentale de Pascal et diviser son œuvre suivant cette pensée ; établir avec force et

---

(1) *Lettres du P. Lacordaire à M. Foisset*. Paris 1886, T. II. p. 100-102. Lettres des 10 et 29 mars 1849.

clarté l'enchaînement logique des idées, et marquer cet enchaînement dans la distribution et les titres des chapitres ; disposer, dans chaque chapitre, la série des pensées de manière à saisir fortement l'esprit du lecteur ; débarrasser les pensées vraiment éloquentes du bagage incommode de ces textes fragmentaires, de ces phrases obscures et inachevées qui n'offrent qu'un intérêt de curiosité et ne peuvent qu'affaiblir l'idée de l'écrivain ; ne mettre, dans les notes, que ce qui peut expliquer le sens de l'auteur et non l'altérer ou le détruire ; se borner du reste aux notes les plus indispensables, sauf à placer dans l'Introduction ce qui devra donner ou compléter l'intelligence de l'œuvre ; tel était, d'après M. Guthlin, le programme à remplir.

Ce programme, il essaya de le réaliser et soumit son plan à Mgr Dupanloup, qui le trouva parfait. « Avec le style de fer de Pascal, lui écrivait l'illustre prélat, cela fera un ouvrage magnifique. »

Esprit philosophique de puissante envergure, connu déjà par de remarquables travaux sur les doctrines positivistes et matérialistes de notre temps, M. A. Guthlin allait mettre la dernière main à son œuvre, lorsque la mort l'enleva inopinément à la science chrétienne.

Les confidents de son travail hésitèrent longtemps avant de livrer ce livre au public. Cédant à des conseils autorisés, des mains amies puisèrent facilement, dans les papiers du défunt, les quelques éléments encore nécessaires au dernier achèvement de l'œuvre. C'est ainsi que celle-ci paraît à l'heure où l'attention des critiques s'est de nouveau reportée sur Pascal.

On a eu beau répéter, en effet, d'un certain côté, que le livre des *Pensées* avait définitivement vieilli. Le génie a le privilège de conserver le don d'immortelle jeunesse : cela est vrai surtout lorsqu'il touche, comme Pascal, aux éternels problèmes de l'intelligence et de l'âme humaine. Et jamais, peut-être, cette impression ne s'est imposée plus vivement que de nos jours, où tant de généreux esprits écœurés du vide matérialiste, fatigués des hésitations sceptiques, désabusés de l'illusion que la science puisse jamais supprimer le besoin et le problème religieux, « tendent à connaître où est le vrai bien et à le suivre. » Pour ceux-là, les *Pensées* seront encore et toujours un livre de prédilection.

La forme sous laquelle nous le leur présentons contribuera, nous en avons la confiance, à faire mieux comprendre et goûter Pascal.

Le texte de notre édition est celui qui résulte des travaux faits par M. Faugère et ses continuateurs sur les manuscrits autographes. On peut regretter, il est vrai, que l'œuvre du penseur apparaisse ainsi imparfaite et incorrecte au point de vue de la grammaire et du style. Ce n'est pas nous qui blâmerons les éditeurs de Port-Royal d'avoir voulu faire subir un complément de toilette littéraire à ces phrases inachevées et irrégulières qui, très certainement, n'auraient jamais affronté telles quelles la « mise en public ». Mais notre temps a d'autres exigences que le XVIIe siècle, et puisque le texte de ces notes dépareillées nous est connu, l'on ne saurait hésiter à le reproduire.

Le désordre dans lequel furent collés, les uns à la

suite des autres, les bouts de papiers, sur lesquels Pascal jetait ses réflexions, est si évident qu'on ne saurait y trouver de données pour dégager ce qui était le plan primitif du penseur. Aussi tous les éditeurs se sont-ils réservé pleine liberté dans l'ordonnance des divers fragments. M. Guthlin a pensé que la restitution du plan de Pascal était possible dans une mesure plus parfaite qu'on ne l'a cru communément.

Cherchant son fil conducteur à la fois dans les indications historiques qui nous restent sur la conférence faite par Pascal à Port-Royal, dans l'étude approfondie de l'œuvre même, creusée dans tous les replis de sa synthèse si hautement philosophique, il se préoccupe moins d'adapter les plus minimes fragments au cadre habituel des traités de l'apologétique classique, que de pénétrer, et mettre en tout son relief, la trame intime de la *Pensée* de l'austère philosophe. A cette lumière, la plupart des *pensées* détachées trouvent aisément leur place, et si l'on peut toujours discuter sur la disposition de tel fragment, cela importe assez peu. Il en est même qui sont trop incomplets et trop obscurs pour être classés avec quelque vraisemblance ; d'autres ne se rapportent pas à l'œuvre apologétique, ou du moins n'étaient pas destinés à y être reproduits. Pour que notre édition n'en fût pas moins complète, ceux-là ont été réunis, selon l'avis déjà formulé par M. Cousin, à la fin du recueil, où ils conservent leur intérêt bibliographique, sans obscurcir l'enchaînement logique des idées maîtresses et fondamentales.

Il est difficile de lire Pascal dans son texte primitif sans le secours de quelques notes ; car plus d'une fois la brusquerie, le décousu apparent, le tour original ou elliptique de ses expressions déroutent l'esprit. Mais tout en plaçant au bas des pages un certain nombre de remarques et d'éclaircisements nécessaires, M. Guthlin a estimé que le meilleur moyen de faciliter l'intelligence de l'œuvre était de la faire précéder d'une *Introduction* qui fût une véritable étude sur Pascal philosophe et apologiste.

Dans cet *Essai* préliminaire le plan et la méthode du livre des *Pensées*, ses rapports avec la question du scepticisme et les doctrines jansénistes, l'histoire du livre, son caractère, ses principes et sa valeur apologétiques ont été l'objet d'un travail approfondi et consciencieux, qui sera considéré sans aucun doute comme l'un des principaux mérites de ce livre.

Celui-ci contribuera ainsi, nous l'espérons, à faire apparaître définitivement, dans sa haute et vraie lumière, la *Pensée* du grand solitaire de Port-Royal : pensée dont se dégagent, en somme, et quoi qu'on ait dit, les éléments d'une démonstration puissante du Christianisme.

J. G.

31 janvier 1896.

ESSAI

SUR

L'APOLOGÉTIQUE DE PASCAL

I

PASCAL ET SON ŒUVRE

« A quelque point de vue qu'on le considère, Pascal étonne et confond par la grandeur de son génie. En tout ce qu'il entreprend, il s'élève, sans effort, aux plus hauts sommets ; et en même temps, ses œuvres portent, dans les moindres détails, le cachet d'un art si consommé. Il s'y montre et s'y déploie avec une force et un éclat si souverains, qu'il semble reculer les limites mêmes de l'esprit humain, et justifier, aux yeux de tous, ce caractère extraordinaire, et en quelque sorte prodigieux, qui était le trait de son enfance, et qui est resté inséparablement attaché, comme une marque de race, à son nom et à son souvenir.

Et, par un contraste étrange, il se rencontre, dans les écrits de ce même homme, une note si profondément humaine, une émotion si vraie, un accent à la fois si passionné et si sincère, qu'il attire autant qu'il étonne. Ce qui achève cette physionomie aussi originale que puissante, c'est qu'il y a dans les souffrances presque continuelles de sa vie, dans les peines volontaires qu'il ajoutait à ses souffrances, dans sa mort prématurée, je ne sais quoi de tragique qui éveille la sympathie en même temps que la pitié, et ajoute un attendrissement plein de respect au culte d'admiration qui entoure sa mémoire.

On connaît ce que l'on peut appeler la légende de son enfance. — Dès les premières années se révèle l'étonnante force de son esprit. Il veut tout savoir, tout pénétrer, et avoir la raison de toutes choses. A l'âge de douze ans, il rédigeait un traité sur la communication des sons; avec des *barres* et des *ronds*, tracés sur le sable, il découvre les trente-deux premières propositions d'Euclide. Sans autre guide que son livre, il se rend compte des démonstrations les plus ardues, résout les plus difficiles problèmes, pénètre les derniers secrets de la géométrie et du calcul; et telle est la puissance de ses intuitions, telles sont les audaces de ses découvertes, que son père, savant lui-même de premier mérite, en demeure comme épouvanté. Au même temps, il étudie, comme en se jouant, le grec et le latin, la philosophie et les lettres, les questions de physique et les problèmes de mécanique. Il fréquente régulièrement les conférences que tiennent, chaque semaine, les plus illustres savants de Paris. Il répond aux questions qui lui sont posées; il propose les siennes; il correspond avec les savants de toute l'Europe, et à l'âge où les autres commencent à apprendre, il s'est déjà fait une place d'élite dans la science.

A seize ans, il écrit son *Traité des sections coniques*, qui passa pour un tel effort d'esprit qu'on disait que, depuis Archimède, on n'avait rien vu de cette force. Trois ans plus tard, il invente sa *machine arithmétique*, et cette découverte étonne le génie de Leibnitz, au point qu'il voulut la perfectionner. A la même époque de sa vie, il reprend, corrige et complète les expériences de Torricelli sur la pesanteur de l'air, écrit son *Traité du vide* et celui de l'*Equilibre des liqueurs*, et révèle dans les sciences physiques le même génie d'invention dont il a déjà fait preuve dans les sciences mathématiques. Puis soudain, sous l'influence des écrits de Saint-Cyran, il opère ce qu'on appelle sa première conversion, et renonçant au monde et à la science, pour s'adonner, avec toute l'ardeur de son caractère, aux œuvres de charité et de piété, il entre en même temps dans les doctrines et l'ascétisme de Port-Royal, puissamment encouragé par sa sœur Jacqueline, qu'il l'encourage à son tour à renoncer à tout, pour prendre le voile parmi les religieuses du célèbre monastère.

Cette première « conversion » ne dure qu'un an. Pour relever sa santé ébranlée, les médecins lui ordonnent une vie de distraction et de mouvement. Il cherche dès lors à mener de front le goût du monde et celui de la science, les intérêts de la géométrie et ceux de sa santé.

Durant une période de six ans, nous le voyons s'occuper de ce double soin, correspondre avec Fermat, publier le *Traité du triangle arithmétique*, inventer des mécanismes devenus populaires, résoudre le *problème des partis*, écrire son éloquent discours sur les *passions de l'amour*, songer à acheter une charge et même à s'établir dans le monde.

Mais ce ne fut là qu'une période de tâtonnements et de transition. A l'âge de vingt-neuf ans (1654), une seconde et dernière conversion décide du reste de sa vie. Non qu'il faille entendre, par là, le retour d'une vie d'indifférence ou de dérèglement, que Pascal n'a jamais connue, à des habitudes plus régulières et plus chrétiennes ; mais plutôt, dans la langue de Port-Royal, le passage d'une vie de distraction et moitié mondaine à une vie d'austérité rigoureuse et de profonde piété (1). Est-ce l'accident du Pont de Neuilly, où, les chevaux de sa voiture ayant failli s'emporter, il aurait vu tout à coup, selon la légende, un abîme ouvert sous ses pieds ? (2) Est-ce, suivant une opinion

---

(1) Marguerite Périer, sa nièce, l'indique fort clairement : « Dans le commencement, cela était modéré, mais insensiblement le goût en revint : il se mit dans le monde, sans vices néanmoins ni dérèglement, mais dans l'inutilité, le plaisir et l'amusement. Mon grand-père mourut (en septembre 1651) ; il continua à se mettre dans le monde, avec même plus de facilité, étant maître de son bien ; et alors, après s'y être un peu enfoncé, il prit la résolution de suivre le train commun du monde, c'est-à-dire, de prendre une charge et de se marier. » (*Lettres, opuscules et mémoires de Mme Périer, de Jacqueline sœur de Pascal, et de Marguerite Périer sa nièce*, publiés par M. Faugère, 1845, p. 64.)

(2) Vrai ou faux, voici comment le raconte une note ajoutée avec diverses autres anecdotes, à la suite du *Mémoire* sur la Vie de Pascal, que compila sa nièce, Marguerite Périer, la miraculée de la Sainte-Épine (ms. n° 1483 de la Bibliothèque nationale).

« M. Arnoul, chanoine de Saint-Victor, curé de Chambourcy, dit

plus probable, l'influence énergique et persévérante que sa sœur de Port-Royal ne cessait d'exercer sur la direction de sa vie et de ses pensées ? Est-ce le célèbre discours qu'il entendit de la bouche de Singlin un jour de fête de la Vierge (1654) et à la suite duquel se déclara cette crise décisive, dont le drame sublime et mystérieux est consigné en quelque sorte, de sa propre main, sur la feuille de papier qu'on trouva sur sa poitrine, après sa mort, et

qu'il a appris de M. le prieur de Barillon, ami de M. Périer, que M. Pascal, quelques années avant sa mort, étant allé, selon sa coutume, un jour de fête, à la promenade au pont de Neuilly avec quelques-uns de ses amis, dans un carrosse de quatre ou six chevaux, les deux chevaux de volée prirent le frein aux dents, à l'endroit du pont où il n'y avait point de garde-fou, et s'étant précipités à l'eau, les lesses qui les attachaient au train de derrière se rompirent, en sorte que le carosse demeura sur le bord du précipice. Ce qui fit prendre la résolution à M. Pascal de rompre ses promenades et de vivre dans une entière solitude. »

C'est là, dit M. Cousin (*Etudes sur Pascal*, p. 338) le seul témoignage authentique et contemporain qui soit connu sur cette aventure. Il est singulier que Jacqueline Pascal, en racontant à sa sœur les motifs et les détails de la conversion de leur frère (V. Cousin, *Jacqueline Pascal*, p. 235) ne dise pas un seul mot d'un accident aussi terrible. Ce silence prouve à tout le moins que cet accident, si jamais il a eu lieu, se rapporte à une autre période de la vie de Pascal et n'a eu aucune influence sur sa conversion (*Cfr.* Reuchlin, *Pascals Leben*, p. 50). — Cette conversion d'ailleurs a été beaucoup moins brusque que la légende ne s'est plu à la présenter. D'après l'exposé de Jacqueline, le travail d'âme qui l'a préparée a duré plus d'un an. Marguerite Périer, beaucoup plus tard, attribue une influence décisive à un sermon entendu par hasard le 8 décembre 1654, ce qui aurait été quinze jours après cette nuit de saisissement où il écrivit le mémorial ci-dessous. D'après une conjecture ingénieuse (Délègue. *Etude sur la dernière conversion de Pascal*) Marguerite aurait confondu, dans ses souvenirs, la fête de la Conception avec celle de la *Présentation* de la Vierge (21 novembre).

Quant à l'abîme que Pascal, depuis ce moment, aurait vu constamment à ses côtés, c'est une pure fiction, jetée pour la première fois dans le public, presque un siècle plus tard, par un certain abbé Boileau, (*Lettres sur différents sujets de morale et de piété*. Paris 1737. t. I. p. 207) et que nul témoignage contemporain ne permet de considérer comme un fait authentique et certain. Ainsi que le remarquait déjà Bossut, ce système n'offre qu'une petite difficulté : c'est que ce cerveau troublé en 1654 publiait les *Lettres provinciales* en 1656 et résolvait le problème de la « Cycloïde » en 1658.

qu'on a voulu appeler si ridiculement *l'amulette* de Pascal (1)? Sont-ce toutes ces causes réunies et agissant de concert sur son esprit?... Ce qui est certain, c'est qu'à partir de ce moment, un changement profond s'opère dans sa vie et sa conduite, et dure jusqu'à sa mort. A peine

(1) Voici en quels termes Pascal fixa, sur ce parchemin, les impressions que laissèrent dans son esprit de philosophe et de chrétien ces deux heures de saisissement et de ravissement profond qui décidèrent du reste de sa vie :

✝

L'an de grâce 1654.
Lundi, 23 novembre, jour de Saint-Clément, pape et martyr, et autres au martyrologe.
Veille de Saint-Chrysogone, martyr et autres.
Depuis environ dix heures et demie du soir jusque environ minuit et demi. — Feu.
Dieu d'Abraham, Dieu d'Isaac, Dieu de Jacob, non des philosophes et des savants. — Certitude, certitude. Sentiment. Joie, Paix!
Dieu de Jésus-Christ.
Deum meum et Deum vestrum.
« Ton Dieu sera mon Dieu » — Oubli du monde et de tout hormis Dieu.
Il ne se trouve que par les voies enseignées dans l'Évangile.
Grandeur de l'âme humaine.
« Père juste, le monde ne t'a point connu, mais je t'ai connu. »
Joie, joie, pleurs de joie.
Je m'en suis séparé.
Dereliquerunt me fontem aquæ vivæ.
Mon Dieu, me quitterez-vous?
Que je n'en sois pas séparé éternellement!
« Cette est la vie éternelle qu'ils te connaissent seul vrai Dieu, et Celui que tu as envoyé J.-Ch. »
Jésus-Christ, Jésus-Christ!
Je m'en suis séparé, je l'ai fui, renoncé, crucifié.
Que je n'en sois jamais séparé!
Il ne se conserve que par les voies enseignées dans l'Evangile.
Renonciation totale et douce.
Soumission totale à Jésus-Christ (et à mon directeur).
Eternellement en joie pour un jour d'exercice sur la terre!
Non obliviscar sermones tuos. Amen.

« Cette pièce dit M. Vinet (*Etudes sur Pascal*, p. 347), qu'on a voulu rendre ridicule et qui est sublime, jette le jour le plus vif

âgé de trente et un an il renonce au monde et à toutes les distractions mondaines. Il pose en règle de « renoncer à tout plaisir et à toutes superfluités ». Il s'adjoint au groupe des solitaires de Port-Royal, se soumet aux pratiques les plus austères de la communauté, et mène la vie d'un pénitent et d'un ascète. Dur envers lui-même, en dépit de ses continuelles souffrances, pauvre volontaire, et, comme tel, se soumettant aux plus humbles occupations, charitable envers les indigents et, comme tel, se dépouillant volontiers pour leur porter secours ; d'une patience inaltérable au milieu des plus cruelles douleurs ; d'une douceur et d'une sérénité qui faisaient l'étonnement de sa famille et de ses amis ; constamment appliqué aux choses de Dieu, et ne mettant plus, ce semble, la puissance de son esprit qu'à méditer l'Ecriture-Sainte, à en pénétrer les vérités et les mystères, à en découvrir le véritable sens dans les écrits des Pères ; au reste, d'une fidélité scrupuleuse à toutes les obligations de la piété, à tous les détails de son règlement ; alliant, dans son esprit et dans ses habitudes, la simplicité d'un enfant à la grandeur du génie : à le voir ainsi impitoyable contre lui-même, acharné en quelque sorte contre ce corps déjà brisé par tant de souffrances, on comprend ce surnom de *Stoïciens du christianisme*, donné aux solitaires de l'austère communauté dont il avait embrassé les doctrines, adopté la règle, partagé les errements et les rigueurs.

sur l'état de l'âme de Pascal, pendant ses dernières années. »
D'après le P. Guerrier, dépositaire des papiers de la famille Périer, « tous les parents et amis convinrent que ce parchemin était une espèce de *mémorial* pour conserver le souvenir d'une chose qu'il voulait toujours présente à son esprit. » « Ces phrases isolées, paroles et vérités bibliques, dit un historien non suspect, ne sont évidemment que des points d'appui, des pauses qui lui permettent, à travers la lutte soutenue par son être tout entier, par sa raison aussi bien que par son cœur, contre Dieu et son propre Moi, d'arriver à la paix et à la réconciliation. Au moment de la plus vive exaltation du sentiment, de ses extases et de ses souffrances, jamais la conscience claire et sereine ne l'abandonne un seul instant : il veut au contraire fixer nettement et pour toujours les points essentiels du travail de sa pensée. ». (REUCHLIN, *Pascals Leben*, p. 54).

Leur cause, en effet, était si bien devenue la sienne, qu'il entra dans leurs animosités et leurs querelles, et publia successivement, pour soutenir leur parti, ces *petites Lettres*, appelées *Provinciales*, qui remuèrent si puissamment les esprits et les passions religieuses de son temps, et marquèrent une date importante et décisive dans l'histoire littéraire de notre pays C'est dans ces lettres, en effet, que la prose française se dépouilla, pour la première fois, de la rouille du passé, et revêtit cette forme achevée et souveraine qui la laissa sans rivale parmi les littératures de l'Europe moderne. Singulière destinée d'un esprit qui eut la gloire d'atteindre la perfection de la beauté littéraire, comme il eut celle de découvrir les vérités les plus abstraites de la science.

De cette puissance d'invention, il donna un exemple mémorable au milieu même de ses plus intolérables souffrances. Pour en distraire son esprit, il imagina de l'appliquer à quelque problème de géométrie, et c'est ainsi qu'il découvrit comme en se jouant, la *théorie des cycloïdes*, qui l'amena au seuil, pour ainsi dire, du calcul infinitésimal, et lui eût permis peut-être, si la mort ne l'eût surpris, de ravir à Leibnitz et à Newton, la gloire de cette prodigieuse découverte.

Mais déjà son âme et son génie étaient appliqués à d'autres soins. Sa pensée planait plus haut, et ce puissant géomètre n'avait plus qu'un suprême dédain pour cette « altière et sublime géométrie (1) ». Ce qu'il sent, ce qu'il cherche, les trois dernières années de sa vie, dans les rares intervalles de repos que lui laisse son inexorable mal ; ce qu'il voudrait laisser à l'Église et à la postérité, comme un monument de son génie, comme le testament de

---

(1) Voici ce qu'on lit dans une lettre de Pascal à Fermat, en date du 10 août 1660 :

« Pour vous parler franchement de la géométrie, je la trouve le plus haut exercice de l'esprit ; mais en même temps, je la connais pour si inutile, que je fais peu de différence entre un homme qui n'est que géomètre et un habile artisan. Aussi je l'appelle le plus beau métier du monde ; mais enfin ce n'est qu'un métier ; et j'ai dit souvent qu'elle est bonne pour faire l'essai, et non pas l'emploi de notre force. »

sa foi et de son zèle, comme l'œuvre capitale de sa vie et de sa pensée, c'est une défense, une apologie à fond de la Religion Chrétienne contre les incrédules, les « libertins », les athées de son temps et de tous les temps. C'est à ce grand travail qu'il consacra ses derniers efforts. Et comme sa maladie lui interdisait toute application d'esprit, tout travail suivi et continu, il dut se borner à fixer au hasard, sur des feuilles volantes, les pensées, ou pour mieux dire, les éclairs de pensées qui traversaient son esprit et se rapportaient à ce grand objet. Mais il ne put achever son œuvre. A peine lui fut-il possible de tracer les lignes principales de l'édifice qu'il voulut élever à la gloire de son Dieu. *Pendent opera interrupta !*...

C'est au milieu de ces ruines, si l'on ose ainsi parler, c'est devant les restes grandioses et épars de ce monument inachevé, que la mort vint le frapper, ou plutôt le délivrer de son long et douloureux martyre.

Il n'était âgé que de trente-neuf ans, et depuis l'âge de dix-neuf ans, selon son propre aveu, il n'avait pas été un seul jour sans souffrir, comme si tout devait être exceptionnel et étrange dans cette destinée étonnante, dont on suit les traces, à la fois lumineuses et sanglantes, le long de son tragique calvaire, et qui réunit, dans son austère et mélancolique beauté, tout ce qui fait la grandeur de l'homme ici-bas : la douleur, la vertu et le génie.

Tel fut Pascal; telle fut son œuvre. Nous n'avons à nous occuper ici ni du polémiste trop souvent passionné, ni du savant toujours extraordinaire. L'objet de cette étude est l'apologiste de la religion, et ce que nous devons considérer, dans une analyse attentive, c'est l'homme, le philosophe, l'écrivain, tel qu'il se révèle, en traits d'une originalité saisissante, dans le livre des *Pensées*.

II

LE LIVRE DES *Pensées*

Les *Pensées* de Pascal sont-elles un livre ? Ces feuilles volantes, liées ensemble, sans ordre et sans suite, par la main déjà mourante de leur auteur, forment-elles un ensemble qui mérite ce nom ?

Ne sont-ce pas plutôt les notes éparses qu'un auteur a écrites pour lui-même, en vue de l'ouvrage qu'il médite, bien plus que pour le public auquel il n'eût jamais consenti à livrer cette ébauche incomplète de sa pensée ? Ne sont-elles pas le drame intime, et comme le sublime monologue d'un esprit inquiet de sa destinée, affamé de vérité et de certitude, interrogeant toutes choses et s'interrogeant soi-même sur ce grand objet, et, dans cette ardente recherche, posant tour à tour les questions et les réponses, les problèmes et les solutions, les obstacles et les moyens ; puis, au milieu de ce labeur, consignant chaque jour, avec une sincérité souveraine, les difficultés, les tâtonnements, les incertitudes, les angoisses de son investigation, aussi bien que les lumières, les certitudes, les joies et les ravissements d'esprit, qui récompensent ses nobles et persévérants efforts ?

Ne sont-elles pas, enfin, comme les confessions intellectuelles d'une âme qui descend dans ses replis les plus intimes, et met pour ainsi dire à nu ses pensées et ses impressions les plus secrètes, à travers le ballottement des objections et des réponses, des doutes et des affirmations, des contradictions et des harmonies, qui se suivent, se croisent, se mêlent et se heurtent en tout sens, comme les mouvements d'un corps de combattants sur le champ de bataille ? Et dès lors, ne sommes-nous pas exposés, en lisant ces pages, à prendre souvent des objections pour des doctrines, des points d'interrogation pour des réponses, des lacunes ou des silences pour des négations, des exagérations fugitives pour des formules arrêtées, les tâtonnements d'une pensée naissante pour une pensée définitive, des contradictions apparentes pour des contradictions réelles, et, pour tout dire en un mot, les linéaments d'une ébauche brisée en mille morceaux pour les lignes fixes et immuables d'un dessin complet, et d'un travail achevé ?

Par là même, beaucoup de ces *Pensées* ne doivent-elles pas être considérées comme des débris d'une langue inconnue dont nous n'aurons jamais la véritable clef, et dans cet ensemble, n'y a-t-il pas des points obscurs ou comme un arrière-fonds de lueurs indécises qui resteront toujours pour nous, soit une question ouverte, soit un impénétrable mystère ?

Oui, il faut bien le dire, il y a de tout cela dans le livre des *Pensées*, et sur bien des questions de détail, tout esprit attentif et réfléchi s'imposera de lui-même, dans le sentiment d'une haute impartialité, des limites et des réserves qu'il ne consentira jamais à franchir.

Et cependant, de cet amas de pensées, et malgré les difficultés que nous venons de dire, on a fait un livre : avec ces fragments disjoints, on a essayé de reconstruire ce grand édifice, comme on relève ces temples à demi renversés qu'on rencontre, solitaires et sublimes, au sein d'un désert, et dont on cherche à rétablir le plan et l'ordonnance première avec les ruines mêmes qui ont échappé aux coups du temps ou aux injures des hommes.

Et non seulement ce livre a été fait ; mais encore, sous des formes et avec des fortunes diverses, il a eu un incomparable succès ; et malgré ses imperfections ou ses lacunes, il est resté un monument impérissable de l'esprit humain.

Si, en effet, les arrangements successifs de ces fragments sont loin d'offrir un ensemble régulier, on y trouve cependant des parties achevées, des morceaux d'une assez longue haleine, des pensées dont la plupart, prises en elles-mêmes, présentent un sens clair et défini, et enfin, dans les plus petits détails, ce cachet puissant, et si on nous passe l'expression, cette *griffe* du génie qui donne aux moindres phrases leur relief, et en consacre, pour ainsi dire, l'immortelle beauté.

Et c'est ce qui explique la vogue immense dont elles ont joui, et dont elles ne cessent de jouir, aussi bien à l'étranger qu'auprès du public de notre pays.

Quant à la fortune de ce livre, il faudrait un livre nouveau pour en écrire l'histoire. Qu'il nous suffise d'indiquer les principales vicissitudes qu'il a traversées, et de marquer le point de vue saillant, la pensée dominante qui a présidé à ces diverses publications.

Les amis et disciples de Pascal (1), soucieux de sa renommée littéraire, et chargés de mettre, les premiers, de l'ordre et de la suite dans le pêle-mêle de ses manuscrits, songèrent avant toutes choses à ne pas troubler la paix religieuse qu'on venait de rétablir à l'avènement du Pape Clément IX (1669), par des témérités de doctrines,

---

(1) *Port-Royal*, c'est-à-dire Arnauld, Nicole, le jeune Etienne Périer, le duc de Roannez, de Brienne, de la Chaise, éditeurs de l'édition *princeps* (Paris, Desprez, 1669), qui devint la base et comme le fonds commun de toutes celles qui suivirent pendant près de 150 ans. Telles furent : les éditions de 1670 et 1671, absolument identiques à la première ; celle de 1678, augmentée de quelques fragments sur les *Miracles*, et celles d'Amsterdam (1684) et de Paris (1687) qui contenaient, outre quelques additions, la *Vie de Blaise Pascal* par Mme Périer, sa sœur.

Dans toutes ces éditions qui sont, au fond, celles de Port-Royal, on évita avec le plus grand soin de publier les feuilles volantes de Pascal, telles qu'elles étaient « enfilées en liasses », dans les tiroirs de l'auteur, parce qu'on n'y voyait « qu'un amas confus, sans ordre, sans suite, » qui eût noyé les pensées claires sous les pensées obscures, et par là même, rebuté le lecteur.

On ne voulut pas non plus suivre le dessein de Pascal, en éclaircissant les pensées obscures et en achevant celles qui étaient imparfaites, parce que « ce n'eût plus été l'ouvrage de Pascal, mais un ouvrage tout différent. »

Port-Royal s'arrêta donc à un moyen terme, « en prenant seulement, parmi ce grand nombre de pensées, celles qui ont paru les plus claires et les plus achevées, et en rangeant, suivant un certain ordre, et sous un même titre, celles qui étaient sur le même sujet » (*Préface de Port-Royal*.)

par des inexactitudes ou des audaces de langage qui auraient agité les esprits, réveillé des querelles mal assoupies, porté atteinte à la mémoire de leur illustre ami, et dont on n'eût pas manqué de se faire une arme contre eux-mêmes. Ils étaient pénétrés en même temps de ce respect pour le public, de ce sentiment de dignité et de décence littéraire qui ne permettait pas de livrer un auteur, dans le sans façon de sa pensée intime, dans le décousu de son premier jet, et, pour tout dire, dans le *négligé* de ses impressions les plus personnelles et peut-être les plus fugitives, aux indiscrétions de la foule, aux sévérités des critiques, aux moqueries ou aux dédains de ses ennemis.

Sous cette double préoccupation, Port-Royal ne voulut publier ni les pensées fragmentaires, ni la suite confuse de ces fragments, ni même toujours le texte intégral et authentique du manuscrit. Il fit un choix, ne prit que les morceaux d'un sens clair et achevé, les rangea suivant un certain ordre et fit subir au texte de Pascal des retranchements, des additions, des paraphrases et des modifications qui en altérèrent parfois la physionomie originale sans que le public pût même se rendre compte de ces altérations.

On a blâmé, de nos jours, avec une extrême sévérité, ce qu'on appelle l'infidélité littéraire des premiers éditeurs des *Pensées*. Un esprit éminent, M. Cousin, qui, le premier, signala ces altérations et appela l'attention sur le manuscrit autographe (1), n'a pas craint

---

(1) Ce manuscrit est arrivé jusqu'à nous sous la forme d'un grand registre in-folio, presque illisible, composé de 491 pages, résultant des innombrables petits morceaux de papiers collés sur les feuillets d'un cahier. Ce registre, venu par héritage aux mains de l'abbé Périer, neveu de Pascal, mort en 1713, chanoine de la cathédrale de Clermont, avait été déposé par lui, en 1711, à l'abbaye de Saint-Germain-des-Prés, ainsi que l'atteste un certificat écrit et signé de sa main, et qui se lit en tête de ce registre, transporté, au moment de la Révolution, à la Bibliothèque Nationale, où il se conserve depuis lors, ainsi que deux copies que la sœur du chanoine, Marguerite, avait léguées avec d'autres papiers au P. Guerrier, de l'Oratoire. Deux autres manuscrits, fort précieux pour l'histoire de Pascal sont conservés de même à la Bibliothèque Nationale : l'un est précisément le recueil des mémoires, notices,

de dire que l'édition de Port-Royal « omet une grande partie des *Pensées* et omet précisément les plus originales ; altère quelquefois dans leur fond et énerve presque toujours dans leur forme, les *pensées* qu'elle conserve ».

Et cependant, malgré ses altérations et ses défauts, l'édition *princeps* servit la gloire de Pascal bien mieux que ne l'eussent fait les éditions les plus correctes et les plus minutieuses de notre temps. Le dix-septième siècle, si profondément pénétré du sentiment des convenances littéraires, n'eût compris ni ce décousu de pensées, ni cette confusion de détails, ni ces demi-phrases isolées, ces simples points de raccordement, ces mots disjoints et en l'air, qui ne répondent en rien à l'idée qu'on se fait d'un travail régulier et destiné à être placé sous les yeux du public (1).

Cela est tellement vrai que, sous l'empire des mêmes préoccupations, tout le XVIIIe siècle se borna à reproduire, sauf quelques additions, l'ordonnance générale et le texte

---

lettres, documents divers, que Marguerite Périer avait recueillis ou rédigés sur sa famille ; l'autre compilé par les oratoriens contient un grand nombre de lettres et papiers de *Messieurs* de Port-Royal y compris Pascal. Ces manuscrits utilisés déjà par les éditeurs jansénistes du *Recueil* dit d'*Utrecht* (1740) ont été successivement dépouillés par Reuchlin pour son *Pascals Leben* ; par Cousin pour ses *Rapports* et ses *Etudes* (1842) et pour sa *Jacqueline Pascal* ; par Faugère pour ses éditions critiques, (1844-45) et par Sainte-Beuve pour son *Port-Royal*.

(1) « Au point de vue du dix-septième siècle, dit M. Vinet, les *Pensées* de Pascal, telles qu'il les avait jetées sur le papier, n'étaient réellement point *écrites*. Pascal ne les eût jamais présentées au public sous cette forme et ses amis eussent cru lui manquer en ne faisant pas en son absence, ce qu'il eût fait lui-même. Sans doute que Pascal se fût mieux acquitté de la tâche... mais c'eût été autre chose, tout autre chose, un ouvrage de Pascal plutôt que Pascal lui-même, un livre plutôt qu'un homme... Il y eût eu de sa part plus de réserve encore que de la leur il n'y a eu de témérité. Avec plus de soin que personne, il eût adouci les mouvements les plus brusques, amorti les angles les plus vifs... Les premiers éditeurs avaient la clef de la pensée et du livre de Pascal. Les suppositions, les additions et les changements qu'ils se permirent sont une espèce de commentaire auquel en général on peut se fier. On commente aujourd'hui le texte des *Pensées*. Commentaire pour commentaire, je préfère le leur. » (*Etudes*, pp. 66, 351.).

dePort-Royal (1). Cette façon de traiter un auteur répondait aux habitudes littéraires d'une époque qui n'osait produire au grand jour que des ouvrages amenés à leur point de perfection, et trouvait tout naturel de retoucher, compléter ou supprimer des fragments dont le sens était incomplet ou forcé, le style heurté, souvent incorrect et à demi-formé.

Quelles que fussent néanmoins ces lacunes des premières éditions, le génie de Pascal éclatait dans ses pages, et même sous cette forme altérée et tronquée, il s'imposait à l'admiration du monde et prit pleinement possession de sa gloire (2).

---

(1) A citer notamment celle de 1714 : *Nouvelle édition, augmentée de plusieurs pensées, de sa vie et de quelques discours.* (Paris, Desprez et des Essarts). Déjà en 1670, peu de mois après l'apparition des *Pensées*, Nicole, dans son livre de l'*Education d'un Prince*, avait publié trois discours de Pascal *sur la condition des Grands*. En 1727, Colbert, évêque de Montpellier, dans sa 3ᵉ *Lettre à l'évêque de Soissons* (Œuvres, T. II, p. 265), publiait quelques pensées inédites *sur les Miracles*, suggérées par le miracle de la Sainte-Epine. L'année suivante, 1728, le P. Desmolets, de l'Oratoire, donnait, dans ses *Mémoires de littérature et d'histoire* (T. V, p. 2), sous le titre d'*Œuvres posthumes, ou suite des Pensées de M. Pascal*, une série de pensées inédites extraites de la copie conservée par Marguerite Périer, et notamment, l'opuscule sur *l'Art de persuader*, ainsi que *l'Entretien avec M. de Saci sur Epictète et Montaigne*, d'après une rédaction plus complète que celle donnée par Fontaine, dix ans plus tard, dans ses *Mémoires sur l'histoire de Port-Royal*. (Cologne 1738).

(2) Les approbations d'évêques et de docteurs placés en tête des premières éditions témoignent de l'enthousiasme qu'excitèrent les *Pensées* chez les amis de Port-Royal. On connaît l'admiration de Mᵐᵉ de Sévigné qui « met Pascal de moitié à tout ce qui est beau », et de Mᵐᵉ de Lafayette jugeant que « c'est méchant signe pour ceux qui ne goûteront pas ce livre ». M. Havet qui estime que les *Pensées* traversèrent le xviiᵉ siècle sans retentissement, reconnaît cependant que Bossuet en avait gardé une « impression profonde », et que la Bruyère comme Vauvenargues apprécièrent leur auteur. Quelques attaques même prouvent l'effet produit par le livre. Dès le lendemain de son apparition, l'abbé de Villars, dans un petit traité, *De la délicatesse* (1671), y relève une méthode ambiguë et dangereuse (5ᵉ dialogue). Hardouin, savant et original Jésuite, est sévère dans ses *Athées dévoilés* (Oper. var. 1733). Mais le témoignage le plus péremptoire de la gloire de Pascal est le mot de Voltaire contre « ce géant ». Les injustes attaques qu'il aventure dans ses *Remarques* furent relevées vivement par le protestant hollandais Boullier (*Lettres sur la Religion*, Amst. 1741, T. II. *Défense de*

On doit donc tenir compte de ces circonstances, et en mettant ces faits à la décharge des amis de Pascal, on a le droit de ne pas souscrire à toutes les sévérités d'une critique qui transporte dans le passé, avec une trop facile complaisance, les idées et les préoccupations de notre temps.

Le XVIIIe siècle, à son déclin, prend, d'ailleurs, à l'égard de Pascal, des libertés beaucoup plus grandes que ne l'avait fait l'amicale sollicitude des éditeurs de Port-Royal. Ceux-ci, quoi qu'on ait dit, n'avaient point défiguré le sens et l'esprit général de l'apologie de Pascal. Ce fut là, au contraire, la tentative qu'essaya le soi-disant esprit philosophique des encyclopédistes, et il est étrange que pour ceux-ci, on ait eu plus d'indulgence que pour ceux-là.

« Il y a longtemps que j'ai envie de combattre ce géant vainqueur de tant d'esprits » (1), avait écrit Voltaire au moment où il s'apprêtait à le cribler de ses *Remarques* narquoises et perfides (2). C'était une tentative de ruiner la valeur philosophique et apologétique de ce livre et d'enlever à la religion l'autorité d'un grand nom. Condorcet eut l'idée d'appuyer cette tentative, en donnant des *Pensées* une édition mutilée et défigurée, qu'on a pu qualifier justement « d'édition apocryphe » (3).

Pascal; et *Apologie de la métaphysique*, Amst. 1753, *ad fin.*) De bonne heure, le retentissement des *Pensées* se propagea en Allemagne. Outre une édition française à Ulm (1717), il en parut une traduction allemande à Augsbourg en 1710, une autre, œuvre de J. J. Scheuchzer, à Leipzig en 1713. Puis en 1777, c'est une nouvelle traduction avec notes, par Klenker. Eb. en 1856, et Blech en 1840, publient des traductions, preuves non équivoques de l'intérêt que l'Apologie de Pascal excitait au sein même du protestantisme allemand.

(1) Lettre à Formont. Juin 1737.
(2) *Remarques sur les Pensées de M. Pascal*, jointes aux *Lettres philosophiques*, 1734.
(3) *Pensées de Pascal*. Nouvelle édition, Londres 1776. Deux ans plus tard, Voltaire fit réimprimer cette édition (Genève 1778) en y ajoutant des notes nouvelles. L'esprit et le ton de ces commentaires, M. Havet lui-même le reconnaît, font un étrange effet au bas des *Pensées*... « Lorsqu'on entre dans la cellule de Pascal, il faut fermer l'oreille à la voix ironique de

Tout en y insérant quelques pensées nouvelles ou déjà publiées par Desmolets, il supprima la plupart des pensées religieuses, doutant, disait-il, que ceux qui s'intéressent à la religion puissent regretter beaucoup ces suppressions ! Il accompagna ce texte d'un certain nombre des *Remarques* de Voltaire ; mais surtout il disposait ses paragraphes dans un ordre différent de celui de Port-Royal, confondant les pensées religieuses dans une classification arbitraire de *pensées philosophiques*, afin d'abolir plus sûrement, à l'aide de ce faux système, tout vestige du plan primitif de l'Apologiste. C'était, suivant l'aveu non suspect de Sainte-Beuve, une véritable « prise de possession des *Pensées* au nom de la philosophie du XVIIIᵉ siècle ».

Heureusement, peu après Condorcet, et comme pour faire oublier sa tentative, l'abbé Bossut, à la fois mathématicien distingué et habile écrivain, en publiant pour la première fois les *Œuvres complètes* de Pascal, donnait un texte plus complet des *Pensées* (1). A tout ce qui avait été mis au jour, depuis Port-Royal, par Nicole, Colbert, Desmolets, Fontaine et d'autres, il ajoutait un bon nombre de fragments nouveaux, extraits des manuscrits qui avaient été légués au P. Guerrier, mais en n'indiquant pas la source où il puisait. Etre complet était un réel mérite après Condorcet. Malheureusement, Bossut ne s'avisa pas de réviser, sur les manuscrits, les textes donnés par Port-Royal ; et, tort peut-être plus grave encore, sans se préoccuper du plan primitif de Pascal, il coordonnait le tout d'après la double et arbitraire classification

---

Voltaire ». Et cependant, au cours de ces dernières années, les éditeurs de collection des petits volumes populaires de la « Bibliothèque nationale » et autres, n'ont rien trouvé de mieux que de republier cette édition, en dépit des travaux de la critique de notre siècle.

(1) Bossut donnait notamment l'opuscule de *l'autorité en matière de philosophie*, les *réflexions sur la Géométrie*, l'écrit sur la *Conversion des pécheurs* et la *Comparaison des premiers chrétiens avec ceux aujourd'hui*. Il distribuait les *Pensées* en deux parties : l'une *contenant les pensées qui se rapportent à la philosophie, à la morale et aux belles-lettres* ; l'autre, *les pensées immédiatement relatives à la religion*.

de *Pensées philosophiques* et de *Pensées religieuses* déjà esquissée par Condorcet ; ordre qui, M. Cousin le remarquait très justement, « ne soutient pas l'examen. » Telle quelle cependant, cette édition de Bossut réalisait un notable progrès, et demeura pendant plus d'un demi-siècle l'édition-type que tous reproduisirent, comme avant 1779 on avait réimprimé indéfiniment l'édition de Port-Royal (1).

Le XIX° siècle était préparé à goûter Pascal. Chateaubriand avait rappelé l'attention sur lui en une magnifique page qui est demeurée en toutes les mémoires :

« Il y avait un homme qui, à douze ans, avec des barres et des ronds, avait créé les mathématiques ; qui, à seize, avait fait le plus savant traité des coniques qu'on eût vu depuis l'antiquité ; qui, à dix-sept, réduisit en machine une science qui existe tout entière dans l'entendement ; qui, à vingt-trois ans, démontra les phénomènes de la pesanteur de l'air, et détruisit une des grandes erreurs de l'ancienne physique ; qui, à cet âge où les autres hommes commencent à peine de naître, ayant achevé de parcourir le cercle des sciences humaines, s'aperçut de leur néant et tourna ses pensées vers la religion ; qui, depuis ce moment jusqu'à sa mort, arrivée dans sa trente-neuvième année, toujours infirme et souffrant, fixa la langue que parlèrent Bossuet et Racine ; qui, dans les courts intervalles de ses maux, résolut par abstraction un des plus hauts problèmes de géométrie, et jeta sur le papier des *Pensées* qui tiennent autant du Dieu que de l'homme ; cet effrayant génie se nommait *Blaise Pascal*... » (2).

« On croit voir les ruines de Palmyre, restes superbes du génie et du temps, au pied desquelles l'Arabe du désert a bâti sa misérable hutte », ajoutait encore l'auteur du *Génie du Christianisme*, en accablant de son mépris la tentative de Voltaire et des hommes de l'Encyclopédie.

(1) Telles, notamment, l'édition des *OEuvres complètes* publiée par Lefebvre en 1819 et celles de Didot en 1816 et 1843.
(2) *Génie du Christianisme*, 3° p. l. II. 14. 6.

Il faut bien le dire aussi, le progrès des études critiques et archéologiques, une recherche plus sérieuse des documents originaux, un sentiment plus vif de la vérité historique et de la sincérité littéraire, devaient amener une reconstruction de l'œuvre laissée par le grand solitaire de Port-Royal aux mains de ses amis.

On se préoccupa tout d'abord de dégager de nouveau la *Pensée* de Pascal. Déjà dans la première moitié de ce siècle, un homme d'une rare sagacité et d'un esprit distingué, aussi modeste que savant (1), entreprit de remédier au défaut des éditions précédentes, en établissant, par un effort de logique, un nouveau classement des Pensées, mieux proportionné dans ses parties et plus conforme au plan de leur auteur. Mais le texte authentique faisait toujours défaut, et malgré d'importantes améliorations, l'arrangement de l'ensemble et des détails ne donnait ni aux exigences logiques ni au sentiment littéraire une pleine et entière satisfaction. Cependant l'éveil était donné ; on sortait des voies battues, et tout le monde comprit qu'il était temps de remanier et de refaire à fond le livre des *Pensées*.

Ce fut M. Cousin, nous l'avons déjà dit, qui donna le branle, en relevant, avec un talent supérieur, les défauts des éditions précédentes, et en signalant de nouveau au monde des lettres l'existence du manuscrit qui contenait le texte original et authentique des *Pensées* (2). Ce tra-

---

(1) FRANTIN. *Pensées de B. Pascal*, rétablies suivant le plan de l'auteur. *Dijon*, Lagier, 1835. — Reuchlin, (*Pascals Leben*, p. 387) estimait que cette édition de 1835 était de beaucoup la meilleure publiée jusqu'alors. Elle divisait les Pensées en deux parties : *Preuves de la religion, Doctrine et Morale chrétiennes*. Ce n'était là cependant qu'une approximation fort imparfaite du plan de Pascal.

(2) Rapport à l'Académie française sur la nécessité d'une nouvelle édition des *Pensées* de Pascal, 1842. — *Des Pensées de Pascal* 1843. (C'est le rapport à l'Académie précédé d'une éloquente préface.) — De même *Blaise Pascal*, dans la 4e série de ses œuvres complètes (1849).

Le grand mérite de M. Cousin, c'est d'avoir rappelé l'attention sur le texte original des *Pensées* et d'avoir provoqué la publication de M. Faugère. Mais M. Cousin a eu le tort de faire servir violemment les variantes de ce texte à sa thèse du prétendu scepticisme de Pascal. « A l'en croire, dit M. Vinet, on ne voyait que *quelque*

vail parut comme une révélation, et, bientôt après, un savant d'un rare mérite, M. Faugère, (1), publia sa belle édition des *Pensées* et des opuscules de Pascal ; œuvre d'une patience et d'un courage admirable, et qui fut un service immense rendu aux lettres françaises, puisqu'elle était la reproduction intégrale, et comme le *fac simile* des manuscrits, restés jusqu'alors dans un si profond et lamentable oubli.

Pour l'arrangement des parties, ne voulant prendre conseil que des manuscrits, et n'ayant d'autre guide que des indications éparses, souvent contradictoires, que Pascal consignait çà et là, au gré de ses rapides impressions, l'éditeur du texte authentique n'est arrivé à présenter au public qu'une série souvent incohérente de pensées, dont la confusion et le disparate ont fait regretter à bien des lecteurs l'ordre des anciennes éditions.

Cette confusion est parfois si étrange, que l'auteur

---

ombre du pyrrhonisme de Pascal dans les anciennes éditions, et ce pyrrhonisme paraît pour la première fois dans les fragments publiés par lui. Ce n'est pas notre avis : le Pascal du duc de Roannez (Port-Royal), le Pascal de l'abbé Bossut n'est ni plus ni moins pyrrhonien que le Pascal du manuscrit. On dirait pourtant, à la chaleur qu'y met M. Cousin, que le pyrrhonisme de l'auteur des *Pensées* était profondément enseveli dans le manuscrit autographe, jusqu'à ce que de nouvelles fouilles l'en aient exhumé. » Cette simple observation ruine d'avance la thèse du *scepticisme* de Pascal, qu'à la suite de M. Cousin l'on a essayé de faire prévaloir. — Sur cette thèse V. plus loin nos chapitres VI et VII.

(1) P. FAUGÈRE. *Pensées, fragments et lettres de B. Pascal, publiés pour la première fois conformément aux manuscrits originaux*, Paris 1844, 2 v. in-8. — M. Faugère a publié aussi des *Pensées choisies* de Pascal, 1848.

Cette édition de M. Faugère donne avant tout le texte original des *Pensées* déjà connues. L'éditeur s'acquitte de cette partie de sa tâche avec un scrupule extrême, reproduisant les mots les plus inintelligibles et les plus incohérents, allant jusqu'à marquer la place de quelque mot illisible. Un grand nombre de pensées inédites sont mises au jour par lui, notamment les pensées si curieuses sur le Jansénisme, celles sur le Pape et l'Eglise, et le magnifique fragment sur le *Mystère de Jésus*. Les divers opuscules sont donnés dans un texte révisé ; l'éditeur y a joint le *Discours sur les passions de l'amour*, sur l'authenticité duquel les critiques ne sont pas entièrement d'accord, ainsi qu'une série de lettres adressées par Pascal à sa famille et à Mlle de Roannez.

d'une *étude sur les Pensées de Pascal* (1), crut devoir s'en tenir à l'ancienne classification de l'abbé Bossut, consacrée en quelque sorte par le temps et les sympathies du public, et déclara sans détour que « l'ordre véritable des fragments est impossible à retrouver, par une raison souveraine, qui est que cet ordre n'a jamais existé, même dans l'esprit de l'auteur » (2).

L'erreur de cette opinion si tranchée éclate aux yeux, quand on considère que le plan de Pascal, déjà connu et publié par Port-Royal, porte des caractères d'une telle authenticité, qu'elle n'a jamais pu être sérieusement mise en doute par personne.

On s'est même étonné que ce plan fût resté, pendant près de deux siècles, dans le plus complet oubli; et de généreux efforts ont été tentés pour reconstruire sur cette base l'édifice inachevé de notre grand apologiste.

Dans ce dessein, les uns ont adopté une classification logique, il est vrai, mais trop arbitraire : soit qu'ils essaient de fondre le plan de Pascal dans les éditions déjà connues (3), soit qu'ils s'attachent à disposer les

---

(1) E. HAVET, *Pensées de Pascal, dans leur texte authentique avec des introductions, des notes et des remarques.* Paris, Dezobry 1855, 2 v. in-8 ; 2e édition, entièrement transformée pour le commentaire 1866. — Cette édition, afin d'effacer de parti pris tout vestige du plan, se contente de reproduire, avec quelques suppressions, l'ordre de Bossut, en faisant disparaître jusqu'aux titres, pour y substituer une simple classification par ordre de chiffres. Le mérite de l'œuvre de M. Havet réside surtout dans la partie du commentaire qui se rapporte à la philologie du texte et à l'histoire littéraire. Il y a, à ce point de vue, une grande abondance de renseignements et de rapprochements historiques et critiques. La partie philosophique a beaucoup moins de valeur. Non seulement l'auteur insiste sur le prétendu scepticisme, mais il fait subir à Pascal la marque de son propre scepticisme libre-penseur. M. Havet, qui trouve que les réflexions de Voltaire font un étrange effet sous le texte des *Pensées*, n'a pas compris qu'il est tout aussi étrange de polémiser contre Pascal en lui opposant, à tout moment, les théories de Schoppenhauer, de Strauss et de Renan. A ce point de vue, le commentaire de M. Havet est à peu près aussi mal venu que celui de Voltaire.

(2) *Ibid.*, p. XCIX.

(3) FRANTIN, dans les rééditions qu'il donna de son œuvre, à la suite des travaux de MM. Cousin et Faugère, (Paris, Lagny, 1853

divers fragments dans un ordre jugé plus conforme aux
préoccupations du lecteur moderne (1). D'autres ont
bien entrevu la double idée qui dominait l'inspiration
apologétique de Pascal, mais ils ne la font point ressortir
dans le détail du groupement des divers fragments, n'en
donnant ainsi qu'une idée confuse ou superficielle (2).

et 1870) donne bien un aperçu du plan apologétique de Pascal,
en son *Discours préliminaire*, excellente mais trop sommaire
étude sur la philosophie du livre des *Pensées*, exprimant les vues
les plus justes sur la thèse de son prétendu scepticisme. Mais la
division même et la disposition des deux parties du texte ne tient pas
assez compte de l'allure psychologique de la méthode de Pascal.
L'éditeur amalgame aussi trop librement et fond ensemble des
fragments qui devraient conserver leur physionomie distincte.
  (1) ASTIÉ. *Pensées de Pascal, disposées suivant un plan nouveau*.
2. vol. in-18. Paris et Lausanne, Bridel, 1857. 2ᵉ édition, Paris,
Fischbacher, 1883. — C'est l'édition protestante qui, selon la remarque
de Sainte-Beuve, relève beaucoup de Franlin, mais dont l'auteur,
s'inspirant de Vinet, tire quelque peu Pascal à l'école du protestantisme
sentimental, en essayant de déduire la vérité du christianisme
des seules preuves morales internes, et en faisant bon
marché des démonstrations historiques positives. « Après que
Pascal a ballotté l'homme et lui a inoculé l'inquiétude, dit Sainte-
Beuve, au lieu de se mettre avec lui à la quête des religions par
une exploration historique qui aboutit à la découverte du petit peuple
juif, M. Astié offre tout d'abord le christianisme au complet,
l'Évangile et son sublime remède approprié au cœur humain, de
telle sorte que la démonstration positive est rejetée à la suite presque
comme superflue. Pascal certes n'eût point procédé de la sorte. »
  (2) FAUGÈRE, trop occupé de la reproduction du texte autographe,
bien qu'il eût remarqué les traits fondamentaux du plan de l'auteur,
ne s'y tient guère dans l'arrangement trop confus des divers fragments.
  LOUANDRE dans son édition *Variorum*, (Paris, Charpentier, 1861)
reproduit, avec le texte du manuscrit autographe, divers opuscules
de Pascal. Mais, tout en groupant les *Pensées* sous certains titres
communs, il n'en fait pas saisir assez le lien vraiment philosophique.
  On peut mentionner de même une édition que l'auteur de la
présente étude n'a plus connue : celle de M. A. MOLINIER, faite à la
suite d'une nouvelle révision du manuscrit, et par conséquent plus
correcte et quelque peu augmentée (Paris, Lemerre, 2 vol. *in-8*
1879-80). — C'est une édition de bibliophiles, qui reproduit jusqu'à
l'orthographe archaïque de Pascal. Sous le double titre général de
Misère de l'homme sans Dieu ; Félicité de l'homme avec Dieu, il
classe une trentaine de chapitres dont les titres ne révèlent guère
mieux la liaison logique que ceux de Port-Royal ou de Louandre.
  Dans la collection des *Grands Écrivains français*, (Paris, 1887)
on s'est préoccupé de reproduire l'édition Faugère.

Et ainsi, tout en réalisant certaines améliorations, tout en serrant davantage la trame de l'œuvre, ces éditeurs, n'ont assez marqué, à notre sens, ni l'ordonnance et la division philosophique de l'ensemble, ni la suite et l'enchaînement intimes des diverses *pensées*.

D'autres, au contraire, se sont appliqués à suivre le plan dans ses plus extrêmes détails, avec une rigoureuse méthode didactique, avec une série parfaitement logique de divisions, et de sous-divisions, dans un cadre pour ainsi dire synoptique, de manière à présenter un ensemble fortement lié dans toutes ses parties (1). Il y avait là, si l'on veut, le cadre et le dessin complets du grand tableau ; mais les matériaux qui devaient les remplir faisant défaut, il en naissait des lacunes, des disproportions, des solutions de continuité d'autant plus visibles que les lignes du plan étaient tracées avec plus de soin et de rigueur.

De là des difficultés que nul effort humain ne pouvait vaincre, puisqu'il eût fallu créer ce qui n'était plus, et ressusciter en quelque sorte ce que la mort avait à jamais anéanti.

Les traits qui résument l'histoire du livre des *Pensées* peuvent donc se réduire aux suivants :

Ou bien un plan arbitrairement choisi ; l'effacement de l'unité apologétique ; des lacunes et des suppressions considérables ; des matériaux étrangers mêlés au corps des pensées ; un texte gravement altéré et par là même singulièrement affaibli dans sa première vigueur.

Ou bien le texte intégral et authentique du manuscrit, y compris même les pensées les plus fragmentaires et les plus obscures ; mais en revanche, l'absence à peu près complète d'un plan régulier, et de tout ce qui concerne soit la suite des pensées, soit la liaison et les transitions du discours, soit les conditions élémentaires d'arrange_

---

(1) C'est là le mérite notamment de l'excellente et consciencieuse édition de M. V. Rocher, *Pensées de Pascal, publiées d'après le texte authentique et le plan de l'auteur, avec des notes philosophiques et théologiques*, in-8. Tours, A. Mame, 1873. — La 3ᵉ édition (1879) est augmentée des *opuscules philosophiques*.

ment qu'on exige, quand il s'agit, non plus d'un simple amas de fragments, mais d'un ensemble ou d'un livre qui ne vienne pas heurter, à tout moment, le sentiment littéraire du lecteur.

Ou bien enfin, avec un plan et un ordre rigoureusement maintenus, une telle abondance de détails, des divisions si nombreuses, des chapitres si disproportionnés au texte ; et trop souvent aussi la suite même du discours si violemment rompue par le mélange de ce que nous avons appelé la poussière des pensées, qu'on se retrouve, par une voie opposée, en face des mêmes écueils qu'on voulait éviter.

Et maintenant, comment éviter ces écueils ? Comment échapper à ces inconvénients ? Comment entreprendre, une fois de plus, la solution d'un problème déjà tant de fois remué par des juges si compétents, par tant et de si éminents esprits ?

Tout d'abord, hâtons nous de le dire, la recherche d'une solution parfaitement satisfaisante serait un non sens et une témérité. Une telle solution est impossible. Tout ce qu'on peut tenter, c'est, qu'on nous passe le mot, une approximation ; tout ce qu'on peut espérer, c'est, en s'éclairant des travaux de tant d'illustres devanciers, d'éviter quelques-uns au moins des inconvénients et des obstacles qu'ils ont rencontrés sur leur chemin.

Ici se présentent, dès l'abord, deux grandes difficultés : d'une part, les exigences du plan ; d'autre part, l'insuffisance et l'inextricable confusion de ce qui nous reste des *Pensées*. Si on laisse le plan, on tombe dans l'arbitraire ; si on s'en tient au manuscrit, on tombe dans le chaos ; si on veut appliquer le plan dans toute sa rigueur, on ne rencontre trop souvent que le vide.

Cela étant, il ne reste qu'un moyen, ce nous semble, d'éviter ce triple écueil, et d'arriver à une solution, au moins approximative, du problème, et voici comment il doit s'entendre.

Maintenir et accuser, dans tout son relief, l'unité et le caractère apologétique qui était le but, le dessein et l'idée mère de l'auteur.

Faire ressortir, dans toute son évidence, la division fondamentale qui devait, dans la conception de Pascal, servir de base à tout l'ouvrage, savoir : l'homme sans Dieu, l'homme avec Dieu ; l'homme déchu par le péché, l'homme relevé par Jésus-Christ ; en un mot, l'homme, dans sa misère, centre de la première partie ; Jésus-Christ, dans son œuvre rédemptrice, centre de la seconde partie.

Autour de ce double centre grouper le détail des pensées, en disposant, dans un ordre logique, la série des chapitres qui les contiennent.

Suivre, dans la mesure du possible, le même ordre logique dans la suite et l'enchaînement des pensées particulières.

Pour atteindre ce résultat, s'en tenir au dessin général et aux lignes essentielles du plan, sans s'astreindre à ces linéaments de détail qui aboutiraient, faute de matériaux, à une œuvre mal équilibrée, et ramèneraient, sous une forme diverse, le désordre et la confusion qu'il s'agit d'éviter.

Dans ce même but, éliminer du texte et mettre à part toutes ces notes de rencontre, ces simples mots de repère, ces bouts de phrases plus ou moins énigmatiques dont on ne saisit ni le sens ni le lien (1), et dont l'encombrement, en rompant la suite des idées, produit le plus souvent un sentiment pénible de confusion et de fatigue dans l'esprit des lecteurs.

Détacher du corps des *Pensées* et classer à part les opuscules qui n'appartiennent pas au plan de l'apologie.

Mettre à la suite, comme récapitulation de tout l'ouvrage, l'entretien de Pascal sur Montaigne.

---

(1) « La raison et le goût ont un choix à faire entre des notes quelquefois admirables, quelquefois aussi dépourvues de tout intérêt dans leur état actuel. Un *fac simile* n'est pas l'édition à la fois intelligente et fidèle. » (Cousin, *Préf. de la 2e édit.*). Le P. Lacordaire estimait de même qu'il fallait « élaguer la multitude absurde de rogatons sans valeur. » — Nous avons tenu néanmoins à réunir la plupart de ces fragments informes à la suite de l'*Apologie*. Pour quelques-uns parfois, l'attentive méditation du chercheur pénétrant peut conjecturer, avec plus ou moins de vraisemblance, l'ordre d'idées auquel les rattachait la conception de l'auteur.

II. — LE LIVRE DES PENSÉES

Et dans ce cadre, maintenir avec soin, il est à peine nécessaire de le dire, le texte authentique des *Pensées*.

Profiter ainsi de tant de travaux accumulés sur cette œuvre, en combinant, dans une juste mesure, les exigences du texte avec les exigences non moins impérieuses du plan.

Tel nous paraît être le programme qui, réunissant le mieux les avantages des éditions précédentes, aurait en même temps pour effet, ce nous semble, d'éviter, au moins en partie, les inconvénients et les écueils que nous avons indiqués.

Quelque estime que nous éprouvions pour l'œuvre de ces travailleurs patients qui nous ont fait connaître les moindres reliques de Pascal, quelque fruit que nous ayons tiré nous-mêmes de leurs travaux, nous ne pouvons croire cependant que c'est servir sa gloire que de publier, comme étant sa pensée définitive, ce qui est à peine une ébauche de sa pensée, un trait isolé, une pierre éparse d'un monument gigantesque que son génie n'a pu achever.

Nous ne voyons aucun avantage à ramasser tous les fragments, même les moins façonnés, tous les débris, même les plus informes, qui n'offrent aucun linéament précis, ou dont le dessin incomplet et irrégulier est en désaccord avec tout l'ensemble du plan connu. Jeter ainsi ces débris pêle-mêle à travers les lignes majestueuses du noble édifice, c'est en faire un je ne sais quoi de disparate et contradictoire qui ressemblerait bien plus à une construction barbare qu'à un monument du génie humain. Nous nous refusons à reconnaître là l'œuvre de Pascal.

Que dirait-on si l'on appliquait ce procédé à ces maîtres immortels qui ont semé le sol de Rome et d'Athènes des œuvres incomparables dont nous admirons encore les imposantes ruines.

L'œuvre de Pascal est demeurée un édifice inachevé.

Pendent opera interrupta... avaient dit d'elle ses premiers éditeurs (1). Mais nous en voyons les grandes li-

---

(1) Une vignette, qui orne quelques-unes des premières éditions, forme l'illustration de cette *légende*. (*Énéid.* IV, 88.) A droite et

gnes, le dessin général, des parties presque complètement terminées. Nous prenons tous les fragments taillés et façonnés, pour ainsi dire, par le génial auteur de cet édifice : nous nous appliquons à les remettre à leur place, autant que celle-ci se trouve indiquée par lui-même.

Notre siècle, il est juste de le reconnaître, s'est appliqué avec un soin consciencieux, à retrouver toutes les pierres de cet édifice, à en saisir l'ordonnance, à en pénétrer le sens et l'exacte conception. A la suite des éditeurs sagaces et patients, une pléiade de critiques, d'historiens, de philosophes et de théologiens ont rivalisé d'ardeur et d'ingénieuse analyse (1). Le choc des opinions

à gauche, des pierres éparses et des constructions inachevées : au milieu, dans un encadrement spécial, s'élève un temple dont le fronton est surmonté de la croix : c'est le dessin du monument complet, tel que l'avait conçu l'architecte.

(1) Nous ne pouvons ici que signaler sommairement les divers travaux des auteurs qui, en dehors de ceux déjà mentionnés, ont étudié en Pascal le penseur, le philosophe ou l'apologiste. Du siècle dernier ne méritent d'être rappelés que le singulier *Eloge* de Pascal placé par Condorcet en tête de son étrange édition, et les pages remarquables que Fontanes lui consacre dans le discours préliminaire de sa traduction de l'*Essai sur l'homme* (1783). En tête de l'édition des *OEuvres complètes* de 1819 figure une curieuse *Etude sur les Pensées* par F. de Neufchâteau : déjà en 1816 avaient été couronnés par l'académie de Toulouse, deux *Eloges*, de Bélime et Raymond, que suivirent plus tard ceux de Dumesnil, Andrieux, Quesne.

Pascal considéré comme écrivain et moraliste, est une magistrale et éloquente étude de M. Villemain, publiée dans ses *Discours et Mélanges* en 1823. M. Cousin, plusieurs années avant de connaître l'autographe, avait déjà, dans son esquisse de l'*Histoire de la philosophie* (1830), cru entrevoir le prétendu scepticisme de Pascal.

M. Nisard, dans son *Histoire de la littérature française*, consacre à Pascal de très belles pages empreintes d'émotion et de hauteur morale. Alors qu'en 1832 Monnier eut publié son *Essai sur B. Pascal*, le concours d'éloquence de l'Académie française provoqua en 1842 les deux *Eloges de Pascal*, de M. Faugère et de M. Bordas Desmoulins.

L'abbé Flottes, professeur à la Faculté des lettres de Montpellier, dans la controverse soulevée par le *Rapport* de M. Cousin, publia ses judicieuses *Etudes sur Pascal* (1843). Sous le même titre, parut en 1848 le recueil des divers morceaux très remarquables de M. Vinet, professeur à l'académie de Lausanne : livre qui contient

n'a pas été sans violence et sans tâtonnements. Mais, de cette collision d'idées et de sentiments contradictoires autour de la figure du solitaire penseur de Port-Royal, certains résultats demeurent acquis. Les points de vue essentiels peuvent donc être fixés.

Dégager ainsi de toute confusion et présenter sous son vrai jour et dans l'harmonie de ses lignes, l'œuvre conçue par l'esprit le plus géométrique et le plus conséquent parmi ceux qui ont illustré le grand siècle, sans même chercher à en affaiblir la force ni en troubler la vigoureuse clarté par des commentaires inutiles, tel est le pro-

---

des jugements très exacts et profonds, mais où l'on s'étonne de voir parfois l'auteur tirer au protestantisme Pascal qui se serait prouvé le christianisme, non par les concepts dogmatiques de l'Eglise, mais par les inspirations intimes de l'esprit divin éclairant la conscience individuelle.

L'article consacré à Pascal par M. Franck dans le *Dictionnaire des sciences philosophiques* est un réquisitoire très vif en faveur du prétendu scepticisme. — Vers la même époque, Sainte-Beuve consacrait à Pascal le 3e volume tout entier de son *Port-Royal*, étude très complète et pleine de détails curieux, mais où perce déjà le scepticisme libre-penseur vers lequel évoluait l'auteur. — *De la méthode de Pascal* par L. Lescœur (1850) est un « écrit ingénieux et paradoxal » qui attribue une importance excessive au « pari ». L'abbé Maynard dans ses 2 volumes sur *Pascal, sa vie et son caractère, ses écrits et son génie* (1850), a des parties qui nous semblent faibles, mais développe beaucoup de vues justes, surtout lorsqu'il s'élève contre l'exagération de certains reproches de scepticisme et même de jansénisme avancés par beaucoup de critiques. Ceux-ci ont été formulés de nouveau par l'abbé Lavigerie dans ses leçons sur le « le Jansénisme » (Paris, 1860) ; ceux-là par M. L. Saisset dans ses études sur le *Scepticisme : Œnésidème, Pascal, Kant* (Paris 1865).

En Allemagne, au XVIIIe siècle, nous ne trouvons à signaler que les *Commentarii Vitæ Blasii Pascalis* de Becker (Dresde, 1753). La principale publication a été celle de Reuchlin (*Pascals Leben und der Geist seiner Schriften*, Stuttg. 1840). C'est une étude fort complète et judicieuse, où parfois se trahit l'esprit protestant, comme dans la singulière idée de voir, dans la vie et l'œuvre de Pascal, un argument contre la confession auriculaire ! — Neander, (*über die geschichtliche Bedeutung der Pensées von Pascal*, Berlin. 1847), exprime certaines vues dignes d'attention. — Par contre, le travail de Dreydorf (*Pascal, sein Leben und seine Kæmpfe*, Leipzig, 1870), tout en résumant les travaux de la science française, trahit trop de parti-pris et de passion confessionnelle, le tout sur un

gramme que nous avons eu en vue et qui est la raison d'être de ce travail. Le public jugera si nous avons réussi à le réaliser au moins dans ses grandes lignes, et si le résultat, malgré d'inévitables imperfections, n'a pas entièrement trahi nos efforts.

ton inconvenant. Les mêmes défauts se retrouvent dans son *Pascals Gedanken*, (Leipzig, 1875). — Weingarten (*Pascal als Apologet des Christenthums*, Leipzig, 1863), donne une étude plus sérieuse, mais empreinte des préjugés du protestantisme rationaliste.

Parmi les écrivains catholiques, il y a à signaler spécialement les études du P. Kreiten, S. J. (*Stimmen aus Maria-Laach*, XLIV), et Sierp (*Pascals Stellung zum Skepticismus*, dans le *Philosoph. Jahrbuch* de la Société Goerres (1889-90).

Au cours de ces dernières années parurent le substantiel et lumineux travail de M. Nourrisson sur *Pascal physicien et philosophe* (Paris, 1885) et l'excellente *Etude* très creusée et très documentée de M. Droz *sur le scepticisme de Pascal* (Paris 1886). M. Brunetière, en ses *Etudes critiques sur la littérature française* (II et III), consacre à Pascal des pages fort remarquables. L'ouvrage de M. J. Bertrand (*Pascal*, Paris, 1890) contient sur les *Pensées*, des vues intéressantes, mais parfois assez contestables. Les récents historiens de *la littérature française*, comme le P. Longhaye et M. Lanson donnent une large place à l'examen du livre des Pensées. — De nombreux articles de revues se sont aussi occupés des *Pensées* : contentons-nous de citer ceux donnés par M. Brunetière, *Revue des Deux-Mondes*, 15 août 1879) et M. Sully-Prudhomme (*Ibid.* 15 oct. 15 nov. 1890, *Revue de Paris*, 1er sept. 1894); ainsi que les études du P. Chauveau (*Etudes Religieuses* des PP. Jésuites, mai-juillet 1868, et du P. Longhaye (*Ibid.* décembre 1891) et de M. Empart, dans les *Annales de Philosophie chrétienne*, (1880-82.)

III

PLAN ET DOCTRINE DES *Pensées*

Le plan que Pascal entendait réaliser, dans son œuvre apologétique, est suffisamment connu pour qu'on puisse en déterminer la magistrale ordonnance. Il l'avait développé lui-même dans une conférence faite devant ses amis de Port-Royal, et dont le compte-rendu nous a été conservé par deux documents d'une autorité indiscutable.

La préface de l'édition de Port-Royal a été rédigée, on le sait, par Etienne Périer, le neveu de Pascal, qui représentait la famille dans le groupe d'amis qui préparèrent la publication des fragments. Or, dans sa plus grande partie, cette préface est consacrée à résumer l'exposé fait par l'auteur des *Pensées* « dix ou douze ans » auparavant (1).

Ce n'est pas cependant la préface d'Etienne Périer qui devait être publiée tout d'abord. Un des membres de la société de Port-Royal, Filleau de la Chaise, avait composé un *Discours sur les Pensées de M. Pascal*, qu'on pensait faire figurer, en guise d'Introduction, en tête de l'édition. Sur les instances de la famille (2), le travail d'Etienne Périer finit par avoir la préférence, et le *Discours* de La Chaise fut inséré à la suite de quelques éditions postérieures (1672-78) (3).

---

(1) C'est-à-dire entre 1657 et 1659, puisque Périer écrivait sa *préface* en 1669.
(2) V. Lettre de Mme Périer, 1er avril 1670, (*ap*. Sainte-Beuve, *Port-Royal*, II, 19), contredisant l'indication contenue dans l'approbation des docteurs (1671) qui attribue l'opuscule à un M. du Bois de la Cour.
(3) En même temps qu'un autre discours *sur les preuves des livres de Moïse*, et une dissertation *où l'on fait voir qu'il y a des*

Le compte-rendu que cet auditeur donne de l'entretien de Pascal est parfaitement conforme à celui d'Etienne, mais plus développé et empreint d'un sentiment plus philosophique.

De plus, ces deux exposés parallèles sont confirmés par les paroles de Mme Périer dans la *Vie* qu'elle nous a laissée de son frère, et dont les indications, bien que plus sommaires, concordent — quoi qu'on en ait dit — avec la *Préface* rédigée par son fils et le *Discours* de La Chaise.

A ce triple témoignage vient s'ajouter celui du livre lui-même. Non seulement nous le trouvons dans l'*Entretien* avec M. de Sacy ; mais parmi les *Pensées* mises au jour par les derniers éditeurs, il y en a quelques-unes qui, dans leur laconisme fragmentaire, trahissent l'ordre que Pascal tenait présent à son esprit : « 1re partie : misère de l'homme sans Dieu ; 2me partie : félicité de l'homme avec Dieu » ; — « Commencer par montrer que la religion n'est point contraire à la raison ; ensuite en donner respect... faire souhaiter qu'elle soit vraie, et puis montrer qu'elle est vraie ». Ces annotations, et plusieurs autres de même nature, marquent d'une façon indubitable que le plan de l'*Apologie* était bien celui que les premiers éditeurs ont signalé sans s'y conformer.

Il y a plus. — Qu'on étudie de près la plupart des fragments qui ont une certaine étendue, qu'on en approfondisse le sens, l'enchaînement et la portée, et l'on s'apercevra aisément du lien logique qui les rattache aux idées fondamentales de l'œuvre de Pascal. « Quiconque », dit très justement un des récents éditeurs, voudra étudier à fond, dans cet ordre, les fragments les plus importants des *Pensées*, comparer ensuite les rapports évidents qu'ils

démonstrations d'une autre espèce et aussi certaines que celles de la géométrie, du même auteur.

Ce remarquable *discours*, « où l'on essaie de faire voir quel était son dessein », est consacré presqu'entièrement à reproduire la célèbre conférence de Pascal « qui fut comme le plan qu'il méditait », reflétant « cette union d'esprit et de sentiments qui échauffe et donne de nouvelles forces, en un de ces moments heureux où les plus habiles se surpassent eux-mêmes et où les impressions se font si vives et si profondes dans l'âme des auditeurs. »

III. — PLAN ET DOCTRINE DES PENSÉES

offrent avec le plan de Pascal, sera étonné de voir ces précieux matériaux se lever de terre, pour ainsi dire, se ranger comme d'eux-mêmes, et apparaître, malgré des lacunes inévitables, comme un monument digne de l'architecte qui l'a conçu et de la noble cause à laquelle il le destinait (1). »

Cette question de l'ordre logique des *Pensées* à part, on peut encore se demander quelle disposition littéraire et quelle forme de composition Pascal aurait donnée à son livre. Sur ce point les conjectures sont plus difficiles. Parmi les notes fragmentaires qui nous sont parvenues, quelques-unes portent des mentions comme celle-ci : « *ordre par lettres, ordre par dialogues* ». Il faut donc croire que l'*Apologie* aurait présenté des allures variées et dramatiques. La forme épistolaire lui avait si bien réussi déjà, qu'on ne s'étonne point qu'il songeât à l'employer derechef : « une lettre de la folie de la science avant le divertissement. — Une lettre à un ami pour le porter à chercher... et il répondra : à quoi me servira... et lui répondra : ne désespérez pas... — Après la lettre *qu'on doit chercher Dieu*, faire la lettre d'ôter les *obstacles*... — Dans la *lettre de l'injustice* peut venir la plaisanterie des aînés qui ont tout... ».

Le dialogue se révèle dans le fragment du *pari* et la boutade sur la justice « de l'autre côté de l'eau ». Nous l'aurions eu vraisemblablement en maint autre chapitre, à en juger par ce jet... : « Que dois-je faire... croirai-je que je ne suis rien ?... toutes choses changent... Vous vous trompez ; il y a... Eh quoi ! ne dites-vous pas vous même que... » — Ces indications nous laissent soupçonner des formes littéraires qui certainement auraient donné au livre le cachet d'une véritable œuvre d'art. Mais elles sont trop rares pour nous permettre d'en ressaisir la

---

(1) ROCHER. *Pensées de Pascal*, p. LXXIX. — Les premiers éditeurs déjà avaient la persuasion que les lecteurs, après avoir bien conçu une fois le dessein de M. Pascal, « suppléeraient d'eux-mêmes au défaut de cet ordre, et en considérant avec attention les diverses matières répandues dans ces fragments, jugeront facilement où elles doivent être rapportées, suivant l'idée de celui qui les avait écrites. » (Edition de 1670, *préf.* p. 26).

physionomie (1). Peu importe d'ailleurs : l'essentiel est que nous puissions nous retracer l'ordre logique de la *pensée*, la suite du raisonnement et l'enchaînement de la démonstration.

Cet ordre-là nous le connaissons et il importe d'en fixer la trame et les linéaments.

La profonde misère de l'homme sans Dieu, la félicité ferme et durable de l'homme avec Dieu : tel est, dans sa simple et saisissante vérité, le plan de l'apologétique de Pascal.

Il avait compris cette loi impérieuse de notre nature qui condamne nos pensées, nos sentiments, nos désirs et nos aspirations les plus invincibles à la recherche persistante et infatigable de la vérité, de la justice, du bonheur. Il avait compris que la possession du souverain bien a été l'espoir ou la promesse de toutes les religions, de toutes les philosophies qui ont remué le problème de notre destinée, et que nulle cependant, si hautes que soient ses prétentions, ne peut se flatter d'avoir rencontré la vérité, tant qu'elle n'a pas donné une réponse victorieuse à toutes les énigmes de ce formidable problème. Il en examine donc les plus intimes replis avec une vigueur de pensée, une audace d'analyse, une sincérité de logique, une ardeur et une émotion de langage qui seront l'éternel honneur de son âme et de son génie. Rien, dans la misère de l'homme, n'échappe aux prises de son impitoyable dialectique. Les causes de cette misère ; le remède qu'elle appelle ; la réponse que la religion donne à notre cri de douleur ; le bonheur qu'elle assure à notre intelligence et à notre âme par la possession assurée de la souveraine vérité et du souverain bien : tout cela est traité avec une hauteur et une originalité de vues qu'on ne se lasse pas d'admirer. Et si, aux yeux de Pascal, la

---

(1) C'est en ce sens qu'on peut trouver juste l'idée exprimée sous une forme un peu recherchée par M. Sully-Prudhomme : « On peut bien classer les *Pensées* dans l'ordre logique, mais non dans l'ordre didactique de son plan. Nous pouvons espérer nous représenter avec vraisemblance ce qu'il avait conçu, non ce qu'il aurait composé. » (*Rev. des Deux-Mondes* 1ᵉʳ septembre 1894.)

religion chrétienne a droit de s'imposer à l'assentiment de nos esprits, c'est qu'elle possède un titre que nulle autre doctrine ne peut lui disputer, qu'elle seule connaît les vraies sources de notre misère, c'est qu'elle seule nous en indique le remède ; c'est qu'elle seule, en un mot, a su résoudre le problème de notre bonheur.

De là le plan des *Pensées* se déroule avec une logique d'une extrême simplicité, et il est facile de saisir les grandes lignes du monument que le génie si géométrique et si passionné de Pascal voulait élever en l'honneur de sa foi, et dont il ne reste malheureusement que des fragments inachevés.

L'homme est le centre de la première partie ; Dieu ou l'homme-Dieu, le centre de la seconde partie. Autour de ces deux centres se groupent, dans un enchaînement rigoureux, les pensées éparses qui devaient, dans le plan de l'auteur, se ramener à ce double objet.

L'homme, voilà donc le premier acteur de ce drame. Jeté en ce monde où s'épuise et s'évanouit si vite sa fragile et fugitive existence, il ne peut ne point se poser cette redoutable question : mon âme est-elle immortelle, ou tout ce que je suis finit-il avec cette vie ? — Cette question nous touche si profondément, toutes nos actions et toutes nos pensées doivent prendre des routes si différentes selon qu'il y aura des biens éternels à espérer ou non, que l'indifférence à cet égard serait un aveuglement incompréhensible et un assoupissement contre nature. La frivolité qui en tire vanité et ne fait rien pour la dissiper est un apesantissement de la main de Dieu. Il y a là un prodige d'aveuglement et de folie dont il faut faire sentir l'extravagance à ceux qui y passent leur vie. Notre premier intérêt et notre premier devoir est donc de nous éclaircir sur ce sujet d'où dépend tout le reste, et le problème religieux se pose et s'impose, sans qu'il soit en notre pouvoir de lui opposer notre indifférence ou nos dédains.

Après cette question notre âme est-elle immortelle ? il en est une autre inséparable de celle-là : y a-t-il un Dieu ? y a-t-il une éternité bienheureuse ? Ou bien ce qu'en disent les sages et tous les peuples, n'est-ce qu'une illusion ou un rêve ? En admettant même que notre raison fût impuissante à établir cette grande vérité, serait-il permis à un homme sensé de n'en tenir aucun compte et de régler sa vie comme s'il n'y avait pas de Dieu ? — Non, même dans cette impuissance d'ailleurs chimérique de notre raison, le parti le plus raisonnable et le plus sûr serait encore de croire en Dieu. Si nous mettons en balance un avenir certain mais fini avec un avenir infini purement possible, il n'y a pas à hésiter. Il faut se déclarer pour cet infini. Ainsi le veut la « règle des partis. » On sera fidèle, honnête, humble, reconnaissant, bienfaisant, sincère, ami véritable. On ne sera point dans les plaisirs empestés, dans la gloire, dans les délices. Mais on trouvera d'autres jouissances plus sûres et plus solides, et l'on y gagnera même pour cette vie. Il faut donc se décider, combattre ses passions qui sont le grand obstacle, agir en toutes choses comme si on avait la foi, et arriver ainsi, par la pratique sûre et infaillible du bien, à la connaissance du vrai.

Or, l'homme a trois moyens de croire : la coutume, la raison (c'est-à-dire le raisonnemment), le cœur. C'est le cœur surtout qui a ses raisons que la raison ne connaît point. C'est le cœur qui *sent* Dieu ; c'est en quelque sorte, son élan direct et spontané qui saisit le principe de la vérité (1).

On ne démontre pas les vérités premières ; on les affirme ou plutôt elles s'affirment et s'imposent d'elles-mêmes, et Dieu n'est-il pas la première de ces vérités ? Non que la religion exclue la raison qui raisonne, au con-

---

(1) Dans la langue de Pascal la raison n'est que la faculté de raisonner, de tirer les démonstrations des principes. Mais ces principes sont saisis en quelque sorte par un élan spontané et primordial de l'intelligence accompagné et aidé par un élan semblable de la volonté. Cet élan primitif du fond même de notre être intellectuel et moral, ce *conatus* initial de notre double faculté de connaître et de vouloir, auquel correspond, à la suite de l'acte de connaissance et de la satisfaction de la volonté, l'impression de quiétude et de jouissance dans le besoin satisfait, voilà, pour Pascal, *le cœur*.

traire. Mais la dernière démarche de la raison est de reconnaître qu'il y a une infinité de choses qui la surpassent. Elle n'est que faible, si elle ne va pas jusqu'à connaître cela. Il faut donc savoir douter où il faut, assurer où il faut et se soumettre où il faut. On évitera ainsi deux excès : exclure la raison, n'admettre que la raison. La raison, néanmoins, sera juge en dernier ressort, et comme le dit excellement Pascal : « C'est le consentement de nous-mêmes à nous-mêmes, et la voix constante de notre raison, et non des autres, qui nous doit faire croire ».

Si la foi par elle-même a des assises profondes dans la raison et dans le cœur de l'homme, gardons-nous de penser qu'elle soit un simple effet du raisonnement. Non, la foi véritable, surtout la foi utile, surnaturelle et salutaire, est un don de Dieu. C'est la grâce qui l'inspire, et cette grâce, Dieu la donne à ceux qui ont le cœur humilié, à ceux qui tournent leur cœur vers lui. C'est pourquoi l'on voit des personnes simples croire sans longs raisonnements. Dieu leur donne l'amour de soi et la haine d'eux-mêmes. Cela suffit. La coutume ensuite les confirme dans leur croyance ; car les preuves ne convainquent que l'esprit ; c'est la coutume qui nous fait acquérir une créance plus facile, celle de l'habitude, et qui, sans violence, sans art, sans argument, incline toutes nos puissances à la foi, en sorte que notre âme y tombe naturellement. C'est ainsi que la foi, dans son origine aussi bien que dans sa durée, résulte du concours harmonieux de toutes nos facultés, en même temps qu'elle est un don manifeste de la toute-puissante bonté de Dieu.

D'une part donc, l'homme ne peut échapper au problème de sa destinée ; et d'autre part, s'il le veut, il trouve en lui-même et autour de lui tout ce qu'il faut pour le résoudre. Il n'est condamné ni au doute, ni au désespoir, et quelle que soit sa misère, il peut, dans la pleine possession de la vérité, se relever de sa ruine, en s'appuyant sur son Sauveur. S'il se considère en lui-même, il verra la profondeur de son néant ; s'il se considère avec Dieu, il verra l'incomparable grandeur de sa destinée. Que faut-il donc ? Un double regard de l'homme sur lui-même et sur Dieu. — Un abîme de misère et de grandeur s'évanouissant dans la lumière de l'Homme-Dieu et de son œuvre : voilà, pour Pascal, tout le problème et aussi toute sa solution. Tout est là, en effet, et qui le comprend sait tout ce qu'il peut savoir ici-bas du grand problème des choses.

Ce qui frappe le plus l'esprit de l'homme, quand il se considère lui-même, c'est l'étonnante disproportion qui règne, non seulement entre lui et ce qui l'entoure, mais entre ses facultés elles-mêmes. Quand il contemple la nature entière dans sa haute et pleine majesté, quand il veut mesurer cette sphère immense dont le centre est partout et la circonférence nulle part, il s'efface en quelque sorte, et disparaît, lui et ce monde visible, comme un trait imperceptible dans l'ample sein de la nature. Quand, ensuite, il veut considérer les merveilles de la dernière petitesse, lui qui n'était qu'un atôme au prix de l'univers, il semble qu'il soit un monde au prix de ces atômes. Perdu entre ces deux abîmes de l'infini et du néant, un néant à l'égard de l'infini, un tout à l'égard du néant, un milieu entre rien et tout, également incapable de voir le néant d'où il est tiré et l'infini où il est englouti, tout devient pour lui un impénétrable mystère. Et quelque terme où nous pensions nous attacher et nous affermir, il branle et nous quitte ; et si nous le suivons, il échappe à nos prises, et nous fuit d'une fuite éternelle.

Même disproportion de lui-même à lui-même. Il n'est qu'un roseau, le plus faible de la nature, mais c'est un roseau pensant. Il ne faut pas que l'univers entier s'arme pour l'écraser. Une vapeur, une goutte d'eau suffit pour le tuer. Mais quand l'univers l'écraserait, l'homme serait encore plus noble que ce qui le tue, parce qu'il sait qu'il meurt et connaît l'avantage que l'univers a sur lui, tandis que l'univers, lui, n'en sait rien.

Toute notre dignité consiste donc en la pensée et là est le principe de la morale. Cependant cette pensée si grande par sa nature, qu'elle est basse par ses défauts ! Quel contraste entre sa grandeur et sa misère ! L'homme connaît qu'il est misérable, il est donc misérable ; mais il est grand, puisqu'il se connaît tel. Sa misère se conclut de sa grandeur, sa grandeur de sa misère ! Il a une si haute idée de l'âme de l'homme qu'il ne peut souffrir d'en être méprisé et de n'être pas dans l'estime d'une âme. Et toute la félicité des hommes consiste dans cette estime. Ceux même qui méprisent le plus les hommes, et qui les égalent aux bêtes, encore veulent-ils en être admirés et crus, et se contredisent à eux-mêmes par leur propre sentiment.

Et cependant voilà que cette grandeur même tourne à notre perte... L'homme veut être grand et il se voit petit, il veut être heureux et il se voit misérable ; il veut être parfait, et il se voit plein d'imperfections ; il veut être l'objet de l'amour et de l'estime des hommes, et il voit que ses défauts ne méritent que leur aversion et leur mépris. De là une haine mortelle contre cette vérité qui le reprend et qui le convainc de ses défauts. Il désirerait l'anéantir, et ne pouvant la détruire en elle-même, il la détruit autant qu'il peut dans sa connaissance et dans celle des autres, c'est-à-dire qu'il met tout son soin à couvrir ses défauts et aux autres et à soi-même, et qu'il ne peut souffrir qu'on les lui fasse voir ni qu'on les lui voie.

De là, cet orgueil et cet égoïsme effréné, source de notre corruption et de notre misère. — L'homme ne se contente pas de la vie qu'il a en lui et dans son propre être : il veut vivre dans l'idée des autres d'une vie imaginaire. Il travaille incessamment à embellir et à conserver cet être imaginaire et néglige le véritable. L'orgueil le tient d'une prise si naturelle, au milieu de ses misères, qu'il perd encore la vie avec joie, pourvu qu'on en parle. La vanité est si ancrée dans le cœur de l'homme, qu'un soldat, un goujat, un cuisinier, un crocheteur se vante et veut avoir ses admirateurs, et les philosophes mêmes en veulent. Nous sommes si présomptueux que nous voudrions être connus de toute la terre, et nous sommes si vains que l'estime de cinq ou six personnes qui nous environnent, nous amuse et nous contente.

Le Moi est donc injuste, en ce qu'il se fait centre de tout. Il est incommode aux autres, en ce qu'il les veut asservir.

Il est l'ennemi et voudrait être le tyran de tous les autres. Il est donc haïssable et il faut le combattre pour appartenir à Dieu seul.

Mais où éclate, dans toute sa profondeur, cette misère de l'homme, c'est dans les étonnantes faiblesses de sa raison et de sa volonté. Rien ne lui montre la vérité ; tout l'abuse. Ces deux principes de vérité, la raison et les sens, outre qu'ils manquent chacun de sincérité, s'abusent réciproquement l'un l'autre. Les sens abusent la raison par de fausses apparences ; et cette même piperie qu'ils apportent à la raison, ils la reçoivent d'elle à son tour, elle s'en revanche. Les passions de l'âme troublent les sens et leur font des impressions fausses ; ils mentent et se trompent à l'envi.

Même mensonge et même tromperie dans la volonté. Celle-ci est un des principaux organes de la créance ; non qu'elle forme la créance, mais parce que les choses sont vraies ou fausses selon la face par où on les regarde. Sa volonté, qui se plaît à l'une plus qu'à l'autre, détourne l'esprit de considérer les qualités de celles qu'elle n'aime pas à voir ; et ainsi l'esprit marchant d'une pièce avec la volonté, s'arrête à regarder la face qu'elle aime, et ainsi il ne juge que par ce qu'il y voit.

L'imagination est une autre et féconde source d'erreurs. Cette superbe puissance, pour montrer combien elle peut en toutes choses, a établi dans l'homme une seconde nature. Elle a ses heureux, ses malheureux, ses sains, ses malades, ses riches, ses pauvres ; elle fait croire, douter, nier la raison ; elle suspend les sens, elle les fait sentir ; elle a ses fous et ses sages, et rien ne nous dépite davantage que de voir qu'elle remplit ses hôtes d'une satisfaction bien autrement pleine et entière que la raison. Elle dispense la réputation ; elle donne le respect et la vénération aux personnes, aux lois, aux grands. Toutes les richesses de la terre sont insuffisantes sans son consentement. Elle dispose de tout. Elle fait la beauté, la justice, et le bonheur qui est le tout du monde. Combien un avocat payé d'avance trouve plus juste la cause qu'il plaide! Combien son geste hardi la fait-il paraître meilleure aux juges dupés par cette apparence. Plaisante raison qu'un vent manie à tous sens !

Il en est de même de la coutume. Tant est grande la force de la coutume que, de ceux que la nature n'a fait qu'hommes, on fait toutes les conditions des hommes.

Nos principes naturels même, ne sont, ce semble, que nos principes accoutumés. Une coutume différente en donnera d'autres.

La justice elle-même subit sa tyrannie. La coutume fait toute l'équité par cette seule raison qu'elle est reçue. C'est le fondement mystique de son autorité. Qui la ramène à son principe, l'anéantit. C'est pourquoi l'art de fronder et bouleverser les États est d'ébranler les coutumes établies, en sondant jusqu'à leur source, pour marquer leur défaut de justice. C'est un jeu sûr pour tout perdre : rien ne sera juste à cette balance, car le peuple n'obéit aux lois et aux coutumes que parce qu'il les croit justes. La coutume est en effet une seconde nature qui détruit la première ; et la vraie nature de l'homme étant perdue, tout devient sa nature.

Si les coutumes ou impressions anciennes sont capables de nous abuser, les charmes de la nouveauté ont le même pouvoir. — De là viennent toutes les disputes des hommes, qui se reprochent ou de suivre leurs fausses impressions de l'enfance, ou de courir témérairement après les nouvelles. Puis viennent les maladies, autre principe d'erreur. Elles nous gâtent le jugement et le sens.

Notre propre intérêt est encore un merveilleux instrument pour nous crever les yeux agréablement. Il n'est pas permis au plus équitable homme du monde d'être juge en sa propre cause. L'affection ou la haine change la justice de face. On se gâte l'esprit comme on se gâte le sentiment. — Et puis, dans les objets de nos connaissances, que d'obstacles et de difficultés ! Toutes choses étant causées et causantes, aidées et aidantes médiatement ou immédiatement, et toutes s'entretenant par un lien naturel et insensible, comment connaître les parties sans connaître le tout ? Et comment connaître le tout sans connaître les parties ? Comment connaître les choses, simples en elles-mêmes, alors que nous sommes composés de nature opposées et de divers genres, d'âme et de corps ? Et comment nous connaître nous-mêmes, alors que l'homme est à lui-même le plus prodigieux objet de la nature ? Car il ne peut concevoir ce que c'est que corps, et encore moins ce que c'est qu'esprit, et moins qu'aucune chose comment un corps peut être uni à son esprit. Partout des difficultés insurmontables et d'impénétrables mystères.

Il faut en dire autant de la vanité, de l'inconsistance, de l'incertitude et de la contradiction des opinions communes ? Que penser de ce fonds d'ennui et d'inquiétude, dont rien ne peut délivrer notre âme et qui est le grand obstacle à notre bonheur ? Rien n'est si insupportable à l'homme que d'être dans un plein repos, sans passion, sans affaire, sans divertissement, sans application. Il sent alors son néant, son abandon, son insuffisance, son vide. Incontinent il sortira du fonds de son âme, l'ennui, la noirceur, la tristesse, le chagrin, le dépit, le désespoir. Pour y échapper, il veut se divertir. De là vient qu'il aime tant le bruit et le remuement. De là vient que la prison est un supplice si horrible ; de là vient que le plaisir de la solitude est une chose incompréhensible. Et cependant le divertissement, qu'il regarde comme son plus grand bien, est son plus grand mal, parce qu'il l'éloigne, plus que toutes choses, de chercher le remède à ses maux. Attiré ainsi, par un instinct secret, au divertissement et à l'occupation au dehors, et averti, par un autre instinct secret, reste de la grandeur de sa première nature, que le bonheur est dans le repos et non dans le tumulte, il passe sa vie à chercher le repos en combattant quelques obstacles, et à le repousser ensuite comme insupportable, dès qu'il les a surmontés. Car il pense ou aux misères qu'il a, ou à celles qui le menacent. Et quand même il se verrait à l'abri de toutes parts, l'ennui, de son autorité privée, ne laisserait pas de sortir au fond du cœur où il a des racines naturelles, et de remplir l'esprit de son venin.

L'homme est donc un sujet plein de contrariétés et de misères. Il est fait pour connaître la vérité. Il la désire ardemment, il la cherche, et cependant quand il tâche de la saisir, il s'éblouit et se confond de telle sorte, qu'il

III. — PLAN ET DOCTRINE DES PENSÉES

donne sujet de lui en disputer la possession. D'une part le pyrronisme cherche à ébranler tous les fondements de la certitude ; d'autre part, en parlant de bonne foi et et sincèrement, on ne peut douter des principes naturels. Que fera donc l'homme en cet état ? Doutera-t-il s'il est ? Doutera-t-il s'il doute ? On n'en peut venir là, et il n'y a jamais eu de pyrrhonien effectif parfait. La nature soutient la raison impuissante et l'empêche d'extravaguer jusqu'à ce point. Que si la nature confond les pyrrhoniens, et la raison les dogmatiques, qui démêlera cet embrouillement, et que deviendra l'homme, ne pouvant fuir une de ces sectes ni subsister dans aucune ?

Que deviendra-t-il à l'égard de la félicité qu'il recherche avec tant d'ardeur en toutes ses actions ? Car tous les hommes recherchent d'être heureux ; cela est sans exception. Quelques différents moyens qu'ils y emploient, tous tendent à ce but, et c'est le motif de toutes les actions de tous les hommes, jusqu'à ceux qui vont se pendre.

Et cependant depuis un si grand nombre d'années, jamais personne, sans la foi, n'est arrivé à ce point où tous visent continuellement. Tous se plaignent, princes, sujets ; nobles, roturiers ; vieux, jeunes ; forts, faibles ; savants, ignorants ; sains, malades ; de tous les temps, de tous âges et de toutes conditions.

Une épreuve, si longue, si continuelle et si uniforme aurait dû nous convaincre de notre impuissance d'arriver au bien par nos propres efforts. Mais l'exemple ne nous instruit point. Il n'est jamais si parfaitement semblable qu'il n'y ait quelque délicate différence. Et ainsi le présent ne nous satisfaisant jamais, l'espérance nous pipe, et de malheur en malheur nous mène à la mort qui en est un comble éternel.

De là, une condition étrange qui ne ressemble à aucune autre. Naturellement crédule et incrédule, timide et téméraire, guidé par la raison et soumis à l'instinct, sensible aux plus petites choses, insensible aux plus grandes ; prêt à sacrifier tout à soi, et prêt à mourir pour rien ; d'un orgueil à vouloir s'égaler à Dieu, et d'une bassesse jusqu'à se soumettre aux bêtes, jusqu'à les adorer ; misérable au delà de ce qui se peut exprimer et non moins présomptueux que misérable : quelle chimère est-ce donc que l'homme ? Qelle nouveauté, quel monstre, quel chaos, quel sujet de contradiction, quel prodige ? Juge de toutes choses, imbécile ver de terre, dépositaire du vrai, cloaque d'incertitude et d'erreur, gloire et rebut de l'univers. S'il se vante, on l'abaisse. S'il s'abaisse, on le vante et on le contredit toujours jusqu'à ce qu'il comprenne qu'il est un monstre incompréhensible.

Où sera l'explication d'un tel mystère ? Où sera le remède à une telle misère ? En vain nous interrogeons la nature ; elle n'offre rien qui ne soit matière de doute et d'inquiétude. En vain les autres religions. Elles n'ont ni la morale qui puisse nous plaire ni les preuves qui puissent nous arrêter. En vain les philosophes ; car ceux qui nous égalent aux Dieux, peuvent-ils nous guérir de notre orgueil, et ceux qui nous égalent aux bêtes, peuvent-ils nous guérir de nos concupiscences ?

Que deviendra donc l'homme ? Sera-t-il égal à Dieu ou aux bêtes ? Quelle effroyable distance ! Que serons-nous donc ?

Voilà le grand, le terrible problème, dans le mystère de l'homme, le spectacle de ses contrariétés, l'abîme de sa misère. Où sera la raison de ces contrariétés ? Où sera le remède à ces maux ?

C'est ici que la vraie religion doit faire entendre sa réponse. C'est ici qu'elle doit résoudre le problème, éclairer le mystère, indiquer l'unique et souverain remède, et donner ainsi la preuve de sa vérité et de sa divine origine.

Or voici ce que dit la sagesse de Dieu :

« C'est en vain, ô hommes, que vous cherchez en vous-mêmes le remède à vos misères. Vos maladies principales sont l'orgueil qui vous soustrait de Dieu, et la concupiscence qui vous attache à la terre ; et les philosophies humaines n'ont fait autre chose qu'entretenir au moins une de ces maladies. N'attendez donc ni vérité ni consolation des hommes. Je suis celle qui vous a formés et qui puis seule vous apprendre qui vous êtes. Mais vous n'êtes plus maintenant en l'état où je vous ai formés.

J'ai créé l'homme saint, innocent, parfait; je l'ai rempli de lumière et d'intelligence. L'œil de l'homme voyait alors la majesté de Dieu. Il n'était pas alors dans les ténèbres qui l'aveuglent ni dans la mortalité et dans les misères qui l'affligent. Mais il n'a pu soutenir tant de gloire sans tomber dans la présomption. Il a voulu se rendre centre de lui-même et indépendant de mon secours. Il s'est soustrait de ma domination ; et s'égalant à moi par le désir de trouver sa félicité en lui-même, je l'ai abandonné à lui, et révoltant les créatures qui lui étaient soumises, je les ai rendues ennemies: en sorte qu'aujourd'hui l'homme est devenu semblable aux bêtes et dans un tel éloignement de moi qu'à peine lui reste-t-il une lumière confuse de son auteur : tant toutes ses connaissances ont été atteintes et troublées ! Ses sens indépendants de la raison, et souvent maîtres de la raison, l'ont emporté à la recherche des plaisirs. Toutes les créatures ou l'affligent ou le tentent, et dominent sur lui, ou en le soumettant par leur force, ou en le charmant par leurs douceurs qui est une domination plus terrible et plus impérieuse. 1

Voilà l'état où les hommes sont aujourd'hui. Il leur reste quelque instinct impuissant du bonheur de leur première nature ; et ils sont plongés dans les misères de leur aveuglement et de leur concupiscence qui est devenue leur seconde nature.

Ce double état d'innocence et de corruption, telle est donc l'explication de ces contrariétés qui semblaient le plus nous éloigner de la connaissance de la religion et qui nous conduisent le plus tôt à la véritable. Là se trouve la raison du douloureux conflit engagé entre notre double nature.

Là se trouve aussi l'indication du remède.

Quand, après nous avoir fait connaître notre déchéance, la religion nous apprend que nous pouvons nous relever, non par nos propres forces, mais par la grâce du Rédempteur, elle fait seule ce que n'ont pu faire ensemble toutes les philosophies et toutes les religions de la terre. En apprenant aux justes, qu'elle élève jusqu'à la participation de la Divinité même, qu'en ce sublime état ils portent encore la source de toute la corruption qui les rend, durant toute la vie, sujets à l'erreur, à la misère, à la mort, au péché ; d'autre part, en criant aux plus impies qu'ils sont capables de la grâce de leur Rédempteur ; donnant ainsi à trembler à ceux qu'elle justifie, et consolant ceux qu'elle condamne, elle tempère avec tant de justesse la crainte avec l'espérance, par cette double capacité qui est commune à tous et de la grâce et du péché, qu'elle abaisse infiniment plus que la seule raison ne peut faire, mais sans désespoir ; et qu'elle élève infiniment plus que l'orgueil de la nature, mais sans enfler ; faisant bien voir par là qu'étant seule exempte d'erreur et de vice, il n'appartient qu'à elle d'instruire et de corriger les hommes.

Ainsi donc, la religion nous apprend que par un homme tout a été perdu et que par un homme tout est réparé. Elle nous apprend que par le premier homme nous sommes misérables, corrompus, séparés de Dieu, mais rachetés par Jésus-Christ, le Libérateur, et c'est de quoi nous avons les preuves admirables sur la terre.

Il se rencontre en effet un peuple particulier, séparé de tous les autres peuples de la terre, le plus ancien de tous, sorti d'un seul homme, adorant un seul Dieu et se conduisant par une loi qu'ils disent tenir de sa main. Ils soutiennent qu'ils sont les seuls du monde auxquels Dieu a révélé ses mystères ; que tous les hommes sont corrompus et dans la disgrâce de Dieu, qu'il viendra un Libérateur pour tous, et qu'ils sont formés exprès pour appeler tous les peuples à s'unir à eux dans l'attente de ce Libérateur.

Tout, dans ce peuple, est extraordinaire, son antiquité, sa durée, sa loi et le livre qui la contient, livre aussi ancien que le peuple et fait en quelque sorte par le peuple lui-même.

Moïse son historien, est un homme admirable, séparé, par quelques générations seulement, du berceau du monde et réunissant, dans sa personne, dans son œuvre, dans son récit, des caractères d'une vérité extraordinaire et saisissante qu'on chercherait en vain dans les autres religions.

III. — PLAN ET DOCTRINE DES PENSÉES

Il y a là une révélation marquée au coin d'une authenticité, d'une véracité, d'une sublimité admirables. Et l'intégrité de cette révélation a été gardée et conservée comme un dépôt inviolable, non seulement par quelques hommes, mais par le peuple juif tout entier ; peuple étrange, « le moins suspect de nous favoriser, et le plus exact pour sa loi et pour ses prophètes qu'il porte incorrompus. » Peuple qui est lui-même la figure du Messie qu'il attend, dont toute la loi était figurative de la loi nouvelle, et dont la croyance au Messie était l'âme, la vie, le ressort et comme la conscience de toute sa vie et de toute son histoire. Peuple charnel qui mettait d'autant plus de soin à conserver sa loi, son culte, ses sacrifices, ses prophéties, qu'il en attendait l'avènement d'un Messie puissant selon le monde, qui les comblerait de l'abondance des biens temporels, et dont la puissance les rendrait maîtres de toute la terre.

Il avait donc des prophéties étonnantes, dont il n'entendait pas le sens spirituel et caché, mais qui devaient, un jour, recevoir une justification, par leur accomplissement ; prophéties assez lumineuses pour ne laisser aucun doute, aucune obscurité, dans les esprits droits, dans les âmes sincères et de bonne volonté, assez voilées, pour ne pas forcer malgré eux, l'assentiment des esprits orgueilleux, des cœurs dépravés, des volontés rebelles à la vérité et à la vertu. Ces prophéties ont paru durant seize cents ans, et après leur accomplissement elles ont été dispersées, avec tous les juifs qui les portaient, dans tous les lieux du monde. Elles nous montrent une suite d'hommes, durant quatre mille ans, qui, constamment et sans variation, viennent l'un à la suite de l'autre, prédire l'avènement du Messie, et cela dans les moindres détails. Son précurseur, sa naissance, le lieu de sa naissance, la famille d'où il sortira, ses miracles, la perfection de sa doctrine, son sacrifice pour les péchés du monde, ses souffrances, sa passion, son crucifiement, sa résurrection, son ascension, sa victoire sur le monde, l'étendue de son empire, le rejet des juifs et la vocation des Gentils, son alliance nouvelle avec les peuples, son triomphe sur l'idolâtrie, la destruction du temple, la dispersion du peuple juif parmi tous les peuples, sans prophètes, sans rois, sans prince, sans sacrifice, et en même temps sa durée perpétuelle comme peuple.

Voilà toute l'histoire du Messie, écrite en traits de feu, et des siècles d'avance, par ces hommes inspirés, dont le peuple juif nous a conservé, avec une si scrupuleuse exactitude, les sublimes prédictions. Voilà ce qui permet de dire que la plus grande preuve de Jésus-Christ ce sont les prophéties. Voilà ce qui imprime à l'avènement et à l'œuvre du Messie un caractère incommunicable de vérité, de certitude, de grandeur et de divinité.

Toutes ces prophéties, en effet, se sont accomplies dans la personne de Jésus-Christ, le Messie divinement promis et divinement manifesté. Il est le lien des deux testaments. Prédit et préfiguré dans l'un ; prédisant et préfigurant l'autre. Auteur et consommateur, principe, milieu et fin de tous les devoirs.

En effet, la religion des Juifs ne consistait pas essentiellement en la paternité d'Abraham, en la circoncision, aux sacrifices, aux cérémonies, en l'arche, en le temple de Jérusalem, et enfin en la loi et l'alliance de Moïse. Non, elle consistait essentiellement, ainsi que le prouvent des centaines de textes empruntés aux Écritures, en l'amour de Dieu et dans la réprobation, par Dieu, de toutes les autres choses.

Or c'est précisément en cet amour de Dieu que se résume la doctrine, le culte, la religion, toute la vie et toute l'œuvre de Jésus-Christ.

Il est ainsi le lien des deux testaments ; en lui se joignent et s'unissent les deux lois pour n'en former qu'une seule, et constituer ainsi cet ensemble magnifique qui comprend tous les peuples, tous les temps, toutes les vérités.

Aussi de quel éclat il est entouré ! Le peuple juif tout entier le prédit avant sa venue. Le peuple gentil l'adore après sa venue. Les deux peuples, gentil et juif, le regardent comme leur centre.

D'autre part, quelle obscurité et quelle ignominie ! De trente trois ans, il en vit trente sans paraître ; durant trois ans il passe pour un imposteur ; les prêtres et les principaux le rejettent ; ses amis et ses plus proches le méprisent. Enfin il meurt trahi par un des siens, renié par l'autre, abandonné par tous. D'où vient un tel contraste ? C'est qu'il a voulu que l'éclat fût pour nous, et l'ignominie pour lui seul.

Qu'on ne se scandalise pas de cette bassesse, car elle est la marque d'une grandeur qui n'appartient qu'à lui. Non la grandeur extérieure et charnelle des rois, non la grandeur intellectuelle des gens d'esprit, mais la grandeur surnaturelle et incommunicable de la sagesse qui est en Dieu, et qui n'est nulle part en dehors de Dieu.

Jésus-Crist n'a point donné d'invention ; il n'a point régné. Mais il a été humble, patient, saint, terrible aux démons, sans aucun péché. Il est venu ainsi en grande pompe et en une prodigieuse magnificence aux yeux du cœur qui voient la sagesse !

C'est un Dieu dont on approche sans orgueil et devant lequel on s'abaisse sans désespoir.

Il souffre, il s'immole, il meurt pour tous. Il s'unit à nous dans son agonie. Il ressuscite et ne laisse plus toucher que ses plaies, pour montrer qu'il ne faut nous unir qu'à ses souffrances.

Ainsi éclate en toutes choses la grandeur et la divinité de sa personne et de sa mission.

Sa vie, sa mort, l'accomplissement des prophéties, les miracles qu'il opère aux yeux de tous et qu'il invoque, à tout moment, en témoignage de sa soumission ; la prédication des apôtres, les conversions qu'ils obtiennent, la manière unique, incomparable dont ils racontent la vie de leur maitre ; la grandeur de l'idéal qu'il savent peindre dans leurs Evangiles ; le témoignage que lui rend, même actuellement, le peuple juif par sa déchéance et son obstination ; la supériorité écrasante de sa doctrine sur toutes les autres religions du monde ; la conformité de cette doctrine avec l'idée que nous pouvons nous faire d'une religion parfaite ; la perfection étonnante qu'elle nous montre, en nous révélant, non le Dieu abstrait de la nature ou de la métaphysique, mais le Dieu véritable et vivant, et en nous le faisant aimer ; la connaissance supérieure qu'elle nous donne de nous-mêmes, de notre vie, de notre mort, de notre origine, de notre destinée : tout nous prouve, avec une égale et souveraine puissance, la grandeur divine de sa personne et de sa mission.

Un autre trait incommunicable de sa divinité, c'est cet étonnant mélange de lumière et de mystère qui caractérise les manifestations successives de Dieu dans l'humanité. Voile de la nature, voile de l'Incarnation, voile de l'Eucharistie ; sens mystique merveilleusement uni, dans l'Ecriture, au sens littéral ; assez d'obscurité pour que l'homme sente sa corruption, assez de lumière pour qu'il espère un remède ; un Dieu à la fois révélé et caché ; une religion qui est la plus haute sagesse devant Dieu et une folie devant les hommes ; une religion prouvée par l'aveuglement même et la corruption de ceux qui la combattent : autant de marques de l'œuvre de Jésus, autant de preuves de sa divine mission

Ajoutez les effets merveilleux qu'elle a produits, et qu'elle produit encore tous les jours, dans la vie de ceux qui croient et espèrent en lui, non seulement par la victoire de la grâce sur la concupiscence, c'est-à-dire par le don et l'accroissement des vertus chrétiennes ; par le renouvellement perpétuel de la foi, de l'espérance, de la charité surnaturelles ; par la communication incessante de l'esprit de prière et des bonnes œuvres ; par le dévouement et le sacrifice absolu de soi-même aux intérêts de Dieu et de la Vérité, mais encore par la communication d'un amour profond de la paix et de la pauvreté chrétiennes, par le triomphe de la grâce sur le péché, et enfin par le triomphe définitif et souverain de cette même grâce sur la douleur et la mort.

Pour perpétuer ses bienfaits, l'œuvre de Notre-Seigneur se continue dans l'Eglise. Elle est le corps mystique du Sauveur ; elle est une sorte d'incarnation qui se maintient et s'étend à travers les siècles. Comme tout organisme, elle est unité et multitude. Unité dans le Pape, multitude dans le corps des Pasteurs et des fidèles. De sorte que ce serait une égale erreur de sacrifier soit la multitude à l'unité, soit l'unité à la multitude. L'unité ne doit pas être tyrannie, la multitude ne doit pas être anarchie. Toute exclusion, toute rupture d'équilibre serait un crime, et ce crime est le principe de toutes les hérésies, car l'Église a toujours été combattue par des erreurs contraires, et c'est en se tenant au milieu, à égale distance de ces erreurs, que l'Église a maintenu, avec une droiture infaillible, la vérité et s'est maintenue elle-même contre tous ses ennemis.

Ainsi tout se tient dans la doctrine et l'œuvre de Notre-Seigneur, soit avant, soit après sa venue ; tout s'éclaire, s'appuie et se fortifie par une action réciproque et porte jusqu'à la dernière évidence la marque de sa divine origine.

Et cela est hors de doute, si on réfléchit que, dans la religion chrétienne, les miracles qui entourent son berceau sont une preuve de sa divinité, comme la pureté et la sublimité de sa doctrine est une preuve, à son tour, de ses miracles.

D'une part, les miracles de Jésus-Christ sont un critérium qui permet à ceux qui ne croient pas encore de faire le discernement entre la religion vraie et les fausses religions ; et d'autre part, la parole de Notre-Seigneur est un autre critérium qui met à même ceux qui croient de discerner les vrais miracles des prestiges faux et mensongers.

En résumé, toutes les marques de la véritable religion sont réunies dans la seule religion chrétienne. Elle explique seule la nature de l'homme, sa grandeur, sa misère, ses lacunes, ses contrariétés. Elle apprend seule à aimer Dieu jusqu'au sacrifice, jusqu'à l'oubli et l'immolation de soi-même. Elle seule est en parfaite harmonie avec la nature de Dieu et avec celle de l'homme. Seule enfin elle subsiste, depuis l'origine du monde, toujours la même dans son essence, toujours immuable et bienfaisante dans son action, toujours unie et ferme dans son universalité, toujours combattue par les passions, toujours victorieuse de ces attaques, et attirant à elle, depuis une série ininterrompue de siècles, les intelligences les plus pures, et les meilleures âmes de l'humanité.

Ainsi tout se réunit pour prouver que la religion chrétienne marque le sommet éternel de la vérité religieuse, de la certitude historique et de la sainteté morale, et que nul homme de bonne volonté, soucieux des intérêts de Dieu et de son âme, ne peut, sans descendre à ses propres yeux, repousser l'influence salutaire de ses enseignements et de ses vertus.

IV

MÉTHODE ET PRINCIPES DE CETTE APOLOGÉTIQUE

Dans le développement de ce plan, la méthode employée de préférence par Pascal, est la méthode inductive ou le procédé analytique appliqué tour à tour aux manifestations de l'âme et aux faits de l'histoire. Etude de l'homme individuel et de l'homme collectif ; analyse de l'âme préparant à celle de l'histoire ; analyse de l'histoire éclairant et complétant celle de l'âme : toutes les grandes lignes de l'homme et de l'humanité s'appelant ainsi comme les pièces diverses d'un même plan, et se rencontrant dans une puissante unité : tel est bien le procédé qui domine dans le livre des *Pensées* et dont la féconde application, en combinant les certitudes psychologiques avec celles de l'histoire, porte au plus haut degré la force et l'évidence de la démonstration (1).

La profonde misère de l'homme, appelant, comme un immense cri de douleur, le secours de Dieu ; et le secours de Dieu se donnant, avec une munificence souveraine, dans une tradition historique non interrompue, à cette grande misère de l'homme, tel est, nous l'avons vu, dans sa puissante simplicité, tout le plan, toute la construction logique des *Pensées*.

D'une part, l'homme, voyant devant lui, dans un jour sans déclin, un éternel idéal de vérité, de justice, de beauté, de bonheur, d'immortalité, qu'il conçoit comme le fonds de son être, l'essence de sa raison, la lumière de son intelligence, le ressort de sa volonté, la vie et l'aliment

---

(1) Le caractère essentiellement psychologique de la méthode de Pascal a été fort bien surélevé, déjà, par Filleau de la Chaise en son *Discours* : « Il voulait rappeler, dit-il, les hommes à leur cœur et leur faire commencer par se bien connaître eux-mêmes. »

de son cœur; suspendu en quelque sorte, par ses puissances les plus intimes, à ce qui est éternel, immuable et infini; aspirant, avec une indicible ardeur, à cette éternité, à cette infinité de la vie et du bonheur; par là, même, supérieur à tout ce qui l'entoure ici-bas, et ne trouvant rien, dans le vaste ensemble des existences périssables, qui puisse combler les infinis désirs de son cœur.

Et ce même homme, livré, par une contradiction effroyable de sa nature, à toutes les infirmités de l'ignorance, à toutes les angoisses du doute, à toutes les tyrannies de l'ignorance et de l'erreur, à toutes les injustices des hommes, à toutes les fantaisies, à tous les caprices du sort; imperceptible atome, perdu et comme submergé dans un océan d'opinions contraires sur son origine, sa nature et sa fin; déçu par les apparences, trahi par les réalités, abusé par ses désirs, frappé souvent au plus profond de son être par d'immortelles douleurs; vain jouet des hommes et des événements, de la destinée et de sa propre inconstance, sans compter les calamités et les maux sans nombre qui tantôt frappent les individus et les familles, tantôt les nations entières, et dont, à chaque pas, nous découvrons, soit en nous, soit autour de nous, la trace inexorable et sanglante; l'homme, en un mot, traînant, à travers une existence chargée de tant de mécomptes et de douleurs, la longue chaîne de ses espérances trompées, de ses amitiés brisées, de ses illusions évanouies, pour disparaître enfin, un peu plus tôt, un peu plus tard, sous le poids de ses infirmités et de ses souffrances, dans le silence et le vide du tombeau : voilà le contraste formidable qui s'offre à nos regards. Voilà comment nous apparaît ce roi de la création, la tête couronnée d'épines, les épaules couvertes d'un lambeau de pourpre ensanglantée, portant sur son corps les marques ineffaçables de ses humiliations et de son supplice. *Ecce homo!* — Faut-il s'étonner dès lors de cette longue plainte de l'humanité dont tous les siècles nous renvoient le tragique écho, et qui retentit comme le cri de notre misère demandant au ciel et à la terre un Libérateur et un Sauveur.

Et d'autre part ce Libérateur et ce Sauveur répondant en effet à ce cri de notre douleur, en se révélant avec une force et un éclat incomparables, dans les plus grandes et les plus illustres traditions de l'histoire, en réalisant, sous une forme humaine et sensible, cet idéal éternel et divin, ce verbe de Dieu, auquel nous aspirions, d'un effort infatigable, sans pouvoir y atteindre ni nous en assurer ; en retraçant les traits de ce parfait exemplaire dans sa doctrine, dans sa vie, dans ses œuvres, dans ses mystères, pour l'offrir à notre imitation, pour nous attirer à lui, pour nous unir à lui d'une union ineffable, et nous faire, par cette union, participants de la nature divine; en assurant ainsi le triomphe de la grâce sur la nature, de l'esprit sur la matière, de Dieu sur l'homme ; de sorte que, l'ordre et l'harmonie première se trouvant rétablis dans les puissances de l'âme, nous voyons disparaître peu à peu le douloureux conflit qui faisait le fond de notre nature, et une paix qui n'est pas de ce monde succéder soudain aux stériles agitations de notre impuissance et de nos passions. L'intelligence s'élève et s'étend sans fin dans la possession de l'immuable vérité, la volonté dans l'attrait du souverain bien, le cœur dans la pure jouissance de l'éternel amour ; et affranchi désormais, par son céleste Libérateur, des chaînes de l'antique esclavage, redevenu maître du monde et de lui-même, l'exilé d'Eden, remontant aux grandeurs de son origine, respire dès ici-bas les brises d'un monde meilleur, et se repose, à travers les flots agités de la vie, dans l'avant-goût ineffable des joies de la patrie.

C'est la gloire de Pascal de nous faire comprendre ce cri de notre misère au fond de nos âmes, et cette réponse de Dieu dans les annales de l'histoire, avec une puissance d'analyse, une originalité de pensée et de conception, une fécondité de vues et d'aperçus, une ardeur de passion éloquente et une force de style, que nul autre, avant lui, n'avait portés, avec une pareille supériorité, à l'étude d'un si grand sujet.

Et dans ce procédé, rien d'artificiel, rien de factice, rien qui dérive des livres ou de l'Ecole, rien qui rappelle la routine ou le convenu. Tout est spontané, profondément senti, de premier jet, et, pour ainsi dire, palpitant de vie et d'émotion. En tout se révèle cet accent du cœur qui remue, touche et entraîne.

Tout, en un mot, jaillit des profondeurs de l'âme et de la pensée ; et même, sous les formes les plus réfléchies, tout coule de source, tout est d'inspiration et de génie.

C'est un drame, avons-nous dit, le drame de notre destinée, le drame qui se joue au fond de nous mêmes, et dont nous sommes, en tout lieu et à toute heure, soit en nous, soit autour de nous et les témoins et les acteurs. Mais là où nous passons le plus souvent inattentifs et distraits, Pascal a pénétré jusqu'aux dernières profondeurs, avec l'émotion d'un homme qui est frappé des malheurs de sa race, et avec ce coup d'œil du génie qui ne laisse rien échapper à ses prises. Il voit toutes les péripéties, toutes les nuances, tous les nœuds et tous les dénouements qui se produisent et se déroulent comme un thème toujours le même, et cependant infiniment varié, sur ce théâtre immortel, tour à tour tragique ou vulgaire, sublime ou trivial, qui s'appelle l'homme et l'humanité.

Et ces détails, il les fixe avec cet art supérieur, disons mieux, il les grave, avec ce burin du génie qui, leur donnant une forme souveraine et en quelque sorte éternelle, ne permet plus qu'ils se perdent jamais dans la mémoire des hommes.

Là est le caractère dominant de cette apologie, et c'est là aussi ce qui en fait l'intérêt toujours vivant, et, malgré la différence des temps, toujours plein d'actualité. Chacun se voit et se reconnaît dans les traits de ce tableau. Sur les pas de ce puissant esprit, chacun peut, à son tour, fouiller les coins et recoins de cette grande ruine où nous sommes demeurés ensevelis, sonder les plis et replis de ce grand mystère de douleurs que nous portons au dedans de nous-mêmes, et dont nul, par ses propres forces, n'arrive à se délivrer.

Dans les plaintes de ce nouveau Prométhée, nous entendons les accents de notre propre cœur, et telle est la vérité de ces aperçus, tel est le relief de ces pensées, une émotion profonde en marque et en souligne les moindres contours avec tant de puissance, que les esprits les plus ordinaires en sont frappés, comme si ces pensées venaient d'eux-mêmes, et semblent tout étonnés de n'avoir pas été les premiers à les trouver.

De là aussi leur puissance persuasive et leur étonnante popularité. Elles sont prises dans le cœur et dans la vie de chacun, bien plus que dans la raison abstraite et dans le raisonnement du petit nombre. Elles parlent une langue qui est de tous les temps, de tous les lieux, de toutes les âmes et de tous les esprits. Elles trouvent des complices dans tous nos sentiments, dans toutes nos émotions, dans tous les contrastes de notre nature, dans toutes nos douleurs; et c'est à ces harmonies délicates et étranges dont Pascal a si bien connu le secret, qu'elles doivent d'être restées, à travers toutes les fluctuations des événements et de l'esprit public, la plus sublime et tout à la fois la plus populaire de nos apologies.

Cet accent essentiellement humain et vivant de l'œuvre de Pascal a donné lieu à d'étranges appréciations. — Parce qu'il creuse, d'une main si vigoureuse, les profondes affinités qui rattachent la religion aux besoins et aux élans les plus intimes de l'âme, on a voulu dénier à sa méthode le caractère scientifique, comme s'il n'étayait l'édifice de sa croyance que sur le fragile fondement du sentiment; comme si la foi, pour lui, n'était que la vague aspiration d'une sensibilité maladive. Et comme il est difficile de contester l'esprit scientifique à cet incontestable savant, on en est venu à imaginer une sorte de dualisme hybride en cette puissante nature. A côté de l'esprit scientifique, nous dit-on, qui guidait les travaux du mathématicien et du physicien, l'hérédité, l'atavisme, les impressions d'une éducation première et d'un état maladif, avaient disposé et développé en lui le *sens mystique* qui l'entraînait aux rêveries et aux émotions religieuses. Grâce à cette coexistence de deux tendances logiquement incompatibles, Pascal en arrive, ajoute-t-on, à endormir la vigilance de l'esprit scientifique, pour pouvoir prier et adorer son Dieu en déléguant au cœur le pouvoir de connaître, par un acte de foi, foi aveugle, puisée dans la sensibilité morale et qui fait taire les revendications de l'esprit scientifique. Mais aussi, grâce à l'ingérence intempérante et fougueuse du sentiment dans les choses de la pensée, Pascal, conclut-on, a sacrifié la raison au cœur dans sa conception religieuse.

C'est en effet une des thèses favorites du rationalisme moderne que la foi est incompatible avec la science, et que, pour être excusable, elle doit se réfugier dans le domaine indéterminé et sans objet de la sensibilité. Le savant comme Newton, nous dit-on, qui s'agenouille et quitte un moment l'algèbre et le télescope, pour affirmer l'existence d'un Créateur immatériel de la matière, d'une Cause providentielle des mouvements sidéraux, abandonne la mécanique pour céder au sentiment religieux! — A notre tour, nous trouvons que, si ce savant-là ne fait peut-être pas de la mécanique, il fait certainement, et très scientifiquement de la philosophie et de la meilleure.

Vouloir appliquer de semblables théories à Pascal, c'est pis qu'un anachronisme, c'est une flagrante insulte à sa pensée tout entière. Moins que personne, il n'a songé un seul instant à soustraire l'acte de foi au domaine de l'entendement. Pour lui, comme pour toute la philosophie chrétienne, la foi, dans sa plénitude totale, est un acte complexe où chacune de nos facultés a sa part : acte que la volonté facilite et prépare, dans lequel la sensibilité trouve son épanouissement, sa quiétude et ses ardeurs, que l'action mystérieuse de la grâce divine soutient, pénètre et transforme, mais qui, avant tout, est essentiellement formé par l'intelligence et prononcé par la raison : *ab intellectu elicitus*, disait la langue des vieux docteurs.

Ce caractère de la Foi est marqué nettement dans les belles paroles que Pascal place dans la bouche de la Sagesse divine :

« Je n'entends pas que vous soumettiez votre créance à moi *sans raison*, et ne prétends pas vous soumettre avec tyrannie. Je ne prétends pas aussi vous rendre raison de toutes choses ; et pour accorder ces contrariétés, j'entends vous faire voir clairement, *par des preuves convaincantes*, des *marques divines* en moi, qui vous *convainquent* de ce que je suis, et *m'attirent autorité* par des merveilles et *des preuves que vous ne puissiez refuser* ; et qu'ensuite vous croyiez sûrement les choses *que je vous enseigne*, quand vous n'y trouverez autre sujet de les refuser, sinon que vous ne pouvez, par vous-même, *connaître* si elles sont ou non. »

L'autorité de « l'enseignement divin » ou de la *Révélation*, voilà donc l'objet de la foi : et ni cette autorité ni cet enseignement ne sont affaire de sentiment. Loin d'imposer une créance sans raison, ils l'appuient sur des preuves convainquantes, des marques divines, des « merveilles » de toute-puissance qui accréditent la manifestation d'une vérité souveraine.

Mais ces preuves, ces merveilles et marques divines, qui entraînent l'adhésion de la foi, ce que le langage technique des théologiens appelle les *préambules de la foi* et les *motifs de créance*, sont essentiellement du ressort de la science, et appartiennent au double domaine de la philosophie et de l'histoire. Cela est si vrai que la plupart des apologistes ne considèrent, dans cette préparation à la foi, que le côté scientifique et intellectuel, au risque de laisser une lacune dans leur œuvre. Si Pascal est plus complet, si à côté du rôle de l'intelligence dans la foi, il marque le rôle qu'y ont la volonté, le sentiment, l'inspiration de la grâce divine, qui donc voudra lui en faire un reproche? N'est-ce pas là une originale supériorité de ce grand esprit qui se préoccupe sans cesse de la vérité totale, de la synthèse de tous les procédés de notre connaissance, de l'harmonieux épanouissement de toutes nos facultés?

Seulement, là où trop souvent les apologistes ordinaires alignent, d'une façon en quelque sorte abstraite et générale, leurs déductions métaphysiques et leurs inductions historiques, Pascal sait donner à sa dialectique un tour essentiellement vivant et personnel. De la métaphysique il ne prend que les quelques puissantes idées dont il a besoin, et se complaît d'autant plus en la psychologie, en celle de l'individu aussi bien qu'en celle de l'humanité. Là où d'autres démontrent longuement la possibilité de la révélation et de la grâce, il préfère en rendre manifeste la nécessité et le douloureux besoin qu'en éprouve notre pauvre nature. De là cette analyse haletante et implacable qui fouille tous les replis et toutes les profondeurs, toutes les misères et blessures de notre être, afin de lui faire sentir qu'il n'a d'autre ressource que de tendre les bras au Libérateur et à sa Rédemption. — De même, il ne s'attarde pas à discuter longuement la possibilité du miracle ni les conditions de sa constatation ou de sa valeur démonstrative : le miracle, il le montre du coup, dans une projection lumineuse, comme le grand fait permanent de l'histoire, dominant les destinées de l'humanité, apparaissant chez ce petit peuple cantonné dans un coin du monde, se déroulant à travers le phénomène quarante fois séculaire du prophétisme messianique, se concentrant dans la figure du Libérateur qui n'a été prédit et annoncé que pour être adoré, se manifestant enfin dans « l'éclat incomparable » de la vie du Christ, de sa doctrine, de sa grâce et de son œuvre tout entière, à travers une évolution nouvelle du monde humain. Le miracle, il nous en convainc, en nous le faisant voir existant et éclatant dans l'histoire rendue présente à notre âme, comme le philosophe antique démontrait le mouvement en marchant. — Psychologie et histoire, voilà le double procédé scientifique qu'il emploie avec une force irrésistible pour amener, à travers les émotions du cœur et les hésitations de la volonté, l'intelligence humaine à prononcer enfin son *Credo* en face de la vérité divine.

Arrivée à ce point culminant, l'œuvre de l'apologiste n'est terminée qu'à moitié. Reçus et assimilés, pour ainsi dire, par la raison, ces enseignements divins — les dogmes — deviennent le point de départ de déductions et d'intuitions nouvelles, de même que les verres du télescope, superposés à la cornée de notre œil, lui font découvrir des horizons nouveaux, des soleils inconnus, des nébuleuses non encore aperçues, des mondes dont l'existence n'était point soupçonnée. Les enseignements de la foi, entés en quelque sorte dans notre raison, engendrent ainsi une science d'un caractère tout spécial. La raison devenue dépositaire de la foi ne demeure pas inerte. Exerçant son activité investigatrice et pénétrante sur ces matériaux d'idées d'un ordre supérieur, elle s'applique à en creuser les profondeurs : *Fides quærens in-*

tellectum, disaient les vieux docteurs. La foi, par un travail d'étroite collaboration avec la raison, cherchant à se comprendre elle-même ; et la raison éclairée et soutenue cherchant à comprendre de son mieux la portée de la foi qu'elle a faite sienne : voilà le principe de la *théologie* dans ses épanouissements les plus élevés.

Et de fait, en ce travail âpre et délicat, la raison n'est pas sans conquérir quelques résultats. Dans une mesure imparfaite sans doute, mais toujours précieuse, la science du dogme parvient à entrevoir, d'une part, les liens intimes qui unissent les unes aux autres les vérités révélées dans la synthèse divine ; et à saisir, de l'autre, les rapports qui relient ces mêmes vérités aux principes de notre science naturelle, les harmonies grandioses ou les affinités intimes qui les rattachent à toutes les fibres de notre nature intellectuelle et morale.

Dans ce domaine spécial du théologien, l'apologiste à son tour trouvera à glaner une abondante moisson, qui lui permettra de compléter son œuvre. Après avoir préparé et amené la raison à la foi, il justifiera et glorifiera la foi aux yeux de la raison. Pour cela, il relèvera, parmi les affirmations et les déductions du dogme, celles qui offrent les points de correspondance les plus saillants avec les théorèmes de notre raison, avec les besoins, les élans, les ardeurs de toute notre nature.

Pascal n'a garde de négliger ce vaste champ d'exploration. Fidèle à son habitude d'attacher moins d'importance aux considérations métaphysiques qui « frappent peu », il néglige les vues purement abstraites, et incarne en quelque sorte sa justification des vérités de la foi dans la vie même de l'être humain. Au drame de l'homme éprouvant le besoin de la révélation et de la grâce tel qu'il l'a retracé dans la partie préparatoire de son apologie, il donne comme pendant, dans la partie complémentaire, le tableau de cet autre drame qui est celui de l'homme s'imprégnant, pour ainsi dire, de la foi et de la grâce pour tendre à l'union vive et ardente avec son Dieu, le Dieu non des philosophes, mais celui des chrétiens, Dieu » d'amour et de consolation, qui remplit l'âme

et le cœur d'humilité, de joie, de confiance et d'amour!»
Il choisit les dogmes les plus psychologiques, ceux de la
Rédemption, de la Grâce et du « mystère de Jésus », pour
en faire vibrer les harmonieuses concordances avec les
mouvements et les aspirations les plus profondes de notre
être. — Ici encore, on le devine, c'est, avec l'histoire qui lui
fournit la notion exacte du dogme, la psychologie qui
met aux mains de ce puissant et pénétrant génie, l'instrument de ses analyses émouvantes et de ses trioms
phantes synthèses. Pour se prêter aux accents les plus
personnels et humains, le procédé n'en est pas moins
éminemment scientifique. Il a, de plus, l'avantage d'être
singulièrement varié et complet, faisant droit à tous les
aspects de la science de l'homme.

On a essayé, plus d'une fois, de comparer Pascal à
Descartes. Nous ne voulons pas refaire ce parallèle :
mais, sur le point spécial qui nous intéresse ici, il est
impossible de méconnaître que la méthode de Pascal est
plus large, plus compréhensible, plus complètement synthétique. Descartes, cantonné dans le domaine des idées
abstraites, est plus exclusif et plus unilatéral. Son doute
méthodique aboutit en définitive à ne tenir compte que des
déductions de la pensée, que de l'évidence intrinsèque
et directe des idées. Nous n'irons pas jusqu'à dire, avec
tels de ses disciples trop étroits et trop zélés, qu'il n'admet
que cette évidence-là ; mais il est bien certain qu'il ne
s'occupe que de celle-là et néglige ou dédaigne toute
autre. Or, c'est là une grave lacune : à côté de l'évidence
directe des idées, qui se fonde sur l'analyse abstraite du
principe d'identité et de contradiction, se place l'évidence
extrinsèque qui dérive de l'application du principe de
causalité, et qui est la loi de toutes les synthèses dans les
multiples domaines de la science des réalités.

Pascal, lui, a admirablement compris cette intégralité
des procédés de la raison. A la déduction analytique qui
domine le champ des sciences abstraites, il associe l'induction qui est le levier de nos connaissances dans le domaine
des sciences de la nature physique, dans celui du sens
intime et de la vie de notre *moi*, dans l'ordre des réalités
métaphysiques du monde suprasensible, dans le cadre

historique des faits du monde humain à travers les âges. Non moins hardi que Descartes, il sonde, jusqu'à leurs plus profondes racines, les premiers principes qui garantissent la légitimité de nos moyens de connaître ; mais, dans ce travail d'analyse critique, loin de négliger aucun de ces moyens, il les fait tous converger vers le but qu'il s'est proposé : de rallier l'intelligence et l'âme tout entière au dogme chrétien.

Pour lui, tous les chemins du savoir mènent à Dieu, ou du moins au seuil de son temple. A ses yeux, le problème d'un désaccord entre la science et la foi, entre la raison et la révélation, ne se pose même pas.

Chaque science a son domaine propre, ses principes, sa méthode, son objet : elle ne saurait donc entrer en conflit avec sa voisine. A la fois solidaires et indépendantes les unes des autres, les sciences humaines peuvent s'éclairer réciproquement et se prêter un mutuel appui ; elles ne sauraient ni s'entraver ni se contredire. Si l'astronomie détermine les lois du mouvement des mondes, pourquoi empêcherait-elle la métaphysique d'induire la Cause première qui a produit les mondes et l'Intelligence souveraine qui a conçu leurs lois ? Si la physique ou la chimie analysent les manifestations de la matière, est-ce une entrave pour la biologie à constater la vie, pour la psychologie à dégager l'âme libre et immortelle ? Parce que la physiologie et la médecine étudient les lois normales du *processus* de notre organisme, sera-ce un obstacle à ce que la raison philosophique puisse concevoir le miracle et le surnaturel ?

Ainsi en va-t-il de toutes les sciences humaines vis-à-vis de la science de la Foi. Si celle-ci, appliquant aux résultats de la métaphysique, de la psychologie ou de l'histoire, le légitime procédé de l'induction suprême, conclut aux réalités transcendantes des manifestations divines, en quoi cela peut-il offusquer les sciences qui n'ont pas à faire cette constatation dans l'orbite de leur objet propre ?

Et si telle est en effet la conception chrétienne de la synthèse des vérités humaines et divines, Pascal a raison de penser qu'il n'a à sacrifier aucune parcelle ni de sa raison ni de sa science sur l'autel de la foi. — Et qu'on ne dise pas que, sur certains points du moins, sur certains objets communs, la science et la foi peuvent se trouver en désaccord.

S'il peut arriver, en effet, que telle conclusion scientifique paraisse contredire quelque affirmation du dogme, la faute n'en est ni à la science ni à la foi, mais bien aux savants ou aux croyants. Le savant peut voir la science là où elle n'est pas, dans les hypothèses injustifiées ou les affirmations incompétentes ; le croyant peut mal comprendre sa foi. Mais, ni d'un côté ni de l'autre, erreur ne fait compte. Qu'on soumette le prétendu conflit à une nouvelle révision plus rigoureuse et on le verra disparaître bientôt.

Aussi Pascal eût-il souri,— à moins qu'il ne se fût indigné, — de ces monotones proclamations dans lesquelles les rhéteurs de la science affirment si volontiers d'absolus et irréductibles antagonismes! Nul mieux que lui ne sait que la science, tant qu'elle se renferme dans le cercle de ses opérations, ne saurait ni faire faillite à elle-même ni porter préjudice à la foi ; et que celle-ci, à son tour, ne saurait opprimer la raison, aussi peu qu'elle est réduite, pour conserver une apparence de légitimité, à s'exiler dans les vaporeuses régions du sentiment, où les âmes blessées et malades cherchent encore quelque décevante consolation.

Parvenu aux confins extrêmes de chacune des sciences dont il a parcouru le champ, Pascal constate que les limites de la science n'en sont pas, pour autant, les limites de notre besoin et de notre capacité de savoir. En ce moment décisif, il estime que « la dernière démarche de la raison est de reconnaître qu'il y a une infinité de choses qui la surpassent. » — Et alors, lorsqu'à une heure donnée de l'histoire, elle aperçoit les enseignements divins auxquels des marques et des preuves convainquantes « attirent autorité », elle trouve « juste qu'elle se soumette quand elle juge qu'elle doit se soumettre. » Scientifiquement parlant, « il n'y a rien de si conforme à la raison

que cet aveu — ou ce désaveu suprême — de la raison. »
En le proclamant, la figure du solitaire penseur de Port-Royal demeure une de ses plus hautes personnifications de la méthode à la fois scientifique et chrétienne, de par laquelle la science parfaite et la foi convergent à l'harmonie. Pour lui, le dernier acte de la pensée libre est un hommage rendu à l'autorité de Dieu et de qui parle en son nom.

V

GÉNIE DE L'APOLOGISTE ET DE L'ÉCRIVAIN

Ce génie nous est déjà révélé en partie par la méthode même qui a présidé à la composition des *Pensées*, et qui n'est, à le bien prendre, suivant une expression devenue célèbre, que le passage du sujet à l'objet, ou, pour nous servir des paroles d'un grand docteur du moyen âge, l'itinéraire de l'âme vers Dieu (1).

C'est pourquoi, tout en gardant un cachet profondément individuel et subjectif, l'œuvre de Pascal n'en a pas moins un caractère rigoureusement universel, indépendant de toute circonstance de temps et de lieu, parce que, en se peignant ainsi lui-même, ce n'est pas lui seul, mais l'homme de tous les siècles qu'il a mis sous nos yeux.

Cependant, pour bien nous rendre compte de son œuvre, il convient de pénétrer plus avant dans le secret de cette puissante personnalité, et de soumettre à une appréciation plus approfondie et plus précise les divers éléments de son génie.

Ce qui frappe d'abord dans la lecture de ces pages, c'est l'originalité créatrice d'une pensée qui semble ne relever que d'elle même, tant elle est marquée au coin d'une individualité hors de pair, et tant elle ressemble peu à toute autre pensée. Les rapports les plus ingénieux et les plus déliés, les contrastes à la fois les plus surprenants et les plus justes, les rapprochements les plus inattendus, les déductions les mieux enchaînées, puis soudain, les vues les plus sublimes, les traits, les coups de pinceau et les coups d'aile les plus souverains, tout cela est de son domaine, tout cela abonde dans son œuvre;

---

(1) *Itinerarium mentis ad Deum*, par saint Bonaventure.

et dans la royauté intellectuelle qu'il s'est faite, il semble que rien ne puisse échapper à sa curiosité et à sa pénétration. C'est l'éclair sillonnant la nue et portant sa foudroyante lumière en tous les sens à la fois, sur les objets les plus divers et jusqu'aux dernières profondeurs des choses. Mais c'est un éclair qui dure, qui illumine plus qu'il n'éblouit, et qui fixe à jamais, dans le regard et dans le souvenir, les lointains mystérieux qui se révèlent à son puissant rayon.

De là le mouvement extraordinairement varié de cette apologie, qui, selon les objets qu'elle traite, revêt les formes et les nuances les plus riches, et se présente, tour à tour à nos regards, comme un monologue qui nous instruit, un drame qui nous émeut, une satire qui flagelle nos travers, une philippique qui gourmande nos vices, une élégie qui pleure sur nos misères, un hymne qui chante notre délivrance et notre grandeur : œuvre de l'homme tout entier cherchant pour ainsi dire à se mettre en possession de Dieu tout entier, et à rétablir ainsi le lien ou le rapport, qui est l'essence de la religion, entre la plénitude de nos facultés et l'infini même de Dieu.

De là aussi le rôle important ou, pour mieux dire, la place prépondérante que Pascal donne dans son apologie, non plus à la seule raison abstraite et raisonneuse, mais au cœur et à la volonté, dont il fait comme le centre et le pivot de ses démonstrations : au cœur, qui, pour lui, n'est plus seulement la faculté de sentir et d'aimer, mais cette puissance primordiale de l'âme, cette spontanéité primitive qui saisit, d'un mouvement naturel, par un élan immédiat et direct, par une sorte de manifestation instinctive et soudaine, l'évidence des premiers principes, les axiomes d'éternelle vérité, lumière de notre intelligence et base inébranlable de toutes nos connaissances et de toutes nos certitudes ; évidence telle, qu'elle semble s'imposer au sentiment autant qu'à l'intelligence ; et, par là même, être un privilège de notre cœur autant que de notre raison. Ce qui revient à dire que l'âme humaine est attachée et comme suspendue à son premier principe, à l'Être infini, à Dieu, non seulement par la raison, mais par le triple lien de nos puissances primordiales, c'est-à-dire la raison, éclairée et illuminée des rayons de l'éternelle Vérité ; du cœur touché et attiré dans son fond par l'éternel Amour ; de la volonté, soutenue et mise en branle par le souverain Bien (1). Et c'est en ce sens, que Pascal dit du cœur, considéré comme le centre et le point de rencontre des autres facultés, « qu'il *voit* les premiers principes, qu'il *sent* Dieu, que Dieu est *senti* par le cœur » c'est-à-dire par une sorte d'élan spontané et direct, « et non par la raison » ou le raisonnement. C'est en ce sens, encore qu'il dit « que la volonté est une pièce importante de notre créance » et que la vérité ne sera notre partage qu'autant que nous « inclinerons » et notre cœur et notre volonté vers la vérité.

La compréhension des vérités divines par le cœur, racine et couronnement de nos autres facultés, voilà la clef de l'apologétique de Pascal. *Tout* l'homme, — ainsi que nous l'avons dit — intelligence, cœur et volonté, cherchant *tout* son Dieu, le Dieu, non seulement des philosophes ou des déistes, mais le Dieu vivant, personnel et manifesté dans le monde, ou l'Homme-Dieu, terme suprême de la religion, expression parfaite de l'union du fini et de l'infini, apparaissant à nos yeux, et dans le domaine des idées, et dans les révélations certaines et positives de l'histoire : voilà le point de vue qui domine dans l'œuvre de l'apologiste. Et c'est par là, qu'élargissant le cadre de l'apologétique, il y a ramené et remis à sa place un élément trop souvent méconnu ou dédaigné dans la défense des vérités religieuses, par l'ignorance ou les préjugés, par l'esprit de système ou d'École.

Aux justes exigences du théologien et du métaphysicien, il unit les appels, les aspirations, les accents de l'homme du génie, qui, lors même qu'il est entouré des influences d'une École ou d'un système, échappe, par les grands côtés de sa nature et les vues encore plus grandes de son esprit, aux étroites et mesquines tyrannies de ces influences. Par cette large et universelle compréhension, il a introduit dans son apologie un principe d'union, de pondération et

(1) *Deus in omni operante operatur*, (saint Thomas, Sum. th. 105. 5)

d'équilibre qui, soit en les atténuant soit en les complétant, ramène, relève, redresse et corrige les lacunes, les exagérations, les aspérités, les incohérences, les anomalies et les erreurs de l'esprit de système, et ses propres erreurs, en même temps qu'il y trouve une puissance de persuasion qui s'adresse à toutes nos facultés et emporte l'homme tout entier.

C'est là qu'il faut chercher l'intelligence vraie des *Pensées*, et la raison de l'empire extraordinaire qu'elles n'ont cessé d'exercer sur les esprits. Sous l'apologiste on découvre l'homme; sous la dialectique du penseur on sent palpiter la fibre humaine, et l'émotion du cœur achève ainsi l'œuvre de la raison.

Cette spontanéité du génie et cette part du sentiment, font aussi mieux comprendre cet amour du vrai et du naturel, cette sincérité d'âme et de conviction, cette horreur du clinquant et de l'affectation qui éclatent à chaque page des *Pensées*. Les doutes mêmes qui traversent l'esprit de l'apologiste, ses craintes, ses hésitations, les problèmes qu'il soulève, les solutions qu'il propose, les affirmations triomphantes qui répondent à ses points d'interrogations, tous les incidents de ce dialogue intime dont il nous livre le secret, nous montrent à quel degré l'ardente recherche de la vérité domine et passionne son âme. Cette passion se communique même à son style. Elle y met ce mouvement, cette émotion, cette chaleur et cet entrain qui en font l'éloquence et la beauté. Elle est le fond de sa rhétorique et même de sa morale, et c'est à cette flamme, vivante et agissante jusqu'à son dernier moment, que s'est alimenté son génie.

En toutes ses pages, c'est le même besoin d'évidence et de certitude, sans lesquelles il n'y a nulle possession de la vérité. Et ce besoin, on peut le dire, a été le grand tourment de son âme. — Pour le satisfaire, il engage une lutte pour ainsi dire corps à corps contre le doute et le scepticisme. S'il écarte les preuves abstraites et métaphysiques, ce n'est pas qu'il en nie la valeur, ainsi que nous le verrons plus loin, c'est qu'il les juge trop hautes pour le commun des esprits, trop peu à leur portée pour les saisir puissamment et produire une impression durable; c'est qu'il veut des preuves prises dans la vie et la réalité, dans les faits concrets et positifs, des preuves à la fois scientifiques et populaires, simples et évidentes, qui s'imposent au cœur et aux sens autant qu'à la raison, et par là même portent la certitude de la vérité religieuse à sa plus haute puissance. Singulier sceptique qui veut n'appuyer l'édifice de ses croyances que sur une base dont nul ne puisse ébranler la solidité.

Voilà pourquoi, dans son cadre apologétique, il emploie tour à tour ce qu'il appelle l'esprit géométrique et l'esprit de finesse : l'un qui a des vues lentes, dures et inflexibles, qui procède par des déductions rigoureuses, qui ne fait appel qu'à la logique, et ne vise qu'à produire la conviction ; l'autre plus souple, plus délicat et plus délié, qui, cherchant tous les moyens de pénétrer et de s'insinuer dans les esprits, tient compte de tous nos ressorts et de toutes nos puissances, s'adresse à l'imagination et au sentiment autant qu'à l'esprit, s'attache à vaincre nos préjugés et nos passions autant que la raison elle-même, et assure ainsi à la vérité cet assentiment de l'âme qui n'est autre chose que l'évidence reconnue ou la persuasion venant couronner la conviction.

Et c'est ainsi qu'après avoir mis en œuvre toutes les facultés de l'homme pour arriver à la vérité totale, Pascal ne dédaigne aucun procédé de raisonnement légitime pour s'assurer, à lui-même et aux autres, la pleine et entière possession de la certitude.

Avec ces habitudes d'esprit, avec cette hauteur de génie et cette prédominance de la vie intellectuelle, il est facile de concevoir que ses sentiments, ses affections, ses passions mêmes, si on peut employer ce mot, offrent, dans sa vie, dans ses écrits, dans ses œuvres, le même caractère hautement intellectuel qu'on remarque dans tout le reste. « Les passions n'étant que des sentiments et des pensées, dit-il lui-même, qui appartiennent purement à l'esprit, quoiqu'elles soient occasionnées par le corps, il est visible qu'elles ne sont plus que l'esprit même, et qu'ainsi elles remplissent toute sa capacité. » — L'homme qui parle ainsi des passions en apparence les plus sensibles ne pouvait pas ne pas rechercher, dans ses sentiments et ses affections dominantes, le point de vue le plus idéal, le plus universel, je dirais volontiers le plus religieux et le plus divin. — C'est ainsi, en effet, qu'il se révèle à nous. Les sentiments particuliers, même l'amour des sciences et des lettres, vont s'effaçant peu à peu. L'amitié se dépouille de plus en plus de ce qui, en elle, est humain et sensible, pour devenir, sinon indifférente, au moins de plus en plus impersonnelle et austère. Peu à peu tout autre sentiment disparaît et s'absorbe, ce semble, dans un sentiment unique et souverain qui le possède et le remplit jusqu'au ravissement et au transport : l'amour passionné de Dieu et du prochain, surtout dans ce qu'il appelle les membres souffrants de Jésus-Christ ou les pauvres. Le cri de son âme, consigné sur ce parchemin qu'on a essayé d'appeler si ridiculement son *amulette*, rend compte de cette phase nouvelle. A ce grand esprit, avide de vérité et de certitude, il ne fallait rien moins que l'infini de Dieu. Une fois en possession de cet infini, il y met, comme il avait fait jusqu'alors pour les intérêts de la terre, toute l'ardeur, toute la passion, toute la générosité de son âme. Pour lui, l'amour de Dieu est l'essence de la religion. Il lui sacrifie tout, le monde, les études, les divertissements et lui-même. Il se soumet aux mortifications les plus pénibles, aux pratiques les plus austères, et mène, au milieu du monde, la vie d'un pénitent du désert. Ces sentiments se trahissent dans son Apologie. Il veut que la connaissance tourne à l'amour. Dieu connu, possédé, aimé ; le Dieu de Jésus-Christ selon sa forte expression, non le Dieu des philosophes et des savants : voilà sa grande et souveraine passion, et c'est sous l'empire de ce grand amour qu'il écrit ce mot : « Dieu n'est utilement connu que par Jésus-Christ » mot qui résume son Apologie.

Ajoutez ce style incomparable, qui ne ressemble à aucun autre, tant il est franc et vrai, net et précis, plein de saillies et de contrastes, plein de force et de vigueur, admirablement adapté à tous les mouvements de sa pensée : serré et elliptique quand elle se presse et se précipite, nombreux et périodique quand elle se déploie dans sa majesté et dans son ampleur, ému et touchant quand elle tressaille au contact d'un grand sentiment, toujours docile au souffle de l'inspiration, et cependant toujours ferme et contenu, adulte et viril, ramassé et nerveux comme l'athlète antique, et offrant le parfait modèle de la justesse dans la beauté, de la mesure dans la force, de la convenance dans l'originalité, d'un art simple et achevé dans les plus hardis élans de la pensée ou de la passion. Style dominateur et souverain qui laisse voir l'homme et l'apologiste, le penseur et l'écrivain, comme une belle statue fait comprendre son modèle, et nous montre Pascal, dans ce qu'on est convenu d'appeler sa langue, sous les mêmes formes harmonieuses que les grands hommes de la Grèce ont su donner, dans un marbre immortel, aux héros et aux dieux de leur temps.

Nous avons ainsi les divers éléments dont se compose le livre des *Pensées* et qui sont indispensables à connaître, si on veut bien en pénétrer le sens et résoudre d'avance les difficultés qu'il peut offrir.

Pascal veut aller de l'homme à Dieu.

Dans ce dessein, il combine les révélations de l'âme avec celles de l'histoire.

Il montre l'effroyable rupture d'équilibre qui fait la grande misère de l'homme.

Il montre ensuite le remède à cette rupture ou le rétablissement de cet équilibre par l'immense bonté de Dieu.

Dans son besoin de certitude absolue et en quelque sorte palpable et populaire, il écarte volontiers les preuves abstraites et métaphysiques, pour se tenir avant tout sur le terrain des faits positifs et concrets, sur le terrain de la psychologie et de l'histoire.

Sur ce terrain, il applique une méthode large et compréhensive qui s'adresse à toutes les facultés, fait usage de tous les procédés, pour arriver à la possession complète de la vérité complète, c'est-à-dire du Dieu vivant et révélé, par la connaissance et l'amour.

Et au service de cette cause, il met un génie dont l'ampleur et la pénétration saisit, en dépit des influences de secte ou de système, toutes les grandes lignes de la vérité, et permet ainsi de corriger et de redresser, par lui-même, dans son œuvre restée inachevée, ses inexactitudes et jusqu'à ses erreurs.

Synthèse des facultés, synthèse des procédés, synthèse de la vérité religieuse ; cette triple synthèse, malgré les lacunes et les inconséquences de détails, résume, à nos yeux, l'œuvre du grand apologiste.

Mais ici se présentent quelques objections qui ont arrêté et arrêtent encore les meilleurs esprits. Elles ont pour objet ce qu'on est convenu d'appeler le scepticisme, le jansénisme et le pessimisme de Pascal ; et ces objections, nous devons les voir et les examiner de près, pour mettre dans tout son jour, ce que nous croyons être la vérité sur l'apologiste de la religion et son œuvre.

VI

PASCAL ET LE SCEPTICISME

Au dernier siècle, on parlait volontiers de *l'abîme* que Pascal voyait sans cesse à ses côtés. On insistait sur son christianisme triste, et exagéré, ses intempérances de foi et de piété, de ses entraînements de pensée, et ses hallucinations.

Aux yeux de Voltaire c'était un « fou sublime né un siècle trop tôt »; et dans sa passion d'incrédulité, le coryphée du philosophisme cherchait à anéantir, autant qu'il était en lui, l'autorité de l'apologiste de la religion.

« Il y a longtemps, écrit-il à un de ses amis, que j'ai envie de combattre ce géant. Il n'y a guerrier si bien armé qu'on ne puisse percer au défaut de la cuirasse ; et je vous avoue que si, malgré ma faiblesse, je pouvais porter quelques coups à ce vainqueur de tant d'esprits, et secouer le joug dont il les a affublés, j'oserais presque dire avec Lucrèce :

> Quare *superstitio* pedibus subjecto vicissim.
> Obteribur, nos exæquat victoria cælo.

« Au reste, ajoute-t-il sous cette dissimulation ironique qui était un trait de sa nature, je m'y prendrai avec précaution et je ne critiquerai que les endroits qui ne seront point tellement liés avec notre sainte religion, qu'on ne puisse déchirer la peau de Pascal, sans faire saigner le christianisme » (1).

Et c'est ce qu'il entreprit de faire dans les *Réflexions* détachées dont il fit suivre ses *Lettres philosophiques*.

---

(1) Lettre de Voltaire à Formont (juin 1734).

VI. — PASCAL ET LE SCEPTICISME

Cependant, malgré l'ardeur passionnée qu'il mit dans son attaque, Voltaire ne s'était pas encore avisé de faire de l'auteur des *Pensées* un sceptique absolu, faisant litière de toute vérité, de toute certitude humaine, et de la raison elle-même.

Ce fut M. Cousin qui inventa pour ainsi dire, et mit à la mode le *septicisme* de Pascal. Ce scepticisme, il prétendit le découvrir dans le texte original des *Pensées* qu'il eut l'insigne mérite de faire remettre sous les yeux du public (1). « Le fond même de l'âme de Pascal, dit-il, est un *scepticisme universel*, contre lequel il ne trouve d'asile que dans une foi *volontairement aveugle*. » Le célèbre abîme qui hantait son esprit, c'est l'abîme du doute. « Les difficultés qu'il a rencontrées, sa raison ne les a pas surmontées, mais sa volonté les a écartées ; sa dernière, sa vraie réponse est qu'il ne veut pas du néant. »

A l'appui de ces graves accusations, M. Cousin essaie de donner quelques preuves, et ces preuves lui paraissent bien convaincantes, puisqu'il n'admet pas même que Pascal ait trouvé le repos dans sa foi personnelle. Il nous parle de « la foi *inquiète et malheureuse* qu'il entreprend de communiquer à ses semblables. » Il nous apprend qu'il « lui échappe, au milieu des accès de sa *dévotion convulsive*, des cris de misère et de désespoir. » Il nous représente ce grand esprit comme un infortuné, sans boussole et sans point d'appui, éperdu, et comme submergé dans un océan de doutes et d'angoisses.

Ainsi la nouvelle légende est créée. Le scepticisme de Pascal devient un thème classique, un lieu commun oratoire, une sorte de dogme philosophique que les esprits cultivés eux-mêmes répètent à l'envi, avec la docilité la plus confiante, sur la foi du maître, et dont la banalité vide et superficielle s'étale, avec une naïve et imperturbable assurance, dans les revues, dans les livres, dans les journaux, comme un de ces axiomes indiscutables devant lesquels il ne reste qu'à s'incliner en silence. En

---

(1) *Rapport* à l'Académie française sur la nécessité d'une nouvelle édition des *Pensées* de Pascal. 1842.

veut-on une preuve ? Voici ce qu'on lit dans un ouvrage qui a résumé à peu près l'opinion philosophique de notre temps :

« Poursuivi par le scepticisme comme le laboureur de la fable par le serpent auquel il rend la vie, Pascal se voit forcé de fuir du raisonnement dans le sentiment, d'en appeler du sentiment à l'intérêt, de l'intérêt à l'empire encore plus aveugle de l'habitude, et de descendre un à un tous les degrés de l'abîme qu'il a lui-même creusé sous ses pas, jusqu'à ce qu'il ne lui reste plus que la grâce par où il aurait dû commencer » (1).

Ainsi, voilà qui est entendu. Un sceptique qui désespère de la raison, un esprit faible qui se précipite dans la foi les yeux fermés, un automate humain qui ne se maintient dans cette foi aveugle qu'à la condition de se réduire à l'aveugle docilité d'un mécanisme, tel est, au jugement du rationalisme contemporain, un des esprits les plus sublimes et une des plus hautes natures qui aient honoré l'humanité.

Il serait temps, ce semble, d'en finir avec des préjugés et des accusations qui ne s'appuient que sur des apparences et des équivoques et dont l'arrogante prétention humilie la science et la critique d'un pays éclairé, non moins que la raison et le bon sens lui-même.

Et d'abord, essayons de bien poser la question. Ce sera, pour tout esprit réfléchi, le seul moyen d'y porter ce qu'il faut avant toutes choses, la précision et la clarté.

Qu'est-ce donc que la certitude ? Qu'est-ce que le scepticisme ? — A moins de s'entendre sur ces mots, nul moyen de dissiper l'équivoque et la confusion qui couvrent et embarrassent, pour ainsi dire, toutes les avenues du problème.

La certitude est l'assentiment ferme et inébranlable de l'esprit à une vérité reconnue évidente.

---

(1) Franck, *Dictionnaire des Sciences philosophiques*. Art. Pascal.

Havet, dans l'*Introduction* à son édition des *Pensées*, et aussi en maint endroit de ses *Commentaires*, s'approprie, résume et parfois développe la théorie de Cousin.

VI. — PASCAL ET LE SCEPTICISME

Et qu'est-ce que l'évidence ? Cette force, cette lumière, cette splendeur de la vérité qui s'impose invinciblement à l'assentiment de l'esprit.

Évidence de l'expérience ou de la raison, du fait ou de l'idée, du principe immédiat ou du raisonnement légitime, de la chose prise en elle-même ou du motif qui la fait croire, le propre de l'évidence est, sans exception, de s'imposer à l'assentiment de l'esprit comme une manifestation ou une attestation souveraine de la vérité.

Elle est faite pour l'esprit, comme la lumière du soleil est faite pour nos regards. Elle domine et subjugue l'esprit, s'il est ouvert et sans nuage, libre et tourné vers la vérité, comme le soleil et tout ce qu'il éclaire de ses rayons domine et subjugue notre regard, si celui-ci n'est ni aveugle, ni volontairement fermé ou couvert d'un bandeau, ni détourné de la lumière.

Il y a donc dans le fait de la certitude, et de toute certitude, un double élément : un élément objectif qui est l'évidence elle-même, sous quelque forme qu'elle se révèle ; un élément subjectif qui est l'assentiment ou l'adhésion de l'esprit à la vérité manifeste, lumineuse, éclatante, l'adhésion de l'esprit à l'évidence.

Quand l'esprit ne peut plus rien opposer à cette force de l'évidence, c'est la conviction. Quand il se rend à cette force, et ne veut plus rien y opposer, c'est la persuasion. Quand les deux se rencontrent et s'unissent, il y a, dans la plénitude de ses conditions normales, le fait complet de la certitude.

Et ce fait de la certitude, c'est la vérité elle-même, la vérité manifeste et évidente, pleinement possédée par l'esprit.

Mais où sera le juge légitime et autorisé de cette certitude ? Où sont les sources d'où elle émane, les faits, les principes ou les raisons qui en décident ? Où sont en un mot les *critériums* qui en constituent à la fois le principe, la règle et la garantie ?

Ces *critériums* varient nécessairement, suivant nos facultés ou moyens de connaître, et suivant les divers ordres de vérité ou objets de la connaissance. Répondant à la fois à l'ensemble de nos moyens de connaissance et à l'ensemble des objets à connaître, ces critériums seront : l'expérience interne pour les faits de la conscience; l'expérience externe pour les faits du monde physique et sensible ; la mémoire pour les faits passés de notre sens intime ; le sens commun, ou la raison naturelle et spontanée, avec son double caractère de nécessité et d'universalité, pour les croyances générales, pour les vérités religieuses et morales, telles que Dieu, l'âme, l'immortalité, la distinction du bien et du mal, qu'admettent d'un consentement unanime, et par une sorte d'instinct naturel, les hommes de tous les temps et de tous les lieux.

Ce sera l'évidence rationnelle, ou la raison réfléchie et philosophique, qui n'est autre chose que la raison naturelle et spontanée, ayant conscience d'elle-même, appuyée sur l'évidence immédiate des idées universelles et des premiers principes, et déduisant, par un enchaînement de raisonnements légitimes, l'évidence médiate des théorèmes ou des conséquences logiques, contenues dans ces principes et ces idées.

Ce sera encore l'autorité du témoignage, revêtu des conditions requises, pour les faits de l'histoire attestés, soit par des documents ou des monuments authentiques, soit par une tradition orale, positive et certaine. Ce sera enfin la révélation divine, appuyée à son tour, sur la double garantie des miracles et des prophéties, se ramenant à une constatation de faits, pour toutes les vérités de l'ordre surnaturel.

Mais dans cet ensemble de critériums, quel sera le juge en dernier ressort ? Quel sera l'arbitre des règles et des conditions qui en assurent la légitimité, qui en garantissent l'autorité, qui en fixent à la fois les limites et l'empire. Quel sera, en un mot, le dernier et suprême critérium de la certitude ?

Ce juge, ce critérium, cet arbitre suprême ne peut être, évidemment, que la raison elle-même, non la raison subjective, inférieure, individuelle et personnelle, que nous voyons, sous l'empire de tant de causes d'erreur, ignorer, douter, se tromper et s'égarer si souvent ; mais la raison objective, supérieure et générale, qui n'est autre chose que cet ensemble d'idées universelles, de vérités éternelles et nécessaires, présentes à la raison subjective ou à l'entendement de tout homme, base primordiale et inébranlable de toutes nos affirmations et de toutes nos connaissances, dans le domaine expérimental aussi bien que dans le domaine rationnel, dans l'ordre logique et métaphysique, aussi bien que dans l'ordre esthétique et moral.

Et d'où vient à la raison ce sublime privilège d'être le juge ou le critérium suprême de la connaissance et de la certitude.

Précisément de ce qu'elle est la faculté de l'immuable, de l'éternel, de l'absolu, la faculté des principes premiers et nécessaires, évidents par eux-mêmes, la lumière dès lors qui soutient, dirige et éclaire notre intelligence dans toutes ses opérations, et par là même un reflet, un rayon, une image de la vérité et de la raison éternelle qui est Dieu lui-même.

Ainsi, pour nous résumer dans un langage rigoureusement scientifique, la synthèse ou l'ensemble de nos facultés de connaître, s'élevant, par la synthèse des *critériums*, non à tel ou tel système partiel et mutilé, mais à la synthèse des vérités et des certitudes qui sont à notre portée : voilà l'admirable organisation de la connaissance, mise au service de l'esprit humain.

Qu'est-ce donc que le scepticisme dont on fait à Pascal un si amer reproche ?

La réponse est facile. D'après ce que nous venons de dire, le scepticisme n'est et ne peut être que la négation d'un, de plusieurs ou de tous les critériums de la certitude.

Relatif et partiel, quand il en nie un ou plusieurs ; universel et absolu, quand il les nie tous, et par suite, entraîne dans sa négation toute vérité, toute certitude, et la raison elle-même.

Ainsi l'idéalisme, n'acceptant d'autre point d'appui que les idées de la raison, conteste et méconnaît la valeur des autres principes de la certitude, et aboutit ainsi, en stricte logique, à la négation de la pluralité des êtres et des substances, ou au panthéisme.

Par un procédé inverse, le sensualisme, n'admettan[t] que le témoignage des sens et ramenant tous les élément[s] de la connaissance à la sensation relative et contingente[,] arrive à paralyser et à briser tous les éléments absolus[,] tous les principes nécessaires de la raison, pour alle[r] se briser ensuite, par une conséquence inévitable, contr[e] le double écueil du matérialisme psychologique ou la né[-]gation de l'âme, et du matérialisme cosmologique, o[u] l'athéisme.

De même, nous voyons le pyrrhonisme historique nie[r] l'autorité du témoignage des hommes ; le rationalism[e] contester l'autorité de ce même témoignage quand [il] s'applique au fait de la révélation divine et aux preuve[s] qui en établissent la vérité ; le faux mysticisme sacrifie[r] au sentiment l'autorité de l'expérience et de la raison ; [le] scepticisme de Kant nier la valeur et la réalité objectiv[e] des idées de la raison pure ; le traditionalisme affaibl[ir] l'autorité de cette même raison ; enfin les systèmes [de] Huet, de Bautain et de Lamennais placer dans des fai[ts] extérieurs, la révélation, la grâce divine, ou le consent[e]ment unanime des hommes, le *critérium suprême* de [la] certitude qui ne peut se trouver que dans la raison ell[e-]même, puisqu'elle seule peut constater et apprécier so[it] l'existence, soit les conditions légitimes et la valeur c[ri]tique de ces faits.

Ainsi tout système exclusif et partiel est, au mêm[e] degré, un scepticisme partiel ; et tout scepticisme est la n[é]gation, en totalité ou en partie, de nos divers princip[es] de certitude. A l'enchaînement lumineux des vérités et d[es] certitudes, correspond ainsi, en toute rigueur, jusqu'[à] l'abîme du doute universel, le triste et sombre table[au] de nos scepticismes et de nos erreurs.

Et maintenant Pascal est-il bien ce sceptique désolé q[ui] prend plaisir à renverser un à un, tous nos principes [de] certitude ?

A cela nous pouvons donner une réponse absolume[nt] victorieuse et sans réplique.

De tous les critériums de la certitude, il n'en est p[as] un seul dont il ne reconnaisse la valeur ; et dont il justifie l'emploi, par ses déclarations formelles ou par son exemple, dans le livre des *Pensées* et en tous ses écrits.

Il admet l'expérience interne; et toute la première partie de son Apologie n'est qu'une longue analyse psychologique qui s'appuie tout entière sur cette certitude.

Il admet la certitude de l'expérience externe ; et tous les travaux, toutes les découvertes qu'il fit comme physicien et comme savant, ne sont qu'une éclatante reconnaissance de cette certitude.

Il ne reconnaît pas moins le critérium de la mémoire, lui qui dit que « la mémoire est nécessaire pour toutes les opérations de l'esprit ».

Il reconnaît et applique pleinement l'autorité du témoignage pour les faits de l'histoire ; et la seconde partie de ses *Pensées* n'est que la constatation scientifique de la série la plus importante de ces faits.

Il admet, cela va de soi, l'autorité de la révélation puisque toute son Apologie n'a d'autre objet que de démontrer la vérité et la certitude des faits dont elle se compose.

Il admet et reconnaît pleinement l'évidence rationnelle. Dans son *Art de persuader*, il trace, avec sa netteté et sa vigueur habituelle, les règles de cette évidence qui sont les règles de la méthode des mathématiciens. Principes évidents, déductions rigoureuses, conséquences certaines, tout y est analysé avec le plus grand soin, et il est manifeste que Pascal ne pouvait mettre en doute une évidence qu'il a pratiquée, toute sa vie, avec tant de génie.

Et gardons-nous de croire qu'il ne l'admette que dans son application à la géométrie. Il ne fait pas de différence ; il s'agit seulement de comprendre son langage. Selon lui, le cœur, ainsi que nous allons le voir, *sent* tous les premiers principes même ceux de la géométrie, et la raison tire les conclusions; « et le tout avec certitude, dit-il, quoique par des voies différentes. » Principes et conséquences, il accorde la certitude aux uns et aux autres et c'est bien là l'évidence de la raison.

Il admet donc aussi l'autorité de la raison naturelle ou

du sens commun, et j'ajoute, il admet surtout cette autorité ; et c'est là le point décisif, cette raison étant la base et le point de départ de toutes nos connaissances, si bien que, cette base une fois ébranlée, nulle certitude ne resterait debout. C'est donc là ce qu'il faut mettre dans tout son jour, et c'est sur ce point aussi que Pascal nous fournit une démonstration rigoureuse et péremptoire.

Voici ce qu'il écrit de la manière dont s'établit la connaissance :

« Nous connaissons la vérité, non seulement par la raison, mais encore par le *cœur* ; c'est de cette dernière sorte que nous connaissons les *premiers principes*, et c'est en vain que le *raisonnement*, qui n'y a point de part, essaye de les combattre. Les pyrrhoniens qui n'ont que cela pour objet, y travaillent inutilement. Nous savons que nous ne rêvons point, quelque impuissance où nous soyons de le prouver par la raison.

« Cette impuissance ne conclut que la *faiblesse* de notre raison, mais non pas *l'incertitude* de toutes nos connaissances comme ils le prétendent. Car la connaissance des premiers principes, comme qu'il y a *espace, temps, mouvement, nombres*, est aussi ferme qu'aucune de celles que nos raisonnements nous donnent. Et c'est sur ces connaissances du *cœur* et de *l'instinct*, qu'il faut que la raison s'appuie et qu'elle y fonde tout son discours.

« Le *cœur sent* qu'il y a *trois dimensions* dans l'espace et que les nombres sont infinis ; et la raison démontre ensuite qu'il n'y a point deux nombres carrés dont l'un soit double de l'autre. Les *principes* se *sentent*, les *propositions* se *concluent* ; et le tout avec certitude, quoique par différentes voies. Et il est aussi ridicule que la raison demande au cœur des preuves de ses premiers principes, pour vouloir y consentir, qu'il serait ridicule que le cœur demandât à la raison un sentiment de toutes les propositions qu'elle démontre, pour vouloir les recevoir. »

Ces paroles sont décisives et contiennent une théorie complète de la certitude.

Quand Pascal nous dit que c'est « par le cœur que nous *connaissons* les premiers principes », que la *connaissance* de *l'espace*, du *temps*, du *mouvement*, des *nombres*, est une « connaissance du *cœur* et de *l'instinct* » ; que « le *cœur sent* qu'il y a trois *dimensions* dans *l'espace* et que les nombres sont infinis » ; quand il énonce de pareilles propositions, il est visible qu'il attribue au *cœur* et à *l'instinct* ce que le langage philosophique de notre temps attribue à l'activité primitive, directe et spontanée de la raison, et qu'il appelle *raison* ce que nous appelons *raisonnement*. Il est visible en effet que c'est l'intelligence qui perçoit les premiers principes dont il fait honneur au cœur, et que c'est le raisonnement qui déduit les *propositions* et les conclusions qu'il met au compte de la raison.

Le cœur n'est donc avant tout, pour Pascal, que la raison naturelle et intuitive elle-même, saisissant, d'une vue directe et spontanée, les idées universelles, les principes nécessaires, évidents d'une évidence immédiate, évidents par eux-mêmes, et par là même aussi, base indémontrable de toute démonstration et de toute évidence. Et ce qu'il appelle raison n'est que la raison *discursive*, la simple faculté de tirer les conclusions des premiers principes ou de raisonner.

Et pourquoi Pascal rapporte-t-il à ce qu'il appelle le cœur ou l'instinct ces intuitions premières et ces premiers principes de la raison ? Précisément à cause de leur caractère d'évidence immédiate, spontanée, indémontrable et nécessaire, qui leur donne une ressemblance frappante avec les inspirations soudaines, également immédiates et irrésistibles du cœur ou du sentiment.

La raison n'étant pour lui que la faculté de démontrer, il ne veut pas de ce terme pour désigner l'intuition des vérités évidentes d'elles-mêmes, et qui, de par cette évidence, échappent à tout raisonnement, à toute démonstration. Mais cette intuition elle-même des vérités premières, non seulement, il ne la nie pas ; il l'affirme, il la répète et la maintient de la manière la plus formelle. Et si l'on peut contester la rigueur de sa terminologie, la théorie dont elle est l'expression est absolument à l'abri de toute équivoque et de toute critique.

Cette théorie maintient les droits de la raison intuitive

tout aussi bien que ceux de la raison discursive, et l'évidence des premiers principes tout aussi bien que celle de leurs conclusions légitimes. C'est donc une théorie rigoureusement complète de la certitude ; et de tous les *critériums* de la connaissance, il n'en est pas un seul dont il conteste l'autorité ou la valeur.

Aussi tout son prétendu scepticisme n'est-il qu'une fantasmagorie vaine et superficielle, créée par des apparences ou des préjugés non moins superficiels, et qui ne peut tenir un seul instant devant l'évidence des déclarations et des faits.

Singulier sceptique en effet, qui puise à toutes les sources de la certitude, qui en admet et en applique tous les critériums, qui appelle le scepticisme une *extravagance*, qui veut qu'on sache « douter où il faut, *assurer* où il *faut*, se soumettre où il faut » ; qui oppose enfin à tous les efforts des sophistes, à tous les flots du scepticisme cette barrière invincible de la nature ou de la raison naturelle dont il nous a déjà montré l'inébranlable solidité ? « Que fera l'homme, dit-il, en cet état ? Doutera-t-il de tout ? Doutera-t-il s'il veille ? doutera-t-il s'il est... On n'en peut venir là ; et je mets en fait qu'il n'y a jamais eu de pyrrhonien effectif parfait. La nature soutient la raison impuissante et l'empêche d'extravaguer jusqu'à ce point. »

Ces preuves sont décisives, et nous pouvons affirmer, hardiment que, loin de donner la main au pyrrhonisme, l'Apologie de Pascal le repousse de tous points, et maintient avec une remarquable fermeté, tous les principes, tous les critériums, tous les droits de la certitude.

VII

PASCAL ET LE SCEPTICISME. — TEXTES ET OBJECTIONS

Mais s'il en est ainsi, si Pascal admet tous les principes, toutes les lois, toute la théorie de la certitude ; s'il reconnaît tous les droits, toute la puissance intellectuelle de la raison, qu'est-ce donc que ces coups redoublés dont il ne cesse de frapper cette même raison ? Qu'est-ce que cet acharnement qu'il met à étaler son impuissance et ses misères ? Qu'est-ce que ce choc et ce conflit d'opinions qu'il se plaît à opposer les unes aux autres pour en montrer l'incurable incertitude ? Pourquoi dit-il que nous avons « une impuissance de prouver, invincible à tout le dogmatisme ». Pourquoi cette affirmation plus étrange encore que « le pyrrhonisme est le vrai ? » Et cette autre non moins étrange que « la raison ne peut prouver l'existence de Dieu ? » Et sa théorie de la justice ? Et ce singulier jeu des partis qui réduit la vérité religieuse à un simple calcul d'intérêt ? Et ce conseil « de s'abêtir » pour croire ? — Qu'est-ce que tout cela, sinon une guerre ouverte contre la certitude ? une profession manifeste de scepticisme, le désespoir mal déguisé d'une âme qui, dans le vertige du doute universel, ne trouve d'autre moyen de salut que de se jeter, par un suicide de la raison, dans l'abîme ténébreux de la foi ?

Ces difficultés nous sont connues et nous n'avons garde de les éluder. Mais ce qui nous étonne, c'est que ce soient encore des difficultés et qu'on ose les proposer comme telles, quand il suffit de la plus légère attention pour en voir la faiblesse et les mettre à néant.

Pascal, dit-on, se plaît à accabler la raison humaine et toute son Apologie n'est qu'une longue et impitoyable démonstration de sa faiblesse, de ses contradictions, de son impuissance.

Oui, sans aucun doute, et nous la connaissons bien, cette ironie formidable qui s'attache comme une justice vengeresse non seulement aux infirmités de la raison, mais à tous les travers, à tous les vices, à toutes les difformités morales de notre nature. Mais ici il faut s'entendre. Qu'est-ce que la raison, dans la langue de Pascal ? — La raison, pour lui, nous l'avons vu et démontré, n'est rien autre chose que le raisonnement. Et quel est le raisonnement qu'il poursuit de son impitoyable satire. Est-ce le raisonnement logique et légitime ? Non, nous l'avons vu aussi, il en admet et proclame la certitude. Ce qu'il poursuit donc et flagelle uniquement, ce qu'il pousse à bout et accable de ses mépris, c'est le raisonnement à outrance, le raisonnement faux et sophistique, vain et prétentieux, tranchant et dogmatique, vide et hautain, tronqué et contradictoire des sectaires fantaisistes, des faiseurs de système, des chefs de coterie ou de parti, cantonnés, chacun, dans quelque domaine exclusif de la pensée, plus soucieux d'acquérir un vain renom d'originalité que de rechercher et de faire aimer la sagesse, plus préoccupés de mutiler la raison et la certitude au profit de quelque système, que de les mettre, dans leur unité et leur harmonie, au service de la vérité.

Ce que Pascal réduit aux abois en un mot, c'est le sophisme, le sophisme sous toutes ses formes, le sophisme qui est le fond de tout système exclusif et partiel, par là même qu'il est partiel et exclusif, de quelque nom qu'il se pare d'ailleurs et quelques prétentions qu'il fasse valoir ; épicureisme, quand il exalte l'orgueil des sens ; stoïcisme quand il exalte l'orgueil de l'esprit ; dogmatisme ou rationalisme quand il exagère les forces de la raison ; pyrrhonisme quand il nie ou ravale ces mêmes forces ; sensualisme quand il ne voit que le monde des sens ; idéalisme, quand il n'admet que celui de la raison ; toujours tronqué, toujours mutilé, toujours en deçà ou delà de la vérité totale, et par là même toujours erroné, toujours faux et sophistique. Voilà ce que Pascal accable de son ironie ; voilà ce qu'il réduit au néant. — Mais loin d'attaquer la raison ou le raisonnement, la vérité ou la certitude, ses dédains et son indignation ne frappent que le procédé de ceux qui, divisant et tronquant les grandes choses au lieu de les unir, arrivent fatalement au mépris de toute raison et de toute certitude, et aboutissent logiquement au doute absolu.

Toutes les certitudes, en effet, se tiennent et s'enchaînent; toutes reposent sur une même base; toutes s'illuminent d'une même lumière; toutes subsistent par la force d'une même évidence. Nier ou supprimer cette évidence pour un seul critérium de certitude, c'est la nier logiquement pour tous et ouvrir la porte à tous les égarements, à tous les scepticismes.

C'est en ce sens et à ce point de vue seulement, que Pascal a pu dire, avec une haute et redoutable logique, que « le pyrrhonisme est le vrai. » Oui, quand on se confine arbitrairement dans des opinions partielles, dans des systèmes étroits et exclusifs, quand on brise pour ainsi dire le moule éternel de la raison, de la certitude, de l'évidence, pour n'en retenir que d'informes débris: oui, alors, on n'a plus le droit d'affirmer, sur un point quelconque, la certitude et l'évidence qu'on nie sur les autres. La base de l'évidence ébranlée en un seul endroit, tout l'édifice s'abat et s'écroule. Et lorsque sur ces débris de la raison mutilée, vous voulez étayer quelque système d'autant plus prétentieux que la base en sera plus étroite, vous avez beau faire appel aux déductions du raisonnement, l'œuvre sera vaine, parce que toute méconnaissance d'un principe mène à l'erreur. Plus la rigueur de vos raisonnements sera irréprochable, plus l'implacable logique en fera sortir les conclusions dernières de l'inévitable scepticisme. C'est là même le châtiment de ce dogmatisme systématique qui croit avoir pu mutiler impunément la raison pour la mieux enserrer dans l'étau de ses déductions. Sa propre logique met à nu son « invincible impuissance à prouver ».

Dès lors, tous ces systèmes ne sont plus que des scepticismes partiels, tous n'ont et ne peuvent avoir d'autre terme logique que le scepticisme absolu; et dans ce sens, en face d'un dogmatisme de mauvais aloi qui s'isole dans les étroitesses d'un système partiel qu'il prétend substituer à la synthèse intégrale de la vérité et de la raison, « le pyrrhonisme, en bonne logique, est le vrai. »

Et « si rien ne fortifie plus le pyrrhonisme » que les affirmations étroites et tronquées de ses prétendus adversaires, le motif en est qu'on ne fait pas au scepticisme sa part. Les négations du dogmatisme rationaliste se retournent contre lui-même, et se vengent tôt ou tard en ébranlant les fondements que ses disciples maladroits et mal avisés essayaient en vain de sauver.

Par là même « le pyrrhonisme rabattra cette vanité » de la raison trop prétentieuse et peut même ainsi, dans une certaine mesure, « servir à la religion » Mais ce n'est, pour la foi qu'un secours indirect et une arme purement accidentelle. Il ne saurait constituer un sérieux moyen de démonstration religieuse, parce que « peu parlent du pyrrhonisme en doutant. » — Le scepticisme, en effet, n'est en lui-même qu'une intrinsèque et irréductible contradiction que « la nature confond », parce que « nous avons une idée de la vérité invincible à tout le pyrrhonisme. »

Est-ce là une profession de scepticisme ? Non certes ; et si l'inflexible logique des systèmes qui brisent le faisceau des vérités les entraîne totalement dans l'abîme du doute, c'est la simple constatation d'un fait. Pascal est conséquent avec lui-même. Lui qui veut, à bon droit, toute la raison, toute la certitude, toute l'évidence, il n'admet pas que les opinions et les systèmes, avec leurs exclusions et leurs conflits, viennent briser cette magnifique unité, et il montre qu'il n'y a que deux logiques ou deux méthodes, entre lesquelles il faut choisir : l'une positive et totale, qui arrive, par l'emploi de tous les critériums, à la vérité et à la certitude synthétique et complète ; l'autre négative et partielle, qui aboutit, par le dédain arbitraire de tel ou tel principe de certitude, à des systèmes ou des scepticismes partiels, et n'a plus, dès lors, d'autre alternative logique que de revenir à la vérité complète ou de se perdre dans le scepticisme absolu.

VII. — LES OBJECTIONS DU SCEPTICISME

Quel est donc le dogmatisme que Pascal met aux prise avec ce scepticisme effréné ? — C'est avant tout le dogmatisme excessif qui veut tout prouver, tout démontrer même les premiers principes ; dogmatisme étroit et insensé qui rêve l'impossible et donne, lui aussi, la main au pyrrhonisme, parce qu'il enlève au raisonnement cette base inébranlable des premiers principes sans lesquels il n'y a plus de certitude. — Et Pascal lui-même a parfaitement établi que ces principes, aperçus par la raison spontanée ou le *Cœur* comme les points de départ de toute évidence, ne peuvent être démontrés, et n'ont pas besoin de l'être, parce qu'ils communiquent leur propre évidence à toute démonstration. Sa critique n'a donc rien que de fondé, et elle frappe à juste titre un système qui débute par un non-sens et finit par le scepticisme.

C'est ensuite le dogmatisme exclusif qui, après avoir mutilé la raison et mis le raisonnement seul en place de tous les autres principes de certitude, entend subordonner toute vérité à l'étroite et intolérante exigence de ses analyses. — Nous avons entendu le dogmatisme de l'astronome et du mathématicien nier Dieu, parce qu'il n'en a pas rencontré l'idée dans ses formules et ses équations. Nous avons été témoins des prétentions du matérialisme qui nie l'âme, parce qu'il ne l'a point trouvée au bout de son scalpel. Nous voyons encore le positivisme nier l'absolu, parce qu'il prétend n'étudier que le monde des êtres relatifs et contingents, et le criticisme nier Dieu dans l'histoire, parce que ses conceptions hégéliennes l'excluent du domaine de la pensée.

Voilà un procédé que Pascal repousse de toute la force de son bons sens et de toute la hauteur de son génie. Ce qu'il réclame, c'est toute la raison, ce sont tous ses procédés. Mais ces procédés ne sont légitimes, chacun, que dans son ordre et son domaine spécial. Méconnaître cette loi primordiale du travail de la raison, c'est l'aberration de ceux qui peuvent avoir « le sens droit dans un certain ordre de choses et non dans les autres ordres où ils extravaguent. » Substituer ainsi un procédé particulier de la raison à un autre arbitrairement supprimé, c'est trop souvent le crime du dogmatisme partiel et exclusif, c'est le principe fatal des négations arbitraires et des affirmations à la fois audacieuses et injustifiées, c'est, par là même, la porte ouverte aux impitoyables ravages du scepticisme.

Ajoutons enfin qu'il s'agit, par le fait même, de ce dogmatisme rationaliste et hautain qui n'exagère tant les forces de la raison que pour les opposer aux faits de la révélation, et qui, en supprimant l'un des critériums les plus légitimes, n'est plus lui-même à son tour, qu'un de ces scepticismes partiels qui aboutissent fatalement au pyrrhonisme universel, au doute absolu.

Ce point est capital lorsqu'il s'agit d'apprécier l'antinomie que Pascal relève entre le scepticisme et le dogmatisme. Par là, sont expliquées les « invectives » dont on lui reproche d'accabler la nature et la raison humaine ; la « nature imbécile » d'un « imbécile ver de terre », cloaque d'incertitude, gloire et rebut de l'Univers; la « raison superbe et impuissante » qui n'a que le droit de « s'humilier et d'écouter Dieu », et qu'il « aime à voir humiliée et suppliante », qu'il veut « achever » lorsqu'elle prétend avoir en soi les forces nécessaires à la conquête du vrai.

Ce sont là de fortes expressions sans doute. Peut-être ne faut-il y voir que des boutades de cette « humeur bouillante » que reconnaissait sa sœur Jacqueline, de cette passion qui l'enflammait en face du sophisme à écarter, de la vérité à saisir. Pourquoi méconnaître les nombreux passages où il relève avec non moins d'éloquence, la valeur de la nature et de la raison de l'homme, ce « roseau pensant, dont toute la dignité réside en la pensée », qui ne « relève ni de l'espace, ni de la durée », dont « la nature soutient la raison et l'empêche d'extravaguer » ?

N'y a-t-il là que de banales et vulgaires contradictions ? Elles seraient peu dignes d'un esprit tel que Pascal; et cependant les préventions passionnées sont allées jusque-là. Or, c'est oublier l'évidence même du point de départ, la conception fondamentale de Pascal qui appuie tout le système de ses démonstrations sur la constatation psychologique de « la grandeur et de

VII. — LES OBJECTIONS DU SCEPTICISME

la misère de l'homme, des étranges « contrariétés » que révèle sa nature à l'égard de toutes choses. — « S'il se vante, je l'abaisse, s'il s'abaisse je le vante » : il constate avec une implacable vigueur les antinomies de la nature humaine pour en chercher la solution synthétique plus haut. Voilà la clef de ces « invectives » qui sont ainsi tout autre chose qu'un cri de scepticisme.

Mais, insiste-t-on, c'est de plus la philosophie elle-même et les philosophes qu'il accable de l'ironie de ses dédains. « Se moquer de la philosophie, c'est vraiment philosopher... la philosophie tout entière ne vaut pas une heure de peine... cette belle philosophie qui n'a rien acquis de certain dans son long travail à travers les siècles. » — Et avec quelle âpre satisfaction ne met-il pas en scène les philosophes, leurs hésitations et les contradictions de leurs systèmes ; opposant les uns aux autres, les dogmatistes aux phyrroniens, les stoïques aux épicuriens, Epictète à Montaigne ; pour triompher de leurs divergences et de leurs insuffisances, et conclure que toutes leurs sectes issues de la triple concupiscence mauvaise, méritent un égal mépris ? « Tous leurs principes sont vrais, des pyrrhoniens, des stoïques, des athées : mais leurs conclusions sont fausses parce que les principes opposés sont vrais aussi. » — Et puis parmi ces philosophes, Pascal ne trahit-il pas des prédilections significatives pour les tenants du scepticisme ? N'est-il pas lui-même tout pénétré de la lecture de Montaigne, et son livre n'accuse-t-il pas, sur mainte page, des réminiscences, presque des répétitions textuelles, et surtout les objections sceptiques de « l'incomparable auteur », tandis qu'il manifeste une hostilité avouée à l'égard de Descartes ?

Oui, tout cela est vrai ou à peu près. Mais qu'en conclure, sinon que, pour Pascal comme pour tout esprit libre, il y a philosophie et philosophie, comme surtout il y a philosophes et philosophes ? La critique qu'il fait subir à tous ces prétendus représentants de la pensée humaine, est-elle injuste ou fausse ? Il serait difficile assurément de le soutenir. — Et s'il constate toutes ces aberrations et toutes ces contradictions, Pascal a-t-il donc si tort de déplorer douloureusement que philosophes et philosophies,

« malgré un travail, si long et si tendu, n'ont pas trouvé le remède à nos maux. »

Il n'a d'ailleurs aucun parti pris de dénigrement. Ne le voyons-nous pas louer « les philosophes qui ont dompté leurs passions », et reconnaître la hauteur morale de Platon en apercevant dans quelques-unes de ses doctrines une véritable préparation au christianisme ? M. Cousin prétend bien que ces appréciations bienveillantes ne lui échappent que *par mégarde*. Et pourquoi ne procéderaient-elles pas tout simplement de la justesse de son esprit critique ?

S'il est vrai que Montaigne, qui était l'auteur à la mode dans la première moitié du XVII° siècle, et dont le livre était entre les mains de tous les mondains cultivés, avait été très étudié par Pascal, il n'en est pas moins vrai aussi que celui-ci garde vis-à-vis de lui toute la liberté de ses jugements. *L'Entretien* avec M. de Saci en fournit la preuve lumineuse. Plus d'une fois, du reste, il le critique ou le plaisante, relevant ses torts, ses défauts, ses confusions, ses « sots projets ». Et comme s'il voulait protester d'avance contre de puériles insinuations, « ce n'est pas en Montaigne, dit-il avec une légitime fierté, mais dans moi que je trouve tout ce que j'y vois ».

Et s'il maintient la même indépendance vis-à-vis de Descartes, qui s'arrogera le droit de l'en blâmer ? Car enfin, il n'est pas vrai comme on l'a dit, que pour être « anticartésien », l'on soit *par conséquent* « antiphilosophique. » — Son opposition n'est d'ailleurs pas si absolue. S'il n'aime pas beaucoup le déisme de Descartes qui se contente d'une *chiquenaude* donnée au monde, s'il paraît le viser lorsqu'il raille les ambitieux chercheurs des principes des choses et de la philosophie, s'il le trouve parfois, « inutile et incertain », il adopte son avis sur maint autre point. Il serait facile en effet de relever de nombreux passages où percent des idées cartésiennes (1), et l'on sait que ses amis le plaisantaient volontiers sur l'admiration qu'il éprouvait pour l'auteur du *Discours de la Mé-*

---

(1) Saisset. *Le Scepticisme.* Pascal. — p. 249 ss.

thode (1). Pascal reste tout simplement lui-même ; il prend et laisse chez les autres ce qui lui convient. Est-ce à des philosophes de lui en faire un reproche.

La vérité est qu'ici encore il ne faut pas s'arrêter à la surface, mais saisir le fond de la pensée de Pascal. La philosophie ne prend parti pour aucune secte ni aucune coterie ou cabale. A ses yeux ils ont raison les uns et les autres, comme ils ont tort les uns et les autres, parce qu'ils ont vu chacun une part de la vérité et ignoré ou repoussé l'autre. « Epictète a bien vu que l'homme est grand mais non Epicure ; celui-ci a vu que l'homme est petit, mais non celui-là. — Epictète a connu les devoirs de l'homme et ignoré son impuissance ; Montaigne connaît l'impuissance et non le devoir ». Ils devraient se compléter l'un l'autre, mais en fait ils s'anéantissent réciproquement, « pour faire place à l'Evangile. »

Pascal expose, avec une sorte de complaisance, « les principales forces des pyrrhoniens ». Il ne lui déplaît point de constater qu'ils battent en brèche « l'unique fort des dogmatistes » et qu'à leurs attaques radicales, ces derniers « en sont encore à répondre depuis que le monde dure », si bien qu'ils se fortifient moins par la vérité de leur propre principe que par les étroitesses et les fausses théories de leurs inconséquents adversaires. Aussi les vaines raisons de détail que ceux-ci leur opposent, sont-elles « renversées par le moindre souffle des pyrrhoniens. On n'a qu'à voir leurs livres, si l'on n'en est point persuadé : on le deviendra bien vite et peut-être trop. »

On a voulu voir en ces mots comme une sorte d'aveu d'une douloureuse expérience personnelle (2). Nous y voyons, au contraire, une condamnation nouvelle des sceptiques. De ce que les pyrrhoniens triomphent des insuffisants moyens de défense de la plupart de leurs adversaires, le côté pernicieux et foncièrement erroné de leurs propres négations n'en ressort que mieux. C'est dans leur

---

(1) « Descartes que vous admirez tant » lui écrivait un jour Méré. (Sainte-Beuve, *Port-Royal*, t. III, p. 422).
(2) Havet. 1. 122.

dernier retranchement qu'ils doivent être forcés et là, si leurs raisonnements confondent les dogmatistes irrationnels, « la nature les confond » eux-mêmes à leur tour. Aussi, en réalité, « n'y a-t-il jamais eu de pyrrhonien parfait. »

Tout ce que Pascal veut conclure, c'est que « l'embrouillement » de l'esprit humain « passe dogmatisme et pyrrhonisme et toute la philosophie humaine. » — Nous avons là un des canons fondamentaux de la philosophie pascalienne. Vis-à-vis des illogismes des dogmatistes malavisés, « le pyrrhonisme est le vrai, » non seulement, comme nous l'avons dit, dans l'ordre *logique* des inexorables enchaînements de la pensée, mais encore dans l'ordre *historique* des faits ; « car, ajoute-t-il aussitôt, *après tout*, les hommes, avant Jésus-Christ ne savaient où ils en étaient, ni si ils étaient grands ou petits. Et ceux qui ont dit l'un ou l'autre n'en savaient rien... et même ils erraient toujours en excluant l'un ou l'autre. »

N'est-il pas vrai, en effet qu'en dehors du christianisme, les hommes, ne pouvant connaître le mystère de leur condition, ne se trouvaient dans la voie de la vérité qu'en doutant ? Que de paroles mélancoliques ou douloureuses des meilleurs esprits de l'antiquité ne pourrait-on pas rappeler à ce sujet ! Et si, dans ce sens, l'on peut dire qu'avant Jésus-Christ, le pyrrhonisme était le vrai, en est-il bien autrement depuis Jésus-Christ pour ceux qui le repoussent ? Des philosophes qui ont voulu demeurer systématiquement en opposition avec la pensée chrétienne, la plupart n'ont-ils pas fini par être les « victimes du doute » ? — « L'Evangile, a dit excellemment Vinet, ne se donne pas comme une lumière plus vive ajoutée à nos lumières naturelles, mais comme un flambeau qui vient dissiper nos ténèbres. La foi chrétienne ne conduit pas plus au scepticisme qu'elle n'en procède, et cependant, plutôt que de dire que le scepticisme a fait Pascal chrétien il serait peut-être plus vrai de dire, en un certain sens, que le christianisme l'a rendu sceptique » (1).

Depuis le discours prononcé par saint Paul devant l'aréopage, et les écrits des premiers auteurs chrétiens, les apo-

---

(1) Vinet. *Etudes sur Pascal*, p. 237.

logistes ont toujours employé le double argument, *psychologique* et *historique*, pour constater l'insuffisance de la raison humaine en face du problème religieux et en induire la nécessité du rayon de lumière révélée dans le domaine de l'intelligence, et celle du point d'appui supérieur dans l'ordre moral. Pascal sonde et ébauche cette double argumentation avec une originalité spéciale à son génie. L'a-t-il fait avec la mesure voulue, en respectant les limites qui circonscrivent ce thème délicat ?

Nous touchons ici au point capital de toute saine apologétique : la doctrine de l'impuissance de la raison et de la nécessité d'une foi révélée. Par excès de zèle, plus d'un écrivain religieux a exagéré cette impuissance, en lui donnant une portée radicale et absolue, tandis que l'autorité de l'Église n'a cessé de rappeler ces imprudents au respect des justes droits et des justes forces de la raison et de la nature humaine. Nous avons vu successivement, en notre siècle, la raison démesurément rabaissée ou totalement anéantie par Bonald et ses adeptes traditionalistes, par Lamennais au nom de son critérium de la raison collective, par Baader et Bautain au bénéfice du sentimentalisme ou du fidéisme religieux. Plusieurs de ces représentants du zèle des néophytes n'ont pas hésité à traiter de *rationalistes* les scolastiques et saint Thomas d'Aquin qui résuma, avec l'admirable précision de langage qui lui est habituelle (1), la tradition des Pères de l'Église. Après diverses interventions du Saint-Siège, le Concile du Vatican a prononcé définitivement la formule orthodoxe en cette délicate matière (2).

Il en ressort que, si notre nature est corrompue et blessée, elle n'est pas anéantie ; si la raison est obscurcie et ternie, elle n'est pas éteinte ; si notre volonté est faible et débile, elle n'est pas essentiellement incapable et brisée. Les vérités fondamentales de la religion naturelle peuvent être connues et démontrées par notre faculté native, mais avec une telle difficulté qu'en fait l'humanité,

---

(1) Summ. Theol. 2.2. q II. a. 4. Summ. Cont Gent. l. c.4
(2) Constit. de Fide.

dans son ensemble, ne les atteint et ne les retient que partiellement, au prix d'un lamentable mélange d'ignorances et d'erreurs. Par suite, vis-à-vis même de la vérité rationnelle et de la religion naturelle, la révélation devient nécessaire, non pas, sans doute, d'une nécessité physique et absolue, mais d'une nécessité relative et morale.

Il n'y aurait rien d'étonnant à ce que Pascal, avec la fougue et la passion de son tempérament, sa tendance à ne point mesurer les expressions qu'il jetait pêle-mêle sur des bouts de papiers nullement destinés à la publicité, en un temps où les controverses et l'intervention du magistère ecclésiastique n'avaient pas encore donné à ces questions le degré de précision qu'elles ont acquises aujourd'hui, eût forcé quelque peu la note et méconnu la nuance qui distingue la nécessité absolue de la nécessité morale. — Et de fait, il parle plus d'une fois de l'impuissance de la raison et de l'incapacité de la nature avec des expressions singulièrement fortes et outrées que MM. Cousin, Franck, Havet ont relevée avec une complaisante insistance.

Néanmoins, si l'on veut bien considérer attentivement ces fragments, l'on constatera que presque toujours il se trouve dans leur contexte ou dans les passages parallèles, quelque expression qui atténue la portée de ces formules trop absolues, sans compter que les pensées abondent dont le tour est, là-dessus, d'une remarquable exactitude.

Si, en effet, au lieu d'urger ces textes dans leur isolement, on les rapproche les uns des autres pour les considérer dans leur enchaînement logique et psychologique, l'on reconnaît bien vite que la vérité, en face de laquelle Pascal sent si douloureusement les insuffisances de la raison, n'est pas la vérité quelconque, purement abstraite, scientifique ou même métaphysique, mais bien cette vérité plus haute qui lui résoudra le problème de sa destinée et au prix de laquelle toutes les autres ne lui offrent qu'une valeur mesquine. Cette vérité porte pour Pascal une triple marque : 1º Elle est la vérité *morale* qui s'élance jusqu'à la possession intime du Dieu vivant et règle le devoir de la vie ; la vérité du « vrai bien » dont la souveraine image ne lui fait paraître « rien trop cher » ; 2º Elle est la vérité *totale* qui devrait nous donner le dernier mot, nous faire comprendre « les principes des choses », et l'infini lui-même, et nous arracher au « désespoir éternel de ne connaître « ni le principe ni la fin de notre destinée » ; 3º Elle est la vérité *parfaite*, qui ne laisserait dans notre raison aucun « embrouillement », aucune « obscurité douteuse ». A ce compte, les boutades les plus hardies de son génie primesautier et les *hiatus* les plus abrupts de son texte inachevé se réduisent tout naturellement à leur juste dénominateur.

Certes, Pascal ne tarit point de parler de notre impuissance et de notre imbécillité à connaître les choses, mais c'est parce que « nous ne concevons ni leur principe ni leur fin », et que nous ne savons « comprendre les extrêmes ni les derniers principes », en atteignant jusqu'au « centre des choses ». C'est une impuissance à connaître « parfaitement, distinctement, nettement » les choses du corps et de l'esprit, une « impuissance à prouver » qui ne nous en laisse pas moins « une idée de la vérité invincible à tout le pyrrhonisme », et qui ne « conclut autre chose que la faiblesse de notre raison, et non pas l'incertitude de toutes nos connaissances », surtout des premiers principes, sur lesquels « il faut que la raison s'appuie. » Aussi cette impuissance-là peut bien « humilier la raison qui voudrait juger de tout », mais non combattre notre certitude.

Qu'importe après cela, que « cette belle et plaisante raison corrompue, qu'un vent manie à tous sens », et qui à travers l'histoire des système « n'a pu rien trouver de ferme, ni acquis rien de certain » ; qui est toujours « déçue par l'inconstance des apparences et ne peut mettre le prix aux choses », doive se demander si elle a « quelques forces et quelques prises capables de saisir la vérité » et, lorsqu'elle croit « posséder certainement la vérité, se voie forcée de lâcher prise » ? Quelle que soit sa « faiblesse naturelle et inévitable », sa force essentielle n'est point perdue ; elle n'en fait pas moins « tout notre être » et « demeure toujours le juge de nos passions, en leur commandant « plus impérieusement qu'un maître. »

Par deux reprises, Pascal affirme que « nous sommes incapables d'ignorer « absolument » et de connaître « certainement »; mais c'est toujours en se préoccupant de « voir la vérité entière et d'arriver à une parfaite vertu. »
— : « Nous ne pouvons ni savoir ni même douter »; mais c'est en tant que nous n'avons point « la vérité constante ou satisfaisante. »

— « La nature ne nous offre rien qui ne soit matière de doute et d'inquiétude »; mais c'est que nous ne connaissons « ni notre conditions, ni notre devoir ».

— « Nous sommes incapables de vrai et de bien », nous répète-t-il encore, « incapables de certitude et de bonheur ». Et toutefois nous avons en nous « une nature capable de bien... une capacité naturelle de connaître la vérité et d'être heureux » .

Sont-ce là simplement les contradictions d'un esprit désorienté, flottant entre le oui et le non, et par là même livré irrémédiablement aux énervantes fluctuations du doute ? — Non, car Pascal nous livre finalement la clef des antinomies de son langage dans un passage dont la précision, digne d'un scolastique, ne laisse rien à désirer : « Quand l'homme tâche de saisir la vérité, il *s'éblouit* et se *confond*... Cela suffit pour *embrouiller* la matière ; non que cela *éteigne absolument* la clarté naturelle qui nous assure de ces choses, mais cela la *ternit*, et *trouble* les dogmatistes par une certaine obscurité douteuse dont nos doutes ne peuvent ôter toute la clarté, ni nos lumières naturelles en chasser toutes les ténèbres. »

La voilà donc expliquée, par Pascal lui-même, cette impuissance de notre raison, cette incapacité de notre nature. C'est une impuissance morale qui « conclut simplement la faiblesse » ; une incapacité relative qui ne détruit pas « notre capacité naturelle ». — Non certes, le dernier mot du vigoureux penseur n'est pas un scepticisme tourmenté par les angoisses du doute, c'est le criticisme hardi d'un esprit libre et courageux qui sonde et creuse jusque dans les dernières profondeurs, les forces de notre faculté naturelle, et en analyse les « puissances trompeuses » mais n'en sape ni en ébranle les fondements.

VII. — LES OBJECTIONS DU SCEPTICISME

Non, Pascal n'admet pas tous les principes du scepticisme, comme le veulent MM. Cousin et Havet. Est-il plus vrai de dire qu'il en admet toutes les conséquences ?

— Pour lui, s'il en fallait croire ces critiques, « tout l'ordre du monde n'a point de fondement solide, donc pas de science mais des opinions ; point de morale mais des mœurs ; point de droit naturel, mais des coutumes ; l'autorité des rois n'est établie que sur la folie ; on ne peut justifier par la raison ni la propriété ni les lois mêmes de la famille ; il est impossible de prouver Dieu, et enfin, il n'y a point de preuve de la religion et il ne saurait y en avoir. »

Le réquisitoire est vif et spécieux : il n'est ni juste ni fondé.

Laissons le reproche de repousser la science fait à un savant de premier ordre, auquel la science en physique et en mathématiques doit plusieurs de ses plus belles découvertes. Au déclin de sa vie, durant les jours de souffrance et de ferveur ascétique, il a pu éprouver du dédain pour la science de la nature, mais jusqu'au bout il pense qu'il n'en serait pas moins injuste de « lui refuser le devoir de créance ». Une de ses dernières lettres est celle où il écrit au savant Fermat (1) que s'il trouve inutile la géométrie, il l'estime toujours « le plus haut exercice de l'esprit humain. »

Il est vrai que, parmi les fragments qu'il a laissés sur la morale, la coutume, la justice, les lois, il en est plusieurs où la tendance paradoxale de son esprit critique le pousse à énoncer une série de boutades qui font trop bon marché des bases naturelles de la justice et du droit, et qui excitaient déjà les objections d'Arnaud (2). Il ne sait où prendre « le point fixe en morale » ; — « nos principes naturels ne sont que des principes accoutumés » ; — « nous sommes incapables de connaître la justice aussi peu que la vérité » ; — « rien selon la seule raison n'est juste de soi » ; — « la mode fait toute la justice, la coutume

---

(1) 10 août 1660.
(2) V. pp. 77-78 notre *note* à ce sujet.

fait l'équité » ; — « il n'y a pas de lois universelles : la justice change selon les latitudes et les climats ; — l'usurpation a été la première origine de la propriété ; — dans l'impossibilité d'avoir la justice dans les lois humaines et les institutions politiques, il n'y a d'autre ressource que la force, « le droit de l'épée. »

Dans ces divers passages, l'on reconnaît d'incontestables réminiscences de Montaigne. Il est difficile d'y faire la part de l'objection, de la boutade et de la pensée précise ; difficile surtout de dire la forme qu'une rédaction définitive leur aurait donnée. La preuve qu'il n'y faut pas ajouter une importance excessive, c'est que lui-même parle de *plaisanterie*, à ce propos, en cette note si suggestive: « dans la *lettre de l'injustice*, peut venir la plaisanterie des aînés qui ont tout ¹... Bien d'autres sentences paradoxales peuvent procéder d'une préoccupation semblable. — Pour d'autres, il faut tenir compte des circonstances accidentelles qui ont pu les inspirer. Comme nous le marquons ailleurs, Pascal placé en face de l'organisation de la société de son temps, envisage moins le domaine théorique des principes que l'ordre concret des réalités et des faits ; il parle moins en métaphysicien et en doctrinaire qu'en moraliste, pour ne pas dire en satirique. On le sait assez, le démon de la satire dort en lui, et lorsqu'il s'éveille, il le porte volontiers à l'exagération. L'état social de son temps, les agitations politiques, dont lui et les siens avaient personnellement pâti, excitaient sa verve indignée : les abus qu'il y découvrait, ce qu'il y voyait de factice et de conventionnel sollicitait son esprit d'amère critique, et lui faisait dire tout haut bien des choses que d'autres pensaient tout bas. Qu'en cette matière il ait trop généralisé ce qui devrait n'être qu'une observation particulière et relative, c'est incontestable : mais c'est assez l'habitude des moralistes et des satiriques.

D'ailleurs, si la réalité des mœurs, des lois, des institutions politiques excite son humeur méprisante et amère, il n'oublie pas, cependant, qu'il existe un idéal de justice. Tout en restreignant à l'excès le domaine du droit naturel, en ramenant volontiers aux seules lois positives

VII. — LES OBJECTIONS DU SCEPTICISME

la plupart des institutions et obligations sociales, il en proclame la souveraine autorité : « le peuple croit que la vérité se peut trouver dans les lois et coutumes et n'y obéit que parce qu'il les croit justes », et ne veut « être assujetti qu'à la raison et à la justice. » — Ici encore, il importe de tenir compte de la doctrine spéciale de Pascal sur la connaissance des premiers principes non par le argumentations du raisonnement, mais par l'intuition spontanée de ce qu'il appelle sentiment du cœur. A la morale des philosophes et au droit des légistes, il oppose la vraie morale, celle de la conscience. Une pensée précieuse entre toutes nous permet d'apprécier le sens des formes pyrrhoniennes de son langage. De même que la vraie philosophie se moque de la philosophie des philosophes, et que la vraie éloquence se moque de l'éloquence des rhéteurs, de même aussi « la vraie morale se moque de la morale; c'est-à-dire que la morale du jugement se moque de la morale de l'esprit qui est sans règles. Car le jugement est celui à qui appartient le sentiment comme les sciences appartiennent à l'esprit. La finesse est la part du jugement, comme la géométrie est celle de l'esprit. » — Le voilà donc trouvé dans les aperceptions immédiates et souveraines de la conscience, « le point fixe en morale ».

Certes, il serait étrange que Pascal estimât l'intelligence humaine incapable d'arriver à la connaissance rationnelle de l'existence de Dieu, et des fondements de la religion naturelle. Laissons de côté son argumentation du *Pari*, qui n'est nullement un dernier expédient de la raison réduite aux abois, mais tout simplement, dans le cadre d'un admirable dialogue, un *argument ad hominem*, pour persuader à un sceptique frivole, viveur et joueur, tel qu'il en connaissait dans le groupe de ses amis mondains, qu'en toute hypothèse vivre comme si Dieu existait est encore et toujours le parti le plus sage et le plus sûr.

Mais ce dialogue est introduit par une sorte de préface où l'on affecte d'apercevoir la quintessence d'un scepticisme fidéiste qui ensevelit l'idée de Dieu sous les ruines de la raison pour la retrouver uniquement sur l'autel de la foi :

« Nous connaissons qu'il y a un infini et ignorons sa nature. Comme nous savons qu'il est faux que les nombres soient finis donc il est vrai qu'il y a un infini en nombre; mais nous ne savons ce qu'il est. Il est faux qu'il soit pair, il est faux qu'il soit impair; car en ajoutant l'unité, il ne change point de nature : cependant c'est un nombre, et tout nombre est pair ou impair; il est vrai que cela s'entend de tous nombres finis.

« Ainsi *on peut bien connaître qu'il y a un Dieu sans savoir ce qu'il est*.

« Nous connaissons donc *l'existence et la nature du fini*, parce que nous sommes finis et étendus comme lui.

« Nous connaissons *l'existence de l'infini et ignorons sa nature*, parce qu'il a étendue comme nous, mais non pas des bornes comme nous.

« Mais nous ne connaissons *ni l'existence ni la nature de Dieu*, parce qu'il n'a ni étendue ni bornes.

« Mais *par la foi* nous connaissons son *existence*; par la *gloire* nous connaîtrons *sa nature*. Or j'ai déjà montré qu'on peut bien connaître l'existence d'une chose sans connaître sa nature.

« Parlons maintenant selon les lumières naturelles. — S'il y a un Dieu, il est infiniment *incompréhensible*, puisque, n'ayant ni parties ni bornes, il n'a nul rapport à nous : nous sommes *donc incapables de connaître ni ce qu'il est, ni s'il est*. Cela étant, qui osera entreprendre de résoudre cette question? Ce n'est pas nous, qui n'avons aucun rapport à lui.

« Qui blâmera donc les chrétiens de ne pouvoir rendre raison de leur créance, eux qui professent une religion dont ils ne peuvent rendre raison? Ils déclarent, en l'exposant au monde, que c'est une sottise, *stultitiam*, et puis vous vous plaignez de ce qu'ils ne la prouvent pas! S'ils la prouvaient, ils ne tiendraient pas parole : c'est en manquant de preuves qu'ils ne manquent pas de sens.

— Oui ; mais encore que cela excuse ceux qui l'offrent telle, et que cela les ôte du blâme de la produire sans raison, cela n'excuse pas ceux qui la reçoivent.

— Examinons donc ce point, et disons : Dieu est, ou il n'est pas.

Il est inutile de nous demander, avec d'aucuns, si un Dieu *incompréhensible* est aussi un Dieu *inconnaissable*, ou avec d'autres, si vraiment on peut connaître l'*existence* de l'infini sans connaître sa *nature*. Le sens qu'attache Pascal à ces expressions est clair pour quiconque est

VII. — LES OBJECTIONS DU SEPTICISME

tant soit peu au fait du langage des écoles théologiques, où les questions *an sit, quid sit*, ont une signification précise et traditionnelle. Dieu peut être connu, d'une façon inadéquate, par l'induction de la raison en tant qu'il se trouve avec le monde dans un rapport de créateur à créature, rapport dont l'analyse révèle, dans la cause première, un ensemble d'attributs dont la notion même forme le fond religieux de notre raison. — Mais l'Être infini ne s'est évidemment pas épuisé dans ces rapports de création. L'essence de sa vie intime, en son verbe et en son amour, est demeurée en dehors et au-dessus des manifestations extérieures du créateur ; et l'intelligence créée ne trouve, ni en elle ni hors d'elle, aucun marche-pied où elle puisse appuyer l'induction qui l'élèverait à la notion de cette essence (*quidditas*) qui demeure le domaine propre de l'incompréhensible divin, ou du *mystère*, dont une révélation surnaturelle peut seule nous suggérer l'idée en l'ébauchant dans la foi d'ici-bas, pour la développer dans la vision d'au-delà.

Oui, mais il n'en reste pas moins que Pascal affirme que par la raison nous ne connaissons « ni l'existence ni la nature de Dieu », et que, par la foi seulement nous connaissons son existence. — Si Pascal endossait réellement la responsabilité de cette affirmation il devrait nécessairement aussi endosser celle de la plus flagrante des contradictions, puisque deux lignes plus haut, après avoir dit qu'on peut bien connaître Dieu sans savoir ce qu'il est, il répète que « nous connaissons l'existence de l'infini et ignorons sa nature. » Faut-il vraiment voir là une de ces contradictions qui friseraient le cas pathologique ? — Nous ne saurions l'admettre.

Autant la suite du dialogue se développe avec aisance et vivacité, autant le début en est embarrassé et peu clair. Nous sommes visiblement en présence d'une ébauche très sommaire : aucune transition n'est ménagée et, au fond, on ne voit pas où commence au juste le dialogue même. Est-ce seulement au moment où l'interlocuteur fait entendre son « oui, mais encore », ou bien lorsque Pascal déclare vouloir parler « selon les lumières naturelles » ? Ce début doit-il être cherché plus haut encore, et la réflexion que « nous ne connaissons ni l'existence ni la nature de Dieu » se place-t-elle dans la bouche de l'adversaire? Plusieurs critiques l'ont pensé et la chose paraît assez vraisemblable. Peu importe d'ailleurs : alors même que cette parole est prononcée par Pascal, elle exprime non sa pensée à lui mais celle de son interlocuteur. Comme tout le morceau, ce préambule est déjà un argument *ad hominem*, par lequel Pascal raisonne, *ex datis non concessis*. « Mon cher Miton, semble-t-il dire à son ami tout pénétré des élégantes gouailleries de Montaigne, vous prétendez donc que nous ne savons ni si Dieu est, ni ce qu'il est, et qu'ainsi il est inutile de nous préoccuper de lui dans notre vie. Eh bien soit, je ne vous démontrerai pas l'existence de Dieu, parce que dans les dispositions morales où vous êtes, je n'arriverais probablement pas à vous persuader par des arguments philosophiques. Mais dans cette ignorance sceptique dont vous vous vantez, votre intérêt vous commande de vivre en bon chrétien. Vous êtes joueur passionné : Eh bien, la vie est un pari, et un pari forcé parce que la mort est au bout. Si vous jouez selon les règles, vous verrez que vous avez plus à gagner qu'à perdre en vivant en chrétien ».

Voilà ce nous semble le vrai sens de cet original morceau. Si Pascal admet un instant le scepticisme de son interlocuteur, ce n'est que pour transporter la question sur le terrain moral, et forcer l'adversaire dans ses propres retranchements. Il n'affirme ni ne nie la valeur des preuves philosophiques de l'existence de Dieu, il s'en passe provisoirement.

En ne voyant, dans ces bouts de phrases sceptiques, que la concession stratégique d'un argument *ad hominem* nous n'avançons aucune conjecture risquée. Nous en avons pour garant un témoin non suspect : le sceptique Bayle reconnaît que dans ce fragment pas plus qu'ailleurs, Pascal ne cède au pyrrhonisme (1). Mieux

(1) « M. Pascal n'avoue point au libertin une telle proposition, (*que par raison on ne peut avouer que Dieu est*). Il ne veut seulement point la combattre et s'en prévaloir pour engager les athées à sortir de leur état (*Dictionn.* art. *Pascal*, note i).

VII. — LES OBJECTIONS DU SCEPTICISME

encore : nous avons le témoignage de Pascal lui-même, lorsqu'il énumère au premier rang des doctrines pyrrhoniennes l'affirmation « que nous n'avons aucune certitude de ces principes, hors la foi ». En répétant cette même formule à son interlocuteur du pari, c'est donc bien une doctrine pyrrhonienne, et non la sienne, qu'il entend formuler.

On pourrait dire presque du livre des *Pensées* tout entier ce que nous venons de remarquer à propos d'un fragment caractéristique. Nulle part Pascal ne semble avoir voulu établir l'existence de Dieu par les arguments philosophiques ordinaires. Il ne conteste pas leur valeur logique, mais il n'a pas grande confiance dans leur efficacité pratique. La connaissance de Dieu pour lui n'est pas cette connaissance froide et théorique que le déisme philosophique suspend au bout d'un syllogisme, et le Dieu lui-même qu'il veut connaître et posséder n'est pas le Dieu abstrait des philosophes. « Le Dieu des chrétiens ne consiste pas en un Dieu simplement auteur des vérités géométriques et de l'ordre des éléments... c'est un Dieu d'amour et de consolation; un Dieu qui remplit l'âme et le cœur qu'il possède : c'est un Dieu qui leur fait sentir intérieurement leur misère et sa miséricorde infinie ; qui s'unit au fond de leur âme ; qui la remplit d'humilité, de joie, de confiance, d'amour ; qui les rend incapables d'autre fin que lui-même. » Et ailleurs : « Mon âme, s'écrie-t-il, a soif du Dieu fort et vivant ! »

Tout Pascal est là : le Dieu qu'il lui faut, c'est le Dieu vivant du christianisme, en qui il sentira palpiter sa vie tout entière. « Nous pouvons bien donner la religion *par raisonnement*, en attendant que Dieu la donne par sentiment de cœur, sans quoi la foi n'est qu'humaine et inutile pour le salut. » Aussi, dans ce sens, en dehors de l'Évangile et de Jésus-Christ « on ne peut prouver *absolument* Dieu ni enseigner une bonne doctrine ni une bonne morale. » Ce qualificatif, *absolument*, n'est pas très clair, mais il se rapporte évidemment à l'idée que Pascal se fait de la connaissance vraiment et pratiquement suffisante du « Dieu des chrétiens. » Toute connaissance qui n'est pas celle-là est d'un ordre inférieur, et ne mérite guère qu'on s'y arrête.

Dans cette conception, Pascal admet bien les preuves métaphysiques : il formule même l'argument cartésien de l'idée de l'Être nécessaire. Mais ces preuves « sont si impliquées qu'elles frappent peu » et ne servent qu'à peu d'intelligences. Assurément elles « convainquent bien l'esprit », mais elles ne font que cela. — Quant aux preuves physiques, Pascal constate, non sans une pointe d'exagération ironique, que jamais les livres saints ne se servent de la nature pour prouver Dieu (1). Il dira de même : « Je n'entreprendrai pas *ici* de prouver par des raisons naturelles ou l'existence de Dieu ou la Trinité, ou l'immortalité de l'âme, ni aucune des choses de cette nature, parce que je ne me sentirai pas assez fort pour trouver dans la nature de quoi convaincre *des athées endurcis*, mais encore parce que cette connaissance sans Jésus-Christ est *inutile et stérile* (2). »

Que manque-t-il donc à ces preuves « qui ne convainquent que l'esprit? » Le pouvoir d'agir sur la volonté. « J'aurais bientôt quitté les plaisirs, disent-ils, si j'avais la foi. Et moi je vous dis : vous auriez bientôt la foi, si vous aviez quitté les plaisirs. » — Le plus souvent, pour Pascal, les aberrations morales, plus encore que la faiblesse intellectuelle, sont le grand obstacle à la foi. C'est

---

(1) Les Livres saints en effet, affirment plutôt Dieu qu'ils ne prouvent son existence ; mais il y aurait erreur à méconnaître qu'à chaque page ils rappellent que la nature créée proclame sa gloire et son existence puissante : *Cœli enarrant gloriam Dei.* — Saint Paul, dans son discours devant l'Aréopage d'Athènes, ne dédaigne pas de faire appel à l'argumentation philosophique. Le livre de la *Sagesse* (XIII, 1-9), en un passage classique, s'étend sur la force démonstrative des preuves physiques.

(2) Faut-il, pour n'être point sceptique, se demande avec raison Vinet, croire qu'on est capable de convaincre tout le monde? Si les preuves de la foi ne sont pas efficaces partout et toujours, ce n'est pas par défaut de valeur logique. Elles gardent d'ailleurs toute leur utilité pour le croyant lui-même, pour justifier et légitimer sa foi : « ces chrétiens qui croient sans preuves n'ont peut-être pas de quoi convaincre un infidèle, mais ceux qui savent les preuves de la religion prouveront sans difficulté que ce fidèle est véritablement *éclairé* de Dieu. »

en somme la conclusion du dialogue du *Pari* : « travaillez non pas à vous convaincre par l'augmentation des preuves de Dieu, mais par la dimimution de vos passions. » Et le fameux *cela vous abêtira* n'a pas d'autre sens. C'est comme s'il disait *débêtissez-vous*, « en diminant vos passions qui sont vos grands obstacles. » C'est la traduction un peu crue, mais exacte après tout, de la grande parole du Christ : *Celui qui pratique la vérité arrivera à la lumière !* Et lorsqu'il jette à son interlocuteur cette apostrophe finale : « Sachez que ce discours vous est fait par un homme qui s'est mis à genoux, auparavant et après, pour prier cet Être infini, » il ne fait que revendiquer, dans le domaine de la pensée philosophique comme dans celui de l'ascétisme chrétien, la vérité de cette autre parole de l'Évangile : *Bienheureux les cœurs purs, car ils verront Dieu.*

Nul doute que Pascal n'eût souscrit à cette pensée de Leibnitz répétée par Hobbes : « Si les hommes y avaient quelque intérêt, ils douteraient des *Éléments d'Euclide* et les nieraient ». Plus que tout autre, il voit les obstacles que les vérités touchant à l'ordre moral rencontrent du côté de la volonté. Mais aussi, plus hardi et plus complètement vrai que la plupart des apologistes, il n'hésite pas à attribuer à la volonté de l'être moral un rôle dans la production même de l'acte de foi : « la volonté est un des principaux organes de la créance, » bien qu'elle ne la forme point A ce titre y entre aussi le sentiment. Nous avons dit plus haut comment Pascal, par une idiosyncrasie de langage, étend le nom de sentiment à cet élan instinctif de la raison qui saisit spontanément les vérités premières. Il n'enlève pas pour cela au mot son acception ordinaire qui en fait plutôt l'élan primordial de la volonté, ou d'une manière plus générale encore, ce ressort intime et fondamental de l'activité entière de l'âme, *conatus animæ*, qui la porte à mettre en exercice ses puissances pour jouir ensuite de leur épanouissement et de leur plénitude. C'est ainsi qu'il arrive à dire que la foi, dans sa perfection finale, n'est autre chose que « Dieu sensible au cœur. » Par là, il montre du même coup comment l'action mystique de la grâce divine peut s'y introduire. Certes, nous l'avons démontré, il est loin de réduire la foi à l'aspiration vague et sans objet du sentimentalisme rationaliste, ou à l'émotion subjective du piétisme protestant (1). Pour Pascal, l'action divine vient soutenir et transformer l'effort de la volonté aussi bien que la perception de l'intelligence : la foi est ainsi la résultante d'une coopération de toutes les puissances de l'âme à la vivante action de Dieu, selon les formules traditionnelles de l'École : *Actus ab intellectu elicitus, a voluntate imperatus, gratia Dei motus et informatus.*

Insister ainsi sur le caractère moral de l'acte de foi, c'est soulever la question de savoir comment la certitude et la liberté se trouvent compatibles dans un même acte d'intelligence. — Si l'adhésion de l'esprit est le résultat de l'évidence saisie et reconnue, comment demeure-t-elle libre ? Et si mon adhésion à la vérité est libre, comment pourrai-je parler de certitude et d'évidence ? Problème aussi intéressant que délicat, dont les théologiens avaient posé les termes, sans en creuser autrement le rapport (2), mais dont les apologistes, sauf Pascal, ne se préoccupaient guère. Aujourd'hui le problème s'impose. A la suite de Schleiermacher, le rationalisme a rendu la foi si parfaitement libre qu'elle n'est plus qu'un vague et confus sentiment indépendant de toute conviction doctrinale. Avec Hermès, quelques catholiques trop exigeants avaient attribué à l'acte de foi intellectuelle un caractère de démonstration apodictique et nécessaire qui détruirait sa liberté et sa valeur morale. L'autorité doctrinale de l'Église, au Concile du Vatican, a proclamé définitivement la coexistence de la certitude et de la liberté dans l'acte de foi, laissant à ses théologiens et à

---

(1) Vinet dans son livre d'ailleurs si judicieux, a le tort de faire de Pascal un partisan de la doctrine protestante sur la foi purement intime suggérée à chaque âme par la révélation intérieure et individuelle du Maître, comme si Pascal ne marquait pas constamment que pour lui la foi demeure dépendante d'une source, d'une manifestation et d'une règle extérieures.

(2) Sauf Lugo. *De fide.*

VII. — LES OBJECTIONS DU SCEPTICISME

ses philosophes le soin de réaliser sur ce point comme sur tant d'autres, le *fides quærens intellectum*. Jusqu'ici H. de Cossoles est le seul de nos écrivains philosophiques qui ait touché ce point par quelques remarques d'une fine psychologie (1). L'on en arrivera sans doute à examiner les conditions de l'évidence et de la certitude qui, si elles laissent subsister parfois la possibilité d'un doute, montrent que ce doute est déraisonnable (2). Il faut que la fumée des passions tombe pour que l'entendement y voie clair. En indiquant le fondement scientifique de cette vérité d'expérience, Pascal a été, une fois de plus, un précurseur.

« C'est avec l'âme tout entière qu'il faut aller à la vérité, » a dit Platon, en un admirable langage. Telle est aussi la devise de Pascal. Mais il la complète en montrant la vérité à son tour venant à l'âme tout entière : « Dieu vivant et sensible au cœur, » s'unissant au fond intime de l'âme, la remplissant d'humilité, de joie, de confiance et d'amour ! En présence de cette synthèse de la foi et de la vie, qu'importe que Pascal, dans le bouillonnement d'une pensée qui cherche son assiette et sa forme, dans la véhémence heurtée de sa phrase inachevée, dans les hésitations et les soubresauts d'un ardent soliloque, ait laissé échapper quelques boutades peu mesurées sur le compte de cette pauvre misère humaine : sa pensée n'est point sceptique, et il n'est pas vrai que ces boutades restent, comme le veut Havet, « sans aucun correctif. » Le plus souvent elles se corrigent les unes par les autres ou par tout ce qui les précède et les suit ; elles se corrigent surtout dans la lumière totale de sa doctrine philo-

---

(1) H. DE COSSOLES. *Du Doute. Introduction à l'histoire du Christianisme*, Paris, Didier, 1872.

Depuis que l'auteur de la présente édition de Pascal est mort, M. OLLÉ-LAPRUNE a publié sa remarquable étude sur *la Certitude morale* (Paris, Belin, 1880), où sont touchés de main de maître, quelques-uns des points indiqués ci-dessus.

(2) « L'évidence de la foi est telle, dit encore Pascal, qu'elle surpasse ou égale pour le moins, l'évidence du contraire, de sorte que ce n'est pas la raison qui puisse déterminer à ne la pas suivre, et ainsi ce ne peut être que la concupiscence et la malice du cœur ».

sophique et religieuse qui, dans l'acte de foi, ne supprime aucun des éléments de l'activité psychique, et qui, dans le travail de l'entendement, ne sacrifie aucun principe de certitude, ne méconnaît aucune des sources de la science.

En présence de cette conclusion, y a-t-il quelque intérêt à rechercher si vraiment, comme Cousin allait jusqu'à le prétendre, Pascal a été, pour son compte personnel, une victime du doute ; si son âme en a connu tous les tourments et toutes les angoisses, et n'a échappé au désespoir ténébreux qu'en se jetant, aveuglée et haletante, dans les nuages de la foi ? A quoi bon relever des fantaisies contre lesquelles protestent et la vie et la doctrine de Pascal ?

Certes, comme tout penseur qui s'engage dans l'âpre sentier de la poursuite de la vérité et de la science, Pascal a connu les incertitudes, les troubles, les poignantes émotions de ce rude labeur de l'entendement. Il a connu cette soif du *plus de lumière*, cette passion des solutions finales et suprêmes, ce vertige du mystère qui, en tout ordre du savoir humain, fuit et recule toujours. La conquête du vrai est pénible : quoi d'étonnant qu'à un chercheur aussi passionné que Pascal, elle n'ait épargné aucune de ses épreuves et de ses luttes. Mais est-ce là le doute des sceptiques ou l'ardeur indécourageable des esprits d'élite ? Pascal est de ceux-ci : il ne s'arrête devant aucune obscurité, ne se dissimule aucune difficulté. Or, voilà précisément la marque des forts, auxquels une courageuse sincérité n'enlève rien de leur confiante assurance.

« Mon âme a soif du Dieu fort et vivant » a-t-il dit. C'est en mesurant sa raison avec une étonnante hardiesse, non en la mutilant ou en l'étouffant, qu'il s'éleva à ce terme suprême de la science. Il l'avait entrevu dès cette nuit inoubliable de novembre, dont il porta toute sa vie le mémorial sur son cœur. Cette nuit qui se résuma dans le cri : *Certitude ! Certitude ! Joie ! Paix !* n'a certes aucune ressemblance avec cette autre nuit de décembre au milieu de laquelle un autre philosophe, en notre siècle, vraiment victime du doute, celui-là, se montre à nous, dans sa froide chambre de l'École normale, voyant sombrer une à une toutes les croyances de sa foi et de sa raison, dans le plus douloureux des abîmes (1).

Concluons. — Pas plus dans sa pensée que dans sa vie, Pascal n'a été un sceptique. Il a regardé en face tous les mirages du scepticisme, analysé ses replis, envisagé toutes ses séductions : mais sa raison est demeurée ferme et haute.

Sa préoccupation constante a été de « douter où il faut, d'assurer où il faut, de se soumettre où il faut. » Le penseur qui s'inspire de cette préoccupation, quels que puissent être ses jugements sur un point spécial de doctrine, ne saurait être un tenant du scepticisme. Pour lui « se soumettre où il faut » n'est pas un sacrifice d'entendement, c'est un acte de raison. Ce grand savant a couronné sa science par la foi; il n'avait rien à en répudier, et c'est faire injure à sa vie et à sa pensée que de vouloir nous montrer en lui l'ouvrier inconsidéré ou désespéré qui s'essaie, comme on l'a dit, à ériger une chapelle à la Foi sur les ruines de la Raison.

(1) JOUFFROY. *Nouveaux Mélanges.*

VIII

PASCAL ET LE JANSÉNISME

Les mêmes textes, qui persuadent aux uns que Pascal était sceptique, sont invoqués par d'autres pour affirmer que son œuvre est un produit de l'erreur janséniste, dont l'esprit essentiellement hostile à la raison et à la nature humaine imprègnerait profondément, le livre des *Pensées*.

« Un des principes fondamentaux du jansénisme est que les forces de la nature sont réduites, depuis la chute, à une *complète* impuissance. Or Pascal est janséniste ardent et janséniste conséquent, et même ses *Pensées* forment le complément de l'œuvre de Jansénius. Tous deux partent des principes communs de la toute-puissance irrésistible de la grâce et de l'impuissance *absolue* de la nature; mais ils les font servir à des buts différents. L'évêque d'Ypres se propose surtout de faire ressortir la puissance de la grâce sur la volonté de l'homme, et détruit la liberté; l'auteur des *Pensées*, pour faire triompher plus sûrement la révélation, abaisse outre mesure la raison humaine, et ne peut éviter le scepticisme qu'en étant inconséquent... En fait Pascal croit fortement et est profondément convaincu de la vérité du christianisme, mais il a méconnu la valeur légitime de la raison, et les bases sur lesquelles repose, en fin de compte, toute certitude naturelle... C'est là où devaient le conduire les principes du jansénisme; c'est là aussi le caractère qui ressort de son livre... Le système adopté par lui sur l'*impuissance radicale* de la raison humaine est l'application rigoureuse des principes posés par Jansénius. Montaigne doute pour douter; le doute est son amusement et sa fin Pascal doute, mais pour croire plus fortement, pour forcer l'esprit, dans son *impuissance absolue*, à se jeter dans les bras du Libérateur. L'un est pyrrhonien, l'autre est janséniste. Le livre qui fait le plus sentir son influence dans les *Pensées*, n'est pas celui de Montaigne, c'est l'*Augustinus* de l'évêque d'Ypres. Pascal janséniste conséquent, devait nécessairement tomber dans les erreurs qu'il a proposées sur la raison naturelle (1) ».

(1) LAVIGERIE. *Exposé des erreurs doctrinales du Jansénisme*. Leçons faites à la Sorbonne en 1856-1857. — Paris 1860, pp. 50-67. — *Cfr.* l'édition de M. ROCHER, *Introduction et passim*. — *EtudesReligieuses*, mai et juillet 1868 ; décembre 1891.
Cette thèse est d'ailleurs adoptée, en partie, par les partisans de celle du *scepticisme* de Pascal : « Le génie du jansénisme, écrivait déjà M. Cousin (seconde *préface*, p. 69. ss.) est le sentiment dominant, non pas de la faiblesse, mais du néant de la nature humaine. Depuis la chute d'Adam, la raison et la volonté sont, par elles-mêmes, radicalement impuissantes pour le vrai et pour le bien... Ce qu'il y a d'essentiellement faux dans la grâce janséniste, c'est qu'elle ôte toute puissance à la raison naturelle, toute efficacité à la volonté. La grâce chrétienne ajoute ses clartés et ses impressions vivifiantes à la raison et à la liberté humaines ; elle les épure et les fortifie, elle ne les efface point; loin de les nier, elle les suppose... La grâce janséniste était devenue, chez Pascal, la vérité tout entière, le premier et le dernier mot du Christianisme. Pour elle, il fut d'avis de tout hasarder, même Port-Royal,... la discipline ecclésiastique et l'unité de l'Eglise. » — Selon M. Havet, en Pascal « le janséniste a fait évanouir le sceptique .. Le caractère essentiel de son œuvre est de réduire le christianisme au jansénisme... C'est le pur jansénisme qui a donné à l'œuvre de Pascal tant d'unité et de vigueur. » Il est vrai que le sceptique écrivain prétend aussi que « le jansénisme n'est qu'un catholicisme conséquent et rigoureux ! » (*Introduct.* xv.-xxx).
En Allemagne ce point de vue a été adopté, quoique pour des motifs divers, par un certain nombre de critiques tant protestants que catholiques. Parmi ces derniers, l'on peut citer surtout Linsemann (*Bajus und der Bajanismus*. Tub. 1868. p. 85 ss. — *Tübing. Quartalschrift*, 1871, p. 128 ss), qui se rallie au jugement de Gœthe d'après lequel « le rigide et malade Pascal a nui à la moralité et à la religion beaucoup plus que Voltaire, Hume, La Mettrie, Helvétius, Rousseau ! » — et Scheeben (*Katholik*, Mayence, mars 1868, p. 288), estimant que « la manière de penser de Pascal est janséniste d'outre en outre. » — D'autre part, Hettinger, dans sa belle *Apologie des Christenthums*, tout imprégnée de l'étude des apologistes français, cite souvent Pascal, et cela dans les termes les plus sympathiques. Karl Werner, dans *Geschichte der Apologetischen Litteratur* (Vienne 1867, t. V, p. 131, 141, 181) formule aussi des

Telle est la thèse étayée, sans grande peine, sur l'énumération de tous les passages que nous connaissons déjà : incapacité de la raison à proposer Dieu ; loi et justice naturelles qui changent selon les climats ; droit de propriété dérivant de la fantaisie et de l'usurpation ; pyrrhonisme qui est le vrai ; abêtissement final de la raison, et tant d'autres. Nous n'avons garde d'affaiblir l'objection, et, il faut l'avouer, d'ailleurs, elle se présente sous les dehors de la plus spécieuse vraisemblance. Car enfin, historiquement, on ne saurait nier que Pascal appartenait à la secte janséniste, dont il s'était fait le polémiste passionné, un des protagonistes les plus ardents.

Et pourtant, cette thèse nous paraît superficielle. — Elle suppose, en effet, comme un postulat indiscutable, ce qui à nos yeux est une erreur : Pascal repoussant la certitude naturelle, affirmant l'impuissance absolue et radicale de la raison, et en méconnaissant la valeur légitime. Nous avons montré, au contraire, qu'il admet toutes les formes de la certitude, tous ses procédés et tous ses critériums ; et que ses boutades les plus regrettables, s'atténuent et se corrigent lorsqu'elles sont envisagées dans leur contexte, dans maint passage parallèle et tout l'ensemble du livre ; qu'elles s'expliquent par la tournure passionnée et primesautière du tempérament et de l'esprit de l'auteur, par l'état fragmentaire et inachevé de son œuvre, par le caractère même d'un recueil de pensées isolées qui prennent facilement une certaine allure absolue et paradoxale

---

appréciations beaucoup plus mesurées (Cfr. *Thomas von Aquin* du même auteur, t. III, p. 645). De même Hitzfelder (*Kirchenlexicon* de Fribourg, 1re édit.), tout en regrettant que Pascal eût voué son talent à la cause perdue du jansénisme, s'élève contre la thèse sceptique de Cousin, et reconnaît que les *Pensées* révèlent une vigueur, une force, une profondeur et une originalité qui en font une apologie excellente et utile aujourd'hui encore. Par contre, dans la nouvelle édition du même ouvrage (Frib. 1895), le P. Kreiten S. J. insiste très fort sur le jansénisme des *Pensées*. Dans le même sens incline Sierp, en son étude sur « Pascal sceptique » (*Philos. Iahrb. d. Gœrresges.* 1889-90)

propre au genre littéraire des aphorismes et *maximes*. Du moment donc que Pascal n'est pas vraiment sceptique, il n'y a pas lieu de faire dériver son prétendu scepticisme des prémisses de Jansénius.

Une autre considération nous frappe singulièrement. Les principes de Jansénius, en vertu d'une logique rigoureuse, conduiraient en effet à l'étouffement de notre faculté naturelle de connaître. Cependant Jansénius, on l'avoue (1), n'a pas envisagé cette conséquence, et ses disciples ne l'ont guère dégagée davantage. Un seul, Quesnel, près de quarante ans après la mort de Pascal, dans la série des 101 propositions que condamna en 1713 la Bulle *Unigenitus*, en énonce deux ou trois trahissant l'idée que, sans la foi, nous ne sommes que ténèbres et erreur, mais sans nier pourtant toute possibilité d'une certitude naturelle. (2) Et Pascal, quarante ans avant Quesnel, aurait été d'un jansénisme plus radical, plus développé, plus conséquent!...

Il y a plus. Pascal n'était qu'un membre occasionnel et tard venu de la société de Port-Royal. Or, aucun de ces *messieurs* n'est sceptique ni ennemi de la philosophie, Arnaud, — M. Cousin le reconnaît expressément, — est un partisan convaincu et persévérant de la philosophie, même de la philosophie de Descartes. On peut en dire autant de Nicole; et les autres, bien qu'ils n'aient guère d'enthousiasme pour la science humaine et l'estiment de médiocre importance, inutile, vaine et dangereuse au point de vue de la vie du croyant et de ce qu'ils considèrent comme le véritable ascétisme chrétien, ne la condamnent ni dans ses principes ni dans sa certitude. Aucun d'eux n'est suspect de condescendance pour le scepticisme;

---

(1) « Jansénius, je l'avoue, n'est pas aussi absolu (que Quesnel) sur ce point particulier, quoiqu'il découle logiquement des prémisses qu'il établit. » (LAVIGERIE, *op. cit.* p. 54).

(2) Prop. 39, 48. — La 17ᵉ proposition prétend que sans la grâce, la connaissance naturelle de Dieu ne peut produire que présomption, vanité et opposition à Dieu : mais du moins reconnaît-elle qu'une connaissance naturelle de Dieu (*cognitio Dei, etiam naturalis, etiam in philosophis ethnicis*) est possible.

tous le répudient et le repoussent (1). Et Pascal, seul, dans Port-Royal, aurait été sceptique *parce qu'il* était janséniste ; seul il aurait été complétement janséniste, plus que Nicole et plus qu'Arnaud? N'est-ce pas le cas de dire qu'à trop prouver on ne prouve rien ?

Pascal assurément était janséniste, mais il l'est à sa façon : son jansénisme, aussi ardent que peu profond, présente une physionomie toute spéciale où se reflète son tempérament individuel plus qu'autre chose.

Que de distinctions à faire d'ailleurs dans l'histoire de cette singulière et opiniâtre erreur ! Ne serait-ce tout d'abord que celle des temps, selon l'ancien adage du droit: *distingue tempora et servabis jura*. A considérer le jansénisme ecclésiastique qui se développe après la définitive bulle *Unigenitus* (1713), se fait le complice des folies de Saint Médard, organise le schisme à Utrecht (1724), répand à travers l'Europe du XVIIIe siècle ces principes antihiérarchiques qui s'épanouiront dans le Josephisme, le congrès d'Ems, le synode de Pistoie et la Constitution civile du clergé, combien ne diffère-t-il pas du jansénisme encyclopédique de Quesnel, du jansénisme politique et polémique qui précéda la paix Clémentine, du jansénisme moral du primitif Port-Royal, du jansénisme dogmatique de *l'Augustinus* et de Saint-Cyran ? Et au moment le plus brillant de ses luttes, au temps de Pascal, que d'éléments complexes dans l'ardente controverse ? — Intérêts de partis, passions de coteries, concurrence d'ordres religieux, rivalités entre magistrats et clercs, rancunes d'écoles ou de familles, oppositions, intrigues et arrières-pensées politiques, luttes d'influences autour de la Cour, questions de domination et de pouvoir, tout cela s'y trouve autant et souvent plus que les Cinq Propositions.

A Rome où l'on procédait avec une lenteur pleine de ménagements et contrastant avec les ardeurs précipitées qui soufflaient à Versailles et à Paris, on avait la vision plus nette de cette trame compliquée. En expliquant le

---

(1) Droz, *Etude sur le scepticisme de Pascal*, p. 27. ss. — C*fr* Cousin. *Seconde préface*, p. 83 ss.

VIII. — PASCAL ET LE JANSÉNISME

retard que mettait Alexandre VII à fulminer la condamnation qu'on réclamait en France, le savant historien jésuite, Cardinal Pallavicini, faisait dès lors cette curieuse et suggestive remarque :

« Parmi les partisans de Jansénius, les uns étaient trompeurs, les autres trompés, et les adversaires de cette coupable doctrine, mêlant à l'ardeur du zèle celui de la passion, sans la tempérer assez par les ménagements de la prudence, étaient tout enflammés » (1).

Moins réservés que le cardinal romain, nous n'hésitons pas à étendre son observation à l'un et l'autre camp. *Iliacos intra muros peccatur et extra !*

Chez Pascal notamment, la passion du tempérament et de l'esprit de parti entrait, certainement, pour une plus large part dans son jansénisme que la connaissance des doctrines de l'*Augustinus*. Il en résulte que, si cette sorte de jansénisme psychologique se reflète plus d'une fois, dans les *Pensées*, par quelques expressions intempérantes et une certaine terminologie familière aux écrivains du parti, les principes dogmatiques du système n'y ont pas laissé d'empreinte sérieuse.

Au moment où Saint-Cyran (1634) devint directeur de la communauté de Port-Royal, qu'Angélique Arnaud avait transférée à Paris en 1626 (2), Pascal, âgé de onze ans, recevait les premières leçons de mathématiques de son père Etienne, qui avait quitté depuis peu ses fonctions de magistrat à Clermont pour s'établir à Paris. Il ne paraît pas qu'Etienne eût continué alors les relations que, dans sa jeunesse, il avait pu avoir avec la famille des Arnaud (3).

(1) Sforza Pallavicino, *Vita di Alessandro VII*. Rom. 1655, l. IV, c. 17.

(2) Elle avait été nommée abbesse de Port-Royal des Champs en 1602, à l'âge de dix ans. Vers 1609, la jeune abbesse conçut le projet de réformer la vieille maison cistercienne fort déchue de l'ancienne ferveur. Une fois installé à Paris, dans une maison du faubourg Saint-Jacques, cédée par sa mère, le monastère passa sous la juridiction de l'Ordinaire, et devint en quelque sorte le foyer de la nombreuse famille Arnaud.

(3) Etienne, à l'époque où il faisait ses études à Paris, avait été recommandé par son père à l'avocat Arnaud père qui, sous Henri IV, avait fait des réquisitoires contre les Jésuites.

Il resta étranger au dessein que Saint-Cyran exécuta bientôt de grouper, dans le monastère abandonné des Champs, un certain nombre de savants que séduisait l'idée d'une vie solitaire (1637). Lorsque parut, après la mort de son auteur, l'*Augustinus* (1640), et le livre d'Antoine Arnaud *de la fréquente communion* (1643), Etienne Pascal venait d'être nommé, par Richelieu, intendant à Rouen, où Blaise assistait son père dans ses travaux de comptabilité, inventant, à ce propos, sa machine arithmétique. Il ne s'intéressait guère aux rumeurs que causaient les premières condamnations de l'*Augustinus* par la bulle *In eminenti* d'Urbain VIII (1641) et les premiers brefs d'Innocent X (1645).

Ce fut seulement à la suite d'un accident de santé arrivé à Etienne Pascal (1646), que toute la famille se trouve en contact avec deux gentilshommes liés avec les amis de Port-Royal. S'adonnant à la lecture des traités ascétiques de Saint-Cyran et d'Arnaud, elle entre ainsi dans les habitudes de la vie de dévotion (1).

Dans la ferveur de cette « première conversion », Pascal détourne sa sœur Jacqueline du mariage ; puis, retiré avec elle à Paris pour remettre sa santé, il se livre aux travaux scientifiques et à ses expériences sur le *vide*, se contentant d'accompagner sa sœur aux sermons de M. Singlin, le successeur de Saint-Cyran à Port-Royal. Il entretient des relations avec divers savants, Descartes entre autres, et n'essaie qu'une seule fois d'entamer

---

(1) Etienne s'étant cassé une jambe fut soigné par les frères de la Bouteillerie et Deslandes, personnages pieux et charitables, mais subissant malheureusement, dans leur dévotion, les inspirations du curé Guillebert de Rouen, l'un des amis de Saint-Cyran, et qui fut ainsi le premier janséniste en contact suivi avec la famille Pascal. « Ce fut alors, dit Mme Périer, dans la *Vie de sa sœur* Jacqueline, qu'ils commencèrent à prendre connaissance des ouvrages de M. Jansénius, de M. de Saint-Cyran, de M. Arnaud, et des autres écrits dont ils furent très édifiés. » C'étaient sans doute le traité contre *La fréquente communion* d'Arnaud, les *Considérations sur les dimanches et fêtes* et sur la *Vie de la Sainte-Vierge* ainsi que les *Lettres spirituelles* de Saint-Cyran, le traité de la *Réformation de l'homme intérieur* extrait de l'*Augustinus* et traduit par Arnaud d'Andilly.

VIII. — PASCAL ET LE JANSÉNISME

avec un ami de Port-Royal des rapports dont il ne garda pas bon souvenir (1647-49) (1).

Pendant ce temps, la Sorbonne formule les Cinq Propositions (1648) ; l'épiscopat les défère à Rome (1650) où une commission de cardinaux les soumet à un long examen qui, au bout de 36 séances, aboutit à une condamnation, par la bulle *Cum occasione* d'Innocent X (1653). Etranger à toutes les agitations soulevées à ce propos Pascal, qui avait vu ses travaux de physique attaqués par les Jésuites de Clermont (1651), s'oppose de son mieux, après la mort de son père, aux projets de Jacqueline d'entrer en religion à Port-Royal, et prend des habitudes de vie dissipée au milieu de ses amis mondains. En tout cela, il n'y a guère de trace appréciable d'une influence du dogme janséniste sur son esprit.

Il n'y en a pas davantage dans le long travail d'âme qui aboutit à sa conversion définitive, (novembre 1654). Jaqueline a même de la peine à lui faire prendre pour directeur, non le curé de la paroisse, mais un de ces *messieurs*, qui finalement sera M. de Saci, le plus modéré du groupe des solitaires (2). Durant l'année de recueillement qui suit, Blaise fait, de temps à autre, des retraites à Port-Royal, mais l'*Entretien avec M. de Saci* prouve qu'il se meut surtout dans le domaine des idées philosophiques qu'il s'était déjà formées. Au commencement de l'année suivante, l'exclusion d'Arnaud de la Sorbonne le jette dans la polémique des *Provinciales* (janvier 1656, mars 1657), qui sont condamnées à Rome le 6 septembre 1657.

---

(1) « Je vis M. Rebours... je lui dis que l'on pouvait, suivant les principes mêmes du sens commun, démontrer beaucoup de choses que les adversaires disent lui être contraires et que le raisonnement bien conduit portait à les croire, quoiqu'il les faille croire sans l'aide du raisonnement... Ce soupçon (de ma vanité) suffit pour lui faire trouver ce discours étrange... de sorte que cette entrevue se passa dans cette équivoque qui a continué dans toutes les autres, et qui ne s'est pu débrouiller. » (*Lettre* de Pascal du 16 janvier 1648, *Ap.* Cousin, *Etudes* p. 101-102) — Ce curieux passage ne révèle assurément ni un *sceptique* ni un *janséniste* bien déterminé !

(2) V. les *Lettres* de Jacqueline des 8 décembre 1654 et 25 janvier 1655. (Cousin, *Jacqueline Pascal* p. 242 ss.)

Dans l'intervalle, le nouveau Pape, Alexandre VII, s'était enfin rendu aux multiples sollicitations qui lui venaient de France, en publiant la bulle *ad Petri Sedem* (16 octobre 1656), pour déclarer que les Cinq Propositions condamnées sont bien réellement dans le livre de Jansénius. Les évêques délégués à l'Assemblée du clergé, allant plus loin que le Saint-Siège, prescrivent un formulaire de soumission (17 mars 1657) dont ils intimeront plus vivement la signature plus tard (4 février 1661). — Les ardentes controverses qui s'élèvent autour de ce formulaire contesté, font sortir Pascal du recueillement où, depuis *les Provinciales*, l'avaient tenu la maladie et la rédaction des *Pensées* ; mais il meurt au moment le plus aigu (19 août 1662). Près de trois ans plus tard seulement, Alexandre VII prescrit lui-même un formulaire autorisé, par la bulle *Regiminis apostolici* (15 février 1665), à laquelle succède bientôt la *Paix Clémentine* (1668) que rompra si malheureusement l'intransigeance étroite et peu loyale de quelques réfractaires, tels que l'évêque d'Angers, Henri Arnaud. Le Saint Siège, dans la suite, dut encore intervenir à plusieurs reprises, notamment par la bulle *In vineam Domini* (1705) et la bulle *Unigenitus* (1713) ; mais le jansénisme avait pris, dès lors, une tout autre physionomie : celle de l'opposition ouvertement sectaire et schismatique.

De cet exposé il ressort que Pascal avait subi une initiation janséniste relativement brève. S'était-il même jamais pénétré complètement des doctrines théologiques du parti ? A vrai dire, nous soupçonnons le contraire. Dans le curieux compte rendu que Jacqueline nous a laissé de ses interrogatoires devant l'officialité diocésaine, nous relevons des réponses qui ne reproduisent pas la rigueur des théories des docteurs de l'hérésie (1). C'est

---

(1) « *Dem.* Avez-vous appris que J.-C. est mort pour tous les hommes... qu'en pensez-vous ? — *Rép.* Je n'ai pas accoutumé d'approfondir ces matières qui ne vont pas à la pratique ; néanmoins il me semble que N.-S. est mort pour tout le monde, car il me souvient de deux vers qui sont dans des *heures* que j'avais étant au monde... Je ne crois pas que je dois sonder les secrets

VIII. — PASCAL ET LE JANSÉNISME

au point que nous nous demandons si ces femmes, aussi obstinées que zélées et intelligentes, avaient jamais lu l'*Augustinus*, et vraiment compris son système doctrinal. Pascal, sans doute, en était là lui-même. Apparemment sa science janséniste aurait dû se former dès avant l'époque où il préparait les matériaux et les pensées de son *Apologie*; dès avant même la publication des *Provinciales*. Il n'a donc pu se livrer à cette étude que durant cette année de recueillement (1655) qui suivit sa conversion. C'est bien peu de temps, pour un homme qui, sans préparation théologique, aurait dû s'assimiler, sur les matières les plus abstruses, la substance des trois tomes in-folio de l'évêque d'Ypres. — Cette année d'ailleurs ne se passa nullement dans une réclusion studieuse. Si Blaise va parfois faire une retraite à Port-Royal, il n'en est pas moins fort souvent soit à la campagne, soit à Paris, tantôt chez lui, tantôt à l'auberge *du Roi David*, sous un nom d'emprunt. A Port-Royal même, à voir son *Entretien avec M. de Saci*, il s'occupe plutôt de philosophie et même de grammaire que de théologie (1). Si donc il s'est livré à l'étude de la

---

de Dieu ; c'est pourquoi je me contente de prier pour les pécheurs. — *Dem.* Ne leur dites-vous pas que quand l'on pèche c'est par sa faute ? — *Rep.* Oui, monsieur, et je le sens bien par ma propre expérience ; je vous assure que quand je fais des fautes, je ne m'en prends qu'à moi seule, et c'est pourquoi je tâche d'en faire pénitence. »

(1) Après une rapide visite à Singlin qu'il a enfin consenti à voir en cachette, il part le 7 janvier, pour la campagne, chez le duc de Luynes ; puis après une courte retraite à Port-Royal où Saci devient son directeur, il est de retour à Paris dès le 21 du même mois. Tantôt il y est chez lui, tantôt il y séjourne *incognito* sous le nom de *M. de Mons* à l'auberge du *roi David*. Vers le 15 août et le 26 octobre, il est encore à Paris : à cette dernière date, Jacqueline lui demande des explications sur sa *Nouvelle Méthode* d'enseigner la lecture aux enfants. Le 1er décembre il se trouve à Port-Royal où sa sœur lui écrit des reproches sur ses excès d'austérité qui lui font négliger les *balais* (V. *Lettres* de Jacqueline, Cousin p 242 ss.). — C'est dans une de ces retraites intermittentes à Port-Royal que se place l'*Entretien sur Epictète et Montaigne*. Peut-être y commença-t-il aussi, dès cette année, ces conférences où il exposait soit le plan de sa future *Apologie*, soit quelque sujet particulier dont la trace se retrouve dans les *Pensées* qui sont marquées de la sigle A. P. R. *à Port-Royal*. D'après l'indication

dogmatique jansénienne, ce n'a été que par intervalles fort courts et insuffisants pour une étude convenablement approfondie de l'*Augustinus* du maître. Les pratiques de l'ascétisme moral occupèrent d'ailleurs, bien plus que les spéculations doctrinales, l'âme du converti.

Les *Provinciales* elles-mêmes confirment l'insuffisante initiation de leur auteur à la doctrine janséniste. — Quel que soit leur mérite littéraire, les petites lettres ne sont qu'une œuvre de polémiste, pour ne pas dire un pamphlet ; et, comme tous les écrits de ce genre, celui-ci est exagéré, inexact et injuste. L'exposé des doctrines du parti qu'il entend défendre est loin de reproduire avec précision les principes repoussants de l'évêque d'Ypres. Le lecteur a bien vite acquis la persuasion que Louis de Montalte n'a là-dessus qu'une science d'emprunt. — Aussi se sent-il visiblement mal à l'aise sur ce terrain. Autant pour sortir de l'embarras qu'il éprouve de son incompétence que pour exciter l'intérêt de son public, qui finirait par se lasser des thèses sur la grâce efficace et suffisante, il transporte, dès la cinquième lettre, la polémique sur le terrain de la morale et des casuistes qu'il malmène à l'excès. Il oublie que la casuistique si vilipendée est au bout de toutes les sciences d'application qui ont l'homme pour objet. Le droit, la jurisprudence, la médecine, la politique, la sociologie, n'ont-ils pas leur casuistique comme la morale ? On lui reproche non sans raison de manquer souvent de scrupuleuse fidélité dans ses citations et ses résumés. C'est là, hélas, un tort trop fréquent des polémistes, alors même qu'ils ne sont pas pamphlétaires. Pascal, d'ailleurs, connaissait aussi peu les in-folios des Casuistes que ceux de Jansénius. On lui fournissait les textes, et lui, sans contrôler la valeur de ces matériaux, les utilisait à sa guise.

de Gilberte, c'était surtout l'Ecriture Sainte qui était alors le principal objet de son étude.
Entre temps aussi, il s'emploie à *convertir* ses amis, Domat et le duc de Roannez, aux pratiques de la vie chrétienne. Ses *Discours sur la condition des grands* sont de cette époque. Tout cela n'est pas le cadre de vie d'un homme appliqué à l'étude de la dogmatique jansénienne peu avant de commencer les *Provinciales*.

VIII. — PASCAL ET LE JANSÉNISME

Un tort plus grave fut celui d'identifier les malheureux casuistes avec toute une corporation religieuse. Si, dès ce moment-là, la bibliographie des Jésuites offrait une série plus nombreuse de ces spécialistes, cela tenait en partie au fait que, depuis près d'un siècle, la compagnie avait eu, en Espagne surtout, et plus qu'aucun autre ordre religieux, une extraordinaire efflorescence de littérature d'école. Elle avait plus de casuistes, par le motif fort simple qu'elle avait relativemet plus d'écrivains théologiques; mais elle n'était pas seule à en avoir. Et, parmi ces auteurs, quelle variété d'opinions, depuis les rigoristes extrêmes qui se rencontrent d'habitude parmi les canonistes, jusqu'aux représentants de l'extrême indulgence, vers laquelle inclinent ceux que le ministère des âmes met dans un contact plus immédiat avec les faiblesses de la pauvre nature humaine! Pascal oubliait trop ou ignorait peut-être ces nuances. Ce n'est pas à dire, toutefois, que le laxisme des uns ne puisse avoir ses inconvénients comme le rigorisme des autres. Montalte eut la satisfaction de voir le P. Pirot publier une *Apologie* maladroite des casuistes relâchés, qui provoqua l'indignation des curés de Paris et une condamnation de l'Inquisition (21 Août 1659). S'il avait vécu, il aurait eu celle de voir le Saint-Siège à plusieurs reprises, un bon nombre de ces propositions condamner qui avaient excité sa verve satirique (1).

Les *Provinciales*, sont plus intéressantes au point de vue de ce que nous avons appelé le « jansénisme ecclésiastique ». — Les premières, écrites avant la bulle *ad Petri Sedem*, s'appuient sur la distinction du droit et du fait: la doctrine des Cinq Propositions, argumentait-on, est condamnée à bon droit, mais ces propositions n'ont pas été

---

(1) 24 septembre 1665 et 18 mars 1666 : Condamnation de 45 propositions extraites des casuistes.
— 2 mars 1679 : Condamnation de 65 autres propositions semblables.
— 12 février et 25 novembre 1779, 18 novembre 1682: Condamnation par l'Inquisition de diverses propositions sur la communion trop fréquente et obligatoire, et sur la confession légère.
— 20 novembre 1687 : Bulle *Cœlestis Pastor* condamnant 68 propositions quiétistes de Molinos.

enseignées par Jansénius. Dans la dix-septième lettre, parue après la bulle, on ne pouvait plus soutenir que le Pape ne les condamnait point dans le sens de l'évêque d'Ypres. Montalte en arrive ainsi à avancer que l'infaillibilité du Pape et de l'Eglise elle-même ne s'étend pas aux faits non révélés. — Il n'avait évidemment pas une idée bien nette de ce que les théologiens appellent *faits dogmatiques*, liés au dogme par une connexion nécessaire. Aussi emmêle-t-il, dans une confusion permanente, des « faits » de toute nature. Il est vrai qu'à ce moment la question n'avait pas encore, dans les écoles, le degré de précision et d'autorité doctrinale qu'elle possède aujourd'hui (1). Il est juste aussi de reconnaître que les idées exprimées par Pascal, sur le magistère de l'Eglise, étaient alors celles de la majeure partie des évêques et des théologiens de l'Eglise gallicane.

Quelque grave que soit son erreur sur ce point, elle explique comment, dans certaines notes relevées depuis sur ses manuscrits, il n'accepte pas sans réserves la condamnation de ses *Provinciales* : « J'ai craint que je n'eusse mal écrit, me voyant condamné, mais l'exemple de tant de pieux écrits me fait croire au contraire... Si mes Lettres sont condamnées à Rome, ce que j'y condamne sera condamné dans le ciel : *Ad tuum, Domine Jesu, tribunal appello !* » Ce cri, assurément, marquait un déplorable manque de déférence envers le Saint-Siège. Mais faut-il y voir vraiment la déclaration de révolte d'un sectaire, ou simplement une sorte d'appel mystique du polémiste qui proteste, devant Dieu, de la pureté de ses intentions en stigmatisant des doctrines que Rome, aussi, allait réprouver de son côté ?... De toutes façons, il convient de ne pas oublier les paroles que Pascal écrivait à Mlle de Roannez, à l'époque même de la rédaction des *Provinciales* : « Je loue de tout mon cœur le zèle pour l'union avec le Pape. Le corps n'est non plus vivant sans

---

(1) Bossuet lui-même semble n'avoir été au clair là-dessus que vers la fin de sa vie, après que le Saint-Siège eût définitivement condamné le simple *silence respectueux*. (*V.* Lavigerie, *op. cit.* p. 161 ss.)

le chef, que le chef sans le corps. Quiconque se sépare de l'un ou de l'autre n'est plus du corps et n'appartient plus à Jésus-Christ... Le chef de l'Eglise est le Pape. Je ne me séparerai jamais de sa communion... »

Lorsqu'au début de l'année 1661, les prélats délégués à l'Assemblée du clergé eurent enjoint, d'une façon plus péremptoire, la signature de leur formulaire, beaucoup de théologiens, même gallicans, contestèrent son autorité, l'établissement d'une formule de foi n'appartenant qu'à un Concile ou au Pape (1). A Rome, on n'était que médiocrement édifié de ce formulaire (2). Un représentant habile du Saint-Siège ou un archevêque de Paris, homme d'autorité, de doctrine et de tact, aurait pu conjurer sans doute les longues et déplorables agitations qui allaient troubler les Eglises de France. Mais les rapports de Louis XIV avec le Saint-Siège étaient tendus, et allaient bientôt se rompre totalement à la suite de la malencontreuse affaire des Corses (20 août 1662). Le diocèse de Paris, était confié à celui qui se disait lui-même « l'âme la moins ecclésiastique de tout l'univers, » le cardinal de Retz, qui, traité en criminel d'Etat par le roi mais soutenu à Rome par respect des lois canoniques, était censé gouverner (!) de loin, son église par des vicaires laborieusement désignés et suspects de complaisance pour les Jansénistes (3).

(1) S. THOMAS. *Summ. Theol.* 2. 2. 1. 10 : Ad solam auctoritatem summi Pontificis pertinet nova editio Symboli.
(2) « On est mécontent, écrivait-on de Rome à Mazarin, que des évêques aient fait cela sans ordre du pape. » (*Duneau* à Mazarin 14 février 1661). — « Le cardinal Chigi... veut savoir comment serait reçu un formulaire rédigé par le Pape. » (*Id.* 21 février). — « Le roi... désire que le pape, afin de calmer l'agitation, envoie les brefs dont il a été question (contre le mandement des grands vicaires). Prenez garde qu'ils soient compatibles avec les lois du royaume. » (*Lionne* à l'Ambassadeur d'Auberville, 26 juillet. - - V. GÉRIN. *Louis XIV et le Saint-Siège*, Paris 1894, 1. 239.
(3) De la famille florentine des Gondi, qui occupaient le siège de Paris depuis quatre générations, il était devenu coadjuteur de son oncle en 1643, et en recueillit la succession peu après avoir reçu le chapeau, et pendant qu'il était prisonnier au fort de Vincennes pour ses intrigues durant la Fronde (1654). On obtint de lui la

A Port-Royal l'agitation était grande. Après bien des hésitations, on avait fini par signer le formulaire, en considération du libellé du mandement dans lequel les vicaires généraux admettaient la distinction du fait et du droit, (8 juin 1661). Cette lettre pastorale fut bientôt condamnée à Rome, d'où un second mandement plus orthodoxe (31 octobre), qui fut la cause de graves discordes intérieures à Port-Royal : les prudents, Nicole et Arnaud, conseillaient une signature, sous le bénéfice d'une formule équivoque qui réservât la foi ; les passionnés, Pascal qui dans l'intervalle avait vu mourir sa sœur, et son ami Domat, estimaient au contraire que c'était là un subterfuge, « une voie moyenne, abominable devant Dieu et méprisable devant les hommes. (1) » Les religieuses finirent par donner de nouveau leur signature, en l'abritant sous un considérant qui visait leur ignorance en ces matières (novembre 1661). Pascal, dont l'état de santé supportait mal ces discussions intestines (2) et qui

démission de sa charge archiépiscopale, moyennant une pension : mais il la rétracta dès qu'il se fût évadé de sa prison de Nantes. A Rome, où il prit part au Conclave d'Alexandre VII (1655), on ne reconnut pas la validité canonique de la procédure politique dirigée contre lui. Le Pape annulla l'élection des vicaires capitulaires, et après de longues négociations, Mazarin consentit à la nomination de vicaires généraux au nom de Retz. Celui-ci, dont les jansénistes eurent l'étrange idée d'épouser les intérêts, (ce qui leur valut l'animosité de la Cour), promena et ses aventures et ses intrigues à travers l'Italie, l'Allemagne et la Hollande, jusqu'à ce qu'enfin, après la mort de Mazarin, il donnât sa démission (février 1662) en échange de l'Abbaye de Saint-Denis. La vacance du Siège de Paris se prolongea jusqu'en avril 1664. On se figure aisément combien cette situation était fâcheuse au plus fort de l'agitation janséniste.

(1) Ces « disputes intimes entre MM. de Port-Royal » se faisaient en partie par écrit. Dans le manuscrit de l'Oratoire, on a les lettres d'Arnaud et de Nicole contre le sentiment de Pascal, et un écrit de Domat en sa faveur. Les écrits de Pascal ont été détruits par le duc de Roannez et Domat, de sorte qu'il est difficile de se former une opinion exacte sur la thèse qu'il soutenait. On n'a que les passages cités par Nicole pour les combattre, et que Bossut, dans son édition, a juxtaposés sous le titre d'*Ecrit sur la signature de ceux qui souscrivent en cette manière :* « *Je ne souscris qu'en ce qui regarde la foi.* » (V. Cousin, *Etudes* p. 439 ss. Sainte-Beuve, *Port-Royal* III, 8. Reuchlin p. 204 ss.)

(2) Le *Recueil d'Utrecht* raconte que, dans une de ces conférences,

VIII. — PASCAL ET LE JANSÉNISME

d'ailleurs n'avait pas à signer pour son propre compte, puisqu'il n'était ni clerc, ni religieux, ni docteur, ni écolâtre, cessa dès lors de faire cause commune avec ses amis de Port-Royal : il ne les vit plus qu'à de rares intervalles, et parut même, aux yeux du public, séparé de leur cause, ce qui permit à son curé de croire qu'il avait renoncé au jansénisme au moment où il lui administra les derniers sacrements (1). Sa mort (19 août 1663) précéda ainsi d'assez loin la bulle *Regiminis Apostolici*, par laquelle Alexandre VII prescrivait lui-même un formulaire autorisé (15 février 1665). Le fait que le formulaire repoussé par lui n'était pas revêtu de l'autorité du Saint-Siège sauvegarde l'orthodoxie ecclésiastique de Pascal (2). — Quels auraient été ses sentiments et sa conduite

Pascal se trouva mal et perdit connaissance de douleur « de voir la vérité abandonnée par les chefs de Port-Royal. » La même source explique la mort de Jacqueline par la douleur qu'elle éprouva d'avoir signé le formulaire après le premier mandement. Nous ne croyons pas beaucoup à ces commotions psychologiques dramatisées par la légende qui se formait, à plus de soixante ans de distance, dans les cénacles du jansénisme postérieur.

(1) Il paraît que l'abbé Beurrier, curé de Saint-Étienne-du-Mont, ne parla pas à son paroissien de la signature du formulaire. Il supposa, dit-il plus tard, que Pascal, ayant rompu avec les chefs du jansénisme et blâmé leur manière d'agir, avait renoncé aux erreurs du parti. Interrogé à ce sujet par le nouvel archevêque de Paris, Mgr de Périfixe, il répondit, pour s'excuser, « que Pascal avait accusé Arnaud et les autres chefs du parti de manquer de soumission au pape et d'aller trop loin dans les matières de la grâce », paroles qu'il avait interprétées, lui curé, dans le sens d'une rétractation. Lorsque cette déclaration, signée par le curé, fut connue, les amis et la famille de Pascal s'inscrivirent en faux contre elle, en soutenant que Pascal n'avait pas changé de sentiment. Beurrier ainsi pressé répondit qu'il s'était trompé : puis après la mort de Mgr Périfixe il retira sa première déclaration. — Qu'y a-t-il de vrai, au juste, dans cette histoire, dans laquelle le curé fait une assez singulière figure ?... Le recueil du P. Guerrier (*Bibl. nat.* manuscr. *Supplém. franç.* n° 397. *Bibl. Mazar.* n° 2199) contient diverses pièces et correspondances à ce sujet. Dans la suite, la famille de Pascal a d'ailleurs toujours témoigné un zèle excessif pour conserver à Blaise une physionomie strictement janséniste : aussi faut-il y voir souvent des exagérations qui admettent des réserves.

(2) Un auteur non suspect, critique sévère de Baius et de ses continuateurs, estime que le mouvement janséniste, dans l'esprit de ses premiers chefs, demeura longtemps une simple querelle d'école.

trois ans plus tard ? Il est difficile de le conjecturer : mais rien n'interdit de penser qu'à ces filles de Port-Royal, « pures comme des anges et orgueilleuses comme des démons », il aurait répété les paroles qu'il écrivait naguère à la sœur de son ami. » Nous savons que toutes les vertus, le martyre, les austérités et toutes les bonnes œuvres sont inutiles hors de l'Eglise, et de la communion du chef de l'Eglise qui est le Pape. Je ne me séparerai jamais de sa Communion, au moins je prie Dieu de m'en faire la grâce... »

De ces données historiques, il ressort qu'en deux circonstances surtout, Pascal a été un combattant passionné du parti janséniste : il n'en résulte pas qu'il ait été un coryphée doctrinal de sa théologie. L'examen des fragments qui nous restent de son œuvre apologétique peut seul nous fixer sur la question de savoir si l'idée janséniste a pénétré sérieusement sa propre pensée, ou si son bon sens et son génie ont su se défendre du venin d'une doctrine insidieuse, mais destructrice, en fin de compte, de la liberté humaine.

Faut-il s'arrêter tout d'abord aux traits qui impriment à sa physionomie comme l'empreinte d'une sorte de jansénisme moral ? — Certes, Pascal pendant les sept dernières années de sa vie a été un austère dont la figure se détache

---

intra Ecclesiam : « Que plus tard, ils soient tombés sous la censure de l'Eglise, il nous est facile de le prouver aujourd'hui. Néanmoins leur persuasion demeure psychologiquement explicable : de même, on n'aurait pas dû leur reprocher si vivement d'avoir eu recours au « truc d'avocat » de la question de fait et de droit. C'est là une chose aussi vieille que les discussions sur le sens exact d'un écrit attaqué... Pascal jeta la controverse dans le domaine public, en en appelant au sentiment moral de la foule. » (LINSEMANN. *Tüb. Q. Schr.* 1871, p. 128). — La façon dont était apprécié à Rome le formulaire n'était pas ignorée de ceux qui soutenaient le point de vue de Pascal : « On a provoqué le pape, écrivait Perrault (*ap.* REUCHLIN, *op. cit.* p. 377), en donnant un démenti à sa Constitution. Si on s'était contenté de repousser le formulaire, on ne se serait pas attiré ce bref, (contre le mandement) ; car il est évident que la Cour de Rome n'a ni zèle, ni amour pour le formulaire des évêques, mais seulement pour ses propres constitutions. »

vivement du groupe des solitaires de Port-Royal. Sa sœur Gilberte nous retrace cette vertu, cette hauteur d'âme presque violente, qui n'évitera point toute exagération dans la sévérité envers soi-même, cet esprit de mortification qui semble condamner, comme des crimes, de simples imperfections ; qui, sous prétexte de fuir toute attache criminelle, lutte contre les sentiments les plus légitimes de l'amitié et de la famille ; qui va jusqu'à blâmer les caresses de l'enfant à sa mère ; qui impose le service des pauvres sous peine de damnation ; qui inspire à ce malade désolé de ce que les siens ne veuillent pas l'abandonner à l'hôpital, l'étonnante parole que « la maladie est l'état naturel des chrétiens. » Mettons qu'il y ait en tout cela une pointe d'exagération : ne se peut-il pas qu'elle se trouve aussi dans les sentiments de la narratrice. Mme Périer, n'avait pas la largeur d'esprit de son frère, et dans sa vieillesse subissait l'influence des étroitesses de plus en plus manifestes dans le jansénisme de la seconde période, celle de Quesnel ? N'est-ce point aussi le cas de rappeler « l'humeur bouillante » que reprochait à Blaise sa sœur Jacqueline (1) précisément parce qu'elle le portait aux excès en matière de pratiques ascétiques ?

Ces excès d'ailleurs, ne sont-ils pas corrigé par l'admirable profession de foi intime formulée dans le morceau célèbre : « J'aime la pauvreté parce que J.C. l'a aimée... j'ai une tendresse de cœur pour ceux que Dieu m'a unis plus étroitement ». Et ses sentiments sur la maladie sont bien mieux exprimés dans cette belle prière, où sa foi s'exhale dans ce suprême élan : « Que je ne souhaite désormais de santé et de vie qu'afin de l'employer et la finir pour vous, avec vous, et en vous... Que vous disposiez de ma santé et de ma maladie pour votre gloire, pour mon salut, pour l'utilité de l'Eglise ! »

---

(1) « Encore qu'il ait depuis plus d'un an un grand mépris du monde, et un dégoût presque insurmontable de toutes les personnes qui en sont, ce qui devrait le porter, selon son humeur bouillante, à de grands excès, il use néanmoins en cela d'une modération qui me fait tout à fait bien espérer. (*Lettre* du 8 déc. 1654).

S'il lui arrive de laisser échapper çà et là une expression excessive ou intempérante, le correctif n'est jamais bien loin.

S'il dit quelque part que « le juste, sur terre, ne prend part qu'aux déplaisirs, non aux plaisirs », il ajoute aussitôt « il aime ses proches, mais sa charité ne se renferme pas dans ces bornes, et se répand sur ses ennemis, et puis sur ceux de Dieu. » Afin de pouvoir reprocher à sa piété une tendance janséniste, on veut qu'elle ait été triste et terrifiée, et l'on cite à ce propos les dernières phrases de son opuscule sur la *Conversion du pécheur*. Mais ailleurs il parle de « ceux qui, après la confession, sont en joie et confiance et de ceux qui restent en crainte », et il estime que l'un et l'autre de ces deux sentiments est en place, et que celui-ci doit être complété par celui-là, ce qui est d'une orthodoxie irréprochable. — Là où sa pensée ascétique s'exprime le plus nettement, c'est dans ces émouvantes paroles : « Je tends les bras à mon libérateur ; et par sa grâce j'attends la mort en paix, dans l'espérance de lui être éternellement uni ; et je vis cependant avec joie, soit dans les biens qu'il lui plaît de me donner, soit dans les maux qu'il m'envoie pour mon bien et qu'il m'a appris à souffrir par son exemple. » Y a-t-il là, vraiment, la voix sombre d'une piété toujours en crainte et tremblement ? n'est-ce pas plutôt l'écho de la parole enflammée que ce converti écrivait sur son cœur, durant la nuit décisive du 23 novembre : « Certitude, Certitude ! Sentiment, joie, paix ! joie, Pleurs de joie ! » — En ces délicates appréciations, il convient d'éviter une sévérité trop méticuleuse.

Epousait-il purement et simplement le rigorisme de ses amis de Port-Royal, celui qui les critiquait jusque dans leur pédagogie sans émulation des *Petites-Ecoles* (1) ; et qui estimait qu'à vouloir « poursuivre les vertus jusqu'aux extrêmes de part et d'autre, il s'y présente des vices qui s'y insinuent insensiblement ? »

Ce rigorisme moral, qui caractérise la plupart des premiers adeptes du jansénisme a souvent été rattaché aux

(1) « Les enfants de Port-Royal auxquels on ne donne pas ce aiguillon, tombent dans la nonchalance. »

principes de leur dogmatique comme une sorte de conséquence logique et nécessaire. La nature humaine étant absolument corrompue et ne servant que d'instrument passif à l'action triomphante de la grâce, il en résulte comme devoir fondamental, l'amour isolé et étroit de Dieu et la haine de tout ce qui est nature en notre être. Cette haine de soi devenant complète et absolue doit, d'une part, étouffer tout mouvement purement humain, sentiments de famille et de société aussi bien que l'amour-propre sous ses mille déguisements ; et d'autre part, elle inspirera cette dévotion sombre et aride par laquelle la propagande janséniste fit tant de mal à la vie chrétienne.

Malgré son allure spécieuse, cette argumentation ne nous persuade pas complètement. Car enfin, le point de départ du jansénisme est, avant tout, l'erreur métaphysique d'un prédestinatianisme fataliste, qui attribue à Dieu un décret absolu de réprobation des uns à l'éternelle damnation, indépendamment de leurs mérites ou démérites. Mais alors surgit spontanément un raisonnement d'une tout autre nature : « Si je suis réprouvé fatalement, inutile de faire des efforts de vertu impuissante, et autant vaut me laisser aller au gré de mes passions : si au contraire je me trouve prédestiné d'avance au salut, peu importe mon activité morale et personnelle. Dans les deux cas, vivons gaiment, selon les larges préceptes du *carpe diem* ! » A toutes les époques de l'histoire, le développement de cette argumentation par des adeptes plus logiques, a été le châtiment de tous les faux rigorismes (1). Plus d'un

---

(1) C'est ainsi que le rigorisme des premiers schismatiques novatiens et montanistes, à force de distinguer entre les spirituels ou *pneumatiques* et les simples *psychiques*, en arriva bientôt à favoriser des excès d'immoralité. Les gnostiques, combattus dès le IIe siècle par saint Irénée et qui se prolongent à travers tout le moyen-âge sous le couvert du manichéisme, en divisant les hommes en *purs* et en *imparfaits* de par l'ordre même du monde, font des premiers une catégorie de privilégiés qui peuvent tout se permettre sans jamais se souiller ni compromettre leur destinée. — Lorsque l'erreur prédestinatienne, qui s'était déjà manifestée au temps de saint Augustin, troubla si violemment l'Église des Gaules au IXe siècle, à la suite des élucubration du moine saxon Godescald, ces conséquences furent bien vite aperçues. Raban Maur, métro-

mondain du XVIIe siècle, habitué des ruelles jansénistes, s'y complaisait ; et le Cardinal de Retz, ce singulier ami de Port-Royal, n'était peut-être pas un théologien très profond, mais en tous cas ce n'était ni un rigoriste ni un puritain.

Nous voulons bien que les jansénistes ultérieurs, désireux de conserver, comme une sorte de pavillon, le souvenir de l'austérité des hommes de Port-Royal, se soient ingéniés à donner une formule dogmatique à cette morale de « la haine de soi », mais nous nous demandons si, chez les solitaires eux-mêmes, l'austérité n'était pas plutôt, et dans une large mesure, une affaire de tempérament, où la psychologie entre pour une plus large part que la logique et la théologie. A la rigidité naturelle de leur sentiment moral, ces *messieurs* ajoutaient malheureusement la préoccupation excessive de réagir contre le laxisme des Casuistes dont ils avaient le tort de rendre responsables tous ceux que, pour des motifs divers, ils considéraient comme leurs ennemis. De là, l'exagération rigoriste comme contre partie des tendances relâchées d'une certaine casuistique (1). — Dans la lutte contre l'un et l'autre excès s'est vérifiée, une fois de plus, la belle et profonde parole de Saint-Thomas d'Aquin : *Ecclesia inter errores contrarios lento passu incedit !* Pascal en a eu le sentiment, puisqu'il nous donne en quelque sorte la traduction de ce mot : « l'église a toujours été combattue par des erreurs contraires, mais peut-être jamais en même temps comme

politain de Mayence, en signalant à son voisin, Hincmar de Reims, les premières mesures prises contre ce précurseur de Calvin et Jansénius, les indique nettement : *Jam multos seductos habet qui dicunt : Quid mihi proderit laborare in servitio Dei, quia si prædestinatus sum ad mortem, numquam illam evadam ; si autem male egero, et prædestinatus sum ad vitam, sine ulla dubitatione ad æternam requiem vado ?* — C'est précisément ce que constatait une dame de la cour d'Anne d'Autriche, Mme de Choisy : « Voyant combien les mondains sont détraqués, depuis ces propositions de la grâce, disant à tout moment : Hé qu'importe-t-il comme l'on fait, puisque si nous avons la grâce, nous serons sauvés, et si nous ne l'avons pas, nous serons perdus. (V. LAVIGERIE, *op. cit.* 125).

(1) Bossuet caractérise admirablement, avec la fermeté ordinaire de son bon sens, les périls de ces deux excès contraires, de ces « deux maladies dangereuses », en son *Oraison funèbre* de M. Cornet.

à présent. Et si elle en souffre plus à cause de la multiplicité d'erreurs, elle en reçoit cet avantage qu'elles se détruisent (1). »

En pratiquant pour son propre compte, et avec une austérité d'ascète, la morale de « la haine de soi-même », quelque séduction que celle-ci exerce sur certaines âmes altérées de hauteur morale, il n'a jamais franchi les limites de la doctrine juste. Ce qu'il hait, c'est la partie mauvaise, corrompue et corruptrice de notre nature : mais il en reste une partie bonne, la liberté morale entre autres, à laquelle Pascal ne porte jamais atteinte : cette partie-là, il la respecte et s'en sert pour monter à Dieu, aidé du secours de sa grâce.

Faudra-t-il s'étonner qu'en ébauchant les matériaux de son livre, Pascal reflète parfois le langage qu'il entendait parler autour de lui. Il est incontestable qu'il emploie çà et là des locutions mises en circulation par Saint-Cyran et ses disciples. Mais ce qui importe, c'est de savoir si ces expressions impropres ou inexactes visent les points substantiels de la doctrine jansénienne, ou si, en parlant le même langage, Pascal ne l'entend pas en un sens différent.

On ne donne qu'une notion fausse et superficielle de cette doctrine, lorsqu'on nous la présente simplement comme une affirmation de la corruption totale de la nature humaine, résultat de la chute originelle. — Le jan-

---

(1) Il ajoute cette curieuse réflexion : « Elle (*l'Eglise*) se plaint des deux, mais plus des Calvinistes à cause du schisme. Il est certain que plusieurs des deux contraires sont trompés ; il faut les désabuser. » — Quel est cet autre parti qui était dans l'erreur quoique non séparé de l'Eglise ? On a supposé, non sans raison, que c'était le jansénisme. Mais alors, nous avons là une nouvelle confirmation de notre pensée que Pascal, tout en combattant au dehors pour la cause du parti, ne craignait pas, vis-à-vis de ses amis, de marquer à l'occasion la dissidence de ses idées, et ne fut un véritable adepte doctrinal ni de leur théologie ni de leur morale. Du reste, il dit encore ailleurs, plus nettement : « les jésuistes et les jansénistes ont tort en célant (l'un des deux contraires) : mais les jansénistes plus, car les jésuites ont mieux fait profession des deux. »

sénisme est avant tout un système prédestinatien. Avant d'introduire dans le domaine psychologique ce *déterminisme* à la fois mystique et moral qui nie la liberté de l'homme, il le proclame dans l'ordre métaphysique de la providence de Dieu sur l'humanité. Si l'homme est entraîné nécessairement par la grâce ou succombe fatalement à la concupiscence, c'est parce que Dieu l'a *prédestiné* d'avance, non seulement au salut mais aussi à la réprobation éternelle, de par une disposition arbitraire de sa volonté et indépendamment de nos mérites ou démérites. La seule variante introduite par l'évêque d'Ypres dans le sombre dogme de Godescald, de Calvin et de Baïus, c'est qu'il attribue ce décret de prédestination absolue, non à l'acte du Dieu créateur, mais à celui du Dieu Rédempteur. Celui-ci n'a voulu tirer de la masse de damnation qu'un petit nombre d'élus privilégiés. Aussi le Christ n'est-il pas mort pour tous les hommes. Telle est la dernière des cinq propositions : logiquement et par rang d'importance, elle est la première (1).

Or il est piquant de constater que, sur ce point primordial de la doctrine, Pascal répudie nettement le jansénisme. Non content d'affirmer que « Jésus est rédempteur de tous » parce qu'il a « racheté tous ceux qui

---

(1) Nous croyons devoir mettre ici sous les yeux du lecteur, les cinq Propositions tirées du livre de Jansénius :

I. Quelques commandements de Dieu sont impossibles pour les hommes justes, malgré leur volonté et leurs efforts, avec les forces dont ils disposent dans le moment : et la grâce qui les rendrait possibles leur fait défaut.

II. On ne résiste jamais à la grâce intérieure, dans l'état de la nature déchue.

III. Le mérite ou le démérite moral, dans l'état de nature, ne requiert pas en l'homme une liberté affranchie de la nécessité intérieure d'agir; il suffit d'une liberté soustraite à la coaction ou contrainte extérieure.

IV. Les semi-pélagiens admettaient la nécessité d'une grâce intérieure prévenante pour toutes les bonnes œuvres, même pour le commencement de la foi : ils étaient hérétiques en ce qu'ils voulaient que la volonté pût résister ou adhérer à la grâce.

V. Il y a erreur semi-pélagienne à dire que le Christ est mort et a versé son sang pour tous les hommes.

VIII. — PASCAL ET LE JANSÉNISME

voudront venir à lui », ou qu'il est le « Messie pour ceux qui cherchent Dieu », il ajoute ailleurs, en termes péremptoires que « Jésus-Christ est universel et a offert son sacrifice *pour tous* », et « qu'il est mort pour tous »; qu'enseigner le contraire serait « favoriser le désespoir. » Aussi est-il Celui qui à tous offre rédemption, « même à ceux qui, pour leur malheur, se perdent en chemin (1) ».

Pour assurer pratiquement l'exécution de ces décrets d'élection ou de réprobation absolue, le jansénisme échafaude une psychologie toute spéciale.—D'une part, la grâce que Dieu donne, même aux justes, est souvent insuffisante, (*1re proposit.*) ; de l'autre, elle est irrésistible (*2e proposit.*) et affirmer que notre volonté reste libre d'adhérer ou de résister à la grâce ne serait rien moins qu'une hérésie (*4e proposit.*) De là, notion absolument dénaturée de la liberté. Celle-ci n'implique plus l'affranchissement de toute nécessité intérieure et de toute contrainte du dehors. L'absence de cette dernière seule suffit, et la liberté entraînée par une nécessité intérieure est encore suffisante pour créer le mérite moral ! C'est le pur *déterminisme*, avec la contradiction en plus de prétendre y associer l'idée de responsabilité et de moralité. Et pour montrer ce déterminisme en jeu, Jansénius recourt à la théorie de la « délectation relativement victorieuse ». La volonté ne demeure plus libre de céder aux sollicitations

---

(1) Nous n'attachons aucune importance à un petit traité sur la *Prédestination* dont Reuchlin (*op. cit.* p. 265) donne la traduction, et qu'il dit être de Pascal, d'après un manuscrit possédé alors (1840) par Sainte-Beuve. Celui-ci n'en parle pas dans son livre et nous ignorons ce que ce manuscrit a pu devenir. Ce fait seul est un grave argument contre l'authenticité de ce petit écrit. Il suffit d'ailleurs de le lire pour se convaincre que ni le style ni les idées n'ont rien de commun avec l'auteur des *Pensées*. L'auteur anonyme, y développe, en l'atténuant quelque peu, la conception de Jansénius de Dieu laissant en dehors du décret de rédemption un certain nombre d'hommes voués, par là, à demeurer dans la masse de damnation. — C'était sans doute la note de quelque théologien cherchant à rendre plus claire et moins inacceptable l'idée jansénienne : mais c'est certainement un *apocryphe* de Pascal.

de la grâce ou aux tentations de la concupiscence. Si la délectation *céleste* de la grâce est la plus forte, la volonté est nécessairement déterminée au bien ; si au contraire la délectation *terrestre* de la concupiscence est plus forte que sa concurrente, la volonté est non moins nécessairement déterminée au mal et au péché. Jouet purement passif de deux forces agissant mécaniquement en sens contraire, de par une impulsion également irrésistible que différencie seule la mesure d'une inégale violence d'entraînement, elle est, selon la comparaison souvent employée, comme la languette d'une balance qui incline inévitablement du côté du plateau portant le poids le plus lourd. Doctrine qui cadre à merveille avec les principes du prédestinatianisme, mais qui ne saurait se concilier avec la conception de la liberté humaine.

Or, toute cette psychologie si caractéristique des cinq Propositions ne se retrouve aucunement dans le livre des *Pensées*, bien que Pascal se complaise volontiers dans l'analyse des contrariétés de notre nature et du jeu complexe de notre activité morale. Une seule fois le mot typique de « délectation » se rencontre sous sa plume, et c'est sous la forme d'une simple comparaison qui en exclut précisément le caractère irrésistible et nécessitant: « l'empire de la raison et de la justice n'est pas plus tyrannique que celui de la délectation. »

Ailleurs, il semble bien opposer à la force, qui fait les involontaires, la « concupiscence qui fait les volontaires. » Mais veut-il parler de ces actes « volontaires » qui suffisent à la liberté entendue au sens de la III⁰ Proposition ? Rien ne l'indique, et la phrase est trop obscure pour qu'on puisse y voir une implicite négation des véritables conditions du mérite ou du démérite moral.

Si dans sa *Prière*, il proclame « heureux ceux qui avec une liberté entière et une pente invincible aiment parfaitement et librement Dieu qu'ils sont obligés d'aimer nécessairement», il l'entend des bienheureux dans le ciel. Si dans une de ses lettres, il note le « charme victorieux » qui entraîne les mondains vers les plaisirs de la terre, c'est pour y opposer la « douceur » de la croix de Jésus-Christ qui empêche la vie des chrétiens d'être une vie de tristesse, et la piété chrétienne de consister « en une amertume sans consolation. » Si enfin, à propos de la mort de son père, il observe que le serpent de notre nature nous tente continuellement, et que l'appétit d'Ève, en nous, désire souvent le mal, il relève que le péché n'est pas achevé, tant que « la raison d'Adam » n'y consent. Nous prions Dieu que sa grâce fortifie notre raison, mais c'est bien toujours celle-ci qui conserve le mérite de « demeurer victorieuse »

Nulle part, il n'y a trace de ce jeu de balançoire entre les deux délectations qui détruisent alternativement notre liberté, de cette insuffisance de la grâce qui condamne fatalement les justes eux-mêmes au péché. « Dieu nous tente, » sans doute, mais « en n'imposant point de nécessité », et sans « mettre l'homme dans la nécessité de conclure et de suivre une fausseté ! » Loin d'imposer des préceptes impossibles, « la grâce donne ce à quoi elle oblige », et la prière est toujours là qui nous permet de « mériter les autres vertus par le travail », bien qu'elle même soit déjà, comme la foi, une grâce initiale que Dieu donne à ceux qu'il aime.

Au lieu de rabaisser le rôle de la volonté, comme la logique janséniste l'eût exigé, Pascal en relève toute la grandeur, puisque — nous l'avons déjà montré — il appelle l'attention sur la part qui revient, dans la genèse de la foi elle-même, à ce « principal organe de la créance ». Si, dans l'ordre des connaissances ordinaires déjà, la place est grande pour « les caprices de la volonté », dans l'ordre des vérités religieuses et morales surtout, « Dieu ne verse ses lumières dans les esprits qu'après avoir dompté la rébellion de la volonté par une douceur céleste qui la charme et l'entraîne ». Aussi l'acte de foi, nous l'avons vu, est-il avant tout un acte moral : « Dieu y veut plus disposer la volonté que l'esprit » ; mais il exige notre active et énergique coopération. Si, d'une part, le principe de la morale nous commande de « travailler à bien penser », de l'autre, nous avons à nous débarrasser des entraves de la bête humaine, à travailler moins à l'augmentation des preuves qu'à « la diminution de nos passions ». — Ce fier et énergique appel à l'effort moral prémunissait singulièrement Pascal contre les illusions du déterminisme de la délectation victorieuse. Certes, dans les pages du penseur, « la grâce souveraine de Dieu est sans cesse adorée et bénie, mais jamais peut-être on ne lui rendit des hommages dont la liberté humaine eût moins à se plaindre ou à s'effaroucher (1) ».

Les cinq propositions, c'est-à-dire la moëlle et la substance du Jansénisme, ne se retrouvent donc pas dans le livre des *Pensées*. C'est là une constatation d'une portée décisive. Le milieu dans lequel il vivait n'a donc pu effleurer que très superficiellement l'activité intellectuelle de Pascal philosophe. Si celle-ci en a retenu quelques vestiges, nous savons dès maintenant qu'ils se rattachent, non aux théories fondamentales du système, mais tout au plus à des points accessoires, — postulats ou déductions, — qui heurtaient moins le bon sens du penseur.

Pascal se réfère assez souvent à ce qu'il appelle les *deux états* : l'état de création ou de grâce, et l'état de péché ou de déchéance. La distinction appartient en effet au vocabulaire janséniste, mais en impliquant une erreur philosophique et théologique que l'auteur des *Pensées* n'a point formulée. — Jansénius part du principe que l'état privilégié de grâce, de sainteté et d'intégrité parfaite, dans lequel Adam fut créé, était l'état *naturel* de l'homme. Il repousse la doctrine des théologiens, qui est l'évidence même, qu'un état de *nature pure*, qui n'aurait impliqué que les facultés essentielles de l'homme intellectuel et moral, était possible si le Créateur eût voulu le réaliser. Il en résultait, pour l'auteur de l'*Augustinus*, que ce qui a été détruit par le péché primitif, ce ne sont pas seulement les dons surnaturels de la grâce et les privilèges complémentaires ou préternaturels d'une intégrité qui assurait, en nous, la parfaite subordination des appétits à la raison, mais les facultés naturelles elles-mêmes. — C'est là une erreur grave. Bien que blessée et troublée dans son équilibre ou affaiblie dans sa vigueur, cette nature, selon la véritable tradition théologique, n'en con-

---

(1) Vinet *op. cit.* p. 205.

serve pas moins sa capacité essentielle : *naturalia manent integra* ; et sauf cette blessure et cet affaiblissement désordonné, *vulnerata in naturalibus*, elle aurait pu être réalisée par le Créateur comme état de « nature pure. »

Pascal, peu enclin aux spéculations métaphysiques, n'envisage guère l'hypothèse de cet état purement abstrait et possible ; mais il ne la repousse pas non plus ; dès lors sa distinction des « deux états, » entendue dans l'ordre historique et réel, n'a rien de contraire à l'orthodoxie. — Ne faut-il pas croire, d'ailleurs, que son esprit philosophique ne méconnaissait nullement l'exacte différence qui sépare l'ordre naturel de l'ordre surnaturel, lorsqu'on le voit affirmer, d'une part, qu'on ne saurait concevoir l'homme sans la pensée « en laquelle est toute sa dignité, » et sans la raison « qui fait son être », et reconnaître d'autre part la gratuité essentielle de l'ordre surnaturel : « Si on vous unit à Dieu, c'est par *grâce* non par *nature ?* » — Et lui, qui ménage si peu la vigueur de ses expressions lorsqu'il flagelle la nature corrompue, n'a-t-il pas aussi des nuances de langage dignes d'attention, lorsqu'il évite d'affirmer, avec Jansénius, que le péché a *détruit* ou *anéanti* notre nature, et se contente d'affirmer que l'homme est déchu d'une *meilleure* nature qui lui était propre autrefois, « déchu d'un état de perfection plus haute, déchu de Dieu et d'un état de gloire ; — égaré et tombé de son vrai lieu et de sa vraie place. » Déchéance, mais non destruction, telle est bien la notion exacte du désordre que le péché a introduit dans cette nature tombée — *natura lapsa* — qui, malgré toutes ses ruines, ses affaiblissements et ses impuissances mêmes, conserve « la lumière confuse et l'instinct » de son état premier ; demeure « capable de bien », et n'a pas perdu sa « capacité naturelle de vérité et de bonheur. »

Le tableau de la corruption de la nature, dans les *Pensées*, peut paraître poussé trop au noir : mais, comme nous l'avons déjà fait observer, Pascal considère cette corruption moins dans le domaine moral de la volonté que dans l'ordre intellectuel de la connaissance. C'est le contraire de la primitive conception janséniste, antérieurement à Quesnel. Aussi sommes-nous portés à croire qu'il s'inspire là moins de la pensée de l'*Augustinus* que de la sienne propre. Pas plus dans Jansénius que dans Montaigne, « il n'a trouvé tout ce qu'il y voit, mais en lui-même. » — Après tout ce que nous avons dit de son prétendu scepticisme, nous ne nous appesantirons pas davantage sur ce point. Nous ne pourrions du reste que répéter les mêmes constatations : les exagérations et les duretés de langage, qui se pressent parfois sous la plume ardente de Pascal, s'atténuent et se réduisent à une plus juste mesure dès qu'on rapproche les uns des autres les divers fragments, et qu'on en dégage le sens moyen, par voie de critique comparée. N'oublions jamais le procédé habituel de l'auteur qui s'attache à opposer les unes aux autres les contrariétés de notre être. S'il fouille sa « misère », il relève aussi sa « grandeur », et celle-ci n'est pas seulement une « grandeur de *grâce*, » mais aussi une véritable « grandeur de *nature* », langage que n'aurait pas tenu un vrai janséniste. En le parlant, Pascal montre que, dans ses *Pensées*, il n'est pas de la secte.

Sa façon de concevoir l'état primitif de la nature humaine devait nécessairement entraîner Jansénius à une conception erronée du péché originel. Au lieu de se rallier à la doctrine traditionnelle des théologiens, qui concentre la notion de ce péché dans la privation de la grâce surnaturelle départie au premier homme, privation qui met chacun de nous dans un *état* contraire à l'ordre et au plan divins, et entraîne, comme conséquence, ce désordre, ce manque d'harmonie, de rectitude et d'équilibre qui trouble nos facultés naturelles elles-mêmes, et qui se résume dans le mot de *concupiscence*, l'évêque d'Ypres, confondant l'effet avec la cause, place le péché héréditaire dans cette concupiscence même. Celle-ci, au lieu d'être une infirmité résultant du péché, devient le péché lui-même : une chose essentiellement criminelle, qui rend vicieuses toutes les tendances de notre être et coupables tous les actes de notre volonté. Pascal, certes, se complaît dans la conception la plus rigide du dogme : loin de demander aux théologiens ces essais d'explications qui tendent à en atténuer l'austérité, il prend plaisir à

voir que la raison en est « choquée et heurtée rudement. »
— En cela, il suit son tempérament qui « aime à voir la
superbe humiliée et impuissante ». Aussi s'arrête-t-il aux
formules générales : « l'homme naît en péché... nous
naissons coupables et contraires à l'amour de Dieu...
corrompus et séparés de Dieu... injustes et dépravés ».
Ces termes ne dépassent pas le cadre de l'orthodoxie,
et Pascal ne s'aventure guère à en analyser le sens théologique, quoiqu'on devine bien que ses préférences le por-
teraient plutôt vers les explications des docteurs rigoristes.

Au reste, sa méthode est toute autre que celle de Jansénius. Il ne déduit pas la notion du péché de l'idée de
grâce ou de déchéance primitive : il part au contraire du
fait des contradictions, perturbations et faiblesses de notre
nature, pour en *induire* la cause dans la donnée d'une
chute première. — Notre nature est mauvaise, donc elle est
déchue, donc il y a eu vraiment ce péché originel que
le christianisme proclame. Tel est son raisonnement, et
il est naturel qu'en le développant, il n'adoucisse pas les
couleurs de sa palette. Mais, à ce raisonnement il n'entend
pas donner une valeur stringente et péremptoire. Le
dogme lui apparaît bien comme la seule solution du problème psychologique qu'il voit et qui le trouble, mais il
n'en fait pas la résultante d'une argumentation purement
rationnelle, car il répète assez que c'est « un mystère inconcevable.. dont nous ne pouvons avoir aucune connaissance de nous-mêmes... qui passe notre capacité présente... qui est chose au-dessus de la raison et que celle-
ci ne saurait inventer. ».

Cette façon de procéder le porte plutôt à insister sur le
phénomène des perturbations de notre être qu'à rechercher
la nature exacte de cette culpabilité spéciale qui n'est
pas la suite d'un acte personnel de notre part, mais un
effet de la loi de solidarité que le Créateur a voulu
établir entre le premier homme et ses descendants. L'é-
cueil était ainsi bien proche d'identifier le péché avec l'é-
lément désordonné de la concupiscence ; de confondre,
comme Jansénius, l'effet avec la cause. Or, cet écueil,
Pascal le frise peut-être de trop près, mais en somme il

l'évite. La concupiscence est bien devenue « une seconde nature », à peu près comme la coutume; mais elle demeure distincte du «péché d'Adam et de la transmission qui s'en est faite en nous.» — Elle accompagne et présuppose ce péché, elle ne le constitue pas; la condition qu'elle fait à l'homme est incompréhensible sans ce mystère, mais ce mystère lui-même reste « le plus incompréhensible de tous » Nulle part, Pascal ne s'aventure jusqu'à formuler l'équation posée par Jansénius et Quesnel à la suite de Baïus (1). On peut regretter que sa conception du dogme ne soit ni assez complète ni assez large, qu'elle manifeste une tendance plus rigide que l'enseignement commun des écoles théologiques; mais elle n'est pas hétérodoxe. — Les vrais adeptes du jansénisme ne reculaient devant aucune des conséquences de leurs doctrines. Pour eux, le fils d'Adam étant d'une nature essentiellement et totalement pervertie, ne saurait produire un seul acte qui ne soit criminel : le premier mouvement de l'enfant même est un acte de haine, de blasphème et de révolte contre Dieu. Quant aux infidèles, toutes leurs œuvres sont nécessairement des péchés et les vertus des philosophes ne sont que des vices (2).

Ce sont là des excès auxquels, malgré ses sévérités pour la pauvre nature humaine et son dédain pour les philosophes séparés de la foi, Pascal n'arrive jamais. Non seulement il proclame notre « capacité naturelle » pour le bien, et en appelle à ces indéracinables sentiments de grandeur qui, malgré toute déchéance, « demeurent naturels à l'homme; » mais il sait être juste pour ces philosophes

---

(1) Le seul passage qui pourrait prêter à quelque équivoque est ce fragment, où après avoir parlé de l'*inclination* ou de l'*instinct* qui nous porte à être injustes envers Dieu d'une « injustice où nous sommes nés », Pascal ajoute : « Aucune religion n'a remarqué que ce fût un *péché*, ni que nous y fussions nés, ni que nous fussions obligés d'y *résister*. » Il ne dit pas cependant que cet instinct avec lequel nous sommes nés et auquel il nous faut résister soit le péché *originel* proprement dit. On peut donc croire que, selon un langage souvent employé, il l'appelle *péché*, en tant que la concupiscence nous porte et nous sollicite au péché. Cela ressort encore de ce qu'il n'adopte pas la théorie que tout, en nous, est nécessairement mauvais et criminel.

(2) Baïus : Prop. 25, 48, 49.

que le jansénisme plonge purement et simplement dans la *massa damnata*. Quelques-uns d'entre eux « ont su dompter leurs passions ». C'étaient « des gens honnêtes » qui ont essayé de modérer les folies humaines « au moins mal qu'il se pouvait », et, par rapport au bien, ils ont fait « ce qu'ils ont pu ». Platon, par exemple a su «persuader à quelque peu d'hommes choisis et instruits » quelques vérités utiles et peut même « disposer au christianisme. »

Nous voilà bien loin de l'erreur janséniste. Pascal n'en adopte pas la formule, aux termes de laquelle nous serions, sans la grâce, « tout concupiscence et tout péché » : il se contente d'affirmer que « nous sommes *pleins* de concupiscence et *pleins* de péchés Il n'oppose pas à la grâce toute puissante, la nature totalement corrompue et impuissante : il se borne à dire que « tout ce qu'il y a en nous *d'infirme* appartient à la nature, tout ce qu'il y a de puissant, appartient à la grâce ». Et s'il lui arrive de dire quelque part qu'en dehors de Jésus-Christ « nos prières et nos vertus sont abomination devant Dieu », ou qu'en face de la grâce « nous n'avons de nous-même que la misère et l'erreur », on est en droit de ne voir là qu'une pieuse exagération ou l'intempérance de langage d'un écrivain qui, alors même qu'il emploie la phraséologie janséniste, y attache un sens moins absolu.

Cette observation s'applique surtout, ce nous semble, à l'antithèse que Pascal établit volontiers entre la charité et la concupiscence : « toute la morale consiste en la concupiscence et en la grâce... deux principes se partagent la volonté des hommes, la cupidité et la charité... il nous est défendu d'aimer les créatures et ordonné de n'aimer que Dieu ?... Dans l'Ecriture même « l'unique objet est la charité ; tout ce qui n'y tend point en est la figure. » Aussi faut-il réprouver tout ce qui n'est pas l'amour de Dieu, et « tout ce qui nous incite à nous attacher aux créatures est mauvais. » — Ces façons de parler, nous dit-on, constituent le langage habituel des écrivains jansénistes ; et l'observation est juste : car tous s'inspirent, sous des formes diverses, de la distinction posée par Baïus et répétée par Quesnel : « tout amour est ou bien-

cette cupidité vicieuse qui se porte vers le monde et que condamne l'apôtre saint Jean, ou bien cette charité sainte qui, de par l'effet de l'Esprit Saint, s'attache à Dieu » (1). Mais la portée en est essentiellement différente suivant que la distinction est formulée dans un sens théologique, qui la rattache à la théorie susdite de la grâce, de la déchéance et du péché originel, ou bien dans un sens simplement psychologique, qui se borne à constater que, dans l'ordre habituel, les actions humaines s'inspirent en fait de cette double tendance : conformes à l'ordre de la raison qui nous oriente vers Dieu, soleil et centre d'attraction du monde moral, ou bien déréglées par la passion désordonnée de l'amour du *moi* et du monde sensible.

Or, il nous semble évident que Pascal, éminemment psychologue en tous les procédés de sa philosophie, et qui, nous l'avons vu, n'adopte point les théorèmes métaphysiques qui sont le fondement du jansénisme, n'a pu avoir en vue que ce sens-là autorisé par l'ascétisme chrétien le plus orthodoxe. Il nous révèle d'ailleurs la parfaite correction de sa pensée, en reconnaissant que l'amour du Créateur n'est pas nécessairement en opposition avec celui de Dieu, et qu'il peut être légitime, à condition qu'il lui soit subordonné ou coordonné: « Ce n'est pas que la cupidité ne puisse être avec la foi en Dieu, et que la charité ne soit avec les biens de la terre. Mais la cupidité use de Dieu, et jouit du monde ; et la charité, au contraire ». — Ceci n'a plus rien de janséniste.

Par là s'expliquent et s'éclairent, du même coup, les expressions si dures en apparence, par lesquelles, il déduit le devoir de la haine de soi: « Il faut n'aimer que Dieu et ne haïr que soi..., l'unique vertu est de se haïr ! » Au fond, tout cela ne signifie qu'une chose : il faut subordonner à la loi de Dieu tous les instincts et élans de notre nature ; il faut repousser et combattre tout ce qui nous met en opposition avec la loi de Dieu. — N'est-ce pas là, en effet, le principe suprême de la morale chrétienne ?

(1) Baïus, Prop. 38. — Quesnel, Prop. 44, 46.

VIII. — PASCAL ET LE JANSÉNISME

Un dernier point de la doctrine de Pascal qui apparait particulièrement dur et choquant est sa théorie de l'aveuglement de certains réprouvés, causé directement par l'action d'un Dieu « qui se cache à leur connaissance » pour mieux les jeter dans les ténèbres de la réprobation. « On n'entend rien aux ouvrages de Dieu, si l'on ne prend pour principe qu'il a voulu aveugler les uns et éclairer les autres ». De là, dans ces malheureux, « un assoupissement surnaturel qui marque une force toute puissante qui le cause ». Cet aveuglement, l'Écriture elle-même le poursuit : « l'Ancien testament est fait pour aveugler les uns ». Si les hommes « se sont aheurtés à Jésus-Christ, ç'a été par un dessein formel des prophètes, » conformément au terrible mot d'Isaïe, *excæca cor populi hujus.., ne forte videat... et convertatur*! Et lui-même n'est-il pas venu « aveugler ceux qui voyaient clair » ; n'a-t-il pas « aveuglé les Pharisiens », et déclaré « son dessein d'aveugler et d'éclairer ? » N'est-ce point pour ce motif, qu'il a voulu rester « ce Dieu caché » du prophète, *Deus absconditus*, qui ne se manifeste pas avec une suffisante évidence dans la nature, qui a jeté « un voile sur le livre des Écritures », et y a semé des expressions équivoques et contradictoires qui pourront donner aux hérésies « occasion de naître », comme par une sorte de piège tendu aux âmes ? Et n'est-ce point pour cela, peut-être, que Dieu « sauve les élus et damne les réprouvés sur les mêmes crimes ? » Un tel langage ne formule-t-il point l'un des côtés les plus repoussants du dogme janséniste ?

A y voir de près, s'il faut prendre ces formules au pied de la lettre et sans atténuation aucune, non, elles n'expriment pas le dogme janséniste, mais le dogme calviniste. L'évêque d'Ypres ne va pas jusqu'à admettre une réprobation causée et voulue positivement par Dieu, indépendamment de la considération de tout péché : il la subordonne du moins à la prévision du péché originel : ceux que Dieu ne veut pas sauver, sont laissés tout simplement dans la « masse de perdition » où les a jetés la chute primitive. Calvin, au contraire, plus radical, prétend que Dieu prédestine certaines de ses créatures à la damnation, par un absolu caprice de sa volonté, sans aucune considération de leurs mérites ou démérites ; et pour assurer l'effet de ce terrible décret, il les pousse à mal faire, (*Dei impulsu agit quod non licet*) et leur tend des pièges : « il leur adresse sa parole, mais c'est pour qu'ils y deviennent plus sourds ; il leur montre la lumière, mais pour qu'ils soient plus aveugles ; il leur offre sa doctrine, mais c'est pour les rendre plus stupides ; il leur présente le remède, mais c'est pour qu'ils ne guérissent point ! (1)» — Or, se trouvera-t-il quelqu'un pour croire que Pascal est calviniste et qu'il a entendu ainsi sa théorie de l'aveuglement ? — Nous ne le pensons guère.

Si donc on n'en veut pas arriver à cette conclusion extrême, force est bien d'admettre que son langage a droit au bénéfice de quelque atténuation. Et cette atténuation est bien simple : c'est celle que tous les interprètes appliquent au texte d'Isaïe qu'il invoque : la distinction entre la volonté positive et la volonté purement permissive de Dieu, qui laisse courir les impies dans la voie de leur sens désordonné, en ne les en tirant pas par un effort de grâce exceptionnelle, mais sans leur retirer cette grâce ordinaire et générale qui suffirait à une âme droite et sincère.

Cette distinction, Pascal la connaît et l'indique. Nous avons en effet la bonne fortune de posséder de lui un fragment un peu plus étendu, où sa pensée, exposée d'une façon complète, fournit le commentaire de ces boutades brusques et rudes qui lui sont si familières : « Parce que tant d'hommes se rendent indignes de sa clémence, il a voulu *les laisser* dans la privation du bien qu'ils ne veulent pas ».

Et appliquant ce principe à l'ordre intellectuel, « Dieu, poursuit-il dans cet admirable passage, a voulu paraître à découvert à ceux qui le cherchent de tout leur cœur, et caché à ceux qui le fuient de tout leur cœur... Il y a assez de lumière pour ceux qui ne désirent que de voir, et assez d'obscurité pour ceux qui ont une disposition contraire ; assez de clarté pour éclairer les élus, et assez

---

(1) CALVIN, *Instit. Christ.*, l. I. c. 18 — l. III. c. 34.

d'obscurité pour les humilier ; assez d'obscurité pour aveugler les réprouvés, assez de clarté pour les condamner et les rendre inexcusables. » D'où cette lumineuse et poignante conclusion : « Ce sera une des confusions des damnés de voir qu'ils sont condamnés par leur propre raison ! »

Il y a donc là, pour Pascal, non une question métaphysique de prédestination, au sens ordinaire du mot, mais une question essentiellement morale de mérite et de démérite. C'est encore, sous une face nouvelle, sa doctrine du rôle de la volonté et de la liberté dans l'acte de foi. Méritoire déjà dans l'ordre purement rationnel, cet acte acquiert un mérite nouveau lorsque l'action mystérieuse de la grâce vient l'envelopper, l'imprégner et le transfigurer dans l'ordre surnaturel. Parce que, dans ce degré de plénitude seulement, la foi et la connaissance de Dieu sont vraiment utiles au salut du Rédempteur, Pascal trouve, non pas impossible, comme on a voulu le prétendre, mais froide et stérile la connaissance purement philosophique de Dieu, « le Dieu simplement auteur des vérités géométriques et de l'ordre des éléments... ou qui exerce seulement sa providence sur la vie et les biens des hommes. » Le déisme lui paraît digne d'être « abhorré » presqu'autant que l'athéisme lui-même.

De là son dédain pour les démonstrations purement rationnelles de la théodicée philosophique. Il ne les repousse point, mais y attache une mince valeur pratique, parce que « le Dieu des chrétiens qui se fait sentir à l'âme », qui constitue son unique bien, son repos, sa joie, son véritable amour, « ne peut être connu hors de Jésus-Christ ». Voilà pourquoi, « nous ne connaissons Dieu véritablement que par Jésus-Christ... » et lui-même « est donc le véritable Dieu des hommes ; hors de lui nous ne savons ce que c'est que notre vie, ni que notre mort, ni que Dieu, ni que nous-même ! » — Est-ce là une conception janséniste ? ou, plutôt, n'est-ce point la conception de la philosophie chrétienne qui, ne méconnaissant aucune des puissances de la nature, en entrevoit le plein épanouissement dans l'atmosphère plus haute de la grâce ?

La nature de l'homme, non pas amoindrie ou étouffée mais fortifiée et perfectionnée par l'incessante action divine, telle est donc vraiment la pensée fondamentale de Pascal. A ses yeux, on l'a dit avec raison, « il y a un mystère d'élection, puisqu'il y a des élus ; mais Jésus-Christ est mort pour tous les hommes, et tous les hommes ont été rachetés ; il n'y a de décidément insondable que l'amour de Dieu ; cet amour a sa cause en lui-même ; car, au jour suprême, les réprouvés trouvent dans leur raison, la justification de la sentence qui les condamne et les élus seront seuls étonnés du décret qui les béatifie. La grâce n'est pas un fait isolé, mais une perpétuelle effusion, une circulation de vie entre les esprits créés et Dieu, père des esprits. Le nom de cette vie divine est la charité : Dieu communique sa charité qui est sa vie. Comme nous devenons membres de Dieu nous devenons membres les uns des autres, mais membres volontaires et par un fait de volonté incessamment renouvelé. Nous ne sommes absorbés ni dans le chef, ni dans l'ensemble ; car l'amour n'est pas moins le triomphe de la personnalité que le moyen et la consommation de l'unité (1). »

Dans la dramatique épopée qui résume la vie de l'humanité à travers les âges, deux acteurs sont sans cesse en présence l'un de l'autre : Dieu et l'homme. Pascal ne les perd pas un seul instant de vue : l'homme sans Dieu l'homme avec Dieu, c'est tout le plan de l'œuvre qu'il avait conçue. L'homme porte en soi le double besoin d'être tout à Dieu et d'être entièrement homme. La religion a pour office de répondre à cette double exigence : pour y réussir, elle doit se garder de supprimer ou d'altérer aucun des deux termes du rapport. Tous les systèmes conçus en dehors du christianisme, toutes les hérésies nées en son sein ont « achoppé » contre l'un de ces deux écueils. Les uns diminuent Dieu, les autres diminuent l'homme.

Le jansénisme était de ces derniers, mais Pascal n'en est point. C'est à tous les intérêts, à tous les besoins, à toutes

(1) VINET, *op. cit.* p. 205.

les détresses de l'homme qu'il s'adresse ; il en appelle de l'homme à l'homme lui-même, tout en se préoccupant de lui assigner, et vis-à-vis de l'Univers et vis-à-vis de Dieu, sa vraie place. L'Univers sans l'homme n'est rien, de même que l'homme n'est rien sans Dieu. Ce roseau pensant est supérieur à l'Univers qui l'écrase ; et sa pensée, de par un consentement rationnel de soi à soi-même, s'incline devant Dieu pour « se soummettre où il faut » afin d'atteindre plus de lumière. Le silence des espaces infinis qui s'étendent devant le regard du penseur peut bien, un moment, effrayer Pascal, il ne le désoriente jamais : Son génie finit par y saisir la parole divine qui éclaire l'intelligence humaine sans l'écraser ni l'éblouir.

Devant ce silence du mystère de la Création comme sous l'éffluve de la grâce et de la vie de Dieu, la personalité de l'homme demeure entière. Telle est la conclusion qui se dégage des deux points les plus caractéristiques de la pensée de Pascal. Sa doctrine des *Contrariétés* explique le mal et le péché sans aucune erreur de dualisme ; sa conception du caractère moral de la connaissance de la vérité harmonise la part de la grâce et de la liberté. Pendant que Dieu incline le cœur vers la vérité, (*inclina cor*), notre effort personnel dégage et purifie le cœur (*cor incrassatum*) (1), pour l'ouvrir aux rayons de l'éternelle lumière. L'action divine et l'action humaine s'unissent sans se confondre ni se neutraliser ou s'absorber réciproquement. En affirmant cette double doctrine, Pascal a, par cela seul, opposé la meilleure des barrières aux excès et aux dangers de l'idée janséniste.

Qu'importe, après cela, au point de vue philosophique, qu'il ait eu des amis à Port-Royal et qu'il ait voulu les défendre dans leurs luttes contingentes ? Qu'importe qu'il ait été un janséniste de parti, de passion et de tempérament, s'il n'a pas été lui-même un janséniste de doctrine ? L'atmosphère intellectuelle dans laquelle il vivait a pu déteindre sur le ton, l'accent et les formules de son langage, au point même que ses expressions atteignent parfois l'ex-

---

(1) C'est ainsi en effet que saint Paul (*Act.* XXVIII, 27) entend l'*aveuglement du cœur* d'Isaïe.

trême limite d'une sévère correction ; Mais, sur tous les points essentiels de la doctrine, la vigoureuse trempe de son génie philosophique a été plus forte que les influences du milieu et les passions de coterie ou de secte.

Qu'on ne se méprenne pas sur notre sentiment. Si nous avons tenu à montrer que les *Pensées*, revêtues parfois d'une diction suspecte, ne contiennent, quant à leur substance, aucune des erreurs capitales de l'hérésie janséniste, nous avouons volontiers que la question n'est pas entièrement épuisée pour autant. Chez Pascal plus que chez tout autre, la pensée subit l'empreinte du tempérament : il raisonne avec l'âme tout entière, avec sa sensibilité et son imagination ; sa philosophie ne va presque jamais sans passion. Là est le secret de sa force de persuasion et de sa beauté ; mais aussi son écueil.

C'est par là qu'on a pu lui faire le reproche de refléter, sinon la doctrine, du moins l'*esprit* janséniste. Le reproche est vague : l'on ne saurait disconvenir toutefois qu'en certaines pages, il peut paraître mérité. Ces hardiesses qui choquent le sentiment commun, ces assertions absolues qui étonnent et heurtent la raison courante, ce rigorisme paradoxal contre lequel proteste le penchant du cœur, ces âcres invectives contre la nature alors même que ses élans n'ont rien de coupable, cette amertume méprisante, cette insultante hauteur de langage, tout ce qu'il y a de dur et d'impitoyable dans le ton, s'accorde bien avec l'esprit dont saint Cyran pénétra ses ouailles. Cet esprit n'a pu altérer la doctrine des *Pensées* ; mais n'a-t-il pas donné à leur expression quelque chose d'excessif et un regrettable manque de mesure ? Surnaturaliste « où il faut », Pascal, sans doute, est aussi naturaliste où il faut, mais il l'est de mauvaise grâce et le dit avec un accent déplaisant. — Hélas, que d'écrivains religieux de notre temps aussi, et parmi les moins suspects de sympathies pour le jansénisme, ont donné dans ce même travers !

Echos de Port-Royal, si l'on veut, ces excès de forme et de surface nous paraissent provenir de plus loin encore.

VIII. — PASCAL ET LE JANSÉNISME

Même indépendament de son commerce d'âme avec ces *messieurs*, Pascal aurait été, ce nous semble le penseur passionné qui nous empoigne alors même que nous lui opposons les réserves de notre entendement. La vérité est qu'il représente un *aspect* du christianisme, mais ne le représente pas tout entier. Il y a toujours eu dans le mouvement chrétien deux esprits : l'un plus austère et plus rigoureux, qui procède surtout de l'idée de la déchéance originelle : l'autre plus consolant et plus doux, qui s'attache surtout à la rédemption. Selon qu'une âme est plus vivement touchée de l'un ou l'autre dogme, elle arrive à exagérer la misère de l'humanité déchue, ou la grandeur de l'humanité rachetée. Les uns aggravent le péché originel et considèrent surtout la divinité du Père ; les autres étendent le bénéfice de la rédemption, et se fondent surtout sur la miséricorde du Fils. Pascal appartient incontestablement à l'école austère, et en est l'un des représentants les plus éloquents. Mais il connaissait le danger de l'exclusivisme en matière d'affirmations dogmatiques.

« La foi, dit-il quelque part, embrasse plusieurs vérités qui semblent se contredire... La source de toutes les hérésies est l'exclusion de quelques-unes de ces vérités... C'est pourquoi le plus court moyen d'y couper court est d'instruire de toutes les vérités... La faute de ceux qui errent n'est pas de suivre une fausseté ; mais de ne pas suivre une autre vérité. »

Chez lui-même ce fut moins un exclusivisme doctrinal et théorique qu'un exclusivisme de tempérament et de sentiment qui relève de la psychologie plus que de la dogmatique. Encore, et pour ce motif même, nous apparaîtrait-il moins vif et moins tranché si les *Pensées* avaient fini par prendre la forme achevée du livre que méditait leur auteur.

IX

Pascal et notre temps

L'œuvre apologétique de Pascal offre-t-elle encore quelque utilité pour notre temps, ou bien a-t-elle vieilli au point de ne présenter plus qu'un intérêt purement historique et littéraire? — Telle est la question autour de laquelle s'engagea une curieuse controverse, après que M. Astié eût publié son édition des *Pensées*. On sait que le protestantisme sentimental se plait à déduire uniquement la vérité du christianisme des preuves morales intimes ; il fait bon marché des démonstrations historiques et positives, et prétend asseoir la divinité de la révélation sur le seul témoignage de la conscience éclairée et consolée. On a reproché à M. Astié, non sans raison, d'avoir accomodé Pascal aux tendances de cette école. Mais les protestants rationalistes se méprenaient à leur tour en déclarant que le livre de Pascal, en tant qu'œuvre apologétique, avait fait son temps. Dans cette œuvre, disaient-ils, il ne se trouve plus rien de subsistant et de vivant que le *préambule*, c'est-à-dire le sombre et magnifique tableau de la nature humaine. A *part cela*, plus rien de solide dans l'argumentation, pas même cette idée de la chute, qui explique bien quelques unes des contradictions du cœur humain, mais non toutes ; tandis que les contradictions de l'esprit trouveraient aussi bien leur explication dans Hegel. Quant au détail des démonstrations, les progrès de la science exégétique et de l'étude comparée des religions en auraient fait définitive justice (1).

Sans doute, des protestants croyants, comme MM. Na-

(1) Rambert. *Biblioth. univ. de Genève*, mars-mai 1858.

ville et de Pressensé s'élevaient bien fort contre ces conclusions radicales ; ils s'attachaient à montrer que la doctrine du *péché* et de la *chute* est encore celle qui rend le plus complètement raison des contradictions humaines du cœur et de l'esprit. Si l'exposé de Pascal, répliquaient-ils, a pu devenir insuffisant sur certains points, il subsiste dans la profondeur de son sens et de son esprit, et demeure toujours une source vive de pensées qui conduisent à la vérité, d'arguments qui ne vieillissent pas (1).

L'école du criticisme rationaliste n'en maintenait pas moins sa condamnation intéressée. « L'apologie de Pascal, affirmait Scherer (2), est aujourd'hui nulle : elle a vieilli, vieilli tout entière. Il n'en reste que la préface, tableau éloquent qui n'est pas un moyen d'apologie mais une simple étude morale. Pascal a fait son temps comme apologiste, il n'est plus aujourd'hui qu'un des plus éloquents de nos moralistes ». Et Renan concluait solennellement que « les coups du grand athlète ne portent plus. » Les commentaires de M. Havet reflètent sans cesse ce point de vue.

Est-il besoin d'observer que, malgré leur méprisante hauteur ces sommaires sentences n'ont qu'une mince valeur, parce qu'elles visent, dans une égale mesure, le christianisme lui-même? Pour les rationalistes de l'école critique, le christianisme lui aussi a vieilli : c'est pourquoi toute apologie de sa vérité divine n'est plus qu'un archaïsme.

Les quelques écrivains qui cèdent au préjugé de croire que les *Pensées* sont imprégnées des pires erreurs jansénistes peuvent, avec quelque raison, estimer que leur valeur apologétique en est altérée et viciée d'autant ; mais ceux qui n'admettent plus la divinité de l'Évangile, sont mal venus à juger que la méthode de Pascal a fait son temps : personne n'a jamais eu la naïveté de prendre au sérieux la pateline réserve de Voltaire quand il prétendait ne critiquer « que les endroits qui ne seraient pas

---

(1) Naville, *Ibid.* Juillet 1858 ; de Pressensé, *Revue chrétienne*, sept. 1858.

(2) *Nouvelle Revue de théologie*, juillet-août 1858.

tellement liés avec *notre sainte religion*, qu'on ne puisse déchirer la peau de Pascal sans faire saigner le Christianisme. »

Dans ses données essentielles, la méthode de toute apologie du Christianisme, est déterminée par la nature du sujet. — Le christianisme présuppose *une conception philosophique* de l'homme, du monde et de Dieu qui tient aux racines même de la raison. Aussi cette partie préliminaire de toute apologie admet-elle tous les procédés de la *méthode rationnelle*, entremêlant tour à tour, et dans une proportion variable, les ressources de la synthèse et de l'analyse. — La révélation chrétienne est *un fait* dont la constatation exige surtout la mise en jeu des ressorts de la *méthode historique*, et, dans cette partie essentiellement démonstrative de l'apologie, c'est tout naturellement l'induction critique qui joue un rôle prédominant. — Enfin la révélation, se déployant dans l'histoire, fournit un ensemble d'enseignements ou de dogmes que la raison n'a pas dégagés de ses principes propres, mais dont elle peut étudier les liens et les rapports multiples avec toute la vaste encyclopédie de la science de l'homme et du monde. Ici l'apologie ne peut être que *justificative ou confirmative*; mais elle se trouve en face d'un champ singulièrement vaste et varié, où tous les instruments de la pensée trouvent tour à tour leur emploi.

En cette triple fonction, l'apologétique religieuse dispose des ressources d'une méthode nettement tracée dans ses lignes fondamentales ; mais, dans la façon de les mettre en œuvre, quelle riche et abondante variété d'éléments et de procédés divers, parmi lesquels le penseur chrétien fera son choix, selon qu'il s'inspirera des besoins de son temps, des dispositions de ceux auxquels il s'adresse, de la personnalité et des aptitudes de son propre génie ! C'est ici que triomphera surtout la vivante originalité de Pascal.

N'a-t-on pas abusé quelque peu, en notre siècle, de la tendance à déterminer et à circonscrire la méthode applicable à la démonstration de la vérité religieuse ? A force de vouloir préciser, délimiter et classer outre mesure, l'on risque de s'enliser dans un exclusivisme funeste. L'un des représentants les plus pénétrants du rationalisme contemporain (1) estime que la solution du problème religieux, qui a été cherchée tour à tour par la méthode philosophique et la méthode historique, n'est réalisable que par la méthode psychologique.

La vérité est que chacune de ces méthodes, partiellement légitime et utile, recèle un principe d'erreur dès qu'on prétend en faire un procédé absolu.

1° La *méthode philosophique, rationnelle*, ou *métaphysique*, est la vraie tant qu'il s'agit de déterminer l'ensemble des notions impliquées dans l'idée d'un Dieu Révélateur, père, guide et lumière de l'humanité; mais elle s'achoppe au rationalisme dogmatique et inconséquent dès qu'on prétend puiser, dans ses seuls principes, toutes les données de la religion. Cet excès a été, en France, durant toute la première moitié de ce siècle, le péril contre lequel a dû lutter l'apologétique chrétienne, et elle l'a fait non sans éclat, de l'aveu même des adversaires.

2° L'idée religieuse étant une manifestation primordiale de notre nature, qu'elle atteint tout entière dans ses plus intimes racines, rien de plus légitime que de dégager les multiples et profondes harmonies qui s'élèvent entre notre âme « naturellement chrétienne » et les fécondes évolutions des dogmes de l'Évangile. A ce point de vue, la *méthode psychologique* est précieuse; cependant, vouloir traiter l'élan religieux de l'humanité comme un simple sentiment sans objet extérieur, comme un phénomène purement subjectif de la sensibilité ou de l'imagination, auquel ne répondrait aucune réalité en dehors de notre *moi*, phénomène intéressant à étudier et curieux à analyser mais dont l'explication ne doit être cherchée que dans le jeu de nos facultés, c'est tomber dans l'athéisme panthéiste ou positiviste.

3° Rien de plus normal enfin, puisque la révélation est un fait qui a apparu au centre de l'histoire, que d'en appeler à l'examen historique de ses titres. Qu'aux données de

(1) VACHEROT, *La Religion*, Paris. 1869 l. II.

l'érudition on fasse subir le contrôle sévère de l'esprit critique ou de ce que Pascal appelait « l'esprit de finesse », rien de mieux. La *critique*, ce couronnement de la *méthode historique*, n'est autre chose, en somme, que la psychologie venant s'adjoindre à l'érudition pour la pénétrer, la vérifier et lui donner sa juste et exacte portée. Etudier l'œuvre dans son auteur, l'auteur dans le cadre de son temps, le temps dans toutes les manifestations qui nous le révèlent, c'est le procédé de toute véritable histoire, celui qu'il est juste et nécessaire d'appliquer à l'examen des sources de la Révélation. Mais l'abus est flagrant dès que, sous l'empire d'un préjugé théorique, comme celui de l'impossibilité du surnaturel, l'on fait un choix arbitraire dans les matériaux fournis par l'histoire ; dès que l'on écarte les éléments positifs et connus, qui sont les plus sûrs, pour s'attacher aux seules inductions psychologiques dont l'élasticité se prête mieux aux fantaisies de la conjecture ; dès que l'on substitue aux indications précises des faits et des témoignages, les aventureuses hypothèses de l'impressionisme personnel.

Tout cela peut bien nous donner cette « méthode de divination » exaltée par Renan (1), mais ne constituera jamais un procédé vraiment scientifique. Les représentants du criticisme rationaliste, en Allemagne surtout, ont poussé à l'extrême ses hardiesses capricieuses, tandis que les tenants de la défense chrétienne ont tardé, en France notamment, à se placer sur ce terrain, où il s'agit de dégager, dans ces broussailles, le vrai du faux. Aujourd'hui cependant le temps perdu est sur le point d'être regagné. Reprenant les traditions de l'érudition française du XVIIe siècle, nos apologistes n'ont plus à se montrer inquiets ou défiants en face de la « critique », soit que celle-ci aborde la question des origines, soit qu'elle veuille suivre les évolutions successives du Christianisme et de la vie de l'Église.

Si donc la ligne d'attaque s'est étendue, le champ de la défense s'est élargi lui aussi, et offre à l'apologiste moderne les plus vastes horizons et les plus abondantes

---

(1) *Vie de Jésus*, Introd. LV. — *Les Evangiles* IV.

ressources. — Ce qui est vrai, par contre, c'est que notre temps, plus épris de la science positive des faits que des déductions de la dialectique, réclame, en tous ordres de recherches, et partant dans l'apologétique elle-même, le plus large emploi des procédés d'analyse et d'induction qui nous élèvent du particulier au général, qui nous font conclure des phénomènes aux lois qui les régissent, aux causes qui les produisent, aux raisons qui les expliquent.

Or, c'est ici que Pascal nous apparaît comme un novateur, dont l'inspiration domine, aujourd'hui plus que jamais, tout le travail intellectuel qui se concentre autour de l'idée religieuse. Il a entrevu l'élargissement du champ de l'apologétique; il a saisi notamment, avec une étonnante sagacité, le rôle dévolu, à la *méthode inductive et expérimentale*, si fort en faveur de nos jours, et qui, de l'aveu des plus judicieux esprits, fournit les meilleures armes de la lutte contre le rationalisme contemporain.

Avant Pascal, les philosophes religieux, dans leur démonstration du Christianisme, avaient presque toujours fait appel aux raisonnements déductifs et aux spéculations de l'ontologie. Jusque dans l'exposé des arguments historiques, ils employaient plus volontiers l'appareil de la méthode synthétique. Le motif en est aisé à comprendre. L'incrédulité ne se produisait pas encore sous la forme d'un système à prétentions scientifiques : Aussi le rôle des théologiens était-il moins de convaincre les athées, les sceptiques, les rationalistes, que de montrer aux esprits cultivés, parmi les croyants, le merveilleux accord de la foi avec les plus hautes facultés de l'entendement humain. Le procédé synthétique et *a priori* répondait mieux à ce but. La *Somme philosophique* de Saint-Thomas demeurait l'admirable modèle de cette méthode, d'après laquelle Grotius, peu avant Pascal, et Huet, quelques années après lui, concevaient leurs apologies, et qui trouvera son expression la plus étendue dans le traité de Bergier (1).

(1) Grotius, *De veritate religionis Christianæ*, Amst. 1629. —

Pascal plus perspicace, et placé plus au centre du mouvement des esprits de son temps, sentait grandir un travail souterrain de scepticisme et d'incrédulité qui, au sortir des agitations et des luttes religieuses de la Renaissance et des guerres de religion, s'accomplissait dans les classes élevées de la société française. L'incrédulité dogmatique ne s'affichait pas encore publiquement comme l'hérésie : par contre, l'irréligion sceptique qui, sans attaquer directement les croyances, en sape les principes et en conteste les preuves, se répandait rapidement et se produisait, sous forme d'objections railleuses et de plaisanteries, dans les conversations des beaux esprits, — *libertins*, — c'est-à-dire esprits forts ou libre penseurs, bien plus adonnés aux dissipations mondaines du jeu et des plaisirs qu'appliqués aux spéculations scientifiques, mais fort aises de recueillir toutes les insinuations hostiles à l'idée religieuse (1). Pour n'avoir pas encore produit sa formule savante (2), cet esprit d'incrédulité n'en constituait pas moins un péril sérieux. Le scepticisme circulait sourdement sous l'apparente soumission des intelligences aux croyances reçues, et le XVIII° siècle allait en sortir.

C'est contre des incrédules de cette sorte que Pascal conçoit la défense de la Foi. Il était impossible qu'il entreprît cette œuvre, sans y laisser, sous une forme quelconque, l'empreinte de son génie. « Né pour inventer

---

Huet, *Demonstratio Evangelica*, Paris, 1679. — Bergier, *Traité de la vraie Religion*, Paris, 1780.

(1) S'il faut en croire le P. Mersenne, le savant minime sous les auspices duquel le jeune Pascal poursuivit ses premiers travaux scientifiques, il y avait alors à Paris plusieurs milliers d'athées, et déjà Nicole écrivait que « la grande hérésie n'était plus le luthéranisme ou le Calvinisme » (*Lettre* 45, *sur les miracles*). Quelques années plus tard, Fénelon entendait « un bruit sourd d'incrédulité venant frapper ses oreilles » (*Serm. pour la fête de l'Epiphanie*), et Bossuet, de son côté, constatait, devant l'Assemblée du clergé « qu'il n'existait que trop d'esprits *libertins* dans le royaume du fils aîné de l'Eglise. » (*Disc. sur l'Unité de l'Eglise*).

(2) Le premier essai de ce genre, le *Traité théologico-philosophique* de Spinoza, d'où est sortie toute la critique antichrétienne du XVIII° et du XIX° siècle, ne parut à Amsterdam qu'au lendemain de la publication des *Pensées*.

plutôt que pour apprendre, « selon l'expression de Nicole, il ne suit pas les chemins battus. De son regard d'aigle, il a compris que sur de pareils adversaires une discussion abstraite et métaphysique n'avait guère de prise. Il substituera donc à l'argumentation traditionnelle, un nouveau système de démonstration, plus facile et non moins concluant, celui de la *méthode inductive et analytique*, plus en harmonie avec la tournure de l'esprit moderne.

Recourant aux preuves tirées de l'ordre des faits, non seulement des faits traditionnels transmis par l'histoire, mais des faits psychologiques et moraux révélés par la conscience, au lieu de procéder *à priori*, d'aller de la cause à l'effet, et de la loi au phénomène, de Dieu à l'homme, il procède *à posteriori*, remontant de l'effet à la cause, du phénomène à la loi, de l'homme à Dieu. Il emploie, pour la connaissance du monde moral, la méthode dont la science commençait à se servir pour la connaissance du monde matériel. — Newton avait observé les faits de la nature pour remonter à la grande loi d'attraction universelle qui régit l'Univers, concluant la vérité de la gravitation dans tous les corps de ce qu'elle rend compte de tous les phénomènes cosmiques. De même, Pascal observe les faits psychologiques, les désordres de l'intelligence et de la volonté, pour remonter à une cause générale qui a vicié l'âme humaine dès son origine, concluant la vérité du christianisme de ce que son dogme fondamental rend compte de l'état actuel de notre nature et indique les remèdes à nos maux. En suivant cette voie, Pascal, on peut le dire, est devenu le Bacon de l'apologétique chrétienne, communiquant à son œuvre un cachet d'originalité qui lui assure une durée et une vitalité, que l'épanouissement du mouvement scientifique de la pensée moderne consacre et affermit chaque jour davantage.

Cette méthode, l'auteur des *Pensées* l'observe non seulement dans les préliminaires de la démonstration, mais jusque dans la manière dont il présente les diverses faces du dogme chrétien. — Ses devanciers, dans cet exposé, suivaient plus volontiers, la marche descendante : ils allaient de Dieu à Jésus-Christ, du Créateur au Rédempteur, de la religion naturelle à la religion révélée. Pascal, à l'inverse, suit la marche ascendante. Il va de Jésus-Christ à Dieu, du Rédempteur au Créateur, de la révélation à la religion naturelle. Ainsi avaient procédé les premiers prédicateurs de l'Évangile. Les Apôtres en effet ne s'arrêtaient guère à prouver aux payens l'existence d'un Dieu unique et créateur du monde ; ils ne s'attardaient pas à établir, par la raison, la nécessité d'un commerce religieux entre l'homme et son auteur. Dès le début, ils leur prêchaient Jésus-Christ, Jésus-Christ crucifié et ressuscité, Jésus-Christ fils de Dieu et Rédempteur de l'humanité.

A son tour, Pascal, pour amener l'incrédule à la foi, ne débute point par les preuves de l'existence de Dieu et de l'immortalité de l'âme, fondées sur les raisonnements philosophiques d'une religion et d'une morale naturelles. Il va droit à Jésus-Christ, centre de l'histoire et de la vie humaine, faisant rayonner sa divine mission dans la providentielle synthèse de la prophétie qui l'a annoncé à travers les siècles, dans l'éclat incomparable de sa vie et de sa doctrine, dans la fécondité surnaturelle de son œuvre. A ses yeux, la démonstration de la divinité de Jésus-Christ emporte évidemment et de plein droit, et la certitude de l'existence du Dieu créateur ou de l'âme immortelle, et la vérité de tous les dogmes de la religion naturelle, de tous les devoirs de la morale philosophique.

Il va plus loin encore. Non seulement, selon Pascal, nous pouvons acquérir par Jésus-Christ ces diverses notions que l'on demande d'ordinaire à la raison, mais nous ne pouvons connaître vraiment Dieu, et notre propre nature, que par Jésus-Christ seul. Pour être pleinement vraie et complète, la connaissance de Dieu doit atteindre le Créateur tel qu'il est effectivement pour l'homme, dans l'ordre actuel de la Providence. De même, la connaissance de nous-même, pour avoir toute sa valeur, doit nous présenter la nature humaine telle qu'elle est dans son état présent. Or, sans Jésus-Christ, cela est-il possible? Pouvons-nous, sans lui, connaître le vrai Dieu, le Dieu réparateur et sauveur du genre humain? Sans Jésus-Christ, pouvons-nous connaître notre nature dans la destinée qui lui est assignée en fait, dans les moyens qu'elle a à sa disposition pour se relever de sa misère et s'élever vers le terme plus haut d'une vie surnaturelle qui s'épanouit en Dieu même? La réponse de Pascal n'est pas douteuse ; et voilà pourquoi il prenait avec raison pour devise : Tout par Jésus-Christ!

Dans cette voie, s'il rencontre le surnaturel et le mystère, il est loin de s'en effaroucher. A ses yeux, au contraire, une religion qui ne contiendrait rien d'obscur, rien de mystérieux, ne serait point la religion véritable. Dieu, l'Être infini, qui est l'objet suprême de la religion, n'est-il pas un être caché de sa nature, nécessairement incompréhensible à notre intelligence bornée : *Deus absconditus?* Si donc, des obscurités du christianisme vous pouvez conclure quelque chose, c'est « votre propre indignité », c'est l'infirmité de votre raison, c'est toujours, en dernière analyse, la vérité de l'Idée chrétienne qui vous dépasse tout en vous éclairant.

De la sorte, pour Pascal, le mystère lui-même devient une source de clartés. De l'obscurité même des dogmes révélés, le puissant penseur sait tirer un rayon qui le guide dans ses investigations. Loin de l'arrêter par leur incompréhensibilité transcendante, le mystère de la déchéance et celui de la rédemption de l'homme sont les deux flambeaux qu'il saisit pour éclairer sa marche ; les deux fondements sur lesquels il base l'édifice de son apologie. Son fier et hardi génie aime à se jouer des difficultés, à sonder d'un regard audacieux les profondeurs mêmes de l'incompréhensible, à convertir la faiblesse de l'homme en preuve de sa grandeur, à découvrir les reflets de la raison en ce qui semble offrir les apparences de l'absurde, à montrer le caractère de la sagesse en ce qui présente les dehors de la folie, « folie qui est plus sage que toute la sagesse des hommes, *stultum Dei sapientius est hominibus* » — Fière et vigoureuse dialectique qui ne perdra rien de sa force et de sa vie, tant que l'esprit humain se trouvera aux prises avec le mystère qui s'impose et lui échappe.

L'originalité de Pascal se révèle avec plus de force encore dans la conception du point de départ de son œuvre. La plupart de ses précurseurs avaient commencé la démonstration du christianisme, pour ainsi dire *ex abrupto*, sans précautions préalables pour préparer l'esprit de l'incroyant à écouter et comprendre leurs argumentations. Pascal, dans sa profonde connaissance du cœur humain, saisit la nécessité d'un travail préparatoire à la démonstration scientifique. Il entreprend au préalable de mettre l'incrédule dans les dispositions d'âme qui lui feront accepter les preuves qu'il déroulera devant ses yeux.

Il ébranlera donc « l'aveuglement et la folie » de l'indifférent en matière de religion au regard du problème de sa destinée. Ses coups redoublés troubleront la fausse sécurité et l'extravagante insouciance de l'athée ou du sceptique, par la perspective d'une mort prochaine qui les place « dans l'horrible nécessité d'être éternellement anéantis ou malheureux ». Puis, les mettant en présence de l'idée de Dieu, il les terrassera par cet étrange mais saisissant argument provisoire du *pari* qui, s'accommodant un instant des préjugés du scepticisme, en tire la conclusion imprévue qu'à tout prendre, l'intérêt bien entendu impose, en attendant, le devoir de vivre comme si Dieu existait. Leur opposant les vrais procédés de la raison et de la foi, Pascal s'appliquera ensuite à détruire les préventions générales qui éloignent ces hommes de l'idée religieuse : « les hommes ont mépris pour la religion ; ils en ont haine et peur qu'elle soit vraie. Pour guérir cela il faut montrer qu'elle n'est point contraire à la raison : ensuite qu'elle est vénérable, en donner respect ; la rendre ensuite aimable, faire souhaiter qu'elle soit vraie et puis montrer qu'elle est vraie ».

Conformément à ce programme, il accablera l'homme du spectacle de son isolement et de sa misère. Il mettra à nu ses entraînements d'orgueil et d'égoïsme, les faiblesses de sa raison et de sa volonté, les égarements auxquels l'exposent l'imagination et la coutume, les entraves multiples qui le tiennent loin de la vérité et du bonheur. Il découvrira la faiblesse de sa raison dans l'inconsistance des opinions, dans ce fonds d'ennui et d'inquiétude qui est le grand obstacle à sa félicité, dans l'antagonisme des contrariétés de sa nature à l'égard de la vérité et de la destinée suprême d'une condition qui poursuit le bonheur sans l'atteindre jamais. Et cet homme ainsi harcelé et poussé à bout par l'aiguillon d'une âpre et implacable dissection psychologique, lassé et fatigué par d'inutiles recherches, il le jettera enfin haletant et angoissé aux pieds de l'éternel problème que la vraie religion pourra seule résoudre, en lui apprenant à tendre les bras au Libérateur ».

Arrivé à ce point, à travers les *ruines* des philosophies et des religions impuissantes, cet homme, guéri de la tentation du rire et de l'insouciance frivole du doute sera mieux disposé à tourner son regard vers l'apparition, là-bas dans un lointain coin du monde, de l'image réconfortante du Libérateur, son attention sur cette admirable projection historique dans laquelle Pascal lui montre Celui qui a été attendu et espéré d'abord, puis acclamé et adoré le long des âges. — On a beau nous affirmer que ce merveilleux prélude ne conserve plus aujourd'hui que la valeur d'une éloquente étude de littérature morale. On sent trop bien, en lisant ces pages poignantes, que chacun de leurs traits converge vers la grande conclusion finale ; que toutes les cordes que Pascal fait vibrer au fond de l'âme vont se fondre dans cette clameur suprême : « Levez vos yeux vers Dieu... Un seul principe de tout, une seule fin de tout... Tout par Lui, tout pour Lui ! »

Prétendre que les « contrariétés », dont Pascal induit l'explication dans la donnée religieuse du christianisme, trouvent aussi leur explication dans Hegel, est presque plaisant. Assurément, si, avec le panthéisme idéaliste, vous admettez l'identité du *oui* et du *non*, les « contraires » s'effacent. Mais pour en arriver là, il faut supposer que la vérité n'existe pas en dehors des formes changeantes d'un *moi* solitaire auxquelles ne correspond nulle réalité. Or, ce que Pascal touche de sa main impitoyable, c'est la réalité cruelle et vivante d'une nature qui palpite en jetant son cri de douleur. Douleur trop cuisante et trop bien sentie pour s'apaiser dans les creuses et inconscientes catégories d'une formule purement mentale qui confond, dans une même illusion de l'entendement, l'être et le non-être. — En face des réalités humaines, Hegel et Schoppenhauer demeurent aussi impuissants que Pyrrhon ou Epictète : « la nature les confond », et le problème, soulevé par Pascal conserve toute son indestructible et troublante acuité.

Quelle que soit la vigueur avec laquelle Pascal provoque cette commotion de l'âme qui doit préparer le mécréant à la foi, il a pour principe invariable, tout en l'humiliant dans les faibleses et les inconséquences de sa nature, de ne jamais blesser sa susceptibilité. Il lui témoigne toujours, au contraire, de l'intérêt et de la compassion. « Il faut, dit-il, commencer par plaindre les incrédules ; ils sont assez malheureux par leur condition. Il ne faudrait les injurier qu'en cas que cela leur servît ; mais cela leur nuit. » - N'y a-t-il pas là un de ces traits de profonde délicatesse qui donnent à une œuvre de ce genre une portée morale qui est de tous les temps, et du nôtre plus que d'aucun autre ?

C'est l'homme tout entier que Pascal entend préparer à la Foi ; et c'est là, nous en avons déjà fait la remarque, une des particularités les plus caractéristiques de son procédé, bien faite pour frapper l'attention de notre époque. A la différence des apologistes qui l'avaient précédé, l'auteur des *Pensées* se montre vivement pénétré de la vérité que l'homme n'est pas moins un être sensible qu'un être intellectuel. En conséquence, il s'adresse à la fois à la sensibilité et au raisonnement, faisant entendre tour à tour le langage de la passion et celui de la raison, employant avec le même soin l'arme de la dialectique et celle du sentiment, les moyens de conviction et les moyens de persuasion. Les autres apologistes disaient simplement : Comprenez ! Pascal dit : Comprenez et sentez. Votre intelligence et votre cœur vous commandent également l'adhésion au christianisme ; ou vous serez chrétien, ou vous renoncerez en même temps à la vérité et au bonheur. — Son œuvre est à la fois une œuvre d'extrême logique et d'extrême sensibilité ; il l'a écrite avec son esprit et avec son cœur : de là sa vivante et impérissable actualité. Tant que l'homme sera cet être complexe placé aux confins de deux mondes, la vérité entrera toujours plus aisément dans l'esprit par le chemin du cœur ; et le conduire de l'impression à la conviction sera toujours le plus sûr moyen de l'arracher aux séductions de l'erreur.

Voilà pourquoi le procédé dont Pascal se sert pour amener, devant les yeux de l'incrédule, l'exposé des preuves du christianisme, est tout d'abord l'étude de l'âme humaine. — Sous l'œil du sens intime contrevérifié par les enseignements de l'histoire, il retrace avec une incomparable éloquence la bassesse et le malheur de de l'homme sans Dieu, l'extrême faiblesse de son intelligence et la dépravation profonde de sa volonté, l'antagonisme de ses facultés, la guerre intestine de la raison et de l'instinct, les éternels conflits de l'esprit et de la chair, toute les « contrariétés », en un mot, qui font de l'homme ici-bas une énigme indéchiffrable, une sorte de « monstre incompréhensible », tant qu'il ne cherchera pas son « bonheur avec Dieu ». On a beau nous vanter les progrès de la science humaine. Quelque incontestables qu'ils puissent être dans le domaine des investigations de l'esprit, le problème moral de notre destinée et de notre condition psychologique demeure le même, aujourd'hui comme au XVIIe siècle, et en tous les siècles. Il y a là une question essentiellement humaine, et l'homme de tous les temps redira toujours avec le poëte : *humani nihil a me alienum puto!*

Accentuant davantage encore l'affirmation du caractère moral du problème Pascal met en relief, comme nous l'avons montré plus haut, le rôle de la volonté et de la liberté dans l'acte de foi. Les apologistes des premiers siècles chrétiens, de saint Justin et Clément d'Alexandrie à saint Augustin, le signalaient volontiers. D'ailleurs, le Sage de l'Ancien Testament, n'avait-il pas dit que

« la vérité n'entre pas dans l'âme de volonté mauvaise » ; et le Christ, dans l'Évangile n'avait-il pas enseigné que « celui-là arrive à la lumière qui *pratique* la vérité » ?

Les dialecticiens de l'école, à force de se préoccuper des démonstrations intellectuelles de la vérité, avaient fini par laisser dans l'ombre la considération des conditions morales de l'adhésion croyante. Par un véritable trait de génie, Pascal ramène l'attention des esprits sur ce point. Non content d'affirmer que « la volonté est un des principaux organes de la créance », il répète avec insistance que la droiture du cœur, la sincérité de l'âme, la pureté de l'intention sont les facteurs indispensables du retour à Dieu ; tandis que les passions de la bête humaine, l'aveuglement volontaire et « l'encrassement » du cœur, selon l'énergique traduction que saint Paul donne du mot d'Isaïe cher à Pascal, constituent, en fait, le principal obstacle à la foi.

De là, ces objurgations qui étonnent de prime abord, sous la plume de l'apologiste philosophe : « Diminuez vos passions, mettez-vous à genoux et priez cet Être infini auquel il s'agit de se soumettre, inclinez l'automate, pliez la machine, joignez l'intérieur à l'extérieur, faites disparaître tous les obstacles du dedans et du dehors », et vous parviendrez à établir définitivement la foi dans votre âme. — C'est encore la méthode inductive qui va du corps à l'esprit, de l'action à la foi, de la pratique à la conviction, mais c'est surtout le rajeunissement de la vieille doctrine des théologiens que l'incrédulité, pour être un malheur n'en est pas moins, le plus souvent, un péché.

Doctrine austère assurément, mais singulièrement opportune à formuler en un temps, comme le nôtre, où l'anémie intellectuelle tend à remplacer par de simples opinions, les fortes convictions qui devraient être les règles de la vie ; où un certain dilettantisme critique voudrait faire prévaloir l'irresponsabilité morale de l'art, de la littérature, des doctrines scientifiques, en un mot, de toutes les manifestations de l'esprit humain ? « Travailler à bien penser, dit au contraire Pascal, c'est le principe de la morale » : proclamant ainsi la grande loi que la direction de notre activité intellectuelle relève elle aussi du devoir, et que, dans la recherche du vrai, l'examen de conscience et la pratique de la vie jouent leur rôle parallèlement à celui de l'investigation scientifique.

Pour se rendre un compte exact de la portée de l'argumentation vivante, humaine et morale, dont Pascal fait le ressort principal de sa *propédeutique* ou préparation à la foi, il suffit de constater que les plus illustres apologistes de notre temps s'en inspirèrent. Lacordaire, dans ses *Conférences* et dans la plupart de ses *Lettres*, Perreyve dans ses remarquables *Entretiens sur l'Église*, Bougaud dans son *Christianisme et les temps présents*, A. Nicolas dans ses chapitres sur le *Besoin* et le *Bonheur de croire*, Hettinger dans sa belle *Apologie du Christianisme*, le P. Weiss dans son *Apologie morale du Christianisme*, les PP. Félix et Monsabré en leurs *Conférences*, consacrent plus d'une page éloquente et profonde à montrer que dans le Christianisme se trouve la conception de la vie qui s'accorde le mieux avec toutes les exigences de la nature humaine, avec toutes les aspirations de notre âme ballotée et tourmentée de l'inestinguible soif de la vérité et du bonheur.

Sous nos yeux même, les écrivains qui creusent avec le plus de succès les profondeurs du problème religieux, nous ramènent, par une frappante conformité, à la pensée de Pascal. Dans son *Alternative*, Edmund Clay (1), avec une saisissante abondance de documents psychologiques, enferme l'homme dans le dilemne : Monter jusqu'à l'humanité ou descendre au-dessous ; se faire homme ou être bête. — Le devoir n'est pas douteux : mais la condition en est de détruire en nous les tendances animales, les instincts d'en-bas qui luttent contre ceux d'en haut. Il faut se tuer pour vivre, se mortifier pour se sauver. En tous les ordres, la loi de la vie, c'est la mortification et le sacrifice de l'inférieur au supérieur. La vie c'est la mort, disait Claude Bernard. Il faut sacrifier, pour le succès même, tout ce

---

(1) Traduit de l'Anglais par Burdeau, Paris, Alcan.

qui peut plaire mais ne va pas au but. Et voilà comment, dans l'ordre moral, est expérimentalement justifiée la loi du Christ parcourant sa voie douloureuse : *abneget semetipsum et sequatur me.*

La vie vaut-elle la peine de vivre ? se demande avec une curieuse pénétration Hurrel Mallock (1). Oui, — répond le rationaliste devenu presque chrétien, — si elle s'épanouit pour un grand et noble et réel idéal, tel que le christianisme, et surtout le christianisme catholique le lui propose ; non, si on lui enlève sa sanction ; si, avec le positivisme, on détruit la base et la valeur de la morale. Et à travers les rigueurs d'une dialectique serrée et les analyses psychologiques les plus saisissantes, ce protestant de bonne foi se rencontre avec Pascal pour établir que seule la vue chrétienne de la vie peut réconcilier l'homme avec la réalité des choses, car la réalité, prise isolément, c'est que la vie est une vanité, une illusion, une amère tromperie dont le terme final est le désespoir. Le Christianisme, au contraire, la fait envisager à des points de vue qui la transfigurent. Avec lui, la vie devient d'une dignité, d'un prix inestimable ; la douleur même et la mort changent de face : « Sans Jésus-Christ elle est horrible, écrit Pascal en Jésus-Christ, elle est la joie du fidèle. »

Si nous consentons à nous mortifier, ce n'est que pour vivre d'une vie plus haute : si nous consentons à nous abstenir, ce n'est que pour agir. Partant de là, M. Blondel, dans son livre si suggestif de *l'Action* (2), établit avant tout que l'homme est impuissant à agir s'il ne trouve autour de lui des auxiliaires et des secours. Vraie dans toutes les manifestations de la vie, cette constatation expérimentale l'est surtout dans le domaine moral : d'où cette nécessité et cette puissance de la grâce dont Pascal fait le ressort central du travail de la pensée. Mais, de là aussi cette aspiration illimitée de notre puissance d'agir et de vivre qui répète avec saint Augustin :

(1) Traduit de l'anglais par Forbes (Pédono Lauriel) et Salmon (Didot).
(2) Paris, Alcan.

nihil cupio nisi æternum ; et avec le poète incrédule

Je ne sais : malgré moi l'Infini me tourmente !

La loi du progrès domine avec raison tout le mouvement de la pensée moderne. — La science, nous dit-on, arrivera à assurer pleinement à l'homme la domination sur les forces brutes de la nature, la félicité sur terre, l'apothéose en quelque sorte de sa nature toujours en mouvement. C'est ici que commence l'aberration. Dans la conception chrétienne progresser toujours sans arriver jamais, n'est pas être heureux : ce n'est que l'atroce perspective de Tantale, Ixion, Sisyphe, des Danaïdes ou du Juif Errant, ces éternels damnés du mythe et de la légende. Le christianisme, lui aussi, veut nous diviniser, nous faire arriver à l'apothéose : *divinæ consortes naturæ* ; seulement ce n'est point par nos propres forces, mais par la grâce et la bonté de Dieu. Et le but de ce progrès, ce n'est pas *l'éternel devenir* d'un mouvement qui n'aboutit jamais, mais bien le bonheur dans le repos actif, la béatitude dans l'éternelle fixation d'une ineffable communication avec l'infini même. Mortifier sa vie, porter sa croix plus ou moins longtemps, dans une voie étroite et douloureuse, pour arriver au repos qui, loin d'être un pur néant, est au contraire l'acte le plus énergique, la vie la plus intense, une divinisation véritable, tel est donc l'idéal substantiel que le christianisme oppose aux mirages creux et vides d'une science dont la jactance ne peut aboutir qu'au désespoir du néant. — Ce désespoir Pascal l'a entrevu avec frayeur.

Aussi, dans ces façons toute modernes de présenter la défense du Christianisme par l'analyse de la notion de la vie, du progrès et du bonheur, n'est-il pas malaisé de découvrir l'influence des originales et fortes idées que l'auteur des *Pensées* eut le mérite de faire rentrer dans le cadre de l'apologétique (1).

---

(1). Des considérations analogues se retrouvent dans le retentissant livre que vient de publier l'un des principaux hommes poli-

D'autres encore, parmi nos meilleurs philosophes, M. Ollé-Laprune, dans ses *Sources de la paix intellectuelle* et son *Prix de la vie* d'une inspiration si généreuse et ferme ; M.Charaux dans ses belles études sur *la Pensée, l'Esprit philosophique, la Cité chrétienne* ; M. Fonsegrives,dans ses multiples *Essais* si finement et si fortement pensés, s'inspirent de la même tradition intellectuelle. Ils sont, eux, bien modernes, par le sentiment délicat des préoccupations qui hantent l'âme de la génération contemporaine. Et cependant, dans plus d'une de leurs pages, il nous a semblé reconnaître le souffle et la réminiscence de Pascal ? — L'un d'eux va jusqu'à parler de « méthode biologique » dans la démonstration chrétienne, pour compléter l'effet de la vieille méthode purement logique et géométrique. Voilà une distinction que Pascal n'eût point repoussée. — Et n'y a-t-il pas comme un rappel de sa pensée sur les « preuves métaphysiques qui touchent peu et ne convainquent que l'esprit », ou sur le « Dieu simplement auteur des vérités géométriques qui n'est pas le Dieu des chrétiens », lorsque M.Fonsegrives ajoute : « la démonstration logique ne perd aucune de ses qualités; elle demeure excellente et vraie. Mais elle n'est ni la seule excellente, ni la seule vraie ; et si elle est très convaincante pour des intelligences intactes et saines, elle est beaucoup moins persuasive pour des intelligences affaiblies ou incomplètes, comme le sont d'ordinaire celles de nos contemporains. »

Plus on étudie ainsi les tendances de la pensée de notre temps, plus on demeure frappé des affinités qui les rattachent à Pascal. Après avoir été l'initiateur et le ré-

---

tiques d'Angleterre, M. Balfour, sur « les Fondements de la Foi » (*The fundations of Belief*, London 1895), vigoureuse et ingénieuse critique, par les faits psychologiques et physiques, des prétentions du naturalisme à sauvegarder la vie morale. « De toutes les croyances, conclut l'auteur, le matérialisme est celle qui, au point de vue de la philosophie ou de la science, est la plus difficile à défendre. Le déisme est une habitation passagère qui ne peut suffire aux besoins de l'homme, à ses aspirations religieuses, morales, sociales ou esthétiques. Seul le christianisme peut les satisfaire et dans le présent et dans l'avenir. » C'est au fond toujours l'argumentation de Pascal.

novateur de l'apologétique, il en demeure, dans une large mesure, l'inspirateur et le guide.

Qu'importe, après cela, qu'on veuille lui reprocher d'avoir manqué d'esprit critique, de n'avoir eu que du dédain pour les sciences historiques, de se trouver en arrière des progrès de l'éxégèse ou de l'étude comparée des religions? — Le reproche, fût-il fondé, serait de mince importance pour un esprit aussi profondément doué du sens philosophique et de la pénétration psychologique. Un tel esprit ne manque jamais de ce qu'il y a d'essentiel dans ce que le langage moderne appelle, un peu confusément, le sens critique.

Mais, à dire vrai, ces reproches nous paraissent absolument immérités. Comment croire à ce dédain pour l'histoire, lorsqu'à tout instant, dans ses considérations apologétiques, nous le voyons évoquer les grandes figures du passé, le souvenir d'Alexandre et de Cyrus, d'Epaminondas et de Lacédémone, de Persée et de Pyrrhus, de Paul-Emile, de César, de Cromwel et tant d'autres ? lorsqu'on relève ces très curieuses notes marginales par lesquelles Pascal soulignait l'accomplissement des prophéties de Daniel ? lorsqu'on trouve sous sa plume cette pensée qui inspira peut-être à Bossuet le *Discours sur l'histoire universelle* : « Qu'il est beau de voir Darius et Cyrus, Alexandre, les Romains, Pompée et Hérode agir, sans le savoir, pour la gloire de l'Evangile? » — Et cette impression n'est pas affaiblie lorsqu'on constate que Pascal n'ignore pas ses classiques, citant tour à tour Cicéron et Sénèque, Tacite et Tite Live, Ovide, Horace ou Martial, Hésiode et Ménandre, Euclide et Démocrite, sans parler d'Homère, de Platon, d'Aristote, d'Epictète. Ne corrobore-t-il pas constamment les inductions psychologiques par la contre-épeuve de l'histoire qui, à travers les ruines des systèmes, révèle, elle aussi, les faiblesses de la nature humaine en présence du problème de la Vérité et du Bonheur ?

Oui : mais, ajoute-t-on, Pascal se tient toujours dans le cercle de l'histoire classique. Il aurait parlé autrement s'il avait songé à l'histoire de l'empire chinois. (HAVET.

I. 180). Encore un reproche injuste ! Il n'ignore pas l'histoire de la Chine qui, dit-il, « sert et ne nuit point » ; de même qu'il connaît « les Egyptiens et leurs histoires » et même « les historiens de Mexico ». Il ignore assurément les hiéroglyphes et les cunéiformes, mais il faut bien le lui pardonner, puisque notre siècle ne les avait pas encore déchiffrés.

Pascal n'est pas un spécialiste en matière d'érudition, et ses citations sont souvent de seconde main. Mais il a l'esprit ouvert à tous les progrès de la science, sur ce terrain spécial comme sur tant d'autres. Pendant qu'il note ses *Pensées*, en 1658, paraît en un lourd volume latin, *l'Histoire de la Chine* d'un jésuite, le P. Martini, et aussitôt Pascal l'étudie et en tire parti. Quelques années auparavant (1651), un autre in-folio latin, le *Pugio fidei*, livrait au public l'exposé qu'un moine espagnol du moyen âge avait fait des doctrines arabes, des textes des rabbins juifs et du Talmud ; et aussitôt Pascal de marquer des passages, d'en faire des extraits sur les points de doctrine qui intéressent son sujet. Et en somme, alors que, pour d'autres antiquités ethniques, la science a fait de grandioses progrès, nos connaissances en matière de sinologie ou de talmudisme ne sont guère plus étendues qu'au temps de la publication des *Pensées*.

Dès cette première apparition de données incomplètes sur l'antiquité plus ou moins fabuleuse de certaines races, Pascal se trouve en face d'une difficulté qui aujourd'hui encore impressionne quelques esprits arriérés : les longs siècles de chronologies qui reportent les civilisations primitives bien au-delà des limites que semble indiquer la Bible. Son ferme bon sens et son esprit critique demeurent défiants à l'endroit de ces interminables successions de dynasties qui se perdent dans les nébuleuses des âges. La science moderne a justifié les défiances du penseur de Port-Royal. Les résultats les plus dignes d'attention de l'égyptologie et de l'assyriologie sont venus rabattre ces fantaisistes calculs dont on avait voulu, un moment, tirer un si bruyant parti contre l'autorité historique de nos livres saints. Ceux-ci, on le sait, ne formulent pas une chronologie proprement dite, mais fournissent des éléments sur lesquels les critiques ont échafaudé des supputations chronologiques diverses. Or, les supputations égyptologiques, assyriologiques et autres ne réclament plus guère aujourd'hui que quelques siècles en plus, auxquels le texte biblique mieux entendu ne répugne nullement.

Sur un autre point important, l'histoire comparée des religions est venue confirmer les pressentiments de Pascal, estimant que, si ces « histoires » obscurcissent, elles finissent aussi par manifester des clartés, dès qu'on se met « à voir cela en détail ». — Les études les plus récentes mettent en effet chaque jour mieux en lumière ce fait éloquent, que plus on peut remonter haut dans l'examen des croyances antiques de l'humanité, plus l'idée religieuse se dégage pure et imprégnée de monothéisme. Le *Rituel funéraire* et tant d'autres hiéroglyphes des monuments des Pharaons, les inscriptions cunéiformes les plus anciennes, aussi bien que les parties primitives des Védas ou du Zend-Avesta, sont d'accord avec les inductions de la philologie et de l'archéologie, pour justifier la conclusion d'un savant non suspect, Max Muller (1), constatant que la famille humaine, en son âge primitif, connaissait la pure notion et invoquait le nom du « Père qui est au Ciel. » C'est là assurément une péremptoire réfutation des hypothèses hasardées qui nous parlaient d'une humanité en évolution progressive des formes les plus infimes de l'instinct religieux aux conceptions plus élevées du polythéisme d'abord, du monothéisme ensuite. C'est le contraire que la critique moderne est en voie de mettre dans le jour le plus évident. Mais alors quelle frappante coïncidence avec la notion chrétienne d'une humanité originelle dépositaire d'une Révélation primitive que chaque race emporte avec elle, dans ses dispersions et ses migrations, comme un héritage de famille, qui, à mesure que s'écouleront les siècles, s'altèrera et se corrompra partout, sauf au sein d'un seul peuple providentiellement surveillé et guidé ! — Pascal ne pouvait que pressentir et entre-

---

(1) *Science de la religion*. Paris, Germer-Baillère p. 95, ss.

voir ces inductions de la science moderne; mais avec quelle joie n'eût-il pas acclamé ce précieux argument, lui qui retraçait si vivement l'action de la Providence « paraissant sur un peuple particulier perdu en un coin du monde. ?. »

Que signifie donc ce reproche qu'on lui fait de n'avoir pas su concevoir l'histoire comparée des religions? — Qu'est-ce alors que ce tableau des religions qu'il voit impuissantes, sauf une seule, à résoudre le problème qu'il se pose et qui le tourmente? Assurément il n'admettait point que « la morale du Coran est charitable, pure et sévère », (HAVET II-46). S'il fait la comparaison entre les diverses religions, c'est pour dégager la supériorité de la religion biblique, et pour induire que cette supériorité ne s'explique que par une cause supérieure à la seule activité de la raison humaine ; pour conclure, en d'autres termes, à ce que l'abbé de Broglie appelait la *transcendance*, c'est-à-dire, le caractère surnaturel et révélé du christianisme de l'ancienne et de la nouvelle Loi. Plus que jamais, dans l'état actuel de la science historique des doctrines religieuses, l'argumentation de Pascal conserve sa valeur.

On a tenté, un moment, d'expliquer l'élévation si frappante de la religion biblique, par une hypothèse qui ferait du monothéisme et de l'instinct monothéiste un apanage naturel et congénère de la race sémitique. Cette tentative de Renan a pitoyablement échoué devant le lumineux démenti des faits. De tous les Sémites en effet, les Juifs ont été les seuls à demeurer monothéistes. Encore ne fut-ce point sans peine, ni sans faire violence à une propension invétérée vers l'idolâtrie de tous les *baalim* et *elilim* de leurs voisins. C'est de par une force supérieure que le monothéisme s'est maintenu en Israël, et que les conceptions religieuses y vont sans cesse s'épurant et devenant plus parfaites, tandis que partout ailleurs elles se corrompent et s'altèrent à mesure que les générations se succèdent. Phénomène unique dans l'histoire, dont Pascal entrevoit l'importance et que les progrès de la critique n'ont fait que dégager avec plus d'ampleur. — Et lorsque le judaïsme a perdu sa raison d'être, le phénomène inverse se produit : la transmission de l'idée religieuse, qui s'est développée à travers la Bible ne se fait plus avec les mêmes garanties de pureté et d'intégrité : le pharisaïsme et le talmudisme l'altèrent et l'étouffent sous un fatras de futilités.

Peut-être est-ce là une des raisons de l'attention que Pascal porte aux textes rabbiniques que le livre de Raymond Martin venait de révéler au monde savant. Sous un amas de niaiseries innombrables, l'on retrouve des données précieuses sur les dogmes primitifs de la religion biblique, telle cette « tradition ample du péché originel » qui devait tout naturellement frapper l'esprit de Pascal, et qui est loin d'être sans valeur, comme on se plaît à le dire sur l'avis de Renan. (HAVET 11.220).

L'apologiste y trouve surtout une confirmation du point fondamental de la religion biblique : l'attente messianique. — C'est encore là un phénomène extraordinaire dans l'histoire religieuse de l'humanité. La science rationaliste est bien obligée d'en convenir : mais, quant à en donner une explication tant soit peu plausible, il lui faut y renoncer. Le Messianisme et le Prophétisme en Israël sont des faits qui s'imposent aux yeux des plus récalcitrants. Les arguties de l'exégèse ont beau subtiliser sur le sens précis d'un mot hébreu ; les fantaisies de la critique peuvent bien torturer quelques textes ou engendrer quelques hypothèses outrageant l'histoire : le fait, dans son ensemble n'en émerge que plus étrange et plus lumineux : durant une longue série de siècles, une espérance souveraine a dominé l'histoire d'un peuple qui excite à bon droit l'étonnement de Pascal.

Celui-ci, sans doute, n'ignore pas les procédés de l'exégèse : il sait parfaitement discuter, à l'occasion, la valeur philologique d'une expression biblique ; la traduction qu'il fait des principales prophéties, se rapproche parfois plus de l'hébreu que de la Vulgate ; il sait en appeler au besoin au texte hébreu et à Vatable. Mais ce qui subjugue son regard d'historien, c'est moins le détail isolé que l'enchaînement synthétique et providentiel, durant quatre mille ans et plus, du vaste et vivant tableau de la Prophétie, se déroulant d'après la loi d'une évolution progressive ; devenant toujours plus clair, précis, plus complet d'Abraham à Moïse, de David à Isaïe, de Michée à Daniel.

Là est le grand, le véritable intérêt de cette étonnante histoire ; et en le signalant avec finesse et hauteur de vues comme peu de ses devanciers, Pascal fait de la critique du meilleur aloi et d'une portée toute moderne. La pureté relative des religions primitives de l'humanité, le monothéisme du peuple juif, et son messianisme prophétique, tel est en effet le triple fait que la science critique de notre temps a mis en pleine et définitive lumière. Tel est aussi le triple fait historique que Pascal a su pressentir et envisager dans son *Apologie*.

Pourquoi donc lui refuser le mérite de s'être inspiré de l'esprit des temps nouveaux ? Pourquoi lui faire ce singulier reproche ? « Si Pascal, trop étranger aux connaissances historiques, avait su démêler, à travers ce que les auteurs ont écrit, ce qui a été ; s'il avait connu l'Orient, l'Antiquité, le moyen âge ; s'il avait su les langues, s'il avait pu lire et s'il avait lu davantage ; s'il s'était bien rendu compte de ce qu'ont écrit les auteurs du livre sacré, et surtout de ce qu'ils n'ont pas écrit: s'il s'était fait une plus juste idée de la critique des dates et des textes, toute sa théologie et sa philosophie ensemble auraient croulé ! « (HAVET, II. 227).

Pascal a vu poindre les tendances nouvelles de la science; il les a saluées avec sympathie et une remarquable clarté d'intuition. Depuis lors, assurément, des progrès abondant sont été réalisés, des résultats multiples ont été acquis. Mais à y regarder de près, ce sont surtout des progrès partiels, des résultats de détail : les grandes lignes de l'édifice conçu par le génie de Pascal sont demeurées intactes et se dessinent avec plus de force que jamais. Là où la science moderne a enregistré des résultats *certains* et définitifs, ils sont en harmonie avec les inductions de l'apologétique chrétienne souvent même ils en confirment les conclusions essentielles ; là où, sous le couvert de la science, on a tenté de s'attaquer à ces fondements que Pascal mettait à nu d'une main si ferme, les affirmations des savants se sont trouvées fragiles et inconsistantes.

Les sciences de la nature à l'essor desquelles le génie de l'auteur du *Traité du vide* avait si puissamment contribué, devaient, nous disait-on, faire disparaître le mystère, le surnaturel, le miracle, la métaphysique elle-même, et fournir les bases nouvelles d'une morale indépendante du dogme. Et voilà qu'aujourd'hui il est bien constaté qu'elles sont hors d'état de résoudre le problème des premières origines, des lois primordiales de l'être et de la vie, des fins suprêmes de la nature et de l'activité humaine. Fières à bon droit de magnifiques conquêtes tant qu'elles opèrent sur le terrain contingent qui leur est propre, elles font inévitablement faillite à leurs prétentions illégitimes, dès qu'elles sortent de leur domaine.

Les sciences historiques et critiques, dont l'esprit de Pascal a entrevu la vaste synthèse, ont mis au jour des résultats partiels d'une merveilleuse ampleur : mais le *fait* divin dans l'histoire n'a pas été ébranlé. — Les hellénistes se vantaient de démontrer que le christianisme était un produit de la philosophie grecque, et voilà que par-dessus les analogies de détail, il ressort que l'idée chrétienne est sortie d'ailleurs. — Parmi les orientalistes, les uns visaient à identifier le Christianisme avec le Bouddhisme, et voilà que la figure de Çakya-Mouny, mieux connue, ruine ces conjectures, tandis que l'histoire nous fait saisir les traces de l'antique infiltration des doctrines chrétiennes dans l'Indoustan ; les autres, prétendant faire de la Bible un recueil tardif de légendes chaldéennes et sémitiques, élaboraient sept ou huit hypothèses sur l'origine apocryphe du Pentateuque : et voilà que les hiéroglyphes des temples et des pyramides d'Egypte, les briques de Ninive et de Babylone, les *papyrus* des Pharaons, les résidus des bibliothèques de Nabuchodonosor et d'Assour Banibal, viennent révéler les vraies sources des mythes assyriens ou égyptiens, confirmer par des rapprochements étonnants la véracité et, par conséquent, la haute antiquité de ces livres qui, aujourd'hui encore demeurent, selon le mot de Pascal, « les plus anciens livres du monde. »

Quant à l'Evangile, les innombrables hypothèses qui

ont essayé de faire des Synoptiques autant de variantes posthumes d'une tradition légendaire, et du récit de saint Jean une rêverie gnostique du second ou troisième siècle, ne tiennent plus devant un fait péremptoire que révèlent les pierres des catacombes, les fragments retrouvés d'une primitive littérature chrétienne, l'épigraphie de la Grèce, de Rome, de Carthage, des Gaules, les manuscrits coptes ou syriaques. Et ce fait est celui-ci : trente ou quarante ans après la mort de ses apôtres, l'Église chrétienne possédait déjà son organisation et sa hiérarchie, affirmait son activité morale, formulait ses symboles, rédigeait ses diptyques et ses annales, polémisait contre les hérétiques aussi bien que contre les philosophes de toutes écoles, encourageait et ensevelissait ses martyrs, administrait son patrimoine et son assistance publique, pratiquait sa liturgie ; le tout d'une façon qui suppose la préexistence de ces Évangiles qu'on aurait voulu nous donner comme de tardives compilations.

Or, c'est précisément cette *critique* des Livres Sacrés que l'on a reproché à Pascal de ne pas connaître. Il croit, il est vrai à l'authenticité du Pentateuque, des Prophètes et des Évangiles : mais « son sens critique » sait apprécier à leur juste valeur les apocryphes d'Esdras, des Sybillins ou d'Hermès Trismégiste ; il apprécie les « fables » qui rapportent au temps d'Esdras la rédaction des livres mosaïques ; il connaît la preuve que les *factums* des hérétiques fournissent en faveur des écrits canoniques ; il cite Josèphe et Philon comme il invoque les témoignages de Tertullien et d'Eusèbe ; il esquisse enfin cet argument si moderne de l'examen du style et du caractère intrinsèque d'un livre, lorsqu'il distingue « le langage d'un procureur qui parle de la guerre et celui d'un Dieu qui parle de Dieu. »

Et n'est-ce pas encore une argumentation bien moderne celle qui, en des termes que nous retrouvons presque dans les décrets du Concile du Vatican, nous montre « la religion proportionnée à toutes sortes d'esprits » ? C'est qu'en effet, abstraction faite des témoignages historiques du passé qui éclairent les origines de l'Église chrétienne, elle est, toujours là, cette Église, comme un *fait* essentiellement présent et actuel, se montrant elle même comme le grand *motif de crédibilité*, résumé vivant et synthétique de tous les autres, qu'elle met à la portée de tous. « Présentée ainsi par l'Eglise, dit avec raison Hurrel Mallock, la Bible est chose toute différente de ce que nous offre la critique purement scientifique : nous n'avons plus en mains les certificats de personnes diverses que nous ne connaissons guère. Nous avons la lettre de recommandation d'un ami en la parole duquel nous avons confiance et qui nous donne une présomption favorable. Tout ce que nous demandons, c'est non plus que les écrits qu'on nous présente contiennent les preuves intrinsèques de leur vérité, mais qu'ils ne contiennent pas de preuves extrinsèques de leur fausseté » ! — En appelant l'attention des esprits sur cette face de la question, Pascal a indiqué la véritable loi de l'apologétique moderne en cette matière, harmonisant les conditions du travail progressif de la science avec le rôle bienfaisant d'une tradition perpétuellement vivante.

Certes, depuis l'apparition des *Pensées*, l'horizon de de l'histoire s'est prodigieusement étendu : mais les grandes lignes du tableau qu'elles ébauchaient demeurent plus que jamais les mêmes. Si Pascal avait achevé l'œuvre dont il ne nous laissa que les fragments, l'histoire et la critique y auraient occupé une place convenable et judicieuse. Et la meilleure preuve que la critique antichrétienne n'a pu ébranler aucune de ses inductions essentielles, c'est qu'en fin de compte elle se voit réduite à s'écarter de son terrain : « Il n'y a pas de surnaturel. Il n'y a jamais eu, il ne peut y avoir jamais de miracle ni de prophétie. C'est dorénavant un principe en dehors duquel on ne peut plus philosopher, et ce principe anéantit tout le travail qui s'était fait dans l'âme tourmentée de Pascal. « (HAVET, II. 82). — Parler ainsi, ce n'est plus faire de la critique ou de l'exégèse, mais de la métaphysique, et de la moins bonne. Devant cet aveu suprême d'impuissance du criticisme contemporain, la critique comme la philosophie de Pascal conserve sa force. Et lorsqu'il évoque le souvenir des « anciennes religions des Romains et des Egyptiens, de celles de Mahomet ou de la Chine »; ou qu'avec une émotion chaleureuse, il nous montre d'un trait, l'histoire toute entière travaillera sans le savoir, pour la gloire de l'Evangile, son apologétique, comme la cause qu'elle défend, ne fait vraiment pas mauvaise figure devant le forum de la science contemporaine !

Toute apologétique serait incomplète si elle se contentait de définir et de justifier l'idée religieuse ; elle doit en quelque sorte prendre l'offensive, faire voir que la conception chrétienne est le remède et le correctif aux déviations et aux lacunes de l'évolution intellectuelle d'une époque. — Notre siècle a oscillé tour à tour entre les deux pôles extrêmes de l'exaltation démesurée et de la désespérance énervante de la raison. A l'une et à l'autre de ces deux maladies de l'entendement, l'esprit de Pascal indique et suggère l'antidote.

A l'encontre des orgueilleuses exagérations du dogmatisme scientifique ou philosophique qui prétend se passer de Dieu et du Dieu des chrétiens, les impitoyables et éloquentes invectives des *Pensées* conservent leur vigueur et leur vérité. Quelle que soit leur véhémence et souvent même leur expression excessive, elles sont trop profondément appuyées sur l'analyse intime de notre nature, pour ne point rappeler les prétentions injustifiées du rationalisme au sentiment des infranchissables limites, que leur trace leur fond même de l'être humain ; pour ne point, dans une large mesure, « rabattre cette vanité » et « abaisser la superbe » d'une raison, à laquelle ses impuissances donnent une légitime leçon d'humilité dans la connaissance exacte d'elle-même.

Mais par là même, Pascal ne contribue-t-il pas, pour sa part, à aigrir ce mal de la désespérance dont souffre surtout la pensée contemporaine ? — Il y a presque un paradoxe à voir en lui un adversaire du scepticisme, et cependant nous croyons que peu de livres, mieux que les *Pensées*, sont faits pour marquer la digue qui sauvegarde la puissance essentielle et légitime de notre faculté d'entendement.

La doctrine de la désespérance de la raison s'est affirmée, en notre siècle sous une triple forme : brutalement par le pessimisme de Schoppenhauer ; avant lui, subtilement, dans le criticisme de Kant ; après lui, subrepticement, avec Auguste Comte et l'école positiviste. Le résultat de ce triple courant, qui souvent confond ses flots bourbeux, c'est que nombre d'esprits se refusent à admettre la portée métaphysique du principe de causalité, et nient la valeur transcendante de la raison, sinon de cette raison vulgaire qui suffit à la conduite de la vie matérielle et pratique, du moins de cette raison supérieure qui, découvrant un monde idéal et vivant à la fois, lui fournit des clartés sur sa destinée totale et des règles fixes pour son action.

Pascal est pessimiste, avons-nous entendu dire souvent. — Il est vrai qu'on peut relever dans sa théologie un profond et mélancolique accent de tristesse. Le portrait qu'il nous donne de l'homme, le tableau qu'il trace de sa condition n'est rien moins qu'enchanteur. Dans la situation morale où le péché nous a placés, Pascal comprend mieux la souffrance que le plaisir ; et la maladie lui paraît l'état naturel de l'homme pécheur. Le bonheur chrétien lui-même, en son essence, n'est pas à ses yeux sans mélancolie, puisque, né dans une tristesse sublime, il aime à remonter vers son origine. « Pascal croyait comme nous à la perfectibilité et au progrès ; mais le bonheur auquel il avait foi était, à ses yeux, un bonheur superficiel, relatif ; et il croyait, en revanche, à un malheur profond, radical, universel de la nature humaine : malheur dont la partie impalpable et immatérielle est à ses yeux le vrai malheur. La douleur de Pascal est tout intellectuelle et morale. Les désordres et les calamités de ce monde affligent surtout sa pensée : c'est pour lui un scandale plutôt qu'un sujet de plainte. Le malheur de l'homme est de ne savoir où trouver sa place (1). » — Tous les grands penseurs chrétiens, selon la remarque du même écrivain, ont été impressionnés de même par le caractère austère et désenchanté de la vie considérée en elle-même. Et l'Evangile lui-même n'a-t-il pas aussi ses pages pessimistes ? S. Paul, S. Jean et leur Maître

(1) Vinet, *Etudes*, p 208.

avant eux, n'ont-ils point parlé de l'homme et de la destinée humaine en termes aussi peu flatteurs que Pascal ?

Là n'est cependant pas la question. Ce n'est pas dans la considération des conditions de la vie humaine qu'il s'agit de relever le pessimisme, mais bien dans la détermination de son but et de sa loi. Pour Schoppenhauer, un monde mal fait ne peut aboutir qu'au néant d'un *Nirvâna* creux et inconscient : et dans son évolution vers cet anéantissement, l'être humain n'a à connaître d'autre loi que celle de se consoler de sa douleur cosmique (*Weltschmerz*), par tous les moyens provisoires qu'il peut avoir à sa disposition. On sait que cet ennemi du vouloir vivre, après avoir été un jouisseur ardent et raffiné se renferma dans un commode égoïsme. Oublieux de son principe de la « compassion universelle » il écartait soigneusement de soi le spectacle des douleurs et des misères humaines, « s'installant, suivant le mot de son dernier historien (1), dans un confortable fauteuil, muni d'une lorgnette de théâtre, pour suivre, avec un trouble profond et une grande satisfaction d'âme, la tragédie de la misère du monde ! »

Pour Pascal, au contraire, qui en sentait tout autrement les infortunes, la vie a un but et une loi : tendre par un progrès incessant, à travers les tristesses d'ici-bas, vers la possession finale de la vérité et du bonheur en Dieu, en voilà le but. Au prix d'un effort soutenu et constant, se délivrer du péché, s'élever au-dessus de la souffrance par le renoncement et le sacrifice en s'appuyant sur la grâce du Rédempteur, telle est la loi de la vie présente. A travers les consolations momentanées d'ici-bas, espérer la possession souveraine d'une vie idéale et incommutable, telle en est la joie. Et voilà pourquoi, en dépit de tout, la vie d'ici-bas n'est pas, à ses yeux, « une amertume sans consolation. » Au lieu d'être l'allié de Schoppenhauer, Pascal est son adversaire le plus décisif.

Kant domine singulièrement le mouvement de la pen-

---

(1) Kuno Fischer, *Gesch. der neuern Philosophie*, Bd. VIII.

sée philosophique de notre génération. Exerçant une fascination étrange sur la plupart de nos dialecticiens, son criticisme, sous l'appareil de ses analyses, de ses classifications et de ses catégories, est un ver rongeur qui s'est attaqué aux forces intimes et vitales de la raison emprisonnée, en quelque sorte, dans un subjectivisme dont elle devient incapable de sortir.

Les maîtres traditionnels de la philosophie disaient naguère : Tout ce qui apparaît nécessairement à l'esprit doit être regardé comme vrai : nécessité est signe de vérité. — A moins, objecte Kant, que la nécessité ne soit le signe d'une simple subjectivité ; car la nécessité peut s'expliquer également dans deux hypothèses : dans celle d'une réalité, d'un *objet* extérieur s'imposant à l'esprit, ou aussi dans celle d'une constitution naturelle de l'esprit en vertu de laquelle nos pensées se produisent et s'enchaînent d'elles-mêmes, comme autant de formes inhérentes au *moi* qui se déroule, mû par un ressort interne au lieu d'être mis en activité par quelque influence venue du dehors. Donc, dans cette bizarre conception, la nécessité n'est plus une preuve de vérité ; et la métaphysique, pour retrouver un point d'appui, doit chercher autre chose, forcée qu'elle est de sortir des fortifications logiques où elle se retranchait autrefois.

Dans cette situation nouvelle, il s'agit à l'exemple et selon la doctrine de Pascal, non pas de démontrer, — on ne démontre pas les principes, — mais de faire sentir par la méditation philosophique, la vérité des premiers principes : non seulement leur vérité abstraite et logique, mais leur vérité réelle, profonde, véritablement ontologique. Il faut la sentir vivre en sa pensée, en son être intime, et arriver à la faire sentir à la pensée des autres. « La métaphysique, selon le mot d'un de nos plus pénétrants philosophes, doit être une vie, et sortir du royaume pâle des abstractions pour entrer dans les riches profondeurs de la réalité vivante de l'âme. » — En insistant plus qu'aucun autre, sur la nécessité d'avoir, par le cœur en quelque sorte, l'intuition spontanée des premiers principes qui « se sentent, tandis que les propositions se concluent, » Pascal n'a-t-il pas révélé au philosophe spiritualiste et à l'apologiste chrétien, la seule voie au bout de laquelle il peut espérer, aujourd'hui, atteindre la dernière embuscade du criticisme sceptique.

Ce travail de sape, Kant aurait voulu le limiter aux données de la raison pure et théorique, et y soustraire le domaine de la raison morale. Le Positivisme a complété l'œuvre. Sans doute, officiellement et d'après son programme avoué, l'école qui se réclame d'Auguste Comte, en se cantonnant dans le domaine *positif* de l'expérience sensible, prétend simplement laisser en dehors de ses investigations le monde suprasensible de la vérité rationnelle et philosophique. En réalité, cependant, elle le met en doute, en insinuant qu'il est inaccessible à notre connaissance et à notre certitude ; et puis, par une nouvelle contradiction avec lui-même, le positivisme finit par nier purement et simplement tout l'ordre métaphysique. En somme, il n'admet que des vérités relatives et contingentes, et révoque en doute, alors qu'il ne la nie point brutalement, l'existence d'une réalité absolue et substantielle. L'absolu, pour lui n'est plus qu'un Idéal abstrait et inconsistant.

Dans cette doctrine positiviste, nous l'avons vu ailleurs (1), il y a une donnée vraie dont l'erreur abuse. Cette donnée, la voici : Tandis que selon le mot hardi de Pascal, les preuves métaphysiques de la certitude rationnelle frappent peu, l'évidence physique de la certitude expérimentale qui éclaire un fait, saisit avec plus de force le grand nombre des esprits, ceux de notre temps surtout, produisant ainsi une persuasion plus intime et plus pénétrante. Or, en concevant la démonstration chrétienne comme il l'a fait dans ses *Pensées*; en montrant de la façon saisissante dont il a le secret, comment les vérités religieuses s'incarnent pour ainsi dire dans des données *expérimentales*, et constituent comme une *révélation* de l'absolu sous les formes du relatif, Pascal donne à l'absolu un caractère palpable et *positif*, et formule

---

(1) A. GUTHLIN, *Les doctrines positivistes en France*. Paris, Retaux, p. 375.

l'idée avec tout le relief et toute la précision d'un *fait* qui la rend accessible aux sens aussi bien qu'à la raison, et emporte, du poids de son évidence, toutes les facultés de l'homme.

Et en allant droit à la figure du Christ libérateur, l'apologétique de Pascal fait apparaître incontinent, au dessus de nos misères et de nos faiblesses, l'Idéal divin devenu un fait expérimental et concret, Dieu se faisant homme, pour s'affirmer d'une façon *positive*, dans l'histoire qui l'attend et l'adore, dans l'âme humaine qui vit et palpite de sa grâce, dans l'Église qui continue et prolonge son œuvre. La révélation de Jésus dans le rayonnement et le déploiement de sa divine personnalité, telle est, en somme, la formule synthétique du livre des *Pensées*. — Positiviste, où rencontrer un fait plus positif et plus expérimental ? Philosophe, où trouver une doctrine aussi parfaite et imposante ? Critique et savant, quel événement du passé a répondu plus victorieusement aux implacables inquisitions de la critique et de la science ?

Dès lors, la révélation du Dieu véritable et vivant dans la personne de Jésus-Christ devient la réponse complète et péremptoire aux exigences du Positivisme, la vérité dont il s'autorise, mais dont il fait un si déplorable abus. Dans ces conditions, n'est-ce pas au nom du Positivisme lui-même, dans ce qu'il a de vraiment acceptable, que la pensée devra se prosterner, vaincue et satisfaite, devant l'affirmation de Jésus-Christ, notre Rédempteur et notre Dieu ? — Et, au spectacle des stérilités et des ruines qu'a produites dans les âmes le souffle desséchant des doctrines positivistes, Pascal est un de ceux qui nous font le mieux comprendre combien il importe, par des procédés renouvelés, de faire revivre dans la pensée, la volonté et la vie des individus comme des sociétés, la foi intime, profonde, indestructible au Dieu vivant, au Père qui est dans les cieux, au Père tout puissant, omniscient et tout présent, qui seul peut nous révéler l'énigme de notre destinée, guérir l'angoisse de nos âmes et les empêcher de périr d'inanition dans les crises douloureuses qui fatiguent et consument tant de consciences !

Si grande et si générale qu'ait été la séduction exercée par le positivisme sur les esprits scientifiques de la dernière moitié de ce siècle, le moment semble venu où une réaction se dessine contre le vide et le creux de ses doctrines dans le domaine moral et religieux. Des côtés les plus divers, nous voyons des esprits généreux signaler leur insuffisance en face des aspirations de l'âme moderne (1). Seulement, bon nombre d'entre eux ne sont pas encore arrivés à adopter la pleine solution chrétienne. Ils se contentent d'emprunter au christianisme sa haute inspiration morale, sans oser se rallier encore aux conclusions doctrinales de ses dogmes ; s'arrêtant à une conception vague et vaporeuse, à une sorte de mysticisme littéraire et artistique qu'on a essayé de décorer du nom fort impropre de *néo-christianisme*.

Ce serait une erreur, assurément, de vouloir dédaigner, décourager ou entraver ce mouvement de retour. Mais, d'autre part aussi, il y aurait péril à y attacher une importance exagérée, à atténuer en sa faveur la rigueur de l'idée chrétienne. Le Christianisme n'est pas seulement un effluve de poésie et de sentiment ; il est avant tout une morale et un dogme. Hésiter devant les formules de celui-ci pour essayer de faire un choix parmi les principes de celle-là, c'est le propre d'âmes débiles et peu trempées. Pascal, en son rude langage les appelle les *malingres* qui ne prennent de la vérité que ce qui est à leur convenance, et qui « hors de là, l'abandonnent ». Pour notre temps, comme pour Pascal, le Christianisme doit se résumer et se couronner dans « le mystère de Jésus ».

(1) « La grande et visible lacune du positivisme, consiste en ce que, dans la conception positive du monde, il ne tient pas compte de la plus importante des notions positives, celle de l'infini. Quand cette notion s'empare de l'entendement, il n'y a qu'à se prosterner. Encore à ce moment de poignantes angoisses, il faut demander grâce à sa raison : tous les ressorts de la vie intellectuelle menacent de se détendre ; on se sent près d'être saisi par la sublime « folie » de Pascal. Cette notion positive et primordiale, le positivisme l'écarte gratuitement, elle et toutes ses conséquences dans la vie des sociétés ». (PASTEUR. *Disc. de Réception à l'Académie française*, 188.)

IX. — PASCAL ET NOTRE TEMPS

L'ensemble des fragments que le solitaire penseur nous a laissés ne constituent ni une *Exposition* synthétique de la foi ni même une démonstration complète et systématique de la vérité chrétienne ; mais ils sont une excitation permanente à la pénétration du problème religieux et de ses solutions chrétiennes. Une flamme, une étincelle, qui va en tous sens, et éclaire, dans son rapide mouvement, tantôt les sommets, tantôt les derniers replis des choses, voilà Pascal. — De là, le principal mérite des *Pensées*, — surtout en notre temps de faiblesse et d'anémie intellectuelle, — c'est... qu'elles font penser !

Là sera longtemps encore le secret de leur puissance d'énergie, de leur vitalité toujours ancienne et toujours nouvelle. Pour tout esprit préoccupé de se rendre compte, par le propre effort de son investigation et de sa méditation personnelle, des plus hautes questions qui émeuvent l'âme humaine, elles seront toujours l'un des livres les plus suggestifs, les plus stimulants et les plus lumineux. *Tolle, lege !*...

PENSÉES DE PASCAL

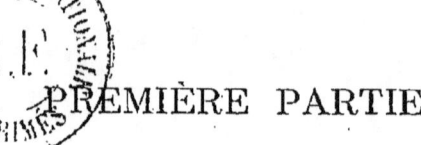

PREMIÈRE PARTIE

L'HOMME DÉCHU DE SA GRANDEUR PAR LE PÉCHÉ

CHAPITRE PREMIER

L'Homme en présence du problème de sa destinée.

1. *L'indifférence en matière de religion.* — 2. *Les vérités religieuses peuvent être connues malgré leur obscurité.* — 3. *Impossible de ne pas songer à notre destinée future.* — 4. *Le problème de l'éternité.* — 5. *Les croyants, les chercheurs, les indifférents.* — 6. *Faire comme si l'on était seul.* — 7. *Mortels ou immortels.* — 8. *Deux hypothèses.* — 9. *S'attacher à quelque chose de permanent.*

I. — Avant que d'entrer dans les preuves de la religion chrétienne, je trouve nécessaire de représenter l'injustice des hommes qui vivent dans l'indifférence de rechercher la vérité d'une chose qui leur est si importante et qui les touche de si près.

De tous leurs égarements, c'est sans doute celui qui les convainc le plus de folie et d'aveuglement, et dans lequel il est le plus facile de les confondre par les premières vues du sens commun et par les sentiments de la nature. Car il est indubitable que le temps de cette vie n'est qu'un instant, que l'état de la mort est éternel, de quelque nature qu'il puisse être, et qu'ainsi toutes nos actions et nos pensées doivent prendre des routes si différentes selon l'état de cette éternité, qu'il est impossible de faire une démarche avec sens et jugement qu'en la réglant par la vue de ce point qui doit être notre dernier objet.

Il n'y a rien de plus visible que cela, et qu'ainsi, selon les principes de la raison, la conduite des hommes est tout à fait déraisonnable, s'ils ne prennent une autre voie.

Que l'on juge donc là-dessus de ceux qui vivent sans songer à cette dernière fin de la vie, qui, se laissant conduire à leurs inclinations et à leurs plaisirs, sans réflexion et sans inquiétude, et comme s'ils pouvaient anéantir l'éternité en détournant leur pensée, ne pensent à se rendre heureux que dans cet instant seulement.

II. — Qu'ils apprennent au moins quelle est la religion qu'ils combattent, avant que de la combattre!

Si cette religion se vantait d'avoir une vue claire de Dieu, et de le posséder à découvert et sans voile, ce serait la combattre que de dire qu'on ne voit rien dans le monde qui le montre avec cette évidence.

Mais, puisqu'elle dit au contraire que les hommes sont dans les ténèbres et dans l'éloignement de Dieu, qu'il s'est caché à leur connaissance, que c'est même le nom qu'il se donne dans les Écritures, *Deus absconditus*[1]; et enfin si

---

1. Isaïe, XLV, 15. *Tu es Deus absconditus, Deus Israel Salvator*. — Pascal revient assez fréquemment sur cette pensée d'un *Dieu caché*. On a voulu y voir une trace de l'erreur janséniste que Dieu, en éclairant les prédestinés au salut, aveugle d'une façon positive les réprouvés. C'est là exagérer singulièrement la portée des paroles de Pascal. Dieu, dit-il ailleurs encore, a voulu « paraître à découvert à ceux qui le cherchent de tout leur cœur et caché à ceux qui le fuient ». Pascal se préoccupe constamment d'inculquer la connaissance vivante et salutaire de Dieu, celle qui implique l'élément moral et méritoire de la *bonne* volonté et du cœur droit : « Le Dieu des chrétiens,

CH. 1. — L'HOMME ET LE PROBLÈME DE SA DESTINÉE 3

elle travaille également à établir ces deux choses : que Dieu a établi des marques sensibles dans l'Église pour se faire reconnaître à ceux qui le chercheraient sincèrement, et qu'il les a ouvertes néanmoins de telle sorte qu'il ne sera aperçu que de ceux qui le cherchent de tout leur cœur, quel avantage peuvent-ils tirer, lorsque, dans la négligence où ils font profession d'être de chercher la vérité, ils crient que rien ne la leur montre; puisque cette obscurité où ils sont, et qu'ils objectent à l'Église, ne fait qu'établir une des choses qu'elle soutient, sans toucher à l'autre, et établit sa doctrine bien loin de la ruiner?

Il faudrait, pour la combattre, qu'ils criassent qu'ils ont fait tous leurs efforts pour la chercher partout, et même dans ce que l'Église propose pour s'en instruire, mais sans aucune satisfaction. S'ils parlaient de la sorte, ils combattraient à la vérité une de ses prétentions. Mais j'espère montrer ici qu'il n'y a personne raisonnable qui puisse parler de la sorte; et j'ose même dire que jamais personne ne l'a fait.

On sait assez de quelle manière agissent ceux qui sont dans cet esprit. Ils croient avoir fait de grands efforts pour

---

déclare-t-il ailleurs, ne consiste pas en un Dieu simplement auteur des vérités géométriques et de l'ordre des éléments, qui exerce sa Providence sur la vie et les biens des hommes; c'est un Dieu d'amour et de consolation qui remplit l'âme et le cœur qu'il possède; qui la remplit d'humilité, de joie, de confiance, d'amour. » Il y a en effet une double distinction à maintenir : dans l'ordre de la raison, la connaissance philosophique de Dieu repose sur des preuves d'une évidence suffisante pour produire la certitude; mais encore faut-il que la bonne volonté se laisse influencer par cette vérité. Dans l'ordre de la foi, la raison saisit bien les motifs de croire ; mais cette connaissance purement spéculative ne suffit pas à la vie morale; elle devra pénétrer le cœur sincère et la volonté, au point de l'amener à l'amour de Dieu et de Jésus-Christ, sous l'action de la grâce. C'est là une doctrine très exacte qui se présente souvent sous la plume de Pascal.

s'instruire, lorsqu'ils ont employé quelques heures à la lecture de quelque livre de l'Écriture et qu'ils ont interrogé quelque ecclésiastique sur les vérités de la foi. Après cela, ils se vantent d'avoir cherché sans succès dans les livres et parmi les hommes.

Mais, en vérité, je ne puis m'empêcher de leur dire ce que j'ai dit souvent, que cette négligence n'est pas supportable. Il ne s'agit pas ici de l'intérêt léger de quelque personne étrangère, pour en user de cette façon; il s'agit de nous-même et de notre tout.

III. — L'immortalité de l'âme est une chose qui nous importe si fort, qui nous touche si profondément, qu'il faut avoir perdu tout sentiment pour être dans l'indifférence de savoir ce qui en est. Toutes nos actions et nos pensées doivent prendre des routes si différentes selon qu'il y aura des biens éternels à espérer ou non, qu'il est impossible de faire une démarche avec sens et jugement qu'en la réglant par la vue de ce point qui doit être notre dernier objet.

Ainsi, notre premier intérêt et notre premier devoir est de nous éclaircir sur ce sujet, d'où dépend toute notre conduite. Et c'est pourquoi, entre ceux qui n'en sont pas persuadés, je fais une extrême différence, de ceux qui travaillent de toutes leurs forces à s'en instruire, à ceux qui vivent sans s'en mettre en peine et sans y penser.

Je ne puis avoir que de la compassion pour ceux qui gémissent sincèrement dans ce doute, qui le regardent comme le dernier des malheurs, et qui, n'épargnant rien pour en sortir, font de cette recherche leur principale et leur plus sérieuse occupation.

Mais pour ceux qui passent leur vie sans penser à cette dernière fin de vie, et qui, par cette seule raison qu'ils ne trouvent pas en eux-mêmes les lumières qui les persuadent, négligent de les chercher ailleurs et d'examiner, à fond, si cette opinion est de celles que le peuple reçoit par une simplicité crédule, ou de celles qui, quoique obscures d'elles-mêmes, ont néanmoins un fondement très solide et inébranlable, je les considère d'une manière toute différente.

Cette négligence en une affaire où il s'agit d'eux-mêmes, de leur éternité, de leur tout, m'irrite plus qu'elle ne m'attendrit; elle m'étonne et m'épouvante : c'est un monstre pour moi. Je ne dis pas ceci par le zèle pieux d'une dévotion spirituelle. J'entends au contraire qu'on doit avoir ce sentiment par un principe d'intérêt humain, et par un intérêt d'amour-propre : il ne faut pour cela que voir ce que voient les personnes les moins éclairées.

Il ne faut pas avoir l'âme fort élevée pour comprendre qu'il n'y a point ici de satisfaction véritable et solide; que tous nos plaisirs ne sont que vanité; que nos maux sont infinis, et qu'enfin la mort qui nous menace à chaque instant doit infailliblement nous mettre, dans peu d'années, dans l'horrible nécessité d'être éternellement anéantis ou malheureux.

Entre nous et l'enfer ou le ciel, il n'y a que la vie entre deux, qui est la chose du monde la plus fragile. Il n'y a rien de plus réel que cela ni de plus terrible. Faisons tant que nous voudrons les braves : voilà la fin qui attend la plus belle vie du monde.

Qu'on fasse réflexion là-dessus, et qu'on dise ensuite s'il n'est pas indubitable qu'il n'y a de bien, en cette vie, qu'en l'espérance d'une autre vie; et que, comme il n'y aura plus de malheurs pour ceux qui avaient une entière assurance de l'éternité, il n'y a point aussi de bonheur pour ceux qui n'en n'ont aucune lumière.

IV. — Cependant cette éternité subsiste, et la mort qui la doit ouvrir et qui les menace, à toute heure, les doit mettre infailliblement, dans peu de temps, dans l'horrible nécessité d'être éternellement ou anéantis ou malheureux, sans qu'ils sachent laquelle de ces éternités leur est à jamais préparée.

Voilà un doute d'une terrible conséquence[1].

Rien n'est si important que cela et on ne néglige que cela.

Ils sont dans le péril de l'éternité de misères ; et sur cela, comme si la chose n'en valait pas la peine, ils négligent d'examiner si c'est de ces opinions que le peuple reçoit avec une facilité trop crédule, ou de celles qui, étant obscures d'elles-mêmes, ont un fondement très solide quoique caché.

Ainsi, ils ne savent s'il y a vérité ou fausseté dans la chose, ni s'il y a force ou faiblesse dans les preuves. Ils les ont devant les yeux ; ils refusent d'y regarder, et dans cette ignorance, ils prennent le parti de faire tout ce qu'il faut pour tomber dans ce malheur au cas qu'il soit, d'attendre à en faire l'épreuve à la mort, d'être cependant fort satisfaits en cet état, d'en faire profession, et enfin d'en faire vanité.

C'est donc assurément un grand mal que d'être dans ce doute, mais c'est au moins un devoir indispensable de chercher quand on est dans ce doute ; et ainsi celui qui doute et qui ne cherche pas est tout ensemble et bien mal-

---

1. C'est à tort qu'on a voulu contester la justesse de la poignante alternative posée par Pascal. Il y a, prétend-on, une solution intermédiaire : celle de Socrate confiant « qu'il trouvera dans les Dieux de bons maîtres ». Cette solution existe sans doute, mais pour ceux qui auront fait leur devoir vis-à-vis de Dieu et de la vérité. Aux autres, Pascal jette avec raison son éloquente objurgation : « Êtes-vous sûr d'arriver à l'anéantissement éternel que vous désireriez ? — Ou d'éviter le malheur éternel dont vous ne vous préoccupez pas ? » Bossuet exprime une pensée analogue dans l'Oraison funèbre de la Princesse Palatine : « Ils n'ont pas même de quoi établir le néant auquel ils aspirent après cette vie, et ce misérable partage ne leur est pas assuré. »

heureux et bien injuste. Que s'il est avec cela tranquille et satisfait, qu'il en fasse profession, et enfin qu'il en fasse vanité, et que ce soit de cet état même qu'il fasse le sujet de sa joie et de sa vanité, je n'ai point de termes pour qualifier une si extravagante créature.

Où peut-on prendre ces sentiments ? Quel sujet de joie trouve-t-on à n'attendre plus que des misères sans ressource ? Quel sujet de vanité de se voir dans des obscurités impénétrables ? Quelle consolation dans le désespoir de tout consolateur ?

Est-ce courage à un homme mourant d'aller, dans la faiblesse et dans l'agonie, affronter un Dieu tout-puissant et éternel ?

Ce repos dans cette ignorance est une chose monstrueuse et dont il faut faire sentir l'extravagance et la stupidité à ceux qui y passent leur vie, en la leur représentant à eux-mêmes, pour les confondre par la vue de leur folie. Car voici comment raisonnent les hommes, quand ils choisissent de vivre dans cette ignorance de ce qu'ils sont et sans rechercher d'éclaircissement :

« Je ne sais qui m'a mis au monde, ni ce que c'est que le monde, ni que moi-même. Je suis dans une ignorance terrible de toutes choses. Je ne sais ce que c'est que mon corps, que mes sens, que mon âme et cette partie même de moi qui pense ce que je dis, qui fait réflexion sur tout et sur elle-même, et ne se connaît non plus que le reste. Je vois ces effroyables espaces de l'univers qui m'enferment, et je me trouve attaché à un coin de cette vaste étendue, sans que je sache pourquoi je suis plutôt placé en ce lieu qu'en un autre, ni pourquoi ce peu de temps qui m'est donné à vivre m'est assigné à ce point plutôt qu'à un autre de toute l'éternité qui m'a précédé et de toute celle qui me suit.

» Je ne vois que des infinités de toutes parts, qui m'enferment comme un atome et comme une ombre qui ne dure qu'un instant sans retour.

» Tout ce que je connais, est que je dois bientôt mourir; mais ce que j'ignore le plus est cette mort même que je ne saurais éviter.

» Comme je ne sais d'où je viens, aussi je ne sais où je vais ; et je sais seulement qu'en sortant de ce monde je tombe, pour jamais, ou dans le néant ou dans les mains d'un Dieu irrité, sans savoir à laquelle de ces deux conditions je dois être éternellement en partage.

» Voilà mon état, plein de misère, de faiblesse, d'obscurité. Et de tout cela je conclus que je dois donc passer tous les jours de ma vie sans songer à chercher ce qui doit m'arriver. Peut-être que je pourrais trouver quelque éclaircissement dans mes doutes; mais je n'en veux pas prendre la peine, ni faire un pas pour le chercher; et après, en traitant avec mépris ceux qui se travailleront de ce soin, je veux aller, sans prévoyance et sans crainte, tenter un si grand événement, et me laisser mollement conduire à la mort, dans l'incertitude de l'éternité de ma condition future. »

Qui souhaiterait avoir pour ami un homme qui discourt de cette manière? Qui le choisirait entre les autres pour lui communiquer ses affaires? Qui aurait recours à lui dans ses afflictions? Et enfin, à quel usage de la vie le pourrait-on destiner?

En vérité, il est glorieux à la religion d'avoir pour ennemis des hommes si déraisonnables; et leur opposition lui est si peu dangereuse, qu'elle sert au contraire à l'établissement de ses principales vérités. Car la foi chrétienne ne va principalement qu'à établir ces deux choses : la corruption de la nature et la rédemption de JÉSUS-CHRIST[1]. Or, s'ils ne servent pas à montrer la vérité de la rédemption

---

1. Pensée fondamentale de l'œuvre de Pascal et qui indique la division du plan de son *Apologie*.

par la sainteté de leurs mœurs, ils servent au moins admirablement à montrer la corruption de la nature par des sentiments si dénaturés.

Rien n'est si important à l'homme que son état ; rien ne lui est si redoutable que l'éternité. Et ainsi, qu'il se trouve des hommes indifférents à la perte de leur être et au péril d'une éternité de misères, cela n'est point naturel. Ils sont tout autres à l'égard de toutes les autres choses : ils craignent jusqu'aux plus légères, ils les prévoient, ils les sentent ; et ce même homme qui passe tant de jours et de nuits dans la rage et dans le désespoir pour la perte d'une charge, ou pour quelque offense imaginaire à son honneur, c'est celui-là même qui sait qu'il va tout perdre par la mort, et qui demeure sans inquiétude et sans émotion.

C'est une chose monstrueuse de voir dans un même cœur et en même temps cette sensibilité pour les moindres choses et cette étrange insensibilité pour les plus grandes.

C'est un enchantement incompréhensible et un assoupissement surnaturel qui marque une force toute-puissante qui le cause[1].

Un homme dans un cachot, ne sachant si son arrêt est donné, n'ayant plus qu'une heure pour l'apprendre, cette heure suffisant, s'il sait qu'il est donné, pour le faire révoquer, il est contre la nature qu'il emploie cette heure-là, non à s'informer si cet arrêt est donné, mais à jouer au piquet.

C'est un appesantissement de la main de Dieu.

---

1. Il y aurait exagération à prendre à la lettre ces fortes expressions pour conclure que Pascal, par principe janséniste, attribue à Dieu directement l'aveuglement de ceux qu'il ne prédestine pas au salut. Dieu peut laisser dans leur aveuglement voulu et mérité « ceux qui ne le cherchent pas ». En ce sens seulement leur aberration obstinée est « un appesantissement de la main de Dieu » et « un aveuglement qui n'est pas chose naturelle ».

Nous courons sans souci dans le précipice, après que nous avons mis quelque chose devant nous pour nous empêcher de le voir.

Ainsi, non seulement le zèle de ceux qui le cherchent prouve Dieu, mais l'aveuglement de ceux qui ne le cherchent pas.

Il faut qu'il y ait un étrange renversement dans la nature de l'homme pour faire gloire d'être dans cet état, dans lequel il semble incroyable qu'une seule personne puisse être.

Cependant, il est certain que l'homme est si dénaturé qu'il y a dans son cœur une semence de joie en cela. L'expérience m'en fait voir un si grand nombre, que cela serait surprenant, si nous ne savions que la plupart de ceux qui s'en mêlent se contrefont et ne sont pas tels en effet. Ce sont des gens qui ont ouï dire que les belles manières du monde consistent à faire ainsi l'emporté. C'est ce qu'ils appellent avoir secoué le joug, et qu'ils essayent d'imiter.

Mais il ne serait pas difficile de leur faire entendre combien ils s'abusent en cherchant par là de l'estime. Ce n'est pas le moyen d'en acquérir, je dis même parmi les personnes du monde qui jugent sainement des choses, et qui savent que la seule voie d'y réussir est de se faire paraître honnête, fidèle, judicieux et capable de servir utilement son ami, parce que les hommes n'aiment naturellement que ce qui leur peut être utile. Or, quel avantage y a-t-il pour nous à ouïr dire à un homme qu'il a secoué le joug, qu'il ne croit pas qu'il y ait un Dieu qui veille sur ses actions, qu'il se considère comme seul maître de sa conduite et qu'il ne pense en rendre compte qu'à soi-même? Pense-t-il nous avoir portés, par là, à avoir désormais bien de la confiance en lui, et à en attendre des consolations, des conseils et des secours dans tous les besoins de la vie?

Prétendent-ils nous avoir bien réjouis, de nous dire qu'ils tiennent que notre âme n'est qu'un peu de vent et de fumée, et encore de nous le dire d'un ton de voix fier et content? Est-ce donc une chose à dire gaiement et n'est-ce pas une chose à dire tristement, au contraire, comme la chose du monde la plus triste ?

S'ils y pensaient sérieusement, ils verraient que cela est si mal pris, si contraire au bon sens, opposé à l'honnêteté et si éloigné en toute manière de ce bon air qu'ils cherchent, qu'ils seraient plutôt capables de redresser que de corrompre ceux qui auraient quelque inclination à les suivre.

Et en effet, faites-leur rendre compte de leurs sentiments et des raisons qu'ils ont de douter de la religion : ils diront des choses si faibles et si basses, qu'ils vous persuaderont du contraire. C'était ce que leur disait un jour fort à propos une personne : Si vous continuez à discourir de la sorte, leur disait-elle, en vérité vous me convertirez. — Et elle avait raison ; car qui n'aurait horreur de se voir dans des sentiments où l'on a pour compagnons des personnes si méprisables ?

Ainsi, ceux qui ne font que feindre ces sentiments seraient bien malheureux de contraindre leur naturel pour se rendre les plus impertinents des hommes. S'ils sont fâchés, dans le fond de leur cœur, de n'avoir pas plus de lumière, qu'ils ne le dissimulent pas : cette déclaration ne sera point honteuse. Il n'y a de honte qu'à n'en point avoir.

Rien n'accuse davantage une extrême faiblesse d'esprit que de ne pas connaître quel est le malheur d'un homme sans Dieu.

Rien ne marque davantage une mauvaise disposition du cœur que de ne pas souhaiter la vérité des promesses éternelles.

Rien n'est plus lâche que de faire le brave contre Dieu.

Qu'ils laissent donc ces impiétés à ceux qui sont assez mal nés pour en être véritablement capables ; qu'ils soient au moins honnêtes gens, s'ils ne peuvent être chrétiens, et qu'ils reconnaissent enfin qu'il n'y a que deux sortes de personnes qu'on puisse appeler raisonnables : ou ceux qui servent Dieu de tout leur cœur parce qu'ils le connaissent, ou ceux qui le cherchent de tout leur cœur parce qu'ils ne le connaissent pas.

[C'est donc pour les personnes qui cherchent Dieu sincèrement, et qui, reconnaissant leur misère, désirent véritablement d'en sortir, qu'il est juste de travailler, afin de leur aider à trouver la lumière qu'ils n'ont pas[1].]

Mais, pour ceux qui vivent sans le connaître et sans le chercher, ils se jugent eux-mêmes si peu dignes de leur soin, qu'ils ne sont pas dignes du soin des autres ; et il faut avoir toute la charité de la religion qu'ils méprisent, pour ne les pas mépriser jusqu'à les abandonner dans leur folie.

Mais, parce que cette religion nous oblige de les regarder toujours, tant qu'ils seront en cette vie, comme capables de la grâce qui peut les éclairer, et de croire qu'ils peuvent être dans peu de temps plus remplis de foi que nous ne sommes, et que nous pouvons au contraire tomber dans l'aveuglement où ils sont, il faut faire pour eux ce que nous voudrions qu'on fît pour nous si nous étions à leur place, et les appeler à avoir pitié d'eux-mêmes et à faire au moins quelques pas pour tenter s'ils ne trouveront pas de lumières. — Qu'ils donnent à cette lecture quelques-unes de ces heures qu'ils emploient si inutilement ailleurs. Quelque aversion qu'ils y apportent, peut-être rencontreront-ils quelque chose, ou du moins ils n'y perdront pas beaucoup. Mais pour ceux qui y apporteront une sincérité parfaite et un véritable désir de rencontrer la vérité, j'espère qu'ils y auront la satisfaction et qu'ils seront convaincus des preuves d'une religion si divine que j'ai ramassées ici et dans lesquelles j'ai suivi à peu près cet ordre...

Ceux-là mêmes qui semblent les plus opposés à la gloire de la religion n'y seront pas inutiles pour les autres.

---

1. Nous mettons entre crochets les variantes et gloses de Port-Royal, qu'il nous a paru utile parfois de conserver.

Nous en ferons le premier argument, qu'il y a quelque chose de surnaturel ; car un aveuglement de cette sorte n'est pas une chose naturelle ; et si leur folie les rend si contraires à leur propre bien, elle servira à en garantir les autres par l'horreur d'un exemple si déplorable et d'une folie si digne de compassion.

V. — Il n'y a, en effet, que trois sortes de personnes : les unes qui servent Dieu l'ayant trouvé ; les autres qui s'emploient à le chercher ne l'ayant point trouvé ; les autres qui vivent sans le chercher ni l'avoir trouvé.

Les premiers sont raisonnables et heureux, les derniers sont fous et malheureux ; ceux du milieu sont malheureux et raisonnables.

VI. — Nous sommes plaisants de nous reposer dans la société de nos semblables. Misérables comme nous, impuissants comme nous, ils ne nous aideront pas ; on mourra seul ; il faut donc faire comme si on était seul ; et alors, bâtirait-on des maisons superbes, etc. ? On chercherait la vérité sans hésiter ; et si on le refuse, on témoigne estimer plus l'estime des hommes que la recherche de la vérité.

VII. — Il importe à toute la vie de savoir si l'âme est mortelle ou immortelle.

VIII. — Il faut vivre autrement dans ce monde selon ces diverses suppositions :
1° Si l'on pouvait y être toujours ;
2° S'il est sûr qu'on n'y sera pas longtemps, et incertain si on y sera une heure.

Cette dernière supposition est la nôtre.

IX. — C'est une chose horrible de sentir écouler tout ce qu'on possède, et qu'on s'y puisse attacher, sans chercher s'il n'y a point quelque chose de permanent.

CHAPITRE II

L'Homme au regard de Dieu et d'une éternité de bonheur.

1. Pari sur le problème de l'éternité. Le parti le plus sûr. Impuissance de croire et diminution des passions. Quitter les plaisirs. — 2. Fascinés par des hochets. — 3-4. Rechercher la vérité.— 5-6. Être contingent et Être nécessaire. — 7-8. Incompréhensibilité et infinité de Dieu. — 9. La nature image de Dieu. — 10. Fini et infini; justice et miséricorde. — 11. Mal vivre en croyant Dieu. — 12. Dieu et le monde. — 13. Toute-puissance.

I. — Parlons maintenant selon les lumières naturelles...

— Examinons donc ce point, et disons : Dieu est, ou il n'est pas. Mais de quel côté pencherons-nous ? La raison n'y peut rien déterminer[1]. Il y a un chaos infini qui nous sépare. Il se joue un jeu à l'extrémité de cette distance infinie où il arrivera croix ou pile. Que gagerez-vous ? Par raison, vous ne pouvez faire ni l'un ni l'autre; par raison, vous ne pouvez défendre nul des deux.

Ne blâmez donc pas de fausseté ceux qui ont pris un choix; car vous n'en savez rien.

— Non : mais je les blâmerai d'avoir fait, non ce choix,

---

1. Dans ce célèbre dialogue où il développe, vis-à-vis d'un sceptique mondain et frivole, l'argument dit *du jeu des partis*, Pascal fait ce qu'on appelle, dans *l'École*, un argument *ad hominem*. Il se place, pour mieux la combattre, dans l'hypothèse même de son interlocuteur. Il s'adresse, comme il le fait souvent dans ses éloquentes démonstrations, à l'âme blessée et malade, à la raison défaillante et découragée qui s'est prise à douter de la vérité et d'elle-même. On verra plus loin avec quelle force et quelle autorité il soutient et défend les droits légitimes de cette même raison.

mais un choix; car encore que celui qui prend croix et l'autre soient en pareille faute, ils sont tous deux en faute : le juste est de ne point parier.

— Oui, mais il faut parier : cela n'est pas volontaire ; vous êtes embarqué. Lequel prendrez-vous donc ? Voyons. Puisqu'il faut choisir, voyons ce qui vous intéresse le moins. Vous avez deux choses à prendre, le vrai et le bien ; et deux choses à dégager, votre raison et votre volonté, votre connaissance et votre béatitude : et votre nature a deux choses à fuir, l'erreur et la misère. Votre raison n'est pas plus blessée, puisqu'il faut nécessairement choisir, en choisissant l'un que l'autre. Voilà un point vidé ; mais votre béatitude ? Pesons le gain et la perte, en prenant croix que Dieu est. Estimons ces deux cas : si vous gagnez, vous gagnez tout ; si vous perdez, vous ne perdez rien. Gagez donc qu'il est, sans hésiter.

— Cela est admirable : oui, il faut gager ; mais je gage peut-être trop.

— Voyons. Puisqu'il y a pareil hasard de gain et de perte, si vous n'aviez qu'à gagner deux vies pour une, vous pourriez encore gager. Mais s'il y en avait trois à gagner, il faudrait jouer (puisque vous êtes dans la nécessité de jouer), et vous seriez imprudent, lorsque vous êtes forcé à jouer, de ne pas hasarder votre vie pour en gagner trois à un jeu où il y a pareil hasard de perte et de gain. Mais il y a une éternité de vie et de bonheur. Et cela étant, quand il y aurait une infinité de hasards dont un seul serait pour vous, vous auriez encore raison de gager un pour avoir deux, et vous agiriez de mauvais sens, étant obligé à jouer, de refuser une vie contre trois, à un jeu où d'une infinité de hasards il y en a un pour vous, s'il y avait une infinité de vie infiniment heureuse à gagner. Mais il y a ici une infinité de vie infiniment heureuse à gagner, un hasard de gain contre un nombre fini de hasards de perte, et ce que vous jouez est fini. Cela est tout parti. Partout où est l'infini et où il n'y a pas infinité de hasards de perte contre celui de gain, il n'y a point à balancer, il faut tout donner. Et ainsi, quand on est forcé à jouer, il faut renoncer à la raison pour garder la vie, plutôt que la hasarder pour le gain infini aussi prêt à arriver que la perte du néant.

Car il ne sert de rien de dire qu'il est incertain si on gagnera, et qu'il est certain qu'on hasarde; et que l'infinie distance qui est entre la certitude de ce qu'on s'expose et l'incertitude de ce qu'on gagnera égale le bien fini qu'on expose certainement, à l'infini qui est incertain. Cela n'est pas ainsi : tout joueur hasarde avec certitude pour gagner avec incertitude; et néanmoins il hasarde certainement le fini pour gagner incertainement le fini, sans pécher contre la raison. Il n'y a pas infinité de distance entre cette certitude de ce qu'on s'expose et l'incertitude du gain ; cela est faux. Il y a, à la vérité, infinité entre la certitude de gagner et la certitude de perdre. Mais l'incertitude de gagner est proportionnée à la certitude de ce qu'on hasarde, selon la proportion des hasards de gain et de perte ; et de là vient que s'il y a autant de hasards d'un côté que de l'autre, le parti est à jouer égal contre égal; et alors la certitude de ce qu'on s'expose est égale à l'incertitude du gain ; tant s'en faut qu'elle en soit infiniment distante. Et ainsi, notre proposition est dans une force infinie, quand il y a le fini à hasarder à un jeu où il y a pareils hasards de gain que de perte, et l'infini à gagner. Cela est démonstratif ; et si les hommes sont capables de quelques vérités, celle-là l'est [1].

---

1. Il y a des raisons de croire que, dans ce passage, Pascal s'adresse plus particulièrement à un de ses amis, possédé de la passion du jeu. Certains détails du raisonnement peuvent paraître obscurs, mais l'ensemble en est suffisamment clair. C'est, au fond, dans un langage de joueur et de mathématicien, la pensée qu'exprime la boutade connue du viveur échoué à l'hôpital et disant à la religieuse qui le soigne : « Avouez, ma sœur, que vous serez bien attrapée s'il n'y a pas de Dieu. — Oui, mais vous le serez bien plus que moi, s'il y en a un ! »

— Je le confesse, je l'avoue. Mais encore n'y a-t-il point moyen de voir le dessous du jeu ?

— Oui, l'Écriture, et le reste, etc.

— Oui ; mais j'ai les mains liées et la bouche muette ; on me force à parler, et je ne suis pas en liberté ; on ne me relâche pas, et je suis fait d'une telle sorte que je ne puis croire. Que voulez-vous donc que je fasse ?

— Il est vrai. Mais apprenez au moins votre impuissance à croire, puisque la raison vous y porte et que néanmoins vous ne le pouvez[1] ; travaillez donc, non pas à vous convaincre par l'augmentation des preuves de Dieu, mais par la diminution de vos passions.

Vous voulez aller à la foi, et vous n'en savez pas le chemin ; vous voulez vous guérir de l'infidélité, et vous en demandez les remèdes. Apprenez-les de ceux qui ont été liés comme vous et qui parient maintenant tout leur bien ; ce sont gens qui savent ce chemin que vous voudriez suivre, et guéris d'un mal dont vous voulez guérir.

Suivez la manière par où ils ont commencé : c'est en faisant tout comme s'ils croyaient, en prenant de l'eau bénite, en faisant dire des messes, etc. Naturellement même cela vous fera croire et vous abêtira[2].

---

1. Impuissance à croire purement *relative*, c'est-à-dire pour ceux qui ne savent pas se dégager de leurs passions mauvaises, et pour lesquels « l'augmentation » des preuves théoriques est chose fort inefficace.

2. Une opinion frivole et prévenue s'est donné la fantaisie de prendre au pied de la lettre cette forte expression de Pascal pour s'en faire une arme telle quelle contre la foi de ce grand homme. On s'est obstiné à ne pas voir que dans ce dialogue l'apologiste de la foi se place, comme nous l'avons déjà fait observer, dans l'hypothèse de son interlocuteur ; qu'il lui emprunte son langage, lui oppose ses propres armes, et achève de le réduire, selon sa méthode habituelle, par une de ces puissantes ironies, où il était passé maître. Il serait fort étrange de voir un avocat de l'abêtissement systématique dans

— Mais c'est ce que je crains.
— Et pourquoi ? Qu'avez-vous à perdre ?

Mais pour vous montrer que cela y mène, c'est que cela diminuera les passions qui sont vos grands obstacles, etc.

Or, quel mal vous arrivera-t-il en prenant ce parti ? Vous serez fidèle, honnête, humble, reconnaissant, bienfaisant, sincère, ami véritable. A la vérité, vous ne serez point dans les plaisirs empestés, dans la gloire, dans les délices ; mais n'en aurez-vous point d'autres ?

Je vous dis que vous y gagnerez en cette vie ; et qu'à chaque pas que vous ferez dans ce chemin, vous verrez tant de certitude de gain, et tant de néant de ce que vous hasardez, que vous connaîtrez à la fin que vous avez parié pour une chose certaine, infinie, pour laquelle vous n'avez rien donné.

— Oh ! Ce discours me transporte, me ravit, etc.

— Si ce discours vous plaît et vous semble fort, sachez qu'il est fait par un homme qui s'est mis à genoux auparavant et après, pour prier cet Être infini et sans parties, auquel il soumet tout le sien, de se soumettre aussi le vôtre pour votre propre bien et pour sa gloire ; et qu'ainsi la force s'accorde avec cette bassesse.

Or, si les passions ne nous tenaient point, huit jours et cent ans sont une même chose.

---

l'homme qui a tant contribué à reculer les bornes du savoir humain. Mais c'est là, ce nous semble, une illusion assez vaine, et nous estimons que le niveau intellectuel de ce *croyant* était de ceux dont s'accommoderait, sans faire un sacrifice trop douloureux, l'orgueil même de notre temps. D'ailleurs, le sens essentiellement moral que Pascal donne à cette expression dont s'était déjà servi, d'une façon analogue, Montaigne, « il nous faut abêtir pour nous assagir » (*Apol.*, III, p. 108), est expliqué par ce qui suit : « Cela diminuera vos passions... Vous ne serez pas dans les plaisirs.. Vous auriez la foi, si vous aviez quitté les plaisirs... Ce discours vous est fait par un homme qui s'est mis à genoux pour prier...» Pascal poursuit le développement de son idée : Pour certaines gens, l'incrédulité provient moins des difficultés de l'intelligence que des obstacles moraux de la volonté et du cœur.

— Ceux qui espèrent leur salut [direz-vous] sont heureux en cela ; mais ils ont pour contre-poids la crainte de l'enfer.
— Qui a plus de sujet de craindre l'enfer, ou celui qui est dans l'ignorance s'il y a un enfer et dans la certitude de damnation s'il y en a ; ou celui qui est dans une certaine persuasion qu'il y a un enfer, et dans l'espérance d'être sauvé, s'il est ?
Quiconque n'ayant plus que huit jours à vivre ne trouvera pas que le parti est de croire que tout cela n'est pas un coup du hasard [aurait entièrement perdu l'esprit].
— J'aurais bientôt quitté les plaisirs, disent-ils, si j'avais la foi. — Et moi je vous dis : Vous auriez bientôt la foi si vous aviez quitté les plaisirs. Or, c'est à vous à commencer. Si je pouvais, je vous donnerais la foi. Je ne puis le faire, ni partant éprouver la vérité de ce que vous dites. Mais vous pouvez bien quitter les plaisirs et éprouver si ce que je dis est vrai.

II. — *Fascinatio nugacitatis.* — *Nous sommes fascinés par des hochets.* Afin que la passion ne nuise point, faisons comme s'il n'y avait que huit jours de vie.
Si on doit donner huit jours, on doit donner toute la vie.

III. — Par la règle des partis, vous devez vous mettre en peine de rechercher la vérité : car si vous mourez sans adorer le vrai principe, vous êtes perdu. — Mais, dites-vous, s'il avait voulu que je l'adorasse, il m'aurait laissé des signes de sa volonté. — Ainsi a-t-il fait ; mais vous les négligez. Cherchez-les donc, cela le vaut bien.

IV. — N'y a-t-il point une vérité substantielle, voyant tant de choses vraies qui ne sont point la vérité même ?

V. — Je sens que je peux n'avoir point été : car le moi consiste dans ma pensée ; donc moi qui pense n'aurais point été si ma mère eût été tuée avant que j'eusse été animé.

Donc je ne suis pas un être nécessaire. Je ne suis pas aussi éternel, ni infini ; mais je vois bien qu'il y a dans la nature un être nécessaire, éternel et infini.

VI. — L'Être éternel est toujours, s'il est une fois.

VII. — Incompréhensible que Dieu soit, et incompréhensible qu'il ne soit pas ; que l'âme soit avec le corps, que nous n'ayons pas d'âme ; que le monde soit créé, qu'il ne le soit pas, etc. ; que le péché originel soit, et qu'il ne soit pas, etc[1].

VIII. — Croyez-vous qu'il soit impossible que Dieu soit infini, sans parties ? — Oui. — Je vous veux donc faire voir une chose infinie et indivisible : c'est un point se mouvant partout d'une vitesse infinie ; car il est en tous lieux, et est tout entier en chaque endroit[2].

Que cet effet de nature, qui vous semblait impossible

---

1. « Nous ne comprenons le tout de rien, » dit ailleurs excellemment Pascal. Dans toute existence, il y a à la fois une lumière qui s'impose à notre raison et un mystère par où elle échappe aux prises de cette même raison. Nous ne savons pas quelle est l'essence de la matière, et l'homme est à lui-même un impénétrable mystère. L'éternité et le temps, l'immensité et l'espace, le corps et l'âme, le fini et l'infini, Dieu et le monde, autant de vérités que nous ne pouvons ne pas concevoir, autant de mystères que nous ne pouvons pas comprendre. C'est dans ce sens et dans ce sens seulement qu'il faut entendre les antinomies qu'indique ici Pascal, et dont Kant a repris la thèse, mais pour s'en faire une arme contre les idées et les principes de la raison.

2. Argument *par comparaison*, fondé sur une supposition de mathématicien. Pascal, conformément à la tournure scientifique de son esprit, argumente volontiers d'après les analogies de l'*infini mathématique*. Celui-ci, à vrai dire, est plutôt la notion abstraite de l'*indéfini*. En réalité, il n'y a qu'un infini véritable, c'est l'Être divin, qui possède à la fois l'infinité et la simplicité.

auparavant, vous fasse connaître qu'il peut y en avoir d'autres que vous ne connaissez pas encore. Ne tirez pas cette conséquence de votre apprentissage, qu'il ne vous reste rien à savoir, mais qu'il vous reste infiniment à savoir.

IX. — La nature a des perfections pour montrer qu'elle est l'image de Dieu ; et des défauts, pour montrer qu'elle n'en est que l'image.

X. — L'unité jointe à l'infini ne l'augmente de rien, non plus qu'un pied à une mesure infinie. Le fini s'anéantit en présence de l'infini et devient un pur néant. Ainsi notre esprit devant Dieu ; ainsi notre justice devant la justice divine.

Il n'y a pas si grande disproportion entre notre justice et celle de Dieu qu'entre l'unité et l'infini.

Il faut que la justice de Dieu soit énorme comme sa miséricorde : or la justice envers les réprouvés est moins énorme et doit moins choquer que la miséricorde envers les élus[1].

XI. — Si c'est un aveuglement surnaturel de vivre sans chercher ce qu'on est, c'en est un terrible de vivre mal en croyant Dieu.

XII. — Je ne puis pardonner à Descartes : il aurait bien voulu, dans toute sa philosophie, pouvoir se passer de Dieu ; mais il n'a pu s'empêcher de lui faire donner une chiquenaude pour mettre le monde en mouvement ; après cela, il n'a plus que faire de Dieu[2].

---

1. La justice de Dieu, qui proportionne strictement le châtiment aux fautes, est moins étonnante que sa miséricorde qui donne une récompense infinie, supérieure aux mérites du juste.

2. Cette pittoresque expression peint le principe du *Déisme* rationaliste, qui admet bien le Dieu auteur du monde, mais voudrait exclure sa Providence et son action surnaturelle.

XIII. — En Dieu la parole ne diffère pas de l'intention, car il est véritable; ni la parole de l'effet, car il est puissant; ni les moyens de l'effet, car il est sage. (BERN., *Ult. sermo in missam.* — AUG., 5, *De Civitat.*, 10.)

Cette règle est générale : Dieu peut tout, hormis les choses, lesquelles s'il les pouvait, il ne serait pas tout-puissant, comme *mourir, être trompé et mentir*, etc.

CHAPITRE III

L'Homme au regard de la raison et de la vérité.

1. Trois moyens de croire. — 2-3. Les raisons et l'ordre du cœur. — 4. Raison, sentiment, foi. — 5. La vérité connue par la raison et le cœur. — 6. Instinct et expérience. — 7-8. La dernière démarche de la raison. — 9. Trois règles dans l'emploi de la raison. — 10. Ni exagérer ni choquer. — 11-12. Soumission raisonnable. — 13-14. Deux excès. — 15. La Religion proportionnée à toutes sortes d'esprits. — 16. Aimer la vérité. — 17. Christianisme et Raison. — 18. Fausse règle de créance. — 19. Le consentement de nous à nous-même.

I. — Il y a trois moyens de croire : la raison, la coutume, l'inspiration : la religion chrétienne, qui seule a la raison, n'admet pas pour ses vrais enfants ceux qui croient sans inspiration ; ce n'est pas qu'elle exclue la raison et la coutume ; au contraire, mais il faut ouvrir son esprit aux preuves, s'y confirmer par la coutume, mais s'offrir par les humiliations aux inspirations, qui seules peuvent faire le vrai et salutaire effet : *Ne evacuetur crux Christi*[1].

---

1. I Cor., i, 17. *Evangelizare, non in sapientia verbi, ut non evacuetur Crux Christi.* — Il ne faut pas exiger ici de Pascal toute la rigueur des termes théologiques. Dans ces fragments, *raison* signifie d'ordinaire le raisonnement de l'esprit procédant par déduction et démonstration ; *coutume* désigne la pratique de la religion ; *inspiration*, marque la grâce surnaturelle. Nous disons plus loin comment *cœur*, *sentiment*, signifie tantôt la raison spontanée qui perçoit les vérités premières, tantôt la volonté s'inclinant vers la vérité saisie par l'intelligence et la raison. C'est à bon droit que Pascal fait intervenir tous ces facteurs dans l'acte de foi ; et malgré les particularités de son langage, il est d'accord avec les enseignements de la théologie,

II. — Le cœur a ses raisons, que la raison ne connaît point : on le sait en mille choses. Je dis que le cœur aime l'être universel naturellement, et soi-même naturellement, selon qu'il s'y adonne; et il se durcit contre l'un ou l'autre, à son choix. Vous avez rejeté l'un et conservé l'autre : est-ce par raison que vous vous aimez ?

C'est le cœur qui sent Dieu, et non la raison. Voilà ce que c'est que la foi : Dieu sensible au cœur, non à la raison.

III. — Le cœur a son ordre ; l'esprit a le sien, qui est par principes et démonstrations ; le cœur en a un autre. On ne prouve pas qu'on doit être aimé en exposant d'ordre les causes de l'amour ; cela serait ridicule.

Jésus-Christ, saint Paul ont l'ordre de la charité, non de l'esprit; car ils voulaient échauffer, non instruire. Saint Augustin de même. Cet ordre consiste principalement à la digression sur chaque point qui a rapport à la fin, pour la montrer toujours.

IV. — La raison agit avec lenteur, et avec tant de vues, sur tant de principes, lesquels il faut qu'ils soient toujours présents, qu'à toute heure elle s'assoupit et s'égare, manque d'avoir tous ses principes présents. Le sentiment n'agit pas ainsi : il agit en un instant, et toujours est prêt à agir. Il faut donc mettre notre foi dans le sentiment; autrement elle sera toujours vacillante.

V. — Nous connaissons la vérité, non seulement par la raison, mais encore par le cœur ; c'est de cette dernière

---

qui, dans la foi, distingue l'acte d'intelligence, s'appuyant sur les motifs de croire ; l'acte de la volonté, qui incline l'intelligence ; l'action de la grâce, qui dispose et aide l'une et l'autre faculté : *Credere est actus intellectus assentientis veritati divinæ ex imperio voluntatis motæ per gratiam.* (S. Thomas, *S. Theol.*, 2-2, q. 2, a. 9.)

sorte que nous connaissons les premiers principes[1], et c'est en vain que le raisonnement, qui n'y a point de part, essaye de les combattre. Les pyrrhoniens, qui n'ont que cela pour objet, y travaillent inutilement.

Nous savons que nous ne rêvons point, quelque impuissance où nous soyons de le prouver par raison : cette impuissance ne conclut autre chose que la faiblesse de notre raison, mais non pas l'incertitude de toutes nos connais-

---

1. Dans la langue de Pascal, le mot *raison* ne désigne communément que la faculté de raisonner, la faculté de déduire les conséquences contenues dans un premier principe, et c'est cette raison purement *discursive*, cette raison *raisonneuse* de la philosophie dont il aime à relever les infirmités, les inconséquences et les erreurs. Quant à cette autre faculté de la raison qui consiste à saisir immédiatement les vérités premières, les axiomes, les principes d'éternelle vérité, et qu'on appelle raison *spontanée*, raison *intuitive*, raison *naturelle*, *sens commun*, Pascal n'a garde de la nier. Il l'affirme, il la maintient, il en signale les hautes prérogatives ; mais par un singulier tour de son génie et de son langage, il la rapporte au cœur et l'appelle de ce nom : « C'est par le cœur, dit-il, que nous connaissons les premiers principes. » « Le cœur sent qu'il y a trois dimensions dans l'espace et que les nombres sont infinis. » « C'est le cœur qui sent Dieu. » « Les principes se sentent, les propositions se concluent. » « Sur ces connaissances du cœur et de l'instinct, il faut que la raison s'appuie, etc., etc. » Cela sans doute parce que ces idées et ces vérités premières sont indépendantes de tout raisonnement, qu'elles sont le résultat d'une sorte d'intuition naturelle et spontanée de la raison, et semblent, comme telles, être senties par le cœur, en même temps qu'elles sont perçues par la raison.
On pourra contester la justesse de l'expression ; on ne pourra nier la force et la vérité de la doctrine. Or, le fond de cette doctrine, c'est l'affirmation ferme et solennelle des vérités premières et des premiers principes. Là est la force véritable de la raison et la base inébranlable de toute certitude. Loin de la contester, Pascal la met dans tout son jour, et réduit ainsi à néant ce prétendu scepticisme qu'on lui a tant reproché comme s'il avait voulu en faire le principe et le fondement de son Apologie.

sances, comme ils le prétendent[1]. Car la connaissance des premiers principes, comme qu'il y a *espace, temps, mouvement, nombres*, est aussi ferme qu'aucune que celles que nos raisonnements nous donnent. Et c'est sur ces connaissances du cœur et de l'instinct qu'il faut que la raison s'appuie, et qu'elle y fonde tout son discours. Le cœur sent qu'il y a trois dimensions dans l'espace, et que les nombres sont infinis ; et la raison démontre ensuite qu'il n'y a point deux nombres carrés dont l'un soit double de l'autre.

Les principes se sentent, les propositions se concluent ; et le tout avec certitude, quoique par différentes voies. Et il est aussi ridicule que la raison demande au cœur des preuves de ses premiers principes, pour vouloir y consentir, qu'il serait ridicule que le cœur demandât à la raison un sentiment de toutes les propositions qu'elle démontre, pour vouloir les recevoir.

Cette impuissance ne doit donc servir qu'à humilier la raison, qui voudrait juger de tout ; mais non pas à combattre notre certitude, comme s'il n'y avait que la raison capable de nous instruire. Plût à Dieu que nous n'en eussions, au contraire, jamais besoin, et que nous connussions toutes choses par instinct et par sentiment ! Mais la

---

D'autres fois encore, le *cœur* se dit par Pascal, comme par beaucoup d'écrivains religieux, de l'adhésion aux vérités qui touchent à l'ordre moral, impliquant un mouvement méritoire de la volonté libre. C'est en ce sens que la foi requiert le « sentiment » moral, le bon vouloir, le « cœur » affranchi des passions. C'est par là aussi que l'acte de foi, appuyé sur les convictions de l'intelligence, embrassé par la volonté droite, devient capable d'être pénétré et vivifié par la grâce, ou, comme le dit Pascal plus haut, par « l'inspiration », afin de devenir vivante et utile au salut. « Le raisonnement, ajoutera-t-il tout à l'heure, peut bien donner la foi ; mais celle-ci demeurera simplement humaine et inutile pour le salut, » tant que Dieu n'y aura pas mis sa grâce.

1. Cette phrase fait pleine justice de la thèse du prétendu scepticisme de Pascal.

nature nous a refusé ce bien, et elle ne nous a, au contraire, donné que très peu de connaissances de cette sorte ; toutes les autres ne peuvent être acquises que par le raisonnement.

Et c'est pourquoi ceux à qui Dieu a donné la religion par sentiment du cœur sont bien heureux et bien légitimement persuadés. Mais ceux qui ne l'ont pas, nous ne pouvons la (leur) donner que par raisonnement, en attendant que Dieu la leur donne par sentiment de cœur, sans quoi la foi n'est qu'humaine et inutile pour le salut.

VI. — Deux choses instruisent l'homme de toute sa nature : l'instinct et l'expérience.

VII. — La dernière démarche de la raison est de reconnaître qu'il y a une infinité de choses qui la surpassent. Elle n'est que faible, si elle ne va jusqu'à connaître cela.

Que si les choses naturelles la surpassent, que dira-t-on des surnaturelles ?

VIII. — Dieu, pour se réserver à lui seul le droit de nous instruire, et pour nous rendre la difficulté de notre être intelligible, nous en a caché le nœud si haut, ou pour mieux dire, si bas, que nous étions incapables d'y arriver : de sorte que ce n'est pas par les agitations de notre raison, mais par la simple soumission de la raison, que nous pouvons véritablement nous connaître.

IX. — Il faut savoir douter où il faut, assurer où il faut, et se soumettre où il faut. Qui ne fait ainsi n'entend pas la force de la raison. Il y en a qui faillent contre ces trois principes : ou en assurant tout comme démonstratif, manque de se connaître en démonstration ; ou en doutant de tout, manque de savoir où il faut juger.

X. — Si on soumet tout à la raison, notre religion n'aura rien de mystérieux et de surnaturel. Si on choque les principes de la raison, notre religion sera absurde et ridicule.

XI. — Saint Augustin[1]. La raison ne se soumettrait jamais, si elle ne jugeait qu'il y a des occasions où elle se doit soumettre.

Il est donc juste qu'elle se soumette quand elle juge qu'elle doit se soumettre.

XII. — Il n'y a rien de si conforme à la raison que ce désaveu de la raison.

XIII. — Deux excès : exclure la raison, n'admettre que la raison.

XIV. — La foi dit bien ce que les sens ne disent pas, mais non pas le contraire de ce qu'ils voient. Elle est au-dessus, et non pas contre.

XV. — La religion est proportionnée à toutes sortes d'esprits. Les premiers s'arrêtent au seul établissement ; et cette religion est telle, que son seul établissement est suffisant pour en prouver la vérité. Les autres vont jusqu'aux Apôtres. Les plus instruits vont jusqu'au commencement du monde. Les anges la voient encore mieux, et de plus loin.

---

1. *Epist. 120, ad Consentium.* « Que la foi doive précéder la raison, cela même est un principe de raison... S'il est raisonnable que la foi précède la raison, lorsqu'il s'agit d'arriver à des hauteurs que nous ne saurions encore atteindre, il est évident que la raison qui nous persuade cela précède elle-même la foi. » — Dans tous ces fragments, Pascal caractérise le rôle de la raison avec une remarquable exactitude, conforme aux principes de la philosophie chrétienne et qui fait justice des accusations de scepticisme formulées parfois contre lui. « Savoir douter où il faut, assurer où il faut, se soumettre où il faut. » Ce qu'il appelle « désaveu de la raison » n'est que sa soumission jugée légitime par la raison elle-même, « là où il faut ». *Non crederet, nisi videret ea esse credenda*, dit S. Thomas. (*S. Theol.*, 2-2, q. 1, a. 4.)

XVI. — Ceux qui n'aiment pas la vérité prennent le prétexte de la contestation de la multitude de ceux qui la nient ; et ainsi leur erreur ne vient que de ce qu'ils n'aiment pas la vérité ou la charité. Et ainsi ils ne sont pas excusés.

XVII. — Ce sera une des confusions des damnés, de voir qu'ils seront condamnés par leur propre raison, par laquelle ils ont prétendu condamner la religion chrétienne.

XVIII.— Tant s'en faut que d'avoir ouï dire une chose soit la règle de votre créance, que vous ne devez rien croire sans vous mettre en l'état comme si jamais vous ne l'aviez ouïe.

XIX. — C'est le consentement de vous à vous-même, et la voix constante de votre raison, et non des autres, qui vous doit faire croire.

CHAPITRE IV

L'Homme au regard de la foi et de la persuasion.

1. La raison et la grâce. — 2. La foi, don de Dieu. — 3. Véritable méthode. — 4-5. La foi des simples. — 6. Foi et grâce. — 7. Dieu caché et découvert. — 8. Deux sortes d'esprits connaissent Dieu. — 9. Conviction de l'esprit, habitude, inclination du cœur.

I. — La conduite de Dieu, qui dispose toutes choses avec douceur, est de mettre la religion dans l'esprit par les raisons, et dans le cœur par la grâce. Mais de la vouloir mettre dans l'esprit et dans le cœur par la force et par les menaces, ce n'est pas y mettre la religion, mais la terreur : *Terrorem potius quam religionem*.

II. — La foi est un don de Dieu. Ne croyez pas que nous disions que c'est un don de raisonnement. Les autres religions ne disent pas cela de leur foi ; elles ne donnaient que le raisonnement pour y arriver, qui n'y mène pas néanmoins[1].

III. — Il y a deux manières de persuader les vérités de notre religion : l'une par la force de la raison, l'autre par l'autorité de celui qui parle. [A tort,] on ne se sert pas de la dernière, mais de la première. On ne dit pas : Il faut croire cela, car l'Écriture qui le dit est divine ; mais on

---

1. Le raisonnement ne mène pas aux autres religions, parce qu'elles manquent de motifs rationnels de crédibilité ; il peut, au contraire, mener au christianisme, qui trouve dans l'ordre philosophique les *préambules* de la foi.

dit qu'il le faut croire par telle et telle raison, qui sont de faibles arguments, la raison étant flexible à tout[1].

IV. — Ceux que nous voyons chrétiens sans la connaissance des prophéties et des preuves ne laissent pas d'en juger aussi bien que ceux qui ont cette connaissance ; ils en jugent par le cœur comme les autres en jugent par l'esprit. C'est Dieu lui-même qui les incline à croire ; et ainsi ils sont très efficacement persuadés.

V. — Ceux qui croient sans avoir lu les Testaments, c'est parce qu'ils ont une disposition intérieure toute sainte et que ce qu'ils entendent dire de notre religion y est conforme. Ils sentent qu'un Dieu les a faits. Ils ne veulent aimer que Dieu ; ils ne veulent haïr qu'eux-mêmes. Ils sentent qu'ils n'en ont pas la force d'eux-mêmes : qu'ils sont incapables d'aller à Dieu ; et que, si Dieu ne vient à eux, ils ne peuvent avoir aucune communication avec lui.

Et ils entendent dire dans notre religion qu'il ne faut aimer que Dieu, et ne haïr que soi-même ; mais qu'étant tous corrompus et incapables de Dieu, Dieu s'est fait homme pour s'unir à nous. Il n'en faut pas davantage pour

---

1. Pascal a raison de s'élever contre ceux qui prétendent démontrer les dogmes de la foi, directement par des considérations rationnelles, et sans s'appuyer sur l'autorité divine présentée par l'Eglise. Le Concile du Vatican a en effet condamné cette méthode dangereuse affectionnée par divers philosophes, mais qui méconnaît le principe fondamental de la *Règle de foi* catholique. Les analogies et considérations rationnelles appliquées aux dogmes de la Révélation n'ont qu'une valeur *explicative* et *confirmative*, — d'ailleurs fort utile, — vis-à-vis des vérités crues de par les motifs de la Règle de foi. C'est le *Credo ut intelligam* de S. Augustin, le *Fides quærens intellectum* de S. Anselme. A Pascal même, on a voulu reprocher parfois d'avoir voulu démontrer ainsi par des raisons naturelles directes, le *péché originel*. Ce fragment réduit ce reproche à sa juste valeur.

persuader des hommes qui ont cette disposition dans le cœur, et qui ont cette connaissance de leur devoir et de leur incapacité.

VI. — Ne vous étonnez pas de voir des personnes simples croire sans raisonnement. Dieu leur donne l'amour de soi et la haine d'eux-mêmes. Il incline leur cœur à croire. On ne croira jamais d'une créance utile et de foi, si Dieu n'incline le cœur ; et on croira dès qu'il l'inclinera.

Et c'est ce que David connaissait bien : *Inclina cor meum, Deus*[1].

VII. — Au lieu de vous plaindre de ce que Dieu s'est caché, vous lui rendrez grâces de ce qu'il s'est tant découvert, et vous lui rendrez grâces encore de ce qu'il ne s'est pas découvert aux sages superbes, indignes de connaître un Dieu si saint.

VIII. — Deux sortes de personnes (le) connaissent : ceux qui ont le cœur humilié, et qui aiment la bassesse, quelque degré d'esprit qu'ils aient, haut ou bas, ou ceux qui ont assez d'esprit pour voir la vérité, quelque opposition d'esprit qu'ils y aient.

IX. — Car il ne faut pas se méconnaître, nous sommes automate autant qu'esprit ; et de là vient que l'instrument par lequel la persuasion se fait n'est pas la seule démonstration. Combien y a-t-il peu de choses démontrées !

---

1. Ps. CXVIII, 36. *Inclina cor meum, Deus, in testimonia tua.*
— Ce fragment marque bien le rôle du triple élément qui, ainsi que nous le disons plus haut, concourt dans l'acte « d'une créance utile et de foi » que Pascal ne cesse jamais de considérer dans sa valeur non seulement intellectuelle mais aussi morale. « Les preuves convainquent l'esprit, » ajoute-t-il plus bas, mais la volonté a besoin d'être inclinée par l'action divine et fortifiée par la pratique habituelle, soit « la coutume qui fait acquérir une créance plus facile, celle de l'habitude ».

CH. IV. — L'HOMME AU REGARD DE LA FOI

Les preuves ne convainquent que l'esprit. La coutume fait nos preuves les plus fortes et les plus crues; elle incline l'automate qui entraîne l'esprit sans qu'il y pense. Qui a démontré qu'il sera demain jour, et que nous mourrons? Et qu'y a-t-il de plus cru? C'est donc la coutume qui nous en persuade; c'est elle qui fait tant de chrétiens; c'est elle qui fait les Turcs, les païens, les métiers, les soldats, etc.[1]... Enfin il faut avoir recours à elle quand une fois l'esprit a vu où est la vérité, afin de nous abreuver et de nous teindre de cette créance qui nous échappe à toute heure; car d'en avoir toujours les preuves présentes, c'est trop d'affaire. Il faut acquérir une créance plus facile, qui est celle de l'habitude, qui, sans violence, sans art, sans argument, nous fait croire les choses et incline toutes nos puissances à cette croyance, en sorte que notre âme y tombe naturellement.

Quand on ne croit que par la force de la conviction et que l'automate est incliné à croire le contraire, ce n'est pas assez.

Il faut donc faire croire nos deux pièces : l'esprit, par les raisons qu'il suffit d'avoir vues une fois en sa vie, et l'automate par la coutume, et en ne lui permettant pas de s'incliner au contraire. *Inclina cor meum, Deus.*

---

1. L'exagération de quelques expressions, y compris l'expression cartésienne d'*automate*, ne doit pas faire méconnaître la vérité d'ensemble de ce remarquable fragment. Il est dit que la coutume fait *tant de chrétiens*, et non *tant de Turcs et de païens*, mais, absolument, *les Turcs*, etc... Pascal entend que, pour ceux-ci, il n'y a que la coutume seule; tandis que, pour ceux-là, la coutume ou pratique présuppose « les preuves qui convainquent l'esprit » et agit « quand une fois l'esprit a vu la vérité » par des preuves de nature multiple, mais « toujours proportionnées à toutes sortes d'esprits ». Le sens du raisonnement est indiqué par la pittoresque conclusion : « Il faut faire croire nos deux pièces. »

CHAPITRE V

L'Homme placé entre deux infinis.

1. Grandeur du monde et petitesse relative de l'homme. Grandeur dans l'infiniment petit. Impossible de connaître tout. — 2. Présomption à vouloir connaître les derniers principes des choses. L'homme borné entre deux extrêmes. Il ne peut se fixer dans le fini. — 3. Contingence de la vie humaine. — 4. Notre nature bornée. — 5-6. Entourée d'ignorance et de silence.

1. — Que l'homme contemple donc la nature entière dans sa haute et pleine majesté ; qu'il éloigne sa vue des objets bas qui l'environnent ; qu'il regarde cette éclatante lumière mise comme une lampe éternelle pour éclairer l'univers ; que la terre lui paraisse comme un point au prix du vaste tour que cet astre décrit, et qu'il s'étonne de ce que ce vaste tour lui-même n'est qu'un point très délicat à l'égard de celui que les astres qui roulent dans le firmament embrassent. Mais, si notre vue s'arrête là, que l'imagination passe outre : elle se lassera plutôt de concevoir que la nature de fournir. Tout ce monde visible n'est qu'un trait imperceptible dans l'ample sein de la nature. Nulle idée n'en approche. Nous avons beau enfler nos conceptions au delà des espaces imaginables, nous n'enfantons que des atomes au prix de la réalité des choses. — C'est une sphère infinie dont le centre est partout, la circonférence nulle part.

Enfin, c'est le plus grand caractère sensible de la toute-puissance de Dieu, que notre imagination se perde dans cette pensée.

Que l'homme, étant revenu à soi, considère ce qu'il est au prix de ce qui est ; qu'il se regarde comme égaré dans ce canton détourné de la nature, et que, de ce petit cachot où il se trouve logé, — j'entends l'univers, — il apprenne à esti-

CH. V. — L'HOMME PLACÉ ENTRE DEUX INFINIS

ner la terre, les royaumes, les villes, et soi-même son juste prix.

Qu'est-ce qu'un homme dans l'infini ?

Mais, pour lui présenter un autre prodige aussi étonnant, qu'il recherche, dans ce qu'il connaît, les choses les plus délicates. Qu'un ciron lui offre dans la petitesse de son corps des parties incomparablement plus petites, des jambes avec des jointures, des veines dans ces jambes, du sang dans ces veines, des humeurs dans ce sang, des gouttes dans ces humeurs, des vapeurs dans ces gouttes ; que, divisant encore ces dernières choses, il épuise ses forces en ces conceptions, et que le dernier objet où il peut arriver soit maintenant celui de notre discours, il pensera peut-être que c'est là l'extrême petitesse de la nature. Je veux lui faire voir là-dedans un abîme nouveau. Je lui veux peindre, non seulement l'univers visible, mais l'immensité qu'on peut concevoir de la nature, dans l'enceinte de ce raccourci d'atome. Qu'il y voie une infinité d'univers dont chacun a son firmament, ses planètes, sa terre, en la même proportion que le monde visible ; dans cette terre, des animaux, et enfin des cirons, dans lesquels il retrouvera ce que les premiers ont donné ; et, trouvant encore dans les autres la même chose, sans fin et sans repos, qu'il se perde dans ces merveilles aussi étonnantes dans leur petitesse que les autres par leur étendue : car qui n'admirera que notre corps, qui tantôt n'était pas perceptible dans l'univers, imperceptible lui-même dans le sein du tout, soit à présent un colosse, un monde, ou plutôt un tout, à l'égard du néant où l'on ne peut arriver ?

Qui se considérera de la sorte s'effrayera de soi-même, et, se considérant soutenu dans la masse que la nature lui a donnée, entre ces deux abîmes de l'infini et du néant, il tremblera à la vue de ces merveilles ; et je crois que, sa curiosité se changeant en admiration, il sera plus disposé à les contempler en silence qu'à les rechercher avec présomption.

Car, enfin, qu'est-ce que l'homme dans la nature? — Un néant à l'égard de l'infini, un tout à l'égard du néant : un milieu entre rien et tout. Infiniment éloigné de comprendre les extrêmes; la fin des choses et leur principe sont pour lui invinciblement cachés dans un secret impénétrable : également incapable de voir le néant d'où il est tiré, et l'infini où il est englouti.

Que fera-t-il donc, sinon d'apercevoir quelque apparence du milieu des choses, dans un désespoir éternel de connaître ni leur principe ni leur fin? Toutes choses sont sorties du néant et portées jusqu'à l'infini. Qui suivra ces étonnantes démarches? L'auteur de ces merveilles les comprend; tout autre ne peut le faire.

Manque d'avoir contemplé ces infinis, les hommes se sont portés témérairement à la recherche de la nature, comme s'ils avaient quelque proportion avec elle.

C'est une chose étrange qu'ils aient voulu comprendre les principes des choses, et de là arriver à connaître tout, par une présomption aussi infinie que leur objet. Car il est sans doute qu'on ne peut former ce dessein sans une présomption ou sans une capacité infinie comme la nature.

Quand on est instruit, on comprend que la nature ayant gravé son image et celle de son auteur dans toutes choses, elles tiennent presque toutes de sa double infinité. C'est ainsi que nous voyons que toutes les sciences sont infinies en l'étendue de leurs recherches; car qui doute que la géométrie, par exemple, a une infinité d'infinités de propositions à exposer? Elles sont aussi infinies dans la multitude et la délicatesse de leurs principes ; car qui ne voit que ceux qu'on propose pour les derniers ne se soutiennent pas d'eux-mêmes, et qu'ils sont appuyés sur d'autres, qui, en ayant d'autres pour appui, ne souffrent jamais de dernier?

Mais nous faisons des derniers qui paraissent à la raison comme on fait dans les choses matérielles, où nous appelons un point indivisible celui au delà duquel nos sens n'aperçoivent plus rien, quoique divisible infiniment et par sa nature.

De ces deux infinis de sciences, celui de grandeur est bien plus sensible, et c'est pourquoi il est arrivé à peu de personnes de prétendre connaître toutes choses. Je vais parler de tout, disait Démocrite[1].

II. — Mais l'infinité en petitesse est bien moins visible. Les philosophes ont bien plus tôt prétendu d'y arriver ; et c'est là où tous ont achoppé. C'est ce qui a donné lieu à ces titres si ordinaires : *des principes des choses, des principes de la philosophie*, et autres semblables, aussi fastueux en effet, quoique non en apparence, que cet autre qui crève les yeux, *de omni scibili*[2].

On se croit naturellement bien plus capable d'arriver au centre des choses que d'embrasser leur circonférence. L'étendue visible du monde nous surpasse visiblement ; mais comme c'est nous qui surpassons les petites choses, nous nous croyons plus capables de les posséder ; et cependant il ne faut pas moins de capacité pour aller jusqu'au néant que jusqu'au tout. Il la faut infinie pour l'un et l'autre; et il me semble que qui aurait compris les derniers principes des choses pourrait aussi arriver jusqu'à connaître l'infini. L'un dépend de l'autre, et l'un conduit à l'autre.

Les extrémités se touchent et se réunissent à force de s'être éloignées, et se retrouvent en Dieu, et en Dieu seulement.

Connaissons donc notre portée : nous sommes quelque chose et ne sommes pas tout. Ce que nous avons d'être

---

1. *Ap.* Cicer., *Acad.*, II, 23. — Sext., Empir., VII, 265.
2. Allusion au titre sous lequel Pic de la Mirandole aurait annoncé la soutenance de ses 900 thèses, et l'ironique condamnation de la présomption des esprits superficiels, portés à trancher, avec autant de suffisance que de légèreté, les plus graves problèmes.

nous dérobe la connaissance des premiers principes qui naissent du néant[1], et le peu que nous avons d'être nous cache la vue de l'infini.

Notre intelligence tient dans l'ordre des choses intelligibles le même rang que notre corps dans l'étendue de la nature.

Bornés en tout genre, cet état qui tient le milieu entre deux extrêmes se trouve en toutes nos puissances.

Nos sens n'aperçoivent rien d'extrême. Trop de bruit nous assourdit; trop de lumière éblouit; trop de distance et trop de proximité empêche la vue; trop de longueur et trop de brièveté du discours l'obscurcit; trop de vérité nous étonne; j'en sais qui ne peuvent comprendre que qui de zéro ôte quatre reste zéro. Les premiers principes ont trop d'évidence pour nous. Trop de plaisir incommode. Trop de consonnances déplaisent dans la musique, et trop de bienfaits irritent : nous voulons avoir de quoi surpayer la dette : *Beneficia eo usque laeta sunt dum videntur exsolvi posse ; ubi multum antevenere, pro gratia odium redditur*[2].

Nous ne sentons ni l'extrême chaud ni l'extrême froid. Les qualités excessives nous sont ennemies, et non pas sensibles; nous ne les sentons plus, nous les souffrons. Trop de jeunesse et trop de vieillesse empêchent l'esprit; trop et trop peu d'instruction... Enfin les choses extrêmes sont pour nous comme si elles n'étaient point, et nous ne

---

1. Ces « premiers principes qui naissent du néant » signifient ici non pas les vérités premières de la raison, comme l'insinuent ceux qui tiennent à accuser Pascal de scepticisme, mais les éléments primordiaux, les premières *essences* des êtres et la façon dont elles sont tirées du néant par la mystérieuse puissance créatrice, problèmes difficiles, abordés légèrement par ces présomptueux qui provoquaient tout à l'heure le sarcasme du penseur qui se sait « éloigné de comprendre les extrêmes ».

2. TACITE, *Annales*, liv. IV, § 17. — Pascal avait écrit tout d'abord : trop de bienfaits *nous rendent ingrats*.

CH. V. — L'HOMME PLACÉ ENTRE DEUX INFINIS 39

sommes point à leur égard elles nous échappent ou nous à elles.

Voilà notre état véritable. C'est ce qui nous rend incapables de savoir certainement et d'ignorer absolument[1]. Nous voguons sur un milieu vaste, toujours incertains et flottants, poussés d'un bout vers l'autre. Quelque terme où nous pensions nous attacher et nous affermir, il branle et nous quitte; et si nous le suivons, il échappe à nos prises, nous glisse et fuit d'une fuite éternelle. Rien ne s'arrête pour nous. C'est l'état qui nous est naturel, et toutefois le plus contraire à notre inclination : nous brûlons de désir de trouver une assiette ferme et une dernière base constante pour y édifier une tour qui s'élève à l'infini; mais tout notre fondement craque, et la terre s'ouvre jusqu'aux abîmes.

Ne cherchons donc point d'assurance et de fermeté. Notre raison est toujours déçue par l'inconstance des apparences; rien ne peut fixer le fini entre les deux infinis qui l'enferment et le fuient.

---

1. Ceux qui veulent voir dans ces magnifiques pages l'empreinte de l'esprit de pyrrhonisme, insistent particulièrement sur cette phrase. L'antithèse quelque peu elliptique est expliquée par toute la suite du raisonnement antérieur. Nous sommes incapables de savoir certainement *le dernier mot* du problème des êtres. Nous ne savons « le tout de rien »; — « les choses extrêmes nous échappent »; — « qui aurait compris les derniers principes des choses aurait compris l'infini ». — Pour échapper au « désespoir éternel de connaître ni leur principe ni leur fin », l'homme ne doit pas trop se confier aux sciences humaines, toujours fragmentaires. Quelle que soit la certitude de leurs résultats partiels, elles ne sauraient fixer le but suprême de l'esprit humain qui « vogue flottant et incertain » sur sa destinée, jusqu'à ce qu'il ait compris que les extrémités de notre existence « se retrouvent en Dieu et en Dieu seulement ». De là aussi, dans la pratique de la vie, pourquoi une poursuite inquiète des biens finis, « tous égaux en regard de l'infini » ? Haute et humaine philosophie, présentée dans un saisissant langage, mais qui n'a rien de commun avec les principes du scepticisme. (Cf. p. 20. *Note 1*.)

Cela étant bien compris, je crois qu'on se tiendra en repos chacun dans l'état où la nature l'a placé. Ce milieu qui nous est échu en partage étant toujours distant des extrêmes, qu'importe que l'homme ait un peu plus d'intelligence des choses? S'il en a, il les prend un peu de plus haut. N'est-il pas toujours infiniment éloigné du bout, et la durée de notre vie n'est-elle pas également infiniment éloignée de l'éternité, pour durer dix ans davantage?

Dans la vue de ces infinis, tous les finis sont égaux; et je ne vois pas pourquoi asseoir son imagination plutôt sur un que sur l'autre. La seule comparaison que nous faisons de nous au fini nous fait peine.

III. — Quand je considère la petite durée de ma vie absorbée dans l'éternité précédant et suivant; le petit espace que je remplis et même que je vois; abîmé dans l'infinie immensité des espaces que j'ignore et qui m'ignorent, je m'effraye et m'étonne de me voir ici plutôt que là: car il n'y a point de raison pourquoi ici plutôt que là, pourquoi à présent plutôt que lors. Qui m'y a mis? Par l'ordre et la conduite de qui ce lieu et ce temps a-t-il été destiné à moi? *Memoria hospitis unius diei prætereuntis*[1].

IV. — Pourquoi ma connaissance est-elle bornée? ma taille? ma durée? à cent ans plutôt qu'à mille? Quelle raison a eue la nature de me la donner telle, et de choisir ce nombre plutôt qu'un autre dans l'infinité? Desquels il n'y a pas plus de raison de choisir l'un que l'autre, rien ne tentant plus que l'autre.

V. — Combien de royaumes nous ignorent!

VI. — Le silence de ces espaces infinis m'effraye.

---

1. SAP., v, 15. L'espoir de l'impie est comme un duvet chassé par le vent, comme l'écume poussée par le flot, comme la fumée qui se perd dans les airs, comme le souvenir de l'hôte d'un jour qui n'a fait que passer.

CHAPITRE VI

L'Homme considéré dans sa grandeur et dans sa misère.

1. Roseau pensant. — 2. Régler sa pensée. — 3. La pensée fait l'homme. — 4. Penser comme il faut. — 5. Pensée grande et basse. — 6. Misère, preuve de grandeur. — 7-9. Connaître sa misère. — 10. Misères de grand seigneur. — 11. L'instinct nous élève. — 12-13. Recherche de l'estime des hommes. — 14. L'homme double. — 15. Plus de lumière. La religion.

I. — L'homme n'est qu'un roseau, le plus faible de la nature, mais c'est un roseau pensant. Il ne faut pas que l'univers entier s'arme pour l'écraser. Une vapeur, une goutte d'eau suffit pour le tuer. Mais quand l'univers l'écraserait, l'homme serait encore plus noble que ce qui le tue, parce qu'il sait qu'il meurt, et l'avantage que l'univers a sur lui. L'univers n'en sait rien.

Toute notre dignité consiste donc en la pensée. C'est de là qu'il faut nous relever, non de l'espace et de la durée, que nous ne saurions remplir. — Travaillons donc à bien penser : voilà le principe de la morale.

II. — Ce n'est point de l'espace que je dois chercher ma dignité, mais c'est du règlement de ma pensée. Je n'aurai pas davantage en possédant des terres. Par l'espace, l'univers me comprend et m'engloutit comme un point ; par la pensée, je le comprends.

III. — Je puis bien concevoir un homme sans mains, pieds, tête, car ce n'est que l'expérience qui nous apprend que la tête est plus nécessaire que les pieds ; mais je ne puis concevoir l'homme sans pensée : ce serait une pierre ou une brute.

C'est donc la pensée qui fait l'être de l'homme, et sans quoi on ne peut le concevoir. Qu'est-ce qui sent du plaisir en nous ? Est-ce la main ? est-ce le bras ? est-ce la chair ? est-ce le sang ? — On verra qu'il faut que ce soit quelque chose d'immatériel.

IV. — L'homme est visiblement fait pour penser ; c'est toute sa dignité et tout son mérite ; et tout son devoir est de penser comme il faut : et l'ordre de la pensée est de commencer par soi, et par son auteur et sa fin.

Or à quoi pense le monde ? Jamais à cela ; mais à danser, à jouer du luth, à chanter, à faire des vers, à courir la bague, à se bâtir, à se faire roi, sans penser à ce que c'est qu'être roi et qu'être homme.

V. — La pensée est donc une chose admirable et incomparable par sa nature. Il fallait qu'elle eût d'étranges défauts pour être méprisable. Mais elle en a de tels que rien n'est plus ridicule.

Qu'elle est grande par sa nature ! qu'elle est basse par ses défauts[1] !

VI. — La grandeur de l'homme est si visible, qu'elle se tire même de sa misère.

Car ce qui est nature aux animaux, nous l'appelons misère en l'homme ; par où nous reconnaissons que sa nature étant aujourd'hui pareille à celle des animaux, il est déchu d'une meilleure nature qui lui était propre autrefois[2].

Car qui se trouve malheureux de n'être pas roi, sinon un roi dépossédé ? Trouvait-on Paul-Émile malheureux de

---

1. Cette pensée est barrée dans l'autographe, mais elle mérite bien d'être reproduite.
2. Idée chère à Pascal, sur laquelle il revient fréquemment. Voir *note*, p. 31.

n'être plus consul? Au contraire, tout le monde trouvait qu'il était heureux de l'avoir été, parce que sa condition n'était pas de l'être toujours. Mais on trouvait Persée si malheureux de n'être plus roi, parce que sa condition était de l'être toujours, qu'on trouvait étrange de ce qu'il supportait la vie.

Qui se trouve malheureux de n'avoir qu'une bouche? Et qui ne se trouvera malheureux de n'avoir qu'un œil? On ne s'est peut-être jamais avisé de s'affliger de n'avoir pas trois yeux; mais on est inconsolable de n'en point avoir.

Paul-Émile reprochait à Persée de ce qu'il ne se tuait pas.

VII. — La misère se concluant de la grandeur, et la grandeur de la misère, les uns ont conclu la misère d'autant plus qu'ils en ont pris pour preuve la grandeur; et les autres concluent la grandeur avec d'autant plus de force qu'ils l'ont conclue de la misère même.

Tout ce que les uns ont pu dire pour montrer la grandeur, n'a servi que d'un argument aux autres pour conclure la misère, puisque c'est être d'autant plus misérable, qu'on est tombé de plus haut : et les autres au contraire. Ils se sont portés les uns sur les autres par un cercle sans fin : étant certain qu'à mesure que les hommes ont de lumière, ils trouvent et grandeur et misère en l'homme.

En un mot, l'homme connait qu'il est misérable; il est donc misérable, puisqu'il l'est; mais il est bien grand, puisqu'il le connait.

VIII. — On n'est pas misérable sans sentiment. Une maison ruinée ne l'est pas. Il n'y a que l'homme de misérable. *Ego vir videns*[1].

IX. — La grandeur de l'homme est grande en ce qu'il se connait misérable. Un arbre ne se connait pas misérable.

---

1. JEREM., *Thren.*, I, 1. *Ego vir videns paupertatem meam.*

C'est donc être misérable que de se connaître misérable ; mais c'est être grand que de connaître qu'on est misérable.

X. — Toutes ces misères-là même prouvent sa grandeur. Ce sont misères de grand seigneur, misères d'un roi dépossédé[1].

XI. — Malgré la vue de toutes nos misères qui nous touchent, qui nous tiennent à la gorge, nous avons un instinct que nous ne pouvons réprimer, qui nous élève.

XII. — Nous avons une si grande idée de l'âme de l'homme, que nous ne pouvons souffrir d'en être méprisés, et de n'être pas dans l'estime d'une âme ; et toute la félicité des hommes consiste dans cette estime.

XIII. — La plus grande bassesse de l'homme est la recherche de la gloire, mais c'est cela même qui est la plus grande marque de son excellence.

Car, quelque possession qu'il ait sur la terre, quelque santé et commodité essentielle qu'il ait, il n'est pas satisfait s'il n'est dans l'estime des hommes. Il estime si grande la raison de l'homme, que, quelque avantage qu'il ait sur la terre, s'il n'est placé avantageusement aussi dans la raison de l'homme, il n'est pas content. C'est la plus belle place du monde : rien ne peut le détourner de ce désir, et c'est la qualité la plus ineffaçable du cœur de l'homme.

Et ceux qui méprisent le plus les hommes, et qui les égalent aux bêtes, encore veulent-ils en être admirés et crus, et se contredisent à eux-mêmes par leur propre sentiment : leur nature, qui est plus forte que tout, les convainquant de la grandeur de l'homme plus fortement que la raison ne les convainc de leur bassesse.

XIV. — Cette duplicité de l'homme est si visible, qu'il

---

1. L'homme est un Dieu tombé qui se souvient des cieux.
(LAMARTINE.)

y en a qui ont pensé que nous avions deux âmes : un sujet simple leur paraissant incapable de telles et si soudaines variétés, d'une présomption démesurée à un horrible abattement de cœur.

XV. — A mesure qu'on a de lumière, on découvre plus de grandeur et plus de bassesse dans l'homme.

Les philosophes étonnent le commun des hommes. Les chrétiens étonnent les philosophes.

Qui s'étonnera donc de voir que la religion ne fait que connaître à fond ce qu'on reconnaît d'autant plus qu'on a plus de lumière ?

CHAPITRE VII

L'Homme entraîné par l'orgueil et l'égoïsme, source de sa corruption et de sa misère.

1. L'amour-propre et le Moi humain. Pas vouloir connaître ses défauts. Déguisement et mensonge. — 2. Nous nous efforçons de paraître. — 3. Vanité ancrée dans le cœur. — 4. Orgueil contrepesant toutes les misères. — 5. Présomption. — 6. Douceur de la gloire. — 7-8. Curiosité n'est que vanité. — 9. Les belles actions cachées. — 10-11. On n'aime que pour des qualités empruntées. — 12. Le vilain fond de l'homme. — 13. Le Moi haïssable. — 14. Se mettre au-dessus du reste du monde. — 15. Amour-propre et injustice. — 16. Amour et justice. — 17-18. N'aimer que Dieu. — 19. Philosophes inconséquents. — 20. La piété et le Moi.

1. — La nature de l'amour-propre et de ce *Moi* humain est de n'aimer que soi et de ne considérer que soi. Mais que fera-t-il ?

Il ne saurait empêcher que cet objet qu'il aime ne soit plein de défauts et de misères : il veut être grand, et il se voit petit ; il veut être heureux et il se voit misérable ; il veut être parfait, et il se voit plein d'imperfections ; il veut être l'objet de l'amour et de l'estime des hommes, et il voit que ses défauts ne méritent que leur aversion et leur mépris.

Cet embarras où il se trouve produit en lui la plus injuste et la plus criminelle passion qu'il soit possible de s'imaginer ; car il conçoit une haine mortelle contre cette vérité qui le reprend et qui le convainc de ses défauts. Il désirerait de l'anéantir, et ne pouvant la détruire en elle-même, il la détruit autant qu'il peut dans sa connaissance et dans celle des autres ; c'est-à-dire qu'il met tout son soin à cou-

CH. VII. — L'HOMME ENTRAINÉ PAR L'ORGUEIL

vrir ses défauts aux autres et à soi-même, et qu'il ne peut souffrir qu'on les lui fasse voir ni qu'on les voie.

C'est sans doute un mal que d'être plein de défauts; mais c'est encore un plus grand mal que d'en être plein et de ne les vouloir pas reconnaître, puisque c'est y ajouter encore celui d'une illusion volontaire.

Nous ne voulons pas que les autres nous trompent; nous ne trouvons pas juste qu'ils veuillent être estimés de nous plus qu'ils ne méritent; il n'est donc pas juste aussi que nous les trompions, et que nous voulions qu'ils nous estiment plus que nous ne méritons.

Ainsi, lorsqu'ils ne découvrent que des imperfections et des vices que nous avons en effet, il est visible qu'ils ne nous font point de tort, puisque ce ne sont pas eux qui en sont cause, et qu'ils nous font un bien, puisqu'ils nous aident à nous délivrer d'un mal qui est l'ignorance de ces imperfections. Nous ne devons pas être fâchés qu'ils les connaissent et qu'ils nous méprisent, étant juste et qu'ils nous connaissent pour ce que nous sommes, et qu'ils nous méprisent si nous sommes méprisables.

Voilà les sentiments qui naîtraient d'un cœur qui serait plein d'équité et de justice. Que devons-nous dire donc du nôtre, en y voyant une disposition toute contraire? Car, n'est-il pas vrai que nous haïssons la vérité et ceux qui nous la disent, et que nous aimons qu'ils se trompent à notre avantage, et que nous voulons être estimés d'eux autres que nous sommes en effet?

En voici une preuve qui me fait horreur. La religion catholique n'oblige pas à découvrir ses péchés indifféremment à tout le monde : elle souffre qu'on demeure caché à tous les autres hommes; mais elle en excepte un seul à qui elle commande de découvrir le fond de son cœur et de se faire voir tel qu'on est. Il n'y a que ce seul homme au monde qu'elle nous ordonne de désabuser, et elle l'oblige à un secret inviolable qui fait que cette connaissance est dans lui comme si elle n'y était pas.

Peut-on s'imaginer rien de plus charitable et de plus doux ? Et néanmoins la corruption de l'homme est telle, qu'il trouve encore de la dureté dans cette loi ; et c'est une des principales raisons qui a fait révolter contre l'Église une grande partie de l'Europe[1].

Que le cœur de l'homme est injuste et déraisonnable, pour trouver mauvais qu'on l'oblige de faire à l'égard d'un homme ce qui serait juste, en quelque sorte, qu'il fît à l'égard de tous les hommes ! Car est-il juste que nous les trompions ?

Il y a différents degrés dans cette aversion pour la vérité : mais on peut dire qu'elle est dans tous en quelque degré, parce qu'elle est inséparable de l'amour-propre.

C'est cette mauvaise délicatesse qui oblige ceux qui sont dans la nécessité de reprendre les autres, de choisir tant de détours et de tempéraments pour éviter de les choquer. Il faut qu'ils diminuent nos défauts, qu'ils fassent semblant de les excuser, qu'ils y mêlent des louanges et des témoignages d'affection et d'estime.

Avec tout cela, cette médecine ne laisse pas d'être amère à l'amour-propre. Il en prend le moins qu'il peut, et toujours avec dégoût, et souvent même avec un secret dépit contre ceux qui la lui présentent.

Il arrive de là que, si on a quelque intérêt d'être aimé de nous, on s'éloigne de nous rendre un office qu'on sait nous être désagréable ; on nous traite comme nous voulons être traités ; nous haïssons la vérité, on nous la cache ; nous voulons être flattés, on nous flatte ; nous aimons à être trompés, on nous trompe.

C'est ce qui fait que chaque degré de bonne fortune qui nous élève dans le monde, nous éloigne davantage de la vérité, parce qu'on appréhende plus de blesser ceux dont l'affection est plus utile et l'aversion plus dangereuse.

---

1. Allusion au Protestantisme et à certains prétextes de sa *Réforme*.

Un prince sera la fable de toute l'Europe, et lui seul n'en saura rien.

Je ne m'en étonne pas : dire la vérité est utile à celui à qui on la dit, mais désavantageux à ceux qui la disent, parce qu'ils se font haïr. Or ceux qui vivent avec les princes aiment mieux leurs intérêts que celui du prince qu'ils servent ; et ainsi ils n'ont garde de lui procurer un avantage en se nuisant à eux-mêmes.

Ce malheur est sans doute plus grand et plus ordinaire dans les plus grandes fortunes ; mais les moindres n'en sont pas exemptes, parce qu'il y a toujours quelque intérêt à se faire aimer des hommes. Ainsi la vie humaine n'est qu'une illusion perpétuelle ; on ne fait que s'entre-tromper et s'entre-flatter.

Personne ne parle de nous en notre présence comme il en parle en notre absence. L'union qui est entre les hommes n'est fondée que sur cette mutuelle tromperie ; et peu d'amitiés subsisteraient si chacun savait ce que son ami dit de lui lorsqu'il n'y est pas, quoiqu'il en parle alors sincèrement et sans passion.

L'homme n'est donc que déguisement, que mensonge et hypocrisie, et en soi-même et à l'égard des autres. Il ne veut pas qu'on lui dise la vérité, il évite de la dire aux autres ; et toutes ces dispositions si éloignées de la justice et de la raison ont une racine naturelle dans son cœur[1].

II. — Nous ne nous contentons pas de la vie que nous avons en nous et en notre propre être : nous voulons vivre

---

1. Pascal parle ici en *moraliste* et non en *métaphysicien*. Cela permet de ne pas se méprendre sur la pointe d'exagération que trahissent ces fortes expressions. Pas n'est besoin, donc, de louer Voltaire de *prendre le parti de l'humanité contre ce misanthrope sublime,* comme si Pascal entendait nier qu'il peut se rencontrer une part de franchise et de loyauté dans l'homme naturel, même vicié par la corruption originelle.

dans l'idée des autres d'une vie imaginaire, et nous nous efforçons pour cela de paraître.

Nous travaillons incessamment à embellir et à conserver cet être imaginaire, et nous négligeons le véritable. Et si nous avons ou la tranquillité, ou la générosité, ou la fidélité, nous nous empressons de le faire savoir, afin d'attacher ces vertus à cet être d'imagination : nous les détacherions plutôt de nous pour les y joindre, et nous serions volontiers poltrons pour acquérir la réputation d'être vaillants.

Grande marque du néant de notre propre être, de n'être pas satisfait de l'un sans l'autre, et de renoncer souvent à l'un pour l'autre. Car, qui ne mourrait pour conserver son honneur, celui-là serait infâme.

III. — La vanité est si ancrée dans le cœur de l'homme, qu'un soldat, un goujat, un cuisinier, un crocheteur se vante et veut avoir ses admirateurs; et les philosophes en veulent. Et ceux qui écrivent contre veulent avoir la gloire d'avoir bien écrit; et ceux qui le lisent veulent avoir la gloire de l'avoir lu; et moi qui écris ceci, ai peut-être cette envie; et peut-être que ceux qui le liront [l'auront aussi.]

IV. — Orgueil contrepesant toutes les misères. Ou il cache ses misères, ou, s'il les découvre, il se glorifie de les connaître.

L'orgueil nous tient d'une possession si naturelle au milieu de nos misères, erreurs, etc., nous perdons encore la vie avec joie, pourvu qu'on en parle.

V. — Nous sommes si présomptueux, que nous voudrions être connus de toute la terre, et même des gens qui viendront quand nous ne serons plus; et nous sommes si vains, que l'estime de cinq ou six personnes qui nous environnent nous amuse et nous contente.

VI. — La douceur de la gloire est si grande, qu'à quelque chose qu'on l'attache, même à la mort, on l'aime.

CH. VII. — L'HOMME ENTRAINÉ PAR L'ORGUEIL

VII. — Curiosité n'est que vanité. Le plus souvent on ne veut savoir que pour en parler. Autrement, on ne voyagerait pas sur mer pour ne jamais en rien dire, et pour le seul plaisir de voir, sans espérance d'en jamais communiquer.

VIII. — Les villes par où l'on passe, on ne se soucie pas d'y être estimé; mais quand on y doit demeurer un peu de temps, on s'en soucie. Combien de temps faut-il? Un temps proportionné à notre durée vaine et chétive.

IX. — Les belles actions cachées sont les plus estimables. Quand j'en vois quelques-unes dans l'histoire, elles me plaisent fort. Mais enfin elles n'ont pas été tout à fait cachées puisqu'elles ont été sues; et quoiqu'on ait fait ce qu'on a pu pour les cacher, ce peu par où elles ont paru gâte tout; car c'est là le plus beau de les avoir voulu cacher.

X. — Un homme qui se met à la fenêtre pour voir les passants, si je passe par là, puis-je dire qu'il s'est mis là pour me voir? Non; car il ne pense pas à moi en particulier. Mais celui qui aime une personne à cause de sa beauté, l'aime-t-il? Non; car la petite vérole, qui tuera la beauté sans tuer la personne, fera qu'il ne l'aimera plus.

XI. — Et si on m'aime pour mon jugement, pour ma mémoire, m'aime-t-on, moi? Non; car je puis perdre ces qualités sans me perdre, moi. Où est donc ce *Moi*, s'il n'est ni dans le corps ni dans l'âme? Et comment aimer le corps ou l'âme, sinon pour ces qualités, qui ne sont point ce qui fait le *Moi*, puisqu'elles sont périssables? Car aimerait-on la substance de l'âme d'une personne abstraitement, et quelques qualités qui y fussent? Cela ne se peut, et serait injuste. On n'aime donc jamais personne, mais seulement des qualités.

Qu'on ne se moque donc plus de ceux qui se font

honorer pour des charges et des offices, car on n'aime personne que pour des qualités empruntées.

XII. — Tous les hommes se haïssent naturellement l'un l'autre[1]. On s'est servi comme on a pu de la concupiscence pour la faire servir au bien public; mais ce n'est que feinte et une fausse image de la charité, car au fond ce n'est que haine.

On a fondé et tiré de la concupiscence des règles admirables de police, de morale et de justice.

Mais dans le fond, ce vilain fond de l'homme, ce *figmentum malum,* n'est que couvert; il n'est pas ôté.

Grandeur de l'homme dans sa concupiscence même, d'en avoir su tirer un règlement admirable et en avoir fait un tableau de la charité.

XIII. — Le *Moi* est haïssable :

Vous, Miton[2], le couvrez; vous ne l'ôtez pas pour cela : vous êtes donc toujours haïssable. — Point ; car en agissant comme nous faisons, obligeamment pour tout le monde,

---

1. Oui, en tant que l'égoïsme ou la « concupiscence », selon l'énergique expression de Pascal, inspire leurs sentiments et leurs actes ; car l'impérieux égoïsme de l'un est nécessairement en conflit avec l'égoïsme non moins âpre et non moins impérieux de tous les autres. Mais il est, même dans l'ordre purement naturel, des sentiments généreux, des actes de vertu désintéressés, des sacrifices sans calcul, des dévouements sublimes, où l'égoïsme n'a point de part, et qui, loin d'engendrer la haine, ne tendent, de leur nature, qu'à resserrer ces liens de sympathie et d'union, qui sont la véritable force d'une famille ou d'un peuple. L'égoïsme sans cesse les combat, et il est vrai de dire que, sans le contrepoids de la religion, il réussit trop souvent à tout asservir et à tout corrompre. Dès lors le mal règne, et le mot de Pascal, si dur qu'il paraisse, se retrouve dans toute sa sombre et terrible vérité.

2. Sous ce nom d'emprunt, Pascal fait allusion à un de ses amis (peut-être le chevalier de Méré), mondain tout pénétré des préjugés de la société frivole.

on n'a plus sujet de nous haïr. — Cela est vrai, si on ne haïssait dans le *Moi* que le déplaisir qui vous en revient. Mais si je le hais parce qu'il est injuste, qu'il se fait centre du tout, je le haïrai toujours.

En un mot, le *Moi* a deux qualités :

Il est injuste en soi, en ce qu'il se fait centre du tout; il est incommode aux autres, en ce qu'il les veut asservir; car chaque *Moi* est l'ennemi, et voudrait être le tyran de tous les autres.

Vous en ôtez l'incommodité, mais non pas l'injustice; et ainsi vous ne le rendez pas aimable à ceux qui haïssent l'injustice : vous ne le rendez aimable qu'aux injustes qui n'y trouvent plus leur ennemi; et ainsi vous demeurez injuste, et ne pouvez plaire qu'aux injustes.

Il ne faut aimer que Dieu et ne haïr que soi.

XIV. — Quel dérèglement de jugement par lequel il n'y a personne qui se mette au-dessus de tout le reste du monde, et qui n'aime mieux son propre bien et la durée de son bonheur et de sa vie que celle de tout le reste du monde!

XV. — Qui ne hait en soi son amour-propre et cet instinct qui le porte à se faire Dieu, est bien aveuglé.

Qui ne voit que rien n'est si opposé à la justice et à la vérité? Car il est faux que nous méritions cela; et il est injuste et impossible d'y arriver, puisque tous demandent la même chose. C'est donc une manifeste injustice où nous sommes nés, dont nous ne pouvons nous défaire, et dont il faut nous défaire.

XVI. — Il est injuste qu'on s'attache à moi, quoiqu'on le fasse avec plaisir et volontairement. Je tromperais ceux à qui j'en ferais naître le désir; car je ne suis la fin de personne, et n'ai pas de quoi les satisfaire. Ne suis-je pas prêt à mourir? Et ainsi l'objet de leur attachement mourra donc.

Comme je serais coupable de faire croire une fausseté, quoique je la persuadasse doucement et qu'on la crût avec plaisir, et qu'en cela on me fît plaisir, de même je suis coupable de me faire aimer..

Et si j'attire les gens à s'attacher à moi, je dois avertir ceux qui seraient prêts à consentir au mensonge, qu'ils ne le doivent pas croire, quelque avantage qui m'en revînt, et de même qu'ils ne doivent pas s'attacher à moi, car il faut qu'ils passent leur vie et leurs soins à plaire à Dieu ou à le chercher [1].

XVII. — S'il y a un Dieu, il ne faut aimer que lui, et non les créatures passagères.

Le raisonnement des impies, dans la *Sagesse* [2], n'est

---

1. Il s'agit ici de ces attachements déréglés qui sont un piège aux autres et à nous-mêmes, et dont l'effet inévitable est de nous détourner de notre véritable fin. Pascal les proscrit et la religion et la morale les proscrivent comme lui. Il n'en est pas de même des affections saintes et légitimes qui se confondent en quelque sorte avec le devoir et que la religion elle-même consacre et bénit. La bienveillance, l'amitié, les affections de famille, la sympathie, ont leur point d'appui dans la conscience de l'homme, comme elles ont leur foyer dans les plus nobles inspirations de son cœur. Loin de les condamner, J.-C. les appuie de l'autorité de sa parole et de son exemple. Il appelle les apôtres « ses amis ». Il honore du même titre Lazare, qu'il avait ranimé du tombeau. Il aime d'un amour spécial celui qu'on appelait le disciple bien-aimé. Malgré ce que son langage paraît avoir d'absolu, Pascal ne méconnaît pas les droits de ces légitimes affections. Bien des endroits de ses écrits prouvent qu'il savait en apprécier le prix et la valeur. Il suffit de rappeler ici la lettre qu'il écrivit à Mme Périer, sa sœur, à l'occasion de la mort de son père. D'ailleurs, il y a un beau mouvement d'humilité personnelle dans cette généreuse appréhension d'être aimé même par les siens plus qu'on ne mérite.

2. Sap., ii, 1-9.

fondé que sur ce qu'il n'y a point de Dieu. Cela posé, disent-ils, jouissons donc des créatures : c'est le pis-aller.

Mais s'il y avait un Dieu à aimer, ils n'auraient pas conclu cela, mais le contraire. Et c'est la conclusion des sages : il y a un Dieu, ne jouissons donc pas des créatures.

Donc, tout ce qui nous incite à nous attacher aux créatures est mauvais, puisque cela nous empêche, ou de servir Dieu si nous le connaissons, ou de le chercher si nous l'ignorons. Or, nous sommes pleins de concupiscence, donc nous sommes pleins de mal; donc nous devons nous haïr nous-mêmes et tout ce qui nous excite à une autre attache que Dieu seul[1].

XVIII. — La volonté propre ne se satisfera jamais quand elle aura pouvoir de tout ce qu'elle veut; mais on est satisfait dès l'instant qu'on y renonce.

Sans elle, on ne peut être malcontent. Par elle, on ne peut être content.

La vraie et unique vertu est donc de se haïr, car on est haïssable par sa concupiscence; et de chercher un être véritablement aimable pour l'aimer.

Mais, comme nous ne pouvons aimer ce qui est hors de nous, il faut aimer un être qui soit en nous et qui ne soit pas nous, et cela est vrai d'un chacun de tous les hommes.

Or, il n'y a que l'Être universel qui soit tel. Le royaume de Dieu est en nous; le bien universel est en nous-mêmes, et ce n'est pas nous.

XIX. — *Philosophes.* — Ils croient que Dieu est seul digne d'être aimé et admiré, et ont désiré d'être aimés et

---

1. Pascal ne va pas jusqu'à dire, comme aurait fait un vrai janséniste : « Tout en nous est concupiscence, tout en nous est mal. » Sa conclusion s'harmonise avec la parole évangélique : « Qui amat animam suam, perdet eam ; qui odit animam suam in hoc mundo, in vitam æternam custodit eam. » (JOAN., XII, 25.)

admirés des hommes; ils ne connaissent pas leur corruption.

S'ils se sentent pleins de sentiments pour l'aimer et l'adorer, et qu'ils y trouvent leur joie principale, qu'ils s'estiment bons; à la bonne heure.

Mais s'ils s'y trouvent répugnants, s'ils n'ont aucune pente qu'à se vouloir établir dans l'estime des hommes, et que pour toute perfection ils fassent seulement que, sans forcer les hommes, ils leur fassent trouver leur bonheur à les aimer, je dirai que cette perfection est horrible.

Quoi! ils ont connu Dieu, et n'ont pas désiré uniquement que les hommes l'aimassent, mais que les hommes s'arrêtassent à eux; ils ont voulu être l'objet du bonheur volontaire des hommes!

XX. — La piété chrétienne anéantit le *Moi* humain, et la civilité humaine le cache et le supprime [1].

---

1. La piété immole le *Moi haïssable et égoïste* par l'abnégation surnaturelle : *Abneget semetipsum et sequatur me*. La courtoisie mondaine le dissimule ou le rend moins incommode aux autres. (Voir plus haut, XII, XIII.)

CHAPITRE VIII

L'Homme considéré dans les étonnantes faiblesses de sa raison et de sa volonté.

1. Piperie des sens. — 2. Incapables de vrai et de bien. — 3. Le bon sens et la raison humiliée. — 4. Céder au sentiment. — 5. La volonté détourne l'esprit. — 6-8. Difficile de voir du point juste. — 9-10. Le point fixe en morale. — 11-12. La présomption fournit des armes au scepticisme.

1. — *Des puissances trompeuses.* — L'homme n'est qu'un sujet plein d'erreur naturelle et ineffaçable sans la grâce. Rien ne lui montre la vérité : tout l'abuse[1].

Ces deux principes de vérité, la raison et les sens, outre qu'ils manquent chacun de sincérité, s'abusent réciproquement l'un l'autre. Les sens abusent la raison par de fausses apparences; et cette même piperie qu'ils apportent à la raison, ils la reçoivent d'elle à leur tour : elle s'en revanche. Les passions de l'âme troublent les sens et leur font des impressions fausses : ils mentent et se trompent à l'envi.

---

1. Le titre expressif mis par Pascal en tête de ce fragment, atténue ce que sa façon de parler ici de l'*impuissance* relative de la raison peut avoir d'excessif. Il parle d'ailleurs plutôt en *psychologue* qui constate le jeu difficile de nos facultés qu'en *métaphysicien* qui en analyse la force intrinsèque. Il ne s'agit donc pas de notre *incapacité*, mais de la *difficulté* à démêler le vrai et à ne pas nous laisser abuser par la « piperie » des sens et le « trouble » des passions. Il faut toujours tenir compte de la tendance du penseur à mettre une certaine exagération dans ses expressions; mais il n'est pas un sceptique niant la force naturelle et légitime de la raison; cela ressort de ce qu'il a dit ailleurs.

II. — *Faiblesse.* — Toutes les occupations des hommes sont à avoir du bien, et ils ne sauraient avoir de titre pour montrer qu'ils le possèdent par justice, car ils n'ont que la fantaisie des hommes; ni force pour le posséder sûrement.

Il en est de même de la science, car la maladie l'ôte.

Nous sommes incapables et de vrai et de bien[1].

III. — *Le bon sens.* — Ils sont contraints de dire : Vous n'agissez pas de bonne foi; nous ne devrions pas, etc... Que j'aime à voir cette superbe raison humiliée et suppliante! Car ce n'est pas là le langage d'un homme à qui on dispute son droit et qui le défend les armes et la force à la main. Il ne s'amuse pas à dire qu'on n'agit pas de bonne foi; mais il punit cette mauvaise foi par la force[2].

IV. — Tout notre raisonnement se réduit à céder au sentiment.

---

1. Ici encore, ce titre de *Faiblesse* sur l'autographe, indique la restriction exacte du sens purement relatif dans lequel « nous sommes incapables et de vrai et de bien ». La mention de la science « que la maladie ôte » confirme le même sens. Quant à la doctrine qui ferait reposer le droit de propriété sur la fantaisie des hommes, elle serait assurément fausse s'il fallait entendre l'énoncé dans un sens absolu que rien n'oblige d'attribuer à Pascal : il a peut-être voulu dire simplement que les hommes d'ordinaire ne savent ni *mériter*, ni *conserver* leur bien.

2. Cette boutade est dirigée contre ces orgueilleux de la raison qui, dédaigneux du *bon sens*, finissent par ne plus pouvoir tenir tête, par « les armes et la force » du raisonnement, aux dialecticiens à outrance du scepticisme ou du rationalisme. Au lieu de suivre présomptueusement ces adversaires dans le dédale de leurs argumentations, il vaut mieux, le plus souvent, repousser et flétrir leurs sophismes par la réprobation du *bon sens*. Ainsi « la nature confond les pyrrhoniens » raisonneurs, de même que la « raison confond les dogmatiques » de la raison superbe. C'est celle-ci que Pascal « aime à voir humiliée » par les écarts de sa propre présomption.

Mais la fantaisie est semblable et contraire au sentiment, de sorte qu'on ne peut distinguer entre ces contraires. L'un dit que mon sentiment est fantaisie, l'autre que sa fantaisie est sentiment. Il faudrait avoir une règle. La raison s'offre, mais elle est ployable à tous sens; et ainsi il n'y en a point [1].

V. — Il y a une différence universelle et essentielle entre les actions de la volonté et toutes les autres.

La volonté est un des principaux organes de la créance; non qu'elle forme la créance, mais parce que les choses sont vraies ou fausses selon la face par où on les regarde. La volonté, qui se plaît à l'une plus qu'à l'autre, détourne l'esprit de considérer les qualités de celles qu'elle n'aime pas à voir; et ainsi l'esprit, marchant d'une pièce avec la volonté, s'arrête à regarder la face qu'elle aime, et ainsi il en juge par ce qu'il y voit.

VI. — Non seulement nous regardons les choses par d'autres côtés, mais avec d'autres yeux; nous n'avons garde de les trouver pareilles.

VII. — Si on est trop jeune, on ne juge pas bien; trop vieil, de même.

---

1. La raison est *ployable*, mais non *brisée*. De là, la pensée de Pascal ne s'écarte pas essentiellement de la doctrine des théologiens, qui, avec saint Thomas (*Cont. Gent.*, I, 4; *S. Theol.*, 2, 2, 11, 4) voient la *faiblesse* de la raison (*ratio humana in rebus divinis multum deficiens*) en ce que, par elle-même, elle n'offre la vérité philosophique et morale que *difficultueusement*, à un *petit nombre d'esprits*, et avec un inévitable mélange *d'incertitudes et d'erreurs*. C'est donc parce qu'elle ne peut fournir, en fait, la connaissance religieuse suivant les termes du Concile du Vatican, *omnibus expedite, firma certitudine, et nullo admixto errore*, qu'elle ne saurait donner véritablement « la règle », le « point fixe » de la vérité et de la morale dont Pascal indique, avec tant d'insistance, l'inexorable nécessité.

Si on n'y songe pas assez,... si on y songe trop, on s'entête et on s'en coiffe.

Si on considère son ouvrage incontinent après l'avoir fait, on en est encore trop prévenu; si trop longtemps après, on n'y entre plus.

Aussi les tableaux, vus de trop loin et de trop près; et il n'y a qu'un point indivisible qui soit le véritable lieu : les autres sont trop près, trop loin, trop haut ou trop bas. La perspective l'assigne dans l'art de la peinture, mais dans la vérité et dans la morale, qui l'assignera ?

VIII. — Je n'ai jamais jugé d'une même chose exactement de même. Je ne puis juger de mon ouvrage en le faisant : il faut que je fasse comme les peintres et que je m'en éloigne, mais non pas trop. De combien donc ? Devinez...

IX. — Quand tout se remue également, rien ne se remue en apparence : comme un vaisseau. Quand tous vont vers le dérèglement, nul ne semble y aller. Celui qui s'arrête fait remarquer l'emportement des autres, comme un point fixe.

X. — Ceux qui sont dans le dérèglement disent à ceux qui sont dans l'ordre que ce sont eux qui s'éloignent de la nature, et ils la croient suivre : comme ceux qui sont dans un vaisseau croient que ceux qui sont au bord fuient. Le langage est pareil de tous côtés. Il faut avoir un point fixe pour en juger. Le port juge ceux qui sont dans le vaisseau; mais où prendrons-nous un point dans la morale ?

XI. — Ce qui m'étonne le plus est de voir que tout le monde n'est pas étonné de sa faiblesse. On agit sérieusement, et chacun suit sa condition, non pas parce qu'il est bon en effet de la suivre, puisque la mode en est; mais comme si chacun savait certainement où est la raison et la justice. On se trouve déçu à toute heure, et par une plaisante humilité on croit que c'est sa faute, et non pas celle de l'art qu'on se vante toujours d'avoir.

CH. VIII. — FAIBLESSES DE RAISON ET VOLONTÉ 61

Mais il est bon qu'il y ait tant de ces gens-là au monde, qui ne soient pas pyrrhoniens, pour la gloire du pyrrhonisme, afin de montrer que l'homme est bien capable des plus extravagantes opinions, puisqu'il est capable de croire qu'il n'est pas dans cette faiblesse naturelle et inévitable, et de croire qu'il est au contraire dans la sagesse naturelle.

Rien ne fortifie plus le pyrrhonisme que ce qu'il y en a qui ne sont point pyrrhoniens. Si tous l'étaient, ils auraient tort[1].

XII. — Cette secte se fortifie par ses ennemis plus que par ses amis ; car la faiblesse de l'homme paraît bien davantage en ceux qui ne la connaissent pas qu'en ceux qui la connaissent.

---

1. Le *scepticisme* ou — comme on disait au XVIIe siècle, — le *pyrrhonisme* a tort de tirer de la faiblesse de la raison un argument en faveur de ses thèses énervantes ; mais c'est lui faire la part trop belle, que de nier, avec les rationalistes, la faiblesse réelle de notre faculté. Les audaces présomptueuses du rationalisme dogmatique, estime avec raison Pascal, ne font que fournir des armes, dans cette lutte, au scepticisme qui, dans sa polémique contre les prétentions rationalistes. « est le vrai », mais qui, dans ses propres conclusions, est « confondu par la nature » et « travaille inutilement à combattre les premiers principes ».

CHAPITRE IX

L'Homme dominé et égaré par les fantaisies de l'imagination.

1. Maîtresse d'erreur et dispensatrice de réputations. Magistrat et prédicateur. Philosophe sur une planche. Avocat bien payé. Magistrats et gens de guerre. Effets d'une faculté trompeuse. — 2. Par quoi le penseur se laisse troubler. — 3. Tour d'imagination. — 4. Grossissement et amoindrissement. — 5. Difficile de ne point démonter un jugement. — 6. Imagination, temps, éternité.

I. — C'est cette partie décevante dans l'homme, cette maîtresse d'erreur et de fausseté, et d'autant plus fourbe qu'elle ne l'est pas toujours, car elle serait règle infaillible de vérité, si elle l'était infaillible du mensonge. Mais étant le plus souvent fausse, elle ne donne aucune marque de sa qualité, marquant du même caractère le vrai et le faux.

Je ne parle pas des fous, je parle des plus sages; et c'est parmi eux que l'imagination a le grand don de persuader les hommes. La raison a beau crier, elle ne peut mettre le prix aux choses.

Cette superbe puissance, ennemie de la raison, qui se plaît à la contrôler, et à la dominer, pour montrer combien elle peut en toutes choses, a établi dans l'homme une seconde nature.

Elle a ses heureux, ses malheureux, ses sains, ses malades, ses riches, ses pauvres; elle fait croire, douter, nier la raison[1]; elle suspend les sens, elle les fait sentir; elle a ses fous et ses sages : et rien ne nous dépite davan-

---

1. L'imagination fait que « la raison croit, doute et nie ». *La raison* est le sujet et non le régime de ces trois verbes.

CH. IX. — L'HOMME ÉGARÉ PAR L'IMAGINATION 63

tage que de voir qu'elle remplit ses hôtes d'une satisfaction bien autrement pleine et entière que la raison.

Les habiles par imagination se plaisent tout autrement à eux-mêmes que les prudents ne se peuvent raisonnablement plaire. Ils regardent les gens avec empire; ils disputent avec hardiesse et confiance; les autres avec crainte et défiance : et cette gaieté de visage leur donne souvent l'avantage dans l'opinion des écoutants, tant les sages imaginaires ont de faveur auprès des juges de même nature !

Elle ne peut rendre sages les fous; mais elle les rend heureux à l'envi de la raison, qui ne peut rendre ses amis que misérables, l'une les couvrant de gloire, l'autre de honte.

Qui dispense la réputation ? Qui donne le respect et la vénération aux personnes, aux ouvrages, aux lois, aux grands, sinon cette faculté imaginante ?

Toutes les richesses de la terre sont insuffisantes sans son consentement.

Ne diriez-vous pas que ce magistrat, dont la vieillesse vénérable impose le respect à tout un peuple, se gouverne par une raison pure et sublime, et qu'il juge des choses par leur nature, sans s'arrêter à ces vaines circonstances qui ne blessent que l'imagination des faibles ? — Voyez-le entrer dans un sermon où il apporte un zèle tout dévôt, renforçant la solidité de la raison par l'ardeur de la charité. Le voilà prêt à l'ouïr avec un respect exemplaire. Que le prédicateur vienne à paraître : si la nature lui a donné une voix enrouée et un tour de visage bizarre, que son barbier l'ait mal rasé, si le hasard l'a encore barbouillé de surcroît, quelques grandes vérités qu'il annonce, je parie la perte de la gravité de notre sénateur.

Le plus grand philosophe du monde, sur une planche plus large qu'il ne faut, s'il y a au-dessous un précipice, quoique sa raison le convainque de sa sûreté, son imagination prévaudra. Plusieurs n'en sauraient soutenir la pensée sans pâlir et suer.

Qui ne sait que la vue de chats, de rats, l'écrasement d'un charbon, etc..., emportent la raison hors des gonds? Le ton de voix impose aux plus sages, et change un discours et un poème de face.

L'affection ou la haine changent la justice de face; et combien un avocat bien payé par avance trouve-t-il plus juste la cause qu'il plaide! Combien son geste hardi le fait-il paraître meilleur aux juges dupés par cette apparence! — Plaisante raison qu'un vent manie à tous sens.

Je ne veux pas rapporter tous ses effets; je rapporterais presque toutes les actions des hommes, qui ne branlent presque que par ses secousses. Car la raison a été obligée de céder, et le plus sage prend pour ses principes ceux que l'imagination des hommes a témérairement introduits en chaque lieu.

Nos magistrats ont bien connu ce mystère. Leurs robes rouges, leurs hermines dont ils s'emmaillottent en chats fourrés, les palais où ils jugent, les fleurs de lis, tout cet appareil auguste était fort nécessaire; et si les médecins n'avaient des soutanes et des mules, et que les docteurs n'eussent des bonnets carrés et des robes trop amples de quatre parties, jamais ils n'auraient dupé le monde, qui ne peut résister à cette montre si authentique.

Les seuls gens de guerre ne sont pas déguisés de la sorte, parce qu'en effet leur part est plus essentielle: ils s'établissent par la force, les autres par grimace.

C'est ainsi que nos rois n'ont pas recherché ces déguisements. Ils ne se sont pas masqués d'habits extraordinaires pour paraître tels; mais ils se sont accompagnés de gardes, de hallebardes: ces trognes armées qui n'ont de mains et de force que pour eux, les trompettes et les tambours qui marchent en devant, et ces légions qui les environnent, font trembler les plus fermes. Ils n'ont pas l'habit seulement, ils ont la force. — Il faudrait avoir une raison bien épurée pour regarder comme un autre homme le Grand-Seigneur environné, dans son superbe sérail, de quarante mille janissaires.

S'ils avaient la véritable justice, si les médecins avaient le vrai art de guérir, ils n'auraient que faire de bonnets carrés : la majesté de ces sciences serait assez vénérable d'elle-même. Mais n'ayant que des sciences imaginaires, il faut qu'ils prennent ces vains instruments qui frappent l'imagination à laquelle ils ont affaire; et par là, en effet, ils s'attirent le respect.

Nous ne pouvons pas seulement voir un avocat en soutane et le bonnet en tête, sans une opinion avantageuse de sa suffisance.

L'imagination dispose de tout; elle fait la beauté, la justice, et le bonheur, qui est le tout du monde. Je voudrais de bon cœur voir le livre italien dont je ne connais que le titre, qui vaut lui seul bien des livres : *Dell' Opinione regina del mondo*. J'y souscris sans le connaître, sauf le mal, s'il y en a [1].

Voilà à peu près les effets de cette faculté trompeuse qui semble nous être donnée exprès pour nous induire à une erreur nécessaire. Nous en avons bien d'autres principes.

II. — L'esprit de ce souverain juge du monde n'est pas si indépendant, qu'il ne soit sujet à être troublé par le premier tintamarre qui se fait autour de lui. Il ne faut pas le bruit d'un canon pour empêcher ses pensées; il ne faut que le bruit d'une girouette ou d'une poulie.

Ne vous étonnez pas s'il ne raisonne pas bien à présent, une mouche bourdonne à ses oreilles : c'en est assez pour le rendre incapable de bon conseil. Si vous voulez qu'il puisse trouver la vérité, chassez cet animal qui tient sa raison en

---

1. « De l'opinion, reine du monde. » — Un ouvrage semblable de *Claro Flosi : Dell' Opinione tiranna del mondo*, Mondovi, 1690), a paru postérieurement à Pascal.

échec, et trouble cette puissante intelligence qui gouverne les villes et les royaumes. Le plaisant Dieu que voilà! *O ridicolissimo eroe*[1]!

III. — Les choses qui nous tiennent le plus, comme de cacher son peu de bien, ce n'est souvent presque rien; c'est un néant que notre imagination grossit en montagne. Un autre tour d'imagination nous le fait découvrir sans peine.

IV. — L'imagination grossit les petits objets jusqu'à en remplir notre âme par une estimation fantastique; et par une insolence téméraire, elle amoindrit les grands jusqu'à sa mesure, comme en parlant de Dieu.

V. — Qu'il est dificile de proposer une chose au jugement d'un autre sans corrompre son jugement par la manière de la lui proposer! Si on dit : Je le trouve beau, je le trouve obscur, ou autre chose semblable, on entraîne l'imagination à ce jugement, ou on l'irrite au contraire.

Il vaut mieux ne rien dire; et alors il juge selon qu'il est, c'est-à-dire selon ce qu'il est alors, et selon que les autres circonstances dont on n'est pas auteur y auront mis. Mais au moins on n'y aura rien mis; si ce n'est que ce silence ne fasse aussi son effet, selon le tour et l'interprétation qu'il sera en humeur de lui donner, ou selon qu'il le conjecturera des mouvements et air du visage, ou du ton de la voix, selon qu'il sera physionomiste : tant il est difficile de ne point démonter un jugement de son assiette naturelle, ou plutôt tant il en a peu de ferme et stable!

VI. — Notre imagination nous grossit si fort le temps présent, à force d'y faire des réflexions continuelles, et amoindrit tellement l'éternité, manque d'y faire réflexion, que nous faisons de l'éternité un néant, et du néant une éternité; et tout cela a ses racines si vives en nous que toute notre raison ne peut nous en défendre.

---

1. « O le plus ridicule des héros! » Citation italienne dont il est difficile de préciser la source.

CHAPITRE X

L'Homme dominé dans sa vie et dans ses actions par la coutume.

1. Hasard, coutume et métiers. — 2. Choix de la condition et de la patrie.— 3. Que de natures en l'homme !— 4. Principes naturels et principes accoutumés. — 5. Naturel acquis et perdu. — 6. Comment tout devient nature.

I. — La chose la plus importante à toute la vie, c'est le choix du métier. Le hasard en dispose. La coutume fait les maçons, soldats, couvreurs. C'est un excellent couvreur, dit-on ; et, en parlant des soldats : ils sont bien fous, dit-on. Et les autres, au contraire : Il n'y a rien de grand que la guerre ; le reste des hommes sont des coquins. A force d'ouïr louer en l'enfance ces métiers et mépriser tous les autres, on choisit ; car naturellement on aime la vertu et on hait la folie.

Ces mots nous émeuvent : on ne pèche qu'en l'application. Tant est grande la force de la coutume que, de ceux que la nature n'a fait qu'hommes, on fait toutes les conditions des hommes ; car des pays sont tous de maçons, d'autres tous de soldats, etc. Sans doute que la nature n'est pas si uniforme. C'est la coutume qui fait donc cela, car elle contraint la nature ; et quelquefois la nature la surmonte, et retient l'homme dans son instinct, malgré toute coutume bonne ou mauvaise.

II. — C'est une chose déplorable de voir tous les hommes ne délibérer que des moyens, et point de la fin ; chacun songe comment il s'acquittera de sa condition ; mais pour le choix de la condition et de la patrie, le sort nous le donne.

C'est une chose pitoyable de voir tant de Turcs, d'hérétiques, d'infidèles, suivre le train de leurs pères, par cette seule raison qu'ils ont été prévenus chacun que c'est le meilleur. Et c'est ce qui détermine chacun à chaque condition, de serrurier, soldat, etc.

C'est par là que les sauvages n'ont que faire de la Providence.

III. — Tout est un, tout est divers. Que de natures en celle de l'homme ! que de vocations ! Et par quel hasard chacun prend d'ordinaire ce qu'il a ouï estimer !

IV. — Qu'est-ce que nos principes naturels, sinon nos principes accoutumés ? Et dans les enfants, ceux qu'ils ont reçus de la coutume de leurs pères, comme la chasse dans les animaux ?

Une différente coutume en donnera d'autres principes naturels. Cela se voit par expérience ; et s'il y en a d'ineffaçables à la coutume, il y en a aussi de la coutume contre la nature ineffaçables à la nature et à une seconde coutume. Cela dépend de la disposition [1].

Les pères craignent que l'amour naturel des enfants ne s'efface. Quelle est donc cette nature sujette à être effacée ? La coutume est une seconde nature qui détruit la première. Pourquoi la coutume n'est-elle pas naturelle ? J'ai bien peur que cette nature ne soit elle-même qu'une première coutume, comme la coutume est une seconde nature.

V. — La nature de l'homme est toute nature, *omne*

---

1. Cette phrase indique qu'il ne faut pas exagérer le sens de la précédente sur les « principes naturels » qui ne seraient que des « principes accoutumés ».

Il ne s'agit pas des principes constitutifs et primordiaux de notre nature humaine, car ceux-là sont « ineffaçables à la coutume » ; mais simplement des mobiles et des dispositions ordinaires de notre activité, dont l'ensemble constitue cette « nature sujette à être effacée » par des habitudes contraires.

animal. — Il n'y a rien qu'on ne rende naturel; il n'y a naturel qu'on ne fasse perdre.

VI. — La vraie nature étant perdue, tout devient sa nature. Comme le véritable bien étant perdu, tout devient son véritable bien.

CHAPITRE XI

L'Homme faisant de la coutume ou de la force la règle même de la justice.

1. Justice qu'une rivière borne. Vérité en deçà, erreur au delà. Loi naturelle corrompue. La coutume fait l'équité. — 2. Montaigne a tort : obéir aux lois et coutumes parce qu'elles sont établies (?) — 3. Dangereux de nier que les lois sont justes. — 4-5. Pourquoi la guerre? — 6. Commencement d'usurpation. — 7-11. Justice, mœurs, lois, force, pluralité, inégalité. — 12-13. Opinion, force. — 14-15. Justice sans la force. — 16. Mode et justice. — 17. La justice est ce qui est établi (?)

I. — Sur quoi (l'homme) fondera-t-il l'économie du monde qu'il veut gouverner? Sera-ce sur le caprice de chaque particulier? Quelle confusion! Sera-ce sur la justice? Il l'ignore.

Certainement, s'il la connaissait, il n'aurait pas établi cette maxime, la plus générale de toutes celles qui sont parmi les hommes : que chacun suive les mœurs de son pays. L'éclat de la véritable équité aurait assujetti tous les peuples, et les législateurs n'auraient pas pris pour modèle, au lieu de cette justice constante, les fantaisies et les caprices des Perses et Allemands. On la verrait plantée par tous les États du monde et dans tous les temps, au lieu qu'on ne voit presque rien de juste ou d'injuste qui ne change de qualité en changeant de climat. Trois degrés d'élévation du pôle renversent toute la jurisprudence. Un méridien décide de la vérité. En peu d'années de possession, les lois fondamentales changent; le droit a ses époques. L'entrée de Saturne au Lion nous marque l'origine d'un tel crime. — Plaisante justice qu'une rivière borne! Vérité au deçà des Pyrénées, erreur au delà.

CH. XI. — L'HOMME ET LA FAUSSE RÈGLE DE JUSTICE

Ils confessent que la justice n'est pas dans ces coutumes, mais qu'elle réside dans les lois naturelles, connues en tout pays. Certainement ils la soutiendraient opiniâtrément si la témérité du hasard qui a semé les lois humaines en avait rencontré au moins une qui fût universelle ; mais la plaisanterie est telle, que le caprice des hommes s'est si bien diversifié, qu'il n'y en a point.

Le larcin, l'inceste, le meurtre des enfants et des pères, tout a eu sa place entre les actions vertueuses. Se peut-il rien de plus plaisant, qu'un homme ait droit de me tuer parce qu'il demeure au delà de l'eau, et que son prince a querelle contre le mien, quoique je n'en aie aucune avec lui ?

Il y a sans doute des lois naturelles ; mais cette belle raison corrompue a tout corrompu : *Nihil amplius nostrum est ; quod nostrum dicimus, artis est. Ex senatus-consultis et plebiscitis crimina exercentur*[1]. *Ut olim vitiis, sic nunc legibus laboramus*[2].

De cette confusion arrive que l'un dit que l'essence de la justice est l'autorité du législateur ; l'autre, la commodité du souverain ; l'autre, la coutume présente, et c'est le plus sûr : rien, suivant la seule raison, n'est juste de soi ; tout branle avec le temps. La coutume fait toute l'équité, par cette seule raison qu'elle est reçue : c'est le fondement mystique de son autorité. Qui la ramène à son principe, l'anéantit. — Rien n'est si fautif que ces lois qui redressent les fautes ; qui leur obéit parce qu'elles sont justes, obéit à la justice qu'il imagine, mais non pas à l'essence de la loi ; elle est toute ramassée en soi ; elle est loi, et rien davantage. Qui voudra en examiner le motif le trouvera si faible et si léger que, s'il n'est accoutumé à contempler les prodiges de l'imagination humaine, il admirera qu'un siècle lui ait tant acquis de pompe et de révérence.

---

1. SÉNÈQUE, lettre xcv.
2. TACITE, *Annales*, III, 25.

L'art de fronder (et) bouleverser les États est d'ébranler les coutumes établies, en sondant jusque dans leur source, pour marquer leur défaut de justice.

Il faut, dit-on, recourir aux lois fondamentales et primitives de l'État, qu'une coutume injuste a abolies : c'est un jeu sûr pour tout perdre ; rien ne sera juste à cette balance.

Cependant le peuple prête aisément l'oreille à ces discours. Ils secouent le joug dès qu'ils le reconnaissent ; et les grands en profitent à sa ruine et à celle de ces curieux examinateurs des coutumes reçues.

Mais, par un défaut contraire, les hommes croient quelquefois pouvoir faire avec justice tout ce qui n'est pas sans exemple. C'est pourquoi le plus sage des législateurs disait que, pour le bien des hommes, il faut souvent les piper[1] ; et un autre, bon politique : *Cum veritatem qua liberatur ignoret, expedit quod fallatur*[2].

Il ne faut pas qu'il sente la vérité de l'usurpation : elle a été introduite autrefois sans raison ; elle est devenue raisonnable ; il faut la faire regarder comme authentique, éternelle, et en cacher le commencement, si on ne veut qu'elle prenne bientôt fin.

II. — Montaigne a tort[3] : la coutume ne doit être suivie que parce qu'elle est coutume, et non parce qu'elle soit

---

1. Platon, *Républ.*, II.
2. S. Augustin, *De Civ. Dei*, IV, 27, mais en un sens tout différent, parlant ironiquement : *Praeclara religio, quo confugiat liberandus infirmus, et quum veritatem, qua liberetur, ignoret, expedit quod fallatur*.
3. Les anciennes éditions portaient *Montaigne a raison*, faute de comprendre la pensée. Pascal ne reproche pas à Montaigne d'avoir dit que la coutume doit être suivie parce qu'elle est coutume ; là-dessus il est d'accord avec lui : c'est d'avoir cru que le peuple la suit uniquement pour cela, tandis qu'il la suit parce qu'il « la croit juste ». Tout en constatant amèrement le désordre *en fait*, Pascal ne perd pas de vue l'idéal de l'ordre et de la justice.

raisonnable ou juste. Mais le peuple la suit par cette seule raison qu'il la croit juste : sinon, il ne la suivrait plus, quoiqu'elle fût coutume ; car on ne veut être assujetti qu'à la raison ou à la justice. La coutume, sans cela, passerait pour tyrannie ; mais l'empire de la raison et de la justice n'est non plus tyrannique que celui de la délectation. Ce sont les principes naturels à l'homme.

Il serait donc bon qu'on obéît aux lois et coutumes, parce qu'elles sont lois; qu'il sût qu'il n'y en a aucune vraie et juste à introduire ; que nous n'y connaissons rien, et qu'ainsi il faut seulement suivre les reçues : par ce moyen on ne les quittera jamais.

Mais le peuple n'est pas susceptible de cette doctrine ; et ainsi comme il croit que la vérité se peut trouver et qu'elle est dans les lois et coutumes, il les croit, et prend leur antiquité comme une preuve de leur vérité, et non de leur seule autorité sans vérité. Ainsi il y obéit, mais il est sujet à se révolter dès qu'on lui montre qu'elles ne valent rien ; ce qui peut se faire voir de toutes, en les regardant d'un certain côté.

III. — Il est dangereux de dire au peuple que les lois ne sont pas justes ; car il n'y obéit qu'à cause qu'il les croit justes. C'est pourquoi il lui faut dire en même temps qu'il y faut obéir parce qu'elles sont lois, comme il faut obéir aux supérieurs, non parce qu'ils sont justes, mais parce qu'ils sont supérieurs.

Par là, voilà toute sédition prévenue, si on peut faire entendre cela, et ce que c'est proprement que la définition de la justice.

IV. — Pourquoi me tuez-vous ? — Eh quoi ! ne demeurez-vous pas, de l'autre côté de l'eau ? — Mon ami, si vous demeuriez de ce côté, je serais un assassin, cela serait injuste de vous tuer de la sorte ; mais puisque vous demeurez de l'autre côté, je suis brave et cela est juste.

Mon ami, vous êtes né de ce côté de la montagne, il est donc juste que votre aîné ait tout[1].

V. — Quand il est question de juger si on doit faire la guerre et tuer tant d'hommes, condamner tant d'Espagnols [ou tant de Français] à la mort, c'est un homme seul qui en juge, et encore intéressé; ce devrait être un tiers indifférent.

VI. — Ce chien est à moi, disaient ces pauvres enfants; — c'est là ma place au soleil. Voilà le commencement et l'image de l'usurpation de toute la terre.

VII. — *Veri juris.* Nous n'en avons plus : si nous en avions, nous ne prendrions pas pour règle de justice de suivre les mœurs de son pays.

C'est là que ne pouvant trouver le juste, on a trouvé le fort, etc...

VIII. — Les seules règles universelles sont les lois du pays aux choses ordinaires, et la pluralité aux autres. D'où vient cela? De la force qui y est.

Et de là vient que les rois, qui ont la force d'ailleurs, ne suivent pas la pluralité de leurs ministres.

Sans doute l'égalité des biens est juste; mais, ne pouvant faire qu'il soit force d'obéir à la justice, on a fait qu'il soit juste d'obéir à la force; ne pouvant fortifier la justice, on a justifié la force, afin que le juste et le fort fussent ensemble, et que la paix fût, qui est le souverain bien.

IX. — *Summum jus, summa injuria*[2]. La pluralité est la meilleure voie parce qu'elle est visible, et qu'elle a la force pour se faire obéir; cependant c'est l'avis des moins habiles.

Si l'on avait pu, l'on aurait mis la force entre les mains

---

1. *Cfr.* p. 70.
2. Cicéron, *De Off.*, I, 10. — Térence, *Heautont*, IV. v. 47.

de la justice : mais comme la force ne se laisse pas manier comme on veut, parce que c'est une qualité palpable, au lieu que la justice est une qualité spirituelle dont on dispose comme on veut, on a mis la justice entre les mains de la force ; et ainsi on appelle *juste* ce qu'il est force d'observer.

De là vient le droit de l'épée, car l'épée donne un véritable droit. — Autrement on verrait la violence d'un côté et la justice de l'autre.

De là vient l'injustice de la Fronde qui élève sa prétendue justice contre la force.

Il n'en est pas de même dans l'Église : car il y a une justice véritable et nulle violence.

X. — Il est nécessaire qu'il y ait de l'inégalité parmi les hommes, cela est vrai ; mais cela étant accordé, voilà la porte ouverte non seulement à la plus haute domination, mais à la plus haute tyrannie.

Il est nécessaire de relâcher un peu l'esprit ; mais cela ouvre la porte aux plus grands débordements. Qu'on en marque les limites. Il n'y a point de bornes dans les choses : les lois y en veulent mettre et l'esprit ne peut les souffrir.

XI. — Pourquoi suit-on la pluralité ? Est-ce à cause qu'ils ont plus de raison ? Non, mais plus de force.

Pourquoi suit-on les anciennes lois et anciennes opinions ? Est-ce qu'elles sont les plus saines ? Non, mais elles sont uniques et nous ôtent la [racine] de la diversité.

XII. — L'empire fondé sur l'opinion et l'imagination règne quelque temps, et cet empire est doux et volontaire : celui de la force règne toujours. Ainsi l'opinion est comme la reine du monde, mais la force en est le tyran[1].

XIII. — La force est la reine du monde, et non pas l'opinion ; mais l'opinion est celle qui use de la force.

---

1. *Cfr.* p. 64.

C'est la force qui fait l'opinion. La mollesse est belle selon notre opinion. Pourquoi? Parce que qui voudra danser sur la corde sera seul, et je ferai une cabale plus forte de gens qui diront que cela n'est pas beau.

XIV. — Il est juste que ce qui est juste soit suivi. Il est nécessaire que ce qui est le plus fort soit suivi.

La justice sans la force est impuissante; la force sans la justice est tyrannique.

La justice sans force est contredite, parce qu'il y a toujours des méchants; la force sans la justice est accusée.

Il faut donc mettre ensemble la justice et la force; et pour cela, faire que ce qui est juste soit fort, et que ce qui est fort soit juste.

La justice est sujette à disputes; la force est très reconnaissable et sans dispute. Ainsi on n'a pu donner la force à la justice, parce que la force a contredit la justice et a dit qu'elle était injuste, et a dit que c'était elle qui était juste; et ainsi ne pouvant faire que ce qui est juste fût fort, on a fait que ce qui est fort fût juste.

XV. — Quand le fort armé possède son bien, ce qu'il possède est en paix[1].

XVI. — Comme la mode fait l'agrément, ainsi fait-elle la justice.

XVII. — La justice est ce qui est établi; et ainsi toutes nos lois établies seront nécessairement tenues pour justes sans être examinées, puisqu'elles sont établies[2].

---

1. Evang., *S. Luc*, xi, 21.
2. L'exagération et le paradoxe, dans ces fragments, sont poussés trop loin. La théorie des lois tirant toute leur justice de la coutume, choquait déjà les premiers amis de Pascal. Aussitôt après la publication des *Pensées*, Arnaud écrivait à M. Périer : « Il est faux et très dangereux de dire qu'il n'y ait rien parmi les hommes d'essentiellement juste; et ce qu'en dit M. Pascal peut être venu d'une impression qui lui est

restée d'une maxime de Montaigne, que *les lois ne sont pas justes en elles-mêmes, mais seulement parce qu'elles sont lois.* Ce qui est vrai au regard de la plupart des lois humaines, qui règlent *des choses indifférentes d'elles-mêmes avant qu'on les eût réglées*, comme que les aînés aient une telle part dans les biens de leurs père et mère ; mais très faux si on le prend généralement, étant, par exemple, *très juste de soi-même*, et non seulement parce que les lois l'ont ordonné, que les enfants n'outragent pas leurs pères. C'est ce que S. Augustin dit expressément de certains désordres infâmes... » (Faugère, t. I, p. 403. — Sainte-Beuve, *Port Royal*, liv. III, § 19).

Comme il lui arrive souvent, Pascal répète ou développe ici quelques fausses maximes de Pyrrhon et Montaigne. Etait-ce pour les combattre ensuite ? Il est difficile de l'affirmer. Etait-ce pour exprimer sa propre pensée ? Ce n'est guère probable. Il est plus vraisemblable que, selon la remarque d'Arnaud, il écrivait sous l'impression momentanée de quelque lecture, jetant sur papier des notes ou réflexions telles quelles, qu'il aurait sans doute retouchées, complétées et mises au point juste, au moment de leur donner une rédaction définitive. — Dans la forme actuelle, son exposé présente des confusions et des lacunes. Les rapports essentiels entre les êtres intelligents sont réglés par le Créateur lui-même et forment ainsi les *lois naturelles*, dont les principales sont saisies et proclamées par la raison : *Scriptum in cordibus* (Rom., II, 15). En tant que fondée sur la nature des choses, la *loi naturelle* est invariable, universelle, nécessaire. Elle présente cependant un double ordre de principes : les uns, primordiaux, forment la base même de l'ordre moral et social ; les autres plus secondaires, que les hommes déduisent, comme lois positives et humaines, dit saint Thomas (*S. Theol.*, 1, 2, q. 94, 4, et q. 95, 5), et qu'ils adaptent aux circonstances indéfiniment variables de leur caractère, de leurs besoins, de leurs intérêts même et de leurs passions. Il peut assurément y avoir là beaucoup de dispositions répréhensibles et contraires aux principes de la loi primordiale, mais ces erreurs n'empêchent pas que la règle suprême et fondamentale n'existe et ne puisse être connue.

Sans doute ce n'est pas, dans la condition présente de l'humanité, sans un lamentable mélange d'erreurs ; et, en fait, l'amère ironie de Pascal est souvent trop justifiée. Il n'est que trop vrai que la *coutume* a sanctionné bien des aberrations et que beaucoup d'institutions humaines ont une origine fort équivoque ou répondent mal au but du bien social. Il est vrai aussi, en pratique, qu'en dehors des cas où la conscience est formellement engagée, les lois doivent être observées par le fait même qu'elles sont lois et établies comme telles. Mais rien n'empêche qu'on travaille à les réformer conformément à l'idéal supérieur de la justice. Or Pascal, — et c'est là ce qui atténue la crudité de sa doctrine, — ne nie pas cet idéal, puisqu'il admet que le peuple ne suit la coutume établie que « parce qu'il la croit juste » et ne « veut être assujetti qu'à la raison ou à la justice ». C'est là même le point de son dissentiment avec Montaigne. Il reconnaît d'ailleurs « qu'il y a des lois naturelles », tout en insistant sur ce que « la nature corrompue a tout corrompu ». Corruption cependant n'est pas anéantissement, et l'exagération du mot est ici corrigée par le sens des deux citations de Tacite et de Sénèque.

Somme toute, en relevant, avec l'implacable accent qui lui est propre, les oblitérations et les déviations que subit, en fait, la *loi* ou la *justice naturelle*, il n'en nie ni l'existence, ni la portée essentielle.

Il en est de même des antinomies que Pascal relève entre la justice et la force. Le rapprochement des divers passages atténue ce qu'ils peuvent avoir de heurté. Dans sa pensée, le droit et la force doivent être unis pour assurer la paix publique et l'on fait injure à Pascal en lui reprochant de préconiser l'égalité collectiviste des biens, la négation de la propriété, la force qui prime le droit. — Ici surtout il faut tenir compte du caractère fruste et inachevé de ces fragments, dont plusieurs ne sont peut-être que des objections que le penseur se posait à lui-même, ou des réflexions fugitives auxquelles la rédaction finale aurait donné une autre forme.

Il importe aussi d'observer que Pascal parle moins en théoricien qui discute des principes abstraits, qu'en moraliste qui envisage les faits, sous l'impression des circonstances historiques dont il avait été le témoin et la victime. Il avait vu les ravages de la guerre de Trente-Ans et les troubles intérieurs; son père tantôt menacé de la ruine et de la Bastille par la politique financière de Richelieu, tantôt luttant contre la révolte des *va-nu-pieds* de Normandie et perdant sa place d'intendant dans les agitations de la Fronde; plus tard, les mesures du pouvoir civil contre ses amis de Port-Royal. Tout cela dut influencer son opinion sur les inconvénients du divorce entre « la justice et la force » et sur les avantages de la paix, « qui est le souverain bien », dans la stabilité des « coutumes établies ».

CHAPITRE XII

La Raison de l'homme, entravée dans la connaissance de la vérité par les sens, les maladies, l'intérêt, le sentiment et la difficulté même des choses à connaître.

1. Fausses impressions et illusion des sens.— 2. Les maladies gâtent le jugement et le sens. — 3. Notre intérêt, l'affection ou la haine changent la justice.— 4. Vérité et justice, deux pointes subtiles. — 5-6. Juger par sentiment ou raisonnement. — 7. Comment on se gâte l'esprit et le sentiment. — 8-9. Connaître les parties et le tout. — 10-11. Choses matérielles et connaissances immatérielles. — 12. Connaître la matière, le souverain bien, la nature de l'âme.

I. — Les impressions anciennes ne sont pas seules capables de nous abuser : les charmes de la nouveauté ont le même pouvoir. De là viennent toutes les disputes des hommes, qui se reprochent ou de suivre leurs fausses impressions de l'enfance, ou de courir témérairement après les nouvelles. Qui tient le juste milieu ? Qu'il paraisse, et qu'il le prouve.

Il n'y a principe, quelque naturel qu'il puisse être, même depuis l'enfance, qu'on ne fasse passer pour une fausse impression, soit de l'instruction, soit des sens.

Parce, dit-on, que vous avez cru dès l'enfance qu'un coffre était vide lorsque vous n'y voyez rien, vous avez cru le vide possible; c'est une illusion de vos sens, fortifiée par la coutume, qu'il faut que la science corrige. Et les autres disent : Parce qu'on vous a dit dans l'école qu'il n'y a point de vide, on a corrompu votre sens commun qui le comprenait si nettement avant cette mauvaise impression, qu'il faut corriger en recourant à votre première nature. Qui a donc trompé ? Les sens ou l'instruction ?

II. — Nous avons un autre principe d'erreur, les maladies. Elle nous gâtent le jugement et le sens. Et si les grandes l'altèrent sensiblement, je ne doute point que les petites n'y fassent impression à leur proportion.

III. — Notre propre intérêt est encore un merveilleux instrument pour nous crever les yeux agréablement. Il n'est pas permis au plus équitable homme du monde d'être juge en sa cause. L'affection ou la haine change la justice de face.

J'en sais qui, pour ne pas tomber dans cet amour-propre, ont été les plus injustes du monde à contre-biais. Le moyen sûr de perdre une affaire toute juste était de la leur faire recommander par leurs proches parents.

IV. — La justice et la vérité sont deux pointes si subtiles, que nos instruments sont trop émoussés pour y toucher exactement. S'ils y arrivent, ils en écachent la pointe, et appuient tout autour, plus sur le faux que sur le vrai.

V. — Ceux qui sont accoutumés à juger par le sentiment ne comprennent rien aux choses de raisonnement; car ils veulent d'abord pénétrer d'une vue et ne sont point accoutumés à chercher les principes.

Et les autres, au contraire, qui sont accoutumés à raisonner par principes, ne comprennent rien aux choses de sentiment, y cherchant des principes et ne pouvant voir d'une vue.

VI. — La mémoire, la joie sont des sentiments; et même les propositions géométriques deviennent sentiments, car la raison rend les sentiments naturels, et les sentiments naturels s'effacent par la raison.

VII. — Comme on se gâte l'esprit, on se gâte aussi le sentiment. On se forme l'esprit et le sentiment par les conversations. On se gâte l'esprit et le sentiment par les conversations. Ainsi les bonnes et les mauvaises le forment ou le gâtent. Il importe donc, de tout, de bien savoir choisir, pour se le former et ne point le gâter ; et on ne peut faire ce choix, si on ne l'a déjà formé et point gâté. Ainsi cela fait un cercle d'où sont bien heureux ceux qui sortent.

VIII. — Si l'homme s'étudiait le premier, il verrait combien il est incapable de passer outre. Comment se pourrait-il qu'une partie connût le tout ? Mais il aspirera peut-être à connaître au moins les parties avec lesquelles il a de la proportion. Mais les parties du monde ont toutes un tel rapport et un tel enchaînement l'une avec l'autre, que je crois impossible de connaître l'une sans l'autre et sans le tout.

L'homme, par exemple, a rapport à tout ce qu'il connaît. Il a besoin de lieu pour le contenir, de temps pour durer, de mouvement pour vivre, d'éléments pour le composer, de chaleur et d'aliments pour le nourrir, d'air pour respirer. Il voit la lumière, il sent les corps ; enfin, tout tombe sous son alliance.

Il faut donc, pour connaître l'homme, savoir d'où vient qu'il a besoin d'air pour subsister ; et pour connaître l'air, savoir par où il a rapport à la vie de l'homme, etc.

La flamme ne subsiste point sans l'air : donc, pour connaître l'un, il faut connaître l'autre.

Donc, toutes choses étant causées et causantes, aidées et aidantes, médiatement et immédiatement, et toutes s'entretenant par un lien naturel et insensible qui lie les plus éloignées et les plus différentes, je tiens impossible de connaître les parties sans connaître le tout, non plus que de connaître le tout sans connaître particulièrement les parties.

IX. — L'éternité des choses en elles-mêmes ou en Dieu doit encore étonner notre petite durée. L'immobilité fixe et constante de la nature, par comparaison au changement continuel qui se passe en nous, doit faire le même effet[1].

X. — Et ce qui achève notre impuissance à connaître les choses, est qu'elles sont simples en elles-mêmes, et que nous sommes composés de deux natures opposées et de divers genres, d'âme et de corps. Car il est impossible que la partie qui raisonne en nous soit autre que spirituelle. Et quand on prétendrait que nous serions simplement corporels, cela nous exclurait bien davantage de la connaissance des choses, n'y ayant rien de si inconcevable que de dire que la matière se connaît soi-même. Il ne nous est pas possible de connaître comment elle se connaîtrait.

Et ainsi, si nous sommes simplement matériels, nous ne pouvons rien du tout connaître ; et si nous sommes composés d'esprit et de matière, nous ne pouvons connaître *parfaitement*[2] les choses simples, spirituelles et corporelles.

Car, comment connaîtrions-nous *distinctement* la matière, puisque notre *suppôt*[3], qui agit en cette connaissance, est en partie spirituel ; et comment connaîtrions-nous *nettement* les substances spirituelles, ayant un corps qui nous aggrave et nous baisse vers la terre ?

De là vient que presque tous les philosophes confondent

---

1. Ce passage est barré dans le manuscrit, mais il s'harmonise très bien avec la suite des idées de ce fragment (VIII à XI.)

2. Ce *parfaitement*, ainsi que le *distinctement* et le *nettement* des lignes suivantes, caractérise avec justesse le sens exact de «notre impuissance à connaître les choses». C'est parce que le langage de Pascal n'a pas toujours cette précision qu'on a pu vouloir abuser parfois de l'exagération de ses tours de phrases soi-disant sceptiques, et auxquels ce passage sert de correctif.

3. *Suppositum*, terme d'école indiquant l'individualité et la personnalité du sujet qui est en nous. On connaît la célèbre définition de la *personne* donnée par Boëce et S. Thomas : *Rationalis naturæ individua substantia.* — Le *suppositum* en est le pendant, *individua substantia*, dans le domaine de la nature non rationnelle.

les idées des choses et parlent des choses corporelles spirituellement et des spirituelles corporellement. Car ils disent hardiment que les corps tendent en bas, qu'ils aspirent à leur centre, qu'ils fuient leur destruction, qu'ils craignent le vide, qu'ils ont des inclinations, des sympathies, des antipathies, qui sont toutes choses qui n'appartiennent qu'aux esprits. Et en parlant des esprits, ils les considèrent comme en un lieu, et leur attribuent le mouvement d'une place à une autre, qui sont les choses qui n'appartiennent qu'aux corps.

Au lieu de recevoir les idées de ces choses pures, nous les teignons de nos qualités et empreignons notre être composé en toutes les choses simples que nous contemplons.

XI. — Qui ne croirait, à nous voir composer toutes choses d'esprit et de corps, que ce mélange-là nous serait bien compréhensible ? C'est néanmoins la chose qu'on comprend le moins. — L'homme est à lui-même le plus prodigieux objet de la nature; car il ne peut concevoir ce que c'est que corps, et encore moins ce que c'est qu'esprit, et moins qu'aucune chose comment un corps peut être uni avec un esprit. C'est là le comble de ses difficultés, et cependant c'est son propre être: *Modus quo corporibus adhæret spiritus comprehendi ab hominibus non potest; et hoc tamen homo est* [1].

Voilà une partie des causes qui rendent l'homme si imbécile à connaître la nature. Elle est infinie en deux manières; il est fini et limité. Elle dure et se maintient perpétuellement en son être; il passe et est mortel. Les choses en particulier se corrompent et se changent à chaque instant; il ne les voit qu'en passant : elles ont leur principe et leur fin; il ne conçoit ni l'un ni l'autre. Elles sont simples, et il est composé de deux natures différentes; et

---

1. S. Augustin. *De Civit. Dei*, XXI, 10.

pour consommer la preuve de notre faiblesse, je finirai par cette réflexion sur l'état de notre nature[1]...

XII. — Est-ce donc que l'âme est encore un sujet trop noble pour ses faibles lumières? Abaissons-la donc à la matière; voyons si elle sait de quoi est fait le propre corps qu'elle anime et les autres qu'elle contre-pèse et qu'elle remue à son gré. Qu'en ont-ils connu, ces grands dogmatistes qui n'ignorent rien?

Cela suffirait, sans doute, si la raison était raisonnable. Elle l'est assez bien pour avouer qu'elle n'a pu encore trouver rien de ferme; mais elle ne désespère pas encore d'y arriver; au contraire, elle est aussi ardente que jamais dans cette recherche et suppose d'avoir en soi les forces nécessaires pour cette conquête. Il faut donc l'achever, et après avoir examiné ses puissances dans leurs effets, reconnaissons-les en elles-mêmes ; voyons si elle a quelques forces et quelques prises capables de saisir la vérité...

Mais peut-être ce sujet passe la portée de la raison? Examinons donc ses inventions sur les choses de sa force. S'il y a quelque chose où son intérêt propre ait dû la faire appliquer de son plus sérieux, c'est à la recherche de son souverain bien. Voyons donc où ces âmes fortes et clairvoyantes l'ont placé, et si elles en sont d'accord.

L'un dit que le souverain bien est en la vertu; l'autre le met en la volupté; l'un à suivre la nature; l'autre en la vérité : *Felix qui potuit rerum cognoscere causas;* l'autre en l'ignorance tranquille; l'autre en l'indolence; d'autres à résister aux apparences; l'autre à n'admirer rien : *Nil admirari prope res una quæ possit facere et servare*

---

1. Cet alinéa est barré dans l'autographe, où Pascal l'a remplacé par ce simple mot, faisant suite à la citation de S. Augustin : « Enfin, pour consommer la preuve de notre faiblesse, je finirai par ces deux considérations... » Ce qui montre que le développement de sa pensée est demeuré inachevé.

CH. XII. — LA RAISON ET SES ENTRAVES MULTIPLES 85

beatum; et les braves pyrrhoniens, en leur ataraxie, doute et suspension perpétuelle ; et d'autres plus sages pensent qu'on ne le peut trouver, non pas même par souhait. — Nous voilà bien payés.

Si faut-il voir si cette belle philosophie n'a rien acquis de certain par un travail si long et si tendu, peut-être qu'au moins l'âme se connaîtra soi-même. Écoutons les régents du monde sur ce sujet. Qu'ont-ils pensé de sa substance?... Ont-ils été plus heureux à la loger !... Qu'ont-ils trouvé de son origine, de sa durée et de son départ[1]?...

---

1. Tout ce fragment qui, dans le manuscrit, forme deux morceaux fort éloignés l'un de l'autre, mais reliés par des numéros, est encore barré de la main de Pascal. Nous ne l'en reproduisons pas moins, parce qu'il peut jeter quelque jour sur sa pensée intime. En se demandant si la raison « a quelques forces et quelques prises capables de saisir la vérité », il semble soulever la question de l'impuissance intrinsèque et radicale de notre faculté de connaître. Mais il ne formule pas la réponse voulue par les partisans de la thèse de son scepticisme. Il se contente de constater, en fait, l'insuffisance et la confusion des solutions auxquelles sont arrivés les rationalistes, « ces grands dogmatistes qui n'ignorent rien », sur trois points : la connaissance de la matière, du souverain bien, de la nature de l'âme. Ce qu'il entend conclure, c'est, comme tout à l'heure, « l'impuissance à connaître *parfaitement, distinctement, nettement* ». Il reste ainsi dans les limites voulues par la saine théologie (v. p. 31, *note*), et ne dépasse pas, malgré le tour accablant de son langage, le sens de l'argument classique employé par les apologistes, depuis Hermias, le philosophe du christianisme primitif, en son *Irrisio Philosophorum*, argument qu'il développera dans les fragments du chapitre suivant. Il s'agit toujours de l'impuissance relative et morale à connaître suffisamment les vérités religieuses, même naturelles.

CHAPITRE XIII

La Faiblesse de notre raison mise au grand jour par l'inconsistance et la contradiction des opinions communes.

1-4. Voir la raison des effets. — 5. Utilité d'une erreur commune. — 6-7. Se tenir au milieu. — 8-9. Opinions du peuple saines. — 10-11. Raison et déraison. Un sot qui succède par droit de naissance. — 12-14. Distinguer les hommes par l'extérieur. — 15-16. Cordes de respect et d'imagination. — 17. Nécessairement fous. — 18-19. Prestige et puissance des rois. — 20-21. Partout mêmes passions. — 22. Ignorance et demi-science. — 23-24. Opinions à la fois saines et fausses. — 25. L'obéissance des chrétiens.

I. — J'écrirai ici mes pensées sans ordre, et non pas peut-être dans une confusion sans dessein; c'est le véritable ordre, et qui marquera toujours mon objet par le désordre même.

Je ferais trop d'honneur à mon sujet si je le traitais avec ordre, puisque je veux montrer qu'il en est incapable.

II. — Saint Augustin a vu qu'on travaille pour l'incertain, sur mer, en bataille, etc.; il n'a pas vu la règle des partis qui démontre qu'on le doit. — Montaigne a vu qu'on s'offense d'un esprit boiteux, et que la coutume peut tout ; mais il n'a pas vu la raison de cet effet.

III. — Toutes ces personnes ont vu les effets ; mais ils n'ont pas vu les causes.

Ils sont, à l'égard de ceux qui ont découvert les causes, comme ceux qui n'ont que les yeux à l'égard de ceux qui ont l'esprit; car les effets sont comme sensibles, et les causes sont visibles seulement à l'esprit. — Et quoique ces effets-là se voient par l'esprit, cet esprit est à l'égard de l'esprit qui voit les causes comme les sens corporels à l'égard de l'esprit.

IV. — D'où vient qu'un boiteux ne nous irrite pas et un esprit boiteux nous irrite? A cause qu'un boiteux reconnaît que nous allons droit, et qu'un esprit boiteux dit que c'est nous qui boitons. Sans cela nous en aurions pitié et non colère.

Épictète demande bien plus fortement : Pourquoi ne nous fâchons-nous pas si on dit que nous avons mal à la tête, et que nous nous fâchons de ce qu'on dit que nous raisonnons mal ou que nous choisissons mal[1]?

Ce qui cause cela est que nous sommes bien certains que nous n'avons pas mal à la tête et que nous ne sommes pas boiteux ; mais nous ne sommes pas si assurés que nous choisissions le vrai.

De sorte que, n'en ayant d'assurance qu'à cause que nous le voyons de toute notre vue, quand un autre voit de toute sa vue le contraire, cela nous met en suspens et nous étonne; et encore plus, quand mille autres se moquent de notre choix; car il faut préférer nos lumières à celles de tant d'autres, et cela est hardi et difficile. — Il n'y a jamais cette contradiction dans les sens touchant un boiteux.

V. — Lorsqu'on ne sait pas la vérité d'une chose, il est bon qu'il y ait une erreur commune qui fixe l'esprit des hommes, comme, par exemple, la lune à qui on attribue le changement des saisons, le progrès des maladies, etc.

Car la maladie principale de l'homme est la curiosité inquiète des choses qu'il ne peut savoir; et il ne lui est pas si mauvais d'être dans l'erreur que dans cette curiosité inutile.

VI. — L'extrême esprit est accusé de folie, comme l'ex-

---

1. ÉPICT., *Entretiens*, IV, 6.

trême défaut. Rien que la médiocrité n'est bon. — C'est la pluralité qui a établi cela et qui mord quiconque s'en échappe par quelque bout que ce soit. Je ne m'y obstinerai pas; je consens bien qu'on m'y mette, et me refuse d'être au bas bout, non pas parce qu'il est bas, mais parce qu'il est bout, car je refuserais de même qu'on me mît au haut.

C'est sortir de l'humanité que de sortir du milieu : la grandeur de l'âme humaine consiste à savoir s'y tenir; tant s'en faut que la grandeur soit à en sortir qu'elle est à n'en point sortir.

VII. — La nature nous a si bien mis au milieu que si nous changeons un côté de la balance, nous changeons aussi l'autre. — Cela me fait croire qu'il y a des ressorts dans notre tête, qui sont tellement disposés que qui touche l'un touche aussi le contraire.

VIII. — Le peuple a les opinions très saines; par exemple :
1° D'avoir choisi le divertissement et la chasse plutôt que la poésie. Les demi-savants s'en moquent, et triomphent à montrer là-dessus la folie du monde; mais, par une raison qu'ils ne pénètrent pas, on a raison.

2° D'avoir distingué les hommes par le dehors comme par la noblesse ou le bien. Le monde triomphe encore à montrer combien cela est déraisonnable; mais cela est très raisonnable.

3° De s'offenser pour avoir reçu un soufflet; ou de tant désirer la gloire.

Mais cela est très souhaitable, à cause des autres biens essentiels qui y sont joints; et un homme qui a reçu un soufflet sans s'en ressentir est accablé d'injures et de nécessités.

4° Travailler pour l'incertain; aller sur la mer; passer sur une planche.

IX. — Le peuple honore les personnes de grande naissance. Les demi-habiles les méprisent, disant que la naissance n'est pas un avantage de la personne, mais du hasard. Les habiles les honorent, non par la pensée du peuple, mais par la pensée de derrière. Les dévots qui ont plus de zèle que de science, les méprisent, malgré cette considération qui les fait honorer par les habiles, parce qu'ils en jugent par une nouvelle lumière que la piété leur donne. Mais les chrétiens parfaits les honorent par une autre lumière supérieure.

Ainsi se vont les opinions succédant du pour au contre, selon qu'on a de lumière.

X. — Les choses du monde les plus déraisonnables deviennent les plus raisonnables à cause du dérèglement des hommes.

Qu'y a-t-il de moins raisonnable que de choisir pour gouverner un État le premier fils d'une reine?

On ne choisit pas pour gouverner un bateau celui des voyageurs qui est de meilleure maison : cette loi serait ridicule et injuste.

Mais parce qu'ils le sont et le seront toujours (ridicules et injustes), elle devient raisonnable et juste; car qui choisira-t-on? Le plus vertueux et le plus habile? — Nous voilà incontinent aux mains : chacun prétend être ce plus vertueux et ce plus habile.

Attachons donc cette qualité à quelque chose d'incontestable. C'est le fils aîné du roi. Cela est net, il n'y a point de dispute. La raison ne peut mieux faire, car la guerre civile est le plus grand des maux[1].

XI. — Le plus grand des maux est les guerres civiles.

Elles sont sûres si on veut récompenser les mérites; car

---

1. Ce fragment a été tiré par M. Faugère d'un cahier différent du manuscrit autographe, celui-ci ne contenant que la phrase : *On ne choisit pas, pour gouverner un bateau, celui des voyageurs qui est de meilleure maison.* Mais il n'y a aucune raison de douter que le développement complet de cette phrase, ne soit de Pascal même : c'est bien le tour original de sa plume. *Cfr.* pp. 73-74.

tous diront qu'ils méritent. Le mal à craindre d'un sot qui succède par droit de naissance n'est ni si grand ni si sûr.

XII. — Que l'on a bien fait de distinguer les hommes par l'extérieur plutôt que par les qualités intérieures !

Qui passera de nous deux ? Qui cédera la place à l'autre ? Le moins habile ? Mais je suis aussi habile que lui. Il faudra se battre sur cela. Il a quatre laquais et je n'en ai qu'un ; cela est visible, il n'y a qu'à compter : c'est à moi à céder, et je suis un sot si je conteste. — Nous voilà en paix par ce moyen ; ce qui est le plus grand des biens.

XIII. — Être brave[1] n'est pas trop vain ; car c'est montrer qu'un grand nombre de gens travaillent pour soi ; c'est montrer par ses cheveux qu'on a un valet de chambre, un parfumeur, etc.; par son rabat, le fil, le passement, etc.

Or, ce n'est pas une simple superficie, ni un simple harnais, d'avoir plusieurs bras [à son service].

Plus on a de bras, plus on est fort. Être brave est montrer sa force.

XIV. — Cela est admirable : on ne veut pas que j'honore un homme vêtu de brocatelle et suivi de sept ou huit laquais. Eh quoi ! il me fera donner les étrivières si je ne le salue. — Cet habit, c'est une force.

C'est bien de même qu'un cheval bien enharnaché à l'égard d'un autre. Montaigne est plaisant de ne pas voir quelle différence il y a, et d'admirer qu'on y en trouve, et d'en demander la raison...

XV. — Les cordes qui attachent le respect des uns envers les autres en général sont cordes de nécessité ; car il faut qu'il y ait différents degrés : tous les hommes voulant dominer et tous ne le pouvant pas, mais quelques-uns le pouvant.

---

1. *Être brave*, c'est-à-dire « bien vêtu, bien mis ».

Figurons-nous donc que nous les voyons commencer à se former. Il est sans doute qu'ils se battront jusqu'à ce que la plus forte partie opprime la plus faible, et qu'enfin il y ait un parti dominant. Mais quand cela est une fois déterminé, alors les maîtres, qui ne veulent pas que la guerre continue, ordonnent que la force qui est entre leurs mains succédera comme il plaît; les uns la remettent à l'élection des peuples, les autres à la succession de naissance, etc.

Et c'est là où l'imagination commence à jouer son rôle; jusque-là le pouvoir force le fait; ici c'est la force qui se tient par l'imagination en un certain parti: en France, des gentilshommes; en Suisse, des roturiers, etc.

Ces cordes qui attachent donc le respect à tel et tel en particulier sont des cordes d'imagination.

XVI. — Comme les duchés et royautés et magistratures sont réelles[1] et nécessaires à cause de ce que la force règle tout, il y en a partout et toujours. Mais parce que ce n'est que fantaisie qui fait qu'un tel ou tel le soit, cela n'est pas constant; cela est sujet à varier.

Les Suisses s'offensent d'être dits gentilshommes et prouvent la roture de race, pour être jugés dignes de grands emplois.

XVII. — Les hommes sont si nécessairement fous, que ce serait être fou par un autre tour de folie, de ne pas être fou.

XVIII. — La coutume de voir les rois accompagnés de gardes, de tambours, d'officiers, et de toutes les choses qui ploient la machine vers le respect et la terreur, fait que leur visage, quand il est quelquefois seul et sans ces accompagnements, imprime dans leurs sujets le respect et la terreur, parce qu'on ne sépare pas dans la pensée leur personne d'avec leur suite, qu'on y voit d'ordinaire jointe.

---

1. *Duché*, au XVIIe siècle, était féminin.

Et le monde qui ne sait pas que cet effet a son origine dans cette coutume, croit qu'il vient d'une force naturelle ; et de là viennent ces mots : *Le caractère de la Divinité est empreint sur son visage*, etc.

XIX. — La puissance des rois est fondée sur la raison et sur la folie du peuple, et bien plus sur la folie. La plus grande et importante chose du monde a pour fondement la faiblesse ; et ce fondement-là est admirablement sûr : car il n'y a rien de plus sûr que cela, que le peuple sera faible. — Ce qui est fondé sur la saine raison est bien mal fondé, comme l'estime de la sagesse.

XX. — Les grands et les petits ont mêmes accidents et mêmes fâcheries et mêmes passions ; mais l'un est au haut de la roue, et l'autre près du centre, et ainsi moins agité par les mêmes mouvements.

XXI. — Je mets en fait que si tous les hommes savaient ce qu'ils disent les uns des autres, il n'y aurait pas quatre amis dans le monde. Cela paraît par les querelles que causent les rapports indiscrets qu'on en fait quelquefois.

XXII. — Le monde juge bien des choses, car il est dans l'ignorance naturelle qui est le vrai siège de l'homme.

Les sciences ont deux extrémités qui se touchent.

La première est la pure ignorance naturelle où se trouvent tous les hommes en naissant.

L'autre extrémité est celle où arrivent les grandes âmes qui, ayant parcouru tout ce que les hommes peuvent savoir, trouvent qu'ils ne savent rien, et se rencontrent en cette même ignorance d'où ils étaient partis. Mais c'est une ignorance savante qui se connaît.

Ceux d'entre deux qui sont sortis de l'ignorance naturelle et n'ont pu arriver à l'autre, ont quelque teinture de cette science suffisante, et font les entendus. Ceux-là troublent le monde et jugent mal de tout. Le peuple et les habiles composent le train du monde. Ceux-là le méprisent et sont méprisés ; ils jugent mal de toutes choses et le monde en juge bien.

XXIII. — Il est donc vrai de dire que tout le monde est dans l'illusion : car encore que les opinions du peuple soient saines, elles ne le sont pas dans sa tête, car il pense que la vérité est où elle n'est pas.

La vérité est bien dans leurs opinions, mais non pas au point où ils se figurent. Par exemple, il est vrai qu'il faut honorer les gentilshommes, mais non pas parce que la naissance est un avantage effectif, etc.

XXIV. — Nous avons donc montré que l'homme est vain par l'estime qu'il fait des choses qui ne sont point essentielles. Et toutes ces opinions sont détruites.

Nous avons montré ensuite que toutes ces opinions sont très saines et qu'ainsi toutes ces vanités étant très bien fondées, le peuple n'est pas si vain qu'on dit. Et ainsi nous avons détruit l'opinion qui détruisait celle du peuple.

Mais il faut détruire maintenant cette dernière proposition, et montrer qu'il demeure toujours vrai que le peuple est vain quoique ses opinions soient saines, parce qu'il n'en sent pas la vérité où elle est, et que la mettant où elle n'est pas, ses opinions sont toujours très fausses et très malsaines [1].

---

1. Dans les fragments qui composent ce chapitre, Pascal cède moins à son penchant pour la diction paradoxale. Sa préoccupation est de montrer que les préjugés populaires et sociaux, malgré leur côté erroné, ont leur fonds de vérité instinctive et leur utilité extérieure, et valent mieux que les idées fausses des demi-savants. Il y a là bien des remarques judicieuses et fines qui dénotent l'observateur et le moraliste en présence des contradictions humaines. Il se préoccupe du côté avantageux des conventions sociales qui, malgré leur fondement défectueux ou irrationnel, assurent cependant en pratique la stabilité de l'ordre public. — On a voulu voir une allusion irrévérencieuse pour Louis XIV dans cette justifica-

XXV. — Les vrais chrétiens obéissent aux folies néanmoins; non parce qu'ils respectent les folies, mais l'ordre de Dieu qui, pour la punition des hommes, les a asservis à ces folies. *Omnis creatura subjecta est vanitati. Liberabitur*[1].

---

tion un peu sommaire et pittoresque du droit d'hérédité monar-chique et le prestige extérieur des rois, tandis que son horreur pour les guerres civiles aurait été suggérée à l'auteur par le spectacle des révolutions d'Angleterre. Mais rien ne prouve qu'il ait borné ses réflexions à l'horizon des faits contemporains Pascal redoute les bouleversements sociaux : de là son appréciation des supériorités extérieures de race ou de situation, et surtout aussi sa conception de la sagesse pratique qui répugne à « sortir du milieu ».— Les inconvénients de « l'extrême esprit » et de « l'extrême défaut » expliquent sa boutade sur les hommes « si nécessairement fous », et sur le fondement peu sûr de la « saine raison ».

1. ROM., VIII, 20-21. *Vanitati creatura subjecta est, non volens, sed propter eum qui subjecit eam in spe. Quia et ipsa creatura liberabitur a servitute corruptionis, in libertatem gloriæ filiorum Dei.*

CHAPITRE XIV

La Misère de l'homme marquée d'une manière ineffaçable dans ce fonds d'ennui et d'inquiétude qui est le grand obstacle à son bonheur.

1-2. *Ennui du fond de l'âme.* — 3-4. *Ne pas y penser, misérable consolation.* — 5-7. *S'oublier dans les affaires, les divertissements, les passions.* — 8-9. *Royauté, bonheur, divertissement.* — 10. *Bruit, remuement, occupations impétueuses.* — 11. *Ennui sans cause d'ennui.* — 12. *Joueur et chasseur. Tristesse et divertissement.* — 13-14. *Ennui, amusements, occupations.* — 15-17. *Mirage de bonheur.* — 18. *Le combat, non la victoire.* — 19-21. *Plaisirs, afflictions, consolations également médiocres.* — 22. *La continuité dégoûte.* — 23-24. *Vanité des choses.* — 25. *Inconstance, ennui, inquiétude.* — 26-28. *Connaître la misère : vanité des plaisirs, réalité des maux.*

I. — *In omnibus requiem quæsivi*[1]. Si notre condition était véritablement heureuse, il ne nous faudrait pas divertir d'y penser pour nous rendre heureux.

II. — Rien n'est si insupportable à l'homme que d'être dans un plein repos, sans passion, sans affaire, sans divertissement, sans application. Il sent alors son néant, son abandon, son insuffisance, sa dépendance, son impuissance, son vide. Incontinent il sortira du fond de son âme l'ennui, la noirceur, la tristesse, le chagrin, le dépit, le désespoir.

III. — Les hommes n'ayant pu guérir la mort, la misère,

---

1. Ecclesiastic., XXIV, 11. *In omnibus requiem quæsivi et in hæreditate Domini morabor.*

l'ignorance, se sont avisés, pour se rendre heureux, de ne point y penser.

IV. — Mais c'est une consolation bien misérable, puisqu'elle va non pas à guérir le mal, mais à le cacher simplement pour un peu de temps, et qu'en le cachant elle fait qu'on ne pense pas à le guérir véritablement.

Ainsi, par un étrange renversement de la nature de l'homme, il se trouve que l'ennui, qui est son mal le plus sensible, est, en quelque sorte, son plus grand bien, parce qu'il peut contribuer, plus que toutes choses, à lui faire chercher sa véritable guérison ; et que le divertissement, qu'il regarde comme son plus grand bien, est en effet son plus grand mal, parce qu'il l'éloigne, plus que toutes choses, de chercher le remède à ses maux : et l'un et l'autre sont une preuve admirable de la misère et de la corruption de l'homme, et en même temps de sa grandeur, puisque l'homme ne s'ennuie de tout et ne cherche cette multitude d'occupations que parce qu'il a l'idée du bonheur qu'il a perdu, lequel ne trouvant point en soi, il le cherche inutilement dans les choses extérieures, sans pouvoir jamais se contenter, parce qu'il n'est ni dans nous ni dans les créatures, mais en Dieu seul.

V. — L'âme est jetée dans le corps pour y faire un séjour de peu de durée.

Elle sait que ce n'est qu'un passage à un voyage éternel, et qu'elle n'a que le peu de temps que dure la vie pour s'y préparer. Les nécessités de la nature lui en ravissent une très grande partie. Il ne lui en reste que très peu dont elle puisse disposer. Mais ce peu qui lui reste l'incommode si fort et l'embarrasse si étrangement qu'elle ne songe qu'à le perdre.

Ce lui est une peine insupportable d'être obligée de vivre avec soi et de penser à soi. Ainsi tout son soin est de s'oublier soi-même, et de laisser couler ce temps si court et si précieux, sans réflexion, en s'occupant des choses qui l'empêchent d'y penser.

C'est l'origine de toutes les occupations tumultuaires des

hommes, et de tout ce qu'on appelle divertissement ou passe-temps, dans lesquelles on n'a en effet pour but que d'y laisser passer le temps, sans le sentir, ou plutôt sans se sentir soi-même; et d'éviter, en perdant cette partie de la vie, l'amertume et le dégoût intérieur qui accompagneraient nécessairement l'attention que l'on ferait sur soi-même durant ce temps-là.

L'âme ne trouve rien en elle qui la contente; elle n'y voit rien qui ne l'afflige, quand elle y pense. C'est ce qui la contraint de se répandre au dehors, et de chercher, dans l'application aux choses extérieures, à perdre le souvenir de son état véritable. Sa joie consiste dans cet oubli; et il suffit, pour la rendre misérable, de l'obliger de se voir et d'être avec soi.

VI. — On charge les hommes, dès l'enfance, du soin de leur honneur, de leurs biens, de leurs amis, et encore du bien et de l'honneur de leurs amis.

On les accable d'affaires, de l'apprentissage des langues et des sciences, et on leur fait entendre qu'ils ne sauraient être heureux sans que leur santé, leur honneur, leur fortune et celle de leurs amis soient en bon état, et qu'une seule chose qui manque les rendrait malheureux. Ainsi on leur donne des charges et des affaires qui les font tracasser dès la pointe du jour.

Voilà, direz-vous, une étrange manière de les rendre heureux. Que pourrait-on faire de mieux pour les rendre malheureux? Comment! ce qu'on pourrait faire? — Il ne faudrait que leur ôter tous ces soins : car alors ils se verraient, ils penseraient à ce qu'ils sont, d'où ils viennent, où ils vont; et ainsi on ne peut trop les occuper et les détourner; et c'est pourquoi, après leur avoir tant préparé d'affaires, s'ils ont quelque temps de relâche, on leur conseille de l'employer à se divertir, à jouer, à s'occuper toujours tout entiers. — Que le cœur de l'homme est creux et plein d'ordure!

GUTHLIN  PASCAL. — 7

VII. — Quand je m'y suis mis quelquefois à considérer les diverses agitations des hommes et les périls et les peines où ils s'exposent, dans la cour, dans la guerre, d'où naissent tant de querelles, de passions, d'entreprises hardies et souvent mauvaises, j'ai dit souvent que tout le malheur des hommes vient d'une seule chose qui est de ne savoir pas demeurer en repos dans une chambre.

Un homme qui a assez de bien pour vivre, s'il savait demeurer chez soi avec plaisir, n'en sortirait pas pour aller sur la mer, ou au siège d'une place. On n'achètera une charge à l'armée si cher que parce qu'on trouvera insupportable de ne bouger de la ville ; et on ne recherche la conversation et les divertissements des jeux que parce qu'on ne peut demeurer chez soi avec plaisir.

Mais quand j'ai pensé de plus près et qu'après avoir trouvé la cause de tous nos malheurs, j'ai voulu en découvrir la raison, j'ai trouvé qu'il y en a une bien effective qui consiste dans le malheur naturel de notre condition faible et mortelle, et si misérable que rien ne peut nous consoler, lorsque nous y pensons de près.

[Je ne parle que de ceux qui se regardent sans aucune vue de religion. Car il est vrai que c'est une des merveilles de la religion chrétienne, de réconcilier l'homme avec soi-même en le réconciliant avec Dieu ; de lui rendre la vue de soi-même supportable ; et de faire que la solitude et le repos soient plus agréables à plusieurs que l'agitation et le commerce des hommes.

Aussi n'est-ce pas en arrêtant l'homme dans lui-même qu'elle produit tous ces effets merveilleux. Ce n'est qu'en le portant jusqu'à Dieu, et en le soutenant dans le sentiment de ses misères par l'espérance d'une autre vie qui l'en doit entièrement délivrer.

Mais pour ceux qui n'agissent que par les mouvements qu'ils trouvent en eux et dans leur nature, il est impossible qu'ils subsistent dans ce repos qui leur donne lieu de se considérer et de se voir, sans être incontinent attaqués de chagrin et de tristesse.

L'homme qui n'aime que soi, ne hait rien tant que d'être seul avec soi. Il ne recherche rien que pour soi, et ne fuit rien tant que soi ; parce que, quand il se voit, il ne se voit pas tel qu'il se désire, et qu'il trouve en soi-même un amas de misères inévitables, et un vide de biens réels et solides, qu'il est incapable de remplir.]

VIII. — Quelque condition qu'on se figure, si l'on assemble tous les biens qui peuvent nous appartenir, la royauté est le plus beau poste du monde.

Et cependant qu'on s'imagine un roi accompagné de toutes les satisfactions qui peuvent le toucher, s'il est sans divertissement et qu'on le laisse considérer et faire réflexion sur ce qu'il est, cette félicité languissante ne le soutiendra point ; il tombera par nécessité dans les vues qui le menacent des révoltes qui peuvent arriver, et enfin de la mort et des maladies qui sont inévitables ; de sorte que, s'il est sans ce qu'on appelle divertissement, le voilà malheureux, et plus malheureux que le moindre de ses sujets qui joue et se divertit.

IX. — La dignité royale n'est-elle pas assez grande d'elle-même pour celui qui la possède, pour le rendre heureux par la seule vue de ce qu'il est ? Faudra-t-il le divertir de cette pensée comme les gens du commun ?

Je vois bien que c'est rendre un homme heureux, de le divertir de la vue de ses misères domestiques pour remplir toute sa pensée du soin de bien danser. — Mais en sera-t-il de même d'un roi, et sera-t-il plus heureux en s'attachant à ces vains amusements qu'à la vue de sa grandeur ? Et quel objet plus satisfaisant pourrait-on donner à son esprit ? Ne serait-ce donc pas faire tort à sa joie, d'occuper son âme à penser à ajuster ses pas à la cadence d'un air, ou à placer adroitement une balle, au lieu de le laisser jouir en repos de la contemplation de la gloire majestueuse qui l'environne ?

Qu'on en fasse l'épreuve : qu'on laisse un roi tout seul sans aucune satisfaction des sens, sans aucun soin dans l'esprit, sans compagnie, penser à lui tout à loisir, et l'on verra qu'un roi sans divertissement est un homme plein de misères.

Aussi on évite cela soigneusement, et il ne manque jamais d'y avoir auprès des personnes des rois un grand nombre de gens qui veillent à faire succéder le divertissement à leurs affaires, et qui observent tout le temps de leur loisir pour leur fournir des plaisirs et des jeux, en sorte qu'il n'y ait point de vide; c'est-à-dire qu'ils sont environnés de personnes qui ont un soin merveilleux de prendre garde que le roi ne soit seul, en état de penser à soi, sachant bien qu'il sera misérable, tout roi qu'il est, s'il y pense.

Je ne parle point en tout cela des rois chrétiens comme chrétiens, mais seulement comme rois.

X. — De là vient que le jeu et la conversation des femmes, la guerre, les grands emplois, sont si recherchés. — Ce n'est pas qu'il y ait en effet du bonheur, ni qu'on s'imagine que la vraie béatitude soit dans l'argent qu'on peut gagner au jeu, ou dans le lièvre qu'on court. On n'en voudrait pas s'il était offert. Ce n'est pas cet usage mol et paisible, et qui nous laisse penser à notre malheureuse condition, qu'on recherche, ni les dangers de la guerre, ni la peine des emplois, mais c'est le tracas qui nous détourne d'y penser et nous divertit.

De là vient que les hommes aiment tant le bruit et le remuement; de là vient que la prison est un supplice si horrible; de là vient que le plaisir de la solitude est une chose incompréhensible.

Et c'est enfin le plus grand sujet de félicité de la condition des rois, de ce qu'on essaye sans cesse à les divertir et à leur procurer toutes sortes de plaisirs.

CH. XIV. — ENNUI ET INQUIÉTUDE DE L'HOMME

Le roi est environné de gens qui ne pensent qu'à divertir le roi et l'empêcher de penser à lui, car il est malheureux, tout roi qu'il est, qu'il y pense.

Voilà tout ce que les hommes ont pu inventer pour se rendre heureux.

Et ceux qui font sur cela les philosophes, et qui croient que le monde est bien peu raisonnable de passer tout le jour à courir après un lièvre qu'ils ne voudraient pas avoir acheté, ne connaissent guère notre nature. Ce lièvre ne nous garantirait pas de la vue de la mort et des misères, mais la chasse nous en garantit.

Et ainsi quand on leur reproche que ce qu'ils cherchent avec tant d'ardeur ne saurait les satisfaire, s'ils répondaient, comme ils devraient le faire s'ils y pensaient bien, qu'ils ne cherchent en cela qu'une occupation violente et impétueuse qui les détourne de penser à soi, et que c'est pour cela qu'ils se proposent un objet attirant qui les charme et les attire avec ardeur, ils laisseraient leurs adversaires sans répartie. Mais ils ne répondent pas cela, parce qu'ils ne se connaissent pas eux-mêmes; ils ne savent pas que ce n'est que la chasse et non la prise qu'ils recherchent.

Le gentilhomme croit sincèrement que la chasse est un plaisir grand et un plaisir royal; mais son piqueur n'est pas de ce sentiment-là...

Ils s'imaginent que, s'ils avaient obtenu cette charge, ils se reposeraient ensuite avec plaisir; et ne sentent pas la nature insatiable de leur cupidité. Ils croient chercher sincèrement le repos, et ne cherchent en effet que l'agitation.

Ils ont un instinct secret qui les porte à chercher le divertissement et l'occupation au dehors, qui vient du ressentiment de leurs misères continuelles; et ils ont un autre instinct secret, qui reste de la grandeur de notre première nature, qui leur fait connaître que le bonheur n'est en effet que dans le repos et non pas dans le tumulte; et de ces deux instincts contraires il se forme en eux un projet confus, qui se cache à leur vue dans le fond de leur âme, qui les porte à tendre au repos par l'agitation et à se figurer toujours que la satisfaction qu'ils n'ont point leur arrivera si, en surmontant quelques difficultés qu'ils envisagent, ils peuvent s'ouvrir par là la porte au repos.

Ainsi s'écoule toute la vie.

On cherche le repos en combattant quelques obstacles; et si on les a surmontés, le repos devient insupportable. Car, ou l'on pense aux misères qu'on a, ou à celles qui nous menacent.

Et quand on se verrait même assez à l'abri de toutes parts, l'ennui, de son autorité privée, ne laisserait pas de sortir au fond du cœur où il a des racines naturelles, et de remplir l'esprit de son venin.

XI. — Le conseil qu'on donnait à Pyrrhus, de prendre le repos qu'il allait chercher par tant de fatigues, recevait bien des difficultés.

[L'un et l'autre (*Cinéas et Pyrrhus*) supposaient que l'homme se pût contenter de soi-même et de ses biens présents, sans remplir le vide de son cœur d'espérances imaginaires, ce qui est faux. Pyrrhus ne pouvait être heureux, ni devant, ni après avoir conquis le monde; et peut-être que la vie molle, que lui conseillait son ministre, était encore moins capable de le satisfaire, que l'agitation de tant de guerres et de tant de voyages qu'il méditait.]

Ainsi l'homme est si malheureux, qu'il s'ennuierait même sans aucune cause d'ennui, par l'état propre de sa complexion; et il est si vain qu'étant plein de mille causes essentielles d'ennui, la moindre chose, comme un billard et une balle qu'il pousse, suffisent pour le divertir.

[De sorte qu'à le considérer sérieusement, il est encore plus à plaindre de ce qu'il se peut divertir à des choses si frivoles et si basses, que de ce qu'il s'afflige de ses misères effectives ; et ses divertissements sont infiniment moins raisonnables que son ennui.]

Mais, direz-vous, quel objet a-t-il en tout cela? Celui de se vanter demain entre ses amis de ce qu'il a mieux joué qu'un autre.

Ainsi les autres suent dans leur cabinet pour montrer aux savants qu'ils ont résolu une question d'algèbre qu'on n'aurait pu trouver jusqu'ici ; et tant d'autres s'exposent aux derniers périls pour se vanter ensuite d'une place qu'ils auront prise, et aussi sottement à mon gré. Et enfin les autres se tuent pour remarquer toutes ces choses, non pas pour en devenir plus sages, mais seulement pour montrer qu'ils les savent ; et ceux-là sont les plus sots de la bande puisqu'ils le sont avec connaissance, au lieu qu'on peut penser des autres qu'ils ne le seraient plus s'ils avaient cette connaissance.

XII. — Tel homme passe sa vie sans ennui en jouant tous les jours peu de chose. Donnez-lui tous les matins l'argent qu'il peut gagner chaque jour, à la charge qu'il ne joue point, vous le rendez malheureux.

On dira peut-être que c'est qu'il cherche l'amusement du jeu et non pas le gain. Faites-le donc jouer pour rien, il ne s'y échauffera pas et s'y ennuiera.

Ce n'est donc pas l'amusement seul qu'il recherche : un amusement languissant et sans passion l'ennuiera. Il faut qu'il s'y échauffe et qu'il se pipe lui-même, en s'imaginant qu'il serait heureux de gagner ce qu'il ne voudrait pas qu'on lui donnât à condition de ne point jouer, afin qu'il se forme un sujet de passion, et qu'il excite sur cela son désir, sa colère, sa crainte pour l'objet qu'il s'est formé, comme les enfants qui s'effrayent du visage qu'ils ont barbouillé.

D'où vient que cet homme qui a perdu depuis peu de mois son fils unique, et qui, accablé de procès et de querelles, était ce matin si troublé, n'y pense plus maintenant? Ne vous en étonnez pas : il est tout occupé à voir par où passera ce sanglier que les chiens poursuivent avec tant d'ardeur depuis six heures. Il n'en faut pas davantage: l'homme, quelque plein de tristesse qu'il soit, si l'on peut gagner sur lui de le faire entrer en quelque divertissement, le voilà heureux pendant ce temps-là.

[Mais c'est d'un bonheur faux et imaginaire, qui ne vient pas de la possession de quelque bien réel et solide, mais d'une légèreté d'esprit qui lui fait perdre le souvenir de ses véritables misères, pour s'attacher à des objets bas et ridicules, indignes de son application et encore plus de son amour. C'est une joie de malade et de frénétique, qui ne vient pas de la santé de son âme, mais de son dérèglement; c'est un ris de folie et d'illusion. Car c'est une chose étrange que de considérer ce qui plaît aux hommes dans les jeux et les divertissements. Il est vrai qu'occupant l'esprit, ils le détournent du sentiment de ses maux; ce qui est réel. Mais ils ne l'occupent que parce que l'esprit s'y forme un objet imaginaire de passion auquel il s'attache.]

Et l'homme, quelque heureux qu'il soit, s'il n'est diverti et occupé par quelque passion ou quelque amusement qui empêche l'ennui de se répandre, sera bientôt chagrin et malheureux. Sans divertissement il n'y a point de joie, avec le divertissement il n'y a point de tristesse. Et c'est aussi ce qui forme le bonheur des personnes de grande condition: qu'ils ont un nombre de personnes qui les divertissent, et qu'ils ont le pouvoir de se maintenir en cet état.

Prenez-y garde. Qu'est-ce autre chose d'être surintendant, chancelier, premier président, sinon d'être en une condition où l'on a, dès le matin, un nombre de gens qui viennent de tous côtés pour ne leur laisser pas une heure en la journée où ils puissent penser à eux-mêmes? — Et quand ils sont dans la disgrâce et qu'on les envoie à leurs maisons des champs où ils ne manquent ni de biens, ni de domestiques pour les assister dans leurs besoins, ils ne laissent pas d'être misérables et abandonnés, parce que personne ne les empêche de songer à eux.

XIII. — L'ennui qu'on a de quitter les occupations où l'on s'est attaché. — Un homme vit avec plaisir en son ménage : qu'il voie une femme qui lui plaise, qu'il joue cinq ou six jours avec plaisir, le voilà misérable s'il retourne à sa première occupation. Rien n'est plus ordinaire que cela.

XIV. — La seule chose qui nous console de nos misères est le divertissement, et cependant c'est la plus grande de nos misères.

Car c'est cela qui nous empêche principalement de songer à nous, et qui nous fait perdre insensiblement. Sans cela nous serions dans l'ennui, et cet ennui nous pousserait à chercher un moyen plus solide d'en sortir.

Mais le divertissement nous amuse et nous fait arriver insensiblement à la mort.

XV. — Nonobstant ces misères, il veut être heureux, et ne veut être qu'heureux et ne peut ne vouloir pas l'être.

Mais comment s'y prendra-t-il ? Il faudrait, pour bien faire, qu'il se rendît immortel; mais ne le pouvant, il s'est avisé de s'empêcher d'y penser.

XVI. — Nous ne nous tenons jamais au temps présent.

Nous anticipons l'avenir comme trop lent à venir, comme pour hâter son cours ; ou nous rappelons le passé, pour l'arrêter comme trop prompt : si imprudents, que nous errons dans les temps qui ne sont pas nôtres et ne pensons point au seul qui nous appartient; et si vains, que nous songeons à ceux qui ne sont plus rien et échappons sans réflexion le seul qui subsiste.

C'est que le présent d'ordinaire nous blesse.

Nous le cachons à notre vue, parce qu'il nous afflige; et s'il nous est agréable, nous regrettons de le voir échapper. Nous tâchons de le soutenir par l'avenir, et pensons à disposer les choses, qui ne sont pas en notre puissance, pour un temps où nous n'avons aucune assurance d'arriver.

Que chacun examine ses pensées, il les trouvera toujours occupées au passé et à l'avenir.

Nous ne pensons presque point au présent ; et si nous y pensons, ce n'est que pour en prendre la lumière pour disposer de l'avenir.

Le présent n'est jamais notre fin ; le passé et le présent sont nos moyens; le seul avenir est notre fin.

Ainsi nous ne vivons jamais, mais nous espérons de vivre; et nous disposant toujours à être heureux, il est inévitable que nous ne le soyons jamais.

XVII. — Si l'homme était heureux, il le serait d'autant plus qu'il serait moins diverti, comme les saints et Dieu.

Oui ; mais n'est-ce pas être heureux que de pouvoir être réjoui par le divertissement ? —Non, car il vient d'ailleurs et de dehors, et ainsi il est dépendant, et partant sujet à être troublé par mille accidents qui font les afflictions inévitables.

XVIII. — Rien ne nous plait que le combat, mais non pas la victoire.

On aime à voir les combats des animaux, non le vainqueur acharné sur le vaincu. Que voulait-on voir, sinon la fin de la victoire? Et dès qu'elle arrive, on en est saoul. Ainsi dans le jeu, ainsi dans la recherche de la vérité. On aime à voir dans les disputes le combat des opinions, mais de contempler la vérité trouvée, point du tout. Pour la faire remarquer avec plaisir, il faut la voir faire naître de la dispute.

De même, dans les passions, il y a du plaisir à voir deux contraires se heurter ; mais quand l'une est maîtresse, ce n'est plus que brutalité.

Nous ne cherchons jamais les choses, mais la recherche des choses. Ainsi, dans la comédie, les scènes contentes et sans crainte ne valent rien, ni les extrêmes misères sans espérance, ni les amours brutaux, ni les sévérités âpres.

XIX. — Nous sommes si malheureux que nous ne pouvons prendre plaisir à une chose qu'à condition de nous fâcher si elle réussit mal ; ce que mille choses peuvent faire et font à toute heure.

Qui aurait trouvé le secret de se réjouir du bien sans se fâcher du mal contraire aurait trouvé le point. C'est le mouvement perpétuel.

XX. — La nature nous rendant toujours malheureux en tous états, nos désirs nous figurent un état heureux, parce qu'ils joignent à l'état où nous sommes les plaisirs de l'état où nous ne sommes pas, et quand nous arriverions à ces plaisirs, nous ne serions pas heureux pour cela, parce que nous aurions d'autres désirs conformes à ce nouvel état.

Le sentiment de la fausseté des plaisirs présents et l'ignorance de la vanité des plaisirs absents causent l'inconstance.

XXI. — Peu de chose nous console parce que peu de chose nous afflige.

XXII. — L'éloquence continue nous ennuie.

Les princes et les rois jouent quelquefois. Ils ne sont pas toujours sur leurs trônes ; ils s'y ennuient.

La grandeur a besoin d'être quittée pour être sentie.

La continuité dégoûte en tout.

XXIII. — Qu'une chose aussi visible qu'est la vanité du monde soit si peu connue, que ce soit une chose étrange et surprenante de dire que c'est une sottise de chercher les grandeurs, cela est admirable !

XXIV. — Qui ne voit pas la vanité du monde est bien

vain lui-même. Aussi, qui ne la voit, excepté de jeunes gens qui sont tous dans le bruit, dans le divertissement et sans la pensée de l'avenir?

Mais ôtez leur divertissement, vous les verrez se sécher d'ennui; ils sentent alors leur néant sans le connaître: car c'est bien être malheureux que d'être dans une tristesse insupportable aussitôt qu'on est réduit à se considérer et à n'en être point diverti.

XXV. — Condition de l'homme : Inconstance, ennui, inquiétude.

Qui voudra connaître à plein la vanité de l'homme n'a qu'à considérer les causes et les effets de l'amour. La cause en est un *je ne sais quoi* (CORNEILLE[1]), et les effets en sont effroyables.

Ce *je ne sais quoi*, si peu de chose qu'on ne peut le reconnaître, remue toute la terre, les princes, les armées, le monde entier.

Le nez de Cléopâtre : s'il eût été plus court, toute la face de la terre aurait changé.

XXVI. — Le seul qui connaît la nature ne la connaîtra-t-il que pour être misérable?

Le seul qui la connaît sera-t-il le seul malheureux?

XXVII. — Qu'on s'imagine un nombre d'hommes dans les chaînes, et tous condamnés à la mort, dont les uns étant chaque jour égorgés à la vue des autres, ceux qui restent voient leur propre condition dans celle de leurs semblables, et se regardant les uns les autres avec douleur et, sans espérance, attendent leur tour : c'est l'image de la condition des hommes.

XXVIII. — Salomon et Job ont le mieux connu et le mieux parlé de la misère de l'homme : l'un le plus heureux des

---

1. *Rodogune*. Act. I. Sc. 5. — *Médée*. Act. II. Sc. 6.

CH. XIV. — ENNUI ET INQUIÉTUDE DE L'HOMME

hommes], et l'autre le plus malheureux; l'un connaissant la vanité des plaisirs par expérience, l'autre la réalité des maux [1].

---

1. Il y a, dans les fragments de ce chapitre, une admirable analyse, pleine de profondeur psychologique et de poignante éloquence, des tendances de l'âme humaine à s'oublier et à s'étourdir dans les choses du dehors qui, pourtant, n'offrent qu'un dérivatif faux, vide et trompeur. — Comme Lucrèce (IV, 129), Pascal constate que

> ...medio de fonte leporum
> *Surgit amari aliquid* quod in ipsis floribus angat.

Mais en complétant la constatation du poète épicurien, et en s'élevant plus haut que lui, le penseur chrétien indique ici, et surtout il expliquera ailleurs, le mot de la cruelle énigme : que le bonheur n'est ni en nous ni dans les créatures, mais en Dieu seul, d'après la pensée de saint Augustin (*Conf.*, I, I) : *Inquietum est cor nostrum donec requiescat in te, Deus!*

CHAPITRE XV

Contrariétés étonnantes de la nature de l'homme à l'égard de la vérité.

1. Recherche ardente et possession difficile de la vérité. — 2. Les forces des pyrrhoniens. — 3. Le fort des dogmatistes. — 4. Guerre de systèmes. — 5. Le doute universel : la nature soutient la raison et confond les pyrrhoniens. — 6. Clarté naturelle non éteinte, mais ternie. — 7. Invincibles au dogmatisme et au pyrrhonisme.

I. — Rien n'est plus étrange dans la nature de l'homme que les contrariétés qu'on y découvre à l'égard de toutes choses.

Il est fait pour connaître la vérité ; il la désire ardemment, il la cherche ; et cependant, quand il tâche de la saisir, il s'éblouit et se confond de telle sorte, qu'il donne sujet de lui en disputer la possession.

C'est ce qui a fait naître les deux sectes des pyrrhoniens et des dogmatistes, dont les uns ont voulu ravir à l'homme toute connaissance de la vérité, et les autres tâchent de la lui assurer ; mais chacun avec des raisons si peu vraisemblables, qu'elles augmentent la confusion et l'embarras de l'homme lorsqu'il n'a point d'autre lumière que celle qu'il trouve dans sa nature [1].

---

1. Aux sceptiques, disciples de Pyrrhon, Pascal a l'habitude d'opposer, comme erreur contraire, ce qu'il appelle le *dogmatisme* des rationalistes qui outrent au delà des justes limites, et sans vouloir tenir compte de la foi, les affirmations de la raison. Ce dogmatisme rationaliste et orgueilleux est principalement représenté à ses yeux par les stoïciens, et peut-être l'entrevoyait-il aussi en Descartes.

CH. XV. — CONTRARIÉTÉS ET VÉRITÉ 111

II. — Les principales forces des pyrrhoniens, — je laisse les moindres, — sont que nous n'avons aucune certitude de la vérité de ces principes hors de la foi et la révélation, sinon en ce que nous les sentons naturellement en nous.

Or, ce sentiment naturel n'est pas une preuve convaincante de leur vérité, puisque n'y ayant point de certitude, hors la foi, si l'homme est créé par un Dieu bon, par un démon méchant, ou à l'aventure, il est en doute si ces principes nous sont donnés ou véritables, ou faux, ou incertains, selon notre origine. — De plus, que personne n'a d'assurance, hors de la foi, s'il veille ou s'il dort, vu que durant le sommeil on croit veiller aussi fermement que nous faisons. On croit voir les espaces, les figures, les mouvements; on sent couler le temps, on le mesure, et enfin on agit de même qu'éveillé. — De sorte que la moitié de la vie se passant en sommeil par notre propre aveu, où, quoi que nous en paraisse, nous n'avons aucune idée du vrai, tous nos sentiments étant alors des illusions, qui sait si cette autre moitié de la vie où nous pensons veiller n'est pas un autre sommeil un peu différent du premier, dont nous nous éveillons quand nous pensons dormir?

Et qui doute que si on rêvait en compagnie et que par hasard les songes s'accordassent, ce qui est assez ordinaire, et qu'on veillât en solitude, on ne crût les choses renversées? — Enfin, comme on rêve souvent qu'on rêve, entassant un songe sur l'autre, il se peut aussi bien faire que cette vie n'est elle-même qu'un songe sur lequel les autres sont entés, dont nous nous éveillons à la mort; pendant laquelle [vie] nous avons aussi peu les principes du vrai et du bien que pendant le sommeil naturel : ces différentes pensées qui nous y agitent n'étant, peut-être, que des illusions pareilles à l'écoulement du temps et aux vaines fantaisies de nos songes[1].

---

1. Cet alinéa est barré dans l'autographe; mais il montre avec quelle sincérité Pascal expose toutes les objections du

Je laisse les moindres discours que font les pyrrhoniens contre les impressions de la coutume, de l'éducation, des mœurs, des pays, et les autres choses semblables qui, quoiqu'elles entraînent la plus grande partie des hommes communs qui ne dogmatisent que sur ces vains fondements, sont renversées par le moindre souffle des pyrrhoniens. On n'a qu'à voir leurs livres si l'on n'en est pas persuadé : on le deviendra bien vite et peut-être trop.

III. — Je m'arrête à l'unique fort des dogmatistes, qui est qu'en parlant de bonne foi et sincèrement, on ne peut douter des principes naturels[1].

Contre quoi les pyrrhoniens opposent en un mot l'incertitude de notre origine qui enferme celle de notre nature; à quoi les dogmatistes sont encore à répondre depuis que le monde dure.

IV. — Voilà la guerre ouverte entre les hommes, où il faut que chacun prenne parti, et se range nécessairement ou au dogmatisme ou au pyrrhonisme ; car qui pensera

---

scepticisme qu'il combat. Il serait injuste de vouloir lui endosser à lui-même, comme certains l'ont fait, la responsabilité des objections qu'il expose. Si, dans les développements qui suivent, il semble faire la part plus belle au pyrrhonisme, c'est que le rationalisme prétentieux des autres, par les contradictions qu'il implique, aboutit logiquement au scepticisme. Locke et Spinosa ont abouti à Kant ; l'orgueilleux panthéisme de Hegel et Schelling, comme le rationalisme présomptueux de l'éclectisme français, s'est éteint dans le scepticisme des positivistes et matérialistes contemporains. L'histoire de la philosophie a vu souvent se reproduire cette évolution, et l'on comprend que Pascal en veuille à cette raison « superbe et impuissante » dont l'orgueil aboutit fatalement à la ruine, non seulement de la foi, mais surtout aussi de la philosophie.

1. A la suite de Port-Royal, la plupart des éditeurs reproduisent ici le fragment sur la connaissance des principes naturels, par le cœur (V. p. 24), où ce prétendu sceptique exprime en effet, avec une singulière vigueur, la vraie doctrine sur la question capitale de la certitude.

demeurer neutre sera pyrrhonien par excellence. Cette neutralité est l'essence de la cabale [1]. Qui n'est pas contre eux est excellemment pour eux. Ils ne sont pas pour eux-mêmes ; ils sont neutres, indifférents, suspendus à tout sans s'excepter.

V. — Que fera donc l'homme en cet état ? Doutera-t-il de tout ? Doutera-t-il s'il veille, si on le pince, si on le brûle ? Doutera-t-il s'il doute ? Doutera-t-il s'il est ?

On n'en peut venir là ; et je mets en fait qu'il n'y a jamais eu de pyrrhonien effectif parfait [2].

La nature soutient la raison impuissante et l'empêche d'extravaguer jusqu'à ce point [3].

Dira-t-il donc, au contraire, qu'il possède certainement la vérité, lui qui, si peu qu'on le pousse, ne peut en montrer aucun titre et est forcé de lâcher prise ?

Quelle Chimère est-ce donc que l'homme ? Quelle nouveauté, quel monstre, quel chaos, quel sujet de contradiction, quel prodige ! Juge de toutes choses, imbécile ver

---

1. La *Cabale* était une tradition savante dans les écoles rabbiniques des Juifs ; — se dit, par extension et avec un sens de mépris, de toute tradition particulière plus ou moins secrète. Pascal applique la dénomination à la tradition de l'école pyrrhonienne.

2. Est-ce là la profession de foi d'un sceptique ? — Il y a dans cette éloquente déduction comme une sorte de réminiscence de l'argumentation de Descartes : « Je doute, donc je pense. Je pense, donc je suis. »

3. « La nature soutient la raison impuissante et l'empêche d'extravaguer... La nature confond les pyrrhoniens et la raison confond les dogmatiques, » saisissantes formules qui marquent bien la véritable pensée de Pascal : le rationalisme est en contradiction finale avec la raison elle-même, et le scepticisme répugne au fond primordial de notre nature intellectuelle qui impose et fait sentir, en quelque sorte, d'une façon immédiate l'évidence des premiers principes. (V. p. 25, *note*.)

En se demandant si l'homme « possède certainement la vérité,

de terre, dépositaire du vrai, cloaque d'incertitude et d'erreur, gloire et rebut de l'univers.

Qui démêlera cet embrouillement? — Certainement cela passe dogmatisme et pyrrhonisme et toute la philosophie humaine.

La nature confond les pyrrhoniens et la raison confond les dogmatiques [1].

Que deviendrez-vous donc, ô homme, qui cherchez quelle est votre véritable condition par votre raison naturelle? Vous ne pouvez fuir une de ces sectes, ni subsister dans aucune [2].

Connaissez donc, superbe, quel paradoxe vous êtes à vous-même.

Humiliez-vous raison impuissante; taisez-vous, nature imbécile [3].

Apprenez que l'homme passe infiniment l'homme et entendez de votre maître votre condition véritable que vous ignorez. — Écoutez Dieu.

---

l'ardente et humaine curiosité de Pascal ne s'arrête pas à la certitude de telle vérité partielle, mais se préoccupe de la vérité totale, celle qui donne le dernier mot de l'énigme de notre origine et du problème de notre destinée, et de cette vérité-là on peut dire incontestablement sans scepticisme que l'homme, livré à ses seules lumières propres, ne la possède ni *certainement* ni *complètement*. (V. pp. 58, 59, 82, 115, *notes*.)

1. Pascal avait écrit d'abord : « On ne peut être pyrrhonien sans étouffer la nature; on ne peut être dogmatiste sans renoncer à la raison. »

2. Rationalisme et scepticisme sont également intenables et inévitables pour ceux qui, repoussant la philosophie chrétienne, veulent résoudre le problème de notre condition par la seule « raison naturelle ».

3. Invective éloquente, analogue à celle de p. 58. — « Nature imbécile, » comme ci-dessus « imbécile ver de terre », dans le sens étymologique et latin, *imbecillis*: faible, débile. — Détermine ainsi le sens relatif de « raison impuissante ».

VI. — C'est donc une chose étrange que l'on ne peut définir ces choses sans les obscurcir.

Nous supposons que tous les conçoivent de même sorte : mais nous le supposons bien gratuitement ; car nous n'en avons aucune preuve. — Je vois bien qu'on applique ces mots dans les mêmes occasions, et que toutes les fois que deux hommes voient un corps changer de place, ils expriment tous deux la vue de ce même objet par le même mot, en disant qu'il s'est mû ; et de cette conformité d'application, on tire une puissante conjecture d'une conformité d'idée ; mais cela n'est pas absolument convaincant de la dernière conviction, quoiqu'il y ait bien à parier pour l'affirmative, puisqu'on sait qu'on tire bien souvent les mêmes conséquences des suppositions différentes.

Cela suffit pour embrouiller au moins la matière ; non que cela éteigne absolument la clarté naturelle qui nous assure de ces choses : les académiciens auraient gagné ; mais cela la ternit et trouble les dogmatistes, à la gloire de la cabale pyrrhonienne, qui consiste à cette ambiguïté ambiguë, et dans une certaine obscurité douteuse, dont nos doutes ne peuvent ôter toute la clarté, ni nos lumières naturelles en chasser toutes les ténèbres [1].

VII. — Nous avons une impuissance de prouver, invincible à tout le dogmatisme.

---

1. Ce fragment qui porte en titre dans l'autographe, *Contre le pyrrhonisme*, est peut-être celui où Pascal explique avec le plus de rigueur sa doctrine sur la part de force et de faiblesse de la raison. Les difficultés, les obscurités et les contradictions qu'il a relevées si souvent, « n'éteignent pas absolument la clarté naturelle, mais la ternissent et la troublent... Nos doutes ne peuvent ôter toute la clarté, ni nos lumières naturelles chasser toutes les ténèbres ». Doctrine irréprochable qui fournit le critérium d'appréciation exacte pour certains passages ambigus. — Les *Académiciens* dont il est question sont les philosophes de l'école sceptique dite la *Nouvelle Académie*.

Nous avons une idée de la vérité, invincible à tout le pyrrhonisme[1].

[Voilà ce qu'est l'homme à l'égard de la vérité. Considérons-le maintenant à l'égard de la félicité qu'il recherche avec tant d'ardeur en toutes ses actions.]

---

1. C'est, sous une nouvelle forme, l'affirmation de la constante doctrine de Pascal : « Impuissance de prouver » non absolue, mais relative et morale.

CHAPITRE XVI

Contrariétés qui se rencontrent dans la nature de l'homme à l'égard du bonheur.

1. Tous les hommes recherchent d'être heureux. — 2. Vains efforts. — 3. Fausses conclusions. — 4. Les trois concupiscences et les sectes. — 5-6. Raison et passions en guerre. — 7. Le bonheur hors de nous. — 8-10. Les solutions des stoïques. — 11. Comment incapables de certitude et de bonheur. — 12-13. Le bonheur en Dieu. — Tendre les bras au Libérateur.

I. — Tous les hommes recherchent d'être heureux : cela est sans exception.

Quelques différents moyens qu'ils y emploient, ils tendent tous à ce but. Ce qui fait que les uns vont à la guerre et que les autres n'y vont pas, est ce même désir qui est dans tous les deux, accompagné de différentes vues. La volonté ne fait jamais la moindre démarche que vers cet objet. C'est le motif de toutes les actions de tous les hommes, jusqu'à ceux qui vont se pendre.

Et cependant, depuis un si grand nombre d'années, jamais personne, sans la foi, n'est arrivé à ce point où tous visent continuellement. Tous se plaignent : princes, sujets ; nobles, roturiers ; vieux, jeunes ; forts, faibles ; savants, ignorants ; sains, malades ; de tous pays, de tous les temps ; de tous âges et de toutes conditions.

Une épreuve si longue, si continuelle et si uniforme devrait bien nous convaincre de notre impuissance d'arriver au bien par nos efforts.

Mais l'exemple ne nous instruit point. Il n'est jamais si parfaitement semblable qu'il n'y ait quelque délicate différence; et c'est de là que nous attendons que notre attente ne sera pas déçue en cette occasion comme en l'autre. Et ainsi, le présent ne nous satisfaisant jamais, l'espérance nous pipe, et, de malheur en malheur, nous mène jusqu'à la mort qui en est un comble éternel.

II. — Qu'est-ce donc que nous crie cette avidité et cette impuissance, sinon qu'il y a eu autrefois dans l'homme un véritable bonheur, dont il ne lui reste maintenant que la marque et la trace toute vide, et qu'il essaye inutilement de remplir de tout ce qui l'environne, recherchant des choses absentes le secours qu'il n'obtient pas des présentes, mais qui en sont toutes incapables, parce que ce gouffre infini ne peut être rempli que par un objet infini et immuable, c'est-à-dire que par Dieu même?

Lui seul est son véritable bien; et depuis qu'il l'a quitté c'est une chose étrange qu'il n'y a rien dans la nature qui n'ait été capable de lui en tenir la place : astres, ciel, terre, éléments, plantes, choux, poireaux, animaux, insectes, veaux, serpents, fièvre, peste, guerre, famine, vices, adultère, inceste [1]. — Et depuis qu'il a perdu le vrai bien, tout également peut lui paraître tel, jusqu'à sa destruction propre, quoique si contraire à Dieu, à la raison et à la nature tout ensemble.

Les uns le cherchent dans l'autorité, les autres dans les curiosités et dans les sciences, les autres dans les voluptés.

D'autres qui en ont en effet plus approché, ont considéré qu'il est nécessaire que le bien universel, que tous les hommes désirent, ne soit dans aucune des choses particu-

---

1. Il semble que Pascal ait eu là une réminiscence des vers de Juvénal (*Sat.*, xv, 9) :

> Porrum et Cæpe nefas violare et frangere morsu :
> O sanctas gentes, quibus hæc nascuntur in hortis
> Numina !...

« Tout était Dieu, excepté Dieu lui-même. » Bossuet (*Disc. sur l'Hist. univ.*, II, 3.)

lières qui ne peuvent être possédées que par un seul, et qui, étant partagées, affligent plus leur possesseur par le manque de la partie qu'il n'a pas, qu'elles ne le contentent par la jouissance de celle qui lui appartient.

Ils ont compris que le vrai bien devrait être tel que tous pussent le posséder à la fois sans diminution et sans envie, et que personne ne pût le perdre contre son gré.

[Ils l'ont compris; mais ils ne l'ont pu trouver; et au lieu d'un bien solide et effectif, ils n'ont embrassé que l'image creuse d'une vertu fantastique [1].]

Et leur raison est que ce désir étant naturel à l'homme, puisqu'il est nécessairement en tous, et qu'il ne peut pas ne le pas avoir, ils en concluent...

III. — ...Ils concluent qu'on peut toujours ce qu'on peut quelquefois; et que, puisque le désir de la gloire fait bien faire à ceux qu'il possède quelque chose, les autres le pourront bien aussi.

Ce sont des mouvements fiévreux que la santé ne peut imiter.

Épictète conclut de ce qu'il y a des chrétiens constants, que chacun le peut bien être [2].

IV. — Les trois concupiscences ont fait trois sectes; et

---

1. Les éditeurs de Port-Royal ont remplacé par cette pensée, exacte d'ailleurs, la phrase de Pascal demeurée inachevée : « Et leur raison est que ce désir étant naturel à l'homme, puisqu'il est nécessairement en tous, et qu'il ne peut pas ne le pas avoir, ils en concluent... » A moins qu'à cette suspension ne se rattache le fragment suivant.

2. ÉPICT., IV, 7. — Ce stoïcien veut prouver que la force d'âme ne doit se laisser vaincre ni au plaisir ni à la douleur : « Où est le tyran, où sont les gardes, où sont les épées qui pourront faire peur à un tel homme ? Et, si on peut entrer dans ces sentiments par un transport furieux, ou, *comme les Galiléens*, par la force de la coutume, ne pourra-t-on, par le raisonnement, se pénétrer de ces vérités?... »

les philosophes n'ont fait autre chose que suivre une des trois concupiscences¹.

V. — Guerre intestine de l'homme entre la raison et les passions. S'il n'avait que la raison sans passion… S'il n'avait que les passions sans raison,… [il pourrait jouir de quelque paix].

Mais ayant l'un et l'autre, il ne peut être sans guerre, ne pouvant avoir paix avec l'un qu'ayant guerre avec l'autre. Aussi il est toujours divisé et contraire à lui-même.

VI. — Nous sommes pleins de choses qui nous jettent au dehors.

Notre instinct nous fait sentir qu'il faut chercher notre bonheur hors de nous. Nos passions nous poussent au dehors, quand même les objets ne s'offriraient pas pour les exciter. Les objets du dehors nous tentent d'eux-mêmes et nous appellent, quand même nous n'y pensons pas. Et ainsi les philosophes ont beau dire : Rentrez en vous-mêmes, vous y trouverez votre bien. On ne les croit pas ; et ceux qui les croient sont les plus vides et les plus sots.

VII. — Cette guerre intérieure de la raison contre les passions a fait que ceux qui ont voulu avoir la paix se sont partagés en deux sectes.

Les uns ont voulu renoncer aux passions et devenir dieux, les autres ont voulu renoncer à la raison et devenir bêtes brutes² : mais ils ne l'ont pu ni les uns ni les autres ; et la raison demeure toujours, qui accuse la bassesse et l'injustice des passions, et qui trouble le repos de ceux qui s'y abandonnent ; et les passions sont toujours vivantes dans ceux qui veulent y renoncer.

---

1. V. *fragm.* 2 : « Les uns le cherchent dans l'autorité », *etc.*
2. Pascal cite ici, entre parenthèses, le nom de *Des Barreaux* qui était un des épicuriens célèbres de son temps (1602-1673), et qu'il avait connu dans la société de ses amis mondains.

VIII. — Ce que les stoïques proposent est si difficile et si vain !

Les stoïques pensent que tous ceux qui ne sont point au plus haut degré de sagesse sont également fous et vicieux, comme ceux qui sont à deux doigts dans l'eau... (sont aussi bien noyés que ceux qui sont au fond.

IX. — Tous leurs principes sont vrais: des pyrrhoniens, des stoïques, des athées, etc. Mais leurs conclusions sont fausses, parce que les principes opposés sont vrais aussi [1].

X. — Les stoïques disent : Rentrez au dedans de vous-mêmes ; c'est là où vous trouverez votre repos : et cela n'est pas vrai.

Les autres disent : Sortez au dehors ; recherchez le bonheur en vous divertissant : et cela n'est pas vrai ; les maladies viennent.

Le bonheur n'est ni hors de nous ni dans nous ; il est en Dieu, et hors et dans nous.

XI. — Nous souhaitons la vérité, et ne trouvons en nous qu'incertitude. Nous recherchons le bonheur, et ne trouvons que misère et mort.

Nous sommes incapables de ne pas souhaiter la vérité et le bonheur, et sommes incapables et de certitude et de bonheur [2].

---

1. Les principes opposés « sont vrais aussi », parce que ces systèmes d'erreurs sont incomplets et négligent presque toujours quelque vérité réelle dont leurs adversaires cherchent à tirer parti avec un exclusivisme non moins faux. « Toute erreur, dit Bossuet, est une vérité dont on abuse. »

2. Expression outrée qui n'est exacte que dans le sens relatif d'une connaissance de la « vérité entière ». D'ailleurs Pascal la corrige plus loin, en parlant, au chapitre suivant (*fragm.* 14) de la « capacité naturelle de connaître la vérité et d'être heureux, » quoique l'homme n'ait point « la vérité ou constante ou satisfaisante », formule qui correspond à peu près à celle de saint Thomas d'Aquin. (Cf. p. 59, *note*.)

Ce désir nous est laissé, tant pour nous punir que pour nous faire sentir d'où nous sommes tombés.

XII. — Si l'homme n'est fait pour Dieu, pourquoi n'est-il heureux qu'en Dieu?

Si l'homme est fait pour Dieu, pourquoi est-il si contraire à Dieu?

XIII. — Il est bon d'être lassé et fatigué par l'inutile recherche du vrai bien, afin de tendre les bras au Libérateur.

CHAPITRE XVII

Étrange Condition de l'homme soumis à ces profondes contrariétés de sa nature.

1-3. Contrariétés, nature corrompue, contradictions. — 4-7. Instinct et raison; étrange renversement; bassesse et présomption. — 8-10. Ni ange, ni bête. — 11. L'homme sans Dieu. — 12 Louer, blâmer, divertir. — 13. S'il se vante, je l'abaisse. — 14. Que l'homme s'estime son prix. Capacité naturelle; vérité ni constante ni satisfaisante. — 15. Égaré et tombé du vrai bien.

I. — Contrariétés. L'homme est naturellement crédule, incrédule; timide, téméraire.

II. — Nature corrompue. L'homme n'agit point par la raison qui fait son être.

III. — Contradiction : mépris de notre être; mourir pour rien; haine de notre être...

IV. — Instinct et raison : marque de deux natures.

V. — La sensibilité de l'homme aux petites choses et l'insensibilité pour les grandes choses : marque d'un étrange renversement.

VI. — Bassesse de l'homme, jusqu'à se soumettre aux bêtes, jusqu'à les adorer.

VII. — Que la présomption soit jointe à la misère, c'est une extrême injustice.

VIII. — Il ne faut pas que l'homme croie qu'il est égal aux

bêtes, ni qu'il croie qu'il est égal aux anges, ni qu'il ignore l'un et l'autre; mais qu'il sache l'un et l'autre.

IX. — L'homme n'est ni ange ni bête; et le malheur veut que qui veut faire l'ange fait la bête.

X. — Il est dangereux de trop faire voir à l'homme combien il est égal aux bêtes, sans lui montrer sa grandeur. — Il est encore dangereux de lui trop faire voir sa grandeur sans sa bassesse. — Il est encore plus dangereux de lui laisser ignorer l'un et l'autre. — Mais il est très avantageux de lui représenter l'un et l'autre.

XI. — L'Ecclésiaste montre que l'homme sans Dieu est dans l'ignorance de tout et dans un malheur inévitable[1].

Car c'est être malheureux que de vouloir et ne pouvoir. Or, il veut être heureux et assuré de quelque vérité, et cependant il ne peut savoir ni ne désirer point de savoir. Il ne peut même douter.

XII. — Je blâme également et ceux qui prennent parti de louer l'homme, et ceux qui le prennent de le blâmer, et ceux qui le prennent de le divertir; et je ne puis approuver que ceux qui cherchent en gémissant.

XIII. — S'il se vante, je l'abaisse; s'il s'abaisse, je le vante; et le contredis toujours, jusqu'à ce qu'il comprenne qu'il est un monstre incompréhensible.

XIV. — Que l'homme maintenant s'estime son prix.

Qu'il s'aime, car il a en lui une nature capable de bien; mais qu'il n'aime pas pour cela les bassesses qui y sont.

Qu'il se méprise, parce que cette capacité est vide; mais qu'il ne méprise pas pour cela cette capacité naturelle.

Qu'il se haïsse, qu'il s'aime : il a en lui la capacité de

---

1. ECCLES., VIII, 17 et *passim*.

connaître la vérité et d'être heureux; mais il n'a point de vérité, ou constante, ou satisfaisante [1].

Je voudrais donc porter l'homme à désirer d'en trouver, à être prêt et dégagé des passions pour la suivre où il la trouvera.

Sachant combien sa connaissance s'est obscurcie par les passions, je voudrais bien qu'il haït en soi la concupiscence qui le détermine d'elle-même, afin qu'elle ne l'aveuglât point pour faire son choix, et qu'elle ne l'arrêtât point quand il aura choisi.

XV. — L'homme ne sait à quel rang se mettre.

Il est visiblement égaré et tombé du vrai bien sans le pouvoir retrouver. Il le cherche partout avec inquiétude et sans succès dans des ténèbres impénétrables.

---

1. Voir ci-dessus. p. 121, *note* 2.

CHAPITRE XVIII

L'Homme ne trouve la raison de ces contrariétés et le remède à sa misère ni dans la nature, ni chez les philosophes, ni dans les autres religions.

1. Y a-t-il autre chose que ce que je vois ? — 2. Ce que je vois et qui me trouble. Rien trop cher pour l'éternité. — 3. Egal à Dieu ou aux bêtes ? — 4-5. Foisons de religions. — 6. Les philosophes ont-ils trouvé le remède ? — 7. Quelle religion guérira l'orgueil et la concupiscence ?

I. — En voyant l'aveuglement et la misère de l'homme [et ces contrariétés étonnantes qui se découvrent dans sa nature], en regardant tout l'univers muet, et l'homme sans lumière, abandonné à lui-même et comme égaré dans ce recoin de l'univers, sans savoir qui l'y a mis, ce qu'il y est venu faire, ce qu'il deviendra en mourant, incapable de toute connaissance, j'entre en effroi comme un homme qu'on aurait porté endormi dans une île déserte et effroyable, et qui s'éveillerait sans connaître où il est et sans moyen d'en sortir. — Et sur cela, j'admire comment on n'entre point en désespoir d'un si misérable état.

Je vois d'autres personnes auprès de moi, d'une semblable nature ; je leur demande s'ils sont mieux instruits que moi ; ils me disent que non ; et sur cela, ces misérables égarés ayant regardé autour d'eux, et ayant vu quelques objets plaisants, s'y sont donnés et s'y sont attachés[1].

---

1. Ce passage où certains ont voulu voir, selon les goûts, l'empreinte soit du scepticisme, soit du jansénisme, rappelle étonnamment le célèbre et éloquent tableau de Bossuet (*Sermon*

CH. XVIII. — CONTRARIÉTÉS, PHILOSOPHES ET RELIGIONS

Pour moi, je n'ai pu y prendre d'attache, et considérant combien il y a plus d'apparence qu'il y a autre chose que ce que je vois, j'ai recherché si ce Dieu [dont tout le monde parle] n'aurait point laissé quelques marques de soi.

II. — Voilà ce que je vois et ce qui me trouble.

Je regarde de toutes parts, et ne vois partout qu'obscurité. La nature ne m'offre rien qui ne soit matière de doute et d'inquiétude. Si je n'y voyais rien qui marquât une divinité, je me déterminerais à n'en rien croire. Si je voyais partout les marques d'un Créateur, je reposerais en paix dans la foi.

Mais, voyant trop pour nier, et trop peu pour m'assurer, je suis dans un état à plaindre, et où j'ai souhaité cent fois que si un Dieu la soutient, elle le marquât sans équivoque; et que si les marques qu'elle en donne sont trompeuses, elle les supprimât tout à fait; qu'elle dît tout ou rien, afin que je visse quel parti je dois suivre.

Au lieu qu'en l'état où je suis, ignorant ce que je suis et ce que je dois faire, je ne connais ni ma condition ni mon devoir. Mon cœur tend tout entier à connaître où est le vrai bien, pour le suivre. — Rien ne me serait trop cher pour l'éternité [1].

---

de Pâques) : « La vie humaine est semblable à un chemin dont l'issue est un précipice affreux... Je voudrais retourner sur mes pas. Marche, marche... Mille traverses, mille peines : encore si je pouvais éviter ce précipice affreux ! Non, non : il faut marcher, il faut courir... On se console pourtant, parce que de temps en temps il y a des objets qui nous divertissent, des eaux courantes, des fleurs qui passent... » — Et Bossuet, vraisemblablement, n'était ni sceptique, ni janséniste!

1. Magnifique pensée qui rappelait à Voltaire lui-même ces beaux vers de Corneille :

> Que veux-tu donc, nature, et que prétends-tu faire ?
> De quoi parle à mon cœur ton murmure imparfait ?
> Ne me dis rien du tout ou parle tout à fait.
>
> (*Héraclius*, IV, 4.)

III. — Levez vos yeux vers Dieu, disent les uns; voyez celui auquel vous ressemblez et qui vous a fait pour l'adorer; vous pouvez vous rendre semblable à lui; la sagesse vous y égalera si vous voulez la suivre. Haussez la tête, hommes libres, dit Épictète. — Et les autres disent : Baissez vos yeux vers la terre, chétif ver que vous êtes, et regardez les bêtes dont vous êtes le compagnon.

Que deviendra donc l'homme ? Sera-t-il égal à Dieu ou aux bêtes ? Quelle effroyable distance ! Que serons-nous donc ?

Qui ne voit par tout cela que l'homme est égaré, qu'il est tombé de sa place, qu'il la cherche avec inquiétude, qu'il ne la peut plus retrouver ? Et qui l'y adressera donc ? Les plus grands hommes ne l'ont pu !

IV. — Je vois donc des foisons de religions en plusieurs endroits du monde, et dans tous les temps. Mais elles n'ont ni la morale qui peut me plaire, ni les preuves qui peuvent m'arrêter. Et ainsi j'aurais refusé également la religion de Mahomet, et celle de la Chine, et celle des anciens Romains, et celle des Égyptiens, par cette seule raison que l'une n'ayant pas plus de marques de vérité que l'autre, ni rien qui déterminât nécessairement, la raison ne peut pencher plutôt vers l'une que vers l'autre.

V. — Qu'on examine sur cela toutes les religions du monde, et qu'on voie s'il y en a une autre que la chrétienne qui y satisfasse.

VI. — Sera-ce les philosophes qui nous proposent, pour tout bien, les biens qui sont en nous ? — Est-ce là le vrai bien ? Ont-ils trouvé le remède à nos maux ? Est-ce avoir guéri la présomption de l'homme que de l'avoir mis à l'égal de Dieu ? — Ceux qui nous ont égalés aux bêtes, et les Mahométans qui nous ont donné les plaisirs de la terre pour tout bien, même dans l'éternité, ont-ils apporté le remède à nos concupiscences ?

VII. — Quelle religion nous enseignera donc à guérir l'orgueil et la concupiscence? Quelle religion enfin nous enseignera notre bien, nos devoirs, les faiblesses qui nous en détournent, la cause de ces faiblesses, les remèdes qui les peuvent guérir et le moyen d'obtenir ces remèdes?

Toutes les autres religions ne l'ont pu. — Voyons ce que fera la Sagesse de Dieu.

FIN DE LA PREMIÈRE PARTIE.

SECONDE PARTIE

L'HOMME RELEVÉ DE SA RUINE PAR JÉSUS-CHRIST
SON SAUVEUR

CHAPITRE PREMIER

La vraie Religion peut seule rendre compte des étonnantes contrariétés de l'homme et indiquer le remède à sa misère.

1. *Tout pour Lui, tout par Lui.* — 2. *La vraie religion doit rendre raison des contrariétés de la nature humaine et enseigner les remèdes.* — 3-5. *Écoutons la sagesse de Dieu. Déchéance. Fausses tentatives. Foi sûre.* — 6. *Principe de lumière dans la corruption originelle.* — 7. *Incapables d'ignorer et de savoir certainement.* — 8-9. *Vanité des systèmes philosophiques à cet égard.* — 10-12. *Deux points fondamentaux du christianisme.* — 13-14. *Adam et Jésus-Christ, Concupiscence et Grâce; l'Incarnation.* — 15. *Liaison rompue et réparée.* — 16-19. *L'homme et Dieu dans la Religion chrétienne.* — 20. *Misérables et Rachetés.*

I. — S'il y a un seul principe de tout, une seule fin de tout; tout par Lui, tout pour Lui.

Il faut donc que la vraie religion nous enseigne à n'adorer que lui et à n'aimer que lui. Mais comme nous nous trouvons dans l'impuissance d'adorer ce que nous ne connaissons pas et d'aimer autre chose que nous, il faut que la religion, qui instruit de ces devoirs, nous instruise aussi de ces impuissances, et qu'elle nous apprenne aussi les remèdes.

II. — Les grandeurs et les misères de l'homme sont tellement visibles, qu'il faut nécessairement que la véritable religion nous enseigne, et qu'il y a quelque grand principe de grandeur en l'homme, et qu'il ;y a un grand principe de misère.

Il faut donc qu'elle nous rende raison de ces étonnantes contrariétés.

Il faut que pour rendre l'homme heureux, elle lui montre qu'il y a un Dieu ; qu'on est obligé de l'aimer ; que notre vraie félicité est d'être en lui, et notre unique mal d'être séparé de lui ; qu'elle reconnaisse que nous sommes pleins de ténèbres qui nous empêchent de le connaître et de l'aimer ; et qu'ainsi nos devoirs nous obligeant d'aimer Dieu, et nos concupiscences nous en détournant, nous sommes pleins d'injustice.

Il faut qu'elle nous rende raison de ces oppositions que nous avons à Dieu et à notre propre bien ; il faut qu'elle nous enseigne les remèdes à ces impuissances et les moyens d'obtenir ces remèdes.

[Écoutons ce que dit la Sagesse de Dieu :]

III. — « N'attendez pas, dit-elle, ni vérité ni consolation des hommes. Je suis Celle qui vous ai formés et qui puis seule vous apprendre qui vous êtes. Mais vous n'êtes plus maintenant en l'état où je vous ai formés. J'ai créé l'homme saint, innocent, parfait ; je l'ai rempli de lumière et d'intelligence ; je lui ai communiqué ma gloire et mes merveilles. L'œil de l'homme voyait alors la majesté de Dieu. Il n'était pas alors dans les ténèbres qui l'aveuglent, ni dans la mortalité et dans les misères qui l'affligent.

« Mais il n'a pu soutenir tant de gloire sans tomber dans la présomption. Il a voulu se rendre centre de lui-même et indépendant de mon secours. Il s'est soustrait de ma domination ; et s'égalant à moi par le désir de trouver sa félicité en lui-même, je l'ai abandonné à lui, et révoltant les créatures qui lui étaient soumises, je les lui ai rendues ennemies : en sorte qu'aujourd'hui l'homme est devenu semblable aux bêtes, et dans un tel éloignement de moi, qu'à peine lui reste-t-il une lumière confuse de son auteur : tant toutes ses connaissances ont été éteintes ou troublées[1].

« Les sens indépendants de la raison, et souvent maîtres de la raison, l'ont emporté à la recherche des plaisirs. Toutes les créatures ou l'affligent ou le tentent; et dominent sur lui, ou en le soumettant par leur force, ou en le charmant par leurs douceurs, ce qui est une domination plus terrible et plus impérieuse.

« Voilà l'état où les hommes sont aujourd'hui. Il leur reste quelque instinct impuissant du bonheur de leur première nature, et ils sont plongés dans les misères de leur aveuglement et de leur concupiscence, qui est devenue leur seconde nature.

« De ce principe que je vous ouvre, vous pouvez reconnaître la cause de tant de contrariétés qui ont étonné tous les hommes, et qui les ont partagés en de si divers sentiments. Observez maintenant tous les mouvements de grandeur et de gloire que l'épreuve de tant de misères ne peut étouffer, et voyez s'il ne faut pas que la cause en soit en une autre nature. »

IV. — « C'est en vain, ô hommes, que vous cherchez dans vous-mêmes le remède à vos misères. Toutes vos lumières ne peuvent arriver qu'à connaître que ce n'est point dans vous-mêmes que vous trouverez ni la vérité ni le bien.

« Les philosophes vous l'ont promis, et ils n'ont pu le faire. Ils ne savent ni quel est votre véritable bien, ni quel est votre véritable état. Comment auraient-ils donné des remèdes à vos maux, puisqu'ils ne les ont pas seulement connus?

« Vos maladies principales sont l'orgueil qui vous sous-

---

1. Cf. *supra*, p. 115, *note*.

trait de Dieu, la concupiscence qui vous attache à la terre ; et ils n'ont fait autre chose qu'entretenir au moins l'une de ces maladies. S'ils vous ont donné Dieu pour objet, ce n'a été que pour exercer votre superbe. Ils vous ont fait penser que vous lui étiez semblables et conformes par votre nature.

« Et ceux qui ont vu la vanité de cette prétention vous ont jetés dans l'autre précipice, en vous faisant entendre que votre nature était pareille à celle des bêtes, et vous ont portés à chercher votre bien dans les concupiscences qui sont le partage des animaux.

« Ce n'est pas là le moyen de vous guérir de vos injustices que ces sages n'ont point connues.

« Je puis seule vous faire entendre qui vous êtes... »

V. — « Je n'entends pas que vous soumettiez votre créance à moi sans raison, et ne prétends pas vous assujettir avec tyrannie.

« Je ne prétends pas aussi vous rendre raison de toutes choses ; et pour accorder ces contrariétés, j'entends vous faire voir clairement, par des preuves convaincantes, des marques divines en moi, qui vous convainquent de ce que je suis et m'attirent autorité par des merveilles et des preuves que vous ne puissiez refuser ; et qu'ensuite vous croyiez sûrement les choses que je vous enseigne, quand vous n'y trouverez autre sujet de les refuser, sinon que vous ne pouvez par vous-mêmes connaître si elles sont ou non. »

VI. — Toutes ces contrariétés, qui semblaient le plus m'éloigner de la connaissance de la religion, est ce qui m'a le plus tôt conduit à la véritable.

Pour moi, j'avoue qu'aussitôt que la religion chrétienne découvre ce principe, que la nature des hommes est corrompue et déchue de Dieu, cela ouvre les yeux à voir partout le caractère de cette vérité : car la nature est telle, qu'elle marque partout un Dieu perdu, et dans l'homme, et hors de l'homme et une nature corrompue[1].

VII. —Car enfin, si l'homme n'avait jamais été corrompu, il jouirait dans son innocence et de la vérité et de la félicité avec assurance. Et si l'homme n'avait jamais été que corrompu, il n'aurait aucune idée ni de la vérité, ni de la béatitude.

Mais, malheureux que nous sommes, et plus que s'il n'y avait point de grandeur dans notre condition, nous avons une idée du bonheur et ne pouvons y arriver ; nous sentons une image de la vérité, et ne possédons que le mensonge : incapables d'ignorer absolument et de savoir certainement[2] ; tant il est manifeste que nous avons été dans un degré de perfection dont nous sommes malheureusement déchus !

VIII.—Sans ces divines connaissances, qu'ont pu faire les hommes, sinon ou s'élever dans le sentiment intérieur qui leur reste de leur grandeur passée, ou s'abattre dans la vue de leur faiblesse présente ? Car, ne voyant pas la vérité *entière*, ils n'ont pu arriver à une *parfaite* vertu.

Les uns, considérant la nature comme incorrompue, les

---

1. Ce principe est fondamental dans la conception apologétique de Pascal. Les contradictions qu'il relève dans notre nature, avec une si implacable éloquence, ne trouvent leur explication que dans la doctrine chrétienne du péché originel. « Aussitôt que la religion découvre ce principe... » cette locution montre bien qu'il entend faire un simple argument *confirmatif* et de convenance, *post fidem*, et non une démonstration apodictique et directe du dogme, qu'il a repoussée d'avance plus haut (p. 31).

2. Même expression que celle employée et expliquée plus haut (p. 39). Nous sommes incapables de savoir certainement « la vérité entière » comme il est dit plus bas, celle qui intéresse « notre condition », c'est-à-dire notre origine et notre destinée ; c'est là, surtout, la *vérité* dont se préoccupe l'âme si profondément *humaine* de Pascal.

autres comme irréparable, ils n'ont pu fuir ou l'orgueil ou la paresse, qui sont les deux sources de tous les vices; puisqu'ils ne peuvent sinon, ou s'y abandonner par lâcheté ou en sortir par l'orgueil.

Car s'ils connaissaient l'excellence de l'homme, ils en ignoraient la corruption; de sorte qu'ils évitaient bien la paresse, mais ils se perdaient dans la superbe. Et s'ils reconnaissaient l'infirmité de la nature, ils en ignoraient la dignité; de sorte qu'ils pouvaient bien éviter la vanité, mais c'était en se précipitant dans le désespoir.

De là viennent les diverses sectes des stoïques et des épicuriens, des dogmatistes et des académiciens, etc.

La seule religion chrétienne a pu guérir ces deux vices, non pas en chassant l'un par l'autre par la sagesse de la terre, mais en chassant l'un et l'autre par la simplicité de l'Évangile. Car elle apprend aux justes, qu'elle élève jusqu'à la participation de la Divinité même, qu'en ce sublime état ils portent encore la source de toute la corruption, qui les rend durant toute la vie sujets à l'erreur, à la misère, à la mort, au péché; et elle crie aux plus impies qu'ils sont capables de la grâce de leur Rédempteur.

Ainsi, donnant à trembler à ceux qu'elle justifie, et consolant ceux qu'elle condamne, elle tempère avec tant de justesse la crainte avec l'espérance, par cette double capacité qui est commune à tous, et de la grâce et du péché, qu'elle abaisse infiniment plus que la seule raison ne peut faire, mais sans désespoir; et qu'elle élève infiniment plus que l'orgueil de la nature, mais sans enfler; faisant bien voir par là qu'étant seule exempte d'erreur et de vice, il n'appartient qu'à elle et d'instruire et de corriger les hommes.

Qui peut donc refuser à ces célestes lumières de les croire et de les adorer? — Car n'est-il pas plus clair que le jour, que nous sentons en nous-mêmes des caractères ineffaçables d'excellence? Et n'est-il pas aussi véritable que nous éprouvons à toute heure les effets de notre déplorable condition? Que nous crie donc ce chaos et cette confusion monstrueuse, sinon la vérité de ces deux états, avec une voix si puissante qu'il est impossible d'y résister?

IX. — Les philosophes ne prescrivaient point des sentiments proportionnés aux deux états.

Ils inspiraient des mouvements de grandeur pure, et ce n'est pas l'état de l'homme.

Ils inspiraient des mouvements de bassesse pure, et ce n'est pas l'état de l'homme.

Il faut des mouvements de bassesse : non de nature, mais de pénitence; non pour y demeurer, mais pour aller à la grandeur. Il faut des mouvements de grandeur : non de mérite, mais de grâce, et après avoir passé par la bassesse.

X. — Il fallait que la véritable religion enseignât la grandeur et la misère, portât à l'estime et au mépris de soi, à l'amour et à la haine.

XI. — Ils blasphèment ce qu'ils ignorent. La religion chrétienne consiste en deux points: il importe également aux hommes de les connaître et il est également dangereux de les ignorer.

Et il est également de la miséricorde de Dieu d'avoir donné des marques des deux.

Et cependant ils prennent sujet de conclure qu'un de ces points n'est pas, de ce qui leur devait faire conclure l'autre.

XII. — Il y a deux vérités de foi également constantes : l'une que l'homme, dans l'état de la création, ou dans celui de la grâce, est élevé au-dessus de toute la nature, rendu semblable à Dieu et participant de la Divinité; l'autre, qu'en l'état de corruption et du péché, il est déchu de cet état et rendu semblable aux bêtes[1]. Ces deux propositions sont

---

1. Cette doctrine des deux *états* figure souvent dans les controverses jansénistes. Elle n'est répréhensible que si on lui donne une extension trop absolue, en niant toute possibi-

également fermes et certaines. L'Écriture nous le déclare manifestement, lorsqu'elle dit en quelques lieux : *Deliciæ meæ, esse cum filiis hominum.* (Prov., 8, 31.) *Effundam spiritum meum super omnem carnem.* (Joël, 2, 28.) *Dii estis*, etc. (Psalm., 81, 6.) Et qu'elle dit en d'autres: *Omnis caro fœnum.* (Is., 40, 6.) *Homo comparatus est jumentis insipientibus et similis factus est illis.* (Psalm., 48, 13.) *Dixi in corde meo de filiis hominum, ut probaret eos Deus, et ostenderet similes esse bestiis* (Eccles., 3, 18), etc.

XIII.—Toute la foi consiste en Jésus-Christ et en Adam; et toute la morale en la concupiscence et en la grâce [1].

XIV. — La misère persuade le désespoir, l'orgueil persuade la présomption. — L'Incarnation montre à l'homme la grandeur de sa misère par la grandeur du remède qu'il a fallu.

---

lité d'un autre état que le Créateur aurait pu vouloir dans un ordre différent de sa Providence (*état de nature pure*). Mais Pascal ne va pas jusque-là, comme le firent la plupart des doctrinaires du jansénisme. En ne parlant que de l'ordre présent du plan divin, l'opposition entre *Adam* et *Jésus-Christ*, entre l'état de *péché* et l'état de *grâce* rédemptrice, exprime une doctrine exacte qui a ses points d'appui en saint Paul notamment.

1. Concupiscence et grâce : encore une antithèse qui joua un grand rôle dans le vocabulaire des controverses jansénistes. Mais ces termes, parfaitement orthodoxes par eux-mêmes, revêtaient une signification erronée par l'exagération de la « concupiscence » au point où elle ne laisserait dans l'homme aucune qualité naturellement bonne, et par une exagération de la « grâce » qui lui attribuait une sorte d'action mécaniquement destructive de la concupiscence (*delectatio relativè victrix*), qui ne laissait aucun jeu à la liberté humaine. Rien n'autorise à attribuer ces excès du doctrinarisme janséniste à Pascal qui, en mettant à nu si impitoyablement les « misères de l'homme », relève aussi sa « grandeur » et sa « capacité naturelle ».

XV. — Elle (*la religion*) nous apprend que par un homme tout a été perdu et la liaison rompue entre Dieu et nous, et que par un homme la liaison est réparée.

Nous naissons si contraires à cet amour de Dieu et il est si nécessaire, qu'il faut que nous naissions coupables, ou Dieu serait injuste [1].

XVI.— [On trouve dans la vraie religion] non pas un abaissement qui nous rende incapable du bien, ni une sainteté exempte du mal.

XVII. — L'homme n'est pas digne de Dieu ; mais il n'est pas incapable d'en être rendu digne.

Il est indigne de Dieu de se joindre à l'homme misérable ; mais il n'est pas indigne de Dieu de le tirer de sa misère.

XVIII. — Si l'on veut dire que l'homme est trop peu pour mériter la communication avec Dieu, il faut être bien grand pour en juger.

XIX. — Mais il est impossible que Dieu soit jamais la fin, s'il n'est le principe. On dirige sa vue en haut, mais on s'appuie sur le sable ; et la terre fondra, et on tombera en regardant le ciel.

XX. — Nous ne concevons ni l'état glorieux d'Adam, ni la nature de son péché, ni la transmission qui s'en est faite en nous. Ce sont choses qui se sont passées dans l'état d'une nature toute différente de la nôtre, et qui passent notre capacité présente.

Tout cela nous est inutile à savoir pour en sortir ; et tout ce qu'il nous importe de connaître, est que, [par Adam] nous sommes misérables, corrompus, séparés de Dieu, mais rachetés par Jésus-Christ ; et c'est de quoi nous avons des preuves admirables sur la terre.

---

1. Coupables de cette culpabilité spéciale et *sui generis* qui est celle de la notion exacte du dogme chrétien du péché originel.

CHAPITRE II

Comment cette Religion se rencontre dans la révélation donnée au peuple juif et dans le livre des Écritures.

1. Christianisme fondé sur Judaïsme. — 2. Un peuple en un coin du monde. — 3. Ce peuple le plus ancien. — 4-5. Différence d'un livre à un autre. — 6. Les deux plus anciens livres. — 7. Religion messianique. — 8-9. Peuple du Messie.

I. — Je vois la religion chrétienne fondée sur une religion précédente, et voici ce que je trouve d'effectif.

Je ne parle pas ici des miracles de Moïse, de Jésus-Christ et des Apôtres, parce qu'ils ne paraissent pas d'abord convaincants, et que je ne veux que mettre ici en évidence tous les fondements de cette religion chrétienne qui sont indubitables et qui ne peuvent être mis en doute par quelque personne que ce soit.

II. — Mais, en considérant cette inconstante et bizarre variété de mœurs et de créances dans les divers temps, je trouve en un coin du monde un peuple particulier, séparé de tous les autres peuples de la terre, le plus ancien de tous, et dont les histoires précèdent de plusieurs siècles les plus anciennes que nous ayons.

Je trouve donc ce peuple grand et nombreux, sorti d'un seul homme, qui adore un seul Dieu et qui se conduit par une loi qu'ils disent tenir de sa main.

Ils soutiennent qu'ils sont les seuls du monde auxquels Dieu a révélé ses mystères; que *tous les hommes sont corrompus et dans la disgrâce de Dieu;* qu'ils sont tous abandonnés à leur sens et à leur propre esprit; et que de là viennent les étranges égarements et les changements continuels qui arrivent entre eux et de religions et de coutumes ; au lieu qu'ils demeurent inébranlables dans leur conduite ; mais que Dieu ne laissera pas éternellement les autres peuples dans ces ténèbres ; *qu'il viendra un Libérateur pour tous;* qu'ils sont au monde pour l'annoncer ; qu'ils sont formés exprès pour être les avant-coureurs et les hérauts de ce grand avènement, et pour appeler tous les peuples à s'unir à eux dans l'attente de ce *Libérateur.*

La rencontre de ce peuple m'étonne et me semble digne de l'attention. Je considère cette loi qu'ils se vantent de tenir de Dieu, et je la trouve admirable. C'est la première loi de toutes, et de telle sorte qu'avant même que le mot *loi* fût en usage parmi les Grecs, il y avait près de mille ans qu'ils l'avaient reçue et observée sans interruption.

Ainsi je trouve étrange que la première loi du monde se rencontre aussi la plus parfaite, en sorte que les plus grands législateurs en ont emprunté les leurs, comme il paraît par la loi des Douze Tables d'Athènes, qui fut ensuite prise par les Romains, et comme il serait aisé de le montrer, si Josèphe et d'autres n'avaient pas assez traité cette matière[1].

III. — Dans cette recherche, le peuple juif attire d'abord mon attention par quantité de choses admirables et singulières qui y paraissent.

Je vois d'abord que c'est un peuple tout composé de frères ; et au lieu que tous les autres sont formés de l'assemblage d'une infinité de familles, celui-ci, quoique si étrangement abondant, est tout sorti d'un seul homme ; et étant ainsi tous une même chair et membres les uns des autres, ils composent un puissant État d'une seule famille. Cela est unique.

---

1. Jos., *C. Apion.*, II, 15, 39. (*Cfr.* Grotius, *De Veritate Religionis*, I, 15, et Huet, *Demonstr. Evangelica.*)

Cette famille ou ce peuple est le plus ancien qui soit en la connaissance des hommes ; ce qui me semble lui attirer une vénération particulière, et principalement dans la recherche que nous faisons, puisque si Dieu s'est de tout temps communiqué aux hommes, c'est à ceux-ci qu'il faut recourir pour en savoir la tradition.

Ce peuple n'est pas seulement considérable par son antiquité ; mais il est encore singulier en sa durée, qui a toujours continué depuis son origine jusque maintenant. Car, au lieu que les peuples de Grèce et d'Italie, de Lacédémone, d'Athènes, de Rome, et les autres qui sont venus si longtemps après, ont fini il y a si longtemps, ceux-ci subsistent toujours ; et malgré les entreprises de tant de puissants rois qui ont cent fois essayé de les faire périr, comme leurs historiens le témoignent et comme il est aisé de le juger par l'ordre naturel des choses, pendant un si long espace d'années ils ont toujours été conservés néanmoins; et, s'étendant depuis les premiers temps jusques aux derniers, leur histoire enferme dans sa durée celle de toutes nos histoires.

La loi par laquelle ce peuple est gouverné est tout ensemble la plus ancienne loi du monde, la plus parfaite, et la seule qui ait toujours été gardée sans interruption dans un État.

C'est ce que Josèphe montre admirablement contre Apion, et Philon juif en divers lieux[1], où ils font voir qu'elle est

---

1. *Flavius Josèphe*, contemporain de la ruine de Jérusalem par Vespasien et Titus, écrivit le récit de cet événement, l'histoire de sa nation et divers traités apologétiques.

Philon, savant philosophe juif hellénisant de la colonie juive d'Alexandrie, où il vivait à l'époque du Christ. En l'an 37 de l'ère chrétienne, il vint à Rome à la tête d'une députation juive pour solliciter la clémence de Caligula. Ses écrits, assez nombreux, visent la création et le problème des origines, l'histoire sainte (notamment une *Vie de Moïse*), et la justification apologétique des institutions hébraïques et des livres saints contre les attaques païennes.

si ancienne, que le mot même de *loi* n'a été connu des plus anciens que plus de mille ans après; en sorte qu'Homère, qui a traité de l'histoire de tant d'États, ne s'en est jamais servi.

Et il est aisé de juger de sa perfection par la simple lecture, où l'on voit qu'on a pourvu à toutes choses avec tant de sagesse, tant d'équité, tant de jugement, que les plus anciens législateurs grecs et romains, en ayant eu quelque lumière, en ont emprunté leurs principales lois; ce qui paraît par celle qu'ils appellent des Douze Tables, et par les autres preuves que Josèphe en donne[1].

Mais cette loi est en même temps la plus sévère et la plus rigoureuse de toutes en ce qui regarde le culte de leur religion, obligeant ce peuple, pour le retenir dans son devoir, à mille observations particulières et pénibles, sur peine de la vie. De sorte que c'est une chose bien étonnante qu'elle se soit toujours conservée constamment durant tant

---

1. A l'encontre des attaques païennes, le juif alexandrin Aristobule, dès le IIe siècle avant J.-C., soutenait que les philosophes grecs, notamment Pythagore et Platon, avaient connu les livres mosaïques par quelque traduction antérieure à celle des Septante et y avaient puisé leurs plus belles pensées. Cette opinion fut adoptée par la plupart des Pères de l'Église, surtout S. Justin et Clément d'Alexandrie; elle fut encore généralement suivie par les apologistes du XVIIe siècle, comme Grotius et Huet. La critique moderne est peu favorable à cette opinion. Il serait hasardé néanmoins de nier toute influence exercée sur la philosophie grecque par les traductions et doctrines religieuses de peuples plus anciens. Pythagore, Solon, Platon n'avaient-ils pas visité les sanctuaires d'Égypte? — Un des résultats les plus remarquables de la science moderne est la constatation qu'à mesure qu'on peut remonter plus haut dans l'étude de ces religions anciennes, on y trouve une idée plus pure de la divinité, un monothéisme primitif moins défiguré: preuve inattendue de cette *révélation* primitive que, d'après la Genèse, les diverses races humaines emportèrent comme un héritage de famille en s'éloignant du plateau central de l'Asie, leur berceau commun. En s'élargissant ainsi, l'argument de Pascal n'acquiert que plus de force.

de siècles par un peuple rebelle et impatient comme celui-ci; pendant que tous les autres États ont changé de temps en temps leurs lois, quoique tout autrement faciles.

Le livre qui contient cette loi, la première de toutes, est lui-même le plus ancien livre du monde, ceux d'Homère, d'Hésiode, et les autres, n'étant que six ou sept cents ans depuis.

IV. — Il y a bien de la différence entre un livre que fait un particulier et qu'il jette dans le peuple, et un livre qui fait lui-même un peuple. On ne peut douter que le livre ne soit aussi ancien que le peuple.

[C'est un livre fait par des auteurs contemporains.]

Toute histoire qui n'est pas contemporaine est suspecte: ainsi les livres des Sibylles et de Trismégiste[1], et tant

---

1. *Trismégiste*, c.-à-d. *trois fois grand*, est le surnom donné à un philosophe égyptien quasi mythologique, Hermès, Mercure ou Thot. Au Ier et au IIe siècle circulaient de nombreux écrits de métaphysique, d'astrologie, de magie, de médecine, qui étaient surtout vantés par Jamblique et les autres néoplatoniciens de l'Ecole d'Alexandrie, et que quelques-uns parmi les écrivains ecclésiastiques étaient disposés à accepter comme des restes de l'antique et plus pure doctrine religieuse des sanctuaires égyptiens. Il n'est guère douteux que ces écrits n'aient été tout simplement l'œuvre de contrefaçon de quelque néoplatonicien alexandrin s'autorisant de la légende du dieu Thot. Les plus connus de ces traités sont le *Poémander* et l'*Asclépius*, sorte de dialogues sur l'origine des choses. A la suite d'une traduction latine publiée par Marsile Ficin en 1471, J. Patrizzi publia le texte le plus complet dans son ouvrage jadis célèbre *Nova de Universis philosophia*. (Venise, 1591.) Quelques traductions françaises partielles avaient paru à la fin du XVIe siècle.

Les *Livres Sybillins*, dans la forme où les connurent les Pères de l'Église, sont différents sans doute des oracles sybillins dont parlent parfois les auteurs classiques. Il faut y reconnaître très probablement l'œuvre de quelque chrétien plus ou moins orthodoxe et trop zélé du IIe siècle, qui mêlant les idées chrétiennes, les notions juives et quelques traditions païennes en fit une collection versifiée en huit livres, qui affecte de

d'autres qui ont eu crédit au monde, sont faux et se trouvent faux à la suite des temps. Il n'en est pas ainsi des auteurs contemporains.

V. — Qu'il y a de différence d'un livre à un autre !

Je ne m'étonne pas de ce que les Grecs ont fait l'Iliade, ni les Égyptiens et les Chinois leurs histoires.

Il ne faut que voir comment cela est né. Ces historiens fabuleux ne sont pas contemporains des choses dont ils écrivent. Homère fait un roman qu'il donne pour tel et qui est reçu pour tel : car personne ne doutait que Troie et Agamemnon n'avaient non plus été que la pomme d'or. Il ne pensait pas aussi à en faire une histoire, mais seulement un divertissement. Il est le seul qui écrit de son temps : la beauté de l'ouvrage fait durer la chose; tout le monde l'apprend et en parle ; il la faut savoir : chacun la sait par cœur.

Quatre cents ans après, les témoins des choses ne sont plus vivants ; personne ne sait plus, par sa connaissance, si c'est une fable ou une histoire : on l'a seulement appris de ses ancêtres ; cela peut passer pour vrai[1].

VI. — Les deux plus anciens livres du monde sont Moïse et Job, l'un juif, l'autre païen, qui tous deux

---

reproduire les oracles des légendaires prophétesses du paganisme. Après les diverses éditions publiées aux XVIe et XVIIe siècles, la plus complète est celle de Friedlieb, *Oracula sybillina quotquot exstant...* (Leipzig, 1852.) — De ce que Pascal n'attribue aucune autorité à ces sortes de compositions, résulte la preuve qu'on lui a reproché fort injustement de manquer *d'esprit critique.*

1. L'appréciation de Pascal sur Homère est trop absolue. On peut difficilement contester l'existence historique de Troie. L'Iliade, plutôt qu'un pur roman, est la mise en œuvre, par un aède de génie, des chants populaires conservant le souvenir plus ou moins légendaire de quelque événement réel, qui avait vivement frappé l'imagination des populations helléniques. La valeur de l'argumentation subsiste néanmoins.

Des Égyptiens et de leurs histoires. Pascal, comme tous ses

regardent Jésus-Christ comme leur centre commun et leur objet: Moïse en rapportant les promesses de Dieu à Abraham, Jacob, etc., et ses prophéties; et Job : *Quis mihi det ut*, etc. *Scio enim quod redemptor meus vivit*, etc.[1].

VII. — Pendant que tous les philosophes se séparent

---

contemporains, ne pouvait connaître que ce qu'en relatent les auteurs classiques. Il y relevait avec raison une grande confusion. Les découvertes modernes des monuments *égyptologiques* ont jeté plus de lumière sur l'histoire des Pharaons. Loin d'infirmer les récits bibliques, les hiéroglyphes ont plutôt justifié leur véracité. Bien que nous connaissions maintenant des textes et des monuments égyptiens plus anciens que Moïse, l'argumentation de Pascal n'en vaut pas moins, puisque l'authenticité mosaïque du Pentateuque a résisté à toutes les attaques de la science incrédule. On en a fini notamment avec la fameuse objection que, du temps de Moïse, l'écriture n'était pas encore inventée!

Les Histoires des Chinois avaient un intérêt d'actualité au moment où Pascal notait ses *Pensées*. Le P. Martini, jésuite, ancien missionnaire, venait de publier, en 1658, son *Historia sinica*, traitant avec une certaine complaisance la haute antiquité prétendue de ces traditions confuses. Pascal n'était guère disposé à y ajouter grande créance. De fait, après le travail critique de la science moderne, il a fallu en rabattre de cette antiquité fabuleuse des annales de certains peuples.

1. xix. 23-25. *Quis mihi tribuat ut scribantur sermones mei ? quis mihi det ut exarentur in libro ?...*

Scio enim quod Redemptor meus vivit, et in novissimo die surrecturus sum. — Et rursum circumdabor pelle mea et in carne mea videbo Deum meum.

Pascal se rallie ici à l'opinion commune qui considère Job non comme un fils de la famille d'Israël, mais comme un patriarche arabe ou syrien, à peu près contemporain de Moïse, mais vivant en dehors de l'orbite mosaïque, ayant conservé dans les régions de l'Antiliban la tradition de la révélation primitive. Cette opinion, que le rationalisme moderne n'a pu ébranler sérieusement, est corroborée par le fait que le livre ne contenant aucune allusion aux événements d'Egypte ni aux institutions ou à l'histoire juive, reflète par contre toute la grandiose poésie du désert et de la vie patriarcale et nomade.

en différentes sectes, il se trouve en un coin du monde des gens qui sont les plus anciens du monde, déclarant que tout le monde est dans l'erreur ; que Dieu leur a révélé la vérité, qu'elle sera toujours sur la terre.

En effet, toutes les autres sectes cessent, celle-là dure toujours; et depuis quatre mille ans, ils déclarent qu'ils tiennent de leurs ancêtres que l'homme est déchu de la communication avec Dieu, dans un entier éloignement de Dieu ; mais qu'il a promis de les racheter ; que cette doctrine serait toujours sur la terre; que leur loi a double sens ; que durant seize cents ans, ils ont eu des gens qu'ils ont crus prophètes, qui ont prédit le temps et la manière ; que, quatre cents ans après, ils ont été épars partout, parce que Jésus-Christ devait être annoncé partout; que Jésus-Christ est venu en la manière et au temps prédits ; que, depuis, les Juifs sont épars partout, en malédiction, et subsistant néanmoins.

VIII. — Il est certain que nous voyons en plusieurs endroits du monde un peuple particulier séparé de tous les autres peuples du monde, qui s'appelle le peuple juif.

IX. — La création et le déluge étant passés, et Dieu ne devant plus détruire le monde, non plus que le recréer, ni donner de ces grandes marques de lui, il commença d'établir un peuple sur la terre, formé exprès, qui devait durer jusqu'au peuple que le Messie formerait par son esprit.

CHAPITRE III

Vérité de cette Révélation attestée par le caractère extraordinaire de Moïse et de son récit.

1. Historien de la création. — 2-4. Moïse et les Patriarches. — 5-6. Moïse et les tribus d'Israël. — 7-8. Sincérité sans exemple.

I. — La création du monde commençant à s'éloigner, Dieu a pourvu d'un historien unique contemporain, et a commis tout un peuple pour la garde de ce livre, afin que cette histoire fût la plus authentique du monde, et que tous les hommes pussent apprendre une chose aussi nécessaire à savoir et qu'on ne pût la savoir que par là.

II. — Moïse était habile homme : si donc il se gouvernait par son esprit, il ne dirait rien nettement qui fût directement contre l'esprit. Ainsi, toutes les faiblesses très apparentes sont des forces[1].

III. — Pourquoi Moïse va-t-il faire la vie des hommes si longue et si peu de générations ?

[Il eût pu se cacher dans une multitude de générations ; mais il ne le pouvait en si peu], car ce n'est pas la longueur des années, mais la multitude des générations qui rendent les choses obscures.

---

1. Cette pensée, comme la suivante, vise la *sincérité* de Moïse, que confirment certaines difficultés de son récit. S'il avait été un imposteur, il aurait été assez *habile* pour esquiver ces difficultés. — D'après le plan indiqué par Port-Royal, Pascal entendait insister sur les preuves de l'autorité et de la véracité des livres mosaïques, mais il n'en reste que quelques phrases sommaires.

Car la vérité ne s'altère que par le changement des hommes. Et cependant il met deux choses les plus mémorables qui se soient jamais imaginées, savoir la création et le déluge, si proches, qu'on y touche. [De sorte qu'au temps où il écrivait ces choses, la mémoire en devait encore être toute récente dans l'esprit de tous les Juifs.]

Sem, qui a vu Lamech qui a vu Adam, [a vu au moins Abraham; et Abraham] a vu aussi Jacob[1], qui a vu ceux qui ont vu Moïse. Donc le déluge et la création sont vrais. Cela conclut, entre de certaines gens qui l'entendent bien.

IV. — La longueur de la vie des patriarches, au lieu de faire que les histoires des choses passées se perdissent, servait au contraire à les conserver.

Car ce qui fait que l'on n'est pas quelquefois assez instruit dans l'histoire de ses ancêtres, est que l'on n'a jamais guère vécu avec eux, et qu'ils sont morts souvent devant que l'on eût atteint l'âge de raison. Mais lorsque les hommes vivaient si longtemps, les enfants vivaient longtemps avec leurs pères; ils les entretenaient longtemps. Or, de quoi les eussent-ils entretenus, sinon de l'histoire de leurs ancêtres; puisque toute l'histoire était réduite à celle-là, et qu'ils n'avaient point d'études, ni de sciences, ni d'arts, qui occupent une grande partie des discours de la vie? Aussi l'on voit qu'en ce temps-là les peuples avaient un soin particulier de conserver leurs généalogies.

V. — Ils étaient étrangers en Égypte, sans aucune possession en propre, ni en ce pays-là ni ailleurs, lorsque Jacob mourant et bénissant ses enfants leur déclare qu'ils

---

1. L'on ne saurait dire que Sem ait vu Jacob, d'où la correction de Port-Royal que nous mettons entre crochets. La pensée de Pascal est que les hommes auxquels il s'adressait, séparés de la création par quelques générations seulement, étaient à même de vérifier, par leurs propres traditions de famille, s'il disait vrai ou non, dans la *Genèse*. Des faits narrés dans les quatre autres livres, il était contemporain.

seront possesseurs d'une grande terre, et prédit particulièrement à la famille de Juda que les rois qui les gouverneraient un jour seraient de sa race, et que tous ses frères seraient ses sujets.

Ce même Jacob, disposant de cette terre future comme s'il en eût été maître, en donna une portion à Joseph plus qu'aux autres : « Je vous donne, dit-il, une part plus qu'à vos frères. » Et bénissant ses deux enfants Éphraïm et Manassé, que Joseph lui avait présentés, l'aîné Manassé à sa droite et le jeune Éphraïm à sa gauche, il met ses bras en croix, et posant sa main droite sur la tête d'Éphraïm et la gauche sur Manassé, il les bénit en cette sorte. Et sur ce que Joseph lui représente qu'il préfère le jeune, il lui répond avec une fermeté admirable : « Je le sais bien, mon fils, je le sais bien ; mais Éphraïm croîtra tout autrement que Manassé. » Ce qui a été en effet si véritable dans la suite, qu'étant seul presque aussi abondant que dix lignées entières qui composaient tout un royaume, elles ont été ordinairement appelées du seul nom d'Éphraïm.

Ce même Joseph, en mourant, recommande à ses enfants d'emporter ses os avec eux, quand ils iront en cette terre où ils ne furent que deux cents ans après.

Moïse, qui a écrit toutes ces choses si longtemps avant qu'elles fussent arrivées, a fait lui-même à chaque famille les partages de cette terre avant que d'y entrer, comme s'il en eût été maître.

Il leur donne les arbitres qui en feront le partage, il leur prescrit toute la forme du gouvernement politique qu'ils y observeront, les villes de refuge qu'ils y bâtiront, et...

VI. — Moïse prédit ce qui doit arriver à chaque tribu.

Moïse prédit la vocation des Gentils avant de mourir (*Deut.*, XXXII, 21) et la réprobation des Juifs.

VII. — [Ce peuple est admirable en sincérité.]

Ils portent avec amour et fidélité le livre où Moïse

déclare qu'ils ont été ingrats envers Dieu toute leur vie, et qu'il sait qu'ils le seront encore plus après sa mort ; mais qu'il appelle le ciel et la terre à témoin contre eux, et qu'il leur a enseigné assez.

Il déclare qu'enfin Dieu, s'irritant contre eux, les dispersera parmi tous les peuples de la terre; que comme ils l'ont irrité en adorant les dieux qui n'étaient point leur Dieu, de même il les provoquera en appelant un peuple qui n'est point son peuple; et veut que toutes ses paroles soient conservées éternellement, et que son livre soit mis dans l'arche d'alliance, pour servir à jamais de témoin contre eux[1]. — Isaïe dit la même chose, xxx, 8.

Cependant ce livre qui les déshonore en tant de façons, ils le conservent aux dépens de leur vie. C'est une sincérité qui n'a point d'exemple dans le monde ni sa racine dans la nature.

VIII. — Josèphe cache la honte de sa nation ;

Moïse ne cache pas sa honte propre ni... [celle de sa nation].— *Quis mihi det ut omnes prophetent*[2] ? Il était las du peuple.

Sincères contre leur honneur et mourant pour cela : cela n'a pas d'exemple dans le monde ni sa racine dans la nature.

---

1. Deutér., xxxi, xxxii.
2. Nombres, xi. 20.

CHAPITRE IV

Intégrité de cette Révélation gardée et conservée comme un dépôt inviolable par le peuple juif.

1.-2. Providence sur l'humanité primitive. — 3-4. Les Juifs ne comprennent pas le Messie. — 5. Cela ajoute à la valeur de leur témoignage. — 6. Doctrine du peuple et doctrine de la loi. — 7. Religion des Juifs figurative. — 8-10. Vrais Juifs et vrais Chrétiens. — 11. Peuple fait exprès. — 12. Zèle des Juifs. — 13. Prédit et adoré. — 14-16. Enchaînement de la religion dans la foi au Libérateur.

I. — Dieu voulant se former un peuple saint, qu'il séparerait de toutes les autres nations, qu'il délivrerait de ses ennemis, qu'il mettrait dans un lieu de repos, a promis de le faire et a prédit par ses prophètes le temps et la manière de sa venue.

Et cependant, pour affermir l'espérance de ses élus dans tous les temps, il leur en a fait voir l'image, sans les laisser jamais sans des assurances de sa puissance et de sa volonté pour leur salut.

Car, dans la création de l'homme, Adam en était le témoin, et le dépositaire de la promesse du Sauveur qui devait naître de la femme[1].

Lorsque les hommes étaient encore si proches de la création qu'ils ne pouvaient avoir oublié leur création et leur chute; lorsque ceux qui avaient vu Adam n'ont plus été au monde, Dieu a envoyé Noé et il l'a sauvé, et noyé toute la terre par un miracle qui marquait assez et le pouvoir qu'il avait de sauver le monde, et la volonté qu'il

---

1. Genèse, III. 15.

avait de le faire, et de faire naître de la semence de la femme celui qu'il avait promis.

Ce miracle suffisait pour affermir l'espérance des [hommes.]

La mémoire du déluge étant encore si fraîche parmi les hommes, lorsque Noé vivait encore, Dieu fit ses promesses à Abraham [qui était tout environné d'idolâtres, et il lui fit connaître le mystère du Messie qu'il devait envoyer]; et lorsque Sem vivait encore, Dieu envoya Moïse, etc.

II. — Dieu voulant faire paraître qu'il pouvait former un peuple saint d'une sainteté invisible, et le remplir d'une gloire éternelle, a fait des choses visibles. — Comme la nature est une image de la grâce, il a fait dans les biens de la nature ce qu'il devait faire dans ceux de la grâce, afin qu'on jugeât qu'il pouvait faire l'invisible, puisqu'il faisait bien le visible.

Il a donc sauvé ce peuple du déluge; il l'a fait naître d'Abraham; il l'a racheté d'entre ses ennemis, et l'a mis dans le repos.

L'objet de Dieu n'était pas de sauver du déluge et de faire naître tout un peuple d'Abraham, pour ne l'introduire que dans une terre grasse.

[Mais, comme la nature est une image de la grâce, aussi ces miracles visibles sont les images des invisibles qu'il voulait faire.]

Et même la grâce n'est que la figure de la gloire, car elle n'est pas la dernière fin. Elle a été figurée par la loi et figure elle-même la gloire; mais elle en est la figure et le principe ou la cause[1].

---

1. En ce fragment, Pascal indique déjà l'idée sur laquelle il insistera si souvent de la *figure* dans l'Écriture. « Il a sauvé ce peuple du déluge, » pour signifier qu'il sauverait l'humanité du péché. « Il l'a fait naître d'Abraham, » pour signifier que la renaissance morale de l'humanité procéderait du Christ. « Il l'a racheté d'entre ses ennemis, » pour signifier qu'il dé-

III. — Les Juifs charnels n'entendaient ni la grandeur, ni l'abaissement du Messie prédit dans leurs prophéties.

Ils l'ont méconnu dans sa grandeur, comme quand il dit que le Messie sera Seigneur de David, quoique son fils; qu'il est devant qu'Abraham fût; et qu'il l'a vu.

Ils ne le croyaient pas si grand, qu'il fût éternel; et ils l'ont méconnu de même dans son abaissement et dans sa mort. — Le Messie, disaient-ils, demeure éternellement, et celui-ci dit qu'il mourra. Ils ne le croyaient donc ni mortel, ni éternel : ils ne cherchaient en lui qu'une grandeur charnelle[1].

IV. — Les Juifs ont tant aimé les choses figurantes, et les ont si bien attendues, qu'ils ont méconnu la réalité, quand elle est venue dans le temps et en la manière prédite.

V. — Ceux qui ont peine à croire, en cherchent un sujet en ce que les Juifs ne croient pas. Si cela était si clair, dit-on, pourquoi ne croyaient-ils pas ?

Ils voudraient quasi qu'ils crussent, afin de n'être pas arrêtés par l'exemple de leur refus. — Mais c'est leur refus même qui est le fondement de notre créance. Nous y serions bien moins disposés, s'ils étaient des nôtres. Nous aurions alors un plus ample prétexte [d'incrédulité et de défiance].

Cela est admirable d'avoir rendu les Juifs grands amateurs des choses prédites et grands ennemis de l'accomplissement, [et que cette aversion même ait été prédite.]

VI. — Et ainsi les Juifs avaient des miracles, des prophéties qu'ils voyaient accomplir; et la doctrine de leur loi était de n'adorer et de n'aimer qu'un Dieu. — Elle était

---

livrerait ses saints du péché et du démon tentateur. — La *grâce* dans laquelle il est donné aux chrétiens de vivre ici-bas signifie elle-même et prépare la *gloire* de l'état de félicité éternelle.

1. *Cfr.* Matth., XXII, 45. Joan., VIII, 56; XII, 34.

aussi perpétuelle. — Ainsi elle avait toutes les marques de la vraie religion : aussi elle l'était.

Mais il faut distinguer la doctrine des Juifs d'avec la doctrine de la Loi des Juifs. Or, la doctrine des Juifs n'était pas vraie, quoiqu'elle eût les miracles, les prophéties et la perpétuité, parce qu'elle n'avait pas cet autre point de n'adorer et de n'aimer que Dieu.

VII. — *Fac secundum exemplar quod tibi ostensum est in monte*[1].

La religion des Juifs a donc été formée sur la ressemblance de la vérité du Messie; et la vérité du Messie a été reconnue par la religion des Juifs qui en était la figure.

Dans les Juifs, la vérité n'était que figurée.

Dans le ciel, elle est découverte.

Dans l'Église, elle est couverte, et reconnue par le rapport à la figure.

La figure a été faite sur la vérité, et la vérité a été reconnue sur la figure.

VIII. — Les Juifs étaient de deux sortes : les uns n'avaient que les affections païennes; les autres avaient les affections chrétiennes.

IX. — Qui jugera de la religion des Juifs par les grossiers, la connaîtra mal. Elle est visible dans les Saints Livres et dans la tradition des prophètes, qui ont assez fait entendre qu'ils n'entendaient pas la Loi à la lettre. Ainsi notre religion est divine dans l'Évangile, les Apôtres et la tradition; mais elle est ridicule dans ceux qui la traitent mal.

X. — Le Messie, selon les Juifs charnels, doit être un grand prince temporel. — Jésus-Christ, selon les chrétiens charnels, est venu nous dispenser d'aimer Dieu, et nous

---

1. Exode, XXV, 40.

donner des sacrements qui opèrent tout sans nous. — Ni l'un ni l'autre n'est la religion chrétienne, ni juive.

Les vrais Juifs et les vrais chrétiens ont toujours attendu un Messie qui leur ferait aimer Dieu et par cet amour triompher de leurs ennemis.

XI. — C'est visiblement un peuple fait exprès pour servir de témoin au Messie. (*Is.*, XLIII, 9; XLIV, 8.)

Il porte les livres et les aime, et ne les entend point. — Et tout cela est prédit : que les jugements de Dieu leur sont confiés, mais comme un livre scellé[1].

XII. — Tandis que les prophètes ont été pour maintenir la loi, le peuple a été négligent. Mais depuis qu'il n'y a plus eu de prophètes, le zèle a succédé. — Le diable a troublé le zèle des Juifs avant Jésus-Christ, parce qu'il leur eût été salutaire, mais non pas après.

XIII. — Voici un peuple qui subsiste plus ancien que tout autre peuple.

Un peuple entier le prédit avant sa venue.

Un peuple entier l'adore après sa venue.

XIV. — N'est-ce pas assez qu'il se fasse des miracles en un lieu, et que la Providence paraisse sur un peuple?

XV. — Plus je les examine [les Juifs], plus j'y trouve de vérités : ce qui a précédé et ce qui a suivi ; enfin, eux sans idoles ni rois, et cette synagogue qui est prédite, et ces misérables qui la suivent, et qui étant nos ennemis, sont d'admirables témoins de la vérité de ces prophéties où leur misère et leur aveuglement même est prédit.

Je trouve, en cet enchaînement, cette religion toute divine dans son autorité, dans sa durée, dans sa perpétuité, dans sa morale, dans sa conduite, dans sa doctrine, dans ses effets, et les ténèbres des Juifs effroyables et prédites : *Eris*

---

1. Isaïe, XXIX, 11.

palpans in meridie[1]. *Dabitur liber scienti litteras, et dicet: Non possum legere*[2].

XVI. — Dès là je refuse toutes les autres religions : par là je trouve réponse à toutes les objections.

Il est juste qu'un Dieu si pur ne se découvre qu'à ceux dont le cœur est purifié.

Dès là cette religion m'est aimable et je la trouve déjà assez autorisée par une si divine morale; mais j'y trouve de plus...

Je trouve d'effectif que, depuis que la mémoire des hommes dure, il est annoncé constamment aux hommes qu'ils sont dans une corruption universelle; mais qu'il viendra un Réparateur; que ce n'est pas un homme qui le dit, mais une infinité d'hommes et un peuple entier durant quatre mille ans, prophétisant et fait exprès...

Ainsi je tends les bras à mon Libérateur, qui, ayant été prédit durant quatre mille ans, est venu souffrir et mourir pour moi sur la terre dans les temps et dans toutes les circonstances qui en ont été prédites; et, par sa grâce, j'attends la mort en paix, dans l'espérance de lui être éternellement uni; et je vis cependant avec joie, soit dans les biens qu'il lui plaît de me donner, soit dans les maux qu'il m'envoie pour mon bien, et qu'il m'a appris à souffrir par son exemple.

---

1. Deutér., xxvii, 29.
2. Isa., xxix, 12.

CHAPITRE V

Le Messie et la Loi nouvelle, indiqués et marqués d'avance dans les *Figures* de l'ancienne Loi.

1. *L'Ancien Testament figuratif ou typique.* — 2. *Figures ou sottises.* — 3-4. *Vieillis dans les pensées terrestres.* — 5. *Dépositaires du Testament spirituel.* — 6. *Jésus-Christ figuré par Joseph.* — 7. *Adam forma futuri.* — 8. *Juif et Égyptien.* — 9-10. *Les deux Testaments.* — 11. *Réalité et figure.* — 12. *Contrariétés accordées dans la figure.* — 13-15. *L'Ancien Testament un chiffre.* — 16. *Clef du chiffre.* — 17. *Nature, image de la grâce.* — 18. *Charité, objet de l'Écriture.* — 19. *Charité et cupidité.* — 20-21. *Les charnels et les spirituels.* — 22. *Il y a un Libérateur.*

I. — *Figures*[1]. Pour montrer que l'Ancien Testament n'est que figuratif, et que les prophètes entendaient par les biens temporels d'autres biens, c'est:

Premièrement, que cela serait indigne de Dieu;

Secondement, que leurs discours expriment très claire-

---

1. La plupart des fragments de ce chapitre portent, dans l'autographe, le titre *Figures* ou *Figuratifs*. — Pascal touche ici à une des particularités des Livres Saints : d'avoir en certains passages un double sens également voulu par l'inspirateur divin. L'un qui, comme en tout écrit, s'attache aux paroles : sens *verbal* ou *littéral*, qui est soit *propre*, soit *figuré* ou *métaphorique* (allégories, symboles, paraboles, etc.). — L'autre, qui s'attache non aux paroles, mais aux *choses* directement signifiées par les paroles : *sens typique*. P. ex., le sens verbal dit bien que Melchisédech offrit réellement un sacrifice de pain et de vin ; mais ce sacrifice de Melchisédech désigne à son tour un autre sacrifice, celui du Christ sous les espèces du pain et du vin ; *ipsæ res, significatæ per voces, etiam significant aliquid.* (S. Thom., *S. Theol.*, 1, q. I, a. 10. — 1-2., q.

CH. V. — LE MESSIE DANS LES FIGURES DE L'A. T.   159

ment la promesse des biens temporels, et qu'ils disent néanmoins que leurs discours sont obscurs et que leur sens ne sera point entendu. — D'où il paraît que ce sens n'était pas celui qu'ils exprimaient à découvert, et que, par conséquent, ils entendaient parler d'autres sacrifices, d'un autre Libérateur, etc... Ils disent qu'on ne l'entendra qu'à la fin des temps. (*Jérém.*, XXXIII, *ult.*)

La troisième preuve est que leurs discours sont contraires et se détruisent; de sorte que si on pense qu'ils n'aient entendu par les mots de loi et de sacrifice autre chose que ceux de Moïse, il y a contradiction manifeste et grossière : donc ils entendaient autre chose, se contredisant quelquefois dans le même chapitre...

II. — Dès qu'une fois on a ouvert ce secret, il est impossible de ne pas le voir.

Qu'on lise le vieil Testament en cette vue, et qu'on voie si les sacrifices étaient vrais, si la parenté d'Abraham était la vraie cause de l'amitié de Dieu, si la terre promise

---

CII, a. 2.) Ce sens typique est triple : *Prophétique* lorsqu'il vise quelque fait de l'ordre historique et futur ; et à ce point de vue l'Ancien Testament renferme de nombreux *types* (personnes, actes, événements, institutions), qui signifient ou *figurent* quelque particularité de la personne ou de l'œuvre du Messie futur. C'est de ces *figuratifs*-là que parle surtout Pascal ; — *tropologique*, lorsqu'il se rapporte à quelque règle ou enseignement moral ; p. ex., la manne à recueillir avant le lever du soleil signifiant le devoir d'adorer Dieu dès l'aurore (*Sap.*, VIII, 27) ; — *anagogique*, lorsqu'il implique quelque rapport avec la vie future : tel S. Jean voyant descendre du ciel la Jérusalem nouvelle. (*Apocal.*, XXI, 2.) — A ce propos déjà Cassien (*Coll.* XIV, 8) expliquait que la même Jérusalem, *secundum historiam*, désigne la cité des Juifs ; selon l'allégorie du type prophétique, l'Église du Christ ; selon sa signification morale, l'âme humaine que Dieu rappelle à son devoir ; selon la pensée ultra-terrestre, la cité céleste, but suprême de la vie.

Le sens typique ne saurait donc être confondu avec l'allégorie, le symbole, la parabole, qui sont simplement autant de variétés du sens verbal *métaphorique*. Les appellations ont

était le véritable lieu de repos. — Non. — Donc c'étaient des figures.

Qu'on voie de même toutes les cérémonies ordonnées, tous les commandements qui ne sont pas pour la charité, on verra que c'en sont des figures.

Tous ces sacrifices et cérémonies étaient donc figures ou sottises. Or il y a des choses claires, trop hautes pour les estimer des sottises.

III. — Les Juifs avaient vieilli dans ces pensées terrestres : Que Dieu aimait leur père Abraham, sa chair et ce qui en sortirait ;

Que, pour cela, il les avait multipliés et distingués de tous les autres peuples, sans souffrir qu'ils s'y mêlassent ;

Que, quand ils languissaient dans l'Égypte, il les en retira avec tous ces grands signes en leur faveur ;

Qu'il les nourrit de la manne dans le désert ;

Qu'il les mena dans une terre bien grasse ;

---

varié ; d'aucuns l'ont appelé sens *mystique, allégorique, figural, figuratif, spirituel*. Ce sont ces deux dernières épithètes qu'emploie Pascal. Pour éviter toute équivoque, les théologiens, préoccupés de la précision des termes, ont fini par s'en tenir communément à l'expression de sens *typique*. — Il y a controverse pour savoir s'il y a des types prophétiques dans le Nouveau Testament. Évidemment, il ne s'y trouve plus de types *messianiques* ; mais il peut y avoir des types prophétiques d'autre nature. Ainsi, la ruine de Jérusalem, prédite dans l'Évangile, la chute de l'Empire romain prédite en l'Apocalypse, peuvent, d'après la plupart, *figurer* la fin du monde. Le sens typique ou spirituel se base sur le sens littéral et le présuppose toujours. De là le correctif à certaines expressions équivoques que Pascal emploie plus loin au sujet des « charnels et des spirituels ». C'est là aussi le frein aux fantaisies de l'allégorisme exagéré dans l'interprétation du texte biblique.

Le caractère *typico-messianique* de l'Ancien Testament imprime à l'Ecriture un cachet de mystérieuse grandeur qui a frappé l'esprit de Pascal, montrant avec force, dans l'histoire de tout un peuple providentiellement élu, comme le vaste prodrome figuratif de toute l'économie de la Rédemption.

CH. V. — LE MESSIE DANS LES FIGURES DE L'A. T.

Qu'il leur donna des rois et un temple bien bâti pour y offrir des bêtes, et par le moyen de l'effusion de leur sang qu'ils seraient purifiés ;

Et qu'il leur devait enfin envoyer le Messie pour les rendre maîtres de tout le monde.

Et il a prédit le temps de sa venue.

Le monde ayant vieilli dans ces erreurs charnelles, Jésus-Christ est venu dans le temps prédit, mais non pas dans l'éclat attendu; et ainsi ils n'ont pas pensé que ce fût lui.

Après sa mort, saint Paul est venu apprendre aux hommes que toutes ces choses étaient arrivées en figures[1]; que le royaume de Dieu ne consistait pas en la chair, mais en l'esprit; que les ennemis des hommes n'étaient pas les Babyloniens, mais leurs passions; que Dieu ne se plaisait pas aux temples faits de main d'hommes, mais en un cœur pur et humilié; que la circoncision du corps était inutile, mais qu'il fallait celle du cœur; que Moïse ne leur avait pas donné le pain du ciel, etc.[2].

Mais Dieu n'ayant pas voulu découvrir ces choses à ce peuple qui en était indigne, et ayant voulu néanmoins les prédire afin qu'elles fussent crues, il en a prédit le temps clairement, et les a quelquefois exprimées clairement, mais abondamment, en *figures*, afin que ceux qui aimaient les choses figurantes s'y arrêtassent, et que ceux qui aimaient les figurées les y vissent[3].

IV. — Les Juifs étaient accoutumés aux grands et éclatants miracles; et ainsi ayant eu les grands coups de la mer Rouge et la terre de Chanaan comme un abrégé des grandes choses de leur Messie, ils en attendaient donc de plus

---

1. *Omnia in figuris contingebant illis.* I Cor., x, 11.
2. *Cfr.* Joan., vi, 32; Rom., ii, 28; Galat., iv, 24; I Cor., iii, 16; x, 2-11; II Cor., iii, 6; Hebr., ix, 24.
3. Pascal a ajouté ici l'annotation : (*Je ne dis pas bien*); preuve qu'il avait l'intention de modifier la rédaction de sa pensée.

éclatants dont ceux de Moïse n'étaient que les échantillons.

V. — Une des principales raisons pour lesquelles les prophètes ont voilé les biens spirituels qu'ils promettaient sous les figures des biens temporels, c'est qu'ils avaient affaire à un peuple charnel qu'il fallait rendre dépositaire du testament spirituel.

VI. — Jésus-Christ figuré par Joseph. — Bien-aimé de son père, envoyé du père pour voir ses frères, etc., innocent, vendu par ses frères vingt deniers, et par là devenu leur seigneur, leur sauveur, et le sauveur des étrangers, et le sauveur du monde ; ce qui n'eût point été sans le dessein de le perdre, sans la vente et la réprobation qu'ils en firent.

Dans la prison, Joseph innocent entre deux criminels : Jésus-Christ en la croix entre deux larrons. — Il prédit le salut à l'un et la mort à l'autre, sur les mêmes apparences : Jésus-Christ sauve les élus et damne les réprouvés sur les mêmes crimes. — Joseph ne fait que prédire : Jésus-Christ fait. — Joseph demande à celui qui sera sauvé qu'il se souvienne de lui quand il sera venu en sa gloire ; et celui que Jésus-Christ sauve lui demande qu'il se souvienne de lui quand il sera en son royaume.

VII. — Adam *forma futuri*[1]. — Les six jours pour former l'un ; les six âges pour former l'autre. Les six jours que Moïse représente pour la formation d'Adam ne sont que la peinture des six âges pour former Jésus-Christ et l'Église.

Si Adam n'eût point péché et que Jésus-Christ ne fût point venu, il n'y eût eu qu'une seule alliance, qu'un seul âge des hommes ; et la création eût été représentée comme faite en un seul temps.

VIII. — Les peuples juif et égyptien visiblement prédits

---

1. C'est l'expression (*typos*) de S. Paul : Rom., x, 14.

par ces deux particuliers que Moïse rencontra[1] : l'Égyptien battant le Juif; Moïse le vengeant en tuant l'Égyptien, et le Juif en étant ingrat.

IX. — La Synagogue ne périssait point, parce qu'elle était la figure; mais parce qu'elle n'était que la figure, elle est tombée dans la servitude. La figure a subsisté jusqu'à la vérité, afin que l'Église fût toujours visible, ou dans la peinture qui la promettait, ou dans l'effet.

C'était une figure qui contenait la vérité. Et ainsi elle a subsisté jusqu'à ce qu'elle n'a plus eu la vérité.

X. — L'Ancien Testament contenait les figures de la joie future, et le Nouveau contient les moyens d'y arriver.

Les figures étaient de joie, les moyens sont de pénitence; et néanmoins l'agneau pascal était mangé avec des laitues sauvages, *cum amaritudinibus*[2], [pour marquer toujours qu'on ne pouvait trouver la joie que par l'amertume.]

XI. — Si la loi et les sacrifices sont la vérité, il faut qu'ils plaisent à Dieu et qu'ils ne lui déplaisent point. S'ils sont figures, il faut qu'ils plaisent et déplaisent. Or, dans toute l'Écriture, ils plaisent et déplaisent.

Il est dit que la loi sera changée; que le sacrifice sera changé; qu'ils seront sans rois, sans princes et sans sacrifices; qu'il sera fait une nouvelle alliance; que la loi sera renouvelée; que les préceptes qu'ils ont reçus ne sont pas bons; que leurs sacrifices sont abominables; que Dieu n'en a point demandé.

Il est dit, au contraire, que la loi durera éternellement; que cette alliance sera éternelle; que le sacrifice sera éternel; que le sceptre ne sortira jamais d'avec eux, puisqu'il ne doit point en sortir que le Roi éternel n'arrive.

---

1. Exod., II, 11-14.
2. Exod., XII, 8. D'après le texte hébreu, que la Vulgate traduit *cum lactucis agrestibus*.

Tous ces passages marquent-ils que ce soit réalité? Non. Marquent-ils aussi que ce soit figure? Non; mais que c'est réalité ou figure. Mais les premiers, excluant la réalité, marquent que ce n'est que figure.

Tous ces passages ensemble ne peuvent être dits de la réalité; tous peuvent être dits de la figure : donc ils ne sont pas dits de la réalité, mais de la figure.

Agnus occisus est ab origine mundi[1].

XII. — Sources des contrariétés de l'Écriture : Un Dieu humilié jusqu'à la mort de la croix, un Messie triomphant de la mort par sa mort, deux natures en Jésus-Christ, deux avènements, deux états de la nature de l'homme.

On ne peut faire une bonne physionomie qu'en accordant toutes nos contrariétés, et il ne suffit pas de suivre une suite de qualités accordantes sans concilier les contraires. Pour entendre le sens d'un auteur, il faut accorder tous les passages contraires.

Ainsi, pour entendre l'Écriture, il faut avoir un sens dans lequel tous les passages contraires s'accordent. Il ne suffit pas d'en avoir un qui convienne à plusieurs passages accordants; mais il faut en avoir un qui accorde les passages même contraires.

Tout auteur a un sens auquel tous les passages contraires s'accordent, ou il n'a point de sens du tout. On ne peut pas dire cela de l'Écriture et des prophètes. Ils avaient assurément trop bon sens. Il faut donc en chercher un qui accorde toutes les contrariétés.

Le véritable sens n'est donc pas celui des Juifs; mais en Jésus-Christ toutes les contradictions sont accordées.

Les Juifs ne sauraient accorder la cessation de la royauté

---

1. Apocal., XIII, 8. L'Agneau pascal des Juifs était la *figure* de l'immolation de Jésus sur la croix. *Cfr.* Isaïe, LIII, 7 : *Sicut ovis ad occisionem ducetur et quasi agnus non aperiet os suum.*

et principauté prédite par Osée, avec la prophétie de Jacob[1].

Si on prend la loi, le sacrifice et le royaume pour réalités, on ne peut accorder tous les passages. Il faut donc par nécessité qu'ils ne soient que figures. On ne saurait pas même accorder les passages d'un même auteur, ni d'un même livre, ni quelquefois d'un même chapitre; ce qui marque trop quel était le sens de l'auteur, comme quand Ézéchiel (ch. xx), dit qu'on vivra dans les commandements de Dieu et qu'on n'y vivra pas.

XIII. — Un portrait porte absence et présence, plaisir et déplaisir.

La réalité exclut absence et déplaisir.

Pour savoir si la loi et les sacrifices sont réalité ou figure, il faut voir si les prophètes, en parlant de ces choses, y arrêtaient leur vue et leur pensée, en sorte qu'ils n'y vissent que cette ancienne alliance; ou s'ils y voyaient quelque autre chose dont elle fût la peinture; car dans un portrait on voit la chose figurée. Il ne faut pour cela qu'examiner ce qu'ils en disent.

Quand ils disent qu'elle sera éternelle, entendent-ils parler de l'alliance de laquelle ils disent qu'elle sera changée, et de même des sacrifices, etc. ?

XIV. — Le Vieux Testament est un chiffre. — Deux erreurs : 1° prendre tout littéralement ; 2° prendre tout spirituellement.

XV. — Le chiffre a deux sens. — Quand on surprend une lettre importante où l'on trouve un sens clair, et où il est dit néanmoins que le sens en est voilé et obscurci; qu'il est caché, en sorte qu'on verra cette lettre sans la voir, et qu'on l'entendra sans l'entendre, que doit-on penser, sinon que

---

1. Osée, iii, 4. — Gen., xlix, 10.

c'est un chiffre à double sens; et d'autant plus qu'on y trouve des contrariétés manifestes dans le sens littéral?

Combien doit-on donc estimer ceux qui nous découvrent le chiffre, et nous apprennent à connaître le sens caché; et principalement quand les principes qu'ils en prennent sont tout à fait naturels et clairs! — C'est ce qu'a fait Jésus-Christ, et les Apôtres. Il a levé le sceau; il a rompu le voile et découvert l'esprit.

Ils nous ont appris pour cela que les ennemis de l'homme sont ses passions; que le Rédempteur serait spirituel, et son règne spirituel; qu'il y aurait deux avènements : un de misère pour abaisser l'homme superbe; l'autre de gloire, pour élever l'homme humilié; que Jésus-Christ serait Dieu et homme.

Les prophètes ont dit clairement qu'Israël serait toujours aimé de Dieu, et que la loi serait éternelle; et ils ont dit que l'on n'entendrait point leur sens, et qu'il était voilé.

XVI. — Que la loi était figurative. — Voilà le chiffre que S. Paul nous donne.

La lettre tue. Tout arrivait en figures. Un Dieu humilié. Il fallait que le Christ souffrît.

Circoncision du cœur : vrai jeûne : vrai sacrifice : vrai temple. Les prophètes ont indiqué qu'il fallait que cela fût spirituel.

Double loi, doubles tables de loi, double temple, double captivité : voilà le chiffre qu'il nous en a donné.

XVII. — Car la nature est une image de la grâce et les miracles visibles sont images des invisibles. *Ut sciatis... tibi dico : Surge*[1].

Isaïe, LI, dit que la Rédemption sera l'image de la mer Rouge[2].

---

1. *Ut sciatis quod Filius habet potestatem remittendi peccata, tibi dico : Surge.* (MARC, II. 10.)
2. Inversion rectifiée par un bout de phrase marquée ailleurs

CH. V. — LE MESSIE DANS LES FIGURES DE L'A. T.   167

Dieu a donc montré en la sortie d'Égypte, de la mer, en la défaite des rois, en la manne, en toute la généalogie d'Abraham, qu'il était capable de sauver, de faire descendre le pain du ciel, etc., de sorte que le peuple ennemi est la figure et la représentation du même Messie qu'ils ignorent.

Il nous a donc appris enfin que toutes ces choses n'étaient que figures et ce que c'est que *vraiment libre, vrai Israëlite, vraie circoncision, vrai pain du ciel.*

Dans ces promesses-là chacun trouve ce qu'il a dans le fond de son cœur : les biens temporels ou les biens spirituels, Dieu ou les créatures ; mais avec cette différence, que ceux qui y cherchent les créatures les y trouvent, mais avec plusieurs contradictions, avec la défense de les aimer, avec l'ordre de n'adorer que Dieu et de n'aimer que lui, ce qui n'est qu'une même chose, et qu'enfin il n'est point venu de Messie pour eux.

Au lieu que ceux qui y cherchent Dieu le trouvent, et sans aucune contradiction, avec commandement de n'aimer que lui ; et qu'il est venu un Messie dans le temps prédit pour leur donner les biens qu'ils demandent[1].

XVIII. — Tout ce qui ne va point à la charité est figure.
L'unique objet de l'Écriture est la charité.

Tout ce qui ne va point à l'unique but en est la figure ; car, puisqu'il n'y a qu'un but, tout ce qui n'y va point en mots propres est en figure.

Dieu diversifie ainsi cet unique précepte de charité pour

---

dans le manuscrit : Isaïe : « La mer Rouge image de la Rédemption. »

1. Nous ne croyons pas que cette phrase, ni la précédente, « point venu de Messie pour eux », soit un reflet de l'idée janséniste, que J.-C. n'est pas mort pour le salut de tous. La pensée de Pascal nous semble simplement constater qu'*en fait*, dans l'Écriture comme dans tout le domaine de la vérité, ceux-là seuls trouvent Dieu qui le cherchent avec droiture et pureté de cœur.

satisfaire notre curiosité, qui recherche la diversité qui nous mène toujours à notre unique nécessaire. Car une seule chose est nécessaire[1], et nous aimons la diversité; et Dieu satisfait à l'une et à l'autre par ces diversités, qui mènent au seul nécessaire.

XIX. — Dieu s'est servi de la concupiscence des Juifs pour les faire servir à Jésus-Christ.

Rien n'est si semblable à la charité que la cupidité, et rien n'y est si contraire. — Ainsi les Juifs, pleins des biens qui flattaient leur cupidité, étaient très conformes aux chrétiens et très contraires. Et par ce moyen, ils avaient les deux qualités qu'il fallait qu'ils eussent, d'être très conformes au Messie pour le figurer, et très contraires pour n'être pas témoins suspects.

XX. — Les Juifs charnels tiennent le milieu entre les Chrétiens et les Païens. Les Païens ne connaissent point Dieu et n'aiment que la terre. Les Juifs connaissent le vrai Dieu et n'aiment que la terre. Les Chrétiens connaissent le vrai Dieu, et n'aiment point la terre. Les Juifs et les Païens aiment les mêmes biens. Les Juifs et les Chrétiens connaissent le même Dieu.

XXI. — Deux sortes d'hommes en chaque religion.

Parmi les Païens, des adorateurs des bêtes; et les autres, adorateurs d'un seul Dieu dans la religion naturelle.

Parmi les Juifs, les charnels, et les spirituels qui étaient les Chrétiens de la loi ancienne.

Parmi les Chrétiens, les grossiers qui sont les Juifs de la loi nouvelle.

Les Juifs charnels attendaient un Messie charnel, et les Chrétiens grossiers croient que le Messie les a dispensés d'aimer Dieu. Les vrais Juifs et les vrais Chrétiens adorent un Messie qui les fait aimer Dieu.

---

1. Luc, x, 42.

XXII. — Il y en a qui voient bien qu'il n'y a pas d'autre ennemi de l'homme que la concupiscence qui le détourne de Dieu, et non pas Dieu; ni d'autre bien que Dieu, et non pas une terre grasse.

Ceux qui croient que le bien de l'homme est en la chair, et le mal en ce qui le détourne des plaisirs des sens, qu'ils s'en soûlent et qu'ils y meurent.

Mais ceux qui cherchent Dieu de tout leur cœur; qui n'ont de déplaisir que d'être privés de sa vue; qui n'ont de désir que pour le posséder, et d'ennemis que ceux qui les en détournent; qui s'affligent de se voir environnés et dominés de tels ennemis, qu'ils se consolent : je leur annonce une heureuse nouvelle :

Il y a un Libérateur pour eux, je le leur ferai voir; je leur montrerai qu'il y a un Dieu pour eux. Je ne le ferai pas voir aux autres. Je ferai voir qu'un Messie a été promis qui délivrerait des ennemis; et qu'il en est venu un pour délivrer des iniquités, mais non des ennemis.

Reliure serrée

CHAPITRE VI

Le Messie ou Libérateur annoncé et prédit par les prophètes d'Israël.

1-2. Prophéties et peuple qui ne peut les comprendre, mais les conserve et les porte. — 3. Captivité, péchés, délivrance. — 4. Aveugler les uns, éclairer les autres.— 5-7. Messie connaissable et méconnaissable. — 8-9. Les deux sens de l'Écriture. — 10-11 Prophéties, préparation et preuve de l'Évangile. — 12-14. Continuité et multiplicité de la manifestation prophétique.

I. — Il fallait que, pour donner foi au Messie, il y eût eu des prophéties précédentes, et qu'elles fussent portées par des gens non suspects, et d'une diligence et fidélité et d'un zèle extraordinaire, et connu de toute la terre.

Pour faire réussir tout cela, Dieu a choisi ce peuple charnel, auquel il a mis en dépôt les prophéties qui prédisent le Messie comme Libérateur, et dispensateur des biens charnels que ce peuple aimait ; et ainsi il a eu une ardeur extraordinaire pour ses prophètes, et a porté à la vue de tout le monde ces livres qui prédisent leur Messie, assurant toutes les nations qu'il devait venir, et en la manière prédite dans leurs livres, qu'ils tenaient ouverts à tout le monde. Et ainsi ce peuple, déçu par l'avènement ignominieux et pauvre du Messie, ont été ses plus cruels ennemis.

De sorte que voilà le peuple du monde le moins suspect de nous favoriser, et le plus exact et le plus zélé qui se puisse dire pour sa loi et pour ses prophètes, qui les porte incorrompus.

C'est pour cela que les prophéties ont un sens caché et

spirituel, dont ce peuple était ennemi, sous le charnel dont il était ami. Si le sens spirituel eût été découvert, ils n'étaient pas capables de l'aimer; et, ne pouvant le porter, ils n'eussent pas eu le zèle pour la conservation de leurs livres et de leurs cérémonies. Et s'ils avaient aimé ces promesses spirituelles, et qu'ils les eussent conservées incorrompues jusqu'au Messie, leur témoignage n'eût pas eu de force, puisqu'ils en eussent été amis. Voilà pourquoi il était bon que le sens spirituel fût couvert.

Mais, d'un autre côté, si ce sens eût été tellement caché qu'il n'eût point du tout paru, il n'eût pu servir de preuve au Messie. Qu'a-t-il donc été fait ? Il a été couvert sous le temporel en la foule des passages, et a été découvert si clairement en quelques-uns : outre que le temps et l'état du monde ont été prédits si clairement, qu'il est plus clair que le soleil.

Et ce sens spirituel est si clairement expliqué en quelques endroits, qu'il fallait un aveuglement pareil à celui que la chair jette dans l'esprit quand il lui est assujetti, pour ne pas le reconnaître.

Voilà donc quelle a été la conduite de Dieu.

Ce sens est couvert d'un autre en une infinité d'endroits, et découvert en quelques-uns rarement, mais en telle sorte néanmoins que les lieux où il est caché sont équivoques et peuvent convenir aux deux; au lieu que les lieux où il est découvert sont univoques, et ne peuvent convenir qu'au sens spirituel.

De sorte que cela ne pouvait induire en erreur, et qu'il n'y avait qu'un peuple aussi charnel qui s'y pût méprendre.

Car, quand les biens sont promis en abondance, qui les empêchait d'entendre les véritables biens, sinon leur cupidité, qui déterminait ce sens aux biens de la terre? Mais ceux qui n'avaient de biens qu'en Dieu, les rapportaient uniquement à Dieu.

Car il y a deux principes qui partagent les volontés des hommes : la cupidité et la charité[1]. Ce n'est pas que la cupidité ne puisse être avec la foi en Dieu, et que la charité ne soit avec les biens de la terre. Mais la cupidité use de Dieu et jouit du monde ; et la charité, au contraire.

Or, la dernière fin est ce qui donne le nom aux choses. Tout ce qui nous empêche d'y arriver est appelé ennemi. Ainsi les créatures, quoique bonnes, sont ennemies des justes quand elles les détournent de Dieu ; et Dieu même est l'ennemi de ceux dont il trouble la convoitise.

Ainsi le mot d'ennemi dépendant de la dernière fin, les justes entendaient par là leurs passions, et les charnels entendaient les Babyloniens : et ainsi ces termes n'étaient obscurs que pour les injustes.

Et c'est ce que dit Isaïe : *Signa legem in electis meis*[2], et que Jésus-Christ sera pierre de scandale[3]. Mais « bienheureux ceux qui ne seront point scandalisés en lui[4] ». Osée le dit parfaitement : « Où est le sage ? et il entendra ce que je dis. Les justes l'entendront, car les voies de Dieu sont droites ; mais les méchants y trébucheront[5]. »

---

1. Pascal parlant ici plutôt en moraliste psychologue qui constate le fait habituel et le jeu ordinaire des actes humains, qu'en métaphysicien dogmatisant sur les principes généraux et absolus, ne nous paraît pas s'être approprié théoriquement la doctrine qu'avait formulée antérieurement Baius dans une de ses propositions condamnées en 1567 par S. Pie V : *Omnis amor creaturæ rationalis, aut vitiosa est cupiditas, aut laudabilis illa charitas qua per Spiritum sanctum Deus amatur.* Il est vrai que cette classification fut exagérée par les jansénistes ; mais elle se trouve dans un sens parfaitement acceptable en beaucoup d'auteurs ascétiques. L'essentiel est de pas l'appuyer sur la doctrine que le péché originel aurait tellement corrompu notre nature qu'elle n'est plus capable d'aucun mouvement, et que tous ses actes, sans la grâce, seraient nécessairement de péchés.

2. Isa., VIII, 16. — 3. *Ibid.*, VIII, 14. — 4. Matth., XI, 16. 5. Ose., XIV, 10.

CH. VI. — LE MESSIE ANNONCÉ PAR LES PROPHÈTES

II. — De sorte que ceux qui ont rejeté et crucifié Jésus-Christ, qui leur a été en scandale, sont ceux qui portent les livres qui témoignent de lui et qui disent qu'il sera rejeté et en scandale; de sorte qu'ils ont marqué que c'était lui, en le refusant; et qu'il a été également prouvé et par les Justes juifs qui l'ont reçu, et par les injustes qui l'ont rejeté: l'un et l'autre ayant été prédits.

III. — Quand David prédit que le Messie délivrera son peuple de ses ennemis, on peut croire charnellement que ce sera des Égyptiens; et alors je ne saurais montrer que la prophétie soit accomplie. Mais on peut bien croire aussi que ce sera des iniquités: car, dans la vérité, les Égyptiens ne sont pas des ennemis, mais les iniquités le sont. Ce mot d'ennemis est donc équivoque.

Mais s'il dit ailleurs, comme il fait, qu'il délivrera son peuple de ses péchés, aussi bien qu'Isaïe et les autres, l'équivoque est ôtée, et le sens double des ennemis réduit au sens simple d'iniquités; car, s'il avait dans l'esprit les péchés, il les pouvait bien dénoter par ennemis; mais s'il pensait aux ennemis, il ne les pouvait pas désigner par iniquités.

Or, Moïse, et David, et Isaïe usaient des mêmes termes. Qui dira donc qu'ils n'avaient pas même sens, et que le sens de David, qui est manifestement d'iniquités lorsqu'il parlait d'ennemis, ne fût pas le même que celui de Moïse en parlant d'ennemis ?

Daniel, ix, prie pour la délivrance du peuple de la captivité de leurs ennemis; mais il pensait aux péchés; et pour le montrer, il dit que Gabriel lui vint dire qu'il était exaucé, et qu'il n'y avait plus que 70 semaines à attendre, après quoi le peuple serait délivré d'iniquité; le péché prendrait fin, et le Libérateur, le Saint des saints amènerait la justice éternelle, non la légale, mais l'éternelle.

IV. — Et cependant ce Testament, fait pour aveugler les uns et éclairer les autres, marquait, en ceux mêmes qu'il aveuglait, la vérité qui devait être connue des autres : car les biens visibles qu'ils recevaient de Dieu étaient si grands et si divins, qu'il paraissait bien qu'il avait le pouvoir de leur donner les invisibles et un Messie.

V. — Que disent les prophètes de Jésus-Christ ? Qu'il sera évidemment Dieu ? Non : mais qu'il est un Dieu véritablement caché ; qu'il sera méconnu ; qu'on ne pensera point que ce soit lui ; qu'il sera une pierre d'achoppement, à laquelle plusieurs heurteront, etc.

Qu'on ne nous reproche donc plus le manque de clarté, puisque nous en faisons profession.

Mais, dit-on, il y a des obscurités. Et sans cela on ne serait pas aheurté à Jésus-Christ ; et c'est un des desseins formels des prophètes. *Excæca...* (Isaïe)[1].

VI. — Dieu, pour rendre le Messie connaissable aux bons et méconnaissable aux méchants, l'a fait prédire en cette sorte.

Si la manière du Messie eût été prédite clairement, il n'y eût point eu d'obscurité, même pour les méchants. Si le temps eût été prédit obscurément, il y eût eu obscurité, même pour les bons ; car la bonté de leur cœur ne leur eût pas fait entendre que le *mem* fermé, par exemple, signifie six cents ans. Mais le temps a été prédit clairement, et la manière en figures[2].

---

1. Isa., vi, 10 : *Excæca cor populi hujus.* — V. ci-dessus (p. 9) notre observation sur la convenance de ne pas entendre ces expressions dans le sens exagéré et janséniste d'une action positive de Dieu à l'effet « d'aveugler » les pécheurs. Pascal, en cette question, ne mesure pas assez son langage. Cfr. notre *Introduction*, ch. viii, *ad fin.*

2. « Le *mem* fermé. » — Allusion aux rêveries des rabbins *cabalistes.* La lettre *m*, en hébreu, a deux formes : ouverte et fermée, celle-ci à la fin des mots. Les lettres de l'alphabet ayant en hébreu, comme en grec, une valeur numérique de chiffres, celle-ci est différente pour les deux *mem* : le *mem*

CH. VI. — LE MESSIE ANNONCÉ PAR LES PROPHÈTES

Par ce moyen, les méchants, prenant les biens promis pour matériels, s'égarent malgré le temps prédit clairement, et les bons ne s'égarent pas. Car l'intelligence des biens promis dépend du cœur, qui appelle bien ce qu'il aime; mais l'intelligence du temps promis ne dépend point du cœur; et ainsi la prédiction claire du temps et obscure des biens ne déçoit que les seuls méchants.

VII. — Si Jésus-Christ n'était venu que pour sanctifier, toute l'Écriture et toutes choses y tendraient, et il serait bien aisé de convaincre les infidèles. Si Jésus-Christ n'était venu que pour aveugler, toute sa conduite serait confuse, et nous n'aurions aucun moyen de convaincre les infidèles.

Mais comme il est venu *in sanctificationem et scandalum*, comme dit Isaïe (VIII, 14)[1], nous ne pouvons convaincre les infidèles, et ils ne peuvent nous convaincre; mais par là même nous les convainquons, puisque nous disons qu'il n'y a point de conviction dans toute sa conduite de part ni d'autre[2].

VIII. — Pour prouver tout d'un coup les deux Testaments, il ne faut que voir si les prophéties de l'un sont accomplies en l'autre.

Pour examiner les prophéties, il faut les entendre; car si on croit qu'elles n'ont qu'un sens, il est sûr que le

---

ouvert vaut 40, le *mem* fermé vaut 600. Or dans le texte d'Isaïe, IX, 7. *Parvulus natus est nobis... Multiplicabitur ejus imperium*, les manuscrits portent un *mem* fermé ou final au milieu d'un mot. Cette anomalie d'orthographe a persuadé aux rabbins que le Messie devait venir au bout de 600 ans.

1. *Erit nobis in sanctificationem, in lapidem autem offensionis et in petram scandali duobus domibus Israël.*

2. L'éditeur de Port-Royal atténue: *qu'il n'y a pas de conviction pour les esprits opiniâtres.* — La rudesse de la phrase de Pascal paraîtra moins choquante si l'on réfléchit qu'il s'inspire ici de son idée habituelle que les certitudes de la foi ne s'imposent qu'aux esprits droits et sincères.

Messie ne sera point venu ; mais si elles ont deux sens, il est sûr qu'il sera venu en Jésus-Christ[1].

Toute la question est donc de savoir si elles ont deux sens.

IX. — Que l'Écriture a deux sens, que Jésus-Christ et les apôtres ont donnés, dont voici les preuves :

1° Preuve par l'Écriture même ;

2° Preuves par les rabbins : Moïse Maimonide[2] dit qu'elle a deux faces, et que les prophéties n'ont prophétisé que Jésus-Christ ;

3° Preuves par la Cabale ;

---

1. Trop absolu : parmi les prophéties, les unes sont *messianiques*, dans le sens littéral, les autres seulement dans le sens typique.

2. *Moïse Maimonide*, célèbre rabbin de Cordoue, au XIIe siècle, disciple du philosophe arabe Averroès, mourut en 1209, comme médecin de Saladin, sultan d'Égypte. Ses commentaires et traités sur le *Talmud* lui ont valu, chez les Juifs, le surnom d'*aigle des docteurs*.

Ces indications montrent que Pascal avait été frappé de l'importance de la preuve que peut fournir, en faveur du sens *typique* et messianique d'un passage de l'Écriture, le témoignage de la primitive tradition judaïque. En effet, si cette tradition, telle qu'elle ressort des écrits rabbiniques et talmudique, affirme le sens messianique d'une prophétie, il y a là non seulement un péremptoire argument *ad hominem*, mais encore l'induction que cette interprétation messianique remonte, au sein des écoles juives, au delà de l'ère chrétienne et touche peut-être à l'enseignement même des prophètes et des écrivains inspirés, transmis par le magistère de l'ancienne Synagogue qui avait, elle aussi, sa tradition doctrinale à côté de l'Écriture. — Il ne faut cependant pas exagérer : le double sens ne se trouve pas dans *tous* les passages de l'Écriture.

L'attention de Pascal avait été portée sur cet ordre de preuves par la publication, en 1651, d'un *érudit* ouvrage demeuré inédit durant quatre siècles, le *Pugio fidei adversus Mauros et Judæos* rédigé au XIIIe siècle, par le dominicain espagnol *Raymond Martin*. Cette argumentation a été reprise de notre temps par le savant rabbin converti *Drach*, dans son *Harmonie entre l'Église et la Synagogue* (Paris, 1844).

CH. VI. — LE MESSIE ANNONCÉ PAR LES PROPHÈTES

4° Preuves par l'interprétation mystique que les rabbins mêmes donnent à l'Écriture ;

5° Preuves par les principes des rabbins : qu'il y a deux sens ; qu'il y a deux avènements, glorieux et abject, du Messie, selon leur mérite ; que les prophètes n'ont prophétisé que du Messie ; qu'alors on ne se souviendra plus de la Mer Rouge ; que les Juifs et les Gentils seront mêlés.

X. — La Synagogue a précédé l'Église, les Juifs les Chrétiens ; les prophètes ont prédit les Chrétiens, saint Jean Jésus-Christ.

XI. — La plus grande des preuves de Jésus-Christ sont les prophéties.

C'est aussi à quoi Dieu a le plus pourvu ; car l'événement qui les a remplies est un miracle subsistant depuis la naissance de l'Église jusques à la fin. Aussi Dieu a suscité des prophètes durant seize cents ans ; et pendant quatre cents ans après, il a dispersé toutes ces prophéties avec tous les Juifs qui les portaient dans tous les lieux du monde.

Voilà quelle a été la préparation à la naissance de Jésus-Christ, dont l'Évangile devant être cru de tout le monde, il a fallu non seulement qu'il y ait eu des prophéties pour le faire croire, mais que ces prophéties fussent par tout le monde, pour le faire embrasser par tout le monde.

XII. — Mais ce n'était pas assez que les prophéties fussent, il fallait qu'elles fussent distribuées par tous les lieux et conservées dans tous les temps. — Et afin qu'on ne prît point tout cela pour un effet du hasard, il fallait que cela fût prédit.

XIII. — Quand un seul homme aurait fait un livre des prédictions de Jésus-Christ, pour le temps et pour la manière, et que Jésus-Christ serait venu conformément à ces prophéties, ce serait une force infinie.

Mais il y a bien plus ici.

C'est une suite d'hommes, durant quatre mille ans, qui constamment et sans variation viennent, l'un en suite de l'autre, prédire ce même avènement.

C'est un peuple tout entier qui l'annonce, et qui subsiste depuis quatre mille années, pour rendre en corps témoignage des assurances qu'ils en ont, et dont ils ne peuvent être divertis par quelques menaces et persécutions qu'on leur fasse. — Ceci est tout autrement considérable.

XIV. — « Qu'alors on n'enseignera plus son prochain, disant: Voici le Seigneur; car Dieu se fera sentir à tous. » (Jérém., XXXI, 34.) — « Vos fils prophétiseront. » (Joel, II, 28.) — « Je mettrai mon esprit et ma crainte en votre cœur. » (Jérém., XXXI, 34.)

Tout cela est la même chose.

Prophétiser, c'est parler de Dieu, non par preuves du dehors, mais par sentiment intérieur et immédiat.

CHAPITRE VII

La Vie et l'Œuvre du Messie annoncées dans leurs moindres particularités par les anciens prophètes.

1. Évolution de l'idée messianique. — 2. Les prophéties relatives à la vie du Messie. — 3. A son œuvre. — 4. A sa loi. — 5. A son peuple. — 6. A son culte nouveau. — 7. L'histoire, préface à l'Évangile.

I. — Qu'on considère que, depuis le commencement du monde, l'attente ou l'adoration du Messie subsiste sans interruption ;

Qu'il a été promis au premier homme aussitôt après sa chute ;

Qu'il s'est trouvé [depuis] des hommes qui ont dit que Dieu leur avait révélé qu'il devait naître un Rédempteur qui sauverait son peuple ;

Qu'Abraham est venu ensuite dire qu'il avait eu révélation qu'il naîtrait de lui par un fils qu'il aurait ;

Que Jacob a déclaré que, de ses douze enfants, il naîtrait de Juda ;

Que Moïse et les prophètes sont venus ensuite déclarer le temps et la manière de sa venue ;

Qu'ils ont dit que la loi qu'ils avaient n'était qu'en attendant celle du Messie ;

Que jusque-là elle serait perpétuelle, mais que l'autre durerait éternellement ;

Qu'ainsi leur loi et celle du Messie, dont elle était la promesse, serait toujours sur la terre ;

Qu'en effet elle a toujours duré ; qu'enfin Jésus-Christ est venu dans toutes les circonstances prédites.

Cela est admirable.

II. — Pendant la durée du Messie[1].

Son précurseur. — (Malach., III, 1.)

Il naîtra enfant. — (Isaïe, IX, 6.)

Il naîtra de la ville de Bethléhem. — (Michée, V, 2.)

Il paraîtra principalement en Jérusalem, et naîtra de la famille de Juda et de David. — (Gen., XLIX, 10; Is., VII, 13-14.)

Il doit aveugler les sages et les savants. —(Isaïe, VI, 10; VIII, 14-15; XXIX, 10.)

Et annoncer l'Évangile aux pauvres et aux petits. — (Isaïe, XXIX, 18.)

Ouvrir les yeux des aveugles et rendre la santé aux infirmes, et mener à la lumière ceux qui languissent dans les ténèbres. — (Isaïe, LXI, 1.)

Les prophéties doivent être inintelligibles aux impies (Daniel, XII; Osée, *ult.*, 10), mais intelligibles à ceux qui sont bien instruits.

Les prophéties qui le représentent pauvre le représentent maître des nations. — (Isaïe, LII, 14, etc.; LIII. Zacharie, IX. 9.)

Les prophéties qui prédisent le temps ne le prédisent que maître des Gentils, et souffrant, et non dans les nuées, ni juge. Et celles qui le représentent ainsi jugeant et glorieux, ne marquent pas le temps.

Quand il est parlé du Messie comme grand et glorieux, il est visible que c'est pour juger le monde, et non pour le racheter.

Il doit enseigner la voie parfaite, et être le précepteur des Gentils. — (Isaïe, LV, 4; XLII, 1-7.)

Il doit être la victime pour les péchés du monde. — (Isaïe, XXXIX, LIII, etc.)

Il doit être la pierre fondamentale et précieuse. — (Isaïe, XXVIII, 16).

---

1. C'est-à-dire se rapportant à la vie du Messie.

CH. VII. — LES PROPHÉTIES ET LA VIE DU MESSIE

Il doit être la pierre d'achoppement et de scandale. — (Isaïe, VIII, 14.)

Jérusalem doit heurter contre cette pierre.

Les édifiants doivent réprouver cette pierre — (Psaume CXVII, 22.)

Dieu doit faire de cette pierre le chef du coin[1].

Et cette pierre doit croître en une montagne, et doit remplir toute la terre. — (Daniel, II, 35.)

Qu'ainsi il doit être rejeté (Psaume CVIII, 8) ; méconnu, trahi (Ps. XL, 10) ; vendu (Zacharie, XI, 12) ; craché, souffleté, moqué, affligé en une infinité de manières, abreuvé de fiel (Psaume LVIII, 9) ; transpercé (Zacharie, XII, 10) ; les pieds et les mains percés, tué, et ses habits jetés au sort. (Ps. XXI, 17-19 ; Dan., IX, 26.)

Qu'il ressusciterait (Psaume XV, 10), le troisième jour (Osée, VI, 3).

Qu'il monterait au ciel pour s'asseoir à la droite. — (Psaume CIX, 1.)

Que les rois s'armeraient contre lui. — (Psaume II, 2.)

Qu'étant à la droite du Père, il serait victorieux de ses ennemis.

Que les rois de la terre et tous les peuples l'adoreraient. — (Isaïe, LX, 14.)

Que les Juifs subsisteront en nation. — (Jérém., XXXVI, 6.)

Qu'ils seront errants (Amos, IX, 9) ; sans rois, etc. (Osée, III, 4) ; sans prophètes (Amos) ; attendant le salut et ne le trouvant point (Isaïe, LIX, 9.)

Vocation des Gentils par Jésus-Christ. — (Isaïe, LII, 15 ; LV, 5 ; LX, 4 ; Psaume LXXI, 11-18.)

III. — ...Qu'il devait venir un Libérateur, qui écraserait la tête au démon ; qui devait délivrer son peuple de ses péchés, *ex omnibus iniquitatibus.* — (Ps. CXXIX, 8) ;

Qu'il devait y avoir un Nouveau Testament, qui serait éternel ;

---

1. *Caput anguli.* (Ps. CVII, 22.)

Qu'il devait y avoir une autre prêtrise, selon l'ordre de Melchisédech; que celle-là serait éternelle;

Que le Christ devait être glorieux, puissant, fort, et néanmoins si misérable qu'il ne serait pas reconnu; qu'on ne le prendrait pas pour ce qu'il est; qu'on le rebuterait, qu'on le tuerait;

Que son peuple, qui l'aurait renié, ne serait plus son peuple;

Que les idolâtres le recevraient, et auraient recours à lui;

Qu'il quitterait Sion pour régner au centre de l'idolâtrie;

Que néanmoins les Juifs subsisteraient toujours;

Qu'il devait être de Juda, et quand il n'y aurait plus de roi.

IV. — Il est prédit qu'au temps du Messie, il viendrait établir une nouvelle alliance qui ferait oublier la sortie d'Égypte (Jérém., XXIII, 5. Is., XLIII, 16); qui mettrait sa loi non dans l'extérieur, mais dans les cœurs; que Jésus-Christ mettrait sa crainte, qui n'avait été qu'au dehors, dans le milieu du cœur.

Qui ne voit la loi chrétienne en tout cela?

V. — ...Que les Juifs réprouveraient Jésus-Christ, et qu'ils seraient réprouvés de Dieu, par cette raison que la vigne élue ne donnerait que du verjus[1].

Que le peuple choisi serait infidèle, ingrat et incrédule. *Populum non credentem et contradicentem*[2].

Que Dieu les frapperait d'aveuglement, et qu'ils tâtonneraient en plein midi comme les aveugles.— (Deut., XXIII, 28.)

VI.—...Qu'alors l'idolâtrie serait renversée; que ce Messie

---

1. Is., v, 2.
2. Is., LXV, 2; Rom., x, 4.

abattrait toutes les idoles[1], et ferait entrer les hommes dans le culte du vrai Dieu.

Que les temples des idoles seraient abattus, et que, parmi toutes les nations et en tous les lieux du monde, on lui offrirait une hostie pure[2], non pas des animaux.

VII. — Qu'on est heureux d'avoir cette lumière dans cette obscurité !

Qu'il est beau de voir, par les yeux de la foi, Darius et Cyrus, Alexandre, les Romains, Pompée et Hérode agir, sans le savoir, pour la gloire de l'Évangile [3] !

---

1. Ezéch., xxx, 13.
2. Malach., i, 11.
3. Magnifique pensée analogue à celle qui inspira à Bossuet le *Discours sur l'histoire universelle*.

CHAPITRE VIII

Ordre et suite des Prophéties relatives au Messie[1].

§ 1.

PROPHÉTIES QUI ANNONCENT LA SUCCESSION DES TEMPS ET LA CHUTE DES EMPIRES

Isaïe. (*Prédiction de Cyrus.*)

XLV, 4. — A cause de Jacob que j'ai élu, je t'ai appelé par ton nom.

XLV, 21. — Venez et disputons ensemble : qui a fait entendre les choses depuis le commencement, qui a prédit les choses dès lors ? N'est-ce pas moi qui suis le Seigneur ?

(*Les Temps nouveaux.*)

LXVI, 9. — Ressouvenez-vous des premiers siècles, et connaissez qu'il n'y a rien de semblable à moi qui annonce, dès le commencement, les choses qui doivent arriver à la fin, et disant dès l'origine du monde : « Mes décrets subsisteront et toutes mes volontés seront accomplies. »

XLII, 9. — Les premières choses sont arrivées comme elles avaient été prédites ; et voici maintenant, j'en prédis de nouvelles et vous les annonce avant qu'elles soient arrivées.

XLIII, 3. — J'ai fait prédire les premières et je les ai accomplies ensuite ; et elles sont arrivées en la manière que

---

1. Pascal a laissé parmi ses notes la traduction d'un bon nombre de passages prophétiques, qui prouve la grande place qu'il comptait donner à cet argument dans son Apologie. La version qu'il donne du texte sacré est remarquable à plus d'un titre.

j'avais dit, parce que je sais que vous êtes durs, que votre esprit est rebelle et votre front impudent; et c'est pourquoi je les ai voulu annoncer avant l'événement, afin que vous ne puissiez pas dire que ce fût l'ouvrage de vos dieux et l'effet de leur ordre.

Vous voyez arrivé ce qui a été prédit; ne le raconterez-vous pas? — Maintenant je vous annonce des choses nouvelles que je conserve en ma puissance et que vous n'avez pas encore sues; ce n'est que maintenant que je les prépare et non pas depuis longtemps: je vous les ai tenues cachées de peur que vous ne vous vantassiez de les avoir prévues par vous-mêmes.

Car vous n'en avez aucune connaissance et personne ne vous en a parlé, et vos oreilles n'en ont rien ouï; car je vous connais, et comme je sais que vous êtes pleins de prévarication, je vous ai donné le nom de prévaricateurs dès les premiers temps de votre origine.

Daniel, II. (*Les quatre Empires.*)

Tous vos devins et vos sages ne peuvent vous découvrir le mystère que vous demandez.

Mais il y a un Dieu au ciel, qui le peut et qui vous a révélé dans votre songe les choses qui doivent arriver dans les derniers temps.

Et ce n'est pas par ma propre science que j'ai eu la connaissance de ce secret, mais par la révélation de ce même Dieu, qui me l'a découverte pour la rendre manifeste en votre présence.

Votre songe était donc de cette sorte. Vous avez vu une statue grande, haute et terrible qui se tenait debout devant vous: la tête en était d'or; la poitrine et les bras étaient d'argent; le ventre et les cuisses étaient d'airain, et les jambes étaient de fer, et les pieds étaient mêlés de fer et de terre.

Vous la contempliez toujours en cette sorte, jusqu'à ce que la pierre taillée sans mains a frappé la statue par les pieds mêlés de fer et de terre, et les a écrasés.

Et alors s'en sont allés en poussière et le fer, et la terre, et l'airain, et l'argent et l'or, et se sont dissipés en l'air; mais cette pierre qui a frappé la statue est crue en une grande montagne, et elle a rempli toute la terre.

Voilà quel a été votre songe, et maintenant je vous en donnerai l'interprétation.

Vous qui êtes le plus grand des rois et à qui Dieu a donné une puissance si étendue que vous êtes redoutable à tous les peuples, vous êtes représenté par la tête d'or de la statue que vous avez vue.

Mais un autre empire succédera au vôtre, qui ne sera pas si puissant, et ensuite il en viendra un autre d'airain, qui s'étendra par tout le monde.

Mais le quatrième sera fort comme le fer: et de même que le fer brise et perce toutes choses, ainsi cet empire brisera et écrasera tout.

Et ce que vous avez vu, que les pieds et les extrémités des pieds étaient composés en partie de terre et en partie de fer, cela marque que cet empire sera divisé et qu'il tiendra en partie de la fermeté du fer et de la fragilité de la terre.

Mais comme le fer ne peut s'allier solidement avec la terre, de même ceux qui sont représentés par le fer et par la terre ne pourront faire d'alliance durable, quoiqu'ils s'unissent par des mariages.

Or ce sera dans le temps de ces monarques, que Dieu suscitera un royaume qui ne sera jamais détruit ni jamais transporté à un autre peuple. Il dissipera et finira tous les autres empires, mais pour lui, il subsistera éternellement selon ce qui vous a été révélé de cette pierre qui, n'étant pas taillée de mains, est tombée de la montagne et a brisé le fer, la terre, et l'argent et l'or. — Voilà ce que Dieu vous a découvert des choses qui doivent arriver dans la suite des temps. Ce songe est véritable et l'interprétation en est fidèle.

Lors Nabuchodonosor tomba le visage contre terre, etc.

Daniel, VIII. (*L'Empire d'Alexandre.*)

Daniel ayant vu le combat du bélier et du bouc qui le vainquit, et qui domina sur la terre : duquel la principale corne étant tombée, quatre autres en étaient sorties vers les quatre vents du ciel; de l'une desquelles étant sortie une petite corne qui s'agrandit vers le Midi, vers l'Orient et vers la terre d'Israël, et s'éleva contre l'armée du ciel, en renversa des étoiles et les foula aux pieds, et enfin abattit le Prince, et fit cesser le sacrifice perpétuel et mit en désolation le sanctuaire.

Voilà ce que vit Daniel. Il en demandait l'explication, et une voix cria en cette sorte : Gabriel, faites-lui entendre la vision qu'il a eue, et Gabriel lui dit :

Le bélier que vous avez vu est le roi des Mèdes et des Perses; et le bouc est le roi des Grecs, et la grande corne qu'il avait entre les yeux est le premier roi de cette monarchie.

Et ce que cette corne étant rompue, quatre autres sont venues en la place, c'est que quatre rois de cette nation lui succéderont, mais non pas en la même puissance.

Or, sur le déclin de ces royaumes, les iniquités étant accrues, il s'élèvera un roi insolent et fort, mais d'une puissance empruntée, auquel toutes choses succéderont à son gré; et il mettra en désolation le peuple saint, et réussissant dans ses entreprises avec un esprit double et trompeur, il en tuera plusieurs, et s'élèvera enfin contre le prince des princes; mais il périra malheureusement et non pas néanmoins par une main violente.

Daniel, IX. (*Les 70 Semaines.*)

Comme je priais Dieu de tout mon cœur, et qu'en confessant mon péché et celui de tout mon peuple j'étais prosterné devant mon Dieu, voici Gabriel, lequel j'avais vu en vision dès le commencement, vint à moi et me toucha au temps du sacrifice du Vêpre et me donnant l'intelligence, me dit :

Daniel, je suis venu à vous pour vous ouvrir la connaissance des choses ; dès le commencement de vos prières, je suis venu pour vous découvrir ce que vous désirez parce que vous êtes l'homme des désirs : entendez donc la parole et entrez dans l'intelligence de la vision.

Soixante-dix semaines sont prescrites et déterminées sur votre peuple et sur votre sainte cité, pour expier les crimes, pour mettre fin aux péchés et abolir l'iniquité, et pour introduire la justice éternelle, pour accomplir les visions et les prophètes, et pour oindre le Saint des Saints. (*Après quoi ce peuple ne sera plus votre peuple, ni cette cité la sainte cité*[1]. — *Le temps de colère sera passé, les ans de grâce viendront pour jamais.*)

Sachez donc et entendez : Depuis que la parole sortira pour rétablir et réédifier Jérusalem[2], jusqu'au prince Messie, il y aura 7 semaines et 62 semaines. (*Qui auront suivi les 7 premières.* — *Le Christ sera donc tué après les 69 semaines, c'est-à-dire en la dernière semaine.*)

Après que la place et les murs seront édifiés, dans un temps de trouble et d'affliction, et après ces 62 semaines, le Christ sera tué, et un peuple viendra avec son prince qui détruira la ville et le sanctuaire, et inondera tout ; et la fin de cette guerre consommera la désolation.

(*Les Hébreux ont coutume de diviser les nombres et de mettre le petit le premier, c'est-à-dire 7 et 62 font donc 69: de ces 70 il en restera donc le 70me, c'est-à-dire les 7 dernières années dont il parlera ensuite.*)

Or une semaine (*qui est la 70me qui reste*) établira l'alliance avec plusieurs ; et même la moitié de la semaine (*c'est-à-dire les derniers trois ans et demi*), abolira le

---

1. Annotations intercalées en marge, par Pascal dans la traduction qu'il donne du texte de Daniel.

2. L'édit autorisant la reconstruction de Jérusalem : soit celui de Cyrus (*Esdr.*, I), soit l'un des deux donnés par Artaxerxès (*Esdr.*, VII ; *Néhém.*, II).

sacrifice et l'hostie, et rendra étonnante l'étendue de l'abomination qui se répandra et durera sur ceux mêmes qui s'en étonneront jusqu'à la consommation.

Daniel, XI. (*Succession de l'Empire d'Alexandre.*)

L'ange dit à Daniel :

Il y aura encore trois rois de Perse (*après Cyrus sous lequel ceci est encore. — Cambyses. Smerdis. Darius*[1]); et le quatrième qui viendra ensuite (*Xerxès*), sera plus puissant en richesses et en forces et élèvera tous ses peuples contre les Grecs.

Mais il s'élèvera un puissant roi (*Alexandre*), dont l'empire aura une étendue extrême et qui réussira en toutes ses entreprises selon son désir; mais quand sa monarchie sera établie, elle périra, et sera divisée en quatre parties vers les quatre vents du ciel (*comme il avait dit auparavant*, VII, 6; VIII, 8), mais non pas à des personnes de sa race; et ses successeurs n'égaleront pas sa puissance, car même son royaume sera dispersé à d'autres outre ceux-ci (*outre ces quatre principaux successeurs*).

Et celui de ces successeurs qui régnera vers le Midi deviendra puissant, (*Égypte; Ptolémée, fils de Lagus*), mais un autre le surmontera, et son État sera un grand État. (*Séleucus, roi de Syrie. — Appianus dit que c'est le plus puissant des successeurs d'Alexandre.*)

Et dans la suite des années, ils s'allieront, et la fille du roi du Midi (*Bérénice, fille de Ptoléméc Philadelphe, fils de l'autre Ptolémée*), viendra au roi d'Aquilon (*Antiochus Œus, roi de Syrie et d'Asie, neveu de Séleucus Lagidas*) pour établir la paix entre ces princes.

Mais ni elle ni ses descendants n'auront pas une longue autorité, car elle et ceux qui l'avaient envoyée et ses enfants et ses amis seront livrés à la mort. (*Bérénice et son fils furent tués par Séleucus.*)

---

1. Notes marginales de la main de Pascal.

Mais il s'élèvera un rejeton de ces racines (*Ptolomeus Évergètes naîtra du même père que Bérénice*), qui viendra avec une puissante armée dans les terres du roi d'Aquilon, où il mettra tout sous sa sujétion et emmènera en Égypte leurs dieux, leurs princes, leur or, leur argent et toutes leurs plus précieuses dépouilles, et sera quelques années sans que le roi d'Aquilon puisse rien contre lui. (*S'il n'eût pas été rappelé en Égypte par des raisons domestiques, il aurait entièrement dépouillé Séleucus, dit Justin.*)

Et ainsi il reviendra dans son royaume, mais les enfants de l'autre, irrités, assembleront de grandes forces. (*Séleucus Céraunus, Antiochus Magnus.*)

Et leur armée viendra et ravagera tout, dont le roi du Midi étant irrité formera aussi un grand corps d'armée, et livrera bataille et vaincra (*Ptolomeus Philopater contre Antiochus Magnus*), et les troupes en deviendront insolentes, et son cœur s'en enflera (*ce Ptolomée profane le temple. Josèphe*); il vaincra dix milliers d'hommes, mais sa victoire ne sera pas ferme.

Car le roi d'Aquilon (*Antiochus Magnus*) reviendra avec encore plus de forces que la première fois, et alors, avec un grand nombre d'ennemis, s'élèvera contre le roi du Midi (*Le jeune Ptolomée Epiphanes régnant*), et même des hommes apostats, violents, de son peuple s'élèveront afin que les visions soient accomplies, et ils périront. (*Ceux qui avaient quitté leur religion pour plaire à Évergètes quand il envoya ses troupes à Scopas, car Antiochus reprendra Scopas et les vaincra.*)

Et le roi d'Aquilon détruira les remparts et les villes les mieux fortifiées, et toute la force du Midi ne pourra lui résister, et tout cédera à sa volonté; il s'arrêtera dans la terre d'Israël et elle lui cédera.

Et ainsi il pensera à se rendre maître de tout l'empire d'Égypte. (*Méprisant la jeunesse d'Epiphanes, dit Justin.*)

Et pour cela, il fera alliance avec lui et lui donnera sa fille. (*Cléopâtre, afin qu'elle trahît son mari. Sur quoi*

CH. VIII. — ORDRE DES PROPHÉTIES 191

Appianus dit que, se défiant de pouvoir se rendre maître de l'Égypte par force, à cause de la protection des Romains, il voulut l'attenter par finesse.)

Il la voudra corrompre, mais elle ne suivra pas son intention; ainsi il se jettera à d'autres desseins et pensera à se rendre maître de quelques îles (*c'est-à-dire lieux maritimes*), et il en prendra plusieurs (*comme le dit Appianus.*)

Mais un grand chef s'opposera à ces conquêtes et arrêtera la honte qui lui en reviendrait. (*Scipion l'Africain, qui arrêta les progrès d'Antiochus Magnus, à cause qu'il offensait les Romains en la personne de leurs alliés.*)

Il retournera donc dans son royaume et y périra et n'y sera plus. (*Il fut tué par les siens.*)

Et celui qui lui succédera sera un tyran qui affligera d'impôts la gloire du royaume (*qui est le peuple*); mais en peu de temps il mourra, et non par sédition ni par guerre. (*Seleucus Philopator ou Soter, fils d'Antiochus Magnus.*)

Et il succédera à sa place un homme méprisable et indigne des honneurs de la royauté, qui s'y introduira adroitement et par caresses.

Toutes les armées fléchiront devant lui, il les vaincra et même le prince avec qui il avait fait alliance; car ayant renouvelé l'alliance avec lui, il le trompera, et venant avec peu de troupes dans ses provinces calmes et sans crainte, il prendra les meilleures places et fera plus que ses pères n'aient jamais fait, et ravageant de toutes parts, il formera de grands desseins pendant son temps[1].

---

[1]. Ce dernier prince, « méprisable et indigne », est *Antiochus Épiphane*, le plus violent persécuteur des Juifs, vainqueur de son beau-frère, le roi d'Égypte.

C'est cette prophétie, avec les deux précédentes, qui a fait émettre aux rationalistes modernes l'hypothèse que ce « prétendu livre de Daniel » a été écrit postérieurement à tous les événements auxquels il fait allusion, c'est-à-dire aux temps d'Antiochus Épiphane. (HAVET, II, p. 34-38.) La meilleure

§ 2.

PROPHÉTIES QUI ANNONCENT LA VENGEANCE DE DIEU SUR ISRAEL, LA RÉPROBATION DES JUIFS ET LA CONVERSION DES GENTILS.

Amos, III, 2. (*Ruine des Juifs.*)

De toutes les nations de la terre je n'ai reconnu que vous pour être mon peuple. *Idcirco visitabo super vos omnes iniquitates vestras.*

Amos, VIII. (*Vengeance de Dieu.*)

Le prophète ayant fait un dénombrement des péchés d'Israël, dit que Dieu a juré d'en faire la vengeance.
Dit ainsi :

En ce jour-là, dit le Seigneur, je ferai coucher le soleil à midi et je couvrirai la terre de ténèbres; dans le jour de lumière je changerai vos fêtes solennelles en pleurs et tous vos cantiques en plaintes.

Vous serez tous dans la tristesse et dans les souffrances, et je mettrai cette nation en une désolation pareille à celle de la mort d'un fils unique; et ces derniers temps seront des temps d'amertume, car voici, les jours viennent, dit le Seigneur, que j'enverrai sur cette terre la famine, la faim, non pas la faim et la soif de pain et d'eau, mais la faim et la soif d'ouïr des paroles de la part du Seigneur. Ils iront errants d'une mer jusqu'à l'autre et se porteront d'Aquilon en Orient; ils tourneront de toutes parts en

---

raison de cette hypothèse est que la véritable prophétie étant impossible (?), une prédiction aussi claire doit être nécessairement fabriquée *après* l'événement! — A ce compte-là, on peut certainement reprocher à Pascal de ne pas connaître la *critique*, en admettant l'authenticité du livre de Daniel, aussi bien que celle des livres d'Isaïe, des autres prophètes et de Moïse lui-même. Mais malgré les efforts de son exégèse, la *critique* rationaliste de notre siècle n'a pu ébranler cette authenticité.

cherchant qui leur annonce la parole du Seigneur, et ils n'en trouveront point.

Et leurs vierges et leurs jeunes hommes périront en cette soif, eux qui ont suivi les idoles de Samarie, qui ont juré par le Dieu adoré en Dan et qui ont suivi le culte de Berzabée ; ils tomberont et ne se relèveront jamais de leur chute.

Isaïe. (*Réprobation des Juifs et conversion des Gentils.*)

LXV. — Ceux-là m'ont cherché qui ne me consultaient point, ceux-là m'ont trouvé qui ne me cherchaient point ; j'ai dit : Me voici, au peuple qui n'invoquait pas mon nom.

J'ai étendu mes mains tout le jour au peuple incrédule qui suit ses désirs et qui marche dans une mauvaise voie, ce peuple qui me provoque sans cesse par les crimes qu'il commet en ma présence, qui s'est emporté à sacrifier aux idoles, etc.

Ceux-là seront dissipés en fumée au jour de ma fureur, etc.

J'assemblerai les iniquités de vous et de vos pères, et vous rendrai à tous selon vos œuvres.

Le Seigneur dit ainsi : Pour l'amour de mes serviteurs je ne perdrai tout Israël, mais j'en réserverai quelques-uns, de même qu'on réserve un grain resté dans une grappe, duquel on dit : Ne l'arrachez pas parce que c'est bénédiction.

Ainsi j'en prendrai de Jacob et de Juda pour posséder mes montagnes que mes élus et mes serviteurs avaient en héritage, et mes campagnes fertiles et admirablement abondantes ; mais j'exterminerai tous les autres, parce que vous avez oublié votre Dieu pour servir des dieux étrangers. Je vous ai appelés et vous n'avez pas répondu ; j'ai parlé et vous n'avez pas ouï, et vous avez choisi choses que j'avais défendues.

C'est pour cela que le Seigneur dit ces choses : Voici, mes serviteurs seront rassasiés et vous languirez de faim, mes serviteurs seront dans la joie et vous dans la confusion; mes serviteurs chanteront des cantiques de l'abondance de la joie de leur cœur, et vous pousserez des cris et des hurlements de l'affliction de votre esprit.

Et vous laisserez votre nom en abomination à mes élus. Le Seigneur vous exterminera et nommera ses serviteurs d'un autre nom, dans lequel celui qui sera béni sur la terre sera béni en Dieu, etc.

Parce que les premières douleurs sont mises en oubli.

Car voici : Je crée de nouveaux cieux et une nouvelle terre, et les choses passées ne seront plus en mémoire et ne reviendront plus en la pensée.

Mais vous vous réjouirez à jamais dans les choses nouvelles que je crée; car je crée Jérusalem qui n'est autre chose que joie, et son peuple réjouissance, et je me plairai en Jérusalem et en mon peuple, et on n'y entendra plus de cris et de pleurs. Je l'exaucerai avant qu'il demande; je les ouïrai quand ils ne feront que commencer à parler; le loup et l'agneau paîtront ensemble, le lion et le bœuf mangeront la même paille; le serpent ne mangera que la poussière, et on ne commettra d'homicide ni de violence en toute ma sainte montagne.

LVI, 3. — Et que les étrangers qui s'attachent à moi ne disent point : Dieu me séparera d'avec son peuple.

Car le Seigneur dit ces choses : Quiconque gardera mes *sabbats* et choisira de faire mes volontés, et gardera mon alliance, je leur donnerai place dans ma maison et je leur donnerai un nom meilleur que celui que j'ai donné à mes enfants : ce sera un nom éternel qui ne périra jamais.

LIX, 9. — C'est pour nos crimes que la justice s'est éloignée de nous. Nous avons attendu la lumière et nous ne trouvons que les ténèbres; nous avons espéré la clarté et nous marchons dans l'obscurité; nous avons tâté contre la muraille comme des aveugles; nous avons heurté en plein midi comme au milieu d'une nuit, et comme des morts en des lieux ténébreux.

Nous mugirons tous comme des ours, nous gémirons comme des colombes. Nous avons attendu la justice et elle ne vient point; nous avons espéré le salut et il s'éloigne de nous.

LXVI, 18. — Mais je visiterai leurs œuvres et leurs pensées, quand je viendrai pour les assembler avec toutes les nations et les peuples; et ils verront ma gloire.

Et je leur imposerai un signe, et de ceux qui seront sauvés j'en enverrai aux nations, en Afrique, en Lydie, en Italie, en Grèce et aux peuples qui n'ont point ouï parler de moi et qui n'ont point vu ma gloire; et ils amèneront vos frères.

§ 3.

PROPHÉTIES QUI ANNONCENT LA RÉPROBATION DU TEMPLE ET LA CAPTIVITÉ DU PEUPLE JUIF SANS RETOUR.

(Réprobation du Temple.)

Jérémie, VII, 4. — N'ayez point confiance aux paroles de mensonge de ceux qui vous disent : Le temple du Seigneur, le temple du Seigneur, le temple du Seigneur est.

VII, 12. — Allez en Silo, où j'avais établi mon nom au commencement et voyez ce que j'y ai fait à cause des péchés de mon peuple. Et maintenant, dit le Seigneur, parce que vous avez fait les mêmes crimes, je ferai de ce temple où mon nom est invoqué, et sur lequel vous vous confiez, et que j'ai moi-même donné à vos prêtres, la même chose que j'ai faite de Silo. (*Car je l'ai rejeté et me suis fait un temple ailleurs.*)

Et je vous rejetterai loin de moi de la même manière que j'ai rejeté vos frères, les enfants d'Éphraïm. Ne priez donc point pour ce peuple. (*Rejetés sans retour.*)

VII, 21. — A quoi vous sert-il d'ajouter sacrifice sur sacrifice? Quand je retirai vos pères hors d'Égypte, je ne leur parlai pas des sacrifices et des holocaustes; je ne leur donnai aucun ordre, et le précepte que je leur ai donné a été en cette sorte : Soyez obéissants et fidèles à mes commandements, et je serai votre Dieu et vous serez mon peuple. *(Ce ne fut qu'après qu'ils eurent sacrifié au veau d'or que j'ordonnai des sacrifices, pour tourner en bien mauvaise coutume.)*

Malachie, I, 11. — Le sacrifice des Juifs réprouvé, et le sacrifice des païens (même hors de Jérusalem), et en tous lieux.

(Captivité des Juifs sans retour.)

Jérémie, XI, 11. — Je ferai venir sur Juda des maux desquels ils ne pourront être délivrés.

Isaïe, V, 1. — Le Seigneur a eu une vigne dont il a attendu des raisins, et elle n'a produit que du verjus ; je la dissiperai donc et la détruirai, la terre n'en produira que des épines et je défendrai au ciel d'y (pleuvoir)...

V, 7. — La vigne du Seigneur est la maison d'Israël et les hommes de Juda en sont le germe délectable ; j'ai attendu qu'ils fissent des actions de justice et ils ne produisent qu'iniquité.

VIII, 13. — Sanctifiez le Seigneur avec crainte et tremblement ; ne redoutez que lui et il vous sera en satisfaction, mais il sera en pierre de scandale et en pierre d'achoppement aux deux maisons d'Israël. Il sera en piège et en ruine aux peuples de Jérusalem et un grand nombre d'entre eux heurteront cette pierre, y tomberont, y seront brisés et seront pris à ce piège et y périront.

Voilà mes paroles et couvrez ma loi pour mes disciples.

J'attendrai donc en patience le Seigneur qui se voile et se cache à la maison de Jacob.

XXIX, 9. — Soyez confus et surpris, peuple d'Israël, chancelez, trébuchez et soyez libres, mais non pas d'une ivresse de vin ; trébuchez, mais non pas d'ivresse, car Dieu vous a préparé l'esprit d'assoupissement ; il vous voilera les yeux, il obscurcira vos princes et vos prophètes qui ont les visions.

Et les visions de tous les prophètes seront à votre égard comme un livre scellé, lequel si on donne à un homme savant et qui le puisse lire, il répondra : Je ne puis le lire, car il est scellé; et quand on le donnera à ceux qui ne savent pas lire, ils diront : Je ne connais pas les lettres. (*En voilà la raison et la cause; car s'ils adoraient Dieu de cœur, ils entendraient les prophéties.*)

Et le Seigneur m'a dit : Parce que ce peuple m'honore des lèvres, mais que son cœur est bien loin de moi et qu'ils ne m'ont servi que par des voix humaines :

C'est pour cette raison que j'ajouterai à tout le reste d'amener sur ce peuple une merveille étonnante et un prodige grand et terrible : c'est que la sagesse de ses sages périra et leur intelligence sera obscurcie.

Osée, i, 9. — Vous ne serez plus mon peuple, et je ne serai plus votre Dieu, après que vous serez multipliés de la dispersion. Les lieux où l'on n'appelle pas mon peuple, je l'appellerai mon peuple.

Osée, *dernier chapitre, dernier verset, après bien des bénédictions temporelles, dit :* Où est le sage? et il entendra ces choses, etc.

Daniel, xii, 7. — Les méchants ne l'entendront point : mais ceux qui seront bien instruits l'entendront.

§ 4.

PROPHÉTIES QUI ANNONCENT L'AVÈNEMENT DE JÉSUS-CHRIST

Genèse, XIX, 8. (*Le Messie, de la tribu de Juda.*)

Vous, Juda, vous serez loué de vos frères et vainqueur de vos ennemis; les enfants de votre père vous adoreront.

Juda, faon de lion, vous êtes monté à la proie, ô mon fils! et vous êtes couché comme un lion et comme une lionnesse qui s'éveillera.

Le sceptre ne sera point ôté de Juda ni le législateur

d'entre ses pieds jusqu'à ce que *Silo*[1] vienne; et les nations s'assembleront à lui pour lui obéir.

Deutéronome, XVIII, 16. (*Le Prophète prédit par Moïse.*)

En Horeb, au jour où vous y étiez assemblés, et que vous dites : Que le Seigneur ne parle plus lui-même à nous et que nous ne voyions plus ce feu, de peur que nous ne mourions; et le Seigneur me dit : Leur prière est juste, je leur susciterai un *Prophète* tel que vous du milieu de leurs frères, dans la bouche duquel je mettrai mes paroles; et il leur dira toutes les choses que je lui aurai ordonnées, et il arrivera que quiconque n'obéira point aux paroles qu'il lui portera en mon nom, j'en ferai moi-même le jugement.

Isaïe, XLIX. (*Le Christ, salut et lumière des peuples.*)

Écoutez, peuples éloignés, et vous, habitants des îles de la mer : le Seigneur m'a appelé par mon nom dès le ventre de ma mère; il me protège sous l'ombre de sa main; il a mis mes paroles comme un glaive aigu et m'a dit : Tu es mon serviteur; c'est par toi que je ferai paraître ma gloire. — Et j'ai dit : Seigneur, ai-je travaillé en vain? Est-ce inutilement que j'ai consommé toute ma force? Faites-en le jugement, Seigneur; le travail est devant vous.

Lors le Seigneur qui m'a formé lui-même dès le ventre de ma mère pour être tout à lui, afin de ramener Jacob et Israël, m'a dit : Tu seras glorieux en ma présence et je serai moi-même ta force : c'est peu de chose que tu convertisses les tribus de Jacob; je t'ai suscité pour être la lumière des gentils et pour être mon salut jusqu'aux extrémités de la terre. — Ce sont les choses que le Seigneur a dites à celui qui a humilié son âme, qui a été en mépris et en abomination aux gentils et qui s'est soumis aux puis-

---

1. *Schiloh* est le mot hébreu que la Vulgate traduit par *qui mittendus est*. C'est un des noms bibliques du Messie.

sants de la terre. — Les princes et les rois t'adoreront parce que le Seigneur qui t'a élu est fidèle.

Le Seigneur m'a dit encore : Je t'ai exaucé dans les jours de salut et de miséricorde, et je t'ai établi pour être l'alliance du peuple et te mettre en possession des nations les plus abandonnées ; afin que tu dises à ceux qui sont dans les chaînes : Sortez en liberté, et à ceux qui sont dans les ténèbres : Venez à la lumière et possédez des terres abondantes et fertiles.

Ils ne seront plus travaillés ni de la faim, ni de la soif, ni de l'ardeur du soleil, parce que celui qui a eu compassion d'eux sera leur conducteur : il les mènera aux sources vivantes des eaux et aplanira les montagnes devant eux.

Voici, les peuples aborderont de toutes parts d'Orient, d'Occident, d'Aquilon et de Midi. Que le ciel en rende gloire à Dieu ; que la terre s'en réjouisse, parce qu'il a plu au Seigneur de consoler son peuple et qu'il aura enfin pitié des pauvres qui espèrent en lui.

Et cependant Sion a osé dire : Le Seigneur m'a abandonné et n'a plus mémoire de moi. Une mère peut-elle mettre en oubli son enfant, et peut-elle perdre la tendresse pour celui qu'elle a porté dans son sein ? Mais quand elle en serait capable, je ne t'oublierai pourtant jamais, Sion : je te porte toujours entre mes mains et tes murs sont toujours devant mes yeux. Ceux qui doivent te rétablir accourent et tes destructeurs seront éloignés ; lève les yeux de toutes parts et considère cette multitude qui est assemblée pour venir à toi. Je jure que tous ces peuples te seront donnés comme l'ornement duquel tu seras à jamais revêtue : tes déserts et tes solitudes et toutes tes terres qui sont maintenant désolées seront trop étroites pour le grand nombre de tes habitants, et les enfants, qui te naîtront dans les années de ta stérilité, te diront : La place est trop petite, écarte les frontières et fais-nous place pour habiter.

Alors tu diras en toi-même : Qui est-ce qui m'a donné cette abondance d'enfants, moi qui n'enfantais plus, qui étais stérile, transportée et captive? Et qui est-ce qui me les a nourris, moi qui étais délaissée sans secours? D'où sont donc venus tous ceux-ci? — Et le Seigneur te dira : Voici, j'ai fait paraître ma puissance sur les gentils, et j'ai élevé mon étendard sur les peuples, et ils t'apporteront des enfants dans leurs bras et dans leurs seins ; les rois et les reines seront tes nourriciers ; ils t'adoreront le visage contre terre et baiseront la poussière de tes pieds, et tu connaîtras que je suis le Seigneur et que ceux qui espèrent en moi ne seront jamais confondus ; car qui peut ôter la proie à celui qui est fort et puissant? Mais encore même qu'on la lui pût ôter, rien ne pourra empêcher que je ne sauve tes enfants et que je ne perde tes ennemis, et tout le monde reconnaîtra que je suis le Seigneur ton Sauveur et le puissant Rédempteur de Jacob[1].

Isaïe. L. (*Le Christ repoussé par les Juifs.*)

Le Seigneur dit ces choses : Quel est ce libelle de divorce par lequel j'ai répudié la synagogue? Et pourquoi l'ai-je livrée entre les mains de vos ennemis? N'est-ce pas pour ses impiétés et pour ses crimes que je l'ai répudiée?

Car je suis venu et personne ne m'a reçu ; j'ai appelé et personne n'a écouté ; est-ce que mon bras est accourci et que je n'ai pas la puissance de sauver?

---

1. Pascal fait précéder ce chapitre d'Isaïe d'une citation du *Talmud*, qu'il dit emprunter au *Pugio fidei*. V. sup., p. 176.

« TALMUD. C'est une tradition entre nous que, quand le Messie arrivera, la maison de Dieu destinée à la dispensation de sa parole sera pleine d'ordure et d'impureté, et que la sagesse des scribes sera corrompue et pourrie. Ceux qui craindront de pécher seront réprouvés du peuple et traités de fous et d'insensés. »

Le *Talmud* est le corps de la doctrine de *tradition* des Juifs: mélange de traditions orales fort anciennes et de recommandations pharisiennes — parfois sages, le plus souvent extravagantes ou odieuses — des rabbins des premiers siècles, sur des points touchant à l'observation de la Loi. Il se compose de deux parties principales : la *Mischna* ou répétition, qui con-

C'est pour cela que je ferai paraître les marques de ma colère; je couvrirai les cieux de ténèbres et les cacherai sous des voiles.

Le Seigneur m'a donné une langue bien instruite, afin que je sache consoler par ma parole celui qui est dans la tristesse. Il m'a rendu attentif à ses discours et je l'ai écouté comme un maître.

Le Seigneur m'a révélé ses volontés et je n'y ai point été rebelle.

J'ai livré mon corps aux coups et mes joues aux outrages; j'ai abandonné mon visage aux ignominies et aux crachats; mais le Seigneur m'a soutenu, et c'est pourquoi je n'ai point été confondu.

Celui qui me justifie est avec moi : qui osera m'accuser ? Qui se lèvera pour disputer contre moi, et pour m'accuser de péché, Dieu étant lui-même mon protecteur ?

Tous les hommes passeront et seront consommés par le temps; que ceux qui craignent Dieu écoutent donc les paroles de son serviteur; que celui qui languit dans les ténèbres mette sa confiance au Seigneur. Mais pour vous, vous ne faites qu'embraser la colère de Dieu sur vous, vous marchez sur les brasiers et entre les flammes que vous-mêmes avez allumées: c'est ma main qui a fait venir ces maux sur vous: vous périrez dans les douleurs.

---

tient les décisions des docteurs, se divisant en six sections partagées elles-mêmes en plusieurs traités; la *Gemara*, ou complément, qui est une explication de la Mischna.

Ces deux parties élaborées, l'une, en hébreu rabbinique vers la fin du IIe siècle, l'autre, en mauvais chaldéen vers le commencement du IVe, par les anciennes écoles de Judée, forment le *Talmud de Jérusalem*. Les Juifs de Babylone ayant élaboré, vers la fin du Ve siècle, une *Gemara* ou commentaire à eux, ont formé ainsi, avec la Mischna commune et leur Gemara spéciale, ce qu'on appelle le *Talmud de Babylone*. — L'édition la plus estimée du Talmud est celle de Bromberg (Venise, 1520), en 11 volumes. Cette collection n'a jamais été traduite complètement dans une autre langue.

Isaïe, LI. (*La Loi du Messie.*)

Écoutez-moi, vous qui suivez la justice et qui cherchez le Seigneur : regardez à la pierre d'où vous êtes taillés et à la citerne d'où vous êtes tirés. Regardez à Abraham votre père et à Sara qui vous a enfantés : voyez qu'il était seul et sans enfant, quand je l'ai appelé et je lui ai donné une postérité si abondante : voyez combien de bénédictions j'ai répandues sur Sion, et de combien de grâces et de consolations je l'ai comblée.

Considérez toutes ces choses, mon peuple, et rendez-vous attentif à mes paroles, car une loi sortira de moi et un jugement qui sera la lumière des Gentils...

Aggée, II, 4. (*Le Désiré des nations.*)

Vous qui, comparant cette seconde maison à la gloire de la première, la méprisez, prenez courage, dit le Seigneur, à vous, Zorobabel, et à vous, Jésus, grand prêtre, et à vous tout le peuple de la terre ; et ne cessez point d'y travailler, car je suis avec vous, dit le Seigneur des armées. La promesse subsiste que j'ai faite quand je vous ai retirés d'Égypte ; mon esprit est au milieu de vous. Ne perdez point espérance, car le Seigneur des armées dit ainsi : Encore un peu de temps, et j'ébranlerai le ciel et la terre, et la mer et la terre ferme ; et j'ébranlerai toutes les nations, et alors viendra *Celui qui est désiré par tous les gentils*, et je remplirai cette maison de gloire, dit le Seigneur.

L'argent et l'or sont à moi, dit le Seigneur. (*C'est-à-dire que ce n'est pas de cela que je veux être honoré : comme il est dit ailleurs, toutes les bêtes des champs sont à moi, à quoi sert de me les offrir en sacrifice?*)

La gloire de ce nouveau temple sera bien plus grande que la gloire du premier, dit le Seigneur des armées ; et 'établirai ma maison en ce lieu-ci, dit le Seigneur.

Daniel, XII, 7. (*Dispersion des Juifs.*)

Daniel ayant décrit toute l'étendue du règne du Messie, dit:

Toutes ces choses s'accompliront lorsque la dispersion du peuple d'Israël sera accomplie.

Osée, III, 4. — *Dies multos sedebunt sine rege, sine principe, et sine sacrificio, et sine altari.*

Isaïe, 42, 48, 54, 60, dernier. — Je l'ai prédit depuis longtemps, afin qu'on sût que c'est moi.

Sophonie, III, 9. — Je donnerai ma parole aux Gentils, afin que tous me servent d'une seule épaule.

Ézéchiel, XXXVII, 25. — David mon serviteur sera éternellement prince sur eux[1].

---

1. La traduction faite par Pascal de ces passages prophétiques se rapproche parfois plus du texte hébreu que de la Vulgate. Elle n'est pas toujours littérale, plutôt résumé que version. Il ne faut pas oublier, du reste, que ce sont là plutôt des matériaux qu'un travail achevé. Cela explique aussi pourquoi cette série des prophéties messianiques n'est pas complète (il manque notamment le *Protévangile* de la Genèse et plusieurs Psaumes), et aussi comment il s'y est glissé quelques passages dont la messianité n'est pas absolument incontestable. C'est sur ceux-là surtout qu'insiste la critique de certains commentateurs rationalistes, comme M. Havet, pour traiter dédaigneusement l'argument que Pascal entendait tirer des prophéties de l'Ancien Testament en faveur de la vérité du Christianisme. La matière a été amplement traitée dans les savants ouvrages du cardinal Meignan, de l'abbé de Broglie et de l'abbé Fabre d'Envieu. — Parmi les travaux des exégètes allemands, méritent particulièrement d'être signalés ceux des protestants Hengstenberg et Haevernick, des catholiques Reinke, Bade Haneberg, Schegg, Neteler. Une excellente exposition philologique et critique est celle de Schilling, *Vaticinia messiana*, Lyon, 1883-84.

CHAPITRE IX

Jésus-Christ ou le Messie lien des deux Testaments.

1. Centre des deux Testaments. — 2. Qualités multiples du Messie. — 3. La religion des Juifs contradictoire sans le Messie. — 4. Circoncision et sabbat. — 5. L'amour de Dieu dans l'Ancien Testament. — Contradictions prophétiques et synthèse messianique.

I. — Jésus-Christ, que les deux Testaments regardent: l'ancien comme son attente, le nouveau comme son modèle; tous deux comme leur centre.

II. — *Figures.* Sauveur, père, sacrificateur, hostie, nourriture, Roi, sage, législateur, affligé, pauvre, devant produire un peuple, qu'il devait conduire, et nourrir, et introduire dans la terre...

III. — La religion des Juifs semblait consister essentiellement en la paternité d'Abraham, en la circoncision, aux sacrifices, aux cérémonies, en l'arche, au temple de Jérusalem, et enfin en la Loi et en l'Alliance de Moïse.

Je dis qu'elle ne consistait en aucune de ces choses, mais seulement en l'amour de Dieu, et que Dieu réprouvait toutes les autres choses.

Que Dieu n'acceptait point la postérité d'Abraham.

Que les Juifs seront punis de Dieu comme les étrangers, s'ils l'offensent. *Si vous oubliez Dieu, et que vous suiviez des dieux étrangers, je vous prédis que vous périrez de la même manière que les nations que Dieu a exterminées devant vous.* — (Deut., VIII, 19, 20.)

Que les étrangers seront reçus de Dieu comme les Juifs s'ils l'aiment: *Que l'étranger ne dise pas: Le Seigneur ne me* recevra pas. *Les étrangers qui s'attachent à Dieu seront pour le servir et l'aimer ; je les mènerai en ma sainte montagne et recevrai d'eux des sacrifices, car ma maison est la maison d'oraison.* — (Is., LVI. 3.)

Que les vrais Juifs ne considéraient leur mérite que de Dieu et non d'Abraham : *Vous êtes véritablement notre père, et Abraham ne nous a pas connus, et Israël n'a pas eu de connaissance de nous ; mais c'est vous qui êtes notre père et notre rédempteur.* - (Is., LXIII, 16.)

Moïse même leur a dit que Dieu n'accepterait pas les personnes : *Dieu, dit-il, n'accepte pas les personnes, ni les sacrifices.* — (Deut., x, 17.)

Que la circoncision du cœur est ordonnée : *Soyez circoncis du cœur ; retranchez les superfluités de votre cœur, et ne vous endurcissez pas, car votre Dieu est un Dieu grand, puissant et terrible, qui n'accepte pas les personnes.* — (Deut., x, 16, 17 ; Jér., IV, 3.)

Que Dieu dit qu'il le ferait un jour : *Dieu te circoncira le cœur et à tes enfants, afin que tu l'aimes de tout ton cœur.* — (Deut., xxx, 6.)

Que les incirconcis de cœur seront jugés. Car *Dieu jugera les peuples incirconcis, et tout le peuple d'Israël, parce qu'il est incirconcis de cœur.* — (Jér., IX, 26.)

Que l'extérieur ne sert de rien sans l'intérieur. — (Joël, I, 13.) *Scindite corda vestra*, etc. — (Is., LVIII, 3, 4, etc.)

IV. — Le sabbat n'était qu'un signe (Exode, XXI, 13), et en mémoire de la sortie d'Egypte. — (Deut., v, 15.) Donc il n'est plus nécessaire, puisqu'il fait oublier l'Égypte.

La circoncision n'était qu'un signe qui avait été établi pour distinguer le peuple juif et toutes les autres nations — (Genèse, XVII, 11.)

Et de là vient qu'étant dans le désert, ils ne furent pas circoncis, parce qu'ils ne pouvaient se confondre avec les autres peuples ; et que depuis que Jésus-Christ est venu, cela n'est plus nécessaire.

V. — L'amour de Dieu est recommandé en tout le Deutéronome : *Je prends à témoin le ciel et la terre, que j'ai mis devant vous la mort et la vie, afin que vous choisissiez la vie et que vous aimiez Dieu et que vous lui obéissiez; car c'est Dieu qui est votre vie.* — (Deut., xxx, 19-20.)

(Il est dit) que les Juifs, manque de cet amour, seraient réprouvés pour leurs crimes et les Païens élus en leur place. *Je me cacherai d'eux dans la vue de leurs derniers crimes; car c'est une nation méchante et infidèle. Ils m'ont provoqué à courroux par les choses qui ne sont point des dieux ; et je les provoquerai à jalousie par un peuple qui n'est pas mon peuple, et par une nation sans science et sans intelligence.* — (Deut., xxxii, 20, 21 ; Is., lxv, 1 ; Osée, i, 11-24 [1].)

Que les biens temporels sont faux, et que le vrai bien est d'être uni à Dieu. — (Ps. lxxii, 28.)

Que leurs fêtes déplaisent à Dieu. — (Amos, v, 21.)

Que les sacrifices des Juifs déplaisent à Dieu. (Is., lxvi, 1-3 ; i, 11 ; Jérém., vi, 20, David, *Miserere*, 18.) — Même de la part des bons. (*Exspectans*..., Ps. xxxix, 1 ; xlix, 8-14.)

Qu'il ne les a établis que pour leur dureté. — Michée admirablement, vi, 6 ; I Reg., xv, 22 ; Osée, vi, 6.

Que les sacrifices des Païens seront reçus de Dieu ; et que Dieu retirera sa volonté des sacrifices des Juifs. — (Mal., i, 11.)

Que Dieu fera une nouvelle alliance par le Messie, et que l'ancienne sera rejetée. — (Jérém., xxxi, 31.) *Mandata non bona*. (Ezéch., xx, 25.)

Que les anciennes choses seront oubliées. — (Is., xliii, 18, 19 ; lxv, 17-18.)

Qu'on ne se souviendra plus de l'arche. — (Jérém., iii, 16.)

---

1. *Cfr.* Rom., ix, 25 ; x, 19-20.

Que le temple serait rejeté. — (Jérém., vii, 12, 13, 14.)

Que les sacrifices seraient rejetés : et d'autres sacrifices purs établis. — (Malach., i, 10, 11.)

Que l'ordre de la sacrificature d'Aaron sera réprouvé, et celle de Melchisédech introduite par le Messie (Ps. cix, *Dixit Dominus.*)

Que cette sacrificature serait éternelle. —(*Ibid.*)

Que Jérusalem serait réprouvée, et Rome admise : *Dixit Dominus.*

Que le nom des Juifs serait réprouvé, et un nouveau nom donné. — (Is., lxv, 15.)

Que ce dernier nom serait meilleur que celui des Juifs, et éternel. — (Is., lvi, 5.)

Que les Juifs devaient être sans prophètes, sans rois, sans princes, sans sacrifices, sans autel. — (Osée, iii, 4.)

Que les Juifs subsisteraient néanmoins toujours en peuple. — (Jérém., xxxvi, 36.)

CHAPITRE X

Jésus-Christ accomplissant dans sa vie et dans son œuvre les anciennes prophéties.

1. Divinité des prophéties. — 2. Le double avènement. — 3. Le temps du Messie. — 4. Le Christ pour son peuple nouveau. — 5. Jésus-Christ et les deux catégories d'hommes. — 6-7. Comment les Juifs n'ont-ils pas cru ? — 8. Le voile sur l'Écriture. — 9. Clartés et obscurités. — 10. Les impies et les Juifs. — 11-20. Prophétie de Jacob; le sceptre sorti de Juda. — 21-26. Isaïe et le nouveau règne messianique. — 27-29. Daniel et la suite des empires. — 30-31. Osée, Aggée et le culte nouveau.

I. — L'événement ayant prouvé la divinité de ces prophéties, le reste doit en être cru ; et par là nous voyons l'ordre du monde en cette sorte.

II. — Le temps du premier avènement est prédit; le temps du second ne l'est point, parce que le premier devait être caché; le second devait être éclatant et tellement manifeste, que ses ennemis mêmes le devaient reconnaître[1].

III. — Après que bien des gens sont venus devant, il est venu enfin Jésus-Christ dire : Me voici, et voici le temps.
Ce que les prophètes ont dit devoir avenir dans la suite des temps, je vous dis que mes apôtres le vont faire. Les Juifs vont être rebutés. Hiérusalem sera bientôt détruite; et les païens vont entrer dans la connaissance de Dieu. Mes apôtres le vont faire après que vous aurez tué l'héritier de la vigne. — (Marc, XII, 6.)

---

1. Pascal avait ajouté cette phrase inachevée : « Mais comme il ne devait venir qu'obscurément, et que pour être connu de ceux qui sonderaient les Écritures... »

Et puis les apôtres ont dit aux Juifs : Vous allez être maudits[1] ; et aux païens : Vous allez entrer dans la connaissance de Dieu. — Et cela est arrivé alors.

IV. — Jésus-Christ devait lui seul produire un grand peuple, élu, saint et choisi ; le conduire, le nourrir, l'introduire dans le lieu de repos et de sainteté ; le rendre saint à Dieu ; en faire le temple de Dieu ; le réconcilier à Dieu, le sauver de la colère de Dieu ; le délivrer de la servitude du péché, qui règne visiblement dans l'homme ; donner des lois à ce peuple, graver ces lois dans leur cœur ; s'offrir à Dieu pour eux, se sacrifier pour eux, être une hostie sans tache, et lui-même sacrificateur, devant s'offrir lui-même, son corps et son sang, et néanmoins offrir pain et vin à Dieu.

V. — Jésus-Christ est venu aveugler ceux qui voyaient clair[2], et donner la vue aux aveugles ; guérir les malades et laisser mourir les sains ; appeler à la pénitence et justifier les pécheurs, et laisser les justes dans leurs péchés ; remplir les indigents et laisser les riches vides.

VI. — Si cela est si clairement prédit aux Juifs, comment ne l'ont-ils pas cru ? ou comment n'ont-ils point été exterminés de résister à une chose si claire ?

Je réponds : premièrement, cela a été prédit, et qu'ils ne croiraient point une chose si claire, et qu'ils ne seraient point exterminés. — Et rien n'est plus glorieux au Messie ; car il ne suffisait pas qu'il y eût des prophètes ; il fallait qu'ils fussent conservés sans soupçon[3].

---

1. Pascal note ici entre parenthèse : « Celsus s'en moquait. » Celse était le Voltaire du IIe siècle : contre lui Origène écrivit son traité *Contra Celsum*.
2. Voir sur le sens de cet « aveuglement », ci-dessus, pp. 9 et 174. Pascal montre la signification atténuée, en employant très exactement, dans la suite de la phrase, jusqu'à trois fois, le mot « laisser ».
3. Pensée demeurée inachevée, puisque Pascal ajoutait

VII. — Si les Juifs eussent été tous convertis par Jésus-Christ, nous n'aurions plus que des témoins suspects; et s'ils avaient été exterminés, nous n'en aurions point du tout.

VIII. — Le voile qui est sur ces livres de l'Écriture, pour les Juifs, y est aussi pour les mauvais Chrétiens, et pour tous ceux qui ne se haïssent pas eux-mêmes. Mais qu'on est bien disposé à les entendre et à connaître Jésus-Christ, quand on se hait véritablement soi-même!

IX. — Tout tourne en bien pour les élus, jusqu'aux obscurités de l'Écriture; car ils les honorent à cause des clartés divines; et tout tourne en mal pour les autres jusqu'aux clartés; car ils blasphèment à cause des obscurités qu'ils n'entendent pas.

X. — Les impies qui s'abandonnent aveuglément à leurs passions, sans connaître Dieu et sans se mettre en peine de le chercher, vérifient par eux-mêmes ce fondement de la foi qu'ils combattent, qui est que la nature des hommes est dans la corruption.

Et les Juifs qui combattent si opiniâtrément la religion chrétienne, vérifient encore cet autre fondement de cette même foi qu'ils attaquent, qui est que Jésus-Christ est le véritable Messie, et qu'il est venu racheter les hommes, et les retirer de la corruption et de la misère où ils étaient, tant par l'état où on les voit aujourd'hui, et qui se trouve prédit dans les prophéties, que par ces mêmes prophéties qu'ils portent et qu'ils conservent inviolablement comme les marques auxquelles on doit reconnaître le Messie.

« Or, etc. » — Il n'y a rien d'odieux en ce dilemme comme le pense M. Havet. Au fond de cette argumentation se retrouve toujours l'idée familière à Pascal : les choses les plus claires peuvent être repoussées par des esprits que ne soutient pas la *droiture de cœur*.

Prophétie de Jacob[1].

XI. — Contrariétés : Le sceptre jusqu'au Messie. Sans roi ni prince.

Loi éternelle, changée.

Alliance éternelle, alliance nouvelle.

Loi bonne, préceptes mauvais. — (Ézéch., xx.)

XII. — Quand Nabuchodonosor emmena le peuple, de peur qu'on ne crût que le sceptre fût ôté de Juda, il leur fut dit auparavant qu'ils y seraient peu, et qu'ils y seraient rétablis.

Ils furent toujours consolés par les prophètes ; leurs rois continuèrent. — Mais la seconde destruction est sans promesse de rétablissement, sans prophètes, sans rois, sans consolation, sans espérance, parce que le sceptre est ôté pour jamais.

XIII. — Le sceptre ne fut point interrompu par la captivité de Babylone, à cause que le retour était promis et prédit.

XIV. — On pourrait peut-être penser que, quand les prophètes ont prédit que le sceptre ne sortirait pas de Juda jusqu'au Roi éternel, ils auraient parlé pour flatter le peuple, et que leur prophétie se serait trouvée fausse à Hérode. Mais pour montrer que ce n'est pas leur sens, et qu'ils savaient bien, au contraire, que ce royaume temporel devait cesser, ils disent qu'ils seront sans roi et sans prince, et longtemps durant. — (Osée, III.)

XV. — Hérode crut le Messie. Il avait ôté le sceptre de Juda ; mais il n'était pas de Juda. Cela fit une secte considérable.

Et Barcocba[2], et un autre, reçu par les Juifs. Et le bruit

---

1. V. p. 197.
2. *Bar-Cocab*, au IIe siècle, poussa les Juifs à la révolte contre les Romains, en se faisant passer pour le Messie.

qui était partout en ce temps-là (Suétone[1]. Tacite[2]. Josèphe)[3].

Malédiction des Grecs contre ceux qui comptent les périodes des temps.

XVI. — Comment fallait-il que fût le Messie, puisque par lui le sceptre devait être éternellement en Juda, et qu'à son arrivée le sceptre devait être ôté de Juda[4] ?

XVII. — *Non habemus regem nisi Cæsarem*[5]. Donc Jésus-Christ était le Messie, puisqu'ils n'avaient plus de roi qu'un étranger, et qu'ils n'en voulaient point d'autre.

XVIII. — David : grand témoignage : Roi, bon, pardonnant, belle âme, bon esprit, puissant ; il prophétise, et son miracle arrive. — Cela est infini.

Il n'avait qu'à dire qu'il était le Messie, s'il eût eu de la vanité ; car les prophéties sont plus claires de lui que de Jésus-Christ. — Et saint Jean-(Baptiste) de même.

XIX. — Le règne éternel de la race de David (Chron. II) par toutes les prophéties et avec serment. — Et n'est point accompli temporellement. — (Jérémie, XXXIII, 20.)

[Donc spirituellement annoncé].

XX. — Que Jésus-Christ sera à la droite, pendant que Dieu lui assujettira ses ennemis[6].

---

1. *In Vit. Vespas.*, c. 4. Percrebuerat Oriente toto vetus et constans opinio, esse in fatis, ut eo tempore Judæâ profecti rerum potirentur.
2. *Ann.*, c. *13*. Pluribus persuasio inerat, antiquis sacerdotum libris contineri, eo ipso tempore fore ut valesceret oriens, profectique Judæa rerum potirentur.
3. *De Bell. jud.*, VII, 28.
4. Pascal ajoutait : « Pour faire, qu'en voyant ils ne voient point, et qu'en entendant ils n'entendent point, rien ne pouvait être mieux fait. »
5. Réponse des Juifs à Pilate (JOAN., XIX, 15).
6. PSAUME CIX.

Donc il ne les assujettira pas lui-même [Donc il ne sera pas roi temporel].

Prophéties d'Isaïe.

XXI. — Qu'il enseignerait aux hommes la voie parfaite. — (Isaïe, II, 3.)

Et jamais il n'est venu, ni devant, ni après, aucun homme qui ait enseigné rien de divin approchant de cela.

XXII. — Qu'il serait roi des Juifs et des Gentils. — (Ps. LXXI. 11.)

Et voilà ce roi des Juifs et des Gentils, opprimé par les uns et les autres qui conspirent à sa mort, dominant les uns et les autres, et détruisant et le culte de Moïse dans Jérusalem, qui en était le centre, dont il fait sa première Église, et le culte des idoles dans Rome, qui en était le centre, et dont il fait sa principale Église.

XXIII. — Au temps du Messie le peuple se partage. Les spirituels ont embrassé le Messie; les grossiers sont demeurés pour lui servir de témoins.

XXIV. — Vocation des Gentils par Jésus-Christ. Ruine des Juifs et des païens par Jésus-Christ.

XXV. — La conversion des païens n'était réservée qu'à la grâce du Messie. Les Juifs ont été si longtemps à les combattre sans succès; tout ce qu'en ont dit Salomon et les prophètes a été inutile. Les sages, comme Platon et Socrate, n'ont pu les persuader.

XXVI. — *Effundam spiritum meum*[1]. Tous les peuples étaient dans l'infidélité et dans la concupiscence; toute la terre fut ardente de charité. Les princes quittent leurs grandeurs; les filles souffrent le martyre. — D'où vient cette force? C'est que le Messie est arrivé. Voilà l'effet et les marques de sa venue.

---

1. JOEL, II, 28. En titre dans l'autographe: *Sainteté*.

Prophéties de Daniel.

XXVII. — ... Qu'en la quatrième monarchie avant la destruction du second temple, avant que la domination des Juifs fût ôtée, en la septantième semaine de Daniel, pendant la durée du second temple, les Païens seraient instruits et amenés à la connaissance du Dieu adoré par les Juifs; que ceux qui l'aiment seraient délivrés de leurs ennemis, et remplis de sa crainte et de son amour.

Et il est arrivé qu'en la quatrième monarchie, avant la destruction du second temple, etc., les Païens en foule adorent Dieu et mènent une vie angélique. Les filles consacrent à Dieu leur virginité et leur vie; les hommes renoncent à tous plaisirs. — Ce que Platon n'a pu persuader à quelque peu d'hommes choisis et si instruits, une force secrète le persuade à cent milliers d'hommes ignorants, par la vertu de peu de paroles.

Les riches quittent leurs biens, les enfants quittent la maison délicate de leurs pères pour aller dans l'austérité d'un désert, etc. (Voyez Philon juif[1].) — Qu'est-ce que tout cela? C'est ce qui a été prédit si longtemps auparavant. Depuis deux mille ans, aucun païen n'avait adoré le Dieu des Juifs; et dans le temps prédit, la foule des païens adore cet unique Dieu. Les temples sont détruits, les rois mêmes se soumettent à la croix. — Qu'est-ce que tout cela? C'est l'esprit de Dieu qui est répandu sur la terre.

XXVIII. — Que Jésus-Christ serait petit en son commencement et croîtrait ensuite.

La petite pierre de Daniel. — (II. 35.)

XXIX. — Le temps prédit par l'état du peuple juif, par l'état du peuple païen, par l'état du temple, par le nombre

---

1. Philon, en son traité *de la Vie contemplative*, décrit de cette façon la vie d'une secte qu'il appelle des *Thérapeutes*. D'après plusieurs Pères, ceux-ci auraient été chrétiens.

des années. Il faut être hardi pour prédire une même chose en tant de manières.

Il fallait que les quatre monarchies idolâtres ou païennes, la fin du règne de Juda et les soixante-dix semaines arrivassent en même temps, et le tout avant que le deuxième temple fût détruit.

Prophéties d'Osée et d'Aggée.

XXX. — Il n'était point permis de sacrifier hors de Jérusalem, qui était le lieu que le Seigneur avait choisi, ni même de manger ailleurs les décimes. — (Deut., XII, 5, etc.)

Osée a prédit qu'ils seraient sans roi, sans prince, sans sacrifices ; ce qui est accompli aujourd'hui, ne pouvant faire sacrifice légitime hors de Jérusalem.

XXXI. — Si je n'avais ouï parler en aucune sorte du Messie, néanmoins, après les prédictions si admirables de l'ordre du monde, que je vois accomplies, je vois que cela est divin.

Et si je ne savais que ces mêmes livres prédisent un Messie, je m'assurerais qu'il serait venu.

Et voyant qu'ils mettent son temps avant la destruction du deuxième temple, je dirais qu'il serait venu.

CHAPITRE XI

Jésus-Christ considéré dans l'éclat de son excellence et de sa divine supériorité.

1. Quel homme eut jamais plus d'éclat! — 2. Les grandeurs de la matière, de l'esprit, de la sainteté. Archimède et Jésus-Christ. — 3. Clarté et simplicité. — 4. Ce que Jésus-Christ apprend aux hommes. — 5. Ce qu'il leur dit. — 6. Sans orgueil, sans désespoir. — 7. Modèle de toutes conditions.

I. — Quel homme eut jamais plus d'éclat! Le peuple juif tout entier le prédit avant sa venue. Le peuple gentil l'adore après sa venue. Les deux peuples gentil, et juif, le regardent comme leur centre.

Et cependant quel homme jouit jamais moins de cet éclat! De trente-trois ans, il en vit trente sans paraître. Dans trois ans, il passe pour un imposteur; les prêtres et les principaux le rejettent: ses amis et ses plus proches le méprisent. Enfin il meurt trahi par un des siens, renié par l'autre et abandonné par tous.

Quelle part a-t-il donc à cet éclat? Jamais homme n'a eu tant d'éclat; jamais homme n'a eu plus d'ignominie. Tout cet éclat n'a servi qu'à nous, pour nous le rendre reconnaissable; et il n'en a rien eu pour lui.

II. — La distance infinie des corps aux esprits figure la distance infiniment plus infinie des esprits à la charité, car elle est surnaturelle.

Tout l'éclat des grandeurs n'a point de lustre pour les gens qui sont dans les recherches de l'esprit.

La grandeur des gens d'esprit est invisible aux rois, aux riches, aux capitaines, à tous ces grands de chair.

La grandeur de la sagesse, qui n'est nulle part sinon en

Dieu, est invisible aux charnels et aux gens d'esprit. Ce sont trois ordres différents en genre.

Les grands génies ont leur empire, leur éclat, leur grandeur, leur victoire et leur lustre, et n'ont nul besoin des grandeurs charnelles où ils n'ont pas de rapport. Ils sont vus non des yeux, mais des esprits : c'est assez.

Les saints ont leur empire, leur éclat, leur victoire, leur lustre, et n'ont nul besoin des grandeurs charnelles ou spirituelles, où ils n'ont nul rapport, car elles n'y ajoutent ni ôtent. Ils sont vus de Dieu et des anges, et non des corps ni des esprits curieux : Dieu leur suffit.

Archimède, sans éclat, serait en même vénération. Il n'a pas donné des batailles pour les yeux, mais il a fourni à tous les esprits ses inventions. Oh ! qu'il a éclaté aux esprits !

Jésus-Christ, sans bien et sans aucune production au dehors de science, est dans son ordre de sainteté. Il n'a point donné d'invention, il n'a point régné ; mais il a été humble, patient, saint, saint, saint à Dieu, terrible aux démons, sans aucun péché. Oh ! qu'il est venu en grande pompe et en une prodigieuse magnificence aux yeux du cœur et qui voient la Sagesse !

Il eût été inutile à Archimède de faire le prince dans ses livres de géométrie, quoiqu'il le fût.

Il eût été inutile à Notre-Seigneur Jésus-Christ, pour éclater dans son règne de sainteté, de venir en roi ; mais il est bien venu avec l'éclat de son ordre.

Il est bien ridicule de se scandaliser de la bassesse de Jésus-Christ, comme si cette bassesse était du même ordre duquel est la grandeur qu'il venait faire paraître. Qu'on considère cette grandeur-là dans sa vie, dans sa passion, dans son obscurité, dans sa mort, dans l'élection des siens, dans leur abandon, dans sa secrète résurrection, et dans le reste, on la verra si grande qu'on n'aura pas sujet de se scandaliser d'une bassesse qui n'y est pas.

Mais il y en a qui ne peuvent admirer que les grandeurs

charnelles, comme s'il n'y en avait pas de spirituelles; et d'autres qui n'admirent que les spirituelles, comme s'il n'y en avait pas d'infiniment plus hautes dans la Sagesse.

Tous les corps, le firmament, les étoiles, la terre et ses royaumes, ne valent pas le moindre des esprits; car il connaît tout cela, et soi; et les corps, rien.

Tous les corps ensemble, et tous les esprits ensemble, et toutes leurs productions, ne valent pas le moindre mouvement de charité; cela est d'un ordre infiniment plus élevé.

De tous les corps ensemble, on ne saurait en faire réussir une petite pensée; cela est impossible et d'un autre ordre.

De tous les corps et esprits, on n'en saurait tirer un mouvement de vraie charité; cela est impossible, et d'un autre ordre, surnaturel.

III. — Jésus-Christ a dit les choses grandes si simplement, qu'il semble qu'il ne les a pas pensées; et si nettement néanmoins, qu'on voit bien ce qu'il en pensait. Cette clarté, jointe à cette naïveté, est admirable.

IV. — Jésus-Christ n'a fait autre chose qu'apprendre aux hommes qu'ils s'aimaient eux-mêmes, et qu'ils étaient esclaves, aveugles, malades, malheureux et pécheurs; qu'il fallait qu'il les délivrât, éclairât, béatifiât et guérît; que cela se ferait en se haïssant soi-même, et en le suivant par la misère et la mort de la croix.

V. — Alors Jésus-Christ vient dire aux hommes qu'ils n'ont point d'autres ennemis qu'eux-mêmes; que ce sont leurs passions qui les séparent de Dieu; qu'il vient pour les détruire, et pour leur donner sa grâce, afin de faire d'eux tous une Église sainte; qu'il vient ramener dans cette Église les païens et les Juifs; qu'il vient détruire les idoles des uns et la superstition des autres.

A cela s'opposent tous les hommes, non seulement par l'opposition naturelle de la concupiscence, mais, par-dessus tous, les rois de la terre s'unissent pour abolir cette religion naissante, comme cela avait été prédit. *Quare fremuerunt gentes, Reges terræ adversus Christum*[1].

Tout ce qu'il y a de grand sur la terre s'unit : les savants, les sages, les rois. Les uns écrivent, les autres condamnent, les autres tuent. Et nonobstant toutes ces oppositions, ces gens simples et sans force résistent à toutes ces puissances, et se soumettent même ces rois, ces savants, ces sages, et ôtent l'idolâtrie de toute la terre. Et tout cela se fait par la force qui l'avait prédit.

VI. — Jésus-Christ est un Dieu dont on s'approche sans orgueil, et sous lequel on s'abaisse sans désespoir.

VII. — Je considère Jésus-Christ en toutes les personnes et en nous-mêmes. Jésus-Christ comme père en son père. Jésus-Christ comme frère en ses frères. Jésus-Christ comme pauvre en les pauvres. Jésus-Christ comme riche en les riches. Jésus-Christ comme docteur et prêtre en les prêtres. Jésus-Christ comme souverain en les princes, etc.

Car il est par sa gloire tout ce qu'il y a de grand, étant Dieu ; et est par sa vie mortelle tout ce qu'il y a de chétif et d'abject : pour cela il a pris cette malheureuse condition, pour pouvoir être en toutes les personnes, et modèle de toutes conditions.

---

1. Ps. ii, 1-2.

CHAPITRE XII

Jésus-Christ considéré dans sa vie et dans sa passion.

1. J.-C. dans l'obscurité. — 2-3. Homme et Dieu. — 4. Tout par rapport à J.-C. — 5. Prédit et prédisant. — 6. Mort pour tous. — 7. Triple communion. — 8. J.-C. et Josué. — 9-10. Témoignage de Dieu et du démon. — 11-12. Vrais disciples : Judas. — 13. Pilate et Jésus. — 14-15. Formes de la justice et fausse justice.

I. — Jésus-Christ [a été] dans une obscurité (selon ce que le monde appelle obscurité) telle, que les historiens, n'écrivant que les importantes choses des États, l'ont à peine aperçu.

II. — Les Juifs, en éprouvant s'il était Dieu, ont montré qu'il était homme.

III. — L'Église a eu autant de peine à montrer que Jésus-Christ était homme, contre ceux qui le niaient, qu'à montrer qu'il était Dieu ; et les apparences étaient aussi grandes.

IV. — Les Évangiles ne parlent de la virginité de la Vierge que jusqu'à la naissance de Jésus-Christ. — Tout par rapport à Jésus-Christ.

V. — Les Prophètes ont prédit et n'ont pas été prédits.
Les Saints ensuite sont prédits, mais non prédisants.
Jésus-Christ est prédit et prédisant.

VI. — Jésus-Christ pour tous, Moïse pour un peuple.
Les Juifs bénis en Abraham : *Je bénirai ceux qui te béniront.* (Genèse, xii, 3.) Mais *Toutes nations bénies en sa semence.* (Genèse, xxii, 18.)

Lumen ad revelationem gentium. (Luc, II, 32.)

Non fecit taliter omni nationi (Ps. CXLVII, 20), disait David en parlant de la loi. Mais en parlant de Jésus-Christ, il faut dire : *Fecit taliter omni nationi.*

Parum est ut sis mihi servus ad suscitandas tribus Jacob. (Isaïe, XLIX, 6.) — Aussi c'est à Jésus-Christ d'être universel. L'Église même n'offre le sacrifice que pour les fidèles : Jésus-Christ a offert celui de la croix pour tous.

VII. — Il s'est donné à communier comme mortel en la Cène ; comme ressuscité aux disciples d'Emmaüs ; comme monté au ciel à toute l'Église.

VIII. — Je crois que Josué (Jésus ou sauveur) a, le premier du peuple de Dieu, ce nom, et Jésus-Christ le dernier, du peuple de Dieu.

IX. — Jésus-Christ n'a point voulu du témoignage des démons, ni de ceux qui n'avaient pas vocation ; mais de Dieu et Jean-Baptiste.

X. — Si le diable favorisait la doctrine qui le détruit, il serait divisé, comme disait Jésus-Christ. — Si Dieu favorisait la doctrine qui détruit l'Église, il serait divisé : *Omne regnum divisum*, etc. (Luc, XI, 17) ; car Jésus-Christ agissait contre le diable et détruisait son empire sur les cœurs, dont l'exorcisme est la figure, pour établir le royaume de Dieu. Et ainsi il ajoute: *In digito Dei*, etc., *Regnum Dei ad vos*, etc. (Luc, XI, 17. Marc, I, 5.)

XI. — Joan, VIII. *Multi crediderunt in eum. Dicebat ergo Jesus : Si manseritis... Vere mei discipuli eritis, et veritas liberabit vos.* — *Responderunt : Semen Abrahæ sumus, et nemini servimus unquam.*

Il y a bien de la différence entre les disciples et les *vrais* disciples ; on les reconnaît en leur disant que la vérité les rendra libres. Car s'ils répondent qu'ils sont libres, et qu'il est en eux de sortir de l'esclavage du diable, ils sont bien disciples, mais non pas vrais disciples.

XII. — Jésus-Christ n'a jamais condamné sans ouïr : à Judas : *Amice, ad quid venisti?* — A celui qui n'avait pas la robe nuptiale, de même.

XIII. — Le mot de *Galilée*, que la foule des Juifs prononça comme par hasard, en accusant Jésus-Christ devant Pilate, donna sujet à Pilate d'envoyer Jésus-Christ à Hérode ; en quoi fut accompli le mystère, qu'il devait être jugé par les Juifs et les Gentils. Le hasard en apparence fut la cause de l'accomplissement du mystère.

XIV. — Jésus-Christ n'a pas voulu être tué sans les formes de la justice, car il est bien plus ignominieux de mourir par justice que par une sédition injuste.

XV. — La fausse justice de Pilate ne sert qu'à faire souffrir Jésus-Christ ; car il le fait fouetter par sa fausse justice, et puis le tue. Il vaudrait mieux l'avoir tué d'abord.

Ainsi les faux justes : ils font de bonnes œuvres et de méchantes pour plaire au monde, et montrer qu'ils ne sont pas tout à fait à Jésus-Christ ; car ils en ont honte. Et enfin, dans les grandes tentations et occasions, ils le tuent.

CHAPITRE XIII

Le Mystère de Jésus[1].

1. Jésus dans sa passion. — 2. Paroles de Jésus à l'âme. — 3. L'âme pénitente à Jésus. — 4. Sépulcre de Jésus-Christ. — 5. Nous unir à ses souffrances.

Jésus souffre dans sa passion les tourments que lui font les hommes ; mais dans l'agonie il souffre les tourments qu'il se donne à lui-même : *Turbavit semetipsum*[2]. C'est un supplice d'une main non humaine, mais toute-puissante, et il faut être tout-puissant pour le soutenir.

Jésus cherche quelque consolation au moins dans ses trois plus chers amis, et ils dorment. — Il les prie de soutenir un peu avec lui, et ils le laissent avec une négligence entière, ayant si peu de compassion, qu'elle ne pouvait seulement les empêcher de dormir un moment. Et ainsi Jésus était délaissé seul à la colère de Dieu.

Jésus est seul, dans la terre, non seulement qui ressente et partage sa peine, mais qui la sache ; le ciel et lui sont seuls dans cette connaissance.

Jésus est dans un jardin non de délices comme le premier Adam, où il se perdit et tout le genre humain ; mais dans un de supplices, où il s'est sauvé et tout le genre humain[3].

Il souffre cette peine et cet abandon dans l'horreur de la nuit.

---

1. Cet admirable morceau, d'une élévation si poignante, a été publié en premier lieu par M. Faugère. Comme il se trouve dans le manuscrit autographe, on peut le considérer comme faisant partie des *Pensées*.
2. JOAN., XI, 34.
3. Remarquable démenti donné à l'un des points fondamentaux de la doctrine janséniennne. Cf. ci-dessus, p. 221, fr. 6.

Je crois que Jésus ne s'est jamais plaint que cette seule fois; mais alors il se plaint comme s'il n'eût plus pu contenir sa douleur excessive : « Mon âme est triste jusqu'à la mort. »

Jésus cherche de la compagnie et du soulagement de la part des hommes. Cela est unique en toute sa vie, ce me semble; mais il n'en reçoit point, car ses disciples dorment.

Jésus sera en agonie jusqu'à la fin du monde; il ne faut pas dormir pendant ce temps-là.

Jésus, au milieu de ce délaissement universel, et de ses amis choisis pour veiller avec lui, les trouvant dormant, s'en fâche à cause du péril où ils exposent non lui, mais eux-mêmes; et les avertit de leur propre salut et de leur bien, avec une tendresse cordiale pour eux pendant leur ingratitude; et les avertit que l'esprit est prompt et la chair infirme.

Jésus, les trouvant encore dormant, sans que ni sa considération ni la leur les en eût retenus, il a la bonté de ne pas les éveiller, et les laisse dans leur repos.

Jésus prie dans l'incertitude de la volonté du Père, et craint la mort; mais, l'ayant connue, il va au-devant s'offrir à elle : *Eamus, Processit* (Joannes)[1].

Jésus a prié les hommes, et n'en a pas été exaucé.

Jésus, pendant que ses disciples dormaient, a opéré leur salut. Il l'a fait à chacun des justes pendant qu'ils dormaient, et dans le néant avant leur naissance, et dans les péchés depuis leur naissance.

Il ne prie qu'une fois que le calice passe, et encore avec soumission; et deux fois qu'il vienne s'il le faut.

Jésus dans l'ennui. Jésus, voyant tous ses amis endormis et tous ses ennemis vigilants, se remet tout entier à son Père.

Jésus ne regarde pas dans Judas son inimitié, mais l'ordre de Dieu qu'il aime, et l'avoue, puisqu'il l'appelle ami.

---

1. JOAN., XVIII, 4.

Jésus s'arrache d'avec ses disciples pour entrer dans l'agonie ; il faut s'arracher de ses plus proches et des plus intimes pour l'imiter.

Jésus, étant dans l'agonie et dans les plus grandes peines, prie plus longtemps...

Console-toi : tu ne me chercherais pas, si tu ne m'avais trouvé.

Je pensais à toi dans mon agonie ; j'ai versé telles gouttes de sang pour toi.

C'est me tenter plus que t'éprouver, que de penser si tu ferais bien telle et telle chose absente ; je la ferai en toi si elle arrive.

Laisse-toi conduire à mes règles ; vois comme j'ai bien conduit la Vierge et les Saints qui m'ont laissé agir en eux.

Le Père aime tout ce que je fais.

Veux-tu qu'il me coûte toujours du sang de mon humanité, sans que tu donnes des larmes ?

C'est mon affaire que ta conversion ; ne crains point, et prie avec confiance comme pour moi.

Je te suis présent par ma parole dans l'Écriture : par mon esprit dans l'Église, et par les inspirations ; par ma puissance dans les prêtres ; par ma prière dans les fidèles.

Les médecins ne te guériront pas ; car tu mourras à la fin. Mais c'est moi qui guéris, et rends le corps immortel.

Souffre les chaînes et la servitude corporelle ; je ne te délivre que de la spirituelle à présent.

Je te suis plus ami que tel et tel ; car j'ai fait pour toi plus qu'eux, et ils ne souffriraient pas ce que j'ai souffert de toi, et ne mourraient pas pour toi dans le temps de tes infidélités et cruautés, comme j'ai fait, et comme je suis prêt à faire et fais dans mes élus et au Saint-Sacrement.

Si tu connaissais tes péchés tu perdrais cœur. — Je le perdrai donc, Seigneur, car je crois leur malice sur votre assurance. — Non ; car moi, par qui tu l'apprends, t'en peux guérir, et ce que je te le dis est un signe que je te veux guérir. A mesure que tu les expieras, tu les connaîtras, et il te sera dit : « Vois les péchés qui te sont remis. »

Fais donc pénitence pour tes péchés cachés, et pour la malice occulte de ceux que tu connais[1].

— Seigneur, je vous donne tout.

— Je t'aime plus ardemment que tu n'as aimé tes souillures. *Ut immundus pro luto.*

Qu'à moi en soit la gloire, et non à toi, ver et terre.

Interroge ton directeur, quand mes propres paroles te sont occasion de mal et de vanité ou curiosité.

Je te parle et te conseille souvent, parce que ton conducteur ne te peut parler ; car je ne veux pas que tu manques de conducteur. Et peut-être je le fais à ses prières, et ainsi il te conduit sans que tu le voies. Tu ne me chercherais pas, si tu ne me possédais ; ne t'inquiète donc pas.

Ne te compare pas aux autres, mais à moi. Si tu ne m'y trouves pas, dans ceux où tu te compares, tu te compares à un abominable. Si tu m'y trouves, compare-t'y. Mais qu'y compareras-tu ? Sera-ce toi, ou moi dans toi ? Si c'est toi, c'est un abominable. Si c'est moi, tu compares moi à moi. Or, je suis Dieu en tout.

Consolez-vous : ce n'est pas de vous que vous devez l'attendre ; mais, au contraire, en n'attendant rien de vous, que vous devez l'attendre.

— Je vois mon abîme d'orgueil, de curiosité, de concupiscence. Il n'y a nul rapport de moi à Dieu, ni à Jésus-Christ juste. Mais il a été fait péché par moi ; tous vos fléaux sont tombés sur lui. Il est plus abominable que moi, et, loin de m'abhorrer, il se tient honoré que j'aille à lui et le secoure.

---

1. *Delicta quis intelligit ? Ab occultis meis munda me, et ab alienis parce servo tuo.* (Ps. XVIII, 13.)

Mais il s'est guéri lui-même, et me guérira à plus juste raison.

Il faut ajouter mes plaies aux siennes et me joindre à lui, et il me sauvera en se sauvant.

Mais il n'en faut pas ajouter à l'avenir.

Sépulcre de Jésus-Christ.—Jésus-Christ était mort, mais vu, sur la croix. Il est mort, et caché, dans le sépulcre.

Jésus-Christ n'a été enseveli que par des Saints.

Jésus-Christ n'a fait aucun miracle au Sépulcre.

Il n'y a que des Saints qui y entrent.

C'est là où Jésus-Christ prend une nouvelle vie, non sur la croix.

C'est le dernier mystère de la Passion et de la Rédemption. — (Jésus enseigne vivant, mort, enseveli, ressuscité [1].)

Jésus-Christ n'a point eu où se reposer sur la terre qu'au sépulcre.

Ses ennemis n'ont cessé de le travailler qu'au sépulcre.

Il me semble que Jésus-Christ ne laissa toucher que ses plaies après sa résurrection : *Noli me tangere* (Joan., xx, 17).— Il ne faut nous unir qu'à ses souffrances.

---

1. Parenthèse barrée dans l'autographe.

CHAPITRE XIV

Jésus prouvant sa Mission divine par ses miracles.

1-2. Miracles et prophéties diversement nécessaires. — 3-4. Miracle, démon et Dieu. — 5. Coupables devant le miracle. — 6. Miracles et blasphèmes. — 7-8. Valeur du miracle. — 9-11. Prophéties et miracles. — 12. Le Christ et les Juifs. — 13. Suivre J.-C. et honorer ses miracles. — 14. S. Augustin et la foi par les miracles. — 15. Incrédules les plus crédules.

I. — *Ubi est Deus tuus*[1]? Les miracles le montrent et sont un éclair.

II. — Jésus-Christ a fait des miracles, et les Apôtres ensuite, et les premiers Saints en grand nombre; parce que, les prophéties n'étant pas encore accomplies et s'accomplissant par eux, rien ne témoignait que les miracles.

Il était prédit que le Messie convertirait les nations. Comment cette prophétie se fût-elle accomplie, sans la conversion des nations? Et comment les nations se fussent-elles converties au Messie, ne voyant pas ce dernier effet des prophéties qui le prouvent?

Avant donc qu'il ait été mort, ressuscité, et qu'il eût converti les nations, tout n'était pas accompli; et ainsi il a fallu des miracles pendant tout ce temps-là. — Maintenant il n'en faut plus contre les Juifs; car les prophéties accomplies sont un miracle subsistant.

III. — « Si vous ne croyez en moi, croyez au moins aux miracles. » — Il les renvoie comme au plus fort.

Il avait été dit aux Juifs, aussi bien qu'aux Chrétiens,

---

1. Ps. XLI, 4.

CH. XIV. — LA MISSION DE JÉSUS ET LES MIRACLES

qu'ils ne crussent pas toujours les prophètes. Mais néanmoins les Pharisiens et les Scribes font grand état de ses miracles, et essayent de montrer qu'ils sont faux, ou faits par le diable : étant nécessités d'être convaincus, s'ils reconnaissent qu'ils sont de Dieu.

Nous ne sommes pas aujourd'hui dans la peine de faire ce discernement; il est pourtant bien facile à faire. Ceux qui ne nient ni Dieu ni Jésus-Christ, ne font point de miracles qui ne soient sûrs.

Nemo facit virtutem in nomine meo et cito possit de me inde loqui. — Mais nous n'avons pas à faire de discernement...

IV. — Jésus-Christ a vérifié qu'il était le Messie, jamais en vérifiant sa doctrine sur l'Écriture et les prophéties, et toujours par ses miracles [1].

Il prouve qu'il remet les péchés, par un miracle [2].

Ne vous réjouissez point de vos miracles, dit Jésus-Christ, mais de ce que vos noms sont écrits aux cieux [3].

S'ils ne croient point Moïse, ils ne croiront pas un ressuscité [4].

Nicodème reconnaît, par ses miracles (de Jésus-Christ), que sa doctrine est de Dieu : *Scimus quia a Deo venisti, magister; nemo enim potest hæc signa facere quæ tu facis, nisi fuerit Deus cum eo* [5]. — Il ne juge pas des miracles par la doctrine, mais de la doctrine par les miracles.

V. — Les Juifs avaient une doctrine de Dieu, comme nous en avons une de Jésus-Christ, et confirmée par miracles ; et défense de croire à tous faiseurs de miracles et, de plus,

---

1. Assertion trop absolue : parfois Jésus-Christ en appelle aux prophéties.
2. MARC., II, 10.
3. LUC., X, 20.
4. JOAN., III, 2.
5. LUC., XVI, 31.

ordre de recourir aux grands-prêtres et de s'en tenir à eux. Et ainsi toutes les raisons que nous avons pour refuser de croire les faiseurs de miracles, ils les avaient à l'égard de leurs prophètes.

Et cependant ils étaient très coupables de refuser les prophètes à cause de leurs miracles, et Jésus-Christ ; et n'eussent pas été coupables s'ils n'eussent point vu les miracles : *Nisi fecissem, peccatum non haberent*[1].

Donc toute la créance est sur les miracles.

VI. — Ce n'est point ici le pays de la vérité : elle erre inconnue parmi les hommes. Dieu l'a couverte d'un voile qui la laisse méconnaître à ceux qui n'entendent pas sa voix. Le lieu est ouvert au blasphème, et même sur des vérités au moins bien apparentes.

Si l'on publie les vérités de l'Évangile, on en publie de contraires, et on obscurcit les questions, en sorte que le peuple ne peut discerner. Et on demande : Qu'avez-vous pour vous faire plutôt croire que les autres ? Quel signe faites-vous ? Vous n'avez que des paroles, et nous aussi. Si vous aviez des miracles, bien. — Cela est une vérité que la doctrine doit être soutenue par les miracles, dont on abuse pour blasphémer la doctrine. Et si les miracles arrivent, on dit que les miracles ne suffisent pas sans la doctrine ; et c'est une autre vérité, pour blasphémer les miracles.

VII.— Jésus-Christ guérit l'aveugle-né et fit quantité de miracles au jour du sabbat. Par où il aveuglait les pharisiens, qui disaient qu'il fallait juger des miracles par la doctrine.

« Nous avons Moïse, disaient-ils, mais celui-là nous ne savons d'où il est[2]. » — *C'est ce qui est admirable que vous ne savez pas d'où il est ; et cependant il fait de tels miracles.*

---

1. Joan., xv. 24.
2. Joan., ix, 14

CH. XIV. — LA MISSION DE JÉSUS ET LES MIRACLES

VIII. — « Il a le diable » (*dæmonium habet*). Et les autres disaient : « Le diable peut-il ouvrir les yeux des aveugles ? »

IX. — Les preuves que Jésus-Christ et les apôtres tirent de l'Écriture ne sont pas démonstratives[1] ; car ils disent seulement que Moïse a dit qu'un prophète viendrait, mais ils ne prouvent pas par là que ce soit celui-là, et c'était toute la question.

Ces passages ne servent donc qu'à montrer qu'on n'est pas contraire à l'Écriture, et qu'il n'y paraît point de répugnance, mais non pas qu'il y ait accord.

Or cela suffit : exclusion de répugnance avec miracles.

Il s'en suit donc qu'il jugeait que ses miracles étaient des preuves certaines de ce qu'il enseignait, et que les Juifs avaient obligation de le croire.

Et, en effet, c'est particulièrement les miracles qui rendaient les Juifs coupables de leur incrédulité.

X. — Jésus-Christ dit que les Écritures témoignent de lui, mais il ne montre pas en quoi[2].

Même les prophéties ne pouvaient pas prouver Jésus-Christ pendant sa vie, et ainsi on n'eût pas été coupable de ne pas croire en lui avant sa mort, si les miracles n'eussent pas suffi sans la doctrine. Or ceux qui ne croyaient pas en lui encore vivant étaient pécheurs, comme il le dit lui-même, et sans excuse.

Donc il fallait qu'ils eussent une démonstration à laquelle ils résistassent ; or ils n'avaient pas la nôtre, mais seule-

---

1. Cela n'est vrai qu'en partie, et pour certains passages seulement.
2. Observation analogue : Jésus-Christ précise parfois ce témoignage des prophéties en sa faveur. V. Matth., x, 1. — Luc., iv, 18. — Cependant il y a quelque chose de vrai dans cette argumentation. La preuve des prophéties n'acquérait toute sa valeur qu'en l'appliquant au tableau complet de la vie du Christ.

ment les miracles ; donc ils suffisent, quand la doctrine n'est pas contraire, et on doit y croire.

XI. — Jean, vii, 40. — Contestation entre les Juifs, comme entre les Chrétiens aujourd'hui.

Les uns croyaient en Jésus-Christ, les autres ne le croyaient pas, à cause des prophéties qui disaient qu'il devait naître de Bethléem. Ils devaient mieux prendre garde s'il n'en était pas ; car ses miracles étaient convaincants ; ils devaient bien s'assurer de ces prétendues contradictions de sa doctrine à l'Écriture, et cette obscurité ne les excusait pas, mais les aveuglait. — Ainsi, ceux qui refusent de croire les miracles d'aujourd'hui pour une prétendue contradiction chimérique, ne sont pas excusés.

Le peuple qui croyait en lui sur ses miracles, les pharisiens leur disaient : « Ce peuple est maudit, qui ne sait pas la loi ; mais y a-t-il un prince ou un pharisien qui ait cru en lui ? car nous savons que nul prophète ne sort de Galilée. » — Nicodème répondit : « Notre loi juge-t-elle un homme devant que de l'avoir ouï ? » (Jean, vii, 49.)

XII. — *Si tu es Christus, dic nobis* [1].

Opera quæ ego facio in nomine Patris mei, hæc testimonium perhibent de me [2].

Sed vos non creditis quia non estis ex ovibus meis [3].

Quod ergo tu facis signum, et videamus et credamus tibi [4].

Non dicunt : Quam doctrinam prædicas ?

Nemo potest facere signa quæ tu facis, nisi Deus.

Deus qui signis evidentibus suam portionem protegit.

Volumus signum videre de cœlo, tentantes eum [6].

---

1. Joan., x, 34. — 2. Ibid., v, 36. — 3. Ibid., x, 26 — 4. Ibid., vi, 30.

5. II Machab., xiv, 15.

6. Luc., xi, 16 : Et alii tentantes, signum de cœlo quærebant ab eo.

Generatio prava signum quærit; et non dabitur[1].
Et ingemiscens ait: Quid generatio ista signum quærit[2]?
— Elle demandait signe à mauvaise intention.

« Et non poterat facere. » — Et néanmoins il leur promet le signe de Jonas, de sa résurrection : le grand et l'incomparable.

Nisi videritis signa, non creditis[3]. Il ne les blâme pas de ce qu'ils ne croient pas sans qu'il y ait de miracles ; mais sans qu'ils en soient eux-mêmes les spectateurs.

XIII. — *Non quia vidisti signum, sed quia saturati estis.* (Joan., VI, 26.)

Ceux qui suivent Jésus-Christ à cause de ses miracles honorent sa puissance dans tous les miracles qu'elle produit ; mais ceux qui, en faisant profession de le suivre pour ses miracles, ne le suivent en effet que parce qu'il les console et les rassasie des biens du monde, ils déshonorent ses miracles quand ils sont contraires à leurs commodités.

XIV. — Je ne serais pas chrétien sans les miracles, dit saint Augustin.

On n'aurait point péché en ne croyant pas Jésus-Christ sans les miracles. *Vide an mentiar*[4]?

Il n'est pas possible de croire raisonnablement contre les miracles.

XV. — Incrédules les plus crédules. — Ils croient les miracles de Vespasien[5] pour ne pas croire ceux de Moïse (ou de Jésus-Christ).

---

1. MATTH., XVI, 4. — 2. MARC., VIII, 12.
3. JOAN., IV, 48.
4. JOB, VI, 28.
5. TACITE, *Hist.*, IV, 81.

CHAPITRE XV

La Mission divine de Jésus prouvée par les Evangélistes et les Apôtres.

1. Le style de l'Evangile. — 2. Dieu parlant de Dieu. — 3. Les Ecangélistes et la figure du Christ. — 4-5. Apôtres trompés ou trompeurs. — 6. Dissemblances utiles. — 7. Témoins qui se font égorger.

I. — Le style de l'Évangile est admirable en tant de manières, et, entre autres, en ne mettant jamais aucune invective contre les bourreaux et les ennemis de Jésus-Christ. Car il n'y en a aucune des historiens contre Judas, Pilate, ni aucun des Juifs.

Si cette modestie des historiens évangéliques avait été affectée, aussi bien que tant d'autres traits d'un si beau caractère, et qu'ils ne l'eussent affectée que pour le faire remarquer, s'ils n'avaient osé le remarquer eux-mêmes, ils n'auraient pas manqué de se procurer des amis, qui eussent fait ces remarques à leur avantage. Mais comme ils ont agi de la sorte sans affectation, et par un mouvement tout désintéressé, ils ne l'ont fait remarquer par personne.

Et je crois que plusieurs de ces choses n'ont point été remarquées jusqu'ici ; et c'est ce qui témoigne la froideur avec laquelle la chose a été faite.

II. — Un artisan qui parle des richesses, un procureur qui parle de la guerre, de la royauté, etc. Mais le riche parle bien des richesses ; le roi parle froidement d'un grand don qu'il vient de faire, et Dieu parle bien de Dieu.

(*Or l'Évangile parle bien de Dieu, donc il est livre de parole divine.*)

III. — Qui a appris aux Évangélistes les qualités d'une

CH. XV. — LA MISSION DE JÉSUS ET LES APÔTRES

âme parfaitement héroïque, pour la peindre si parfaitement en Jésus-Christ? Pourquoi le font-ils faible dans son agonie? Ne savent-ils pas peindre une mort constante? — Oui, sans doute; car le même saint Luc peint celle de saint Étienne plus forte que celle de Jésus-Christ.

Ils le font donc capable de crainte avant que la nécessité de mourir soit arrivée, et ensuite tout fort.

Mais quand ils le font si troublé, c'est quand il se trouble lui-même; et quand les hommes le troublent, il est tout fort.

IV. — Les apôtres ont été trompés ou trompeurs. — L'un ou l'autre est difficile; car il n'est pas possible de prendre un homme pour être ressuscité...

Tandis que Jésus-Christ était avec eux, il les pouvait soutenir. Mais après cela, s'il ne leur est apparu, qui les a fait agir?

V. — L'hypothèse des apôtres fourbes est bien absurde.

Qu'on la suive tout au long; qu'on s'imagine ces douze hommes, assemblés après la mort de Jésus-Christ, faisant le complot de dire qu'il est ressuscité; ils attaquent par là toutes les puissances. — Le cœur des hommes est étrangement penchant à la légèreté, aux changements, aux promesses, aux biens. Si peu qu'un de ceux-là se fût démenti par tous ces attraits, et, qui plus est, par les prisons, par les tortures et par la mort, ils étaient perdus. — Qu'on suive cela.

VI. — Plusieurs Évangélistes pour la confirmation de la vérité; leur dissemblance utile.

VII. — Je ne crois que les histoires dont les témoins se feraient égorger.

CHAPITRE XVI

La Mission divine de Jésus confirmée par l'état actuel et le témoignage du peuple juif.

1-2. Subsistant pour la preuve de J.-C. — 3. Pourquoi ils ne l'ont pas reçu. — 4. Recevoir ou renoncer le Messie. — 5. La dernière marque du Messie.

I. — C'est une chose étonnante et digne d'une étrange attention de voir le peuple juif subsister depuis tant d'années, et de le voir toujours misérable; étant nécessaire pour la preuve de Jésus-Christ, et qu'ils subsistent pour le prouver, et qu'ils soient misérables, puisqu'ils l'ont crucifié. Et, quoiqu'il soit contraire d'être misérable et de subsister, il subsiste néanmoins toujours malgré sa misère.

II. — Ce n'est pas avoir été captif que de l'avoir été avec assurance d'être délivré dans soixante et dix ans. Mais maintenant ils le sont sans aucun espoir.

Dieu leur a promis qu'encore qu'il les dispersât aux bouts du monde, néanmoins, s'ils étaient fidèles à sa loi, il les rassemblerait. Ils y sont très fidèles, et demeurent opprimés. [Il faut donc que le Messie soit venu; et que la loi qui contenait ces promesses soit finie par l'établissement d'une loi nouvelle.]

III. — Les Juifs le refusent, mais non pas tous. Les saints le reçoivent et non les charnels. Et tant s'en faut que cela soit contre sa gloire, que c'est le dernier trait qui l'achève. Comme la raison qu'ils en ont, et la seule qui se trouve dans tous leurs écrits, dans le Talmud et les rabbins, n'est que parce que Jésus-Christ n'a pas dompté les nations en main armée, *gladium tuum, potentissime*[1]. N'ont-ils que cela à dire?

Jésus-Christ a été tué, disent-ils; il a succombé; il n'a pas dompté les païens par sa force; il ne nous a pas donné leurs dépouilles; il ne donne point de richesses. N'ont-ils que cela à dire? — C'est en cela qu'il m'est aimable. Je ne voudrais pas celui qu'ils se figurent.

Il est visible que ce n'est que sa vie qui les a empêchés de le recevoir; et par ce refus ils sont des témoins sans reproche et, qui plus est, par là ils accomplissent les prophéties.

IV. — Que pouvaient faire les Juifs, ses ennemis? S'ils le reçoivent, ils le prouvent par leur réception, car les dépositaires de l'attente du Messie le reçoivent; et s'ils le renoncent, ils le prouvent par leur renonciation.

V. — Les Juifs, en le tuant pour ne le point recevoir pour le Messie, lui ont donné la dernière marque de Messie.

Et en continuant à le méconnaître, ils se sont rendus témoins irréprochables.

Et en le tuant, et continuant à le renier, ils ont accompli les prophéties. (Isaïe, LV, 5, LX, 4. — Ps., LXXI, 11-18.)

---

1. Ps. XLIV, 4

CHAPITRE XVII

La Mission et l'Œuvre de Jésus en regard des infidèles.

1. J.-C. et le silence des historiens. — 2. Paganisme et mahométisme sans fondement. — 3. Le témoignage de Mahomet.— 4. Mahomet sans autorité. — 5-6. Sottises au mystère. — 7. Le Coran et S. Matthieu.— 8. Mahomet et Moïse. — 9. J.-C. et Mahomet. — 10-11. Ni miracles, ni prophéties, ni témoins.

I. — Sur ce que Josèphe ni Tacite et les autres historiens n'ont point parlé de Jésus-Christ. — Tant s'en faut que cela fasse contre, qu'au contraire cela fait pour. — Car il est certain que Jésus-Christ a été et que sa religion a fait grand bruit et que ces gens-là ne l'ignoraient pas, et qu'ainsi il est visible qu'ils ne l'ont célé qu'à dessein, ou qu'ils en ont parlé et qu'on l'a ou supprimé ou changé.

II. — La religion païenne est sans fondement.

(Aujourd'hui, on dit qu'autrefois elle en avait par les oracles qui ont parlé. Mais quels sont les livres qui en parlent? Sont-ils dignes de foi par la vertu de leurs auteurs? Sont-ils conservés avec tant de soin qu'on puisse s'assurer qu'ils ne sont point corrompus[1] ?)

La religion mahométane a pour fondement l'Alcoran et Mahomet[2]. — Mais ce prophète, qui devait être la dernière attente du monde, a-t-il été prédit? Et quelle marque a-t-il, que n'ait aussi tout homme qui se voudra dire prophète? Quels miracles dit-il lui-même avoir faits? Quels mystères

---

1. Parenthèse barrée dans le manuscrit.
2. *Le Coran*, recueil des prétendues révélations faites à Mahomet. Celui-ci, né à la Mecque, en Arabie, vers 570, avait révé la réunion des tribus arabes sous une sorte de dictature mili-

CH. XVII. — L'ŒUVRE DE JÉSUS ET LES INFIDÈLES 239

a-t-il enseignés selon sa tradition même ? Quelle morale et quelle félicité !

III. — Qui rend témoignage de Mahomet ? Lui-même. Jésus-Christ veut que son témoignage ne soit rien.

La qualité de témoins fait qu'il faut qu'ils soient toujours et partout ; et, misérable, il est seul.

IV. — Mahomet [est] sans autorité. Il faudrait donc que ses raisons fussent bien puissantes, n'ayant que leur propre force.

Que dit-il donc ? Qu'il faut le croire !

V. — De deux personnes qui disent des sots contes[1], l'un qui a double sens entendu dans la Cabale, l'autre qui n'a qu'un sens ; si quelqu'un, n'étant pas du secret, entend discourir les deux en cette sorte, il en fera même jugement. Mais si ensuite, dans le reste du discours, l'un dit des choses angéliques, et l'autre toujours des choses plates et communes, il jugera que l'un parlait avec mystère, et non pas l'autre : l'un ayant assez montré qu'il était incapable de telles sottises, et capable d'être mystérieux ; et l'autre, qu'il est incapable de mystère et capable de sottises.

VI. — Ce n'est pas par ce qu'il y a d'obscur dans Mahomet, et qu'on peut faire passer pour un sens mystérieux, que je veux qu'on en juge, mais par ce qu'il y a de clair : par son paradis, et par le reste. C'est en cela qu'il est ridi-

---

taire et religieuse. Un instant chassé de la Mecque en 622 (date de l'*hégire* ou ère musulmane), il la reconquiert et meurt en 632.

1. Cette boutade ne s'applique pas à la Bible comme telle. Pascal établit le parallèle entre le Coran et la Bible enveloppée dans les bizarres fantaisies de la Cabale judaïque. Mais, même, sous cette enveloppe défigurée, la supériorité de la Bible éclate encore sur les « sottises » du Coran, puisque son mystère finit par se dégager par-dessus le fatras talmudique qui l'obscurcit.

cule. Et c'est pourquoi il n'est pas juste de prendre ses obscurités pour des mystères, vu que ses clartés sont ridicules.

Il n'en est pas de même de l'Écriture. Je veux qu'il y ait des obscurités qui soient aussi bizarres que celles de Mahomet; mais il y a des clartés admirables, et des prophéties manifestes et accomplies. La partie n'est donc pas égale. Il ne faut pas confondre et égaler les choses qui ne se ressemblent que par l'obscurité, et non pas par la clarté qui mérite qu'on révère les obscurités.

VII. — L'Alcoran n'est pas plus de Mahomet que l'Évangile de saint Matthieu[1], car il est cité de plusieurs auteurs de siècle en siècle. Les ennemis mêmes, Celse et Porphyre, ne l'ont jamais désavoué.

L'Alcoran dit que saint Matthieu était homme de bien. Donc Mahomet était faux prophète, ou en appelant gens de bien des méchants, ou en ne demeurant pas d'accord de ce qu'ils ont dit de Jésus-Christ.

VIII. — La religion juive doit être regardée différemment dans la tradition des Livres Saints et dans la tradition du peuple.

La morale et la félicité en est ridicule dans la tradition du peuple; mais elle est admirable dans celle des Livres Saints. Le fondement en est admirable.

C'est le plus ancien livre du monde et le plus authentique; et au lieu que Mahomet, pour faire subsister le sien, a défendu de le lire, Moïse, pour faire subsister le sien a ordonné à tout le monde de le lire[2].

Notre religion est si divine qu'une autre religion divine n'en est que le fondement.

---

1. Latinisme pour dire que le premier Évangile n'est pas moins de S. Matthieu que le Coran n'est de Mahomet.
2. Deutér., XXXI, 11. — Pascal intercale ici cette boutade « Et toute religion est de même; car le christianisme est bien différent dans les Livres Saints et dans les casuistes. »

IX. — Différence entre Jésus-Christ et Mahomet :
Mahomet non prédit, Jésus-Christ prédit.

Mahomet, en tuant ; Jésus-Christ, en faisant tuer les siens.

Mahomet, en défendant de lire ; les apôtres, en ordonnant de lire.

Enfin, cela est si contraire que si Mahomet a pris la voie de réussir humainement, Jésus-Christ a pris celle de périr humainement. — Et qu'au lieu de conclure que, puisque Mahomet a réussi, Jésus-Christ a bien pu réussir, il faut dire que, puisque Mahomet a réussi, Jésus-Christ devait périr.

X. — Tout homme peut faire ce qu'a fait Mahomet ; car il n'a point fait de miracles, il n'a point été prédit.

Nul homme ne peut faire ce qu'a fait Jésus-Christ.

XI. — Fausseté des autres religions. Ils n'ont point de témoins : ceux-ci en ont. Dieu défie les autres religions de produire de telles marques.

CHAPITRE XVIII

L'Œuvre de Jésus en regard de la connaissance et de l'amour de Dieu. — Unique Médiateur entre Dieu et les hommes.

1. Les preuves cosmologiques de l'existence de Dieu. — 2. Preuves métaphysiques. — 3-4. Le Dieu des chrétiens. — 5. Connaître Dieu et notre misère. — 6. J.-C. objet et centre de tout. — 7. Athéisme ou déisme. — 8. Comment le pyrrhonisme est utile et vrai. — 9. La vérité même peut devenir une idole. — 10. En J.-C. et par J.-C. — 11. Notre ignorance hors de J.-C. — 12-13. L'homme et le monde sans J.-C.

I. — [La plupart de ceux qui entreprennent de prouver la Divinité aux impies commencent d'ordinaire par les ouvrages de la nature, et ils y réussissent rarement. Je n'attaque pas la solidité de ces preuves consacrées par l'Écriture sainte : elles sont conformes à la raison ; mais souvent elles ne sont pas assez conformes et assez proportionnées à la disposition de l'esprit de ceux pour qui elles sont destinées[1].]

J'admire avec quelle hardiesse ces personnes entre-

---

1. Par cette phrase, d'ailleurs fort juste, Port-Royal a remplacé la note que Pascal avait mise en tête de ce fragment : « Préface de la seconde partie : parler de ceux qui ont parlé de cette matière. » — Des idées qu'il comptait y développer il n'a esquissé que celle de l'insuffisance, non pas théorique mais pratique et psychologique, des preuves abstraites et purement rationnelles de Dieu. On ne peut donc appuyer ni sur ce fragment, ni sur les suivants, le reproche de scepticisme ou de jansénisme. Pascal a en vue la connaissance de Dieu pratiquement efficace et utile au point de vue moral et dans l'ordre du salut.

prennent de parler de Dieu en adressant leurs discours aux impies. Leur premier chapitre est de prouver la Divinité par les ouvrages de la nature.

Je ne m'étonnerais pas de leur entreprise s'ils adressaient leurs discours aux fidèles ; car il est certain que ceux qui ont la foi vive dans le cœur voient incontinent que tout ce qui est n'est autre chose que l'ouvrage du Dieu qu'ils adorent.

Mais pour ceux en qui cette lumière est éteinte, et dans lesquels on a dessein de la faire revivre, ces personnes destituées de la foi et de la grâce, qui, recherchant de toute leur lumière tout ce qu'ils voient dans la nature qui les peut mener à cette connaissance, ne trouvent qu'obscurité et ténèbres, dire à ceux-là qu'ils n'ont qu'à voir la moindre des choses qui les environnent et qu'ils y verront Dieu à découvert, et leur donner, pour toute preuve de ce grand et important sujet, le cours de la lune ou des planètes, et prétendre avoir achevé sa preuve avec un tel discours, c'est leur donner sujet de croire que les preuves de notre religion sont bien faibles ; et je vois par raison et par expérience que rien n'est plus propre à leur en faire naître le mépris.

Ce n'est pas de cette sorte que l'Écriture, qui connaît mieux les choses qui sont de Dieu, en parle. Elle dit, au contraire, que Dieu est un Dieu caché ; et que, depuis la corruption de la nature, il a laissé les hommes dans un aveuglement dont ils ne peuvent sortir que par Jésus-Christ, hors duquel toute communication avec Dieu est ôtée : *Nemo novit patrem nisi filius, et cui voluerit Filius revelare.* (Matth., XI, 27.)

C'est ce que l'Écriture nous marque, quand elle dit en tant d'endroits que ceux qui cherchent Dieu le trouvent ; ce n'est point de cette lumière qu'on parle, *comme le jour en plein midi :* on ne dit point que ceux qui cherchent le jour en plein midi, ou de l'eau en la mer, en trouveront ; et ainsi il faut bien que l'évidence de Dieu ne soit pas telle dans la nature. Aussi elle nous dit ailleurs: *Verè tu es Deus absconditus*[1].

II. — Les preuves de Dieu métaphysiques sont si éloignées du raisonnement des hommes, et si impliquées, qu'elles frappent peu: et quand cela servirait à quelques-uns, ce ne serait que pendant l'instant qu'ils voient cette démonstration ; mais, une heure après, ils craignent de s'être trompés. *Quod curiositate cognoverint superbiâ amiserunt*[2].

C'est ce que produit la connaissance de Dieu, qui se tire sans Jésus-Christ: qui est de communiquer sans médiateur avec le Dieu qu'on a connu sans médiateur.

Au lieu que ceux qui ont connu Dieu par médiateur connaissent leur misère.

III. — Le Dieu des chrétiens ne consiste pas en un Dieu simplement auteur des vérités géométriques et de l'ordre des éléments; c'est la part des païens et des épicuriens.

Il ne consiste pas seulement en un Dieu qui exerce sa providence sur la vie et sur les biens des hommes, pour donner une heureuse suite d'années à ceux qui l'adorent; c'est la portion des Juifs.

Mais le Dieu d'Abraham, le Dieu d'Isaac, le Dieu de Jacob, le Dieu des chrétiens, est un Dieu d'amour et de consolation.

C'est un Dieu qui remplit l'âme et le cœur qu'il possède; c'est un Dieu qui leur fait sentir intérieurement leur misère et sa miséricorde infinie; qui s'unit au fond de leur âme; qui la remplit d'humilité, de joie, de confiance, d'amour; qui les rend incapables d'autre fin que de lui-même.

IV. — Le Dieu des chrétiens est un Dieu qui fait sentir

---

1. Isaïe, XLV, 15. — Cf. pp. 2 et 250.
2. Réminiscence de S. Augustin: *quantum propinquaverunt intelligentia, tantum superbia recesserunt*, cité par Bossuet: *Tr. de la Concupiscence*, ch. XVIII.

à l'âme qu'il est son unique bien; que tout son repos est en lui; qu'elle n'aura de joie qu'à l'aimer; et qui lui fait, en même temps, abhorrer les obstacles qui la retiennent et l'empêchent d'aimer Dieu de toutes ses forces.

L'amour-propre et la concupiscence qui l'arrêtent lui sont insupportables.

Ce Dieu lui fait sentir qu'elle a ce fonds d'amour-propre qui la perd, et que lui seul la peut guérir.

V.—[Voilà ce que c'est que de connaître Dieu en chrétien. Mais pour le connaître de cette manière, il faut connaître en même temps sa misère, son indignité, et le besoin qu'on a d'un médiateur pour se rapprocher de Dieu et pour s'unir à lui. Il ne faut point séparer ces connaissances; parce qu'étant séparées, elles sont non seulement inutiles, mais nuisibles.]

La connaissance de Dieu sans celle de sa misère fait l'orgueil. — La connaissance de sa misère sans celle de Dieu fait le désespoir. — La connaissance de Jésus-Christ fait le milieu, parce que nous y trouvons et Dieu et notre misère.

VI. — Jésus-Christ est l'objet de tout et le centre où tout tend. Qui le connaît connaît la raison de toutes choses.

Ceux qui s'égarent ne s'égarent que manque de voir une de ces deux choses. On peut donc bien connaître Dieu sans sa misère et sa misère sans Dieu; mais on ne peut connaître Jésus-Christ sans connaître tout ensemble et Dieu et sa misère [et le remède de nos misères; parce que Jésus-Christ n'est pas simplement Dieu, mais que c'est un Dieu réparateur de nos misères].

VII. — Tous ceux qui cherchent Dieu hors de Jésus-Christ et qui s'arrêtent dans la nature, ou ils ne trouvent aucune lumière qui les satisfasse, ou ils arrivent à se former un moyen de connaître Dieu et de le servir sans médiateur; et par là ils tombent ou dans l'athéisme ou dans le déisme, qui sont deux choses que la religion chrétienne abhorre presque également.

VIII. — (*En ce sens*), le pyrrhonisme sert à la religion.

Le pyrrhonisme est le vrai; car, après tout, les hommes, avant Jésus-Christ, ne savaient où ils en étaient, ni s'ils étaient grands ou petits. Et ceux qui ont dit l'un ou l'autre n'en savaient rien, et devinaient sans raison et par hasard; et même ils erraient toujours en excluant l'un ou l'autre. *Quod ergo ignorantes quæritis religio annuntiat vobis*[1].

IX. — On se fait une idole de la vérité même.

Car la vérité hors de la charité n'est pas Dieu; c'est son image et une idole qu'il ne faut point aimer, ni adorer; et encore moins faut-il aimer ou adorer son contraire qui est le mensonge.

Qu'il y a loin de la connaissance de Dieu à l'aimer !

X. — Nous ne connaissons Dieu que par Jésus-Christ. Sans ce médiateur est ôtée toute communication avec Dieu; par Jésus-Christ nous connaissons Dieu.

Tous ceux qui ont prétendu connaître Dieu et le prouver sans Jésus-Christ n'avaient que des preuves impuissantes.

Mais pour prouver Jésus-Christ nous avons les prophéties, qui sont des preuves solides et palpables. Et ces prophéties étant accomplies et prouvées véritables par l'événement, marquent la certitude de ces vérités, et, partant, la preuve de la divinité de Jésus-Christ.

En lui et par lui nous connaissons donc Dieu. — Hors de là et sans l'Écriture, sans le péché originel, sans médiateur nécessaire, promis et arrivé, on ne peut prouver absolument Dieu, ni enseigner une bonne doctrine ni une bonne morale. — Mais par Jésus-Christ et en Jésus-Christ on prouve Dieu, et on enseigne la morale et la doctrine.

---

1. Discours de S. Paul à l'Aréopage. (Act., XVII, 23.)

Jésus-Christ est donc le véritable Dieu des hommes.

Mais nous connaissons en même temps notre misère; car ce Dieu-là n'est autre chose que le réparateur de notre misère.

Ainsi nous ne pouvons bien connaître Dieu qu'en connaissant nos iniquités.

Aussi ceux qui ont connu Dieu sans connaître leur misère ne l'ont pas glorifié, mais s'en sont glorifiés. *Quia non cognovit per sapientiam, placuit Deo per stultitiam prædicationis salvos facere.* (I Corinth., 1, 21.)

XI. — Non seulement nous ne connaissons Dieu que par Jésus-Christ, mais nous ne nous connaissons nous-mêmes que par Jésus-Christ. Nous ne connaissons la vie et la mort que par Jésus-Christ. Hors de Jésus-Christ, nous ne savons ce que c'est ni que notre vie, ni que notre mort, ni que Dieu, ni que nous-mêmes.

Ainsi sans l'Écriture qui n'a que Jésus-Christ pour objet, nous ne connaissons rien et ne voyons qu'obscurité et confusion dans la nature de Dieu et dans la propre nature.

XII. — Sans Jésus-Christ, il faut que l'homme soit dans le vice et dans la misère; avec Jésus-Christ, l'homme est exempt de vice et de misère. En lui est toute notre vertu et toute notre félicité. Hors de lui il n'y a que vice, misère, erreurs, ténèbres, mort, désespoir.

XIII. — Sans Jésus-Christ, le monde ne subsisterait pas; car il faudrait ou qu'il fût détruit, ou qu'il fût comme un enfer.

CHAPITRE XIX

L'Œuvre de Jésus dans l'éclat et dans le mystère de sa manifestation.

1. Comment Dieu se découvre et se cache. — 2. Connaissable aux uns, obscur aux autres. — 3. Ni exclusion totale, ni présence manifeste. — 4. Plus disposer la volonté que l'esprit. — 5. Connaître assez. — 6-7. Indignes et capables de Dieu. — 8. Avec ou sans Dieu. — 9. Ignorances des élus et des réprouvés. — 10. Laissés dans l'aveuglement. — 11-12. Ne pas se plaindre des obscurités. — 13-14. Religion sage et folle. — 15-16. Comment les preuves de la religion ne sont pas absolument convaincantes. — 17. J.-C. inconnu. — 18. Lumière de Dieu. — 19-20. Aveugler les uns, éclairer les autres. — 21. Science de l'esprit et du cœur. — 22-23. Impies et Juifs : preuves de la foi. — 24. Vérité de la religion dans son obscurité même.

I. — Si Dieu se découvrait continuellement aux hommes, il n'y aurait point de mérite à le croire ; et s'il ne se découvrait jamais, il y aurait peu de foi. Mais il se cache ordinairement, et se découvre rarement à ceux qu'il veut engager dans son service.

Cet étrange secret, dans lequel Dieu s'est retiré, impénétrable à la vue des hommes, est une grande leçon pour nous porter à la solitude, loin de la vue des hommes.

Il est demeuré caché sous le voile de la nature, qui nous le couvre, jusques à l'Incarnation ; et quand il a fallu qu'il ait paru, il s'est encore plus caché en se couvrant de l'humanité. Il était bien plus reconnaissable quand il était invisible, que non pas quand il s'est rendu visible.

Et enfin, quand il a voulu accomplir la promesse qu'il fit à ses Apôtres de demeurer avec les hommes jusqu'à son dernier avènement, il a choisi d'y demeurer dans le plus étrange et le plus obscur secret de tous, savoir, sous les espèces de l'Eucharistie. — C'est ce sacrement que saint Jean appelle dans l'Apocalypse *une manne cachée* (Apoc., II, 17); et je crois qu'Isaïe le voyait en cet état, lorsqu'il dit en esprit de prophétie : *Véritablement tu es un Dieu caché.* (Is., XLV, 15.) — C'est là le dernier secret où il peut être.

Le voile de la nature, qui couvre Dieu, a été pénétré par plusieurs infidèles, qui, comme dit saint Paul (Rom., I, 20), ont reconnu un Dieu invisible par la nature visible. Les chrétiens hérétiques l'ont reconnu à travers son humanité, et adorent Jésus-Christ Dieu et homme. — Mais de le reconnaître sous des espèces de pain, c'est le propre des seuls catholiques; il n'y a que nous que Dieu éclaire jusque-là.

On peut ajouter à ces considérations le secret de l'esprit de Dieu caché encore dans l'Ecriture. — Car il y a deux sens parfaits, le littéral et le mystique; et les Juifs, s'arrêtant à l'un, ne pensent pas seulement qu'il y en ait un autre et ne songent pas à le chercher : de même que les impies, voyant les effets naturels, les attribuent à la nature, sans penser qu'il y en ait un autre auteur; et comme les Juifs, voyant un homme parfait en Jésus-Christ, n'ont pas pensé à y chercher une autre nature: *Nous n'avons pas pensé que ce fût lui*, dit encore Isaïe (Is., LIII, 3); et de même enfin que les hérétiques, voyant les apparences parfaites du pain dans l'Eucharistie, ne pensent pas y chercher une autre substance.

Toutes choses couvrent quelque mystère; toutes choses sont des voiles qui couvrent Dieu. Les chrétiens doivent le reconnaître en tout. Les afflictions temporelles couvrent les biens éternels où elles conduisent. Les joies temporelles couvrent les maux éternels qu'elles causent.

Prions Dieu de nous le faire reconnaître et servir en tout; et rendons-lui des grâces infinies de ce que s'étant caché en toutes choses pour tant d'autres, il s'est découvert en toutes choses et en tant de manières pour nous.

II. — Dieu a voulu racheter les hommes et ouvrir le salut à ceux qui le chercheraient. Mais les hommes s'en rendent si indignes qu'il est juste que Dieu refuse à quelques-uns, à cause de leur endurcissement, ce qu'il accorde aux autres par une miséricorde qui ne leur est pas due.

S'il eût voulu surmonter l'obstination des plus endurcis, il l'eût pu en se découvrant si manifestement à eux qu'ils n'eussent pu douter de la vérité de son essence, comme il paraîtra au dernier jour, avec un tel éclat de foudres et un tel renversement de la nature que les morts ressusciteront et les plus aveugles le verront.

Ce n'est pas en cette sorte qu'il a voulu paraître dans son avènement de douceur. Parce que tant d'hommes se rendent indignes de sa clémence, il a voulu les laisser dans la privation du bien qu'ils ne veulent pas.

Il n'était donc pas juste qu'il parût d'une manière manifestement divine et absolument capable de convaincre tous les hommes; mais il n'était pas juste aussi qu'il vînt d'une manière si cachée qu'il ne pût être reconnu de ceux qui le chercheraient sincèrement.

Il a voulu se rendre parfaitement connaissable à ceux-là; et ainsi, voulant paraître à découvert à ceux qui le cherchent de tout leur cœur, et caché à ceux qui le fuient de tout leur cœur, il tempère sa connaissance, en sorte qu'il a donné des marques de soi, visibles à ceux qui le cherchent, et obscures à ceux qui ne le cherchent pas.

Il y a assez de lumières pour ceux qui ne désirent que de voir, et assez d'obscurité pour ceux qui ont une disposition contraire.

Il y a assez de clarté pour éclairer les élus, et assez d'obscurité pour les humilier.

Il y a assez d'obscurité pour aveugler les réprouvés, et assez de clarté pour les condamner et les rendre inexcusables[1].

---

1. Pascal ajoute ici, en forme de renvoi : (*Saint Augustin, Montaigne, Sebonde.*)

Ce fragment est l'un de ceux où l'idée chère à Pascal, de

III. — Si le monde subsistait pour instruire l'homme de Dieu, sa divinité reluirait de toutes parts d'une manière incontestable ; mais comme il ne subsiste que par Jésus-Christ et pour Jésus-Christ, et pour instruire les hommes et de leur corruption et de leur rédemption, tout y éclate des preuves de ces deux vérités.

Ce qui y paraît ne marque ni une exclusion totale, ni une présence manifeste de sa divinité, mais la présence d'un Dieu qui se cache. Tout porte ce caractère.

S'il n'avait jamais rien paru de Dieu, cette privation éternelle serait équivoque, et pourrait aussi bien se rapporter à l'absence de toute divinité ou à l'indignité où seraient les hommes de le connaître. Mais de ce qu'il paraît quelquefois, et non pas toujours, cela ôte l'équivoque. S'il paraît une fois, il est toujours ; et ainsi on n'en peut conclure sinon qu'il y a un Dieu et que les hommes en sont indignes.

IV. — Dieu veut plus disposer la volonté que l'esprit. La clarté parfaite servirait à l'esprit et nuirait à la volonté. — Abaisser la superbe.

S'il n'y avait point d'obscurité, l'homme ne sentirait pas sa corruption. S'il n'y avait point de lumière, l'homme n'espérerait point de remède. Ainsi il est non seulement juste, mais utile pour nous, que Dieu soit caché en partie et découvert en partie, puisqu'il est également dangereux à l'homme de connaître Dieu sans connaître sa misère, et de connaître sa misère sans connaître Dieu.

---

l'aveuglement des uns en opposition avec la prédestination des autres, est le mieux marquée. En y regardant de près, et en rapprochant ces divers passages, l'on voit aisément qu'il ne la pousse pas jusqu'à l'excès janséniste de la *réprobation positive*. « Il a voulu les laisser dans la privation du bien qu'ils ne veulent pas... assez de clarté pour les condamner et les rendre inexcusables. » C'est toujours le principe qu'il y a un mérite moral à arriver à la vérité religieuse. (Voir notre *Introduction*, ch. VIII, *ad fin.*)

V. — Il ne faut pas que (l'homme) ne voie rien du tout ; il ne faut pas aussi qu'il en voie assez pour croire qu'il le possède (Dieu); mais qu'il en voie assez pour connaître qu'il l'a perdu. Car, pour connaître qu'on a perdu, il faut voir et ne pas voir; c'est précisément l'état où est la nature.

VI. — Que conclurons-nous donc de toutes nos obscurités, sinon notre indignité?

Si Dieu n'eût permis qu'une seule religion, elle eût été trop reconnaissable. Mais, qu'on y regarde de près, on discerne bien la vraie, dans cette confusion.

VII. — Il est donc vrai que tout instruit l'homme de sa condition. Mais il le faut bien entendre: car il n'est pas vrai que tout découvre Dieu, et il n'est pas vrai que tout cache Dieu.

Mais il est vrai tout ensemble qu'il se cache à ceux qui le tentent, et qu'il se découvre à ceux qui le cherchent; parce que les hommes sont tous ensemble indignes de Dieu et capables de Dieu : indignes par leur corruption, capables par leur première nature.

VIII. — Il n'y a rien sur la terre qui ne montre ou la misère de l'homme, ou la miséricorde de Dieu; ou l'impuissance de l'homme sans Dieu, ou la puissance de l'homme avec Dieu.

Ainsi tout l'univers apprend à l'homme ou qu'il est corrompu ou qu'il est racheté; tout lui apprend sa grandeur ou sa misère. L'abandon de Dieu paraît dans les païens; la protection de Dieu paraît dans les Juifs.

Dieu a fait servir l'aveuglement de ce peuple au bien des élus.

IX. — Les élus ignoreront leurs vertus, et les réprouvés la grandeur de leurs crimes. *Seigneur* [diront les uns et les autres], *quand t'avons-nous vu avoir faim, soif*, etc. ? (Matth., xxv, 37, 44.)

X. — Jésus ne dit pas qu'il n'est pas de Nazareth, pour laisser les méchants dans l'aveuglement, ni qu'il n'est pas fils de Joseph.

XI. — La religion est une chose si grande, qu'il est juste que ceux qui ne voudraient pas prendre la peine de la chercher, si elle est obscure, en soient privés. — De quoi se plaint-on donc, si elle est telle qu'on la puisse trouver en la cherchant?

XII. — Au lieu de vous plaindre de ce que Dieu s'est caché, vous lui rendrez grâces de ce qu'il s'est tant découvert, et vous lui rendrez grâces encore de ce qu'il ne s'est pas découvert aux sages superbes, indignes de connaître un Dieu si saint.

XIII. — Notre religion est sage et folle. Sage, parce qu'elle est la plus savante et la plus fondée en miracles, prophéties, etc. Folle, parce que ce n'est point tout cela qui fait qu'on en est; cela fait bien condamner ceux qui n'en sont pas, mais non pas croire ceux qui en sont. — Ce qui les fait croire, c'est la croix : *ne evacuata sit crux*[1].

Et ainsi saint Paul, qui est venu en sagesse et signes, dit qu'il n'est venu ni en sagesse ni en signes, car il venait pour convertir. — Mais ceux qui ne viennent que pour convaincre peuvent dire qu'ils viennent en sagesse et en signes.

XIV. — Cette religion si grande en miracles (Saints Pères irréprochables; savants et grands; témoins, martyrs; rois; David, établissement; Isaïe prince du sang), si grande en science. Après avoir étalé tous ses miracles et toute sa sagesse, elle réprouve tout cela, et dit qu'elle n'a ni sagesse, ni signes, mais la croix et la folie.

Car ceux qui, par ces signes et cette sagesse, ont mérité

---

1. Cor., i, 17. — Cf. p. 23.]

votre créance, et qui vous ont prouvé leur caractère, vous déclarent que rien de tout cela ne peut vous changer, et nous rendre capables de connaître et aimer Dieu, que la vertu de la folie de la croix, sans sagesse ni signes ; et point ces signes sans cette vertu.

Ainsi notre religion est folle, en regardant à la cause effective; et sage, en regardant à la sagesse qui y prépare.

XV. — Les prophéties, les miracles même et les [autres] preuves de notre religion, ne sont pas de telle nature qu'on puisse dire qu'ils sont absolument convaincants. — Mais ils le sont aussi de telle sorte qu'on ne peut dire que ce soit être sans raison que de les croire. Ainsi il y a de l'évidence et de l'obscurité pour éclairer les uns et obscurcir les autres.

Mais l'évidence est telle, qu'elle surpasse ou égale pour le moins l'évidence du contraire; de sorte que ce n'est pas la raison qui puisse déterminer à ne la pas suivre; et ainsi ce ne peut être que la concupiscence et la malice du cœur.

Et par ce moyen, il y a assez d'évidence pour condamner et non assez pour convaincre; afin qu'il paraisse qu'en ceux qui la suivent, c'est la grâce et non la raison qui fait suivre; et qu'en ceux qui la fuient, c'est la concupiscence et non la raison qui fait fuir.

XVI. — Qu'on ne nous reproche donc plus le manque de clarté, puisque nous en faisons profession.

S'il n'y avait qu'une religion, Dieu y serait bien manifeste; s'il n'y avait des martyrs que dans notre religion, de même.

XVII. — Comme Jésus-Christ est demeuré inconnu parmi les hommes, ainsi sa vérité demeure parmi les opinions communes sans différence à l'extérieur: ainsi l'Eucharistie parmi le pain commun.

XVIII. — Que si la miséricorde de Dieu est si grande qu'il nous instruit salutairement, même lorsqu'il se cache, quelle lumière n'en devons-nous pas attendre lorsqu'il se découvre !

XIX. — On n'entend rien aux ouvrages de Dieu, si on ne prend pour principe qu'il a voulu aveugler les uns et éclairer les autres.

XX. — Par ceux qui sont dans le déplaisir de se voir sans foi, on voit que Dieu ne les éclaire pas; mais, par les autres, on voit qu'il y a un Dieu qui les aveugle.

XXI. — L'Écriture sainte n'est pas une science de l'esprit, mais du cœur. Elle n'est intelligible que pour ceux qui ont le cœur droit. Le voile qui est sur l'Écriture pour les Juifs y est aussi pour les Chrétiens. La charité est non seulement l'objet de l'Écriture sainte, mais elle en est aussi la porte.

XXII. — Les impies, qui s'abandonnent aveuglément à leurs passions sans connaître Dieu et sans se mettre en peine de le chercher, vérifient par eux-mêmes ce fondement de la foi qu'ils combattent: qui est que la nature des hommes est dans la corruption.

Et les Juifs, qui combattent si opiniâtrément la religion chrétienne, vérifient encore cet autre fondement de cette même foi qu'ils attaquent : qui est que Jésus-Christ est le véritable Messie, et qu'il est venu racheter les hommes, et les retirer de la corruption et de la misère où ils étaient; tant par l'état où on les voit aujourd'hui, et qui se trouve prédit par les prophéties, que par ces mêmes prophéties qu'ils portent, et qu'ils conservent inviolablement comme les marques auxquelles on doit reconnaître le Messie.

XXIII. — Ainsi les deux preuves de la corruption et de la Rédemption se tirent des impies qui vivent dans l'indifférence de la religion, et des Juifs qui en sont les ennemis irréconciliables.

XXIV. — Reconnaissez donc la vérité de la religion dans l'obscurité même de la religion, dans le peu de lumière que nous en avons, dans l'indifférence que nous avons de la connaître.

CHAPITRE XX

L'Œuvre de Jésus dans la vie du chrétien par la victoire de la grâce sur la concupiscence.

1-2. La triple concupiscence. — 3. Les deux sources de péchés. — 4. Un homme et un saint. — 5-6. Grâce et nature. — 7-9. La loi et la grâce. — 10-11. Joies et peines de la piété chrétienne. — 12. On ne se détache pas sans douleur. — 13. Passé et avenir. — 14-15. Vie des hommes et vie des saints. — 16. Bonne et fausse crainte.

I. — Tout ce qui est au monde est concupiscence de la chair, ou concupiscence des yeux, ou orgueil de la vie[1] ; *libido sentiendi, libido sciendi, libido dominandi.*

Malheureuse la terre de malédiction que ces trois fleuves de feu embrasent plutôt qu'ils n'arrosent ! Heureux ceux qui, étant sur ces fleuves, non pas plongés, non pas entraînés, mais immobilement affermis ; non pas debout, mais assis dans une assiette basse et sûre, dont ils ne se relèvent jamais avant la lumière ; mais, après s'y être reposés en paix, tendent la main à celui qui les doit relever, pour les faire tenir debout et fermes dans les porches de la sainte Hiérusalem, où l'orgueil ne pourra plus les combattre et les abattre ; et qui cependant pleurent, non pas de voir écouler toutes les choses périssables que les torrents entraînent, mais dans le souvenir de leur chère patrie, de la Hiérusalem céleste, dont ils se souviennent sans cesse dans la longueur de leur exil[2] !

II. — Concupiscence de la chair, concupiscence des

---

1. I Joan., 11-16.
2. Ps., 136. *Super flumina Babylonis.*

yeux, orgueil, etc. Il y a trois ordres de choses: la chair, l'esprit, la volonté.

Les charnels sont les riches, les rois: ils ont pour objet le corps.

Les curieux et les savants: ils ont pour objet l'esprit.

Les sages: ils ont pour objet la justice.

Dieu doit régner sur tout, et tout se rapporter à lui. Dans les choses de la chair règne proprement la concupiscence; dans les spirituelles, la curiosité proprement; dans la sagesse, l'orgueil proprement.

Ce n'est pas qu'on ne puisse être glorieux pour les biens ou pour les connaissances; mais ce n'est pas le lieu de l'orgueil; car en accordant à un homme qu'il est savant, on ne laissera pas de le convaincre qu'il a tort d'être superbe.

Le lieu propre à la superbe est la sagesse; car on ne peut accorder à un homme qu'il s'est rendu sage, et qu'il a tort d'être glorieux, car cela est de justice. — Aussi Dieu seul donne la sagesse; et c'est pourquoi : *qui gloriatur, in Domino glorietur*[1].

III. — Comme les deux sources de nos péchés sont l'orgueil et la paresse, Dieu nous a découvert deux qualités en lui pour les guérir: sa miséricorde et sa justice. Le propre de la justice est d'abattre l'orgueil, quelque saintes que soient les œuvres, *ut non intres in judicium*[2]. — Et le propre de la miséricorde est de combattre la paresse en invitant aux bonnes œuvres, selon ce passage: « La miséricorde de Dieu invite à la pénitence; » et cet autre des Ninivites : « Faisons pénitence, pour voir si par aventure il aura pitié de nous[3]. »

Et ainsi tant s'en faut que la miséricorde autorise le relâchement, que c'est, au contraire, la qualité qui le

---

1. Cor., I, 31.
2. Ps., CXLII, 2.
3. Jonas, III, 9.

combat formellement; de sorte qu'au lieu de dire : « S'il n'y avait point en Dieu de miséricorde, il faudrait faire toutes sortes d'efforts pour la vertu », il faut dire, au contraire, que c'est parce qu'il y a en Dieu de la miséricorde, qu'il faut faire toutes sortes d'efforts[1].

IV. — Pour faire d'un homme un saint, il faut bien que ce soit la grâce; et qui en doute, ne sait ce que c'est que saint et qu'homme.

V. — La grâce sera toujours dans le monde, et aussi la nature, de sorte qu'elle est en quelque sorte naturelle. Et ainsi toujours il y aura des pélagiens[2], et toujours des catholiques, et toujours combat.

Parce que la première naissance fait les uns, et la grâce de la seconde naissance fait les autres.

VI. — Tout nous peut être mortel, même les choses faites pour nous servir; comme, dans la nature, les murailles peuvent nous tuer, et les degrés nous tuer, si nous n'allons avec justesse.

Le moindre mouvement importe à toute la nature; la mer entière change pour une pierre. — Ainsi dans la grâce, la moindre action importe pour ses suites à tout. Donc tout est important.

En chaque action il faut regarder, outre l'action, notre état présent, passé, futur, et des autres à qui elle importe, et voir les liaisons de toutes ces choses. Et lors on sera bien retenu.

VII. — La loi n'a pas détruit la nature, mais elle l'a

---

1. Ce morceau commençait d'abord ainsi: « La justice de Dieu et sa miséricorde sont deux choses que Dieu nous fait voir en lui, pour opposer aux deux sources de tous les péchés des hommes qui sont l'orgueil et la paresse. » En titre : *Contre ceux qui, sur la confiance de la miséricorde de Dieu, demeurent dans la nonchalance sans faire de bonnes œuvres.*

2. *Pélagiens*, hérétiques du ve siècle qui niaient la grâce.

instruite : la grâce n'a pas détruit la loi, mais elle l'a fait exercer.

VIII. — La loi obligeait à ce qu'elle ne donnait pas. La grâce donne ce à quoi elle oblige.

IX. — La victoire sur la mort. (I Cor., xv, 57.)
Que sert à l'homme de gagner tout le monde, s'il perd son âme ?

Qui veut garder son âme, la perdra. (Luc., ix, 24 et 25.)

Je ne suis pas venu détruire la loi, mais l'accomplir. (Matth., v, 17.)

Les agneaux n'ôtaient point les péchés du monde ; mais je suis l'agneau qui ôte les péchés. (Joan., i, 29.)

Moïse ne vous a point donné le pain du ciel. (*Ibid.* vi, 32.)

Moïse ne vous a point tirés de captivité et ne vous a pas rendus véritablement libres. (*Ibid.*, viii, 36.) — Moi je vous délivre du péché.

X. — Ce ne sont ni les austérités du corps, ni les agitations de l'esprit, mais les bons mouvements du cœur qui méritent et qui soutiennent les peines du corps et de l'esprit. — Car enfin il faut ces deux choses pour sanctifier, peines et plaisirs.

Saint Paul a dit que ceux qui entreront dans la bonne voie trouveront des troubles et des inquiétudes en grand nombre. (Act., xiv, 21.) — Cela doit consoler ceux qui en sentent, puisque, étant avertis que le chemin du ciel qu'ils cherchent en est rempli, ils doivent se réjouir de rencontrer des marques qu'ils sont dans le véritable chemin.

Mais ces peines-là ne sont pas sans plaisirs, et ne sont jamais surmontées que par le plaisir. — Car de même que ceux qui quittent Dieu pour retourner au monde ne le font que parce qu'ils trouvent plus de douceur dans les plaisirs de la terre que dans ceux de l'union avec Dieu, et que ce charme victorieux les entraîne, et, les faisant

CH. XX. — VIE CHRÉTIENNE, GRACE ET CONCUPISCENCE

repentir de leur premier choix, les rend des pénitents du diable, selon la parole de Tertullien[1]; de même on ne quitterait jamais les plaisirs du monde pour embrasser la croix de Jésus-Christ, si on ne trouvait plus de douceur dans le mépris, dans la pauvreté, dans le dénuement et dans le rebut des hommes que dans les délices du péché.

Et ainsi, comme dit Tertullien[2], il ne faut pas croire que la vie des chrétiens soit une vie de tristesse. — On ne quitte les plaisirs que pour d'autres plus grands. « Priez toujours, dit saint Paul, rendez grâces toujours, réjouissez-vous toujours. » (I Thess., v, 16-18.)

C'est la joie d'avoir trouvé Dieu qui est le principe de la tristesse de l'avoir offensé et de tout le changement de vie. Celui qui a trouvé le trésor dans un champ en a une telle joie, que cette joie, selon Jésus-Christ, lui fait vendre tout ce qu'il a pour l'acheter. (Matth., XIII, 44.)

Les gens du monde n'ont point cette joie « que le monde ne peut ni donner ni ôter », dit Jésus-Christ même. (Jean, XIV, 27, et XVI, 22.)

Les bienheureux ont cette joie, sans aucune tristesse, les gens du monde ont leur tristesse sans cette joie; et les chrétiens ont cette joie mêlée de la tristesse d'avoir suivi d'autres plaisirs, et de la crainte de la perdre par l'attrait de ces autres plaisirs qui nous tentent sans relâche. — Et ainsi nous devons travailler sans cesse à nous conserver cette joie qui modère notre crainte, et à conserver cette crainte qui modère notre joie, et selon qu'on se sent trop emporter vers l'une, se pencher vers l'autre pour demeurer debout. — « Souvenez-vous des biens dans les jours d'affliction, et souvenez-vous de l'affliction dans les jours de réjouissance, » dit l'Écriture (Eccli., XI, 27), jusqu'à ce que la promesse, que Jésus-Christ nous a faite (Jean, XVI, 24) de rendre sa joie pleine en nous, soit accomplie.

---

1. *De Pœnitentia*, V.
2. *De Spectaculis*, 28

Ne nous laissons donc pas abattre à la tristesse, et ne croyons pas que la piété ne consiste qu'en une amertume sans consolation. — La véritable piété, qui ne se trouve parfaite que dans le ciel, est si pleine de satisfactions, qu'elle en remplit et l'entrée et le progrès et le couronnement. — C'est une lumière si éclatante, qu'elle rejaillit sur tout ce qui lui appartient; et s'il y a quelque tristesse mêlée, et surtout à l'entrée, c'est de nous qu'elle vient, et non pas de la vertu; car ce n'est pas l'effet de la piété qui commence d'être en nous, mais de l'impiété qui y est encore.

Otons l'impiété, et la joie sera sans mélange. Ne nous en prenons donc pas à la dévotion, mais à nous-mêmes, et n'y cherchons du soulagement que par notre correction [1].

XI. — Il est vrai qu'il y a de la peine en s'exerçant dans la piété. Mais cette peine ne vient pas de la piété qui commence d'être en nous, mais de l'impiété qui y est encore. Si nos sens ne s'opposaient pas à la pénitence, et que notre corruption ne s'opposât pas à la pureté de Dieu, il n'y aurait en cela rien de pénible pour nous.

Nous ne souffrons qu'à proportion que le vice qui nous est naturel résiste à la grâce surnaturelle. Notre cœur se sent déchiré entre ces efforts contraires. — Mais il serait bien injuste d'imputer cette violence à Dieu qui nous attire, au lieu de l'attribuer au monde qui nous retient. C'est

---

1. Ce fragment est tiré de la 6ᵉ lettre à Mlle de Roannez, sœur du duc, l'ami de Pascal. Avant de devenir duchesse de la Feuillade (1683), elle avait eu la pensée de se faire religieuse à Port-Royal. Pascal lui écrivit alors un certain nombre de lettres, dont les premiers éditeurs tirèrent quelques pensées sans en indiquer la source. M. Cousin retrouva et publia les fragments de neuf de ces lettres (*Etudes*, pp. 431; 345-389). Comme elles datent à peu près de l'époque où Pascal notait ses *Pensées*, et que nous ne pouvons les reproduire complètement, nous en donnons ici les mêmes fragments que Port-Royal, mais en en restituant le texte exact.

comme un enfant que sa mère arrache d'entre les bras des voleurs, et qui doit aimer, dans la peine qu'il souffre, la violence amoureuse et légitime de celle qui procure sa liberté, et ne détester que la violence impétueuse et tyrannique de ceux qui le retiennent injustement.

La plus cruelle guerre que Dieu puisse faire aux hommes en cette vie, est de les laisser sans cette guerre qu'il est venu apporter. *Je suis venu apporter la guerre*, dit-il; et pour instruire de cette guerre, *je suis venu apporter le fer et le feu*. (Matth., x, 34; Luc, xii, 49.) Avant lui, le monde vivait dans une fausse paix.

XII. — Il est bien assuré qu'on ne se détache jamais sans douleur.

On ne sent pas son lien, quand on suit volontairement celui qui entraîne, comme dit saint Augustin. Mais quand on commence à résister et à marcher en s'éloignant, on souffre bien; le lien s'étend et endure toute la violence; et ce lien est notre propre corps, qui ne se rompt qu'à la mort.

Notre-Seigneur a dit que, depuis la venue de Jean-Baptiste, c'est-à-dire depuis son avènement dans chaque fidèle, le royaume de Dieu souffre violence, et que les violents le ravissent. (Matth., xi, 12.)

Avant que l'on soit touché, on n'a que le poids de sa concupiscence qui porte à la terre. Quand Dieu attire en haut, ces deux efforts contraires font cette violence que Dieu seul peut faire surmonter. Mais nous pouvons tout, dit saint Léon, avec celui sans lequel nous ne pouvons rien. Il faut donc se résoudre à souffrir cette guerre toute sa vie; car il n'y a point ici de paix. Jésus-Christ est venu apporter le couteau, et non pas la paix. (Matth., x, 34.)

Mais néanmoins il faut avouer que, comme l'Écriture dit que la sagesse des hommes n'est que folie devant Dieu (I Cor., ii, 19), aussi on peut dire que cette guerre, qui paraît dure aux hommes, est une paix devant Dieu; car c'est cette paix que Jésus-Christ a aussi apportée. — Elle ne sera néanmoins parfaite que quand le corps sera détruit ; et c'est ce qui fait souhaiter la mort, en souffrant néanmoins de bon cœur la vie pour l'amour de celui qui a souffert pour nous et la vie et la mort, et qui peut nous donner plus de bien que nous n'en pouvons ni demander, ni imaginer, comme dit saint Paul. (Éph., III, 20.)[1]

XIII. — Le passé ne nous doit point embarrasser, puisque nous n'avons qu'à avoir regret de nos fautes. Mais l'avenir nous doit encore moins toucher, puisqu'il n'est point du tout à notre égard, et que nous n'y arriverons peut-être jamais. Le présent est le seul temps qui est véritablement à nous, et dont nous devons user selon Dieu. — C'est là où nos pensées doivent être principalement comptées.

Cependant le monde est si inquiet qu'on ne pense presque jamais à la vie présente et à l'instant où l'on vit ; mais à celui où l'on vivra. De sorte qu'on est toujours en état de vivre à l'avenir, et jamais de vivre maintenant. — Notre-Seigneur n'a pas voulu que notre prévoyance s'étendît plus loin que le jour où nous sommes. Ce sont les bornes qu'il faut garder, et pour notre salut, et pour notre propre repos. Car en vérité, les préceptes chrétiens sont les plus pleins de consolations ; je dis plus que les maximes du monde[2].

XIV. — Il y a cela de commun entre la vie ordinaire des hommes et celle des saints qu'ils aspirent tous à la félicité : et ils ne diffèrent qu'en l'objet où ils la placent. Les uns et les autres appellent leurs ennemis ceux qui les empêchent d'y arriver.

XV. — Il est certain que les grâces que Dieu fait en cette vie sont la mesure de la gloire qu'il prépare en l'autre.

---

1. De la 4ᵉ lettre à Mlle de Roannez.
2. *Id.*, 7ᵉ lettre.

CH. XX.—VIE CHRÉTIENNE, GRÂCE ET CONCUPISCENCE 265

Aussi quand je prévois la fin et le couronnement de son ouvrage, par les commencements qui en paraissent dans les personnes de piété, j'entre en une vénération qui me transit de respect envers ceux qu'il semble avoir choisis pour ses élus. Je vous avoue qu'il me paraît que je les vois déjà dans un de ces trônes où ceux, qui auront tout quitté, jugeront le monde avec Jésus-Christ, selon la promesse qu'il en a faite.

Mais quand je viens à penser que ces mêmes personnes peuvent tomber, et être au contraire au nombre malheureux des jugés, et qu'il y en aura tant qui tomberont de la gloire, et qui laisseront prendre à d'autres, par leur négligence, la couronne que Dieu leur avait offerte, je ne puis souffrir cette pensée; et l'effroi que j'aurais de les voir en cet état éternel de misère, après les avoir imaginés, avec tant de raison, dans l'autre état, me fait détourner l'esprit de cette idée, et revenir à Dieu pour le prier de ne pas abandonner les faibles créatures qu'il s'est acquises, et lui dire... avec saint Paul : « Seigneur, achevez vous-même l'ouvrage que vous avez commencé[1]. » — Saint Paul se considérait souvent en ces deux états; et c'est ce qui lui fait dire ailleurs : *Je châtie mon corps, et je le réduis en servitude; de peur qu'après avoir prêché aux autres, je me sois réprouvé moi-même.* (I Cor., IX, 27.) — Je finis donc par ces paroles de Job (XXXI, 23) : « J'ai toujours craint le Seigneur comme les flots d'une mer furieuse et enflée pour m'engloutir. » Et ailleurs : « Bienheureux est l'homme qui est toujours en crainte. » (Ps. CXI, 1.)[2]

XVI. — *Crainte mauvaise, crainte non celle qui vient de ce qu'on croit Dieu, mais celle qui vient de ce qu'on doute s'il est ou non.* — La bonne crainte vient de la foi; la fausse crainte vient du doute; la bonne crainte jointe à

---

1. Philipp., 1-6.
2. De la 3ᵉ lettre à Mlle de Roannez.

l'espérance, parce qu'elle naît de la foi et que l'on espère au Dieu que l'on croit; la mauvaise jointe au désespoir, parce qu'on craint le Dieu auquel on n'a point de foi. Les uns craignent de le perdre ; les autres craignent de le trouver.

CHAPITRE XXI

L'Œuvre de Jésus dans le don et l'accroissement des vertus chrétiennes.

§ 1. *La foi.* — § 2. *L'espérance et la charité.* — § 3. *La prière et les œuvres.* — § 4. *Défense de la vérité.* — § 5. *Amour de la paix.* — § 6. *Amour de la pauvreté et de la souffrance.*

§ 1ᵉʳ. — LA FOI

I. — La foi reçue au baptême est la source de toute la vie du chrétien et des convertis.

II. — Jésus-Christ a donné dans l'Évangile cette marque pour reconnaître ceux qui ont la foi, qui est qu'ils parleront un langage nouveau ; et en effet, le renouvellement des pensées et des désirs cause celui des discours.

Car cette nouveauté, qui ne peut déplaire à Dieu, comme le vieil homme ne lui peut plaire, est différente des nouveautés de la terre, en ce que les choses du monde, quelque nouvelles qu'elles soient, vieillissent en durant ; au lieu que cet esprit nouveau se renouvelle d'autant plus qu'il dure davantage.

« Notre vieil homme périt, dit saint Paul (II Cor., IV, 16), et se renouvelle de jour en jour ; » et ne sera parfaitement nouveau que dans l'éternité, où l'on chantera sans cesse ce cantique nouveau dont parle David dans ses psaumes, c'est-à-dire ce chant qui part de l'esprit nouveau de la charité[1].

III. — Le juste agit par foi dans les moindres choses :

---

1. De la 3ᵉ lettre à Mlle de Roannez.

quand il reprend ses serviteurs, il souhaite leur conversion par l'esprit de Dieu, et prie Dieu de les corriger, et attend autant de Dieu que de ses répréhensions, et prie Dieu de bénir ses corrections. — Et ainsi aux autres actions.

IV. — De tout ce qui est sur la terre, il ne prend part qu'aux déplaisirs, non aux plaisirs. Il aime ses proches mais sa charité ne se renferme pas dans ces bornes, et se répand sur ses ennemis, et puis sur ceux de Dieu.

V. — Abraham ne prit rien pour lui, mais seulement pour ses serviteurs ; ainsi le juste ne prend rien pour soi du monde, ni des applaudissements du monde, mais seulement pour ses passions, desquelles il se sert comme maître, en disant à l'une : Va ; et à l'autre ; Viens. — *Sub te erit appetitus tuus*[1].

Les passions ainsi dominées sont vertus. L'avarice, la jalousie, la colère, Dieu même se les attribue ; et ce sont aussi bien vertus que la clémence, la pitié, la constance, qui sont aussi des passions.

Il faut s'en servir comme d'esclaves, et, leur laissant leur aliment, empêcher que l'âme n'y en prenne ; car quand les passions sont les maîtresses, elles sont vices, et alors elles donnent à l'âme de leur aliment, et l'âme s'en nourrit et s'en empoisonne.

VI. — Il n'y a que deux sortes d'hommes : les uns, justes, qui se croient pécheurs ; les autres, pécheurs, qui se croient justes.

VII. — Avec combien peu d'orgueil un chrétien se croit-il uni à Dieu ! Avec combien peu d'abjection s'égale-t-il aux vers de la terre ! — La belle manière de recevoir la vie et la mort, les biens et les maux !

VIII. — Faites les petites choses comme grandes, à

---

1. Gen., iv, 7.

cause de la majesté de Jésus-Christ qui les fait en nous et qui vit notre vie, et les grandes comme petites et aisées, à cause de sa toute-puissance.

§ 2. — L'ESPÉRANCE ET LA CHARITÉ

I. — L'espérance, que les chrétiens ont de posséder un bien infini, est mêlée de jouissance aussi bien que de crainte; car ce n'est pas comme ceux qui espéreraient un Royaume, dont ils n'auraient rien étant sujets; mais ils espèrent la sainteté, l'exemption d'injustice, et ils en ont quelque chose.

II. — On ne s'éloigne de Dieu qu'en s'éloignant de la charité.

Nos prières et nos vertus sont abomination[1] devant Dieu si elles ne sont les prières et les vertus de Jésus-Christ. Et nos péchés ne seront jamais l'objet de la miséricorde, mais de la justice de Dieu, s'ils ne sont ceux de Jésus-Christ.

Il a adopté nos péchés, et nous a admis à son alliance; car les vertus lui sont propres, et les péchés étrangers; et les vertus nous sont étrangères, et nos péchés nous sont propres.

Changeons la règle que nous avons prise jusqu'ici pour juger de ce qui est bon. Nous en avions pour règle notre volonté; prenons maintenant la volonté de Dieu: tout ce qu'il veut nous est bon et juste; tout ce qu'il ne veut pas nous est mauvais.

Tout ce que Dieu ne veut pas est défendu. — Les péchés sont

---

1. Si elle devait être prise à la lettre, cette expression serait excessive et paraîtrait refléter l'erreur de Baïus et de Quesnel que, sans la grâce, les actes humains sont nécessairement des péchés. Mais Pascal, qui se place plutôt au point de vue psychologique et moral, ne va pas à cette extrémité, comme il ressort de bon nombre d'autres Pensées. (V. notre *Introduction*, ch. VIII, *ad fin.*)

défendus par la déclaration générale que Dieu a faite, qu'il ne les voulait pas. Les autres choses qu'il a laissées sans défense générale, et qu'on appelle, par cette raison, permises, ne sont pas néanmoins toujours permises. Car, quand Dieu en éloigne quelqu'une de nous, et que par l'évènement, qui est une manifestation de la volonté de Dieu, il paraît que Dieu ne veut pas que nous ayons une chose, cela nous est défendu alors comme le péché, puisque la volonté de Dieu est que nous n'ayons non plus l'un que l'autre. — Il y a cette différence seule entre ces deux choses, qu'il est sûr que Dieu ne voudra jamais le péché, au lieu qu'il ne l'est pas qu'il ne voudra jamais l'autre. Mais tandis que Dieu ne le veut pas, nous la devons regarder comme péché ; tandis que l'absence de la volonté de Dieu, qui est seule toute la bonté et toute la justice, la rend injuste et mauvaise.

III. — Toute religion est fausse, qui, dans sa foi, n'adore pas un Dieu comme principe de toutes choses, et qui, dans sa morale, n'aime pas un seul Dieu comme objet de toutes choses.

IV. — Il y a bien de la différence entre n'être pas pour Jésus-Christ, et le dire, ou n'être pas pour Jésus-Christ, et feindre d'en être. Les uns peuvent faire des miracles, non les autres ; car il est clair des uns qu'ils sont contre la vérité, non des autres ; et ainsi les miracles sont plus clairs.

V. — C'est une chose si visible qu'il faut aimer un seul Dieu, qu'il ne faut pas de miracles pour le prouver.

VI. — *Adhærens Deo unus spiritus est*[1]. On s'aime, parce qu'on est membre de Jésus-Christ. On aime Jésus-Christ, parce qu'il est le corps dont on est membre. Tout est un : l'un est l'autre, comme les trois personnes.

VII. — La charité n'est pas un précepte figuratif. Dire

---

1. I Cor., vi, 17.

que Jésus-Christ, qui est venu ôter les figures pour mettre la vérité, ne soit venu que mettre la figure de la charité, pour ôter la réalité qui était auparavant, cela est horrible.

Si la lumière est ténèbres, que seront les ténèbres ?

§ 3. — LA PRIÈRE ET LES ŒUVRES

I. — Pourquoi Dieu a établi la prière :

1° Pour communiquer à ses créatures la dignité de la causalité ;

2° Pour nous apprendre de qui nous tenons la vertu ;

3° Pour nous faire mériter les autres vertus par travail.

Objection. Mais on croira qu'on tient la prière de soi ? Cela est absurde, car puisque ayant la foi on ne peut pas avoir les vertus, comment aurait-on la foi ? Y a-t-il plus de distance de l'infidélité à la foi que de la foi à la vertu ?

Dieu ne doit que suivant ses promesses. Il a promis d'accorder la justice aux prières. Jamais il n'a promis la prière qu'aux enfants de la promesse.

Mais, pour se conserver la prééminence, il donne la prière à qui il lui plaît[1].

---

1. Cette dernière phrase, où les éditions antérieures mettaient *prière* au lieu de *prééminence* est en note marginale dans l'autographe. — L'idée du raisonnement de Pascal est celle-ci : La prière implique déjà un commencement de foi. Or, dans l'ordre du salut, la foi, même initiale, est déjà un effet de la grâce surnaturelle : donc la prière l'est aussi. — Ces façons de parler : « Il n'a promis la prière qu'aux enfants de la promesse ; il donne la prière à qui il lui plaît, » sont susceptibles de deux significations : l'une orthodoxe, dans le sens des décisions des Conciles d'Orange et de Trente, qui maintiennent, contre les semi-pélagiens, que les premières grâces elles-mêmes qui mènent à la foi (*initium fidei*), sont déjà des *dons gratuits* de Dieu, mais que, dans l'ordre actuel de la rédemption, il donne à tous dans une mesure nécessaire et suffisante ; l'autre hétérodoxe, dans le sens des prédestinatiens et jansénistes, d'après lequel Dieu ne donnerait ces grâces indispen-

II. — Nous implorons la miséricorde de Dieu, non afin qu'il nous laisse en paix dans nos vices, mais afin qu'il nous en délivre.

III. — Les hommes prennent souvent leur imagination pour leur cœur ; et ils croient être convertis dès qu'ils pensent à se convertir.

IV. — Il faut juger de ce qui est bon ou mauvais par la volonté de Dieu, qui ne peut être ni injuste ni aveugle ; et non pas par la nôtre propre, qui est toujours pleine de malice et d'erreur.

V. — Œuvres extérieures. — Il n'y a rien de si périlleux que ce qui plaît à Dieu et aux hommes. Car les états qui plaisent à Dieu et aux hommes ont une chose qui plaît à Dieu, et une autre qui plaît aux hommes. — Comme la grandeur de sainte Thérèse : ce qui plaît à Dieu est sa profonde humilité dans ses révélations ; ce qui plaît aux hommes sont ses lumières. Et ainsi on se tue d'imiter ses discours, pensant imiter son état, et pas tant d'aimer ce que Dieu aime, et de se mettre en l'état que Dieu aime.

Il vaut mieux ne pas jeûner et en être humilié, que jeûner et en être complaisant. — Pharisien, publicain.

Que me servirait de m'en souvenir, si cela peut également me nuire et me servir ? et que tout dépend de la bénédiction de Dieu, qu'il ne donne qu'aux choses faites pour lui, et selon ses règles et dans ses voies, la manière étant ainsi aussi importante que la chose, et peut-être plus, puisque Dieu peut du mal tirer du bien, et que, sans Dieu, on tire le mal du bien.

---

sables qu'aux élus en les refusant aux autres, parce que Jésus-Christ ne serait pas mort pour tous. Pascal affirmant à diverses reprises que J.-C. est mort pour *tous*, il n'y a pas lieu d'attribuer une signification répréhensible à ses expressions un peu trop sommaires.

VI. — Les conditions les plus aisées à vivre selon le monde sont les plus difficiles à vivre selon Dieu ; et au contraire. — Rien n'est si difficile selon le monde que la vie religieuse ; rien n'est plus facile que de la passer selon Dieu. Rien n'est plus aisé que d'être dans une grande charge et dans de grands biens selon le monde ; rien n'est plus difficile que d'y vivre selon Dieu, et sans y prendre de part et de goût.

VII. — Quelle différence entre un soldat et un chartreux, quant à l'obéissance ! — Car ils sont également obéissants et dépendants, et dans des exercices également pénibles. Mais le soldat espère toujours devenir maître et ne le devient jamais, car les capitaines et princes mêmes sont toujours esclaves et dépendants ; mais il l'espère toujours, et travaille toujours à y venir ; au lieu que le chartreux fait vœu de n'être jamais que dépendant. — Ainsi ils ne diffèrent pas dans la servitude perpétuelle que tous deux ont toujours, mais dans l'espérance que l'un a toujours, et l'autre jamais.

VIII. — Ce qui nous gâte pour comparer ce qui s'est passé autrefois dans l'Eglise à ce qui s'y voit maintenant, c'est qu'ordinairement on regarde saint Athanase, sainte Thérèse et les autres, comme couronnés de gloire et agissant avec nous comme des dieux. — A présent que le temps a éclairci les choses, cela paraît ainsi. — Mais au temps où on le persécutait, ce grand saint était un homme qui s'appelait Athanase, et sainte Thérèse une fille. *Élie était un homme comme nous et sujet aux mêmes passions que nous,* dit saint Jacques (Jac., v, 17), pour désabuser les chrétiens de cette fausse idée qui nous fait rejeter l'exemple des saints comme disproportionné à notre état : c'étaient des saints, disons-nous, ce n'est pas comme nous.

IX. — Les exemples des morts généreuses des Lacédémoniens et autres ne touchent guère ; car qu'est-ce que cela nous apporte? — Mais l'exemple de la mort des martyrs nous touche; car ce sont nos membres. Nous avons un lien commun avec eux; leur résolution peut former la nôtre, non seulement par l'exemple, mais parce qu'elle a peut-être mérité la nôtre. — Il n'est rien de cela aux exemples des païens: nous n'avons point de liaison à eux; comme on ne devient pas riche pour voir un étranger qui l'est, mais bien pour voir son père ou son mari qui le soient.

X. — Quand on dit que Jésus-Christ n'est pas mort pour tous, vous abusez d'un vice des hommes qui s'appliquent incontinent cette exception : ce qui est favoriser le désespoir, au lieu de les en détourner pour favoriser l'espérance; car on s'accoutume ainsi aux vertus intérieures par ces habitudes extérieures[1].

XI. — Les pénitences extérieures disposent à l'intérieure, comme les humiliations à l'humilité.

XII. — Pour les religions, il faut être sincère : vrais païens, vrais juifs, vrais chrétiens.

§ 4. — DÉFENSE DE LA VÉRITÉ

I. — Les malingres sont gens qui connaissent la vérité, mais qui ne la soutiennent qu'autant que leur intérêt s'y rencontre; mais hors de là ils l'abandonnent.

II. — Dieu est bien abandonné. Il semble que ce soit un temps où le service qu'on lui rend lui est bien agréable.

Il veut que nous jugions de la grâce par la nature : et ainsi il permet de considérer que, comme un prince chassé de son palais par ses sujets, a des tendresses extrêmes pour ceux

---

1. Ici Pascal, non seulement répudie nettement la 5ᵉ proposition de Jansénius, mais il indique l'une des raisons principales qui doivent faire rejeter une doctrine qui, favorisant le désespoir, détruit la base même de la morale chrétienne.

qui lui demeurent fidèles dans la révolte publique, de même il semble que Dieu considère, avec une bonté particulière, ceux qui défendent aujourd'hui la pureté de la religion et de la morale, quand elle est combattue. Mais il y a cette différence entre les rois de la terre et le Roi des rois, que les princes ne rendent pas leurs sujets fidèles; mais qu'ils les trouvent tels: au lieu que Dieu ne trouve jamais les hommes qu'infidèles et qu'il les rend fidèles quand ils le sont. De sorte qu'au lieu que les rois ont une obligation insigne à ceux qui demeurent dans leur obéissance, il arrive au contraire que ceux qui subsistent dans le service de Dieu lui sont eux-mêmes redevables infiniment[1].

III. — Ils usent si mal, au moins en ce qui m'en paraît, de l'avantage que Dieu leur offre de souffrir quelque chose pour l'établissement de ses vérités. Car, quand ce serait pour l'établissement de leurs vérités, ils n'agiraient pas autrement; et il semble qu'ils ignorent que la même Providence qui a inspiré les lumières aux uns, les refuse aux autres; et il semble qu'en travaillant à les persuader, ils servent un autre Dieu que celui qui permet que des obstacles s'opposent à leur progrès. Ils croient rendre service à Dieu, en murmurant contre les empêchements: comme si c'était une autre puissance qui excitât leur piété et une autre qui donnât vigueur à ceux qui s'y opposent!

C'est ce que fait l'esprit propre. Quand nous voulons, par notre propre mouvement, que quelque chose réussisse, nous nous irritons contre les obstacles, parce que nous sentons dans ces empêchements ce que le motif qui nous fait agir n'y a pas mis, et nous y trouvons des choses que l'esprit propre, qui nous fait agir, n'y a pas formées.

Mais quand Dieu fait agir véritablement, nous ne sentons jamais rien au dehors qui ne vienne du même principe

---

1. Extrait de la 5ᵉ lettre de Mˡˡᵉ Roannez. — Allusions aux querelles jansénistes du temps.

qui nous fait agir; il n'y a point d'opposition au motif qui nous presse. Le même moteur qui nous porte à agir en porte d'autres à nous résister; au moins il le permet : de sorte que, comme nous n'y trouvons point de différence, et que ce n'est pas notre esprit qui combat les événements étrangers, mais un même esprit qui produit le bien et qui permet le mal, cette uniformité ne trouble point la paix d'une âme, et est une des meilleures marques qu'on agit par l'esprit de Dieu; puisqu'il est bien plus certain que Dieu permet ce mal, quelque grand qu'il soit, que non pas que Dieu fait le bien en nous (et non pas quelque motif secret), quelque grand qu'il nous paraisse. — De sorte que, pour bien reconnaître si c'est Dieu qui nous fait agir, il vaut bien mieux s'examiner par nos comportements au dehors que par nos motifs au dedans : puisque si nous n'examinons que le dedans, quoique nous n'y trouvions que du bien, nous ne pouvons pas nous assurer que ce bien vienne véritablement de Dieu; mais quand nous nous examinons au dehors, c'est-à-dire quand nous considérons si nous souffrons les empêchements extérieurs avec patience, cela signifie qu'il y a une uniformité d'esprit entre le moteur qui inspire nos passions, et celui qui permet les résistances à nos passions : et comme il est sans doute que c'est Dieu qui permet les unes, on a droit d'espérer humblement que c'est Dieu qui produit les autres.

Mais quoi ! on agit comme si on avait mission pour faire triompher la vérité, au lieu que nous n'avons mission que pour combattre pour elle.

Le désir de vaincre est si naturel que quand il se couvre du désir de faire triompher la vérité, on prend souvent l'un pour l'autre; et on croit rechercher la gloire de Dieu, en cherchant en effet la sienne. — Il me semble que la manière dont nous supportons les empêchements en est la plus sûre marque. — Car enfin si nous ne voulons que l'ordre de Dieu, il est sans doute que nous souhaiterons autant le triomphe de sa justice que celui de sa miséricorde; et que quand il n'y aura point de notre négligence, nous serons dans une égalité d'esprit, soit que la vérité soit connue, soit qu'elle soit combattue ; puisque en l'un la miséricorde de Dieu triomphe, et en l'autre sa justice.

Pater juste, mundus te non cognovit. « Père juste, le monde ne t'a pas connu[1]. » Sur quoi saint Augustin dit que c'est un effet de sa justice qu'il ne soit point connu du monde. Prions et travaillons, et réjouissons-nous de tout, comme dit saint Paul[2].

§ 5. — AMOUR DE LA PAIX

I. — Comme la paix dans les États n'a pour objet que de conserver les biens des peuples en assurance, de même la paix de l'Église n'a pour objet que de conserver en assurance la vérité qui est son bien et le trésor où est son cœur ; et comme ce serait aller contre le bien de la paix que de laisser entrer l'ennemi dans un État pour le piller sans s'y opposer, de crainte de troubler le repos, parce que la paix n'étant juste et utile que pour la sûreté du bien, elle devient injuste et pernicieuse quand elle le laisse perdre, et la guerre qui le peut défendre devient et juste et nécessaire ; de même dans l'Église, quand la vérité est offensée par les ennemis de la foi, quand on veut l'arracher du cœur des fidèles pour y faire régner l'erreur, de demeurer en paix alors serait-ce servir l'Église ou la trahir ? serait-ce la défendre ou la ruiner ? Et n'est-il pas visible que comme c'est un crime de troubler la paix où la vérité règne, c'est aussi un crime de demeurer en paix quand on détruit la vérité ?

---

1. JOAN., XVII, 27.
2. Ce fragment, donné par Bossut avec des altérations et sans indication de source, est extrait d'une lettre de Pascal à son beau-frère Périer, qu'a publiée M. Cousin (*Études*, p. 453). Le début en est ainsi conçu : « Vous me faites plaisir de me demander tous les détails de vos fronderies, et principalement puisque vous y êtes intéressé ; car je m'imagine que vous n'imitez pas nos frondeurs de ce pays-ci, qui usent si mal... »

II. — Il y a donc un temps où la paix est juste et un autre où elle est injuste. Et il est écrit qu'il y a temps de paix et temps de guerre ; et c'est l'intérêt de la vérité qui les discerne. Mais il n'y a pas temps de vérité et temps d'erreur, et il est écrit au contraire que la vérité de Dieu demeure éternellement; et c'est pourquoi Jésus-Christ, qui dit qu'il est venu apporter la paix dit aussi qu'il est venu apporter la guerre. Mais il ne dit pas qu'il est venu apporter la vérité et le mensonge.

La vérité est donc la première règle et la dernière fin des choses.

§ 6. — Amour de la pauvreté et de la souffrance

I. — Si j'avais le cœur aussi pauvre que l'esprit, je serais bien heureux ; car je suis merveilleusement persuadé que la pauvreté est un grand moyen pour faire son salut.

II. — J'ai remarqué une chose : que quelque pauvre qu'on soit, on laisse toujours quelque chose en mourant.

III. — J'aime la pauvreté, parce que Jésus-Christ l'a aimée. J'aime les biens, parce qu'ils donnent moyen d'en assister les misérables. Je garde fidélité à tout le monde. Je ne rends pas le mal à ceux qui m'en font; mais je leur souhaite une condition pareille à la mienne, où l'on ne reçoit pas de mal ni de bien de la plupart des hommes. J'essaye d'être juste, véritable, sincère et fidèle à tous les hommes, et j'ai une tendresse de cœur pour ceux que Dieu m'a unis plus étroitement. Et soit que je sois seul, ou à la vue des hommes, j'ai en toutes mes actions la vue de Dieu qui doit les juger, et à qui je les ai toutes consacrées. Voilà quels sont mes sentiments; et je bénis tous les jours de ma vie mon Rédempteur qui les a mis en moi, et qui, d'un homme plein de faiblesse, de misère, de concupiscence, d'orgueil et d'ambition, a fait un homme exempt de tous ces maux, par la force de la grâce à laquelle tout en est dû, n'ayant de moi que la misère et l'horreur.

IV. — La maladie est l'état naturel des chrétiens, parce qu'on est par là, comme on devrait toujours être, dans la souffrance des maux, dans la privation de tous les biens et de tous les plaisirs des sens, exempt de toutes les passions qui travaillent pendant tout le cours de la vie, sans ambition, sans avarice, dans l'attente continuelle de la mort. — N'est-ce pas ainsi que les chrétiens devraient passer la vie? Et n'est-ce pas un grand bonheur, quand on se trouve par nécessité dans l'état où l'on est obligé d'être, et qu'on n'a autre chose à faire qu'à se soumettre humblement et paisiblement? C'est pourquoi je ne demande autre chose que de prier Dieu qu'il me fasse cette grâce[1].

---

1. Ces quatre pensées ont été recueillies des conversations de Pascal durant sa dernière maladie, et conservées par Mme Périer, sa sœur, dans sa *Vie*. — Il en est de même du fragment 16 de la p. 53, qui fut retrouvé après la mort de Pascal, écrit sur un petit papier, ainsi que celui : « J'aime la pauvreté. » Ce dernier commençait d'abord par ces mots barrés : « J'aime tous les hommes comme mes frères, parce qu'ils sont *tous* rachetés. » — Il n'y a aucune raison de croire qu'ils furent effacés par scrupule janséniste, vu que la même idée, contraire au dogme de Jansénius, se trouve exprimée ailleurs. Le caractère intime et personnel de ces pensées empêche qu'on puisse y voir un sentiment d'orgueil ou de vantardise, comme celui de la prière du pharisien, dont M. Havet a cru pouvoir invoquer la prétendue analogie.

CHAPITRE XXII

L'Œuvre de Jésus dans le triomphe de la grâce sur le péché.

Sur la Conversion du Pécheur[1].

La première chose que Dieu inspire à l'âme qu'il daigne toucher véritablement est une connaissance et une vue tout extraordinaire, par laquelle l'âme considère les choses et elle-même d'une façon toute nouvelle.

Cette nouvelle lumière lui donne de la crainte, et lui apporte un trouble qui traverse le repos qu'elle trouvait dans les choses qui faisaient ses délices.

Elle ne peut plus goûter avec tranquillité les objets qui la charmaient. Un scrupule continuel la combat dans cette jouissance, et cette vue intérieure ne lui fait plus trouver cette douceur accoutumée parmi les choses où elle s'abandonnait avec une pleine effusion de cœur.

Mais elle trouve encore plus d'amertume dans les exercices de piété que dans les vanités du monde. D'une part, la présence des objets visibles la touche plus que l'espérance des invisibles; et de l'autre, la solidité des invisibles la

---

1. Ce fragment a été publié pour la première fois par Bossut; puis, d'une façon plus correcte, par M. Faugère. L'authenticité n'en est pas douteuse : par contre, la date de sa composition est difficile à préciser. M. Faugère la place après la *première* conversion, vers 1647 ou 1648; M. Havet au contraire la reporte à l'époque de la *seconde* et définitive conversion, en 1654. Pascal, sans doute, y retrace ses impressions personnelles : le ton en est grave et austère, mais ce n'est pas une raison d'y voir l'influence des principes jansénistes. La tournure d'esprit de Pascal explique suffisamment cet accent d'austérité. D'ailleurs il a complété sa pensée, à ce sujet, par ce qu'il dit plus haut du vrai caractère de la piété chrétienne.

touche plus que la vanité des visibles. Et ainsi la présence des uns et la solidité des autres disputent son affection, et la vanité des uns et l'absence des autres excitent son aversion, de sorte qu'il naît dans elle un désordre et une confusion[1] [qu'elle a peine à démêler, mais qui est la suite d'anciennes impressions longtemps senties, et des nouvelles qu'elle éprouve].

Elle considère les choses périssables comme périssantes et même déjà péries; et dans la vue certaine de l'anéantissement de tout ce qu'elle aime, elle s'effraye dans cette considération, en voyant que chaque instant lui arrache la jouissance de son bien, et que ce qui lui est le plus cher s'écoule à tout moment, et qu'enfin un jour certain viendra auquel elle se trouvera dénuée de toutes les choses auxquelles elle avait mis son espérance. De sorte qu'elle comprend parfaitement que son cœur ne s'étant attaché qu'à des choses fragiles et vaines, son âme doit se trouver seule et abandonnée au sortir de cette vie, puisqu'elle n'a pas eu soin de se joindre à un bien véritable et subsistant par lui-même, qui pût la soutenir et durant et après cette vie.

De là vient qu'elle commence à considérer comme un néant tout ce qui doit retourner dans le néant: le ciel, la terre, son esprit, son corps, ses parents, ses amis, ses ennemis; les biens, la pauvreté; la disgrâce, la prospérité; l'honneur, l'ignominie; l'estime, le mépris; l'autorité, l'indigence; la santé, la maladie, et la vie même. Enfin, tout ce qui doit moins durer que son âme est incapable de satisfaire le désir de cette âme qui recherche sérieusement à s'établir dans une félicité aussi durable qu'elle-même.

Elle commence à s'étonner de l'aveuglement où elle était plongée: et quand elle considère, d'une part, le long

---

1. Ce qui est renfermé entre crochets est suppléé par Bossut aux lacunes du texte incomplet.

temps qu'elle a vécu sans faire ces réflexions, et le grand nombre de personnes qui vivent de la sorte; et de l'autre, combien il est constant que l'âme, étant immortelle comme elle est, ne peut trouver sa félicité parmi des choses périssables et qui lui seront ôtées au moins à la mort, elle entre dans une sainte confusion et dans un étonnement qui lui porte un trouble bien salutaire.

Car elle considère que, quelque grand que soit le nombre de ceux qui vieillissent dans les maximes du monde, et quelque autorité que puisse avoir cette multitude d'exemples de ceux qui posent leur félicité au monde, il est constant néanmoins que quand les choses du monde auraient quelque plaisir solide (ce qui est reconnu pour faux par un nombre infini d'expériences si funestes et si continuelles), il est inévitable que la perte de ces choses ou que la mort enfin nous en prive: de sorte que, l'âme s'étant amassé des trésors de biens temporels de quelque nature qu'ils soient, soit or, soit science, soit réputation, c'est une nécessité indispensable qu'elle se trouve dénuée de tous ces objets de sa félicité; et qu'ainsi, s'ils ont eu de quoi la satisfaire, ils n'auront pas de quoi la satisfaire toujours; et que si c'est se procurer un bonheur véritable, ce n'est pas se proposer un bonheur bien durable, puisqu'il doit être borné avec le cours de cette vie.

De sorte que, par une sainte humilité que Dieu relève au-dessus de la superbe, elle commence à s'élever au-dessus du commun des hommes. Elle condamne leur conduite; elle déteste leurs maximes; elle pleure leur aveuglement; elle se porte à la recherche du véritable bien; elle comprend qu'il faut qu'il ait ces deux qualités: l'une, qu'il dure autant qu'elle et qu'il ne puisse lui être ôté que de son consentement; et l'autre, qu'il n'y ait rien de plus aimable.

Elle voit que, dans l'amour qu'elle a eu pour le monde, elle trouvait en lui cette seconde qualité dans son aveuglement; car elle ne reconnaissait rien de plus aimable. Mais comme elle n'y voit pas la première, elle connaît que ce n'est pas le souverain bien. Elle le cherche donc ailleurs; et connaissant, par une lumière toute pure, qu'il n'est point dans les choses qui sont en elle, ni hors d'elle, ni devant elle, rien donc en elle ni à ses côtés, elle commence à le chercher au-dessus d'elle.

Cette élévation est si éminente et si transcendante, qu'elle ne s'arrête pas au ciel : il n'a pas de quoi la satisfaire; ni au-dessus du ciel, ni aux Anges, ni aux êtres les plus parfaits. Elle traverse toutes les créatures, et ne peut arrêter son cœur qu'elle ne se soit rendue jusqu'au trône de Dieu; dans lequel elle commence à trouver son repos, et ce bien qui est tel qu'il n'y a rien de plus aimable, et qui ne peut lui être ôté que par son propre consentement.

Car, encore qu'elle ne sente pas ces charmes dont Dieu récompense l'habitude dans la piété, elle comprend néanmoins que les créatures ne peuvent pas être plus aimables que le Créateur; et sa raison, aidée des lumières de la grâce, lui fait connaître qu'il n'y a rien de plus aimable que Dieu, et qu'il ne peut être ôté qu'à ceux qui le rejettent, puisque c'est le posséder que de le désirer, et que le refuser c'est le perdre.

Ainsi elle se réjouit d'avoir trouvé un bien qui ne peut pas lui être ravi tant qu'elle le désirera, et qui n'a rien au-dessus de soi.

Et dans ces réflexions nouvelles elle entre dans la vue des grandeurs de son Créateur, et dans des humiliations et des adorations profondes. Elle s'anéantit en conséquence; et ne pouvant former d'elle-même une idée assez basse, ni en concevoir une assez relevée de ce bien souverain, elle fait de nouveaux efforts pour se rabaisser jusqu'aux derniers abîmes du néant, en considérant Dieu dans des immensités qu'elle multiplie sans cesse. Enfin, dans cette conception qui épuise ses forces, elle l'adore en silence, elle se considère comme sa vile et inutile créature, et par ses respects réitérés l'adore et le bénit, et voudrait à jamais le bénir et l'adorer.

Ensuite elle reconnaît la grâce qu'il lui a faite de manifester son infinie majesté à un si chétif vermisseau ; et après une ferme résolution d'en être éternellement reconnaissante, elle entre en confusion d'avoir préféré tant de vanités à ce divin Maître ; et dans un esprit de componction et de pénitence, elle a recours à sa pitié, pour arrêter sa colère, dont l'effet lui paraît épouvantable. — Dans la vue de ces immensités... elle fait d'ardentes prières à Dieu pour obtenir de sa miséricorde que, comme il lui a plu de se découvrir à elle, il lui plaise de la conduire à lui et lui faire connaître les moyens d'y arriver. Car comme c'est à Dieu qu'elle aspire, elle aspire encore à n'y arriver que par des moyens qui viennent de Dieu même, parce qu'elle veut qu'il soit lui-même son chemin, son objet et sa dernière fin...

En suite de ces prières, elle commence d'agir et cherche entre ceux...

Elle commence à connaître Dieu, et désire d'y arriver ; mais comme elle ignore les moyens d'y parvenir, si son désir est sincère et véritable, elle fait la même chose qu'une personne qui désirant arriver en quelque lieu, ayant perdu le chemin et connaissant son égarement, aurait recours à ceux qui sauraient parfaitement ce chemin : [elle consulte de même ceux qui peuvent l'instruire de la voie qui mène à ce Dieu qu'elle a si longtemps abandonné].

Elle se résout de conformer à ses volontés le reste de sa vie ; et comme sa faiblesse naturelle, avec l'habitude qu'elle a aux péchés où elle a vécu, l'ont réduite dans l'impuissance d'arriver à cette félicité, elle implore de sa miséricorde les moyens d'arriver à lui, de s'attacher à lui, d'y adhérer éternellement......

Ainsi elle reconnaît qu'elle doit adorer Dieu comme créature, lui rendre grâces comme redevable, lui satisfaire comme coupable, le prier comme indigente.

CHAPITRE XXIII

L'Œuvre de Jésus dans le triomphe de la grâce sur la douleur et la mort.

Lettre de Blaise Pascal à M. Périer, son beau-frère, et à Mme *Périer, sa sœur, au sujet de la mort de M. Étienne Pascal, leur père*[1].

A Paris, le 17 octobre 1651.

.... Je vous commencerai ce que j'ai à dire par un discours bien consolatif à ceux qui ont assez de liberté d'esprit pour le concevoir au fort de la douleur. C'est que nous devons chercher la consolation à nos maux, non pas dans nous-mêmes, non pas dans les hommes, non pas dans tout ce qui est créé, mais dans Dieu.

Et la raison en est que toutes les créatures ne sont pas la première cause des accidents que nous appelons maux; mais que la providence de Dieu en étant l'unique et véritable cause,

---

1. Étienne Pascal était mort le 24 septembre 1651, à Clermont-Ferrand, pendant que Blaise et sa sœur Jacqueline, non encore entrée à Port-Royal, se trouvaient à Paris. Après une première lettre de filiale condoléance écrite par tous deux à leur famille de Clermont, et qui est perdue, Blaise en écrivit une seconde qui est un vrai petit traité, dont les éditeurs de Port-Royal avaient déjà tiré un certain nombre de pensées *sur la mort*, qui forment leur art. XXX. A leur exemple, nous croyons pouvoir la donner ici en son texte exact. Dans l'accent austère avec lequel elle est écrite, on a voulu voir un reflet des idées jansénistes. Nous n'y apercevons, quant à nous, que l'empreinte du tempérament personnel de Pascal.

En voici le début : « Puisque vous êtes maintenant informés l'un et l'autre de notre malheur commun, et que la lettre que nous avions commencée vous a donné quelque consolation, par le récit des circonstances heureuses qui ont accompagné le sujet de notre affliction, je ne puis vous refuser celles qui me

l'arbitre et la souveraine, il est indubitable qu'il faut recourir directement à la source et remonter jusqu'à l'origine, pour trouver un solide allègement. — Que si nous suivons ce précepte, et que nous envisagions cet événement, non pas comme un effet du hasard, non pas comme une nécessité fatale de la nature, non pas comme le jouet des éléments et des parties qui composent l'homme (car Dieu n'a pas abandonné ses élus au caprice et au hasard), mais comme une suite indispensable, inévitable, juste, sainte, utile au bien de l'Église et à l'exaltation du nom et de la grandeur de Dieu, d'un arrêt de sa providence conçu de toute éternité pour être exécuté dans la plénitude de son temps, en telle année, en tel jour, en telle heure, en tel lieu, en telle manière; et enfin que tout ce qui est arrivé a été de tout temps prévu et préordonné en Dieu; si, dis-je, par un transport de grâce, nous considérons cet accident, non pas dans lui-même et hors de Dieu, mais hors de lui-même et dans l'intime de la volonté de Dieu, dans la justice de son arrêt, dans l'ordre de sa providence, qui en est la véritable cause, sans qui il ne fût pas arrivé, par qui seul il est

---

restent dans l'esprit, et que je prie Dieu de me donner, et de me renouveler de plusieurs que nous avons autrefois reçues de sa grâce, et qui nous ont été nouvellement données de nos amis en cette occasion.

Je ne sais plus par où finissait la première lettre. Ma sœur l'a envoyée sans prendre garde qu'elle n'était pas finie. Il me semble seulement qu'elle contenait en substance quelques particularités de la conduite de Dieu sur la vie et sur la maladie, que je voudrais vous répéter ici, tant je les ai gravées dans le cœur, et tant elles portent de consolation solide, si vous ne les pouviez voir vous-mêmes dans la précédente lettre, et si ma sœur ne devait pas vous en faire un récit plus exact à sa prochaine commodité.

Je ne vous parlerai donc ici que de la conséquence que j'en tire, qui est, qu'ôtés ceux qui sont intéressés par les sentiments de la nature, il n'y a point de chrétien qui ne s'en doive réjouir.

Sur ce grand fondement, je vous commencerai... »

arrivé et de la manière dont il est arrivé, nous adorerons dans un humble silence la hauteur impénétrable de ses secrets, nous vénérerons la sainteté de ses arrêts, nous bénirons la conduite de sa providence; et unissant notre volonté à celle de Dieu même, nous voudrons avec lui, en lui, et pour lui, la chose qu'il a voulue en nous et pour nous de toute éternité.

Considérons-la donc de la sorte, et pratiquons cet enseignement que j'ai appris d'un grand homme dans le temps de notre plus grande affliction, qu'il n'y a de consolation qu'en la vérité seulement. — Il est sans doute que Socrate et Sénèque n'ont rien de persuasif en cette occasion. Ils ont été sous l'erreur qui a aveuglé tous les hommes dans le premier ; ils ont tous pris la mort comme naturelle à l'homme ; et tous les discours qu'ils ont fondés sur ce faux principe sont si futiles, qu'ils ne servent qu'à montrer, par leur inutilité, combien l'homme en général est faible, puisque les plus hautes productions des plus grands d'entre les hommes sont si basses et si puériles.

Il n'en est pas de même de Jésus-Christ ; il n'en est pas ainsi des livres canoniques : la vérité y est découverte, et la consolation y est jointe aussi infailliblement qu'elle est infailliblement séparée de l'erreur.

Considérons donc la mort dans la vérité que le Saint-Esprit nous a apprise.

Nous avons cet admirable avantage de connaître que, véritablement et effectivement, la mort est une peine du péché, imposée à l'homme pour expier son crime, nécessaire à l'homme pour le purger du péché ; que c'est là seule qui peut délivrer l'âme de la concupiscence des membres, sans laquelle les saints ne viennent point dans ce monde. — Nous savons que la vie, et la vie des chrétiens, est un sacrifice continuel qui ne peut être achevé que par la mort ; nous savons que comme Jésus-Christ entrant au monde s'est considéré et s'est offert à Dieu comme un holocauste et une véritable victime ; que sa naissance, sa vie, sa mort, sa résurrection, son ascension, et sa présence dans l'Eucharistie, et sa séance éternelle à la droite, ne sont qu'un seul et unique sacrifice ; nous savons que ce qui est arrivé en Jésus-Christ doit arriver en tous ses membres.

Considérons donc la vie comme un sacrifice: et que les accidents de la vie ne fassent d'impression dans l'esprit des chrétiens qu'à proportion qu'ils interrompent ou qu'ils accomplissent ce sacrifice. N'appelons mal que ce qui rend la victime de Dieu victime du diable ; mais appelons bien ce qui rend la victime du diable en Adam victime de Dieu ; et sur cette règle examinons la nature de la mort.

Pour cette considération, il faut recourir à la personne de Jésus-Christ ; car tout ce qui est dans les hommes est abominable ; et comme Dieu ne considère les hommes que par le médiateur Jésus-Christ, les hommes aussi ne devraient regarder ni les autres ni eux-mêmes que médiatement par Jésus-Christ. Car, si nous ne passons par le milieu, nous ne trouverons en nous que de véritables malheurs ou des plaisirs abominables ; mais si nous considérons toutes choses en Jésus-Christ, nous trouverons toute consolation, toute satisfaction, toute édification.

Considérons donc la mort en Jésus-Christ, et non pas sans Jésus-Christ.

Sans Jésus-Christ elle est horrible, elle est détestable et l'horreur de la nature. En Jésus-Christ elle est tout autre ; elle est aimable, sainte, et la joie du fidèle. Tout est doux en Jésus-Christ, jusqu'à la mort ; et c'est pourquoi il a souffert et est mort pour sanctifier la mort et les souffrances ; et que, comme Dieu et comme homme, il a été tout ce qu'il y a de grand et tout ce qu'il y a d'abject, afin de sanctifier en soi toutes choses, excepté le péché, et pour être modèle de toutes les conditions.

Pour considérer ce que c'est que la mort, et la mort en Jésus-Christ, il faut voir quel rang elle tient dans son sacrifice continuel et sans interruption, et pour cela remarquer que, dans les sacrifices, la principale partie est la mort de l'hostie. L'oblation et la sanctification qui précèdent sont des dispositions; mais l'accomplissement est la mort, dans laquelle, par l'anéantissement de la vie, la créature rend à Dieu tout l'hommage dont elle est capable, en s'anéantissant devant les yeux de sa majesté, et en adorant sa souveraine existence, qui seule existe réellement. — Il est vrai qu'il y a une autre partie, après la mort de l'hostie, sans laquelle sa mort est inutile; c'est l'acceptation que Dieu fait du sacrifice. C'est ce qui est dit dans l'Écriture : *Et odoratus est Dominus suavitatem*[1]. « Et Dieu a odoré et reçu l'odeur du sacrifice. » C'est véritablement celle-là qui couronne l'oblation ; mais elle est plutôt une action de Dieu vers la créature que de la créature envers Dieu, et n'empêche pas que la dernière action de la créature ne soit la mort.

Toutes ces choses ont été accomplies en Jésus-Christ. En entrant au monde il s'est offert : *Obtulit semetipsum per Spiritum sanctum*[2]. *Ingrediens mundum dixit : Hostiam et oblationem noluisti : corpus autem aptasti mihi. Tunc dixi : Ecce venio. In capite libri scriptum est de me ut facerem voluntatem tuam. Deus meus, volui, et legem tuam in medio cordis mei*[3]. « Il s'est offert par le Saint-Esprit. En entrant au monde, Jésus-Christ a dit : Seigneur, les sacrifices ne te sont point agréables ; mais tu m'as donné un corps. Lors j'ai dit : Voici que je viens pour faire, ô Dieu, ta volonté, et ta loi est dans le milieu de mon cœur. »

Voilà son oblation. Sa sanctification a été immédiate de son oblation. Ce sacrifice a duré toute sa vie, et a été accompli par sa mort. « Il a fallu qu'il ait passé par les

---

1. Gen., VIII, 21. Le texte porte : *Odoratusque est Dominus odorem suavitatis*.
2. Hebr., IX, 14.
3. *Ibid.*, x, 5, 7. — Psalm., XXXIX.

souffrances, pour entrer en sa gloire[1], et, quoiqu'il fût Fils de Dieu, il a fallu qu'il ait appris l'obéissance[2]. Mais au jour de sa chair, ayant crié avec grands cris à celui qui le pouvait sauver de mort, il a été exaucé pour sa révérence. » Et Dieu l'a ressuscité, et envoyé sa gloire, figurée autrefois par le feu du ciel qui tombait sur les victimes, pour brûler et consumer son corps, et le faire vivre spirituel de la vie de la gloire. C'est ce que Jésus-Christ a obtenu, et qui a été accompli par sa résurrection.

Ainsi ce sacrifice étant parfait par la mort de Jésus-Christ, et consommé même en son corps par sa résurrection, où l'image de la chair du péché a été absorbée par la gloire, Jésus-Christ avait tout achevé de sa part ; il ne restait sinon que le sacrifice fût accepté de Dieu ; que comme la fumée s'élevait et portait l'odeur au trône de Dieu, aussi Jésus-Christ fût, en cet état d'immolation parfaite, offert, porté et reçu au trône de Dieu même ; et c'est ce qui a été accompli en l'ascension, en laquelle il est monté ; et par sa propre force, et par la force de son Saint-Esprit, qui l'environnait de toutes parts, il a été enlevé, comme la fumée des victimes, figures de Jésus-Christ, était portée en haut par l'air qui la soutenait, figure du Saint-Esprit ; et les *Actes des Apôtres* nous marquent expressément qu'il fut reçu au ciel, pour nous assurer que ce saint sacrifice accompli en terre a été reçu et acceptable à Dieu, reçu dans le sein de Dieu, où il brûle de la gloire dans les siècles des siècles.

Voilà l'état des choses en notre souverain Seigneur. — Considérons-les en nous maintenant. Dès le moment que nous entrons dans l'Église, qui est le monde des fidèles et particulièrement des élus, où Jésus-Christ entra dès le moment de son incarnation par un privilège particulier au Fils unique de Dieu, nous sommes offerts et sanctifiés. Ce

---

1. Luc., xxiv, 26.
2. Hebr., v, 8.

sacrifice se continue par la vie et s'accomplit à la mort, dans laquelle l'âme quittant véritablement tous les vices, et l'amour de la terre, dont la contagion l'infecte toujours durant cette vie, elle achève son immolation et est reçue dans le sein de Dieu.

Ne nous affligeons donc pas comme les païens qui n'ont point d'espérance. Nous n'avons pas perdu mon père au moment de sa mort : nous l'avons perdu, pour ainsi dire, dès qu'il entra dans l'Église par le baptême. Dès lors il était à Dieu ; sa vie était vouée à Dieu ; ses actions ne regardaient le monde que pour Dieu. Dans sa mort il s'est totalement détaché des péchés ; et c'est en ce moment qu'il a été reçu de Dieu, et que son sacrifice a reçu son accomplissement et son couronnement.

Il a donc fait ce qu'il avait voué : il a achevé l'œuvre que Dieu lui avait donnée à faire ; il a accompli la seule chose pour laquelle il était créé. La volonté de Dieu est accomplie en lui, et sa volonté est absorbée en Dieu. Que notre volonté ne sépare donc pas ce que Dieu a uni ; et étouffons ou modérons, par l'intelligence de la vérité, les sentiments de la nature corrompue et déçue, qui n'a que les fausses images, et qui trouble, par ses illusions, la sainteté des sentiments que la vérité et l'Évangile nous doit donner.

Ne considérons donc plus la mort comme des païens, mais comme les chrétiens, c'est-à-dire avec l'espérance, comme saint Paul l'ordonne[1], puisque c'est le privilège spécial des chrétiens. Ne considérons plus un corps comme une charogne infecte, car la nature trompeuse se le figure de la sorte ; mais comme le temple inviolable et éternel du Saint-Esprit, comme la foi l'apprend. Car nous savons que les corps saints sont habités par le Saint-Esprit jusqu'à la résurrection, qui se fera par la vertu de cet Esprit qui réside en eux pour cet effet[2]. C'est pour cette raison que nous

---

1. I Thess., iv, 12-17.
2. Rom., viii, 11 : *Qui suscitavit Jesum Christum a mor-*

honorons les reliques des morts, et c'est sur ce vrai principe que l'on donnait autrefois l'Eucharistie dans la bouche des morts, parce que, comme on savait qu'ils étaient le temple du Saint-Esprit, on croyait qu'ils méritaient d'être aussi unis à ce saint sacrement. Mais l'Église a changé cette coutume, non pas pour ce que ces corps ne soient pas saints, mais par cette raison que l'Eucharistie étant le pain de vie et des vivants, il ne doit pas être donné aux morts.

Ne considérons plus un homme comme ayant cessé de vivre, quoi que la nature suggère, mais comme commençant à vivre, comme la vérité l'assure. Ne considérons plus son âme comme périe et réduite au néant, mais comme vivifiée et unie au souverain Vivant; et corrigeons ainsi, par l'attention à ces vérités, les sentiments d'erreur qui sont si empreints en nous-mêmes, et les mouvements d'horreur qui sont si naturels à l'homme.

Pour dompter plus fortement cette horreur, il faut en bien comprendre l'origine; et pour vous le toucher en peu de mots, je suis obligé de vous dire, en général, quelle est la source de tous les vices et de tous les péchés. C'est ce que j'ai appris de deux très grands et très saints personnages. La vérité qui couvre ce mystère est que Dieu a créé l'homme avec deux amours, l'un pour Dieu, l'autre pour soi-même; mais avec cette loi : que l'amour pour Dieu serait infini, c'est-à-dire sans aucune autre fin que Dieu même; et que l'amour pour soi-même serait fini et rapportant à Dieu.

L'homme en cet état non seulement s'aimait sans péché, mais ne pouvait pas ne point s'aimer sans péché. — Depuis, le péché étant arrivé, l'homme a perdu le premier de ces amours; et l'amour pour soi-même étant resté seul dans cette grande âme capable d'un amour infini, cet amour-propre s'est étendu et débordé dans le vide que l'amour de

---

tuis, vivificabit et mortalia corpora vestra propter inhabitantem Spiritum ejus in vobis.

CH. XXIII. — LA GRACE DE JÉSUS ET LA MORT

Dieu a quitté ; et ainsi il s'est aimé seul et toutes choses pour soi, c'est-à-dire infiniment. Voilà l'origine de l'amour-propre. Il était naturel à Adam, et juste en son innocence ; mais il est devenu et criminel et immodéré en suite de son péché. Voilà la source de cet amour, et la cause de sa défectuosité et de son excès.

Il en est de même du désir de dominer, de la paresse, et des autres. L'application en est aisée. Venons à notre seul sujet. L'horreur de la mort était naturelle à Adam innocent, parce que sa vie étant très agréable à Dieu, elle devait être agréable à l'homme ; et la mort était horrible lorsqu'elle finissait une vie conforme à la volonté de Dieu. Depuis, l'homme ayant péché, sa vie est devenue corrompue, son corps et son âme ennemis l'un de l'autre, et tous deux de Dieu.

Cet horrible changement ayant infecté une si sainte vie, l'amour de la vie est néanmoins demeuré ; et l'horreur de la mort étant restée pareille, ce qui était juste en Adam est injuste et criminel en nous.

Voilà l'origine de l'horreur de la mort et la cause de sa défectuosité.

Éclairons donc l'erreur de la nature par la lumière de la foi. L'horreur de la mort est naturelle, mais c'est en l'état d'innocence ; la mort à la vérité est horrible, mais c'est quand elle finit une vie toute pure.

Il était juste de la haïr, quand elle séparait une âme sainte d'un corps saint ; mais il est juste de l'aimer, quand elle sépare une âme sainte d'un corps impur. Il était juste de la fuir quand elle rompait la paix entre l'âme et le corps, mais non pas quand elle en calme la dissension irréconciliable. Enfin quand elle affligeait un corps innocent, quand elle ôtait au corps la liberté d'honorer Dieu, quand elle séparait de l'âme un corps soumis et coopérateur à ses volontés, quand elle finissait tous les biens dont l'homme est capable, il était juste de l'abhorrer ; mais quand elle finit une vie impure, quand elle ôte au corps la liberté de pécher, quand elle délivre l'âme d'un rebelle très puissant et contredisant tous les motifs de son salut, il est très injuste d'en conserver les mêmes sentiments[1].

Ne quittons donc pas cet amour que la nature nous a donné pour la vie, puisque nous l'avons reçu de Dieu; mais que ce soit pour la même vie pour laquelle Dieu nous l'a donné, et non pas pour un objet contraire. En consentant à l'amour qu'Adam avait pour sa vie innocente et que Jésus-Christ même a eu pour la sienne, portons-nous à haïr une vie contraire à celle que Jésus-Christ a aimée, et à n'appréhender que la mort que Jésus-Christ a appréhendée, qui arrive à un corps agréable à Dieu; mais non pas à craindre une mort qui, punissant un corps coupable, et purgeant un corps vicieux, doit nous donner des sentiments tout contraires, si nous avons un peu de foi, d'espérance et de charité.

C'est un grand principe du christianisme, que tout ce qui est arrivé à Jésus-Christ doit se passer dans l'âme et dans le corps de chaque chrétien; que, comme Jésus-Christ a souffert durant sa vie mortelle, est mort à cette vie mortelle, est ressuscité d'une nouvelle vie, est monté au ciel, et sied à la droite du Père, ainsi le corps et l'âme doivent souffrir, mourir, ressusciter, monter au ciel et seoir à la dextre. — Toutes ces choses s'accomplissent en l'âme durant cette vie, mais non pas dans le corps. L'âme souffre et meurt au péché dans la pénitence et dans le baptême; l'âme ressuscite à une nouvelle vie dans le même baptême; l'âme quitte la terre et monte au ciel à l'heure de la mort, et sied à la droite au temps où Dieu l'ordonne. Aucune de ces choses n'arrive dans le corps durant cette vie; mais les mêmes choses s'y passent ensuite. Car, à la mort, le corps meurt à sa vie mortelle: au Jugement, il ressuscitera à une nouvelle vie; après le Jugement, il montera au ciel, et

---

1. Cette argumentation est un peu subtile et recherchée, et ne mérite qu'une considération relative.

seoira à la droite. Ainsi les mêmes choses arrivent au corps et à l'âme, mais en différents temps ; et les changements du corps n'arrivent que quand ceux de l'âme sont accomplis, c'est-à-dire à l'heure de la mort ; de sorte que la mort est le couronnement de la béatitude de l'âme et le commencement de la béatitude du corps.

Voilà les admirables conduites de la sagesse de Dieu sur le salut des saints ; et saint Augustin nous apprend sur ce sujet que Dieu en a disposé de la sorte, de peur que si le corps de l'homme fût mort et ressuscité pour jamais dans le baptême, on ne fût entré dans l'obéissance de l'Évangile que par l'amour de la vie ; au lieu que la grandeur de la foi éclate bien davantage lorsque l'on tend à l'immortalité par les ombres de la mort [1].

Voilà certainement quelle est notre créance, et la foi que nous professons ; et je crois qu'en voilà plus qu'il n'en faut pour aider vos consolations par mes petits efforts. Je n'entreprendrais pas de vous porter ce secours de mon propre ; mais comme ce ne sont que des répétitions de ce que j'ai appris, je le fais avec assurance, en priant Dieu de bénir ces semences, et de leur donner de l'accroissement ; car sans lui nous ne pouvons rien faire, et ses plus saintes paroles ne prennent point en nous, comme il l'a dit lui-même [2].

Ce n'est pas que je souhaite que vous soyez sans ressentiment, le coup est trop sensible ; il serait même insupportable sans un secours surnaturel. Il n'est donc pas juste que nous soyons sans douleur, comme des anges qui n'ont aucun sentiment de la nature ; mais il n'est pas juste aussi que nous soyons sans consolation, comme des païens qui n'ont aucun sentiment de la grâce [3] ; mais il est juste que nous

---

1. S. Aug., *De Civitate Dei*, XII, IV.
2. Joan., xv, 5.
3. Pascal ramène ici à la juste mesure ce qui peut paraître excessif dans les considérations précédentes sur la nécessité « d'étouffer les sentiments de la nature corrompue ».

soyons affligés et consolés comme chrétiens, et que la consolation de la grâce l'emporte par-dessus les sentiments de la nature ; que nous disions comme les apôtres : « Nous sommes persécutés et nous bénissons, » afin que la grâce soit non seulement en nous, mais victorieuse en nous ; qu'ainsi, en sanctifiant le nom de notre Père, sa volonté soit faite la nôtre ; que sa grâce règne et domine sur la nature, et que nos afflictions soient comme la matière d'un sacrifice que sa grâce consomme et anéantisse pour la gloire de Dieu, et que ces sacrifices particuliers honorent et préviennent le sacrifice universel où la nature entière doit être consommée par la puissance de Jésus-Christ.

Ainsi nous tirerons avantage de nos propres imperfections, puisqu'elles serviront de matière à cet holocauste : car c'est le but des vrais chrétiens de profiter de leurs propres imperfections, parce que « tout coopère en bien pour les élus[1] »

Et si nous y prenons garde de près, nous trouverons de grands avantages pour notre édification, en considérant la chose dans la vérité, comme nous avons dit tantôt.

Car, puisqu'il est véritable que la mort du corps n'est que l'image de celle de l'âme, et que nous bâtissons sur ce principe, qu'en cette rencontre nous avons tous les sujets possibles de bien espérer de son salut, il est certain que, si nous ne pouvons arrêter le cours du déplaisir, nous en devons tirer ce profit que, puisque la mort du corps est si terrible qu'elle nous cause de tels mouvements, celle de l'âme nous en devrait bien causer de plus inconsolables. Dieu nous a envoyé la première ; Dieu a détourné la seconde. Considérons donc la grandeur de nos maux, et que l'excès de notre douleur soit la mesure de celui de notre joie.

Il n'y a rien qui la puisse modérer, sinon la crainte

---

1. Cor., iv. 12.

qu'il[1] ne languisse pour quelque temps dans les peines qui sont destinées à purger le reste des péchés de cette vie ; et c'est pour fléchir la colère de Dieu sur lui que nous devons soigneusement nous employer.

La prière et les sacrifices sont un souverain remède à ses peines. Mais j'ai appris d'un saint homme dans notre affliction qu'une des plus solides et plus utiles charités envers les morts est de faire les choses qu'ils nous ordonneraient s'ils étaient encore au monde, et de pratiquer les saints avis qu'ils nous ont donnés, et de nous mettre pour eux en l'état auquel ils nous souhaitaient à présent.

Par cette pratique, nous les faisons revivre en nous en quelque sorte, puisque ce sont leurs conseils qui sont encore vivants et agissants en nous ; et comme les hérésiarques sont punis en l'autre vie des péchés auxquels ils ont engagé leurs sectateurs, dans lesquels leur venin vit encore, ainsi les morts sont récompensés, outre leurs propres mérites, pour ceux auxquels ils ont donné suite par leurs conseils et par leur exemple.

Faisons-le donc revivre devant Dieu en nous de tout notre pouvoir ; et consolons-nous en l'union de nos cœurs, dans laquelle il me semble qu'il vit encore, et que notre réunion nous rend en quelque sorte sa présence, comme Jésus-Christ se rend présent en l'assemblée de ses Fidèles.

Je prie Dieu de former et maintenir en nous ces sentiments, et de continuer ceux qu'il me semble qu'il me donne, d'avoir pour vous et pour ma sœur plus de tendresse que jamais ; car il me semble que l'amour que nous avions pour mon père ne doit pas être perdu, et que nous en devons faire une réfusion sur nous-mêmes, et que nous devons principalement hériter de l'affection qu'il nous portait, pour nous aimer encore plus cordialement s'il est possible.

---

1. *Il,* leur père, Étienne Pascal.

Je prie Dieu de nous fortifier dans ces résolutions, et sur cette espérance je vous conjure d'agréer que je vous donne un avis que vous prendriez bien sans moi; mais je ne laisserai pas de le faire. C'est qu'après avoir trouvé des sujets de consolation pour sa personne, nous n'en venions point à manquer pour la nôtre, par les prévoyances des besoins et des utilités que nous aurions de sa présence.

C'est moi qui y suis le plus intéressé. Si je l'eusse perdu il y a six ans, je me serais perdu; et quoique je croie en avoir à présent une nécessité moins absolue, je sais qu'il m'aurait été encore nécessaire dix ans et utile toute ma vie.

Mais nous devons espérer que Dieu l'ayant ordonné en tel temps, en tel lieu, en telle manière, sans doute c'est le plus expédient pour sa gloire et pour notre salut.

Quelque étrange que cela paraisse, je crois qu'on en doit estimer de la sorte en tous les événements, et que, quelque sinistres qu'ils nous paraissent, nous devons espérer que Dieu en tirera la source de notre joie si nous lui en remettons la conduite.

Nous connaissons des personnes de condition qui ont appréhendé des morts domestiques que Dieu a peut-être détournées à leur prière, qui ont été cause ou occasion de tant de misères, qu'il serait à souhaiter qu'ils n'eussent pas été exaucés.

L'homme est infiniment trop infirme pour pouvoir juger sainement de la suite des choses futures.

Espérons donc en Dieu, et ne nous fatiguons pas par des prévoyances indiscrètes et téméraires.

Remettons-nous à Dieu pour la conduite de nos vies, et que le déplaisir ne soit pas dominant en nous.

Saint Augustin nous apprend qu'il y a dans chaque homme un serpent, une Ève et un Adam. Le serpent sont les sens et notre nature, l'Ève est l'appétit concupiscible, et l'Adam est la raison. La nature nous tente continuellement, l'appétit concupiscible désire souvent; mais le péché n'est pas achevé, si la raison ne consent.

Laissons donc agir ce serpent et cette Ève, si nous ne pouvons l'empêcher; mais prions Dieu que sa grâce fortifie tellement notre Adam, qu'il demeure victorieux, et que Jésus-Christ en soit vainqueur et qu'il règne éternellement en nous! *Amen.*

CHAPITRE XXIV

L'Œuvre de Jésus perpétuellement continuée, en dépit des schismes et des hérésies, dans l'Église et dans la Papauté.

1. Vaisseau battu par l'orage. — 2-3. Fondements surnaturels et Saint-Esprit. — 4-5. Esclaves, libres, deux lois. — 6-7. Dieu et l'Église; l'intérieur et l'extérieur. — 8. Unité, multitude, le Pape. — 9-11. Sûreté: Pape infaillible et chef premier. — 12. L'Église et le Pape. — 13. L'Église et Dieu. — 14. Guide de la raison et règles de J.-C. — 15. Les ennemis de l'Église. — 16. Bel état. — 17. L'hérésie et le sens universel. — 18. L'Église combattue par les erreurs contraires. — 19. Bonnes œuvres hors la communion du Pape.

I. — Il y a plaisir d'être dans un vaisseau battu de l'orage, lorsqu'on est assuré qu'il ne périra point. Les persécutions qui travaillent l'Église sont de cette nature.

L'histoire de l'Église doit être proprement appelée l'*Histoire de la Vérité*.

II. — Deux fondements : l'un intérieur, l'autre extérieur; la grâce, les miracles; tous deux surnaturels.

III. — Quand saint Pierre et les Apôtres (Act., IV) délibèrent d'abolir la circoncision, où il s'agissait d'agir contre la loi de Dieu, ils ne consultent point les prophètes, mais simplement la réception du Saint-Esprit en la personne des incirconcis. — Ils jugent plus sûr que Dieu approuve ceux qu'il remplit de son Esprit, que non pas qu'il faille observer la loi.

Ils savaient que la fin de la loi n'était que le Saint-

Esprit; et qu'ainsi, puisqu'on l'avait bien sans circoncision, elle n'était pas nécessaire.

IV. — Les Juifs, qui ont été appelés à dompter les nations et les rois, ont été esclaves du péché; et les chrétiens, dont la vocation a été à servir et à être sujets, sont les enfants libres.

V. — Deux lois suffisent pour régler toute la république chrétienne, mieux que toutes les lois politiques : [l'amour de Dieu et celui du prochain].

VI. — Il est impossible que ceux qui aiment Dieu de tout leur cœur méconnaissent l'Église, tant elle est évidente.

Il est impossible que ceux qui n'aiment pas Dieu soient convaincus de l'Église.

VII. — Dieu ne regarde que l'intérieur; l'Église ne juge que par l'extérieur. Dieu absout aussitôt qu'il voit la pénitence dans les cœurs; l'Église, quand elle la voit dans les œuvres. Dieu fera une Église pure au dedans, qui confonde par sa sainteté intérieure et toute spirituelle l'impiété intérieure des sages superbes et des pharisiens; et l'Église fera une assemblée d'hommes dont les mœurs extérieures soient si pures qu'elles confondent les mœurs des païens. S'il y en a d'hypocrites, mais si bien déguisés qu'elle n'en reconnaisse pas le venin, elle les souffre; car encore qu'ils ne soient pas reçus de Dieu qu'ils ne peuvent tromper, ils le sont des hommes qu'ils trompent. Et ainsi elle n'est pas déshonorée par leur conduite qui paraît sainte.

Mais vous voulez que l'Église ne juge ni de l'intérieur, parce que cela n'appartient qu'à Dieu, ni de l'extérieur, parce que Dieu ne s'arrête qu'à l'intérieur; et ainsi, lui ôtant tout choix des hommes, vous retenez dans l'Église les plus débordés et ceux qui la déshonorent si fort que les synagogues des Juifs et les sectes des philosophes les auraient exilés comme indignes, et les auraient abhorrés comme impies.

VIII. — **Unité, multitude.** — En considérant l'Église comme unité, le pape quelconque est le chef, est comme tout. En la considérant comme multitude, le pape n'en est qu'une partie.

Les Pères l'ont considérée tantôt en une manière, tantôt en l'autre.

Et ainsi ont parlé diversement du pape.

Saint Cyprien. *Sacerdos Dei*.

Mais en établissant une de ces deux vérités, ils n'ont pas exclu l'autre.

La multitude qui ne se réduit pas à l'unité est confusion; l'unité qui ne dépend pas de la multitude est tyrannie.

IX. — On aime la sûreté. On aime que le pape soit infaillible en la foi, et que les docteurs graves le soient dans les mœurs, afin d'avoir son assurance.

X. — Il ne faut pas juger de ce qu'est le pape par quelques paroles des Pères (comme disaient les Grecs dans un concile, règle importante!), mais par les actions de l'Église et des Pères, par les canons.

XI. — Le pape est premier. Quel autre est connu de tous ? Quel autre est reconnu de tous ? ayant pouvoir d'influer partout le corps, parce qu'il tient la maîtresse branche, qui influe partout.

Qu'il était aisé de faire dégénérer cela en tyrannie! C'est pourquoi Jésus-Christ leur a posé ce précepte : *Vos autem non sic*.

XII. — La manière dont l'Église a subsisté est que la vérité a été sans contestation; ou si elle a été contestée, il y a eu le pape, et sinon il y a eu l'Église.

XIII. — L'Église enseigne et Dieu inspire : l'un et l'autre infailliblement. L'opération de l'Église ne sert qu'à préparer à la grâce ou à la condamnation. Ce qu'elle fait suffit pour condamner, non pour inspirer.

XIV. — Toutes les religions et les sectes du monde ont eu la raison naturelle pour guide. Les seuls chrétiens ont été astreints à prendre leurs règles hors d'eux-mêmes, et à s'informer de celles que Jésus-Christ a laissées aux anciens pour être transmises aux fidèles.

XV. — L'Église a trois sortes d'ennemis : les Juifs qui n'ont jamais été de son corps ; les hérétiques, qui s'en sont retirés ; et les mauvais chrétiens qui la déchirent au dedans.

XVI. — Bel état de l'Église quand elle n'est plus soutenue que de Dieu !

XVII. — Il y a hérésie à expliquer toujours *omnes* de tous, et hérésie à ne le pas expliquer quelquefois de tous. *Bibite ex hoc omnes :* les huguenots, hérétiques en l'expliquant de tous. — *In quo omnes peccaverunt :* les huguenots, hérétiques en exceptant les enfants des fidèles. — Il faut donc suivre les Pères et la tradition pour savoir quand, puisqu'il y a hérésie à craindre de part et d'autre.

XVIII. — L'Église a toujours été combattue par des erreurs contraires. Mais peut-être jamais en même temps comme à présent. Et si elle en souffre plus à cause de la multiplicité d'erreurs, elle en reçoit cet avantage qu'elles se détruisent.

Elle se plaint des deux, mais bien plus des calvinistes à cause du schisme.

Il est certain que plusieurs des deux contraires sont trompés : il faut les désabuser.

La foi embrasse plusieurs vérités qui semblent se contredire : Temps de rire, de pleurer, etc. *Responde. Ne respondeas.*

La source en est l'union des deux natures en Jésus-Christ.

Et aussi les deux mondes [de la nature et de la grâce].

La création d'un nouveau ciel et nouvelle terre; nouvelle vie, nouvelle mort; toutes choses doublement, et les mêmes noms demeurant.

Et enfin les deux hommes qui sont dans les justes; car ils sont les deux mondes, et un membre et image de Jésus-Christ. Et ainsi tous les noms leur conviennent ; de justes, pécheurs ; mort, vivant ; vivant, mort ; élu, réprouvé, etc.

Il y a un grand nombre de vérités, et de foi et de morale, qui semblent répugnantes et qui subsistent toutes dans un ordre admirable.

La source de toutes les hérésies est l'exclusion de quelques-unes de ces vérités ; et la source de toutes les objections que nous font les hérétiques est l'ignorance de quelques-unes de ces vérités.

Et d'ordinaire il arrive que, ne pouvant concevoir le rapport de deux vérités opposées et croyant que l'aveu de l'une enferme l'exclusion de l'autre, ils s'attachent à l'une, ils excluent l'autre ; et pensent que nous, au contraire. Or l'exclusion est la cause de leur hérésie, et l'ignorance que nous tenons l'autre cause leurs objections.

1er exemple : Jésus-Christ est Dieu et homme.

Les ariens, ne pouvant allier ces choses qu'ils croient incompatibles, disent qu'il est homme : en cela ils sont catholiques. Mais il nient qu'il soit Dieu : en cela ils sont hérétiques. Ils prétendent que nous nions son humanité : en cela ils sont ignorants.

[Les nestoriens voulaient qu'il y eût deux personnes en Jésus-Christ, parce qu'il y a deux natures ; et les eutychiens, au contraire, qu'il n'y eût qu'une nature, parce qu'il n'y a qu'une personne. Les catholiques sont orthodoxes, parce qu'ils joignent ensemble les deux vérités de deux natures et d'une seule personne.]

2e exemple : sur le sujet du Saint-Sacrement.

Nous croyons que la substance du pain étant changée, et

consubstantiellement, en celle du corps de Notre-Seigneur, Jésus-Christ y est présent réellement. Voilà une vérité. Une autre est que ce sacrement est aussi une des figures de la croix et de la gloire, et une commémoration des deux. Voilà la foi catholique qui comprend ces deux vérités qui semblent opposées.

L'hérésie d'aujourd'hui, ne concevant pas que ce sacrement contient tout ensemble et la présence de Jésus-Christ et sa figure, et qu'il soit sacrifice et commémoration de sacrifice, croit qu'on ne peut admettre l'une de ces vérités sans exclure l'autre.

Par cette raison, ils s'attachent à ce point seul que ce sacrement est figuratif; et en cela ils ne sont pas hérétiques. Ils pensent que nous excluons cette vérité; et de là vient qu'ils nous font tant d'objections sur les passages des Pères qui le disent. Enfin ils nient la présence; et en cela ils sont hérétiques.

3º exemple : les indulgences[1].

C'est pourquoi le plus court moyen pour empêcher les hérésies est d'instruire de toutes les vérités; et le plus sûr moyen de les réfuter est de les déclarer toutes.

Car que diront les hérétiques ?

Tous errent d'autant plus dangereusement qu'ils suivent chacun une vérité; leur faute n'est pas de suivre une fausseté; mais de ne pas suivre une autre vérité.

XIX. — C'est l'Église qui mérite, avec Jésus-Christ qui

---

1. Le développement de ce 3º exemple n'a pas été donné par Pascal. Il voulait dire sans doute que si les protestants ont raison de nier que les indulgences puissent remettre le péché mortel, rétablir l'homme dans l'état de grâce dont il est sorti, ils ont tort de nier qu'elles remettent à celui qui est sorti du péché les peines qu'il a encore à subir après le péché déjà remis. — Ces observations sur le danger de l'exclusivisme en matière d'affirmation de vérités partielles est d'ailleurs d'une profonde justesse.

en est inséparable, la conversion de tous ceux qui ne sont pas dans la véritable religion ; et ce sont ensuite ces personnes converties qui secourent la mère qui les a délivrées.

Le corps n'est non plus vivant sans le chef, que le chef sans le corps. Quiconque se sépare de l'un ou de l'autre, n'est plus du corps et n'appartient plus à Jésus-Christ.

Toutes les vertus, le martyre, les austérités et toutes les bonnes œuvres, sont inutiles hors de l'Église et de la communion du chef de l'Église, qui est le Pape. — Je ne me séparerai jamais de sa communion : au moins je prie Dieu de m'en faire la grâce; sans quoi je serais perdu pour jamais[1].

---

1. Extrait de la première lettre à Mlle de Roannez, qui réduit singulièrement le reproche de « jansénisme » fait à Pascal. — La façon dont il parle ici de l'autorité suprême du Pape est conforme aux doctrines qui étaient, à cette époque, celles de presque tous les représentants de l'Eglise gallicane. Aujourd'hui, à la suite du Concile du Vatican, ce langage demanderait une plus rigoureuse précision en ce qui touche l'autorité doctrinale du chef de l'Eglise. — Si, en d'autres fragments, qui se rapportent aux controverses du temps, Pascal semble parler avec un accent de critique de certains actes du S. Siège, il n'a jamais démenti ce qu'il dit ici de la Communion avec le Pape, et n'a outrepassé aucune des limites que, vingt ans plus tard, Bossuet encore tracera dans son Sermon *sur l'Unité de l'Eglise*.

CHAPITRE XXV

Valeur philosophique des preuves surnaturelles du Christianisme.

1. Il y en a de vrais, parce qu'il y en a de faux. — 2-3. Discerner doctrine et miracles. — 4-6. Résurrection, Virginité, Eucharistie. — 7. Miracles et manque de charité. — 8. Devoir réciproque entre Dieu et les hommes.—9-10. Tenter et induire en erreur. — 11. Impossibilité de miracles en faveur de l'erreur. — 12-14. Les miracles discernent aux choses douteuses et contestées. — 15. Miracles de J.-C. — 16-17. Miracles de l'Antechrist. — 18. Miracles de schismatiques et d'hérétiques. — 19. Force des miracles. — 20-22. L'Eglise, les miracles et l'excitation de la charité. — 23. Les miracles nécessaires. — 24-26. Les miracles inutiles. — 27. La foi sans preuves.

I. — Ayant considéré d'où vient qu'on ajoute tant de foi à tant d'imposteurs qui disent qu'ils ont des remèdes, jusqu'à mettre souvent sa vie entre leurs mains, il m'a paru que la véritable cause est qu'il y en a de vrais ; car il ne serait pas possible qu'il y en eût tant de faux, et qu'on y donnât tant de créance s'il n'y en avait de véritables.

Si jamais il n'y eût eu remède à aucun mal, et que tous les maux eussent été incurables, il est impossible que les hommes se fussent imaginé qu'ils en pourraient donner ; et encore plus que tant d'autres eussent donné croyance à ceux qui se fussent vantés d'en avoir ; de même que si un homme se vantait d'empêcher de mourir, personne ne le croirait, parce qu'il n'y a aucun exemple de cela.

Mais comme il y (a) eu quantité de remèdes qui se sont trouvés véritables, par la connaissance même des plus grands hommes, la créance des hommes s'est pliée par là ;

et, cela s'étant connu possible, on a conclu de là que cela était. Car le peuple raisonne ordinairement ainsi : Une chose est possible, donc elle est ; parce que la chose ne pouvant être niée en général, puisqu'il y a des effets particuliers qui sont véritables, le peuple, qui ne peut pas discerner quels d'entre ces effets particuliers sont les véritables, les croit tous. De même, ce qui fait qu'on croit tant de faux effets de la lune, c'est qu'il y en a de vrais, comme le flux de la mer.

Il en est de même des prophéties, des miracles, des divinations par les songes, des sortilèges, etc. Car, si de tout cela il n'y avait jamais eu rien de véritable, on n'en aurait jamais rien cru ; et ainsi, au lieu de conclure qu'il n'y a point de vrais miracles parce qu'il y en a tant de faux, il faut dire, au contraire, qu'il y a certainement de vrais miracles puisqu'il y en a tant de faux, et qu'il n'y en a de faux que par cette raison qu'il y en a de vrais.

Il faut raisonner de la même sorte pour la religion ; car il ne serait pas possible que les hommes se fussent imaginé tant de fausses religions s'il n'y en avait une véritable. L'objection à cela c'est que les sauvages ont une religion ; mais on répond à cela que c'est qu'ils en ont ouï parler, comme il paraît par le déluge, la circoncision, la croix de saint André, etc.

II. — Les miracles discernent la doctrine, et la doctrine discerne les miracles.

Il y (en) a de faux et de vrais. Il faut une marque pour les connaître ; autrement ils seraient inutiles. Or ils ne sont pas inutiles, et sont, au contraire, fondement. Or il faut que la règle qu'il nous donne soit telle, qu'elle ne détruise pas la preuve que les vrais miracles donnent de la vérité, qui est la fin principale des miracles.

Moïse en a donné une qui est lorsque le miracle mène à l'idolâtrie (Deut., XIII, 1, 2, 3) ; et Jésus-Christ une : *Celui*, dit-il, *qui fait des miracles en mon nom, ne peut à l'heure même mal parler de moi.* (Marc, IX, 38.) — D'où il s'ensuit que quiconque se déclare ouvertement contre Jésus-Christ ne peut pas faire des miracles en son nom. Ainsi, s'il en fait, ce n'est pas au nom de Jésus-Christ, et il ne doit point être écouté.

III. — Règle. — Il faut juger de la doctrine par les miracles; il faut juger des miracles par la doctrine. — Tout cela est vrai, mais cela ne se contredit pas.

Dans le vieux Testament, quand on vous détournera de Dieu; dans le Nouveau, quand on vous détournera de Jésus-Christ.

Voilà les occasions d'exclusion marquées. Il ne faut pas y donner d'autres exclusions.

D'abord donc qu'on voit un miracle, il faut, ou se soumettre, ou avoir d'étranges marques du contraire; il faut voir s'ils nient ou un Dieu, ou Jésus-Christ et l'Église.

IV. — Que je hais ceux qui font les douteurs de miracles! Montaigne en parle comme il faut dans les deux endroits: on voit en l'un combien il est prudent, et néanmoins il croit en l'autre et se moque des incrédules.

Qu'ont-ils à dire contre la Résurrection, et contre l'enfantement de la Vierge? Qu'est-il plus difficile de produire un homme ou un animal que de le reproduire? Et s'ils n'avaient jamais vu une espèce d'animaux, pourraient-ils deviner s'ils se produisent sans la compagnie les uns des autres?

V. — Athées. — Quelle raison ont-ils de dire qu'on ne peut ressusciter? Quel est plus difficile de naître ou de ressusciter? que ce qui n'a jamais été soit, ou que ce qui a été soit encore? Est-il plus difficile de venir en être que d'y revenir? La coutume nous rend l'un facile; le manque de coutume rend l'autre impossible. Populaire façon de juger.

VI. — Que je hais ces sottises de ne pas croire l'Eucharistie ! etc. — Si l'Évangile est vrai, si Jésus-Christ est Dieu, quelle difficulté y a-t-il là ?

VII. — Ce qui fait qu'on ne croit pas les vrais miracles est le manque de charité. *Sed vos non creditis quia non estis ex ovibus.* (Joan., x, 26.) Ce qui fait croire les faux, est le manque de charité. *Eo quod charitatem veritatis non receperunt ut salvi fierent, ideo mittet illis Deus operationem erroris, ut credant mendacio.* (II Thess., II, 10.)

VIII. — Il y a un devoir réciproque entre Dieu et les hommes. — *Quid debui*[1]. « Accusez-moi, » dit Dieu dans Isaïe[2]. Dieu doit accomplir ses promesses, etc.

Les hommes doivent à Dieu de recevoir la religion qu'il leur envoie. Dieu doit aux hommes de ne les pas induire en erreur. Or, ils seraient induits en erreur, si les faiseurs de miracles annonçaient une doctrine qui ne parût pas visiblement fausse aux lumières du sens commun, et si un plus grand faiseur de miracles n'avait déjà averti de ne les pas croire.

Ainsi, s'il y avait division dans l'Église, et que les ariens, par exemple, qui se disaient fondés en Écriture comme les catholiques, eussent fait des miracles, et non les catholiques, on eût été induit en erreur.

Car, comme un homme qui nous annonce les secrets de Dieu n'est pas digne d'être cru sur son autorité privée, et que c'est pour cela que les impies en doutent ; aussi un homme qui, pour marque de la communication qu'il a avec Dieu, ressuscite les morts, prédit l'avenir, transporte les montagnes, guérit les malades, il n'y a point d'impie qui ne s'y rende, et l'incrédulité de Pharaon et des Pharisiens est l'effet d'un endurcissement surnaturel.

---

1. Isaïe, v, 4.
2. *Ibid.*, I, 18.

Quand donc on voit les miracles et doctrine non suspecte tout ensemble d'un côté, il n'y a pas de difficulté. Mais quand on voit les miracles et doctrine suspecte d'un même côté, il faut voir quel est le plus clair. Jésus-Christ était suspect.

IX. — Mais n'est-il pas dit que Dieu nous tente ? Et ainsi ne nous peut-il pas tenter par des miracles qui semblent porter à la fausseté ?

X. — Il y a bien de la différence entre tenter et induire en erreur. Dieu tente ; mais il n'induit pas en erreur. Tenter, c'est procurer les occasions qui n'imposent point de nécessité. Induire en erreur, c'est mettre l'homme dans la nécessité de conclure et suivre une fausseté.

C'est ce que Dieu ne peut faire, et ce qu'il ferait néanmoins, s'il permettait que dans une question obscure il se fît des miracles du côté de la fausseté.

XI. — Il est impossible, par le devoir de Dieu, qu'un homme cachant sa mauvaise doctrine, et n'en faisant paraître qu'une bonne, et se disant conforme à Dieu et à l'Église, fasse des miracles pour couler insensiblement une doctrine fausse et subtile : cela ne se peut. Et encore moins, que Dieu, qui connaît les cœurs, fasse des miracles en faveur d'un tel [1].

---

1. Un bon nombre de ces pensées sur les miracles ont été suggérées à Pascal non par le plan de l'*apologie* de la Religion, mais par le projet de composer un petit traité, peut-être une lettre *provinciale*, à l'occasion du « miracle de la sainte Épine » sur la personne de sa nièce Marguerite Périer, pensionnaire à Port-Royal, guérie d'une tumeur à l'œil par l'attouchement d'une relique de la Couronne d'épines. Ce fait, qui avait toutes les apparences d'un effet surnaturel reconnu d'ailleurs par un jugement de l'officialité diocésaine de Paris, souleva de vives controverses. Les amis trop ardents de Port-Royal essayèrent naturellement de tirer de ce « miracle » un argument en confir-

XII. — Les miracles discernent donc aux choses douteuses, entre les peuples juif et païen ; juif et chrétien ; catholique, hérétique ; calomniés, calomniateurs ; entre les deux croix.

XIII. — Les miracles, appui de religion. Ils ont discerné les Juifs, ils ont discerné les chrétiens, les saints, les innocents, les vrais croyants.

---

mation des doctrines particulières de Jansénius, tandis que leurs adversaires s'appliquaient à prouver qu'il ne pouvait y avoir miracle en faveur d'une doctrine ou d'une secte réprouvée par l'Eglise. — Dans ces polémiques, la véritable question doctrinale était souvent fort mal posée : elles expliquent l'insistance avec laquelle Pascal parle des miracles qui « discernent la doctrine » et de la doctrine qui « discerne les miracles », sans qu'il y ait contradiction.

La vérité est qu'il y a lieu de distinguer, à ce point de vue, entre les miracles qui doivent être avant tout des *signes* de la mission divine d'un Envoyé doctrinal ou *Légat* de Dieu, comme pour les Prophètes juifs et le Christ, et ceux qui sont plutôt des grâces extraordinaires, comme la plupart des miracles consignés dans les annales de l'Eglise. Ces derniers n'ont guère pour objet la *démonstration de la vérité*, mais plutôt un but d'édification et d'encouragement à la vie de la foi. Aussi est-il logique, pour ceux-ci, de subordonner l'appréciation de leur vérité tant philosophique que théologique et de leur valeur probante au jugement même de l'Eglise.

Voilà pourquoi aussi, en face de l'émotion que la question de ces sortes de miracles contemporains cause parfois, soit aux incrédules, soit aux fidèles passionnés ou superficiels, les croyants solidement affermis dans leur foi conservent une grande liberté d'esprit et de jugement. Qu'ils aient à enregistrer un miracle semblable de plus ou de moins, cela peut contribuer à leur édification pieuse, mais n'ajoute ni n'enlève rien à la certitude même de leur foi. On connaît le trait du roi saint Louis qu'on invitait un jour à voir le miracle d'une apparition du Christ, qui était « devenu en sang et en chair » entre les mains du prêtre : « Allez le voir, dit-il, vous qui ne le croyez pas. Moi je crois fermement au sacrement de l'autel ! »

[C'est ce que l'on a vu dans les combats de la vérité contre l'erreur.]

Contestation : Abel (contre) Caïn ; — Moïse (contre les) magiciens[1] ; — Élie (contre les) faux prophètes[2] ; — Jérémie (contre) Ananias[3] ; — Michée (contre les) faux prophètes[4] ; — Jésus-Christ (contre les) Pharisiens[5] ; — saint Paul (contre) Barjésu[6] ; Apôtres (contre les) exorcistes[7]. — Les chrétiens et les infidèles. Les catholiques, les hérétiques. — [Et c'est ce qui se verra aussi dans le combat] d'Élie et Énoch (contre) l'Antechrist[8]. — Toujours le vrai prévaut en miracles.

XIV. — Jamais en la contention du vrai Dieu, de la vérité de la religion, il n'est arrivé de miracle du côté de l'erreur, et non de la vérité.

XV. — Par cette règle, il est clair que les Juifs étaient obligés de croire Jésus-Christ. Jésus-Christ leur était suspect : mais ses miracles étaient infiniment plus clairs que les soupçons que l'on avait contre lui. Il le fallait donc croire.

XVI. — [Mais par la même règle qu'on devait croire Jésus-Christ, on ne devra point croire l'Antechrist.]
Jésus-Christ ne parlait ni contre Dieu, ni contre Moïse. L'Antechrist et les faux prophètes, prédits par l'un et l'autre Testament, parleront ouvertement contre Dieu et contre Jésus-Christ... Qui serait ennemi couvert, Dieu ne permettrait pas qu'il fît des miracles ouvertement.

XVII. — Fondement de la religion : C'est les miracles. — Quoi donc ? Dieu parle-t-il contre les fondements de la foi qu'on a en lui ?

---

1. Exod., VII. — 2. III Reg., XVIII, 38. — 3. Jérém., XXVIII, 16. — 4. III Reg., XXII, 25. — 5. Luc., V, 20. — 6. Act., XIII, 11. — 7. Act., IX, 13. — 8. Apocal., XI.

S'il y a un Dieu, il fallait que la foi de Dieu fût sur la terre. — Or les miracles de Jésus-Christ ne sont pas prédits par l'Antechrist; mais les miracles de l'Antechrist sont prédits par Jésus-Christ[1]. Et ainsi, si Jésus-Christ n'était pas le Messie, il aurait bien induit en erreur; mais on n'y saurait être induit avec raison par les miracles de l'Antechrist. Quand Jésus-Christ a prédit les miracles de l'Antechrist, a-t-il cru détruire la foi de ses propres miracles?

Moïse a prédit Jésus-Christ, et ordonné de le suivre[2], Jésus-Christ a prédit l'Antechrist, et défendu de le suivre.

Il était impossible qu'au temps de Moïse on réservât sa croyance à l'Antechrist, qui leur était inconnu. Mais il est bien aisé au temps de l'Antechrist de croire en Jésus-Christ déjà connu.

Il n'y a nulle raison de croire à l'Antechrist, qui ne soit à croire en Jésus-Christ. Mais il y en a à croire en Jésus-Christ, qui ne sont point à croire à l'Antechrist.

XVIII. — [Quand les schismatiques feraient des miracles, ils n'induiraient point à erreur]. — Un miracle parmi les schismatiques n'est pas tant à craindre; car le schisme, qui est plus visible que le miracle, marque visiblement leur erreur. Mais quand il n'y a point de schisme, et que l'erreur est en dispute, le miracle discerne.

Mais [de même] aux hérétiques les miracles seraient inutiles. Car l'Église, autorisée par les miracles qui ont préoccupé la créance, nous dit qu'ils n'ont pas la vraie foi. Il n'y a pas de doute qu'ils n'y sont pas, puisque les premiers miracles de l'Église excluent la foi des leurs. Il y a ainsi miracles contre miracles, mais premiers et plus grands

---

1. Matth., xxiv, 23-24.
2. Deut., xviii, 15.

du côté de l'Église ; [ainsi il faudrait toujours la croire contre les miracles.]

XIX. — Les miracles ont servi à la fondation et serviront à la continuation de l'Église jusqu'à l'Antechrist, jusqu'à la fin.

[C'est pourquoi, afin de conserver cette preuve à son Église,] ou Dieu a confondu les faux miracles, ou il les a prédits. Et par l'un et l'autre il s'est élevé au-dessus de ce qui est surnaturel à notre égard, et nous y a élevés nous-mêmes.

[Il en arrivera de même à l'avenir : ou Dieu ne permettra pas de faux miracles, ou il en procurera de plus grands. Car] les miracles ont une telle force, qu'il a fallu que Dieu ait averti qu'on n'y pense point contre lui, tout clair qu'il soit qu'il y a un Dieu ; sans quoi ils eussent été capables de troubler.

Et ainsi, tant s'en faut que ces passages du XIIIe chap. du Deutéronome, [qui portent qu'il ne faut point croire ni écouter ceux qui feront des miracles et qui détourneront du service de Dieu, et celui de saint Marc : *Il s'élèvera de faux christs et de faux prophètes, qui feront des prodiges et des choses étonnantes, jusqu'à séduire, s'il était possible, les élus mêmes* (Marc., XIII, 22) et quelques autres semblables], fassent contre l'autorité des miracles, que rien n'en marque davantage la force. Et de même pour l'Antechrist : *Jusqu'à séduire les élus, s'il était possible.*

XX. — Il est dit : *Croyez à l'Église* ; mais il n'est pas dit : Croyez aux miracles ; à cause que le dernier est naturel et non pas le premier. L'un avait besoin de précepte, non pas l'autre.

XXI. — Il y a si peu de personnes à qui Dieu se fasse paraître par ces coups extraordinaires, qu'on doit bien profiter de ces occasions ; puisqu'il ne sort du secret de la nature qui le couvre, que pour exciter notre foi à le servir avec d'autant plus d'ardeur, que nous le connaissons avec plus de certitude[1].

XXII. — Si le refroidissement de la charité laisse l'Église presque sans vrais adorateurs, les miracles en exciteront. Ce sont les derniers efforts de la grâce.

XXIII. — Les miracles et la vérité sont nécessaires à cause qu'il faut convaincre l'homme entier, en corps et en âme.

XXIV. — Les miracles ne servent pas à convertir, mais à condamner (1 P. q. 113, a. 10, ad 2)[2].

XXV. — Un miracle, dit-on, affermirait ma créance.
On le dit quand on ne le voit pas. Les raisons qui étant vues de loin paraissent borner notre vue; mais quand on y est arrivé, on commence à voir encore au delà. Rien n'arrête la volubilité de notre esprit. Il n'y a point, dit-on, de règle qui n'ait quelque exception, ni de vérité si générale qui n'ait quelque face par où elle manque. Il suffit qu'elle ne soit pas absolument universelle, pour donner sujet d'appliquer l'exception au sujet présent, et de dire : Cela n'est pas toujours vrai ; donc il y a des cas où cela n'est pas. Il ne reste plus qu'à montrer que celui-ci en est ; et c'est à quoi on est bien maladroit ou bien malheureux si on ne trouve pas quelque jour.

XXVI. — Si j'avais vu un miracle, disent-ils, je me convertirais. — Comment assurent-ils qu'ils feraient ce qu'ils ignorent ? — Ils s'imaginent que cette conversion consiste

---

1. Extrait de la deuxième lettre à Mlle de Roannez.
2. Cet appel à la *Somme théologique* de saint Thomas et le sens des trois fragments qui suivent montrent que Pascal, tout en attachant grande importance à la force démonstrative des miracles, ne perd pas de vue le caractère moral et surnaturel de l'adhésion de foi, dans laquelle les meilleurs arguments ne portent qu'avec une volonté droite et sincère.

en une adoration qui se fait de Dieu comme un commerce et une conversation telle qu'ils se la figurent. — La conversion véritable consiste à s'anéantir devant cet Être universel qu'on a irrité tant de fois, et qui peut vous perdre légitimement à toute heure ; à reconnaître qu'on ne peut rien sans lui, et qu'on n'a rien mérité de lui que sa disgrâce. Elle consiste à connaître qu'il y a une opposition invincible entre Dieu et nous ; et que sans un médiateur il ne peut y avoir de commerce.

XXVII. — J'avoue bien qu'un de ces chrétiens qui croient sans preuves n'aura peut-être pas de quoi convaincre un infidèle qui en dira autant de soi. Mais ceux qui savent les preuves de la religion prouveront sans difficulté que ce fidèle est véritablement inspiré de Dieu, quoiqu'il ne pût le prouver lui-même.

Car Dieu ayant dit dans ses prophètes (qui sont indubitablement prophètes), que dans le règne de JÉSUS-CHRIST il répandrait son esprit sur les nations, et que les fils, les filles et les enfants de l'Église prophétiseraient, il est sans doute que l'esprit de Dieu est sur ceux-là, et qu'il n'est point sur les autres.

CHAPITRE XXVI

Marques de la véritable Religion réunies dans la seule Religion chrétienne.

I. *Connu la nature de l'homme.* — *Devoirs et remèdes.* — *Le Christianisme étrange.* — *Le péché originel.*

II. *Oblige et apprend à aimer Dieu.* — *Se haïr.* — *Remèdes souhaitables.*

III. *Proportionnée à tous.* — *Admiration de J.-C.* — *Dieu caché.* — *Centre de toutes choses.* — *Christianisme et déisme.* — *Le mystère du Rédempteur.*

IV. *Toujours subsisté.* — *Nulle autre toujours sur terre.* — *Cela est divin!* — *Conservé dans une Eglise visible.*

§ I. Première marque : la religion chrétienne, explique seule la nature de l'homme, ses contrariétés et sa corruption.

I. — Après avoir entendu la nature de l'homme, il faut, pour qu'une religion soit vraie, qu'elle ait connu notre nature. Elle doit avoir connu la grandeur et la petitesse, et la raison de l'une et de l'autre.

Qui l'a connue, que la chrétienne ?

II. — Nulle autre n'a connu que l'homme est la plus excellente créature. — Les uns, qui ont bien connu la réalité de son excellence, ont pris pour lâcheté et pour ingratitude les sentiments bas que les hommes ont naturellement d'eux-mêmes; et les autres, qui ont bien connu combien cette bassesse est effective, ont traité d'une superbe ridicule ces sentiments de grandeur, qui sont aussi naturels à l'homme.

III. — La vraie religion enseigne nos devoirs, nos impuissances [orgueil et concupiscence] : et les remèdes [humilité, mortification].

IV. — Il n'y a point de doctrine plus propre à l'homme que celle-là qui l'instruit de sa double capacité de recevoir et de perdre la grâce, à cause du double péril où il est toujours exposé, de désespoir ou d'orgueil.

V. — Il n'y a que la religion chrétienne qui rende l'homme aimable et heureux tout ensemble. Dans l'honnêteté[1], on ne peut être aimable et heureux tout ensemble.
Nul n'est heureux comme un vrai chrétien, ni raisonnable, ni vertueux, ni aimable.

VI. — Le christianisme est étrange ! Il ordonne à l'homme de reconnaître qu'il est vil, et même abominable, et lui ordonne de vouloir être semblable à Dieu. Sans un tel contre-poids, cette élévation le rendrait horriblement vain, ou cet abaissement le rendrait horriblement abject.

VII. — Dira-t-on que pour avoir dit que la justice est partie de la terre, les hommes aient connu le péché originel ? *Nemo ante obitum beatus est*[2]; c'est-à-dire qu'ils aient connu qu'à la mort la béatitude éternelle et essentielle commence ?

VIII. — Cependant aucune religion n'a remarqué que ce fût un péché, ni que nous y fussions nés, ni que nous fussions obligés d'y résister, ni n'a pensé à nous en donner les remèdes.

IX. — Nulle religion que la nôtre n'a enseigné que

---

1. *Honnêteté* d'un homme qui vit *honnêtement* selon le monde, sans s'occuper de Dieu ni de son âme.
2. Réminiscence d'Ovide :
                        …Dicique beatus
Ante obitum nemo supremaque funera debet.

l'homme naît en péché. Nulle secte de philosophe ne l'a dit ; nulle n'a donc dit vrai.

X. — Le péché originel est folie devant les hommes ; mais on le donne pour tel. Vous ne me devez donc pas reprocher le défaut de raison en cette doctrine, puisque je la donne pour être sans raison.

Mais cette folie est plus sage que toute la sagesse des hommes, *sapientius est hominibus*[1]. Car sans cela, que dira-t-on qu'est l'homme ? Tout son état dépend de ce point imperceptible. — Et comment s'en fût-il aperçu par sa raison, puisque c'est une chose au-dessus de la raison, et que sa raison bien loin de l'inventer par ses voies, s'en éloigne quand on le lui présente ?

XI. — Chose étonnante, cependant, que le mystère le plus éloigné de notre connaissance, qui est celui de la transmission du péché, soit une chose sans laquelle nous ne pouvons avoir aucune connaissance de nous-même ! — Car il est sans doute qu'il n'y a rien qui choque plus notre raison que de dire que le péché du premier homme ait rendu coupables ceux qui, étant si éloignés de cette source, semblent incapables d'y participer.

Cet écoulement ne nous paraît pas seulement impossible, il nous semble même très injuste ; car qu'y a-t-il de plus contraire aux règles de notre misérable justice que de damner éternellement un enfant incapable de volonté, pour un péché où il paraît avoir si peu de part qu'il est commis six mille ans avant qu'il fût en être ?

Certainement, rien ne nous heurte plus rudement que cette doctrine ; et cependant sans ce mystère, le plus incompréhensible de tous, nous sommes incompréhensibles à nous-mêmes. — Le nœud de notre condition prend ses replis et ses tours dans cet abîme. De sorte que l'homme

---

1. *I Cor.*, I, 52.

est plus inconcevable sans ce mystère que ce mystère n'est inconcevable à l'homme.

§ II. — DEUXIÈME MARQUE : ELLE APPREND A AIMER DIEU JUSQU'AU SACRIFICE DE SOI-MÊME

I. — La vraie religion doit avoir pour marque d'obliger à aimer son Dieu. Cela est bien juste : et cependant aucune autre que la nôtre ne l'a ordonné ; la nôtre l'a fait.

Elle doit encore avoir connu la concupiscence et l'impuissance ; la nôtre l'a fait. Elle doit y avoir apporté les remèdes : l'un est la prière. — Nulle religion n'a demandé à Dieu de l'aimer et de le suivre.

II. — Incroyable que Dieu s'unisse à nous. — Cette considération n'est tirée que de la vue de notre bassesse ; mais si vous l'avez bien sincère, suivez-la aussi loin que moi, et reconnaissez que nous sommes en effet si bas, que nous sommes par nous-mêmes incapables de connaître si sa miséricorde ne peut pas nous rendre capables de lui. Car je voudrais savoir d'où cet animal, qui se reconnaît si faible, a le droit de mesurer la miséricorde de Dieu, et d'y mettre les bornes que sa fantaisie lui suggère.

Il sait si peu ce que c'est que Dieu, qu'il ne sait pas ce qu'il est lui-même ; et, tout troublé de la vue de son propre état, il ose dire que Dieu ne peut pas le rendre capable de sa communication ! Mais je voudrais lui demander si Dieu demande autre chose de lui, sinon qu'il l'aime en le connaissant ; et pourquoi il croit que Dieu ne peut se rendre connaissable et aimable à lui, puisqu'il est naturellement capable d'amour et de connaissance.

Il est sans doute qu'il connaît au moins qu'il est, et qu'il aime quelque chose. Donc s'il voit quelque chose dans les ténèbres où il est, et s'il trouve quelque sujet d'amour parmi les choses de la terre, pourquoi, si Dieu lui donne quelques rayons de son essence, ne sera-t-il pas capable de le connaître et de l'aimer en la manière qu'il lui plaira se communiquer à nous ?

Il y a donc sans doute une présomption insupportable dans ces sortes de raisonnements, quoiqu'ils paraissent fondés sur une humilité apparente, qui n'est ni sincère, ni raisonnable, si elle ne nous fait confesser que, ne sachant de nous-mêmes qui nous sommes, nous ne pouvons l'apprendre que de Dieu.

III. — La vraie nature de l'homme, son vrai bien, et la vraie vertu, et la vraie religion, sont choses dont la connaissance est inséparable.

IV. — Nulle autre religion n'a proposé de se haïr. Nulle autre religion ne peut donc plaire à ceux qui se haïssent, et qui cherchent un être véritablement aimable. Et ceux-là, s'ils n'avaient jamais ouï parler de la religion d'un Dieu humilié, l'embrasseraient incontinent.

V. — Si l'on ne se connaît plein de superbe, d'ambition, de concupiscence, de faiblesse, de misère et d'injustice, on est bien aveugle. Et si en le connaissant on ne désire d'en être délivré, que peut-on dire d'un homme [si peu raisonnable]...?

Que peut-on donc avoir que de l'estime pour une religion qui connaît si bien les défauts de l'homme, et que du désir pour la vérité d'une religion qui y promet des remèdes si souhaitables ?

§ III. — Troisième marque : sa parfaite convenance a la nature de l'homme et de Dieu.

I. — Les autres religions, comme les païennes, sont plus populaires, car elles sont en extérieur ; mais elles ne sont pas pour les gens habiles. — Une religion purement intellectuelle serait plus proportionnée aux habiles ; mais elle ne servirait pas au peuple. — La seule religion chrétienne est proportionnée à tous, étant mêlée d'extérieur et d'intérieur. Elle élève le peuple à l'intérieur, et abaisse les superbes à l'extérieur; et n'est pas parfaite sans les deux; car il faut que le peuple entende l'esprit de la lettre, et que les habiles soumettent leur esprit à la lettre.

II. — Quand il n'y aurait point de prophéties pour Jésus-Christ et qu'il serait sans miracles, il y a quelque chose de si divin dans sa doctrine et dans sa vie, qu'il en faut au moins être charmé; et que, comme il n'y a ni véritable vertu ni droiture de cœur sans l'amour de Jésus-Christ, il n'y a non plus ni hauteur d'intelligence ni délicatesse de sentiment sans l'admiration de Jésus-Christ.

III. — Je vois plusieurs religions contraires, et par conséquent toutes fausses, excepté une. — Chacune veut être crue par sa propre autorité, et menace les incrédules. Je ne les crois donc pas là-dessus; chacun peut dire cela, chacun peut se dire prophète. Mais je vois la chrétienne, où je trouve des prophéties [accomplies et une infinité de miracles si bien attestés qu'on n'en peut raisonnablement douter]; et c'est ce que chacun ne peut pas faire.

IV. — Dieu étant caché, toute religion qui ne dit pas que Dieu est caché, n'est pas véritable; et toute religion qui n'en rend pas la raison, n'est pas instruisante. La nôtre fait tout cela. *Vere tu es Deus absconditus.*

V. — Toute la conduite des choses doit avoir pour objet l'établissement et la grandeur de la religion; les hommes doivent avoir en eux-mêmes des sentiments conformes à ce qu'elle nous enseigne; et enfin elle doit être tellement l'objet et le centre où toutes choses tendent que, qui en saura les principes, puisse rendre raison et de toute la nature de l'homme en particulier, et de toute la conduite du monde en général.

VI. — Et sur ce fondement, ils prennent lieu (les impies)

de blasphémer la religion chrétienne, parce qu'ils la connaissent mal. — Ils s'imaginent qu'elle consiste simplement en l'adoration d'un Dieu considéré comme grand et puissant et éternel; ce qui est proprement le déisme; presque aussi éloigné de la religion chrétienne que l'athéisme, qui y est tout à fait contraire. — Et de là ils concluent que cette religion n'est pas véritable, parce qu'ils ne voient pas que toutes ces choses concourent à l'établissement de ce point : que Dieu ne se manifeste pas aux hommes avec toute l'évidence qu'il pourrait faire.

Mais qu'ils en concluent ce qu'ils voudront contre le déisme, ils n'en concluront rien contre la religion chrétienne qui consiste proprement au mystère du Rédempteur, qui, unissant en lui les deux natures humaine et divine, a retiré les hommes de la corruption du péché pour les réconcilier à Dieu en sa personne divine.

Elle enseigne donc ensemble aux hommes ces deux vérités : et qu'il y a un Dieu dont les hommes sont capables, et qu'il y a une corruption dans la nature qui les en rend indignes. Il importe également aux hommes de connaître l'un et l'autre de ces points; et il est également dangereux à l'homme de connaître Dieu sans connaître sa misère, et de connaître sa misère sans connaître le Rédempteur qui l'en peut guérir. — Une seule de ces connaissances fait ou l'orgueil des philosophes qui ont connu Dieu et non leur misère, ou le désespoir des athées qui connaissent leur misère sans Rédempteur.

Et ainsi, comme il est également de la nécessité de l'homme de connaître ces deux points, il est aussi également de la miséricorde de Dieu de nous les avoir fait connaître. La religion chrétienne le fait; c'est en cela qu'elle consiste.

Qu'on examine l'ordre du monde sur cela, et qu'on voie si toutes choses ne tendent pas à l'établissement des deux chefs de cette religion.

VII. — Qui peut ne pas admirer et embrasser une religion qui connaît à fond ce qu'on reconnaît d'autant plus qu'on a plus de lumière ?

§ IV. — QUATRIÈME MARQUE : SA PERPÉTUITÉ ET SON UNIVERSALITÉ

I. — Cette religion, qui consiste à croire que l'homme est déchu d'un état de gloire et de communication avec Dieu en un état de tristesse, de pénitence et d'éloignement de Dieu, mais qu'après cette vie nous serons rétablis par un Messie qui devait venir, a toujours été sur la terre.

Toutes choses ont passé, et celle-là a subsisté pour laquelle sont toutes les choses.

[Car Dieu voulant se former un peuple saint, qu'il séparerait de toutes les autres nations, qu'il délivrerait de ses ennemis, qu'il mettrait dans un lieu de repos, a promis de le faire et de venir au monde pour cela ; et il a prédit par ses prophètes le temps et la manière de sa venue. Et cependant, pour affirmer l'espérance de ses élus dans tous les temps, il leur en a toujours fait voir des images et des figures ; et il ne les a jamais laissés sans des assurances de sa puissance et de sa volonté pour leur salut.]

Les hommes, dans ce premier âge du monde, ont été emportés à toutes sortes de désordres, et il y avait cependant des saints comme Énoch, Lamech et d'autres, qui attendaient en patience le Christ promis dès le commencement du monde.

Noé a vu la malice des hommes au plus haut degré ; et il a mérité de sauver le monde en sa personne par l'espérance du Messie dont il a été la figure.

Abraham était environné d'idolâtres quand Dieu lui a fait connaître le mystère du Messie qu'il a salué de loin.

Au temps d'Isaac et de Jacob l'abomination était répandue sur toute la terre. — Mais ces saints vivaient en la foi ; et Jacob, mourant et bénissant ses enfants, s'écrie, par un transport qui lui fait interrompre son discours : J'attends, ô mon Dieu, le Sauveur que vous avez promis : *Salutare tuum expectabo, Domine*. (Genèse, XLIX, 18.)

Les Égyptiens étaient infectés et d'idolâtrie et de magie; le peuple de Dieu même était entraîné par leurs exemples. Mais cependant Moïse et d'autres croyaient celui qu'ils ne voyaient pas, et l'adoraient en regardant aux dons éternels qu'il leur préparait.

Les Grecs et les Latins ensuite ont fait régner les fausses déités; les poètes ont fait cent diverses théologies; les philosophes se sont séparés en mille sectes différentes. — Et cependant il y avait toujours, au cœur de la Judée, des hommes choisis qui prédisaient la venue de ce Messie qui n'était connu que d'eux.

Il est venu enfin en la consommation des temps : et depuis, on a vu naître tant de schismes et d'hérésies, tant renverser d'États, tant de changements en toutes choses; et cette Église, qui adore celui qui a toujours été adoré, a subsisté sans interruption.

Et ce qui est admirable, incomparable et tout à fait divin, est que cette religion, qui a toujours duré, a toujours été combattue. Mille fois elle a été à la veille d'une destruction universelle; et toutes les fois qu'elle a été en cet état, Dieu l'a relevée par des coups extraordinaires de sa puissance. C'est ce qui est étonnant, et qu'elle s'est maintenue sans fléchir et plier sous la volonté des tyrans. Car il n'est pas étrange qu'un État subsiste lorsque l'on fait quelquefois céder ses lois à la nécessité; mais que [cette religion, immuable dans son fond, se soit maintenue à travers tous les changements, c'est là ce qui tient du prodige[1].]

II. — La seule religion contre la nature, contre le sens commun, contre nos plaisirs, est la seule qui ait toujours été.

---

1. A la place de cette conclusion laissée en suspens, Pascal avait simplement mis cette annotation curieuse : « Voyez le rond de Montaigne! »

III. — La seule science qui est contre le sens commun et la nature des hommes est la seule qui ait toujours subsisté parmi les hommes.

IV. — Nulle secte ni religion n'a toujours été sur la terre que la religion chrétienne.

V. — Toujours les hommes ont parlé vrai de Dieu ou le vrai Dieu a parlé aux hommes.

VI. — Les États périraient, si on ne faisait ployer souvent les lois à la nécessité. Mais jamais la religion n'a souffert cela et n'en a usé. Aussi il faut ces accommodements ou des miracles. Il n'est pas étrange qu'on se conserve en ployant, et ce n'est pas proprement se maintenir, et encore périssent-ils enfin entièrement; il n'y en a point qui ait duré mille ans. — Mais que cette religion se soit toujours maintenue, et inflexible; cela est divin.

VII. — Il y aurait trop d'obscurité si la vérité n'avait pas des marques visibles. C'en est une admirable qu'elle se soit toujours conservée dans une Église et une assemblée visible.

Il y aurait trop de clarté s'il n'y avait qu'un sentiment dans cette Église. Mais pour reconnaître quel est le vrai, il n'y a qu'à voir quel est celui qui a toujours été, car il est certain que le vrai y a toujours été, et qu'aucun faux n'y a toujours été.

Ainsi le Messie a toujours été cru. La tradition d'Adam était encore nouvelle en Noé et en Moïse. Les prophètes l'ont prédit depuis, en prédisant toujours d'autres choses dont les événements, qui arrivaient de temps en temps à la vue des hommes, marquaient la vérité de leur mission et par conséquent celle de leurs promesses touchant le Messie.

Ils ont tous dit que la loi qu'ils avaient n'était qu'en attendant celle du Messie; que, jusque-là, elle serait perpétuelle, mais que l'autre durerait éternellement;

qu'ainsi leur loi ou celle du Messie, dont elle était la promesse, serait toujours sur la terre. En effet, elle a toujours duré; et Jésus-Christ est venu dans toutes les circonstances prédites.

Jésus-Christ a fait des miracles, et les Apôtres aussi, qui ont converti tous les païens; et par là, toutes les prophéties étant accomplies, le Messie est prouvé pour jamais.

CHAPITRE XXVII

Synthèse des preuves du Christianisme. Conclusion.

1. Marche à suivre. — 2. L'héritier trouvant ses titres. — 3. Indication des preuves. — 4. Les preuves ramassées ensemble.

I. — Les hommes ont mépris pour la religion ; ils en ont haine, et peur qu'elle soit vraie. — Pour guérir cela, il faut commencer par montrer que la religion n'est point contraire à la raison ; ensuite qu'elle est vénérable, en donner respect. La rendre ensuite aimable ; faire souhaiter aux bons qu'elle fût vraie ; et puis montrer qu'elle est vraie.

Vénérable, parce qu'elle a bien connu l'homme.
Aimable, parce qu'elle promet le vrai bien.

II. — [Un homme qui découvre des preuves de la religion chrétienne] :

C'est un héritier qui trouve les titres de sa maison. Dira-t-il : Peut-être qu'ils sont faux ? et négligera-t-il de les examiner ?

III. — Preuves : 1° La religion chrétienne par son établissement : par elle-même établie si fortement, si doucement, étant si contraire à la nature. — 2° La sainteté, la hauteur et l'humilité d'une âme chrétienne. — 3° Les merveilles de l'Écriture sainte. — 4° Jésus-Christ en particulier. 5° Les apôtres en particulier. — 6° Moïse et les prophètes en particulier. — 7° Le peuple juif. — 8° Les prophéties. — 9° La perpétuité. Nulle religion n'a la perpétuité. — 10° La doctrine qui rend raison de tout. — 11° La sainteté de cette loi. — 12° Par la conduite du monde.

Il est indubitable qu'après cela on ne doit pas refuser, en considérant ce que c'est que la vie et que cette religion, de suivre l'inclination de la suivre, si elle nous vient dans le cœur ; et il est certain qu'il n'y a nul lieu de se moquer de ceux qui la suivent.

IV. — Il est impossible[1] d'envisager toutes les preuves de la religion chrétienne ramassées ensemble, sans en ressentir la force, à laquelle nul homme raisonnable ne peut résister.

Que l'on considère son établissement : qu'une religion si contraire à la nature se soit établie par elle-même, si doucement, sans aucune force ni contrainte, et si fortement néanmoins, qu'aucuns tourments n'ont pu empêcher les martyrs de la confesser ; et que tout cela se soit fait non seulement sans l'assistance d'aucun prince, mais malgré les princes de la terre, qui l'ont combattue.

Que l'on considère la sainteté, la hauteur et l'humilité d'une âme chrétienne. — Les philosophes païens se sont quelquefois élevés au-dessus du reste des hommes par une manière de vivre plus réglée, et par des sentiments qui avaient quelque conformité avec ceux du christianisme. Mais ils n'ont jamais reconnu pour vertu ce que les chrétiens appellent humilité, et ils l'auraient même crue incompatible avec les autres dont ils faisaient profession.

Il n'y a que la religion chrétienne qui ait su joindre ensemble des choses qui avaient paru jusque-là si opposées, et qui ait appris aux hommes que, bien loin que l'humilité soit incompatible avec les autres vertus, sans elle toutes les autres vertus ne sont que des vices et des défauts.

---

1. Le développement de l'ébauche esquissée par le fragment précédent, développement qui figure pour la première fois dans l'édition de 1678, n'est peut-être pas de Pascal lui-même, mais il reproduit sa pensée d'une façon remarquable.

Que l'on considère les merveilles de l'Écriture sainte, qui sont infinies, la grandeur et la sublimité plus qu'humaine des choses qu'elle contient, et la simplicité admirable de son style, qui n'a rien d'affecté, rien de recherché, et qui porte un caractère de vérité qu'on ne saurait désavouer.

Que l'on considère la personne de Jésus-Christ en particulier. — Quelques sentiments que l'on ait de lui, on ne peut pas disconvenir qu'il n'eût un esprit très grand et très relevé, dont il avait donné des marques dès son enfance devant les docteurs de la loi : et cependant, au lieu de s'appliquer à cultiver ces talents par l'étude et la fréquentation des savants, il passe trente ans de sa vie dans le travail des mains et dans une retraite entière du monde; et, pendant les trois années de sa prédication, il appelle à sa compagnie et choisit pour ses apôtres des gens sans science, sans étude, sans crédit, et il s'attire pour ennemis ceux qui passaient pour les plus savants et les plus sages de son temps. — C'est une étrange conduite pour un homme qui a dessein d'établir une nouvelle religion.

Que l'on considère en particulier les apôtres choisis par Jésus-Christ, ces gens sans lettres, sans étude, et qui se trouvent tout d'un coup assez savants pour confondre les plus habiles philosophes, et assez forts pour résister aux rois et aux tyrans qui s'opposaient à l'établissement de la religion chrétienne qu'ils annonçaient.

Que l'on considère cette suite merveilleuse de prophètes qui se sont succédé les uns aux autres pendant deux mille ans, et qui ont tous prédit, en tant de manières différentes, jusques aux moindres circonstances de la vie de Jésus-Christ, de sa mort, de sa résurrection, de la mission des apôtres, de la prédication de l'Évangile, de la conversion des nations, et de plusieurs autres choses qui concernent l'établissement de la religion chrétienne et l'abolition du judaïsme.

Que l'on considère l'accomplissement admirable de ces

prophéties, qui conviennent si parfaitement à la personne de Jésus-Christ, qu'il est impossible de ne pas le reconnaître, à moins de vouloir s'aveugler soi-même.

Que l'on considère l'état du peuple juif et devant et après la venue de Jésus-Christ, son état florissant avant la venue du Sauveur, et son état plein de misères depuis qu'ils l'ont rejeté; car ils sont encore aujourd'hui sans aucune marque de religion, sans temple, sans sacrifices, dispersés par toute la terre, le mépris et le rebut de toutes les nations.

Que l'on considère la perpétuité de la religion chrétienne, qui a subsisté depuis le commencement du monde, soit dans les saints de l'Ancien Testament, qui ont vécu dans l'attente de Jésus-Christ avant sa venue, soit dans ceux qui l'ont reçu et qui ont cru en lui depuis sa venue; au lieu que nulle autre religion n'a la perpétuité, qui est la principale marque de la véritable.

Enfin que l'on considère la sainteté de cette religion, sa doctrine, qui rend raison de tout, jusqu'aux contrariétés qui se rencontrent dans l'homme, et toutes les autres choses singulières, surnaturelles et divines qui y éclatent de toutes parts.

Et qu'on juge après tout cela s'il est possible de douter que la religion chrétienne soit la seule véritable, et si jamais aucune autre a rien eu qui en approchât.

FIN DE L'APOLOGIE

RÉSUMÉ DE L'APOLOGIE

Entretien de Pascal avec M. de Saci sur Épictète et Montaigne

Représentants de deux doctrines. — L'une exagérant la grandeur, l'autre la misère de l'homme. — Égale impuissance des deux doctrines. — Solution du problème fournie par la Révélation seule[1].

M. Pascal vint aussi en ce temps-là (1655) demeurer à Port-Royal-des-Champs. Je ne m'arrête point à dire quel était cet homme, que non seulement toute la France, mais toute l'Europe a admiré. Son esprit toujours vif, toujours agissant, était d'une étendue, d'une élévation, d'une fermeté, d'une pénétration et d'une netteté au delà de ce qu'on peut croire.

Cet homme admirable, enfin touché de Dieu, soumit cet esprit si élevé au joug de Jésus-Christ, et ce cœur si noble et si grand embrassa avec humilité la pénitence. Il vint à Paris se jeter entre les bras de M. Singlin, résolu de faire tout ce qu'il lui ordonnerait. M. Singlin crut, en voyant ce grand génie, qu'il ferait bien de l'envoyer

---

1. Cet entretien a été rapporté par Fontaine, le fidèle secrétaire de Saci, dans ses *Mémoires* pour servir à l'histoire de Port-Royal (1736). Condorcet en donna une reproduction gravement altérée que réédita Bossut. M. Faugère donna de nouveau le texte de Fontaine. Mais l'éditeur des *Mémoires* avait lui-même fait subir des altérations et enjolivements à ce texte. Heureusement, cette partie du manuscrit encore inédit de Fontaine avait été publiée auparavant par des Molets (*Continuation des Mémoires de littérature et d'histoire*, V, 1728). C'est ce texte primitif publié par M. Havet que nous reproduisons à notre tour. — La vigueur et la marche du style ont fait supposer que Pascal avait, ainsi qu'il le faisait d'ordinaire avant ses conférences à Port-Royal, écrit lui-même la matière de

à Port-Royal-des-Champs, où M. Arnauld lui prêterait le collet en ce qui regardait les hautes sciences, et où M. de Saci lui apprendrait à les mépriser. — Il vint donc demeurer à Port-Royal. M. de Saci ne put pas se dispenser de le voir par honnêteté, surtout en ayant été prié par M. Singlin ; mais les lumières saintes qu'il trouvait dans l'Écriture et les Pères lui firent espérer qu'il ne serait point ébloui de tout le brillant de M. Pascal, qui charmait néanmoins et enlevait tout le monde.

Il trouvait, en effet, tout ce qu'il disait fort juste. Il avouait avec plaisir la force de son esprit et de ses discours. Tout ce que M. Pascal lui disait de grand, il l'avait vu avant lui dans saint Augustin, et, faisant justice à tout le monde, il disait : « M. Pascal est extrêmement estimable en ce que, n'ayant point lu les Pères de l'Église, il a de lui-même, par la pénétration de son esprit, trouvé les mêmes vérités qu'ils avaient trouvées. Il les trouve surprenantes, disait-il, parce qu'il ne les a vues en aucun endroit ; mais pour nous, nous sommes accoutumés à les voir de tous côtés dans nos livres. » — Ainsi, ce sage ecclésiastique trouvant que les anciens n'avaient pas moins de lumière que les nouveaux, il s'y tenait, et estimait beaucoup M. Pascal de ce qu'il se rencontrait en toutes choses avec saint Augustin.

La conduite ordinaire de M. de Saci, en entretenant les gens, était de proportionner ses entretiens à ceux à qui il parlait. S'il voyait, par exemple, M. Champagne, il parlait avec lui de la peinture ; s'il voyait M. Hamon, il l'entretenait de la médecine ; s'il voyait le chirurgien du lieu, il le questionnait sur la chirurgie. Ceux qui cultivaient ou la vigne, ou les arbres, ou les grains, lui disaient tout ce qu'il y fallait observer. Tout lui servait pour passer aussitôt à

---

cet entretien, ou que, sur l'ordre de Saci, il a donné, à la suite de cette conversation, des notes écrites à Fontaine. L'*Entretien*, dont la date est du commencement de 1655, peu après la conversion de Pascal, montre que, dès ce moment-là, le plan de l'œuvre qu'il allait entreprendre, était formé dans son esprit. Ce fragment qui présente, selon le mot de Sainte-Beuve, pour le fond, une grandeur supérieure et, pour l'intérêt du drame et de la scène, une beauté presque égale à ce qu'on admire aux plus célèbres dialogues de l'antiquité, résume d'une façon saisissante les idées maîtresses et les lignes fondamentales de l'*Apologie*.

Dieu. et pour y faire passer les autres. Il crut donc devoir mettre M. Pascal sur son fonds, et lui parler des lectures de philosophie dont il s'occupait le plus. Il le mit sur ce sujet aux premiers entretiens qu'ils eurent ensemble. M. Pascal lui dit que ses deux livres les plus ordinaires avaient été Epictète et Montaigne, et il lui fit de grands éloges de ces deux esprits. M. de Saci, qui avait toujours cru devoir peu lire ces auteurs, pria M. Pascal de lui en parler à fond.

« Épictète, lui dit-il, est un des philosophes du monde qui ait le mieux connu les devoirs de l'homme. — Il veut, avant toutes choses, qu'il regarde Dieu comme son principal objet ; qu'il soit persuadé qu'il gouverne tout avec justice ; qu'il se soumette à lui de bon cœur, et qu'il le suive volontairement en tout, comme ne faisant rien qu'avec une très grande sagesse ; qu'ainsi cette disposition arrêtera toutes les plaintes et tous les murmures, et préparera son esprit à souffrir paisiblement les événements les plus fâcheux.

« Ne dites jamais, dit-il[1] : J'ai perdu cela ; dites plutôt : je l'ai rendu. Mon fils est mort, je l'ai rendu ; ma femme est morte, je l'ai rendue. Ainsi des biens et de tout le reste.— Mais celui qui me l'ôte est un méchant homme, dites-vous. De quoi vous mettez-vous en peine par qui celui qui vous l'a prêté vous le redemande ? Pendant qu'il vous en permet l'usage, ayez-en soin comme d'un bien qui appartient à autrui, comme un homme qui fait voyage se regarde dans une hôtellerie.

« Vous ne devez pas, dit-il[2], désirer que ces choses qui se font se fassent comme vous le voulez ; mais vous devez vouloir qu'elles se fassent comme elles se font. — Souvenez-vous, dit-il ailleurs[3], que vous êtes ici comme un acteur, et que vous jouez le personnage d'une comédie, tel qu'il plaît au maître de vous le donner. S'il vous le donne court, jouez-le court ; s'il vous le donne long, jouez-le long ; s'il veut que vous contrefassiez le gueux, vous le devez faire

---

1. *Enchirid.*, XI. — 2. *Ibid.*, VIII. — 3. *Ibid.* XVII.

avec toute la naïveté qui vous sera possible ; ainsi du reste. C'est votre fait de jouer bien le personnage qui vous est donné ; mais de le choisir, c'est le fait d'un autre. — Ayez tous les jours devant les yeux[1] la mort et les maux qui semblent les plus insupportables ; et jamais vous ne penserez rien de bas, et ne désirerez rien avec excès.

« Il montre aussi, en mille manières, ce que doit faire l'homme. Il veut qu'il soit humble, qu'il cache ses bonnes résolutions, surtout dans les commencements, et qu'il les accomplisse en secret ; rien ne les ruine davantage que de les produire. Il ne se lasse point de répéter que toute l'étude et le désir de l'homme doivent être de reconnaître la volonté de Dieu et de la suivre.

« Voilà, Monsieur, dit Pascal à M. de Saci, les lumières de ce grand esprit qui a si bien connu les devoirs de l'homme. J'ose dire qu'il méritait d'être adoré, s'il avait aussi bien connu son impuissance, puisqu'il fallait être Dieu pour apprendre l'un et l'autre aux hommes. Aussi, comme il était terre et cendre, après avoir si bien compris ce qu'on doit, voici comment il se perd dans la présomption de ce qu'on peut. — Il dit que Dieu a donné à tout homme les moyens de s'acquitter de toutes ses obligations ; que ces moyens sont toujours en notre puissance ; qu'il faut chercher la félicité par les choses qui sont en notre pouvoir, puisque Dieu nous les a données à cette fin : il faut voir ce qu'il y a en nous de libre ; que les biens, la vie, l'estime ne sont pas en notre puissance, et ne mènent donc pas à Dieu ; mais que l'esprit ne peut être forcé de croire ce qu'il sait être faux, ni la volonté d'aimer ce qu'elle sait qui la rend malheureuse : que ces deux puissances sont donc libres, et que c'est par elles que nous pouvons nous rendre parfaits ; que l'homme peut, par ces puissances, parfaitement connaître Dieu, l'aimer, lui obéir, lui plaire, se

---

1. *Enchirid.*, XXI.

guérir de tous ses vices, acquérir toutes les vertus, se rendre saint et ainsi compagnon de Dieu.

« Ces principes, d'une superbe diabolique, le conduisent à d'autres erreurs, comme : que l'âme est une portion de la substance divine ; que la douleur et la mort ne sont pas des maux ; qu'on peut se tuer quand on est tellement persécuté qu'on peut croire que Dieu appelle, et d'autres.

« Pour Montaigne, dont vous voulez aussi, Monsieur, que je vous parle[1], étant né dans un État chrétien, il fait profession de la religion catholique, et en cela il n'a rien de particulier. — Mais comme il a voulu chercher quelle morale la raison devrait dicter sans la lumière de la foi, il a pris ses principes dans cette supposition, et ainsi, en considérant l'homme destitué de toute révélation, il discourt en cette sorte. Il met toutes choses dans un doute universel et si général, que ce doute s'emporte soi-même, c'est-à-dire s'il doute, et doutant même de cette dernière proposition, son incertitude roule sur elle-même dans un cercle perpétuel et sans repos ; s'opposant également à ceux qui assurent que tout est incertain et à ceux qui assurent que tout ne l'est pas, parce qu'il ne veut rien assurer.

« C'est dans ce doute qui doute de soi et dans cette ignorance qui s'ignore, et qu'il appelle sa maîtresse forme,

---

1. Cette remarquable appréciation de Montaigne révèle la juste mesure de l'influence que les *Essais* avaient pu exercer sur l'esprit de Pascal. Il est incontestable qu'il possédait à fond ce livre à la mode que Huet appelait « le Bréviaire des honnêtes paresseux et des ignorants studieux, que tout gentilhomme campagnard tenait sur sa cheminée ». Il n'est donc pas étonnant que plus d'une des *Pensées* offre quelque réminiscence visible des *Essais*. Mais l'*Entretien* présent montre que si Pascal en empruntait parfois le langage, il était loin de s'en assimiler l'esprit de scepticisme jovial. Montaigne est pour Pascal le représentant d'un état d'opinion qui l'intéresse et l'afflige, et qui lui fournit en quelque sorte les prémisses de l'argumentation par laquelle il veut convaincre la raison de sa faiblesse et de son besoin de recourir à la foi.

qu'est l'essence de son opinion, qu'il n'a pu exprimer par aucun terme positif. — Car, s'il dit qu'il doute, il se trahit, en assurant au moins qu'il doute; ce qui étant formellement contre son intention, il n'a pu s'expliquer que par interrogation ; de sorte que, ne voulant pas dire: « Je ne sais, » il dit: « Que sais-je ? » dont il fait sa devise, en la mettant sous des balances qui, pesant les contradictoires, se trouvent dans un parfait équilibre: c'est-à-dire qu'il est pur pyrrhonien.

« Sur ce principe roulent tous ses discours et tous ses Essais ; et c'est la seule chose qu'il prétende bien établir, quoiqu'il ne fasse pas toujours remarquer son intention. Il y détruit insensiblement tout ce qui passe pour le plus certain parmi les hommes, non pas pour établir le contraire avec une certitude de laquelle seule il est ennemi, mais pour faire voir seulement que, les apparences étant égales de part et d'autre, on ne sait où asseoir sa créance.

« Dans cet esprit il se moque de toutes les assurances: par exemple, il combat ceux qui ont pensé établir dans la France un grand remède contre les procès par la multitude et par la prétendue justesse des lois: comme si l'on pouvait couper la racine des doutes d'où naissent les procès, et qu'il y eût des digues qui pussent arrêter le torrent de l'incertitude et captiver les conjectures ! — C'est là que, quand il dit qu'il vaudrait autant soumettre sa cause au premier passant qu'à des juges armés de ce nombre d'ordonnances[1], il ne prétend pas qu'on doive changer l'ordre de l'État, il n'a pas tant d'ambition; ni que son avis soit meilleur, il n'en croit aucun de bon. — C'est seulement pour prouver la vanité des opinions les plus reçues; montrant que l'exclusion de toutes lois diminuerait plutôt le nombre des différends que cette multitude de lois qui ne sert qu'à l'augmenter, parce que les difficultés croissent à mesure qu'on les pèse; que les obscurités se multiplient par le commen-

---

1. *Essais*, III, XIII.

taire; et que le plus sûr moyen pour entendre le sens d'un discours est de ne le pas examiner et de le prendre sur la première apparence: si peu qu'on l'observe, toute sa clarté se dissipe. — Aussi il juge à l'aventure de toutes les actions des hommes et des points d'histoire, tantôt d'une manière, tantôt d'une autre, suivant librement sa première vue, et sans contraindre sa pensée sous les règles de la raison, qui n'a que de fausses mesures, ravi de montrer par son exemple les contrariétés d'un même esprit.

« Dans ce génie tout libre, il lui est entièrement égal de l'emporter ou non dans la dispute, ayant toujours, par l'un et l'autre exemple, un moyen de faire voir la faiblesse des opinions; étant porté avec tant d'avantage dans ce doute universel, qu'il s'y fortifie également par son triomphe et par sa défaite.

« C'est dans cette assiette, toute flottante et chancelante qu'elle est, qu'il combat avec une fermeté invincible les hérétiques de son temps, sur ce qu'ils s'assuraient de connaître seuls le véritable sens de l'Écriture; et c'est de là encore qu'il foudroie plus vigoureusement l'impiété horrible de ceux qui osent assurer que Dieu n'est point.

« Il les entreprend particulièrement dans l'Apologie de Raymond de Sebonde[1]; et, les trouvant dépouillés volontairement de toute révélation et abandonnés à leur lumière

---

1. Dans sa jeunesse, en 1569, Montaigne avait publié une traduction d'un ouvrage apologétique, composé au xive siècle par un médecin espagnol, Raymond de Sabonde (*Theologia naturalis, sive liber creaturarum;* l'édition la plus estimée est celle de Venise, 1581). Ce livre qui développait un ensemble de considérations philosophiques en faveur des principaux dogmes chrétiens, avait soulevé des critiques : les uns estimant dangereuse la tentative d'étayer les dogmes sur des preuves purement rationnelles, les autres trouvant ces preuves bien faibles. Dans le II° livre de ses *Essais*, Montaigne consacre à la justification de cet auteur un long chapitre intitulé *Apologie de Sebonde*, et à ce propos, il s'abandonne à sa

naturelle, toute foi mise à part, il les interroge de quelle autorité ils entreprennent de juger cet Être souverain qui est infini par sa propre définition, eux qui ne connaissent véritablement aucune chose de la nature. — Il leur demande sur quels principes ils s'appuient; il les presse de les montrer. — Il examine tous ceux qu'ils peuvent produire, et y pénètre si avant, par le talent où il excelle, qu'il montre la vanité de tous ceux qui passent pour les plus naturels et les plus fermes.

« Il demande si l'âme connaît quelque chose, si elle se connaît elle-même, si elle est substance ou accident, corps ou esprit; ce que c'est que chacune de ces choses, et s'il n'y a rien qui ne soit de l'un de ces ordres; si elle connaît son propre corps, ce que c'est que matière, et si elle peut discerner entre l'innombrable variété des corps qu'on en produit; comment elle peut raisonner si elle est matérielle, et comment elle peut être unie à un corps particulier et en ressentir les passions, si elle est spirituelle. Quand a-t-elle commencé d'être? avec le corps ou devant? et si elle finit avec lui ou non; si elle ne se trompe jamais; si elle sait quand elle erre, vu que l'essence de la méprise consiste à ne la pas connaître; si dans ses obscurcissements elle ne croit pas aussi fermement que deux et trois font six qu'elle sait ensuite que c'est cinq; si les animaux raisonnent, pensent, parlent, et qui peut décider ce que c'est que le temps, ce que c'est que l'espace ou étendue, ce que c'est que le mouvement, ce que c'est que l'unité, qui sont toutes choses qui nous environnent et entièrement inexplicables; ce que c'est que santé, maladie, vie, mort, bien, mal, justice, péché, dont nous parlons à toute heure; si nous avons en nous des principes du vrai; et si ceux que nous croyons, et qu'on appelle axiomes ou notions communes,

---

verve d'ironie goguenarde, « pelotant les raisons divines », selon sa propre expression, et qui éveille de si douloureux échos dans l'âme de Pascal.

parce qu'elles sont communes dans tous les hommes, sont conformes à la vérité essentielle.

« Et puisque nous ne savons que par la seule foi qu'un Être tout bon nous les a donnés véritables, en nous créant pour connaître la vérité, qui saura sans cette lumière si, étant formés à l'aventure, ils ne sont pas incertains, ou si, étant formés par un être faux et méchant, il ne nous les a pas donnés faux afin de nous séduire?

« Montrant par là que Dieu et le vrai sont inséparables, et que si l'un est ou n'est pas, s'il est certain ou incertain, l'autre est nécessairement de même.

« Qui sait donc si le sens commun, que nous prenons pour juge du vrai, en a l'être de celui qui l'a créé? — De plus, qui sait ce que c'est que la vérité, et comment peut-on s'assurer de l'avoir sans la connaître? Qui sait même ce que c'est qu'être, qu'il est impossible de définir, puisqu'il n'y a rien de plus général, et qu'il faudrait d'abord, pour l'expliquer, se servir de ce mot-là même, en disant : C'est être!...

« Et puisque nous ne savons ce que c'est qu'âme, corps, temps, espace, mouvement, vérité, bien, ni expliquer l'idée que nous nous en formons, comment nous assurons-nous qu'elle est la même dans tous les hommes, vu que nous n'avons d'autre marque que l'uniformité des conséquences, qui n'est pas toujours un signe de celle des principes? car ils peuvent bien être différents et conduire néanmoins aux mêmes conclusions, chacun sachant que le vrai se conclut souvent du faux.

« Enfin il examine si profondément les sciences, et la géométrie, dont il montre l'incertitude dans les axiomes et dans les termes qu'elle ne définit point, comme d'étendue, de mouvement, etc.; la physique, en bien plus de manières, et la médecine, en une infinité de façons; et l'histoire, et la politique, et la morale, et la jurisprudence, et le reste : de telle sorte qu'on demeure convaincu que nous ne pensons pas mieux à présent que dans un songe dont nous ne nous éveillons qu'à la mort, et pendant lequel nous avons aussi peu les principes du vrai que durant le sommeil naturel.

« C'est ainsi qu'il gourmande si fortement et si cruellement la raison dénuée de la foi, que, lui faisant douter si elle est raisonnable, si les animaux le sont ou non, ou plus ou moins, il la fait descendre de l'excellence qu'elle s'est attribuée, et la met par grâce en parallèle avec les bêtes, sans lui permettre de sortir de cet ordre jusqu'à ce qu'elle soit instruite par son Créateur même de son rang qu'elle ignore; la menaçant, si elle gronde, de la mettre au-dessous de tout, ce qui est aussi facile que le contraire; et ne lui donnant pouvoir d'agir cependant que pour remarquer sa faiblesse avec une humilité sincère, au lieu de s'élever par une sotte insolence »

« M. de Saci, se croyant vivre dans un nouveau pays et entendre une nouvelle langue, se disait en lui-même les paroles de S. Augustin : O Dieu de vérité ! ceux qui savent ces subtilités de raisonnement vous sont-ils pour cela plus agréables ? Il plaignait ce philosophe qui se piquait et se déchirait de toutes parts des épines qu'il se formait, comme S. Augustin dit de lui-même lorsqu'il était en cet état. — Après donc une assez longue patience, il dit à M. Pascal :

« Je vous suis obligé, monsieur ; je suis sûr que si j'avais longtemps lu Montaigne, je ne le connaîtrais pas autant que je le fais depuis cet entretien que je viens d'avoir avec vous. Cet homme devrait souhaiter qu'on ne le connût que par les récits que vous faites de ses écrits ; et il pourrait dire avec S. Augustin : *Ibi me vide, attende.* Je crois assurément que cet homme avait de l'esprit ; mais je ne sais si vous ne lui en prêtez pas un peu plus qu'il n'en a, par cet enchaînement si juste que vous faites de ses principes. Vous pouvez juger qu'ayant passé ma vie comme j'ai fait, on m'a peu conseillé de lire cet auteur, dont tous les ouvrages n'ont rien de ce que nous devons principalement rechercher dans nos lectures, selon la règle de S. Augustin, parce que ses paroles ne paraissent pas sortir d'un grand fonds d'humilité et de piété.

« On pardonnerait à ces philosophes d'autrefois, qu'on nommait académiciens, de mettre tout dans le doute. Mais qu'avait besoin Montaigne de s'égayer l'esprit en renouvelant une doctrine qui passe maintenant aux yeux des chrétiens pour une folie? C'est le jugement que S. Augustin fait de ces personnes. Car on peut dire après lui de Montaigne : Il met dans tout ce qu'il dit la foi à part; ainsi nous, qui avons la foi, devons de même mettre à part tout ce qu'il dit. Je ne blâme point l'esprit de cet auteur, qui est un grand don de Dieu : mais il pouvait s'en servir mieux, et en faire plutôt un sacrifice à Dieu qu'au démon. A quoi sert un bien, quand on en use si mal? *Quid proderat*, etc.? dit de lui ce saint docteur avant sa conversion.

« Vous êtes heureux, monsieur, de vous être élevé au-dessus de ces personnes qu'on appelle des docteurs, plongés dans l'ivresse, mais qui ont le cœur vide de la vérité. Dieu a répandu dans votre cœur d'autres douceurs et d'autres attraits que ceux que vous trouviez dans Montaigne. Il vous a rappelé de ce plaisir dangereux, *a jucunditate pestifera*, dit S. Augustin, qui rend grâce à Dieu de ce qu'il lui a pardonné les péchés qu'il avait commis en goûtant trop la vanité. S. Augustin est d'autant plus croyable en cela, qu'il était autrefois dans ces sentiments; et comme vous dites de Montaigne que c'est par ce doute universel qu'il combat les hérétiques de son temps, aussi, par ce même doute des académiciens, S. Augustin quitta l'hérésie des Manichéens. — Depuis qu'il fut à Dieu, il renonça à ces vanités, qu'il appelle sacrilèges. Il reconnut avec quelle sagesse S. Paul nous avertit de ne pas nous laisser séduire par ces discours. Car il avoue qu'il y a en cela un certain agrément qui enlève : on croit quelquefois les choses véritables, seulement parce qu'on les dit éloquemment. Ce sont des viandes dangereuses, dit-il, que l'on sert dans de beaux plats; mais ces viandes, au lieu de nourrir le cœur, elles le vident. On ressemble alors à des gens qui dorment, et qui croient manger en dormant : ces viandes imaginaires les laissent aussi vides qu'ils étaient.

« M. de Saci dit à M. Pascal plusieurs choses semblables sur quoi M. Pascal lui dit que s'il lui faisait compliment de bien posséder Montaigne et de le savoir bien tourner, il pouvait lui dire sans compliment qu'il savait bien mieux S. Augustin, et qu'il le savait bien mieux tourner, quoique peu avantageusement pour le pauvre Montaigne. Il lui témoigna être extrêmement édifié de la solidité de tout ce qu'il venait de lui représenter; cependant, étant encore tout plein de son auteur, il ne put se retenir et lui dit :

« Je vous avoue, monsieur, que je ne puis voir sans joie dans cet auteur la superbe raison si invinciblement froissée par ses propres armes, et cette révolte si sanglante de l'homme contre l'homme, qui, de la société avec Dieu, où il s'élevait par les maximes, le précipite dans la nature des bêtes; et j'aurais aimé de tout mon cœur le ministre d'une si grande vengeance, si, étant disciple de l'Église par la foi, il eût suivi les règles de la morale, en portant les hommes, qu'il avait si utilement humiliés, à ne pas irriter, par de nouveaux crimes celui qui peut seul les tirer descrimes qu'il les a convaincus de ne pouvoir pas seulement connaître.

« Mais il agit, au contraire, en païen de cette sorte. — De ce principe, dit-il, que hors de la foi tout est dans l'incertitude, et considérant bien combien il y a que l'on cherche le vrai et le bien sans aucun progrès vers la tranquillité, il conclut qu'on en doit laisser le soin aux autres; et demeurer cependant en repos, coulant légèrement sur les sujets, de peur d'y enfoncer en appuyant; et prendre le vrai et le bien sur la première apparence, sans les presser, parce qu'ils sont si peu solides, que, quelque peu qu'on serre les mains, ils s'échappent entre les doigts et les laissent vides.

« C'est pourquoi il suit le rapport des sens et les notions communes, parce qu'il faudrait qu'il se fît violence pour les démentir, et qu'il ne sait s'il gagnerait, ignorant où est le vrai. Ainsi il fuit la douleur et la mort, parce que son instinct l'y pousse, et qu'il ne veut pas résister par la même raison, mais sans en conclure que ce soient de véritables maux, ne se fiant pas trop à ces mouvements naturels de crainte, vu qu'on en sent d'autres de plaisir qu'on accuse d'être mauvais, quoique la nature parle au contraire. — Ainsi il n'a rien d'extravagant dans sa conduite; il agit comme les autres hommes; et tout ce qu'ils font dans la sotte pensée qu'ils suivent le vrai bien, il le fait pour un autre principe, qui est que les vraisemblances étant pareillement d'un et d'autre côté, l'exemple et la commodité sont les contre-poids qui l'emportent.

« Il monte sur son cheval, comme un autre qui ne serait pas philosophe, parce qu'il le souffre, mais sans croire que ce soit de droit, ne sachant pas si cet animal n'a pas, au contraire, celui de se servir de lui. Il se fait aussi quelque violence pour éviter certains vices, et même il a gardé la fidélité au mariage, à cause de la peine qui suit les désordres. Mais si celle qu'il prendrait surpasse celle qu'il évite, il y demeure en repos, la règle de son action étant en tout la commodité et la tranquillité. — Il rejette donc bien loin cette vertu stoïque qu'on peint avec une mine sévère, un regard farouche, des cheveux hérissés, le front ridé, et en sueur, dans une posture pénible et tendue, loin des hommes, dans un morne silence, et seule sur la pointe d'un rocher : fantôme, à ce qu'il dit, capable d'effrayer les enfants, et qui ne fait là autre chose, avec un travail continuel, que de chercher le repos, où il n'arrive jamais. La sienne est naïve, familière, plaisante, enjouée, et, pour ainsi dire, folâtre : elle suit ce qui la charme, et badine négligemment des accidents bons ou mauvais, couchée mollement dans le sein de l'oisiveté tranquille, d'où elle montre aux hommes, qui cherchent la félicité avec tant de peines, que c'est là seulement où elle repose, et que l'ignorance et l'incuriosité sont deux doux oreillers pour une tête bien faite, comme il dit lui-même.

« Je ne puis pas vous dissimuler, monsieur, qu'en lisant cet auteur et le comparant avec Épictète, j'ai trouvé qu'ils étaient assurément les deux plus grands défenseurs des deux plus célèbres sectes du monde, et les seules conformes à la raison, puisqu'on ne peut suivre qu'une de ces deux routes, savoir : ou qu'il y a un Dieu, et lors il y place son souverain bien ; ou qu'il est incertain, et qu'alors le vrai bien l'est aussi, puisqu'il en est incapable. — J'ai pris un plaisir extrême à remarquer dans ces divers raisonnements e nquoi les uns et les autres sont arrivés à quelque conformité avec la sagesse véritable, qu'ils ont essayé de connaître. Car, s'il est agréable d'observer dans la nature le désir qu'elle a de peindre Dieu dans tous ses ouvrages, où l'on en voit quelques caractères, parce qu'ils en sont les images, combien est-il plus juste de considérer dans les productions des esprits les efforts qu'ils font pour imiter la vérité essentielle, même en la fuyant, et de remarquer en quoi ils y arrivent et en quoi ils s'en égarent, comme j'ai tâché de faire dans cette étude.

« Il est vrai, monsieur, que vous venez de me faire voir admirablement le peu d'utilité que les chrétiens peuvent retirer de ces études philosophiques. Je ne laisserai pas néanmoins, avec votre permission, de vous en dire encore ma pensée, prêt néanmoins de renoncer à toutes les lumières qui ne viendront pas de vous, en quoi j'aurai l'avantage, ou d'avoir rencontré la vérité par bonheur, ou de la recevoir de vous avec assurance.

« Il me semble que la source des erreurs de ces deux sectes est de n'avoir pas su que l'état de l'homme à présent diffère de celui de sa création ; de sorte que l'un, remarquant quelques traces de sa première grandeur, et ignorant sa corruption, a traité la nature comme saine et sans besoin de Réparateur, ce qui le mène au comble de la superbe; au lieu que l'autre, éprouvant la misère présente et ignorant la première dignité, traite la nature comme nécessairement infirme et irréparable, ce qui le précipite dans le désespoir d'arriver à un véritable bien, et de là dans une extrême lâcheté. — Ainsi, ces deux états, qu'il fallait connaître ensemble pour voir toute la vérité, étant connus séparément, conduisent nécessairement à l'un de ces deux vices d'orgueil ou de paresse, où sont infailliblement tous les hommes avant la grâce, puisque s'ils ne demeurent dans leurs désordres par lâcheté, ils en sortent par vanité, tant il est vrai ce que vous venez de me dire de saint Augustin et que je trouve d'une grande étendue; car en effet on leur rend hommage en bien des manières.

« C'est donc de ces lumières imparfaites qu'il arrive que l'un, connaissant les devoirs de l'homme et ignorant son impuissance, se perd dans la présomption, et que l'autre, connaissant l'impuissance et non le devoir, il s'abat dans la lâcheté ; d'où il semble que, puisque l'un conduit à la vérité, l'autre à l'erreur, l'on formerait en les alliant une morale parfaite. — Mais au lieu de cette paix, il ne resterait de leur assemblage qu'une guerre et qu'une destruction générale : car l'un établissant la certitude, l'autre le doute, l'un la grandeur de l'homme, l'autre sa faiblesse, ils ruinent les vérités aussi bien que les faussetés l'un de l'autre. De sorte qu'ils ne peuvent subsister seuls à cause de leurs défauts, ni s'unir à cause de leurs oppositions, et qu'ainsi ils se brisent et s'anéantissent pour faire place à la vérité de l'Évangile.

« C'est elle qui accorde les contrariétés par un art tout divin, et, unissant tout ce qui est de vrai et chassant tout ce qui est de faux, elle en fait une sagesse véritablement céleste où s'accordent ces opposés, qui étaient incompatibles dans ces doctrines humaines. — Et la raison en est que ces sages du monde placent les contraires dans un même sujet, car l'un attribuait la grandeur à la nature et l'autre la faiblesse à cette même nature, ce qui ne pouvait subsister ; au lieu que la foi nous apprend à les mettre en des sujets différents : tout ce qu'il y a d'infirme appartenant à la nature, tout ce qu'il y a de puissant appartenant à la grâce. — Voilà l'union étonnante et nouvelle que Dieu seul pouvait enseigner, et que lui seul pouvait faire, et qui n'est qu'une image et qu'un effet de l'union ineffable de deux natures dans la seule personne d'un Homme-Dieu.

« Je vous demande pardon, monsieur, dit M. Pascal à M. de Saci, de m'emporter ainsi devant vous dans la théologie, au lieu de demeurer dans la philosophie, qui était seule mon sujet ; mais il m'y a conduit insensiblement, et il est difficile de ne pas y rentrer, quelque vérité qu'on traite, parce qu'elle est le centre de toutes les vérités ; ce qui paraît ici parfaitement, puisqu'elle enferme si visiblement toutes celles qui se trouvent dans ces opinions.

« Aussi je ne vois pas comment aucun d'eux pourrait refuser de la suivre. Car s'ils sont pleins de la pensée de la grandeur de l'homme, qu'ont-ils imaginé qui ne cède aux promesses de l'Évangile, qui ne sont autre chose que le digne prix de la mort d'un Dieu? Et s'ils se plaisaient à voir l'infirmité de la nature, leurs idées n'égalent point celles de la véritable faiblesse du péché, dont la mort même a été le remède. — Ainsi tous y trouvent plus qu'ils n'ont désiré, et ce qui est admirable, ils s'y trouvent unis, eux qui ne pouvaient s'allier dans un degré infiniment inférieur! »

« M. de Saci ne put s'empêcher de témoigner à M. Pascal qu'il était surpris comment il savait tourner les choses; mais il avoua en même temps que tout le monde n'avait pas le secret comme lui de faire sur ces lectures des réflexions si sages et si élevées. Il lui dit qu'il ressemblait à ces médecins habiles qui, par la manière adroite de préparer les plus grands poisons, en savent tirer les plus grands remèdes. Il ajouta que quoiqu'il vît bien, par ce qu'il venait de lui dire, que ces lectures lui étaient utiles, il ne pouvait pas croire néanmoins qu'elles fussent avantageuses à beaucoup de gens dont l'esprit se traînerait un peu, et n'aurait pas assez d'élévation pour lire ces auteurs et en juger, et savoir tirer les perles du milieu du fumier, *aurum ex stercore*, disait un Père. Ce qu'on pouvait bien plus dire de ces philosophes, dont le fumier, par sa noire fumée, pouvait obscurcir la foi chancelante de ceux qui les lisent. C'est pourquoi il conseillerait toujours à ces personnes de ne pas s'exposer légèrement à ces lectures, de peur de se perdre avec ces philosophes, et de devenir la proie des démons et la pâture des vers, selon le langage de l'Écriture, comme ces philosophes l'ont été.

« Pour l'utilité de ces lectures, dit M. Pascal, je vous dirai fort simplement ma pensée.

« Je trouve dans Épictète un art incomparable pour troubler le repos de ceux qui le cherchent dans les choses extérieures, et pour les forcer à reconnaître qu'ils sont de véritables esclaves et de misérables aveugles ; qu'il est impossible qu'ils trouvent autre chose que l'erreur et la douleur qu'ils fuient, s'ils ne se donnent sans réserve à Dieu seul. — Montaigne est incomparable pour confondre l'orgueil de ceux qui, hors la foi, se piquent d'une véritable justice ; pour désabuser ceux qui s'attachent à leurs opinions, et qui croient trouver dans les sciences des vérités inébranlables ; et pour convaincre si bien la raison de son peu de lumière et de ses égarements, qu'il est difficile, quand on fait un bon usage de ses principes, d'être tenté de trouver des répugnances dans les mystères ; car l'esprit en est si battu, qu'il est bien éloigné de vouloir juger si l'Incarnation ou le mystère de l'Eucharistie sont possibles ; ce que les hommes du commun n'agitent que trop souvent.

« Mais si Épictète combat la paresse, il mène à l'orgueil, de sorte qu'il peut être très nuisible à ceux qui ne sont pas persuadés de la corruption de la plus parfaite justice qui n'est pas de la foi. Et Montaigne est absolument pernicieux à ceux qui ont quelque pente à l'impiété et aux vices. C'est pourquoi ces lectures doivent être réglées avec beaucoup de soin, de discrétion, et d'égards à la condition et aux mœurs de ceux à qui on les conseille. Il me semble seulement qu'en les joignant ensemble elles ne pourraient réussir fort mal, parce que l'une s'oppose au mal de l'autre : non qu'elles puissent donner la vertu, mais seulement troubler dans les vices : l'âme se trouvant combattue par les contraires, dont l'un chasse l'orgueil et l'autre la paresse, et ne pouvant reposer dans aucun de ces vices par ses raisonnements ni aussi les fuir tous. »

« Ce fut ainsi que ces deux personnes d'un si bel esprit s'accordèrent enfin au sujet de la lecture de ces philosophes, et se rencontrèrent au même terme, où ils arrivèrent néanmoins d'une manière un peu différente : M. de Saci y étant arrivé tout d'un coup par la claire vue du christianisme, et M. Pascal n'y étant arrivé qu'après beaucoup de détours, en s'attachant aux principes de ces philosophes. »

OPUSCULES RELIGIEUX

I

Comparaison des Chrétiens des premiers temps avec ceux d'aujourd'hui[1].

Dans les premiers temps, les chrétiens étaient parfaitement instruits dans tous les points nécessaires au salut; au lieu que l'on voit aujourd'hui une ignorance si grossière, qu'elle fait gémir tous ceux qui ont des sentiments de tendresse pour l'Église.

On n'entrait alors dans l'Église qu'après de grands travaux et de longs désirs; on s'y trouve maintenant sans aucune peine, sans soin et sans travail.

On n'y était admis qu'après un examen très exact. On y est reçu maintenant avant qu'on soit en état d'être examiné.

On n'y était reçu alors qu'après avoir abjuré sa vie passée, qu'après avoir renoncé au monde, et à la chair, et

---

1. Ce morceau a été publié tout d'abord par Bossut: la date précise de sa composition est incertaine. M. Faugère intitule ces pages: *Réflexions sur la manière dont on était autrefois reçu dans l'Église; comme on y vivait; comme on y entre et comme on y vit aujourd'hui.* Elles ont été empruntées aux recueils du P. Guerrier, qui dit les avoir transcrites sur *deux copies très peu lisibles et presque pourries.* — Si Pascal y regrette la discipline ancienne de conférer le baptême plutôt à des adultes déjà instruits, il ne blâme pas la discipline plus moderne. Seulement il voudrait, avec raison, qu'on n'en mît pas moins de soin à donner aux jeunes chrétiens une forte et solide institution religieuse. Il n'est pas nécessaire d'attribuer ce souci très légitime à un excès de zèle janséniste.

au diable. On y entre maintenant avant qu'on soit en état de faire aucune de ces choses.

Enfin, il fallait autrefois sortir du monde pour être reçu dans l'Église ; au lieu qu'on entre aujourd'hui dans l'Église au même temps que dans le monde.

On connaissait alors par ce procédé une distinction essentielle du monde d'avec l'Église. On les considérait comme deux contraires, comme deux ennemis irréconciliables, dont l'un persécute l'autre sans discontinuation, et dont le plus faible en apparence doit un jour triompher du plus fort ; en sorte que de ces deux partis contraires on quittait l'un pour entrer dans l'autre ; on abandonnait les maximes de l'un pour embrasser les maximes de l'autre ; on se dévêtait des sentiments de l'un pour se revêtir des sentiments de l'autre ; enfin on quittait, on renonçait, on abjurait le monde, où l'on avait reçu sa première naissance, pour se vouer totalement à l'Église, où l'on prenait comme sa seconde naissance ; et ainsi on concevait une différence épouvantable entre l'un et l'autre ; au lieu qu'on se trouve maintenant presque aux mêmes temps dans l'un et dans l'autre, et le même moment qui nous fait naître au monde nous fait renaître dans l'Église ; de sorte que la raison survenant ne fait plus de distinction de ces deux mondes si contraires. Elle est élevée dans l'un et dans l'autre tout ensemble. On fréquente les sacrements, et on jouit des plaisirs du monde. — Et ainsi, au lieu qu'autrefois on voyait une distinction essentielle entre l'un et l'autre, on les voit maintenant confondus et mêlés, en sorte qu'on ne les discerne plus.

De là vient qu'on ne voyait autrefois entre les chrétiens que des personnes très instruites ; au lieu qu'elles sont maintenant dans une ignorance qui fait horreur. De là vient qu'autrefois ceux qui avaient été régénérés par le baptême, et qui avaient quitté les vices du monde pour entrer dans la piété de l'Église, retombaient si rarement de l'Église dans le monde ; au lieu qu'on ne voit maintenant rien de plus ordinaire que les vices du monde dans le cœur des chrétiens. — L'Église des saints se trouve toute souillée par le mélange des méchants; et ses enfants, qu'elle a conçus et nourris dès l'enfance dans son sein, sont ceux-là mêmes qui portent dans son cœur, c'est-à-dire jusqu'à la participation de ses plus augustes mystères, le plus cruel de ses ennemis, l'esprit du monde, l'esprit d'ambition, l'esprit de vengeance, l'esprit d'impureté, l'esprit de concupiscence. Et l'amour qu'elle a pour ses enfants l'oblige d'admettre jusque dans ses entrailles le plus cruel de ses persécuteurs.

Mais ce n'est pas l'Église à qui on doit imputer les malheurs qui ont suivi un changement de discipline si salutaire, car elle n'a pas changé d'esprit, quoiqu'elle ait changé de conduite. — Ayant donc vu que la dilation du baptême laissait un grand nombre d'enfants dans la malédiction d'Adam, elle a voulu les délivrer de cette masse de perdition en précipitant le secours qu'elle leur donne; et cette bonne mère ne voit qu'avec un regret extrême que ce qu'elle a procuré pour le salut de ses enfants est devenu l'occasion de la perte des adultes.

Son véritable esprit est que ceux qu'elle retire dans un âge si tendre de la contagion du monde prennent des sentiments tout opposés à ceux du monde. Elle prévient l'usage de la raison pour prévenir les vices où la raison corrompue les entraînerait; et avant que leur esprit puisse agir, elle les remplit de son esprit, afin qu'ils vivent dans une ignorance du monde et dans un état d'autant plus éloigné du vice, qu'ils ne l'auront jamais connu. — Cela paraît par les cérémonies du baptême; car elle n'accorde le baptême aux enfants qu'après qu'ils ont déclaré, par la bouche des parrains, qu'ils le désirent, qu'ils croient, qu'ils renoncent au monde et à Satan. Et comme elle veut qu'ils conservent ces dispositions dans toute la suite de leur vie, elle leur commande expressément de les garder inviolablement, et ordonne, par un commandement indispensable, aux parrains d'instruire les enfants de toutes ces choses; car elle ne souhaite pas que ceux qu'elle a nourris dans son sein soient aujourd'hui moins instruits et moins zélés que les adultes qu'elle admettait autrefois au nombre des siens ; elle ne désire pas une moindre perfection dans ceux qu'elle nourrit que dans ceux qu'elle reçoit. — Cependant on en use d'une façon si contraire à l'intention de l'Église, qu'on n'y peut penser sans horreur. On ne fait quasi plus de réflexion sur un aussi grand bienfait, parce qu'on ne l'a jamais demandé, parce qu'on ne se souvient pas même de l'avoir reçu...

Mais, comme il est évident que l'Église ne demande pas moins de zèle dans ceux qui ont été élevés domestiques de la foi[1] que dans ceux qui aspirent à le devenir, il faut se mettre devant les yeux l'exemple des catéchumènes, considérer leur ardeur, leur dévotion, leur horreur pour le monde, leur généreux renoncement au monde ; et, si on ne les jugeait pas dignes de recevoir le baptême sans ces dispositions, ceux qui ne les trouvent pas en eux...

Il faut donc qu'ils se soumettent à recevoir l'instruction qu'ils auraient eue s'ils commençaient à entrer dans la communion de l'Église ; il faut de plus qu'ils se soumettent à une pénitence continuelle, et qu'ils aient moins d'aversion pour l'austérité de leur mortification, qu'ils ne trouvent de charmes dans l'usage des délices empoisonnées du péché.

Pour les disposer à s'instruire, il faut leur faire entendre la différence des coutumes qui ont été pratiquées dans l'Église suivant la diversité des temps... qu'en l'Église naissante on enseignait les catéchumènes, c'est-à-dire ceux qui prétendaient au baptême, avant que de le leur conférer ; et on ne les y admettait qu'après une pleine instruction des mystères de la religion, qu'après une pénitence de leur vie passée, qu'après une grande connaissance de la grandeur et de l'excellence de la profession de la foi et des maximes chrétiennes où ils désiraient entrer

---

1. Ephes., II, 19.

pour jamais, qu'après des marques éminentes d'une conversion véritable du cœur, et qu'après un extrême désir du baptême. — Ces choses étant connues de toute l'Église, on leur conférait le sacrement d'incorporation par lequel ils devenaient membres de l'Église ; au lieu qu'en ces temps, le baptême ayant été accordé aux enfants avant l'usage de la raison, par des considérations très importantes, il arrive que la négligence des parents laisse vieillir les chrétiens sans aucune connaissance de la grandeur de notre religion.

Quand l'instruction précédait le baptême, tous étaient instruits ; mais maintenant que le baptême précède l'instruction, l'enseignement qui était nécessaire est devenu volontaire, et ensuite négligé et presque aboli. La véritable raison de cette conduite est qu'on est persuadé de la nécessité du baptême, et on ne l'est pas de la nécessité de l'instruction. De sorte que, quand l'instruction précédait le baptême, la nécessité de l'un faisait que l'on avait recours à l'autre nécessairement ; au lieu que, le baptême précédant aujourd'hui l'instruction, comme on a été fait chrétien sans avoir été instruit, on croit pouvoir demeurer chrétien sans se faire instruire...

Et qu'au lieu que les premiers chrétiens témoignaient tant de reconnaissance envers l'Église pour une grâce qu'elle n'accordait qu'à leurs longues prières, ils témoignent aujourd'hui tant d'ingratitude pour cette même grâce, qu'elle leur accorde avant même qu'ils aient été en état de la demander. Et si elle détestait si fort les chutes des premiers, quoique si rares, combien doit-elle avoir en abomination les chutes et rechutes continuelles des derniers, quoiqu'ils lui soient beaucoup plus redevables, puisqu'elle les a tirés bien plus tôt et bien plus libéralement de la damnation où ils étaient engagés par leur première naissance ! Elle ne peut voir, sans gémir, abuser de la plus grande de ses grâces, et que ce qu'elle a fait pour assurer leur salut devienne l'occasion presque assurée de leur perte, car elle n'a pas [changé d'esprit, quoiqu'elle ait changé de coutume].

Trois Discours
sur la Condition des Grands[1].

I

Pour entrer dans la véritable connaissance de votre condition, considérez-la dans cette image :

Un homme est jeté par la tempête dans une île inconnue, dont les habitants étaient en peine de trouver leur roi qui s'était perdu ; et ayant beaucoup de ressemblance de corps et de visage avec ce roi, il est pris pour lui, et reconnu en cette qualité par tout ce peuple. D'abord il ne savait quel parti prendre ; mais il se résolut enfin de se prêter à sa bonne fortune. Il reçut tous les respects qu'on lui voulut rendre, et il se laissa traiter de roi.

Mais comme il ne pouvait oublier sa condition naturelle, il songeait, en même temps qu'il recevait ces respects, qu'il n'était pas ce roi que ce peuple cherchait, et que ce royaume ne lui appartenait pas. Ainsi il avait une double pensée : l'une par laquelle il agissait en roi, l'autre par

---

1. Ces *Discours* s'adressent à un jeune homme de grande naissance : quelques-uns y ont voulu reconnaître le duc de Roannez, d'autres plus vraisemblablement le jeune duc de Chevreuse, fils aîné du duc de Luynes. La rédaction de ce discours appartient à Nicole qui avait assisté à ces entretiens, et qui mit par écrit, neuf ou dix ans après, ce qu'il avait recueilli alors de la bouche de Pascal. « Car tout ce que disait ce grand homme, ajoute Nicole, fait une impression si vive sur l'esprit qu'il n'était pas possible de l'oublier. »

Ces trois fragments parurent ainsi au lendemain de la publication des *Pensées* dans le *Traité de l'Éducation d'un Prince*

laquelle il reconnaissait son état véritable, et que ce n'était que le hasard qui l'avait mis en la place où il était. Il cachait cette dernière pensée, et il découvrait l'autre. C'était par la première qu'il traitait avec le peuple, et par la dernière qu'il traitait avec soi-même.

Ne vous imaginez pas que ce soit par un moindre hasard que vous possédez les richesses dont vous vous trouvez maître, que celui par lequel cet homme se trouvait roi. Vous n'y avez aucun droit de vous-même et par votre nature, non plus que lui ; et non seulement vous ne vous trouvez fils d'un duc, mais vous ne vous trouvez au monde que par une infinité de hasards. Votre naissance dépend d'un mariage, ou plutôt de tous les mariages de ceux dont vous descendez. Mais ces mariages, d'où dépendent-ils? D'une visite faite par rencontre, d'un discours en l'air, de mille occasions imprévues.

Vous tenez, dites-vous, vos richesses de vos ancêtres; mais n'est-ce pas par mille hasards que vos ancêtres les ont acquises et qu'ils les ont conservées? Mille autres, aussi habiles qu'eux, ou n'en ont pu acquérir, ou les ont perdues après les avoir acquises. Vous imaginez-vous aussi que ce soit par quelque loi naturelle que ces biens ont passé de vos ancêtres à vous? Cela n'est pas véritable. Cet ordre n'est fondé que sur la seule volonté des législateurs qui ont pu avoir de bonnes raisons pour l'établir, mais dont aucune n'est prise d'un droit naturel que vous ayez sur ces choses. S'il leur avait plu d'ordonner que ces biens, après avoir été possédés par les pères durant leur vie,

---

(1670) de Nicole, et il est naturellement difficile de dire dans quelle mesure le langage de Pascal a été fidèlement reproduit de mémoire à cette distance. — « Une des choses sur lesquelles M. Pascal avait le plus de vues, écrit Nicole, était l'instruction d'un prince. On lui a souvent entendu dire qu'il n'y avait rien à quoi il désirât plus de contribuer s'il y était engagé, et qu'il sacrifierait volontiers sa vie pour une chose si importante. »

retourneraient à la république après leur mort, vous n'auriez aucun sujet de vous en plaindre[1].

Ainsi tout le titre par lequel vous possédez votre bien n'est pas un titre de nature, mais d'un établissement humain. Un autre tour d'imagination dans ceux qui ont fait les lois vous aurait rendu pauvre; et ce n'est que cette rencontre du hasard qui vous a fait naître avec la fantaisie des lois favorable à votre égard, qui vous met en possession de tous ces biens.

Je ne veux pas dire qu'ils ne vous appartiennent pas légitimement et qu'il soit permis à un autre de vous les ravir; car Dieu, qui en est le maître, a permis aux sociétés de faire des lois pour les partager; et quand ces lois sont une fois établies, il est injuste de les violer. C'est ce qui vous distingue un peu de cet homme qui ne posséderait son royaume que par l'erreur du peuple; parce que Dieu n'autoriserait pas cette possession et l'obligerait à y renoncer, au lieu qu'il autorise la vôtre. Mais ce qui vous est entièrement commun avec lui, c'est que ce droit que vous y avez n'est point fondé, non plus que le sien, sur quelque qualité et sur quelque mérite qui soit en vous et qui vous en rende digne. Votre âme et votre corps sont d'eux-mêmes indifférents à l'état de batelier ou à celui de duc; et il n'y a nul lien naturel qui les attache à une condition plutôt qu'à une autre.

Que s'ensuit-il de là ? — Que vous devez avoir, comme cet homme dont nous avons parlé, une double pensée; et que si vous agissez extérieurement avec les hommes selon votre rang, vous devez reconnaître, par une pensée plus cachée, mais plus véritable, que vous n'avez rien naturellement

---

1. Cette conception, qui tend à nier que le droit de propriété soit un droit naturel, est contraire à la véritable tradition doctrinale des écoles catholiques. La notion vraie du droit de propriété, ses fondements rationnels, son extension légitime et ses limites ont été lumineusement exposés par le pape Léon XIII dans sa célèbre encyclique *Rerum Nocarum*.

au-dessus d'eux. Si la pensée publique vous élève au-dessus du commun des hommes, que l'autre vous abaisse et vous tienne dans une parfaite égalité avec tous les hommes; car c'est votre état naturel.

Le peuple qui vous admire ne connaît pas peut-être ce secret. Il croit que la noblesse est une grandeur réelle, et il considère presque les grands comme étant d'une autre nature que les autres. Ne leur découvrez pas cette erreur, si vous voulez; mais n'abusez pas de cette élévation avec insolence, et surtout ne vous méconnaissez pas vous-même en croyant que votre être a quelque chose de plus élevé que celui des autres.

Que diriez-vous de cet homme qui aurait été fait roi par l'erreur du peuple, s'il venait à oublier tellement sa condition naturelle, qu'il s'imaginât que ce royaume lui était dû, qu'il le méritait et qu'il lui appartenait de droit? Vous admireriez sa sottise et sa folie. Mais y en a-t-il moins dans les personnes de condition qui vivent dans un si étrange oubli de leur état naturel?

Que cet avis est important! Car tous les emportements, toute la violence et toute la vanité des grands vient de ce qu'ils ne connaissent point ce qu'ils sont : étant difficile que ceux qui se regarderaient intérieurement comme égaux à tous les hommes, et qui seraient bien persuadés qu'ils n'ont rien en eux qui mérite ces petits avantages que Dieu leur a donnés au-dessus des autres, les traitassent avec insolence. Il faut s'oublier soi-même pour cela, et croire qu'on a quelque excellence réelle au-dessus d'eux : en quoi consiste cette illusion que je tâche de vous découvrir.

II

Il est bon, monsieur, que vous sachiez ce que l'on vous doit, afin que vous ne prétendiez pas exiger des hommes ce qui ne vous est pas dû; car c'est une injustice visible : et cependant elle est fort commune à ceux de votre condition, parce qu'ils en ignorent la nature.

Il y a dans le monde deux sortes de grandeurs; car il y a des grandeurs d'établissement et des grandeurs naturelles. Les grandeurs d'établissement dépendent de la volonté des hommes qui ont cru, avec raison, devoir honorer certains états et y attacher certains respects. Les dignités et la noblesse sont de ce genre. En un pays on honore les nobles, en l'autre les roturiers; en celui-ci les aînés, en cet autre les cadets. Pourquoi cela? parce qu'il a plu aux hommes. La chose était indifférente avant l'établissement : après l'établissement elle devient juste, parce qu'il est injuste de la troubler.

Les grandeurs naturelles sont celles qui sont indépendantes de la fantaisie des hommes, parce qu'elles consistent dans des qualités réelles et effectives de l'âme ou du corps, qui rendent l'une ou l'autre plus estimable, comme les sciences, la lumière de l'esprit, la vertu, la santé, la force.

Nous devons quelque chose à l'une et à l'autre de ces grandeurs; mais comme elles sont d'une nature différente, nous leur devons aussi différents respects. Aux grandeurs d'établissement, nous leur devons des respects d'établissement, c'est-à-dire certaines cérémonies extérieures qui doivent être néanmoins accompagnées, selon la raison, d'une reconnaissance intérieure de la justice de cet ordre, mais qui ne nous font pas concevoir quelque qualité réelle en ceux que nous honorons de cette sorte. Il faut parler aux rois à genoux; il faut se tenir debout dans la chambre des princes. C'est une sottise et une bassesse d'esprit que de leur refuser ces devoirs.

Mais pour les respects naturels qui consistent dans l'estime, nous ne les devons qu'aux grandeurs naturelles; et nous devons au contraire le mépris et l'aversion aux qualités contraires à ces grandeurs naturelles. Il n'est pas nécessaire, parce que vous êtes duc, que je vous estime;

mais il est nécessaire que je vous salue. Si vous êtes duc et honnête homme, je rendrai ce que je dois à l'une et à l'autre de ces qualités. Je ne vous refuserai point les cérémonies que mérite votre qualité de duc, ni l'estime que mérite celle d'honnête homme. Mais si vous étiez duc sans être honnête homme, je vous ferais encore justice; car en vous rendant les devoirs extérieurs que l'ordre des hommes a attachés à votre naissance, je ne manquerais pas d'avoir pour vous le mépris intérieur que mériterait la bassesse de votre esprit.

Voilà en quoi consiste la justice de ces devoirs. Et l'injustice consiste à attacher les respects naturels aux grandeurs d'établissement, ou à exiger les respects d'établissement pour les grandeurs naturelles. M. N. est un plus grand géomètre que moi; en cette qualité il veut passer devant moi : je lui dirai qu'il n'y entend rien. La géométrie est une grandeur naturelle; elle demande une préférence d'estime; mais les hommes n'y ont attaché aucune préférence extérieure. Je passerai donc devant lui, et l'estimerai plus que moi en qualité de géomètre. De même si, étant duc et pair, vous ne vous contentiez pas que je me tinsse découvert devant vous, et que vous voulussiez encore que je vous estimasse, je vous prierais de me montrer les qualités qui méritent mon estime. Si vous le faisiez, elle vous est acquise, et je ne pourrais vous la refuser avec justice; mais si vous ne le faisiez pas, vous seriez injuste de me la demander; et assurément vous n'y réussiriez pas, fussiez-vous le plus grand prince du monde.

III

Je vous veux faire connaître, monsieur, votre condition véritable; car c'est la chose du monde que les personnes de votre sorte ignorent le plus. Qu'est-ce, à votre avis, d'être grand seigneur? C'est être maître de plusieurs objets de la concupiscence des hommes, et ainsi pouvoir satisfaire aux besoins et aux désirs de plusieurs. Ce sont ces besoins et ces désirs qui les attirent auprès de vous, et qui font qu'ils se soumettent à vous: sans cela ils ne vous regarderaient pas seulement; mais ils espèrent, par ces services et ces déférences qu'ils vous rendent, obtenir de vous quelque part de ces biens qu'ils désirent et dont ils voient que vous disposez.

Dieu est environné de gens pleins de charité, qui lui demandent les biens de la charité qui sont en sa puissance: ainsi il est proprement le roi de la charité. Vous êtes de même environné d'un petit nombre de personnes, sur qui vous régnez en votre manière. Ces gens sont pleins de concupiscence. Ils vous demandent les biens de la concupiscence; c'est la concupiscence qui les attache à vous. Vous êtes donc proprement un roi de concupiscence. Votre royaume est de peu d'étendue; mais vous êtes égal en cela aux plus grands rois de la terre: ils sont comme vous des rois de concupiscence. C'est la concupiscence qui fait leur force, c'est-à-dire la possession des choses que la cupidité des hommes désire.

Mais en connaissant votre condition naturelle, usez des moyens qu'elle vous donne, et ne prétendez pas régner par une autre voie que par celle qui vous fait roi. Ce n'est point votre force et votre puissance naturelle qui vous assujettit toutes ces personnes. Ne prétendez donc point les dominer par la force, ni les traiter avec dureté. Contentez leurs justes désirs; soulagez leurs nécessités; mettez votre plaisir à être bienfaisant; avancez-les autant que vous le pourrez, et vous agirez en vrai roi de concupiscence.

Ce que je vous dis ne va pas bien loin; et si vous en demeurez là, vous ne laisserez pas de vous perdre; mais au moins vous vous perdrez en honnête homme. Il y a des gens qui se damnent si sottement par l'avarice, par la brutalité, par les débauches, par la violence, par les emportements, par les blasphèmes! Le moyen que je vous ouvre est sans doute plus honnête; mais en vérité c'est toujours une grande folie que de se damner; et c'est pourquoi il ne faut pas en demeurer là. Il faut mépriser la concupiscence et son royaume, et aspirer à ce royaume de charité où tous les sujets ne respirent que la charité, et ne désirent que les biens de la charité. D'autres que moi vous en diront le chemin; il me suffit de vous avoir détourné de ces voies brutales où je vois que plusieurs personnes de votre condition se laissent emporter, faute de bien connaître l'état véritable de cette condition.

III

Prière
pour demander à Dieu le bon usage des maladies[1].

1. — Seigneur, dont l'esprit est si bon et si doux en toutes choses, et qui êtes tellement miséricordieux, que non seulement les prospérités, mais les disgrâces même qui arrivent à vos élus sont des effets de votre miséricorde, faites-moi la grâce de n'agir pas en païen dans l'état où votre justice m'a réduit : que comme un vrai chrétien je vous reconnaisse pour mon père et pour mon Dieu, en quelque état que je me trouve, puisque le changement de ma condition n'en apporte pas à la vôtre ; que vous êtes toujours le même, quoique je sois sujet au changement ; et que vous n'êtes pas moins Dieu quand vous affligez et quand vous punissez, que quand vous consolez et que vous usez d'indulgence.

2. — Vous m'aviez donné la santé pour vous servir, et j'en ai fait un usage tout profane. Vous m'envoyez maintenant la

---

1. Le texte manuscrit de cet opuscule n'existe plus ; celui que nous donnons est emprunté aux éditeurs de Port-Royal, qui disaient dans leur préface des *Pensées*, en 1670 : « L'on a aussi jugé à propos d'ajouter à la fin de ces *Pensées* une prière que M Pascal composa étant encore jeune, dans une maladie qu'il eut, et qui a déjà été imprimée deux ou trois fois sur des copies assez peu correctes, parce que ces impressions ont été faites sans la participation de ceux qui donnent à présent ce recueil au public. »

La maladie dont il est question, dans ce passage, est celle qu'éprouva Pascal en 1647 et 1648, à la suite de travaux excessifs, et peu de temps après sa première conversion. Il avait alors vingt-quatre ans.

maladie pour me corriger ; ne permettez pas que j'en use pour vous irriter par mon impatience. J'ai mal usé de ma santé, et vous m'en avez justement puni. Ne souffrez pas que j'use mal de votre punition. Et puisque la corruption de ma nature est telle qu'elle me rend vos faveurs pernicieuses, faites, ô mon Dieu, que votre grâce toute-puissante me rende vos châtiments salutaires. Si j'ai eu le cœur plein de l'affection du monde pendant qu'il a eu quelque vigueur, anéantissez cette vigueur pour mon salut; et rendez-moi incapable de jouir du monde, soit par faiblesse de corps, soit par zèle de charité, pour ne jouir que de vous seul.

3. — O Dieu, devant qui je dois rendre un compte exact de toutes mes actions à la fin de ma vie et à la fin du monde! O Dieu, qui ne laissez subsister le monde et toutes les choses du monde que pour exercer vos élus, ou pour punir les pécheurs! O Dieu, qui laissez les pécheurs endurcis dans l'usage délicieux et criminel du monde! O Dieu, qui faites mourir nos corps, et qui à l'heure de la mort détachez notre âme de tout ce qu'elle aimait au monde! O Dieu, qui m'arracherez, à ce dernier moment de ma vie, de toutes les choses auxquelles je me suis attaché, et où j'ai mis mon cœur! O Dieu, qui devez consumer au dernier jour le ciel et la terre et toutes les créatures qu'ils contiennent, pour montrer à tous les hommes que rien ne subsiste que vous, et qu'ainsi rien n'est digne d'amour que vous, puisque rien n'est durable que vous! O Dieu, qui devez détruire toutes ces vaines idoles et tous ces funestes objets de nos passions! Je vous loue, mon Dieu, et je vous bénirai tous les jours de ma vie, de ce qu'il vous a plu prévenir en ma faveur ce jour épouvantable, en détruisant à mon égard toutes choses, dans l'affaiblissement où vous m'avez réduit. — Je vous loue, mon Dieu, et je vous bénirai tous les jours de ma vie, de ce qu'il vous a plu me réduire dans l'incapacité de jouir des douceurs de la santé et des plaisirs du monde, et de ce que vous avez anéanti en quelque sorte, pour mon avantage, les idoles trompeuses que vous anéantirez effective-

ment pour la confusion des méchants au jour de votre colère. Faites, Seigneur, que je me juge moi-même en suite de cette destruction que vous avez faite à mon égard, afin que vous ne me jugiez pas vous-même en suite de l'entière destruction que vous ferez de ma vie et du monde. Car, Seigneur, comme à l'instant de ma mort je me trouverai séparé du monde, dénué de toutes choses, seul en votre présence, pour répondre à votre justice de tous les mouvements de mon cœur; faites que je me considère en cette maladie comme en une espèce de mort, séparé du monde, dénué de tous les objets de mes attachements, seul en votre présence, pour implorer de votre miséricorde la conversion de mon cœur; et qu'ainsi j'aie une extrême consolation de ce que vous m'envoyez maintenant une espèce de mort pour exercer votre miséricorde, avant que vous m'envoyiez effectivement la mort pour exercer votre jugement. — Faites donc, ô mon Dieu, que comme vous avez prévenu ma mort, je prévienne la rigueur de votre sentence, et que je m'examine moi-même avant votre jugement, pour trouver miséricorde en votre présence.

4. — Faites, ô mon Dieu, que j'adore en silence l'ordre de votre providence adorable sur la conduite de ma vie; que votre fléau me console; et qu'ayant vécu dans l'amertume de mes péchés pendant la paix, je goûte les douceurs célestes de votre grâce durant les maux salutaires dont vous m'affligez. Mais je reconnais, mon Dieu, que mon cœur est tellement endurci et plein des idées, des soins, des inquiétudes et des attachements du monde, que la maladie non plus que la santé, ni les discours, ni les livres, ni vos Écritures sacrées, ni votre Évangile, ni vos mystères les plus saints, ni les aumônes, ni les jeûnes, ni les mortifications, ni les miracles, ni l'usage des sacrements, ni le sacrifice de votre corps, ni tous mes efforts, ni ceux de tout le monde ensemble, ne peuvent rien du tout pour commencer ma conversion, si vous n'accompagnez toutes ces choses d'une assistance tout extraordinaire de votre grâce. — C'est pourquoi, mon Dieu,

je m'adresse à vous, Dieu tout-puissant, pour vous demander un don que toutes les créatures ensemble ne peuvent m'accorder. Je n'aurais pas la hardiesse de vous adresser mes cris, si quelque autre les pouvait exaucer. Mais, mon Dieu, comme la conversion de mon cœur, que je vous demande, est un ouvrage qui passe les efforts de la nature, je ne puis m'adresser qu'à l'auteur et au maître tout-puissant de la nature et de mon cœur. — A qui crierai-je, Seigneur, à qui aurai-je recours, si ce n'est à vous ? Tout ce qui n'est pas Dieu ne peut pas remplir mon attente. C'est Dieu même que je demande et que je cherche ; et c'est à vous seul, mon Dieu, que je m'adresse pour vous obtenir. Ouvrez mon cœur, Seigneur ; entrez dans cette place rebelle que les vices ont occupée. Ils la tiennent sujette. Entrez-y comme dans la maison du fort ; mais liez auparavant le fort et puissant ennemi qui la maîtrise, et prenez ensuite les trésors qui y sont[1]. — Seigneur, prenez mes affections que le monde avait volées ; volez vous-même ce trésor, ou plutôt reprenez-le, puisque c'est à vous qu'il appartient, comme un tribut que je vous dois, puisque votre image y est empreinte[2]. Vous l'y aviez formée, Seigneur, au moment de mon baptême qui est ma seconde naissance : mais elle est tout effacée. L'idée du monde y est tellement gravée, que la vôtre n'est plus connaissable. Vous seul avez pu créer mon âme ; vous seul pouvez la créer de nouveau ; vous seul y avez pu former votre image, vous seul pouvez la réformer, et y réimprimer votre portrait effacé, c'est-à-dire Jésus-Christ mon Sauveur, qui est votre image et le caractère de votre substance[3].

5. — O mon Dieu, qu'un cœur est heureux qui peut aimer un objet si charmant, qui ne le déshonore point, et dont l'attachement lui est si salutaire ! Je sens que je ne puis aimer le monde sans vous déplaire, sans me nuire et sans

---

1. Allusion au verset 27 du chapitre III de saint Marc.
2. MARC, XII, 16.
3. II COR., IV, 4.

me déshonorer; et néanmoins le monde est encore l'objet de mes délices. — O mon Dieu, qu'une âme est heureuse dont vous êtes les délices, puisqu'elle peut s'abandonner à vous aimer, non seulement sans scrupule, mais encore avec mérite! Que son bonheur est ferme et durable, puisque son attente ne sera point frustrée, parce que vous ne serez jamais détruit, et que ni la vie ni la mort ne la sépareront jamais de l'objet de ses désirs; et que le même moment, qui entraînera les méchants avec leurs idoles dans une ruine commune, unira les justes avec vous dans une gloire commune; et que comme les uns périront avec les objets périssables auxquels ils se sont attachés, les autres subsisteront éternellement dans l'objet éternel et subsistant par soi-même auquel ils se sont étroitement unis! Oh! qu'heureux sont ceux qui avec une liberté entière et une pente invincible de leur volonté aiment parfaitement et librement ce qu'ils sont obligés d'aimer nécessairement!

6. — Achevez, ô mon Dieu, les bons mouvements que vous me donnez. Soyez-en la fin comme vous en êtes le principe. Couronnez vos propres dons; car je reconnais que ce sont vos dons. Oui, mon Dieu; et bien loin de prétendre que mes prières aient du mérite qui vous oblige de les accorder de nécessité, je reconnais très humblement qu'ayant donné aux créatures mon cœur, que vous n'aviez formé que pour vous, et non pas pour le monde ni pour moi-même, je ne puis attendre aucune grâce que de votre miséricorde, puisque je n'ai rien en moi qui vous y puisse engager, et que tous les mouvements naturels de mon cœur, se portant vers les créatures ou vers moi-même, ne peuvent que vous irriter. — Je vous rends donc grâces, mon Dieu, des bons mouvements que vous me donnez, et de celui même que vous me donnez de vous en rendre grâces.

7. — Touchez mon cœur du repentir de mes fautes, puisque, sans cette douleur intérieure, les maux extérieurs dont vous touchez mon corps me seraient une nouvelle occasion de péché. Faites-moi bien connaître que les maux du corps

ne sont autre chose que la punition et la figure tout ensemble des maux de l'âme. Mais, Seigneur, faites aussi qu'ils en soient le remède, en me faisant considérer, dans les douleurs que je sens, celle que je ne sentais pas dans mon âme, quoique toute malade et couverte d'ulcères. Car, Seigneur, la plus grande de ses maladies est cette insensibilité et cette extrême faiblesse, qui lui avait ôté tout sentiment de ses propres misères. — Faites-les-moi sentir vivement, et que ce qui me reste de vie soit une pénitence continuelle pour laver les offenses que j'ai commises.

8. — Seigneur, bien que ma vie passée ait été exempte de grands crimes, dont vous avez éloigné de moi les occasions, elle vous a été néanmoins très odieuse par sa négligence continuelle, par le mauvais usage de vos plus augustes sacrements, par le mépris de votre parole et de vos inspirations, par l'oisiveté et l'inutilité totale de mes actions et de mes pensées, par la perte entière du temps que vous ne m'aviez donné que pour vous adorer, pour rechercher en toutes mes occupations les moyens de vous plaire, et pour faire pénitence des fautes qui se commettent tous les jours, et qui même sont ordinaires aux plus justes ; de sorte que leur vie doit être une pénitence continuelle sans laquelle ils sont en danger de déchoir de leur justice. Ainsi, mon Dieu, je vous ai toujours été contraire.

9. — Oui, Seigneur, jusqu'ici j'ai toujours été sourd à vos inspirations, j'ai méprisé vos oracles ; j'ai jugé au contraire de ce que vous jugez ; j'ai contredit aux saintes maximes que vous avez apportées au monde du sein de votre Père éternel, et suivant lesquelles vous jugerez le monde. Vous dites : Bienheureux sont ceux qui pleurent, et malheur à ceux qui sont consolés[1] ! Et moi j'ai dit : Malheureux ceux qui gémissent, et très heureux ceux qui sont consolés ! J'ai dit : Heureux ceux qui jouissent d'une fortune avantageuse, d'une réputation glorieuse et d'une santé

---

1. Luc., vi, 21, 24.

robuste ! Et pourquoi les ai-je réputés heureux, sinon parce que tous ces avantages leur fournissaient une facilité très ample de jouir des créatures, c'est-à-dire de vous offenser ? — Oui, Seigneur, je confesse que j'ai estimé la santé un bien, non pas parce qu'elle est un moyen facile pour vous servir avec utilité, pour consommer plus de soins et de veilles à votre service, et pour l'assistance du prochain ; mais parce qu'à sa faveur je pouvais m'abandonner avec moins de retenue dans l'abondance des délices de la vie, et en mieux goûter les funestes plaisirs. — Faites-moi la grâce, Seigneur, de réformer ma raison corrompue et de conformer mes sentiments aux vôtres. Que je m'estime heureux dans l'affliction, et que dans l'impuissance d'agir au dehors, vous purifiiez tellement mes sentiments qu'ils ne répugnent plus aux vôtres ; et qu'ainsi je vous trouve au dedans de moi-même, puisque je ne puis vous chercher au dehors à cause de ma faiblesse ! Car, Seigneur, votre royaume est dans vos fidèles ; et je le trouverai dans moi-même, si j'y trouve votre esprit et vos sentiments.

10. — Mais, Seigneur, que ferai-je pour vous obliger à répandre votre esprit sur cette misérable terre ? Tout ce que je suis vous est odieux, et je ne trouve rien en moi qui vous puisse agréer. Je n'y vois rien, Seigneur, que mes seules douleurs, qui ont quelque ressemblance avec les vôtres. — Considérez donc les maux que je souffre et ceux qui me menacent. Voyez d'un œil de miséricorde les plaies que votre main m'a faites, ô mon Sauveur, qui avez aimé vos souffrances en la mort ! O Dieu qui ne vous êtes fait homme que pour souffrir plus qu'aucun homme pour le salut des hommes ! O Dieu, qui ne vous êtes incarné après le péché des hommes et qui n'avez pris un corps que pour y souffrir tous les maux que nos péchés ont mérités ! O Dieu, qui aimez tant les corps qui souffrent, que vous avez choisi pour vous le corps le plus accablé de souffrances qui ait jamais été au monde ! Ayez agréable mon corps, non pas pour lui-même, ni pour tout ce qu'il contient, car tout y est digne de votre

colère, mais pour les maux qu'il endure, qui seuls peuvent être dignes de votre amour. Aimez mes souffrances, Seigneur, et que mes maux vous invitent à me visiter. — Mais pour achever la préparation de votre demeure, faites, ô mon Sauveur, que si mon corps a cela de commun avec le vôtre, qu'il souffre pour mes offenses, mon âme ait aussi cela de commun avec la vôtre, qu'elle soit dans la tristesse pour les mêmes offenses ; et qu'ainsi je souffre avec vous et comme vous, et dans mon corps, et dans mon âme, pour les péchés que j'ai commis.

11. — Faites-moi la grâce, Seigneur, de joindre vos consolations à mes souffrances, afin que je souffre en chrétien. Je ne demande pas d'être exempt des douleurs, car c'est la récompense des saints ; mais je demande de n'être pas abandonné aux douleurs de la nature sans les consolations de votre esprit ; car c'est la malédiction des Juifs et des païens. Je ne demande pas d'avoir une plénitude de consolation sans aucune souffrance ; car c'est la vie de la gloire. Je ne demande pas aussi d'être dans une plénitude de maux sans consolation ; car c'est un état de judaïsme. — Mais je demande, Seigneur, de ressentir tout ensemble, et les douleurs de la nature pour mes péchés, et les consolations de votre esprit par votre grâce ; car c'est le véritable état du christianisme. Que je ne sente pas des douleurs sans consolation ; mais que je sente des douleurs et de la consolation tout ensemble, pour arriver enfin à ne sentir plus que vos consolations sans aucune douleur. Car, Seigneur, vous avez laissé languir le monde dans les souffrances naturelles sans consolation, avant la venue de votre Fils unique : vous consolez maintenant et vous adoucissez les souffrances de vos fidèles par la grâce de votre Fils unique ; et vous comblez d'une béatitude toute pure vos saints dans la gloire de votre Fils unique. — Ce sont les admirables degrés par lesquels vous conduisez vos ouvrages. Vous m'avez tiré du premier ; faites-moi passer par le second, pour arriver au troisième. Seigneur, c'est la grâce que je vous demande.

12. — Ne permettez pas que je sois dans un tel éloignement de vous, que je puisse considérer votre âme triste jusqu'à la mort et votre corps abattu par la mort pour mes propres péchés, sans me réjouir de souffrir et dans mon corps et dans mon âme. — Car qu'y a-t-il de plus honteux, et néanmoins de plus ordinaire dans les chrétiens et dans moi-même, que, tandis que vous suez le sang pour l'expiation de nos offenses, nous vivons dans les délices ; et que des chrétiens qui font profession d'être à vous, que ceux qui par le baptême ont renoncé au monde pour vous suivre, que ceux qui ont juré solennellement à la face de l'Église de vivre et de mourir avec vous, que ceux qui font profession de croire que le monde vous a persécuté et crucifié, que ceux qui croient que vous vous êtes exposé à la colère de Dieu et à la cruauté des hommes pour les racheter de leurs crimes ; que ceux, dis-je, qui croient toutes ces vérités, qui considèrent votre corps comme l'hostie qui s'est livrée pour leur salut, qui considèrent les plaisirs et les péchés du monde comme l'unique sujet de vos souffrances, et le monde même comme votre bourreau, recherchent à flatter leurs corps par ces mêmes plaisirs, parmi ce même monde ; et que ceux qui ne pourraient, sans frémir d'horreur, voir un homme caresser et chérir le meurtrier de son père qui se serait livré pour lui donner la vie, puissent vivre comme j'ai fait, avec une pleine joie, parmi le monde que je sais avoir été véritablement le meurtrier de celui que je reconnais pour mon Dieu et mon père qui s'est livré pour mon propre salut, et qui a porté dans sa personne la peine de mes iniquités ? — Il est juste, Seigneur, que vous ayez interrompu une joie aussi criminelle que celle dans laquelle je me reposais à l'ombre de la mort.

13. — Otez donc de moi, Seigneur, la tristesse que l'amour de moi-même me pourrait donner de mes propres souffrances et des choses du monde qui ne réussissent pas au gré des inclinations de mon cœur, et qui ne regardent pas votre gloire ; mais mettez en moi une tristesse conforme à la

vôtre. Que mes souffrances servent à apaiser votre colère. Faites-en une occasion de mon salut et de ma conversion. Que je ne souhaite désormais de santé et de vie qu'afin de l'employer et la finir pour vous, avec vous et en vous. Je ne vous demande ni santé, ni maladie, ni vie, ni mort; mais que vous disposiez de ma santé et de ma maladie, de ma vie et de ma mort, pour votre gloire, pour mon salut et pour l'utilité de l'Église et de vos saints, dont j'espère par votre grâce faire une portion. — Vous seul savez ce qui m'est expédient : vous êtes le souverain maître, faites ce que vous voudrez. Donnez-moi, ôtez-moi; mais conformez ma volonté à la vôtre; et que dans une soumission humble et parfaite, et dans une simple confiance, je me dispose à recevoir les ordres de votre providence éternelle, et que j'adore également tout ce qui me vient de vous.

14. — Faites, mon Dieu, que, dans une uniformité d'esprit toujours égale, je reçoive toutes sortes d'événements, puisque nous ne savons ce que nous devons demander, et que je n'en puis souhaiter l'un plutôt que l'autre sans présomption, et sans me rendre juge et responsable des suites que votre sagesse a voulu justement me cacher. Seigneur, je sais que je ne sais qu'une chose : c'est qu'il est bon de vous suivre, et qu'il est mauvais de vous offenser. — Après cela, je ne sais lequel est le meilleur ou le pire en toutes choses; je ne sais lequel m'est profitable de la santé ou de la maladie, des biens ou de la pauvreté, ni de toutes les choses du monde. C'est un discernement qui passe la force des hommes et des anges, et qui est caché dans les secrets de votre providence que j'adore, et que je ne veux pas approfondir.

15. — Faites donc, Seigneur, que tel que je sois je me conforme à votre volonté; et qu'étant malade comme je suis, je vous glorifie dans mes souffrances. Sans elles je ne puis arriver à la gloire; et vous-même, mon Sauveur, n'y avez voulu parvenir que par elles. C'est par les marques de vos souffrances que vous avez été reconnu de vos disciples; et c'est

par les souffrances que vous reconnaissez aussi ceux qui sont vos disciples. Reconnaissez-moi donc pour votre disciple dans les maux que j'endure et dans mon corps et dans mon esprit, pour les offenses que j'ai commises. — Et parce que rien n'est agréable à Dieu s'il ne lui est offert par vous, unissez ma volonté à la vôtre, et mes douleurs à celles que vous avez souffertes. Faites que les miennes deviennent les vôtres. Unissez-moi à vous ; remplissez-moi de vous et de votre Esprit-Saint. — Entrez dans mon cœur et dans mon âme, pour y porter mes souffrances et pour continuer d'endurer en moi ce qui vous reste à souffrir de votre passion, que vous achevez dans vos membres jusqu'à la consommation parfaite de votre corps ; afin qu'étant plein de vous, ce ne soit plus moi qui vive et qui souffre, mais que ce soit vous qui viviez et qui souffriez en moi, ô mon Sauveur, et qu'ainsi ayant quelque petite part à vos souffrances, vous me remplissiez entièrement de la gloire qu'elles vous ont acquise, dans laquelle vous vivez avec le Père et le Saint-Esprit, par tous les siècles des siècles. Ainsi soit-il.

OPUSCULES PHILOSOPHIQUES

I

De l'Autorité en matière de philosophie.

(*Préface d'un Traité du Vide*[1].)

Le respect que l'on porte à l'antiquité est aujourd'hui à tel point, dans les matières où il doit avoir moins de force, que l'on se fait des oracles de toutes ses pensées, et des mystères même de ses obscurités ; que l'on ne peut plus avancer de nouveautés sans péril, et que le texte d'un auteur suffit pour détruire les plus fortes raisons...

Ce n'est pas que mon intention soit de corriger un vice par un autre, et de ne faire nulle estime des anciens parce que l'on en fait trop.

Je ne prétends pas bannir leur autorité pour relever le raisonnement tout seul, quoique l'on veuille établir leur autorité seule au préjudice du raisonnement..............

Pour faire cette importante distinction avec attention[2], il

---

1. Dans son *Récit de l'expérience du Puy-de-Dôme* (1648), Pascal annonçait un *Traité du vide* où il allait battre en brèche, par les résultats de ses expériences, l'erreur capitale de l'ancienne physique. D'après une de ses lettres, il y travaillait en 1651. Cependant ce traité ne fut pas achevé : les idées en sont condensées dans les deux petits écrits sur l'*Equilibre des liquides* et la *Pesanteur de l'air*. Il avait déjà rédigé une partie de la *préface*, que Bossut publia en premier lieu et en fit le premier article de son édition des *Pensées*, sous le titre reçu depuis lors. La composition de l'écrit est donc antérieure à la grande conversion de Pascal : sans doute, de 1651 ou 1652.

2. La distinction des connaissances humaines.

faut considérer que les unes dépendent seulement de la mémoire et sont purement historiques, n'ayant pour objet que de savoir ce que les auteurs ont écrit ; les autres dépendent seulement du raisonnement et sont entièrement dogmatiques, ayant pour objet de chercher et découvrir les vérités cachées.

Celles de la première sorte sont bornées, d'autant que les livres dans lesquels elles sont contenues................

C'est suivant cette distinction qu'il faut régler différemment l'étendue de ce respect que l'on doit avoir [pour les anciens].

Dans les matières où l'on recherche seulement de savoir ce que les auteurs ont écrit, comme dans l'histoire, dans la géographie, dans la jurisprudence, dans les langues, et surtout dans la théologie ; et enfin dans toutes celles qui ont pour principe, ou le fait simple ou l'institution divine ou humaine, il faut nécessairement recourir à leurs livres, puisque tout ce que l'on en peut savoir y est contenu : d'où il est évident que l'on peut en avoir la connaissance entière, et qu'il n'est pas possible d'y rien ajouter.

S'il s'agit de savoir qui fut le premier roi des Français ; en quel lieu les géographes placent le premier méridien ; quels mots sont usités dans une langue morte, et toutes les choses de cette nature : quels autres moyens que les livres pourraient nous y conduire ? Et qui pourra rien ajouter de nouveau à ce qu'ils nous en apprennent, puisqu'on ne veut savoir que ce qu'ils contiennent ?

C'est l'autorité seule qui nous en peut éclairer. — Mais où cette autorité a la principale force, c'est dans la théologie, parce qu'elle y est inséparable de la vérité, et que nous ne la connaissons que par elle : de sorte que pour donner la certitude entière des matières les plus incompréhensibles à la raison, il suffit de les faire voir dans les livres sacrés (comme pour montrer l'incertitude des choses les plus vraisemblables, il faut seulement faire voir qu'elles n'y sont pas comprises). Parce que ses principes sont au-dessus de la nature et de la raison, et que, l'esprit de l'homme étant trop faible pour y arriver par ses propres efforts, il ne peut parvenir à ces hautes intelligences, s'il n'y est porté par une force toute-puissante et surnaturelle.

Il n'en est pas de même des sujets qui tombent sous les sens ou sous le raisonnement : l'autorité y est inutile ; la raison seule a lieu d'en connaître. Elles ont leurs droits séparés : l'une avait tantôt tout l'avantage ; ici l'autre règne à son tour. Mais comme les sujets de cette sorte sont proportionnés à la portée de l'esprit, il trouve une liberté tout entière de s'y étendre : sa fécondité inépuisable produit continuellement, et ses inventions peuvent être tout ensemble sans fin et sans interruption............................

C'est ainsi que la géométrie, l'arithmétique, la musique, la physique, la médecine, l'architecture, et toutes les sciences qui sont soumises à l'expérience et au raisonnement, doivent être augmentées pour devenir parfaites. Les anciens les ont trouvées seulement ébauchées par ceux qui les ont précédés : et nous les laisserons à ceux qui viendront après nous en un état plus accompli que nous les avons reçues.

Comme leur perfection dépend du temps et de la peine, il est évident qu'encore que notre peine et notre temps nous eussent moins acquis que leurs travaux, séparés des nôtres, tous deux néanmoins joints ensemble doivent avoir plus d'effet que chacun en particulier.

L'éclaircissement de cette différence doit nous faire plaindre l'aveuglement de ceux qui apportent la seule autorité pour preuve dans les matières physiques, au lieu du raisonnement ou des expériences ; et nous donner de l'horreur pour la malice des autres, qui emploient le raisonnement seul dans la théologie au lieu de l'autorité de l'Écriture et des Pères. Il faut relever le courage de ces gens timides qui n'osent rien inventer en physique, et confondre l'insolence de ces téméraires qui produisent des nouveautés en théologie.

Cependant le malheur du siècle est tel, qu'on voit beaucoup d'opinions nouvelles en théologie, inconnues à toute l'antiquité, soutenues avec obstination et reçues avec applaudissement; au lieu que celles qu'on produit dans la physique, quoique en petit nombre, semblent devoir être convaincues de fausseté dès qu'elles choquent tant soit peu les opinions reçues : comme si le respect qu'on a pour les anciens philosophes était de devoir, et que celui que l'on porte aux plus anciens des Pères était seulement de bienséance ! — Je laisse aux personnes judicieuses à remarquer l'importance de cet abus qui pervertit l'ordre des sciences avec tant d'injustice, et je crois qu'il y en aura peu qui ne souhaitent que cette [liberté] s'applique à d'autres matières, puisque les inventions nouvelles sont infailliblement des erreurs dans les matières [théologiques] que l'on profane impunément ; et qu'elles sont absolument nécessaires pour la perfection de tant d'autres sujets incomparablement plus bas, que toutefois on n'oserait toucher.

Partageons avec plus de justice notre crédulité et notre défiance, et bornons ce respect que nous avons pour les anciens. Et considérons que s'ils fussent demeurés dans cette retenue de n'oser rien ajouter aux connaissances qu'ils avaient reçues, ou que ceux de leur temps eussent fait la même difficulté de recevoir les nouveautés qu'ils leur offraient, ils se seraient privés eux-mêmes et leur postérité du fruit de leurs inventions.

Comme ils ne se sont servis de celles qui leur avaient été laissées que comme de moyens pour en avoir de nouvelles, et que cette heureuse hardiesse leur a ouvert le chemin aux grandes choses, nous devons prendre celles qu'ils nous ont acquises de la même sorte, et à leur exemple en faire les moyens et non pas la fin de notre étude, et ainsi tâcher de les surpasser en les imitant.

Car qu'y a-t-il de plus injuste que de traiter nos anciens

avec plus de retenue qu'ils n'ont fait à ceux qui les ont précédés, et d'avoir pour eux ce respect inviolable qu'ils n'ont mérité de nous que parce qu'ils n'en ont pas eu un pareil pour ceux qui ont eu sur eux le même avantage?...

Les secrets de la nature sont cachés; quoiqu'elle agisse toujours, on ne découvre pas toujours ses effets : le temps les révèle d'âge en âge, et quoique toujours égale en elle-même, elle n'est pas toujours également connue.

Les expériences qui nous en donnent l'intelligence multiplient continuellement; et, comme elles sont les seuls principes de la physique, les conséquences multiplient à proportion.

C'est de cette façon que l'on peut aujourd'hui prendre d'autres sentiments et de nouvelles opinions sans mépris et sans ingratitude, puisque les premières connaissances qu'ils nous ont données ont servi de degrés aux nôtres, et que, dans ces avantages, nous leur sommes redevables de l'ascendant que nous avons sur eux, parce que s'étant élevés jusqu'à un certain degré où ils nous ont portés, le moindre effort nous fait monter plus haut; et avec moins de peine et moins de gloire nous nous trouvons au-dessus d'eux. — C'est de là que nous pouvons découvrir des choses qu'il leur était impossible d'apercevoir. Notre vue a plus d'étendue, et quoiqu'ils connussent aussi bien que nous tout ce qu'ils pouvaient remarquer de la nature, ils n'en connaissaient pas tant néanmoins, et nous voyons plus qu'eux.

Cependant il est étrange de quelle sorte on révère leurs sentiments. On fait un crime de les contredire et un attentat d'y ajouter, comme s'ils n'avaient plus laissé de vérités à connaître.

N'est-ce pas là traiter indignement la raison de l'homme et la mettre en parallèle avec l'instinct des animaux, puisqu'on en ôte la principale différence, qui consiste en ce que les effets du raisonnement augmentent sans cesse, au lieu que l'instinct demeure toujours dans un état égal? Les ruches des abeilles étaient aussi bien mesurées il y a mille ans qu'aujourd'hui, et chacune d'elles forme cet hexagone aussi exactement la première fois que la dernière.

Il en est de même de tout ce que les animaux produisent par ce mouvement occulte. La nature les instruit à mesure que la nécessité les presse; mais cette science fragile se perd avec les besoins qu'ils en ont : comme ils la reçoivent sans étude, ils n'ont pas le bonheur de la conserver; et toutes les fois qu'elle leur est donnée, elle leur est nouvelle, puisque la nature n'ayant pour objet que de maintenir les animaux dans un ordre de perfection bornée, elle leur inspire cette science [simplement] nécessaire et toujours égale, de peur qu'ils ne tombent dans le dépérissement, et ne permet pas qu'ils y ajoutent, de peur qu'ils ne passent les limites qu'elle leur a prescrites.

Il n'en est pas de même de l'homme, qui n'est produit que pour l'infinité. Il est dans l'ignorance au premier âge de sa vie; mais il s'instruit sans cesse dans son progrès : car il tire avantage, non seulement de sa propre expérience, mais encore de celle de ses prédécesseurs; parce qu'il garde toujours dans sa mémoire les connaissances qu'il s'est une fois acquises, et que celles des anciens lui sont toujours présentes dans les livres qu'ils en ont laissés. Et comme il conserve ces connaissances, il peut aussi les augmenter facilement; de sorte que les hommes sont aujourd'hui en quelque sorte dans le même état où se trouveraient ces anciens philosophes, s'ils pouvaient avoir vieilli jusqu'à présent, en ajoutant aux connaissances qu'ils avaient celles que leurs études auraient pu leur acquérir à la faveur de tant de siècles. — De là vient que, par une prérogative particulière, non seulement chacun des hommes s'avance de jour en jour dans les sciences, mais que tous les hommes ensemble y font un continuel progrès à mesure que l'univers vieillit, parce que la même chose arrive dans la succession des hommes que dans les âges différents d'un particulier. De sorte que toute la suite des hommes, pendant le cours de tant de siècles, doit être considérée comme un même homme qui subsiste toujours et qui apprend continuellement : d'où l'on voit avec combien d'injustice nous respectons l'antiquité dans ses philosophes; car, comme la vieillesse est l'âge le plus distant de l'enfance, qui ne voit que la vieillesse, dans cet homme universel, ne doit pas être cherchée dans les temps proches de sa naissance, mais dans ceux qui en sont les plus éloignés?

Ceux que nous appelons anciens étaient véritablement nouveaux en toutes choses, et formaient l'enfance des hommes proprement; et comme nous avons joint à leurs connaissances l'expérience des siècles qui les ont suivis, c'est en nous que l'on peut trouver cette antiquité que nous révérons dans les autres.

Ils doivent être admirés dans les conséquences qu'ils ont bien tirées du peu de principes qu'ils avaient, et ils doivent être excusés dans celles où ils ont plutôt manqué du bonheur de l'expérience que de la force du raisonnement.

Car n'étaient-ils pas excusables dans la pensée qu'ils ont eue pour la *voie de lait*, quand la faiblesse de leurs yeux n'ayant pas encore reçu le secours de l'artifice, ils ont attribué cette couleur à une plus grande solidité en cette partie du ciel qui renvoie la lumière avec plus de force?

Mais ne serions-nous pas inexcusables de demeurer dans la même pensée, maintenant qu'aidés des avantages que nous donne la lunette d'approche, nous y avons découvert une infinité de petites étoiles, dont la splendeur plus abondante nous a fait reconnaître quelle est la véritable cause de cette blancheur?

N'avaient-ils pas aussi sujet de dire que tous les corps corruptibles étaient renfermés dans la sphère du ciel de la lune, lorsque durant le cours de tant siècles ils n'avaient point encore remarqué de corruptions ni de générations hors de cet espace?

Mais ne devons-nous pas assurer le contraire, lorsque toute la terre a vu sensiblement des comètes s'enflammer et disparaître bien au delà de cette sphère?

C'est ainsi que, sur le sujet du *Vide*, ils avaient droit de dire que la nature n'en souffrait point, parce que toutes les expériences leur avaient toujours fait remarquer qu'elle l'abhorrait et ne le pouvait souffrir.

Mais si les nouvelles expériences leur avaient été connues, peut-être auraient-ils trouvé sujet d'affirmer ce qu'ils ont eu sujet de nier par là que le vide n'avait point encore paru. Aussi dans le jugement qu'ils ont fait que la nature ne souffrait point de vide, ils n'ont entendu parler de la nature qu'en l'état où ils la connaissaient; puisque, pour le dire généralement, ce ne serait assez de l'avoir vu constamment en cent rencontres, ni en mille, ni en tout autre nombre, quelque grand qu'il soit; puisque s'il restait un seul cas à examiner, ce seul suffirait pour empêcher la définition générale, et si un seul était contraire, ce seul [devrait la faire rejeter]. Car dans toutes les matières dont la preuve consiste en expériences et non en démonstrations, on ne peut faire aucune assertion universelle que par la générale énumération de toutes les parties et de tous les cas différents.

C'est ainsi que, quand nous disons que le diamant est le plus dur de tous les corps, nous entendons de tous les corps que nous connaissons, et nous ne pouvons ni ne devons y comprendre ceux que nous ne connaissons point; et quand nous disons que l'or est le plus pesant de tous les corps, nous serions téméraires de comprendre dans cette proposition générale ceux qui ne sont point encore en notre connaissance, quoiqu'il ne soit pas impossible qu'ils soient en nature.

De même quand les anciens ont assuré que la nature ne souffrait point de vide, ils ont entendu qu'elle n'en souffrait point dans toutes les expériences qu'ils avaient vues; et ils n'auraient pu sans témérité y comprendre celles qui n'étaient pas en leur connaissance. Que si elles y eussent été, sans doute ils auraient tiré les mêmes conséquences que nous, et les auraient, par leur aveu, autorisées de cette antiquité dont on veut faire aujourd'hui l'unique principe des sciences.

C'est ainsi que, sans les contredire, nous pouvons assurer le contraire de ce qu'ils disaient ; et, quelque force enfin qu'ait cette antiquité, la vérité doit toujours avoir l'avantage, quoique nouvellement découverte, puisqu'elle est toujours plus ancienne que toutes les opinions qu'on en a eues; et que ce serait ignorer sa nature de s'imaginer qu'elle ait commencé d'être au temps qu'elle a commencé d'être connue.

II

De l'Esprit Géométrique [1].

On peut avoir trois principaux objets dans l'étude de la vérité : l'un, de la découvrir quand on la cherche ; l'autre, de la démontrer quand on la possède ; le dernier, de la discerner d'avec le faux quand on l'examine.

Je ne parle point du premier ; je traite particulièrement du second, et il enferme le troisième. Car, si l'on sait la méthode de prouver la vérité, on aura en même temps, celle de la discerner, puisqu'en examinant si la preuve qu'on en donne est conforme aux règles qu'on connaît, on saura si elle est exactement démontrée.

La géométrie, qui excelle en ces trois genres, a expliqué l'art de découvrir les vérités inconnues ; et c'est ce qu'elle appelle *analyse*, et dont il serait inutile de discourir après tant d'excellents ouvrages qui ont été faits.

Celui de démontrer les vérités déjà trouvées et de les éclaircir de telle sorte que la preuve en soit invincible, est le seul que je veux donner ; et je n'ai pour cela qu'à expliquer la méthode que la géométrie y observe ; car elle l'enseigne parfaitement par ses exemples, quoiqu'elle n'en

---

1. Ce fragment fut publié pour la première fois, mais d'une façon incomplète, par Condorcet et inséré par Bossut parmi les premiers chapitres de son édition des *Pensées*, sous le titre de *Réflexions sur la géométrie en général*. — Le *premier Discours* placé en tête de la *Logique du Port-Royal* le mentionne sous le titre *de l'Esprit géométrique*. Il fut composé vraisemblablement à l'époque des premiers séjours de Pascal à Port-Royal, vers 1655. Le travail n'est pas terminé : la deuxième partie annoncée manque totalement, et la première elle-même est inachevée.

produise aucun discours. Et parce que cet art consiste en deux choses principales, l'une de prouver chaque proposition en particulier, l'autre de disposer toutes les propositions dans le meilleur ordre, j'en ferai deux sections, dont l'une contiendra les règles de la conduite des démonstrations géométriques, c'est-à-dire méthodiques et parfaites ; et la seconde comprendra celles de l'ordre géométrique, c'est-à-dire méthodique et accompli : de sorte que les deux ensemble enfermeront tout ce qui sera nécessaire pour la conduite du raisonnement à prouver et discerner les vérités ; lesquelles j'ai dessein de donner entières[1].

[SECTION PREMIÈRE]

De la méthode des démonstrations géométriques, c'est-à-dire méthodiques et parfaites.

Je ne puis faire mieux entendre la conduite qu'on doit garder pour rendre les démonstrations convaincantes, qu'en expliquant celle que la géométrie observe.

[Mon objet] est bien plus de réussir à l'une qu'à l'autre, et je n'ai choisi cette science pour y arriver que parce qu'elle seule sait les règles du raisonnement et, sans s'arrêter aux règles des syllogismes qui sont tellement naturelles qu'on ne peut les ignorer, s'arrête et se fonde sur la véritable méthode de conduire le raisonnement en toutes choses, que presque tout le monde ignore, et qu'il est si avantageux de savoir, que nous voyons par expérience qu'entre esprits égaux et toutes choses pareilles, celui qui a de la géométrie l'emporte et acquiert une vigueur toute nouvelle.

Je veux donc faire entendre ce que c'est que démonstration par l'exemple de celle de géométrie, qui est presque la seule des sciences humaines qui en produise d'infaillibles, parce

---

1. La 2º section n'a point été remplie.

qu'elle seule observe la véritable méthode, au lieu que toutes les autres sont, par une nécessité naturelle, dans quelque sorte de confusion que les seuls géomètres savent extrêmement connaître.

Mais il faut auparavant que je donne l'idée d'une méthode encore plus éminente et plus accomplie, mais où les hommes ne sauraient jamais arriver : car ce qui passe la géométrie nous surpasse ; et néanmoins il est nécessaire d'en dire quelque chose, quoiqu'il soit impossible de le pratiquer.

Cette véritable méthode, qui formerait les démonstrations dans la plus haute excellence, s'il était possible d'y arriver, consisterait en deux choses principales : l'une, de n'employer aucun terme dont on n'eût auparavant expliqué nettement le sens ; l'autre, de n'avancer jamais aucune proposition qu'on ne démontrât par des vérités déjà connues : c'est-à-dire, en un mot, à définir tous les termes et à prouver toutes les propositions. Mais pour suivre l'ordre même que j'explique, il faut que je déclare ce que j'entends par *définition*.

On ne reconnaît en géométrie que les seules définitions que les logiciens appellent *définitions de nom*, c'est-à-dire que les seules impositions de nom aux choses qu'on a clairement désignées en termes parfaitement connus ; et je ne parle que de celles-là seulement.

Leur utilité et leur usage est d'éclaircir et d'abréger le discours, en exprimant par le seul nom qu'on impose ce qui ne pourrait se dire qu'en plusieurs termes ; en sorte néanmoins que le nom imposé demeure dénué de tout autre sens, s'il en a, pour n'avoir plus que celui auquel on le destine uniquement. En voici un exemple :

Si l'on a besoin de distinguer dans les nombres ceux qui sont divisibles en deux également d'avec ceux qui ne le sont pas, pour éviter de répéter souvent cette condition, on lui donne un nom en cette sorte : j'appelle tout nombre divisible en deux également, *nombre pair*.

Voilà une définition géométrique ; parce qu'après avoir

clairement désigné une chose, savoir, tout nombre divisible en deux également, on lui donne un nom que l'on destitue de tout autre sens, s'il en a, pour lui donner celui de la chose désignée.

D'où il paraît que les définitions sont très libres, et qu'elles ne sont jamais sujettes à être contredites ; car il n'y a rien de plus permis que de donner à une chose qu'on a clairement désignée un nom tel qu'on voudra. Il faut seulement prendre garde qu'on abuse de la liberté qu'on a d'imposer des noms, en donnant le même à deux choses différentes.

Ce n'est pas que cela ne soit permis, pourvu qu'on n'en confonde pas les conséquences et qu'on ne les étende pas de l'une à l'autre.

Mais si l'on tombe dans ce vice, on peut lui opposer un remède très sûr et très infaillible : c'est de substituer mentalement la définition à la place du défini, et d'avoir toujours la définition si présente que toutes les fois qu'on parle, par exemple, de nombre pair, on entende précisément que c'est celui qui est divisible en deux parties égales ; et que ces deux choses soient tellement jointes et inséparables dans la pensée, qu'aussitôt que le discours en exprime l'une, l'esprit y attache immédiatement l'autre. Car les géomètres, et tous ceux qui agissent méthodiquement, n'imposent des noms aux choses que pour abréger le discours et non pour diminuer ou changer l'idée des choses dont ils discourent. Et ils prétendent que l'esprit supplée toujours la définition entière aux termes courts, qu'ils n'emploient que pour éviter la confusion que la multitude des paroles apporte.

Rien n'éloigne plus promptement et plus puissamment les surprises captieuses des sophistes que cette méthode, qu'il faut avoir toujours présente et qui suffit seule pour bannir toutes sortes de difficultés et d'équivoques.

Ces choses étant bien entendues, je reviens à l'explication du véritable ordre qui consiste, comme je le disais, à tout définir et à tout prouver.

Certainement cette méthode serait belle, mais elle est absolument impossible; car il est évident que les premiers termes qu'on voudrait définir en supposeraient de précédents pour servir à leur explication, et que de même les premières propositions qu'on voudrait prouver en supposeraient d'autres qui les précédassent; et ainsi il est clair qu'on n'arriverait jamais aux premières.

Aussi, en poussant les recherches de plus en plus, on arrive nécessairement à des mots primitifs qu'on ne peut plus définir, et à des principes si clairs qu'on n'en trouve plus qui le soient davantage pour servir à leur preuve.

D'où il paraît que les hommes sont dans une impuissance naturelle et immuable de traiter quelque science que ce soit dans un ordre absolument accompli.

Mais il ne s'ensuit pas de là qu'on doive abandonner toute sorte d'ordre.

Car il y en a un, et c'est celui de la géométrie, qui est à la vérité inférieur en ce qu'il est moins convaincant, mais non pas en ce qu'il est moins certain. Il ne définit pas tout et ne prouve pas tout, et c'est en cela qu'il lui cède; mais il ne suppose que des choses claires et constantes par la lumière naturelle, et c'est pourquoi il est parfaitement véritable, la nature le soutenant au défaut du discours.

Cet ordre, le plus parfait entre les hommes, consiste, non pas à tout définir ou à tout démontrer, ni aussi à ne rien définir ou à ne rien démontrer, mais à se tenir dans ce milieu de ne point définir les choses claires et entendues de tous les hommes, et de définir toutes les autres; et de ne point prouver toutes les choses connues des hommes et de prouver toutes les autres. Contre cet ordre pèchent également ceux qui entreprennent de tout définir et de tout prouver, et ceux qui négligent de le faire dans toutes choses qui ne sont pas évidentes d'elles-mêmes.

C'est ce que la géométrie enseigne parfaitement. Elle ne définit aucune de ces choses : *espace, temps, mouvement, nombre, égalité;* ni les semblables qui sont en grand nombre, parce que ces termes-là désignent si naturellement les choses qu'ils signifient, à ceux qui entendent la langue, que l'éclaircissement qu'on en voudrait faire apporterait plus d'obscurité que d'instruction.

Car il n'y a rien de plus faible que le discours de ceux qui veulent définir ces mots primitifs. Quelle nécessité y a-t-il, par exemple, d'expliquer ce qu'on entend par le mot *homme*? Ne sait-on pas assez quelle est la chose qu'on veut désigner par ce terme? Et quel avantage pensait nous procurer Platon, en disant que c'était un animal à deux jambes, sans plumes? Comme si l'idée que j'en ai naturellement, et que je ne puis exprimer, n'était pas plus nette et plus sûre que celle qu'il me donne par son explication inutile et même ridicule; puisqu'un homme ne perd pas l'humanité en perdant les deux jambes, et qu'un chapon ne l'acquiert pas en perdant ses plumes.

Il y en a qui vont jusqu'à cette absurdité d'expliquer un mot par le mot même. J'en sais qui ont défini la lumière en cette sorte: *La lumière est un mouvement luminaire des corps lumineux;* comme si l'on pouvait entendre les mots de *luminaire* et de *lumineux* sans celui de *lumière*.

On ne peut entreprendre de définir l'*être* sans commencer par celui-ci, *c'est*, soit qu'on l'exprime ou qu'on le sous-entende. Donc pour définir l'être, il faudrait dire *c'est*, et ainsi employer le mot défini dans sa définition.

On voit assez de là qu'il y a des mots incapables d'être définis; et, si la nature n'avait suppléé à ce défaut par une idée pareille qu'elle a donnée à tous les hommes, toutes nos expressions seraient confuses; au lieu qu'on en use avec la même assurance et la même certitude que s'ils étaient expliqués d'une manière parfaitement exempte d'équivoques; parce que la nature nous en a elle-même donné, sans paroles, une intelligence plus nette que celle que l'art nous acquiert par nos explications.

Ce n'est pas que tous les hommes aient la même idée de

l'essence des choses que je dis qu'il est impossible et inutile de définir.

Car, par exemple, le *temps* est de cette sorte. Qui le pourra définir? Et pourquoi l'entreprendre, puisque tous les hommes conçoivent ce qu'on veut dire en parlant de temps, sans qu'on le désigne davantage? Cependant il y a bien de différentes opinions touchant l'essence du temps. Les uns disent que c'est le mouvement d'une chose créée; les autres, la mesure du mouvement, etc. Aussi ce n'est pas la nature de ces choses que je dis qui est connue à tous : ce n'est simplement que le rapport entre le nom et la chose ; en sorte qu'à cette expression *temps*, tous portent la pensée vers le même objet ; ce qui suffit pour faire que ce terme n'ait pas besoin d'être défini, quoique ensuite, en examinant ce que c'est que le temps, on vienne à différer de sentiment après s'être mis à y penser ; car les définitions ne sont faites que pour désigner les choses que l'on nomme, et non pas pour en montrer la nature.

Ce n'est pas qu'il ne soit permis d'appeler du nom de *temps* le mouvement d'une chose créée; car, comme j'ai dit tantôt, rien n'est plus libre que les définitions.

Mais en suite de cette définition il y aura deux choses qu'on appellera du nom de *temps* : l'une est celle que tout le monde entend naturellement par ce mot et que tous ceux qui parlent notre langue nomment par ce terme ; l'autre sera le mouvement d'une chose créée, car on l'appellera aussi de ce nom suivant cette nouvelle définition.

Il faudra donc éviter les équivoques et ne pas confondre les conséquences. Car il ne s'ensuivra pas de là que la chose, qu'on entend naturellement par le mot de *temps*, soit en effet le mouvement d'une chose créée. Il a été libre de nommer ces deux choses de même ; mais il ne le sera pas de les faire convenir de nature aussi bien que de nom.

Ainsi, si l'on avance ce discours : *le temps est le mouvement d'une chose créée*, il faut demander ce qu'on entend par ce mot de *temps*, c'est-à-dire si on lui laisse le sens ordinaire et reçu de tous, ou si on l'en dépouille pour lui donner en cette occasion celui du mouvement d'une chose créée. Que si on le destitue de tout autre sens, on ne peut contredire, et ce sera une définition libre, en suite de laquelle, comme j'ai dit, il y aura deux choses qui auront ce même nom. Mais si on lui laisse son sens ordinaire, et qu'on prétende néanmoins que ce qu'on entend par ce mot soit le mouvement d'une chose créée, on peut contredire. Ce n'est plus une définition libre, c'est une proposition qu'il faut prouver, si ce n'est qu'elle soit très évidente d'elle-même ; et alors ce sera un principe et un axiome, mais jamais une définition ; parce que dans cette énonciation on n'entend pas que le mot de *temps* signifie la même chose que ceux-ci, *le mouvement d'une chose créée ;* mais on entend que ce que l'on conçoit par le terme de *temps* soit ce mouvement supposé.

Si je ne savais combien il est nécessaire d'entendre ceci parfaitement, et combien il arrive à toute heure, dans les discours familiers et dans les discours de science, des occasions pareilles à celle-ci que j'ai donnée en exemple, je ne m'y serais pas arrêté. Mais il me semble, par l'expérience que j'ai de la confusion des disputes, qu'on ne peut trop entrer dans cet esprit de netteté pour lequel je fais tout ce traité, plus que pour le sujet que j'y traite.

Car combien y a-t-il de personnes qui croient avoir défini le temps quand ils ont dit que c'est la mesure du mouvement, en lui laissant cependant son sens ordinaire ? Et néanmoins ils ont fait une proposition et non pas une définition.—Combien y en a-t-il de même qui croient avoir défini le mouvement quand ils ont dit : *Motus nec simpliciter actus, nec mera potentia est, sed actus entis in potentia !* Et cependant s'ils laissent au mot de *mouvement* son sens ordinaire comme ils font, ce n'est pas une définition, mais une proposition ; et confondant ainsi les définitions qu'ils appellent *définitions de nom,* qui sont les véritables définitions libres, permises et géométriques, avec celles qu'ils appellent *définitions de chose*, qui sont proprement des propositions nullement libres, mais sujettes à contradiction, ils s'y donnent la liberté d'en former aussi bien que des autres : et chacun, définissant les mêmes choses à sa manière, par une liberté qui est aussi défendue dans ces sortes de définitions que permises dans les premières, ils embrouillent toutes choses, et perdant tout ordre et toute lumière, ils se perdent eux-mêmes et s'égarent dans des embarras inexplicables.

On n'y tombera jamais en suivant l'ordre de la géométrie. Cette judicieuse science est bien éloignée de définir ces mots primitifs : *espace, temps, mouvement, égalité, majorité, diminution, tout*, et les autres que le monde entend de soi-même. Mais hors ceux-là, le reste des termes qu'elle emploie y sont tellement éclaircis et définis, qu'on n'a pas besoin de dictionnaire pour en entendre aucun ; de sorte qu'en un mot tous ces termes sont parfaitement intelligibles, ou par la lumière naturelle ou par les définitions qu'elle en donne.

Voilà de quelle sorte elle évite tous les vices qui se peuvent rencontrer dans le premier point, lequel consiste à définir les seules choses qui en ont besoin. — Elle en use de même à l'égard de l'autre point, qui consiste à prouver les propositions qui ne sont pas évidentes.

Car, quand elle est arivée aux premières vérités connues, elle s'arrête là et demande qu'on les accorde, n'ayant rien de plus clair pour les prouver : de sorte que tout ce que la géométrie propose est parfaitement démontré, ou par la lumière naturelle ou par les preuves.

De là vient que si cette science ne définit pas et ne démontre pas toutes choses, c'est par cette seule raison que cela nous est impossible.

Mais comme la nature fournit tout ce que la science ne donne pas, son ordre à la vérité ne donne pas une perfection plus qu'humaine, mais il a toute celle où les hommes peuvent arriver...

On trouvera peut-être étrange que la géométrie ne puisse définir aucune des choses qu'elle a pour principaux objets : car elle ne peut définir ni le mouvement, ni les nombres, ni l'espace ; et cependant ces trois choses sont celles qu'elle considère particulièrement et selon la recherche desquelles elle prend ces trois différents noms de *mécanique*, d'*arithmétique*, de *géométrie*, ce dernier nom appartenant au genre et à l'espèce.

Mais on n'en sera pas surpris, si l'on remarque que cette admirable science ne s'attachant qu'aux choses les plus simples, cette même qualité qui les rend dignes d'être ses objets les rend incapables d'être définies ; de sorte que le manque de définition est plutôt une perfection qu'un défaut, parce qu'il ne vient pas de leur obscurité, mais au contraire de leur extrême évidence, qui est telle qu'encore qu'elle n'ait pas la conviction des démonstrations, elle en a toute la certitude. Elle suppose donc que l'on sait quelle est la chose qu'on entend par ces mots : *mouvement, nombre, espace* ; et sans s'arrêter à les définir inutilement, elle en pénètre la nature et en découvre les merveilleuses propriétés.

Ces trois choses qui comprennent tout l'univers, selon ces paroles : *Deus fecit omnia in pondere, in numero, et mensura*[1], ont une liaison réciproque et nécessaire. Car on ne peut imaginer de mouvement sans quelque chose qui se meuve ; et cette chose étant une, cette unité est l'origine de tous les nombres ; et enfin le mouvement ne pouvant être sans espace, on voit ces trois choses enfermées dans la première.

Le temps même y est ausi compris : car le mouvement et le temps sont relatifs l'un à l'autre ; la promptitude et

---

1. SAP., XI, 21.

la lenteur, qui sont les différences des mouvements, ayant un rapport nécessaire avec le temps.

Ainsi il y a des propriétés communes à toutes ces choses, dont la connaissance ouvre l'esprit aux plus grandes merveilles de la nature.

La principale comprend les deux infinités qui se rencontrent dans toutes : l'une de grandeur, l'autre de petitesse.

Car quelque prompt que soit un mouvement, on peut en concevoir un qui le soit davantage et hâter encore ce dernier ; et ainsi toujours à l'infini, sans jamais arriver à un qui le soit de telle sorte qu'on ne puisse plus y ajouter. Et au contraire, quelque lent que soit un mouvement, on peut le retarder davantage et encore ce dernier ; et ainsi à l'infini, sans jamais arriver à un tel degré de lenteur qu'on ne puisse encore en descendre à une infinité d'autres, sans tomber dans le repos.

De même, quelque grand que soit un nombre, on peut en concevoir un plus grand et encore un qui surpasse le dernier ; et ainsi à l'infini, sans jamais arriver à un qui ne puisse plus être augmenté. Et au contraire, quelque petit que soit un nombre, comme la centième ou la dix-millième partie, on peut encore en concevoir un moindre, et toujours à l'infini, sans arriver au zéro ou néant.

Quelque grand que soit un espace, on peut en concevoir un plus grand et encore un qui le soit davantage ; et ainsi à l'infini sans jamais arriver à un qui ne puisse plus être augmenté. Et au contraire, quelque petit que soit un espace, on peut encore en considérer un moindre, et toujours à l'infini, sans jamais arriver à un indivisible qui n'ait plus aucune étendue.

Il en est de même du temps. On peut toujours en concevoir un plus grand sans dernier, et un moindre sans arriver à un instant et à un pur néant de durée.

C'est-à-dire, en un mot, que quelque mouvement, quelque nombre, quelque espace, quelque temps que ce soit, il y en a toujours un plus grand et un moindre : de sorte qu'ils se soutiennent tous entre le néant et l'infini, étant toujours infiniment éloignés de ces extrêmes.

Toutes ces vérités ne se peuvent démontrer ; et cependant ce sont les fondements et les principes de la géométrie. Mais comme la cause qui les rend incapables de démonstration n'est pas leur obscurité, mais au contraire leur extrême évidence, ce manque de preuve n'est pas un défaut, mais plutôt une perfection.

D'où l'on voit que la géométrie ne peut définir les objets, ni prouver les principes ; mais par cette seule et avantageuse raison que les uns et les autres sont dans une extrême clarté naturelle, qui convainc la raison plus puissamment que le discours.

Car qu'y a-t-il de plus évident que cette vérité, qu'un nombre, tel qu'il soit, peut être augmenté ? ne peut-on pas le doubler ? Que la promptitude d'un mouvement peut-être doublée, et qu'un espace peut-être doublé de même ?

Et qui peut douter aussi qu'un nombre, tel qu'il soit, ne puisse être divisé par la moitié, et sa moitié encore par la moitié ? Car cette moitié serait-elle un néant ? Et comment ces deux moitiés, qui seraient deux zéros, feraient-elles un nombre ?

De même, un mouvement, quelque lent qu'il soit, ne peut-il pas être ralenti de moitié, en sorte qu'il parcoure le même espace dans le double du temps, et ce dernier mouvement encore ? Car serait-ce un pur repos ? Et comment se pourrait-il que ces deux moitiés de vitesse, qui seraient deux repos, fissent la première vitesse ?

Enfin un espace, quelque petit qu'il soit, ne peut-il pas être divisé en deux, et ces motifs encore ? Et comment pourrait-il se faire que ces moitiés fussent indivisibles sans aucune étendue, elles qui jointes ensemble ont fait la première étendue ?

Il n'y a point de connaissance naturelle dans l'homme

qui précède celles-là, et qui les surpasse en clarté. Néanmoins, afin qu'il y ait exemple de tout, on trouve des esprits excellents en toutes autres choses, que ces infinités choquent et qui n'y peuvent en aucune sorte consentir.

Je n'ai jamais connu personne qui ait pensé qu'un espace ne puisse être augmenté. Mais j'en ai vu quelques-uns, très habiles d'ailleurs, qui ont assuré qu'un espace pouvait être divisé en deux parties indivisibles, quelque absurdité qu'il s'y rencontre.

Je me suis attaché à rechercher en eux quelle pouvait être la cause de cette obscurité, et j'ai trouvé qu'il n'y en avait qu'une principale qui est qu'ils ne sauraient concevoir un continu divisible à l'infini ; d'où ils concluent qu'il n'y est pas divisible.

C'est une maladie naturelle à l'homme, de croire qu'il possède la vérité directement ; et de là vient qu'il est toujours disposé à nier tout ce qui lui est incompréhensible ; au lieu qu'en effet il ne connaît naturellement que le mensonge, et qu'il ne doit prendre pour véritables que les choses dont le contraire lui paraît faux.

Et c'est pourquoi, toutes les fois qu'une proposition est inconcevable, il faut en suspendre le jugement et ne pas la nier à cette marque, mais en examiner le contraire ; et si on le trouve manifestement faux, on peut hardiment affirmer la première tout incompréhensible qu'elle est. Appliquons cette règle à notre sujet.

Il n'y a point de géomètre qui ne croie l'espace divisible à l'infini. On ne peut non plus l'être sans principe qu'être homme sans âme. Et néanmoins, il n'y en a point qui comprenne une division infinie ; et l'on ne s'assure de cette vérité que par cette seule raison, mais qui est certainement suffisante, qu'on comprend parfaitement qu'il est faux qu'en divisant un espace on puisse arriver à une partie indivisible, c'est à dire qui n'ait aucune étendue.

Car qu'y a-t-il de plus absurde que de prétendre qu'en divisant toujours un espace, on arrive enfin à une division telle qu'en la divisant en deux, chacune des moitiés reste indivisible et sans aucune étendue, et qu'ainsi ces deux néants d'étendue fissent ensemble une étendue? Car je voudrais demander à ceux qui ont cette idée, s'ils conçoivent nettement que deux indivisibles se touchent. Si c'est partout, ils ne sont qu'une même chose et partant les deux ensemble sont indivisibles; et si ce n'est pas partout, ce n'est donc qu'en une partie : donc ils ont des parties, donc ils ne sont pas indivisibles.

Que s'ils confessent, comme en effet ils l'avouent quand on les presse, que leur proposition est aussi inconcevable que l'autre; qu'ils reconnaissent que ce n'est pas par notre capacité à concevoir ces choses que nous devons juger de leur vérité, puisque ces deux contraires étant tous deux inconcevables il est néanmoins nécessairement certain que l'un des deux est véritable.

Mais qu'à ces difficultés chimériques, et qui n'ont de proportion qu'à notre faiblesse, ils opposent ces clartés naturelles et ces vérités solides: s'il était véritable que l'espace fût composé d'un certain nombre fini d'indivisibles, il s'ensuivrait que deux espaces, dont chacun serait carré, c'est-à-dire égal et pareil de tous côtés, étant doubles l'un de l'autre, l'un contiendrait un nombre de ces indivisibles double du nombre des indivisibles de l'autre. Qu'ils retiennent bien cette conséquence, et qu'ils s'exercent ensuite à ranger des points en carrés jusqu'à ce qu'ils en aient rencontré deux dont l'un ait le double des points de l'autre; et alors je leur ferai céder tout ce qu'il y a de géomètres au monde. Mais si la chose est naturellement impossible, c'est-à-dire s'il y a impossibilité invincible à ranger des carrés de points, dont l'un en ait le double de l'autre, comme je le démontrerais en ce lieu-là même si la chose méritait qu'on s'y arrêtât, qu'ils en tirent la conséquence.

Et pour les soulager dans les peines qu'ils auraient en de certaines rencontres, comme à concevoir qu'un espace ait une infinité de divisibles, vu qu'on les parcourt en si peu de temps, pendant lequel on aurait parcouru cette infinité de divisibles, il faut les avertir qu'ils ne doivent pas comparer des choses aussi disproportionnées qu'est l'infinité des divisibles avec le peu de temps où ils sont parcourus : mais qu'ils comparent l'espace entier avec le temps entier, et les infinis divisibles de l'espace avec les infinis instants de ce temps ; et ainsi ils trouveront que l'on parcourt une infinité de divisibles en une infinité d'instants, et un petit espace en un petit temps ; en quoi il n'y a plus la disproportion qui les avait étonnés.

Enfin, s'ils trouvent étrange qu'un petit espace ait autant de parties qu'un grand, qu'ils entendent aussi qu'elles sont plus petites à mesure ; et qu'ils regardent le firmament au travers d'un petit verre, pour se familiariser avec cette connaissance, en voyant chaque partie du ciel en chaque partie du verre.

Mais s'ils ne peuvent comprendre que des parties si petites, qu'elles nous sont imperceptibles, puissent être autant divisées que le firmament, il n'y a pas de meilleur remède que de les leur faire regarder avec des lunettes qui grossissent cette pointe délicate jusqu'à une prodigieuse masse ; d'où ils concevront aisément que par le secours d'un autre verre encore plus artistement taillé, on pourrait les grossir jusqu'à égaler ce firmament dont ils admirent l'étendue. Et ainsi ces objets leur paraissant maintenant très facilement divisibles, qu'ils se souviennent que la nature peut infiniment plus que l'art.

Car enfin qui les a assurés que ces verres auront changé la grandeur naturelle de ces objets, ou s'ils auront au contraire rétabli la véritable que la figure de notre œil avait changée et raccourcie, comme font les lunettes qui amoindrissent ?

Il est fâcheux de s'arrêter à ces bagatelles ; mais il y a des temps de niaiser.

Il suffit de dire à des esprits clairs en cette manière que deux néants d'étendue ne peuvent pas faire une étendue. Mais parce qu'il y en a qui prétendent s'échapper à cette lumière par cette merveilleuse réponse, que deux néants d'étendue peuvent aussi bien faire une étendue que deux unités, dont aucune n'est nombre, font un nombre par leur assemblage ; il faut leur répartir qu'ils pourraient opposer de la même sorte que vingt mille hommes font une armée, quoique aucun d'eux ne soit armée ; que mille maisons font une ville, quoique aucune ne soit ville ; ou que les parties font le tout, quoique aucune ne soit le tout ; ou, pour demeurer dans la comparaison des nombres, que deux binaires font le quaternaire et dix dizaines une centaine, quoique aucun ne le soit.

Mais ce n'est pas avoir l'esprit juste que de confondre par des comparaisons si inégales la nature immuable des choses avec leurs noms libres et volontaires et dépendant du caprice des hommes qui les ont composés. Car il est clair que pour faciliter les discours on a donné le nom d'*armée* à vingt mille hommes, celui de *ville* à plusieurs maisons, celui de *dizaine* à dix unités ; et que de cette liberté naissent les noms d'*unité, binaire, quaternaire, dizaine, centaine*, différents par nos fantaisies, quoique ces choses soient en effet de même genre par leur nature invariable, et qu'elles soient toutes proportionnées entre elles et ne diffèrent que du plus ou du moins, et quoique, en suite de ces noms, le binaire ne soit pas quaternaire, ni une maison une ville, non plus qu'une ville n'est pas une maison. Mais encore quoique une maison ne soit pas une ville, elle n'est pas néanmoins un néant de ville ; il y a bien de la différence entre n'être pas une chose et en être un néant.

Car, afin qu'on entende la chose à fond, il faut savoir que la seule raison par laquelle l'unité n'est pas au rang des nombres, est qu'Euclide et les premiers auteurs qui ont traité d'arithmétique, ayant plusieurs propriétés à donner, qui convenaient à tous les nombres hormis à l'unité, pour éviter de dire souvent *qu'en tout nombre, hors l'unité, telle condition se rencontre*, ils ont exclu l'unité de la signification du mot de *nombre*, par la liberté que nous avons déjà dit qu'on a de faire à son gré des définitions. Aussi, s'ils eussent voulu, ils en eussent de même exclu le binaire et le ternaire, et tout ce qu'il leur eût plu ; car on en est maître, pourvu qu'on en avertisse : comme au contraire l'unité se met quand on veut au rang des nombres, et les fractions de même. Et, en effet, l'on est obligé de le faire dans les propositions générales, pour éviter de dire à chaque fois : *En tout nombre et à l'unité et aux fractions, une telle propriété se trouve ;* et c'est en ce sens indéfini que je l'ai pris dans tout ce que j'en ai écrit.

Mais le même Euclide qui a ôté à l'unité le nom de *nombre*, ce qui lui a été permis, pour faire entendre néanmoins qu'elle n'est pas un néant, mais qu'elle est au contraire du même genre, il définit ainsi les grandeurs homogènes : *Les grandeurs*, dit-il, *sont dites être de même genre, lorsque l'une étant plusieurs fois multipliée peut arriver à surpasser l'autre ;* et par conséquent, puisque l'unité peut, étant multipliée plusieurs fois, surpasser quelque nombre que ce soit, elle est de même genre que les nombres précisément par son essence et par sa nature immuable, dans le sens du même Euclide qui a voulu qu'elle ne fût pas appelée *nombre*.

Il n'en est pas de même d'un indivisible à l'égard d'une étendue. Car non seulement il diffère de nom, ce qui est volontaire, mais il diffère de genre, par la même définition ; puisqu'un indivisible, multiplié autant de fois qu'on voudra, est si éloigné de pouvoir surpasser une étendue, qu'il ne peut jamais former qu'un seul et unique indivisible ; ce qui est naturel et nécessaire, comme il est déjà montré. Et comme cette dernière preuve est fondée sur la définition de ces deux choses, *indivisible* et *étendue*, on va achever et consommer la démonstration.

Un indivisible est ce qui n'a aucune partie, et l'étendue est ce qui a diverses parties séparées.

Sur ces définitions, je dis que deux indivisibles étant unis ne font pas une étendue.

Car, quand ils sont unis, ils se touchent chacun en une partie; et ainsi les parties par où ils se touchent ne sont pas séparées, puisque autrement elles ne se toucheraient pas. Or, par leur définition, ils n'ont point d'autres parties; donc ils n'ont pas de parties séparées; donc ils ne sont pas une étendue, par la définition de l'étendue qui porte la séparation des parties.

On montrera la même chose de tous les autres indivisibles qu'on y joindra, par la même raison. Et partant un indivisible, multiplié autant qu'on voudra, ne fera jamais une étendue. Donc il n'est pas de même genre que l'étendue, par la définition des choses du même genre.

Voilà comment on démontre que les indivisibles ne sont pas de même genre que les nombres. De là vient que deux unités peuvent bien faire un nombre, parce qu'elles sont de même genre; et que deux indivisibles ne font pas une étendue, parce qu'ils ne sont pas de même genre.

D'où l'on voit combien il y a peu de raison de comparer le rapport qui est entre l'unité et les nombres à celui qui est entre les indivisibles et l'étendue.

Mais si l'on veut prendre dans les nombres une comparaison qui représente avec justesse ce que nous considérons dans l'étendue, il faut que ce soit le rapport du zéro aux nombres; car le zéro n'est pas du même genre que les nombres, parce qu'étant multiplié, il ne peut les surpasser: de sorte que c'est un véritable indivisible de nombre, comme l'indivisible est un véritable zéro d'étendue. Et on en trouvera un pareil entre le repos et le mouvement, et entre un instant et le temps; car toutes ces choses sont hétérogènes à leurs grandeurs, parce qu'étant infiniment multipliées, elles ne peuvent jamais faire que des indivisibles, non plus que les indivisibles d'étendue, et par la même raison. Et alors on trouvera une correspondance parfaite entre ces choses ; car toutes ces grandeurs sont divisibles à l'infini, sans tomber dans leurs indivisibles, de sorte qu'elles tiennent toutes le milieu entre l'infini et le néant.

Voilà l'admirable rapport que la nature a mis entre ces choses, et les deux merveilleuses infinités qu'elle a proposées aux hommes, non pas à concevoir, mais à admirer ; et, pour en finir la considération par une dernière remarque, j'ajouterai que ces deux infinis, quoique infiniment différents, sont néanmoins relatifs l'un à l'autre, de telle sorte que la connaissance de l'un mène nécessairement à la connaissance de l'autre.

Car dans les nombres, de ce qu'ils peuvent toujours être augmentés, il s'ensuit absolument qu'ils peuvent toujours être diminués, et cela clairement ; car, si l'on peut multiplier un nombre jusqu'à 100,000, par exemple, on peut aussi en prendre une 100,000^e partie, en le divisant par le même nombre qu'on le multiplie ; et ainsi tout terme d'augmentation deviendra terme de division, en changeant l'entier en fraction. De sorte que l'augmentation infinie renferme nécessairement aussi la division infinie.

Et dans l'espace, le même rapport se voit entre ces deux infinis contraires ; c'est-à-dire que, de ce qu'un espace peut être infiniment prolongé, il s'ensuit qu'il peut être infiniment diminué, comme il paraît en cet exemple : Si on regarde à travers d'un verre un vaisseau qui s'éloigne toujours directement, il est clair que le lieu du diaphane, où l'on remarque un point tel qu'on voudra du navire, haussera toujours par un flux continuel, à mesure que le vaisseau fuit. Donc, si la course du vaisseau est toujours allongée et jusqu'à l'infini, ce point haussera continuellement ; et cependant il n'arrivera jamais à celui où tombera le rayon horizontal mené de l'œil au verre, de sorte qu'il en approchera toujours sans y arriver jamais, divisant sans cesse l'espace qui restera sous ce point horizontal, sans y arriver jamais. D'où l'on voit la conséquence nécessaire qui se tire de l'infinité de l'étendue du cours du vaisseau à la division infinie et infiniment petite de ce petit espace restant au-dessous de ce point horizontal.

Ceux qui ne seront pas satisfaits de ces raisons, et qui demeureront dans la créance que l'espace n'est pas divisible à l'infini, ne peuvent rien prétendre aux démonstrations géométriques ; et, quoiqu'ils puissent être éclairés en d'autres choses, ils le seront fort peu en celles-ci ; car on peut aisément être très habile homme et mauvais géomètre.

Mais ceux qui verront clairement ces vérités, pourront admirer la grandeur et la puissance de la nature, dans cette double infinité qui nous environne de toutes parts, et apprendre par cette considération merveilleuse à se connaître eux-mêmes, en se regardant placés entre une infinité et un néant d'étendue, entre une infinité et un néant de nombre, entre une infinité et un néant de mouvement, entre une infinité et un néant de temps. Sur quoi on peut apprendre à s'estimer son juste prix, et former des réflexions qui valent mieux que tout le reste de la géométrie même.

J'ai cru être obligé de faire cette longue considération en faveur de ceux qui ne comprenant pas d'abord cette double infinité sont capables d'en être persuadés. Et quoique il y en ait plusieurs qui aient assez de lumière pour s'en passer, il peut néanmoins arriver que ce discours qui sera nécessaire aux uns, ne sera pas entièrement inutile aux autres..

III

De l'Art de persuader[1].

L'art de persuader a un rapport nécessaire à la manière dont les hommes consentent à ce qu'on leur propose, et aux conditions des choses qu'on veut faire croire.

Personne n'ignore qu'il y a deux entrées par où les opinions sont reçues dans l'âme, qui sont ses deux puissances principales : l'entendement et la volonté. La plus naturelle est celle de l'entendement ; car on ne devrait jamais consentir qu'aux vérités démontrées ; mais la plus ordinaire, quoique contre la nature, est celle de la volonté ; car tout ce qu'il y a d'hommes sont presque toujours emportés à croire, non pas par la preuve, mais par l'agrément. Cette voie est basse, indigne et étrangère : aussi tout le monde la désavoue. Chacun fait profession de ne croire, et même de n'aimer que ce qu'il sait le mériter.

Je ne parle pas ici des vérités divines, que je n'aurais garde de faire tomber sous l'art de persuader ; car elles sont infiniment au-dessus de la nature ; Dieu seul peut les mettre dans l'âme, et par la manière qu'il lui plaît. Je sais qu'il a voulu qu'elles entrassent du cœur dans l'esprit, et non pas de l'esprit dans le cœur, pour humilier cette superbe puissance du raisonnement, qui prétend devoir être juge des choses que la volonté choisit ; et pour guérir cette volonté

---

1. D'après la mention que le *premier Discours* de la *Logique de Port-Royal* fait du traité *sur l'Esprit géométrique*, y rattachant les *cinq règles* qui se trouvent en le présent opuscule, on peut croire que celui-ci devait faire partie intégrante du précédent. Il est demeuré d'ailleurs tout aussi inachevé. C'est Desmolets qui en publia le texte en premier lieu.

infirme, qui s'est toute corrompue par ses sales attachements.

Et de là vient qu'au lieu, qu'en parlant des choses humaines, on dit qu'il faut les connaître avant que de les aimer, ce qui a passé même en proverbe ; les Saints, au contraire, en parlant des choses divines, disent qu'il faut les aimer pour les connaître, et qu'on n'entre dans la vérité que par la charité ; dont ils ont fait une de leurs plus utiles sentences.

En quoi il paraît que Dieu a établi cet ordre surnaturel, et tout contraire à l'ordre qui devait être naturel aux hommes dans les choses naturelles. Ils ont néanmoins corrompu cet ordre, en faisant des choses profanes ce qu'ils devaient faire des choses saintes ; parce qu'en effet nous ne croyons presque que ce qui nous plaît. — Et de là vient l'éloignement où nous sommes de consentir aux vérités de la religion chrétienne, si fort opposées à nos plaisirs. « Dites-nous des choses agréables, et nous vous écouterons, » disaient les Juifs à Moïse ; comme si l'agrément devait régler la créance ! C'est pour punir ce désordre par un ordre qui est conforme, que Dieu ne verse ses lumières dans les esprits qu'après avoir dompté la rébellion de la volonté par une douceur toute céleste qui la charme et qui l'entraîne.

Je ne parle donc que des vérités de notre portée ; et c'est d'elles que je dis que l'esprit et le cœur sont comme les portes par où elles sont reçues dans l'âme ; mais que bien peu entrent par l'esprit : au lieu qu'elles sont introduites en foule par les caprices téméraires de la volonté, sans le conseil du raisonnement.

Ces puissances ont chacune leurs principes et les premiers promoteurs de leurs actions.

Ceux de l'esprit sont des vérités naturelles et connues à tout le monde, comme que le tout est plus grand que sa partie, etc., outre plusieurs axiomes particuliers, que les uns reçoivent, et non pas d'autres ; mais qui, dès qu'ils sont admis, sont aussi puissants, quoique faux, pour emporter la créance, que les plus véritables.

Ceux de la volonté sont certains désirs naturels et communs à tous les hommes ; comme le désir d'être heureux, que personne ne peut ne pas avoir ; outre plusieurs objets particuliers que chacun suit pour y arriver, et qui, ayant la force de nous plaire, sont aussi forts, quoique pernicieux en effet, pour faire agir la volonté, que s'ils faisaient son véritable bonheur.

Voilà pour ce qui regarde les puissances qui nous portent à consentir.

Mais pour les qualités des choses que nous devons persuader, elles sont bien diverses.

Les unes se tirent, par une conséquence nécessaire, des principes communs et des vérités avouées. Celles-là peuvent être infailliblement persuadées : car en montrant le rapport qu'elles ont avec les principes accordés, il y a une nécessité inévitable de convaincre ; et il est impossible qu'elles ne soient pas reçues dans l'âme, dès qu'on a pu les enrôler à ces vérités qu'elle a déjà admises.

Il y en a qui ont une union étroite avec les objets de notre satisfaction ; et celles-là sont encore reçues avec certitude. Car aussitôt qu'on fait apercevoir à l'âme qu'une chose peut la conduire à ce qu'elle aime souverainement, il est inévitable qu'elle ne s'y porte avec joie.

Mais celles qui ont cette liaison tout ensemble, et avec les vérités avouées, et avec les désirs du cœur, sont si sûres de leur effet, qu'il n'y a rien qui le soit davantage dans la nature.

Comme, au contraire, ce qui n'a de rapport, ni à nos créances ni à nos plaisirs, nous est importun, faux et absolument étranger.

En toutes ces rencontres, il n'y a point à douter. Mais il y en a où les choses qu'on veut faire croire sont bien établies sur des vérités connues, mais qui sont en même temps contraires aux plaisirs qui nous touchent le plus. Et celles-là sont en grand péril de faire voir, par une expérience qui n'est que trop ordinaire, ce que je disais au commencement : que cette âme impérieuse qui se vantait de n'agir que par raison, suit, par un choix honteux et téméraire, ce qu'une volonté corrompue désire, quelque résistance que l'esprit trop éclairé y puisse opposer.

C'est alors qu'il se fait un balancement douteux entre la vérité et la volupté ; et que la connaissance de l'une et le sentiment de l'autre font un combat dont le succès est bien incertain ; puisqu'il faudrait, pour en juger, connaître tout ce qui se passe dans le plus intérieur de l'homme, que l'homme lui-même ne connaît presque jamais.

Il paraît de là que, quoi que ce soit qu'on veuille persuader, il faut avoir égard à la personne à qui on en veut, dont il faut connaître l'esprit et le cœur, quels principes il accorde, quelles choses il aime ; et ensuite remarquer, dans la chose dont il s'agit, quel rapport elle a avec les principes avoués, ou avec les objets délicieux par les charmes qu'on lui donne.

De sorte que l'art de persuader consiste autant en celui d'agréer qu'en celui de convaincre ; tant les hommes se gouvernent plus par caprice que par raison !

Or de ces deux méthodes, l'une de convaincre, l'autre d'agréer, je ne donnerai ici les règles que de la première ; et encore au cas qu'on ait accordé les principes et qu'on demeure ferme à les avouer : autrement, je ne sais s'il y aurait un art pour accommoder les preuves à l'inconstance de nos caprices.

Mais la manière d'agréer est bien, sans comparaison, plus difficile, plus subtile, plus utile et plus admirable : aussi si je n'en traite pas, c'est que je n'en suis pas capable ; et je m'y sens tellement disproportionné que je crois, pour moi, la chose absolument impossible.

Ce n'est pas que je ne croie qu'il n'y ait des règles aussi sûres pour plaire que pour démontrer ; et que qui les saurait parfaitement connaître et pratiquer ne réussît sûrement à se faire aimer des rois et de toutes sortes de personnes qu'à démontrer les éléments de la géométrie à ceux qui ont assez d'imagination pour en comprendre les hypothèses. Mais j'estime, et c'est peut-être ma faiblesse qui me le fait croire, qu'il est impossible d'y arriver. Au moins je sais que si quelqu'un en est capable, ce sont des personnes que je connais, et qu'aucun autre n'a sur cela de si claires et de si abondantes lumières.

La raison de cette extrême difficulté vient de ce que les principes du plaisir ne sont pas fermes et stables. Ils sont divers en tous les hommes, et variables dans chaque particulier avec une telle diversité, qu'il n'y a point d'homme plus différent d'un autre que de soi-même dans les divers temps. Un homme a d'autres plaisirs qu'une femme; un riche et un pauvre en ont de différents; un prince, un homme de guerre, un marchand, un bourgeois, un paysan, les vieux, les jeunes, les sains, les malades, tous varient; les moindres accidents les changent.

Or il y a un art, et c'est celui que je donne, pour faire voir la liaison des vérités avec leurs principes, soit de vrai, soit de plaisir; pourvu que les principes qu'on a une fois avoués demeurent fermes et sans être jamais démentis.

Mais comme il y a peu de principes de cette sorte, et que hors de la géométrie, qui ne considère que des figures très simples, il n'y a presque point de vérités dont nous demeurions toujours d'accord, et encore moins d'objets de plaisirs dont nous ne changions à toute heure; je ne sais s'il y a moyen de donner des règles fermes pour accorder les discours à l'inconstance de nos caprices.

Cet art, que j'appelle l'*art de persuader*, et qui n'est proprement que la conduite des preuves méthodiques parfaites, consiste en trois parties essentielles : à expliquer les termes dont on doit se servir, par des définitions claires; — à proposer des principes ou axiomes évidents, pour prouver la chose dont il s'agit, — et à substituer, toujours mentalement, dans la démonstration, les définitions à la place des définis.

La raison de cette méthode est évidente, puisqu'il serait inutile de proposer ce qu'on veut prouver, et d'en entreprendre la démonstration, si l'on n'avait auparavant défini clairement tous les termes qui ne sont pas intelligibles; et qu'il faut de même que la démonstration soit précédée de la demande des principes évidents qui y sont nécessaires, car si l'on n'assure le fondement, on ne peut assurer l'édifice; et qu'il faut enfin, en démontrant, substituer mentalement les définitions à la place des définis, puisque autrement on pourrait abuser des divers sens qui se rencontrent dans les termes. Il est facile de voir qu'en observant cette méthode, on est sûr de convaincre : puisque les termes étant tous entendus et parfaitement exempts d'équivoque par les définitions, et les principes étant accordés; si, dans la démonstration, on substitue toujours mentalement les définitions à la place des définis, la force invincible des conséquences ne peut manquer d'avoir tout son effet.

Aussi jamais une démonstration dans laquelle ces circonstances sont gardées, n'a pu recevoir le moindre doute; et jamais celles où elles manquent ne peuvent avoir de force.

Il importe donc bien de les comprendre et de les posséder; et c'est pourquoi, pour rendre la chose plus facile et plus présente, je les donnerai toutes en peu de règles, qui enferment tout ce qui est nécessaire pour la perfection des définitions, des axiomes et des démonstrations, et par conséquent de la méthode entière des preuves géométriques de l'art de persuader.

Règles pour les définitions. — 1° N'entreprendre de définir aucune des choses tellement connues d'elles-mêmes, qu'on n'ait point de termes plus clairs pour les expliquer.

2° N'omettre aucun des termes un peu obscurs ou équivoques, sans définition.

3° N'employer, dans la définition des termes, que des mots parfaitement connus ou déjà expliqués.

Règles pour les axiomes. — 1° N'omettre aucun des principes nécessaires, sans avoir demandé si on l'accorde, quelque clair et évident qu'il puisse être.

2° Ne demander, en axiomes, que des choses parfaitements évidentes d'elles-mêmes.

Règles pour les démonstrations. — 1° N'entreprendre de démontrer aucune des choses qui sont tellement évidentes d'elles-mêmes, qu'on n'ait rien de plus clair pour les prouver.

2° Prouver toutes les propositions un peu obscures, et n'employer à leur preuve que des axiomes très évidents, ou des propositions déjà accordées ou démontrées.

3° Substituer toujours mentalement les définitions à la place des définis, pour ne pas se tromper par l'équivoque des termes que les définitions ont restreints.

Voilà les huit règles qui contiennent tous les préceptes des preuves solides et immuables; desquelles il y en a trois qui ne sont pas absolument nécessaires, et qu'on peut négliger sans erreur; qu'il est même difficile et comme impossible d'observer toujours exactement, quoiqu'il soit plus parfait de le faire autant qu'on peut: ce sont les trois premières de chacune des parties.

Pour les définitions : Ne définir aucun des termes qui sont parfaitement connus.

Pour les axiomes : N'omettre à demander aucun des axiomes parfaitement évidents et simples.

Pour les démonstrations : Ne démontrer aucune des choses très connues d'elles-mêmes.

Car il est sans doute que ce n'est pas une grande faute de définir et d'expliquer bien clairement des choses, quoique très claires d'elles-mêmes ; ni d'omettre à demander par avance des axiomes qui ne peuvent être refusés au lieu où ils sont nécessaires ; ni enfin de prouver des propositions qu'on accorderait bien sans preuves.

Mais les cinq autres règles sont d'une nécessité absolue;

et on ne peut s'en dispenser sans un défaut essentiel et souvent sans erreur : c'est pourquoi je les reprendrai ici en particulier.

Règles nécessaires pour les définitions. — 1° N'omettre aucun des termes un peu obscurs ou équivoques, sans définition.

2° N'employer, dans les définitions, que des termes parfaitement connus ou déjà expliqués.

Règle nécessaire pour les axiomes. — Ne demander, en axiomes, que des choses parfaitement évidentes.

Règles nécessaires pour les démonstrations. — 1° Prouver toutes les propositions, en n'employant à leur preuve que des axiomes très évidents d'eux-mêmes, ou des propositions déjà démontrées ou accordées.

2° N'abuser jamais de l'équivoque des termes, en manquant de substituer mentalement les définitions qui les restreignent et les expliquent.

Telles sont les cinq règles qui forment tout ce qu'il y a de nécessaire pour rendre les preuves convaincantes, immuables, et, pour tout dire, géométriques; et les huit règles ensemble les rendent encore plus parfaites.

Voilà en quoi consiste cet art de persuader, qui se renferme dans ces deux principes : définir tous les noms qu'on impose : prouver tout, en substituant mentalement les définitions à la place des définis.

Je passe maintenant à celle de l'ordre dans lequel on doit disposer les propositions pour être dans une suite excellente et géométrique. Après avoir établi...

Sur quoi il me semble à propos de prévenir trois objections principales que l'on pourra faire.

L'une, que cette méthode n'a rien de nouveau ; l'autre, qu'elle est bien facile à apprendre sans qu'il soit nécessaire pour cela d'étudier les éléments de géométrie, puisqu'elle consiste en ces deux mots, qu'on sait à la première lecture; et enfin qu'elle est assez inutile, puisque son usage est presque renfermé dans les seules matières géométriques.

Il faut donc faire voir qu'il n'y a rien de si inconnu, rien de plus difficile à pratiquer, et rien de plus utile et de plus universel.

Pour la première objection, qui est que ces règles sont communes dans le monde, qu'il faut tout définir et tout prouver, et que les logiciens mêmes les ont mises entre les préceptes de leur art; je voudrais que la chose fût véritable, et qu'elle fût si connue, que je n'eusse pas eu la peine de rechercher avec tant de soin la source de tous les défauts des raisonnements, qui sont véritablement communs. Mais cela l'est si peu que, si l'on en excepte les seuls géomètres, qui sont en si petit nombre qu'ils sont uniques en tout un peuple et dans un long temps, on n'en voit aucun qui le sache aussi. Il sera aisé de le faire entendre à ceux qui auront parfaitement compris le peu que j'en ai dit; mais s'ils ne l'ont pas conçu parfaitement, j'avoue qu'ils n'auront rien à y apprendre.

Mais s'ils sont entrés dans l'esprit de ces règles, et qu'elles aient assez fait d'impression dans leur esprit pour s'y enraciner et s'y affermir, ils sentiront combien il y a de différence entre ce qui est dit ici et ce que quelques logiciens en ont peut-être écrit d'approchant au hasard, en quelques lieux de leurs ouvrages.

Ceux qui ont l'esprit de discernement savent combien il y a de différence entre deux mots semblables, selon les lieux et les circonstances qui les accompagnent. Croira-t-on, en vérité, que deux personnes qui ont lu et appris par cœur le même livre, le possèdent également? si l'un le comprend en sorte qu'il en sache tous les principes, la force des conséquences, les réponses aux objections qu'on y peut faire, et toute l'économie de l'ouvrage; au lieu qu'en l'autre ce soient des paroles mortes et des semences qui, quoique pareilles à celles qui ont produit des arbres si fertiles, sont demeurées sèches et infructueuses dans l'esprit stérile qui les a reçues en vain?

Tous ceux qui disent les mêmes choses ne les possèdent pas de la même sorte, et c'est pourquoi l'incomparable auteur de l'*Art de conférer*[1] s'arrête avec tant de soin à faire entendre qu'il ne faut pas juger de la capacité d'un homme par l'excellence d'un bon mot qu'on lui entend dire. Mais au lieu d'étendre l'admiration d'un bon discours à la personne, qu'on pénètre, dit-il, l'esprit d'où il sort; qu'on tente s'il le tient de sa mémoire, ou d'un heureux hasard; qu'on le reçoive avec froideur et avec mépris, afin de voir s'il ressentira qu'on ne donne pas à ce qu'il dit l'estime que son prix mérite : on verra le plus souvent qu'on le lui fera désavouer sur l'heure, et qu'on le tirera bien loin de cette pensée meilleure qu'il ne croyait, pour le jeter dans une autre toute basse et ridicule. Il faut donc sonder comme cette pensée est logée en son auteur; comment, par où, jusqu'où il la possède : autrement, le jugement précipité sera jugé téméraire.

Je voudrais demander à des personnes équitables, si ce principe, *la matière est dans une incapacité naturelle invincible de penser;* et celui-ci, *je pense, donc je suis,* sont en effet les mêmes dans l'esprit de Descartes et dans l'esprit de saint Augustin qui a dit la même chose douze cents ans auparavant[2].

En vérité, je suis bien éloigné de dire que Descartes n'en soit pas le véritable auteur, quand il ne l'aurait appris que dans la lecture de ce grand saint; car je sais combien il y a de différence entre écrire un mot à l'aventure sans y faire une réflexion plus longue et plus étendue; et apercevoir dans ce mot une suite admirable de conséquences, qui prouvent la distinction des natures matérielle et spirituelle, et en faire un principe ferme et soutenu d'une physique

---

1. Montaigne, liv. III. ch. 8.
2. *De Trinit.*, l. X, 1, 10.

entière, comme Descartes a prétendu faire. Car, sans examiner s'il a réussi efficacement dans sa prétention, je suppose qu'il l'ait fait; et c'est dans cette supposition que je dis que ce mot est aussi différent dans ses écrits d'avec le même mot dans les autres qui l'on dit en passant, qu'un homme plein de vie et de force d'avec un homme mort.

Tel dira une chose de soi-même, sans en comprendre l'excellence, où un autre comprendra une suite merveilleuse de conséquences qui nous font dire hardiment que ce n'est plus le même mot; et qu'il ne le doit non plus à celui dont il l'a appris, qu'un arbre admirable n'appartiendra à celui qui en aurait jeté la semence sans y penser et sans la connaître, dans une terre abondante qui en aurait profité de la sorte par sa propre fertilité.

Les mêmes pensées poussent quelquefois tout autrement dans un autre que dans leur auteur : infertiles dans leur champ naturel, abondantes étant transplantées. Mais il arrive bien plus souvent qu'un bon esprit fait produire lui-même à ses propres pensées tout le fruit dont elles sont capables; et qu'ensuite quelques autres les ayant ouï estimer, les empruntent et s'en parent, mais sans en connaître l'excellence : et c'est alors que la différence d'un même mot en diverses bouches paraît le plus.

C'est de cette sorte que la logique a peut-être emprunté les règles de la géométrie, sans en comprendre la force : et aussi en les mettant à l'aventure parmi celles qui lui sont propres, il ne s'ensuit pas de là qu'ils[1] soient entrés dans l'esprit de la géométrie; et s'ils n'en donnent pas d'autres marques que de l'avoir dit en passant, je serai bien éloigné de les mettre en parallèle avec cette science qui apprend la véritable méthode de conduire la raison.

Je serai, au contraire, bien disposé à les en exclure et presque sans retour. Car de l'avoir dit en passant, sans avoir pris garde que tout est renfermé là-dedans; et au

---

1, Les Logiciens.

lieu de suivre ces lumières, s'égarer à perte de vue après des recherches inutiles, pour courir à ce que celles-là offrent et qu'elles ne peuvent donner, c'est véritablement montrer qu'on n'est guère clairvoyant, et bien plus que si l'on n'avait manqué de les suivre que pour ne les avoir pas aperçues.

La méthode de ne point errer est recherchée de tout le monde. Les logiciens font profession d'y conduire, les géomètres seuls y arrivent; et hors de leur science et de ce qui l'imite, il n'y a point de véritables démonstrations; tout l'art en est renfermé dans les seuls préceptes que nous avons dits; ils suffisent seuls; ils prouvent seuls; toutes les autres règles sont inutiles ou nuisibles. Voilà ce que je sais par une longue expérience de toutes sortes de livres et de personnes.

Et sur cela je fais le même jugement de ceux qui disent que les géomètres ne leur donnent rien de nouveau par ces règles, parce qu'ils les avaient en effet, mais confondues parmi une multitude d'autres inutiles ou fausses dont ils ne pouvaient pas les discerner, que de ceux qui, cherchant un diamant de grand prix parmi un grand nombre de faux dont ils ne pourraient le démêler, se vanteraient, en les tenant tous ensemble, de posséder le véritable aussi bien que celui qui, sans s'arrêter à ce vil amas, porte la main sur la pierre choisie que l'on recherche et pour laquelle on ne jetait pas tout le reste.

Le défaut d'un raisonnement faux est une maladie qui se guérit par ces deux remèdes. On en a composé un autre d'une infinité d'herbes inutiles, où les bonnes se trouvent enveloppées, et où elles demeurent sans effet par les mauvaises qualités de ce mélange.

Pour découvrir tous les sophismes et toutes les équivoques des raisonnements captieux, ils ont inventé des noms barbares qui étonnent ceux qui les entendent; et au lieu qu'on ne peut débrouiller tous les replis de ce nœud si embarrassé, qu'en tirant l'un des bouts que les géomètres assignent, ils en ont marqué un nombre étrange d'autres où ceux-là se trouvent compris, sans qu'ils sachent lequel est le bon.

Et ainsi, en nous montrant un nombre de chemins différents, qu'ils disent nous conduire où nous tendons, quoiqu'il n'y en ait que deux qui y mènent (il faut savoir les marquer en particulier), on prétendra que la géométrie, qui les assigne certainement, ne donne que ce qu'on avait déjà des autres, parce qu'ils donnaient en effet la même chose et davantage, sans prendre garde que ce présent perdait son prix par son abondance, et qu'il ôtait en ajoutant.

Rien n'est plus commun que les bonnes choses : il n'est question que de les discerner; et il est certain qu'elles sont toutes naturelles et à notre portée, et même connues de tout le monde. Mais on ne sait pas les distinguer. Ceci est universel. Ce n'est pas dans les choses extraordinaires et bizarres que se trouve l'excellence, de quelque genre que ce soit. On s'élève pour y arriver, et on s'en éloigne. Il faut le plus souvent s'abaisser. Les meilleurs livres sont ceux qui, lorsqu'on les lit, font croire aux lecteurs qu'ils auraient pu les faire; la nature, qui seule est bonne, est toute familière et commune.

Je ne fais donc pas de doute que ces règles étant les véritables, ne doivent être simples, naïves, naturelles, comme elles le sont. Ce n'est pas *Barbara* et *Baralipton* qui forment le raisonnement. Il ne faut pas guinder l'esprit : les manières tendues et pénibles le remplissent d'une sotte présomption, par une élévation étrangère et par une enflure vaine et ridicule, au lieu d'une nourriture solide et vigoureuse. Et l'une des raisons principales qui éloignent le plus ceux qui entrent dans ces connaissances du véritable chemin qu'ils doivent suivre, c'est l'imagination qu'on prend d'abord que les bonnes choses sont inaccessibles, en

leur donnant le nom de *grandes, hautes, élevées, sublimes...* Cela perd tout. Je voudrais les nommer *basses, communes, familières* : ces noms-là leur conviennent mieux ; je hais ces mots d'enflure[1]. . . . .
. . . .

---

1. Il est facile de voir que ce traité n'a point été achevé. L'auteur s'est proposé de prévenir trois objections : il ne réfute que la première. D'autre part encore ce petit traité devait être divisé en deux parties. Après avoir proposé huit règles pour former des preuves parfaites, Pascal voulait en donner d'autres pour la disposition des propositions entre elles ; de sorte que cette seconde partie aurait complété l'*Art de convaincre ou de persuader par le raisonnement.*

PENSÉES DIVERSES

I

Pensées sur l'Esprit de géométrie et l'Esprit de finesse.

I. — Diverses sortes de sens droit : les uns dans un certain ordre de choses et non dans les autres ordres, où ils extravaguent. Les uns tirent bien les conséquences de peu de principes, et c'est une droiture de sens. Les autres tirent bien les conséquences des choses où il y a beaucoup de principes. Par exemple, les uns comprennent bien les effets de l'eau, en quoi il y a peu de principes ; mais les conséquences en sont si fines, qu'il n'y a qu'une extrême droiture d'esprit qui y puisse aller ; et ceux-là ne seraient peut-être pas pour cela grands géomètres, parce que la géométrie comprend un grand nombre de principes, et qu'une nature d'esprit peut être telle qu'elle puisse bien pénétrer peu de principes jusqu'au fond, et qu'elle ne puisse pénétrer le moins du monde les choses où il y a beaucoup de principes.

Il y a donc deux sortes d'esprits : l'une, de pénétrer vivement et profondément les conséquences des principes, et c'est là l'esprit de justesse ; l'autre, de comprendre un grand nombre de principes sans les confondre, et c'est là l'esprit de géométrie. L'un est force et droiture d'esprit, l'autre est amplitude d'esprit. Or l'un peut être sans l'autre, l'esprit pouvant être fort et étroit, et pouvant être aussi ample et faible.

Différence entre l'esprit de géométrie et l'esprit de finesse.

En l'un, les principes sont palpables, mais éloignés de l'usage commun, de sorte qu'on a peine à tourner la tête de ce côté-là, manque d'habitude : mais pour peu qu'on s'y tourne, on voit les principes à plein, et il faudrait avoir tout à fait l'esprit faux pour mal raisonner sur des principes si gros qu'il est presque impossible qu'ils échappent.

Mais, dans l'esprit de finesse, les principes sont dans l'usage commun et devant les yeux de tout le monde. On n'a que faire de tourner la tête ni de se faire violence. Il n'est question que d'avoir bonne vue, mais il faut l'avoir bonne ; car les principes sont si déliés et en si grand nombre, qu'il est presque impossible qu'il n'en échappe. Or l'omission d'un principe mène à l'erreur : ainsi, il faut avoir la vue bien nette pour voir tous les principes, et ensuite l'esprit juste pour ne pas raisonner faussement sur des principes connus.

Tous les géomètres seraient donc fins s'ils avaient la vue bonne, car ils ne raisonnent pas faux sur les principes qu'ils connaissent, et les esprits fins seraient géomètres, s'ils pouvaient plier leur vue vers les principes inaccoutumés de géométrie.

Ce qui fait donc que certains esprits fins ne sont pas géomètres, c'est qu'ils ne peuvent du tout se tourner vers les principes de géométrie ; mais ce qui fait que des géomètres ne sont pas fins, c'est qu'ils ne voient pas ce qui est devant eux, et qu'étant accoutumés aux principes nets et grossiers de géométrie, et à ne raisonner qu'après avoir bien vu et manié leurs principes, ils se perdent dans les choses de finesse, où les principes ne se laissent pas ainsi manier. On les voit à peine, on les sent plutôt qu'on ne le voit ; on a des peines infinies à les faire sentir à ceux qui ne les sentent pas d'eux-mêmes : ce sont choses tellement délicates et si nombreuses, qu'il faut un sens bien délic et bien net pour les sentir, et juger droit et juste selon sentiment, sans pouvoir le plus souvent les démontrer p ordre comme en géométrie, parce qu'on n'en possède pas ainsi les principes, et que ce serait une chose infinie de l'entreprendre. Il faut tout d'un coup voir la chose d'un seul regard et non pas par progrès de raisonnement, au moins jusqu'à un certain degré.

Et ainsi il est rare que les géomètres soient fins, et que les fins soient géomètres, à cause que les géomètres veulent traiter géométriquement ces choses fines, et se rendent ridicules, voulant commencer par les définitions et ensuite par les principes, ce qui n'est pas la manière d'agir en cette sorte de raisonnements. Ce n'est pas que l'esprit ne le fasse, mais il le fait tacitement, naturellement et sans art, car l'expression en passe tous les hommes, et le sentiment n'en appartient qu'à peu d'hommes. Et les esprits fins, au contraire, ayant ainsi accoutumé à juger d'une seule vue, sont si étonnés quand on leur présente des propositions où ils ne comprennent rien, et où pour entrer il faut passer par des définitions et des principes si stériles qu'ils n'ont point accoutumé de voir ainsi en détail, qu'ils s'en rebutent et s'en dégoûtent. Mais les esprits faux ne sont jamais ni fins ni géomètres.

Les géomètres qui ne sont que géomètres ont donc l'esprit droit, mais pourvu qu'on leur explique bien toutes choses par définitions et principes; autrement ils sont faux et insupportables, car ils ne sont droits que sur les principes bien éclaircis. Et les fins qui ne sont que fins, ne peuvent avoir la patience de descendre jusque dans les premiers principes des choses spéculatives et d'imagination, qu'ils n'ont jamais vues dans le monde, et tout à fait hors d'usage.

II. — Géométrie, finesse. — La vraie éloquence se moque de l'éloquence, la vraie morale se moque de la morale, c'est-à-dire que la morale du jugement se moque de la morale de l'esprit qui est sans règles. Car le jugement est celui à qui appartient le sentiment, comme les sciences appartiennent à l'esprit. La finesse est la part du jugement, la géométrie est celle de l'esprit.

Se moquer de la philosophie, c'est vraiment philosopher [1].

III. — Les exemples qu'on prend pour prouver d'autres choses, si on voulait prouver les exemples, on prendrait les autres choses pour en être les exemples ; car, comme on croit toujours que la difficulté est à ce qu'on veut prouver, on trouve les exemples plus clairs et aidant à le montrer. Ainsi, quand on veut montrer une chose générale, il faut en donner la règle particulière d'un cas : mais si on veut montrer un cas particulier, il faudra commencer par la règle générale. Car on trouve toujours obscure la chose qu'on veut prouver, et claire celle qu'on emploie à la preuve ; car, quand on propose une chose à prouver, d'abord on se remplit de cette imagination qu'elle est donc obscure, et, au contraire, que celle qui doit la prouver est claire, et ainsi on l'entend aisément.

---

1. Pascal veut dire : De même que la vraie éloquence se moque de l'éloquence des rhéteurs (qui n'est pas vraie), et la vraie morale de l'autre, ainsi la vraie philosophie se moque de la philosophie (qui n'est pas vraie). Seulement le tour de la phrase est changé.

II

Pensées et Mélanges philosophiques.

I. — *Ordre*. — J'aurais bien pris ce discours d'ordre comme celui-ci, pour montrer la vanité de toutes sortes de conditions, montrer la vanité des vies communes, et puis la vanité des vies philosophiques, pyrrhoniennes, stoïques; mais l'ordre ne serait pas gardé. Je sais un peu ce que c'est, et combien peu de gens l'entendent. Nulle science humaine ne le peut garder. Saint Thomas ne l'a pas gardé. La mathématique le garde, mais elle est inutile en sa profondeur.

II. — *Diversité*. — La théologie est une science, mais en même temps combien est-ce de sciences? Un homme est un suppôt; mais si on l'anatomise, sera-ce la tête, le cœur, l'estomac, les veines, chaque veine, chaque portion de veine, le sang, chaque humeur du sang?

Une ville, une campagne, de loin est une ville et une campagne; mais à mesure qu'on s'approche, ce sont des maisons, des arbres, des tuiles, des feuilles, des herbes, des fourmis, des jambes de fourmis, à l'infini. Tout cela s'enveloppe sous le nom de campagne.

III. — Nature diversifie et imite; artifice imite et diversifie.

IV. — La nature s'imite. Une graine, jetée en bonne terre, produit. Un principe, jeté dans un bon esprit, produit.

Les nombres imitent l'espace, qui sont de nature si différente.

Tout est fait et conduit par un même maître : la racine, la branche, les fruits; les principes, les conséquences.

V. — La nature agit par progrès : *itus et reditus*. Elle passe et revient, puis va plus loin, puis deux fois moins, puis plus que jamais, etc.

Le flux de la mer se fait ainsi... Le soleil semble marcher ainsi...

(*Ici le manuscrit porte une ligne en zigzag.*)

VI. — La nature recommence toujours les mêmes choses, les ans, les jours, les heures; les espaces de même; et les nombres sont bout à bout à la suite l'un de l'autre. Ainsi se fait une espèce d'infini et d'éternel. Ce n'est pas qu'il y ait rien de tout cela qui soit infini et éternel; mais ces êtres terminés se multiplient infiniment. Ainsi il n'y a, ce me semble, que le nombre qui les multiplie qui soit infini.

VII. — Combien les lunettes nous ont-elles découvert d'êtres qui n'étaient point pour nos philosophes d'auparavant? On entreprenait méchamment l'Écriture sainte sur le grand nombre des étoiles, en disant : Il n'y en a que mille vingt-deux; nous le savons.

VIII. — Il y a des herbes sur la terre; nous les voyons. De la lune on ne les verrait pas. Et sur ces herbes des poils, et dans ces poils de petits animaux; mais après cela plus rien. O présomptueux! les mixtes sont composés d'éléments, et les éléments non. O présomptueux! voici un trait délicat : il ne faut pas dire qu'il y a ce qu'on ne voit pas; il faut dire comme les autres, mais non pas penser comme eux.

IX. — La diversité est si ample que tous les tons de voix, tous les marchers, toussers, mouchers, éternuers sont différents. — On distingue des fruits les raisins, et entre ceux-là les muscats, et puis Coindrieu, et puis Desargues, et puis cette ente. Est-ce tout? en a-t-elle jamais produit deux grappes pareilles, et une grappe a-t-elle deux grains pareils? etc.

X. — *Spongia solis*. Quand nous voyons un effet arriver toujours de même, nous en concluons une nécessité naturelle, comme, qu'il sera demain jour, etc. Mais souvent la nature nous dément, et ne s'assujettit pas à ses propres règles.

XI. — Lorsqu'on est accoutumé à se servir de mauvaises raisons pour prouver les effets de la nature, on ne veut plus recevoir les bonnes, lorsqu'elles sont découvertes. L'exemple qu'on en donna fut sur la circulation du sang, pour rendre raison pourquoi la veine enfle au-dessous de la ligature.

XII. — Ils disent que les éclipses présagent malheur, parce que les malheurs sont ordinaires; de sorte qu'il arrive si souvent du mal, qu'ils devinent souvent; au lieu que s'ils disaient qu'elles présagent bonheur ils mentiraient souvent. Ils ne donnent le bonheur qu'à des rencontres du ciel rares; ainsi ils manquent peu souvent à deviner.

XIII. — Quand on dit que le chaud n'est que le mouvement de quelques globules, et la lumière le *conatus recedendi* que nous sentons, cela nous étonne. Quoi! que le plaisir ne soit autre chose que le ballet des esprits? Nous en avons conçu une si différente idée! et ces sentiments-là nous semblent si éloignés de ces autres, que nous disons être les mêmes que ceux que nous leur comparons! Le sentiment du feu, cette chaleur qui nous affecte d'une manière tout autre que l'attouchement, la réception du son et de la lumière, tout cela nous semble mystérieux, et cependant cela est grossier comme un coup de pierre. Il est vrai que la petitesse des esprits qui entrent dans les pores touche d'autres nerfs; mais ce sont toujours des nerfs touchés.

XIV. — Qu'y a-t-il de plus absurde que de dire que des corps inanimés ont des passions, des craintes, des horreurs? que des corps insensibles, sans vie, et même incapables de vie, aient des passions, qui présupposent une âme au moins sensitive pour les ressentir? de plus, que l'objet de cette horreur fut le vide? Qu'y a-t-il dans le vide qui puisse leur faire peur? Qu'y a-t-il de plus bas et de plus ridicule? Ce n'est pas tout : qu'ils aient en eux-mêmes un principe de mouvement pour éviter le vide? Ont-ils des bras, des jambes, des muscles, des nerfs?

XV. — La nature de l'homme n'est pas d'aller toujours. Elle a ses allées et ses venues.

La fièvre a ses frissons et ses ardeurs; et le froid montre aussi bien la grandeur de l'ardeur de la fièvre, que le chaud même.

Les inventions des hommes de siècle en siècle vont de même. La bonté et la malice du monde en général en est de même. *Plerumque gratæ principibus vices*[1].

XVI. La nature de l'homme se considère en deux manières : l'une selon sa fin, et alors il est grand et incomparable; l'autre selon la multitude, comme on juge de la nature du cheval et du chien par l'habitude d'y voir la course, et *animum arcendi*; et alors l'homme est abject et vil; voilà les deux voies qui en font juger diversement, et qui font tant disputer les philosophes.

Car l'un nie la supposition de l'autre; l'un dit : Il n'est pas né à cette fin, car toutes ses actions y répugnent; l'autre dit : Il s'éloigne de sa fin quand il fait ces basses actions.

Deux choses instruisent l'homme de toute sa nature : l'instinct et l'expérience.

XVII. — Si un animal faisait par esprit ce qu'il fait par

---

1. HOR., *Odes*, III, 29.

instinct, et s'il parlait par esprit ce qu'il parle par instinct, pour la chasse et pour avertir ses camarades que la proie est trouvée ou perdue, il parlerait bien aussi pour des choses où il a plus d'affection, comme pour dire : Rongez cette corde qui me blesse et où je ne puis atteindre.

XVIII. — La machine arithmétique fait des effets qui approchent plus de la pensée que tout ce que font les animaux ; mais elle ne fait rien qui puisse faire dire qu'elle a de la volonté, comme les animaux.

XIX. — La nourriture du corps est peu à peu. Plénitude de nourriture et peu de substance.

XX. — La mémoire est nécessaire pour toutes les opérations de l'esprit.

XXI. — Chacun est un tout à soi-même, car lui mort, le tout est mort pour soi. De de là vient que chacun croit être tout à tous. Il ne faut pas juger de la nature selon nous, mais selon elle.

XXII. — L'orgueil contre-pèse et emporte toutes les misères. Voilà un étrange monstre et un égarement bien visible. Le voilà tombé de sa place ; il la cherche avec inquiétude.

XXIII. — Notre âme est jetée dans le corps, où elle trouve nombre, temps, dimension. Elle raisonne là-dessus et appelle cela nature, nécessité, et ne peut croire autre chose.

XXIV. — Fausseté des philosophes qui ne discutaient pas l'immortalité de l'âme. Fausseté de leur dilemme dans Montaigne.

XXV. — Il est indubitable que l'âme soit mortelle ou immortelle, cela doit mettre une différence entière dans la morale ; et cependant les philosophes ont conduit la morale indépendamment de cela.

Ils délibèrent de passer une heure...

Platon pour disposer au christianisme.

XXVI. — Immatérialité de l'âme. Les philosophes qui ont dompté leurs passions, quelle matière l'a pu faire ?

XXVII. — Je trouve bon qu'on n'approfondisse pas l'opinion de Copernic, mais ceci !...

Il importe à toute la vie de savoir si l'âme est mortelle ou immortelle.

XXVIII. — Que me promettez-vous enfin, sinon dix ans d'amour-propre à bien essayer de plaire sans y réussir, outre les peines ? Car dix ans, c'est le parti.

XXIX. — Les athées doivent dire des choses parfaitement claires ; or il n'est point parfaitement clair que l'âme soit matérielle.

XXX. — Athéisme, marque de force d'esprit, mais jusqu'à un certain degré seulement.

XXXI. — Tout ce qui est incompréhensible ne laisse pas d'être : le nombre infini ; un espace infini égal au fini.

XXXII. — Et c'est pourquoi je n'entreprendrai pas ici de prouver par ces raisons naturelles, ou l'existence de Dieu, ou la Trinité, ou l'immortalité de l'âme, ni aucune des choses de cette nature ; non seulement parce que je ne me sentirais pas assez fort pour trouver dans la nature de quoi convaincre des athées endurcis, mais encore parce que cette connaissance, sans Jésus-Christ, est inutile et stérile. Quand un homme serait persuadé que les proportions des nombres sont des vérités immatérielles, éternelles, et dépendantes d'une première vérité en qui elles subsistent et qu'on appelle *Dieu*, je ne le trouverais pas beaucoup avancé pour son salut.

XXXIII. — C'est une chose admirable que jamais auteur canonique ne s'est servi de la nature pour prouver Dieu. Tous tendent à le faire croire; David, Salomon, etc., jamais n'ont dit: Il n'y a point de vide, donc il y a un Dieu. Il fallait qu'ils fussent plus habiles que les plus habiles gens qui sont venus depuis, qui s'en sont tous servis.
Cela est très considérable.

XXXIV. — Eh quoi! Ne dites-vous pas vous-même que le ciel et les oiseaux prouvent Dieu? — Non. — Et votre religion ne le dit-elle pas? — Non. Car encore que cela est vrai en un sens pour quelques âmes à qui Dieu donne cette lumière, néanmoins cela est faux à l'égard de la plupart.

XXXV. — Si c'est une marque de faiblesse de prouver Dieu par la nature, n'en méprisez pas l'Écriture : si c'est une marque de force d'avoir connu ces contrariétés, estimez-en l'Écriture.

XXXVI. — Quand nous voulons penser à Dieu, n'y a-t-il rien qui nous détourne, nous tente de penser ailleurs? Tout cela est mauvais et né avec nous.

XXXVII. — L'esprit croit naturellement, et la volonté aime naturellement; de sorte que, faute de vrais objets, il faut qu'ils s'attachent aux faux.

XXXVIII. — Différence entre repos et sûreté de conscience. Rien ne donne l'assurance que la vérité ; rien ne donne le repos que la recherche sincère de la vérité.

XXIX. — C'est un malheur de douter; mais c'est un devoir indispensable de chercher dans le doute. Et ainsi celui qui doute et qui ne cherche pas est tout ensemble malheureux et injuste. Que s'il est avec cela gai et présomptueux, je n'ai point de terme pour qualifier une si extravagante créature.

XL. — Il faut avoir ces trois qualités : pyrrhonien, géomètre, chrétien soumis ; et elles s'accordent et se tempèrent, en doutant où il faut, en assurant où il faut, en se soumettant où il faut.

XLI. — Contradiction est une mauvaise marque de vérité.

Plusieurs choses certaines sont contredites, plusieurs fausses passent sans contradiction.

Ni la contradiction n'est marque de fausseté, ni l'incontradiction n'est marque de vérité.

XLII. — M. de Roannez disait : « Les raisons me viennent après, mais d'abord la chose m'agrée ou me choque sans en savoir la raison ; et cependant cela me choque par cette raison que je ne découvre qu'ensuite. » Mais je crois non pas que cela choquait par ces raisons qu'on trouve après, mais qu'on ne trouve ces raisons que parce que cela choque.

XLIII. — S'il ne fallait rien faire que pour le certain, on ne devrait rien faire pour la religion ; car elle n'est pas certaine. Mais combien de choses fait-on pour l'incertain, les voyages sur mer, les batailles ! Je dis donc qu'il ne faudrait rien faire du tout, car rien n'est certain, et qu'il y a plus de certitude à la religion que non pas que nous voyions demain ; mais il est certainement possible que nous ne le voyions pas. On n'en peut pas dire autant de la religion. Il n'est pas certain qu'elle soit ; mais qui osera dire qu'il est certainement possible qu'elle ne soit pas ? Or, quand on travaille pour demain et pour l'incertain, on agit avec raison.

Car on doit travailler pour l'incertain par la règle des paris qui est démontrée.

XLIV. — Si nous rêvions toutes les nuits la même chose, elle nous affecterait autant que les objets que nous voyons tous les jours : et si un artisan était sûr de rêver toutes les nuits, douze heures durant, qu'il est roi, je crois qu'il serait presque aussi heureux qu'un roi qui rêverait toutes les nuits, douze heures durant, qu'il serait artisan.

Si nous rêvions toutes les nuits que nous sommes poursuivis par des ennemis, et agités par ces fantômes pénibles, et qu'on passât tous les jours en diverses occupations, comme quand on fait voyage, on souffrirait presque autant que si cela était véritable, et on appréhenderait de dormir comme on appréhende le réveil quand on craint d'entrer dans de tels malheurs en effet. Et en effet, il ferait à peu près les mêmes maux que la réalité. Mais parce que les songes sont tous différents, et qu'un même se diversifie, ce qu'on y voit affecte bien moins que ce qu'on voit en veillant, à cause de la continuité, qui n'est pourtant pas si continue et égale qu'elle ne change aussi, mais moins brusquement, si ce n'est rarement, comme quand on voyage ; et alors on dit : Il me semble que je rêve ; car la vie est un songe un peu moins inconstant.

XLV. — *Pyrrhonisme.* — Chaque chose est ici vraie en partie, fausse en partie. La vérité essentielle n'est pas ainsi : elle est toute pure et toute vraie. Ce mélange la déshonore et l'anéantit. Rien n'est purement vrai, et ainsi rien n'est vrai en l'entendant du pur vrai. On dira qu'il est vrai que l'homicide est mauvais ; oui, car nous connaissons bien le mal et le faux. Mais que dira-t-on qui soit bon ? La chasteté ? Je dis que non, car le monde finirait. Le mariage ? Non, la continence vaut mieux. De ne point tuer ? Non, car les désordres seraient horribles, et les méchants tueraient tous les bons. De tuer ? Non, car cela détruit la nature. Nous n'avons ni vrai ni bien qu'en partie, et mêlé de mal et de faux.

XLVI. — Mon Dieu, que ce sont de sots discours ! « Dieu aurait il fait le monde pour le damner ? Demanderait-il tant de gens si faibles ? etc. » — Pyrrhonisme est le remède à ce mal et rabattra cette vanité.

XLVII. — *Recherche du vrai bien.* Le commun des hommes met le bien dans la fortune et dans les biens du dehors, ou au moins dans le divertissement. Les philosophes ont montré la vanité de tout cela et l'ont mis où ils ont pu.

XLVIII. — Pour les philosophes, 288 souverains biens.

XLIX. — *Le souverain bien.* Dispute du souverain bien. *Ut sis contentus temetipso et ex te nascentibus bonis*[1]. Il y a contradiction, car ils conseillent enfin de se tuer. O quelle vie heureuse dont on se délivre comme de la peste!

L. — *Philosophes.* La belle chose de crier à un homme qui ne se connaît pas, qu'il aille de lui-même à Dieu! Et la belle chose de le dire à un homme qui se connaît!

LI. — Les philosophes ont consacré les vices en les mettant en Dieu même. Les chrétiens ont consacré les vertus.

LII. — Vous pouvez l'appliquer (*le souverain bien*) ou à Dieu ou à vous. Si à Dieu, l'Évangile est la règle; si à vous, vous tiendrez la place de Dieu.

LIII. — La corruption de la raison paraît par tant de différentes et extravagantes mœurs. Il a fallu que la vérité soit venue, afin que l'homme ne véquît plus en soi-même.

LIV. — Toute la dignité de l'homme est en la pensée. Mais qu'est-ce que cette pensée? Qu'elle est sotte!

LV. — Quand Épictète aurait vu parfaitement bien le chemin, il dit aux hommes: Vous en suivez un faux. Il montre que c'en est un autre, mais il n'y mène pas. C'est celui de vouloir ce que Dieu veut. Jésus-Christ seul y mène: *Via, veritas.*

---

1. Sén., Lett., 70.

LVI. — *Épictète.* Ceux qui disent : Vous avez mal à la tête, ce n'est pas de même. On est assuré de la santé et non pas de la justice ; et en effet la sienne était une niaiserie.

Et cependant il la croyait démonstrative en disant: Ou en notre puissance ou non. — Mais il ne s'apercevait pas qu'il n'est pas en notre pouvoir de régler le cœur et il avait tort de le conclure de ce qu'il y avait des chrétiens.

LVII. — *Descartes*. Il faut dire en gros : Cela se fait par figure et mouvement; car cela est vrai. Mais de dire quels, et composer la machine, cela est ridicule; car cela est inutile, incertain et pénible. Et quand cela serait vrai, nous n'estimons pas que toute la philosophie vaille une heure de peine.

LVIII. — Écrire contre ceux qui approfondissent trop les sciences. — Descartes.

Descartes inutile et incertain.

LIX. — Dieu ayant fait le ciel et la terre qui ne sentent point le bonheur de leur être, il a voulu faire des êtres qui le connussent et qui composassent un corps de membres pensants.

LX. — Pour faire que les membres soient heureux, il faut qu'ils aient une volonté et qu'ils la conforment au corps.

LXI. — Être membre est n'avoir de vie, d'être et de mouvement que par l'esprit du corps et pour le corps. Le membre séparé, ne voyant plus le corps auquel il appartient, n'a plus qu'un être périssant et mourant.

Cependant il croit être un tout; et ne se voyant point de corps dont il dépende, il croit ne dépendre que de soi et veut se faire centre et corps lui-même. Mais n'ayant point en soi de principe de vie, il ne fait que s'égarer et s'étonne dans l'incertitude de son être, et sentant bien qu'il n'est pas corps, et cependant ne voyant point qu'il soit membre d'un corps. Enfin, quand il vient à se connaître, il est comme revenu chez soi et ne s'aime plus que pour le corps; il plaint ses égarements passés.

Il ne pourrait pas, par sa nature, aimer une autre chose, sinon pour soi-même et pour se l'asservir, parce que chaque chose s'aime plus que tout. Mais en aimant le corps il s'aime soi-même, parce qu'il n'a d'être qu'en lui, par lui et pour lui : *Qui adhæret Deo unus spiritus est*[1].

LXII. — Le corps aime la main ; et la main, si elle avait une volonté, devrait s'aimer de la même sorte que l'âme l'aime. Tout amour qui va au delà est injuste.

LXIII. — Pour régler l'amour qu'on se doit à soi-même, il faut s'imaginer un corps plein de membres pensants, car nous sommes membres du tout ; et voir comment chaque membre devrait s'aimer.

Si les pieds et les mains avaient une volonté particulière, jamais ils ne seraient dans leur ordre qu'en soumettant cette volonté particulière à la volonté première qui gouverne le corps entier. Hors de là, ils sont dans le désordre et dans le malheur ; mais en ne voulant que le bien du corps, ils font leur propre bien.

LXIV. — Il faut n'aimer que Dieu et ne haïr que soi.

Si le pied avait toujours ignoré qu'il appartînt au corps et qu'il y eût un corps dont il dépendît, s'il n'avait eu que la connaissance et l'amour de soi, et qu'il vînt à connaître qu'il appartient à un corps duquel il dépend, quel regret, quelle confusion de sa vie passée, d'avoir été inutile au corps qui lui a influé sa vie, qui l'eût anéanti s'il l'eût rejeté et séparé de soi, comme il se séparait de lui ! Quelles prières d'y être conservé ! Et avec quelle soumission se laisserait-il gouverner à la volonté qui régit le

---

1. I Cor., vi, 17.

corps, jusqu'à consentir à être retranché s'il le faut. Ou il perdrait sa qualité de membre, car il faut que tout membre veuille bien périr pour le corps qui est le seul pour qui tout est.

LXV. — Car nos membres ne sentent point le bonheur de leur union, de leur admirable intelligence, du soin que la nature a d'y influer les esprits et de les faire croître et durer. Qu'ils seraient heureux, s'ils le sentaient, s'ils le voyaient! Mais il faudrait pour cela qu'ils eussent intelligence pour le connaître et bonne volonté pour consentir à celle de l'âme universelle. Que si, ayant reçu l'intelligence, ils s'en servaient à retenir en eux-mêmes la nourriture, sans la laisser passer aux autres membres, ils seraient non seulement injustes, mais encore misérables, et se haïraient plutôt que de s'aimer : leur béatitude, aussi bien que leurs devoirs, consistant à consentir à la conduite de l'âme entière à qui ils appartiennent, qui les aime mieux qu'ils ne s'aiment eux-mêmes.

LXVI. — Il est faux que nous soyons dignes que les autres nous aiment : il est injuste que nous le voulions. Si nous naissions raisonnables et indifférents, et connaissant nous et les autres, nous ne donnerions point cette inclination à notre volonté. Nous naissons pourtant avec elle : nous naissons donc injustes, car tout tend à soi. Cela est contre tout ordre : il faut tendre au général; et la pente vers soi est le commencement de tout désordre, en guerre, en police, en économie, dans le corps particulier de l'homme.

La volonté est donc dépravée.

Si les membres des communautés naturelles et civiles tendent au bien du corps, les communautés elles-mêmes doivent tendre à un autre corps plus général dont elles sont membres. L'on doit donc tendre au général.

Nous naissons donc injustes et dépravés.

LXVII. — La nature a mis toutes ses vérités chacune

en soi-même. Notre art les renferme les unes dans les autres, mais cela n'est pas naturel. Chacune tient sa place.

LXVIII. — Non seulement nous regardons les choses par d'autres côtés, mais avec d'autres yeux ; nous n'avons garde de les trouver pareilles.

LXIX. — Les raisons qui, étant vues de loin, semblent borner notre vue, quand on y est arrivé ne la bornent plus: on commence à voir au delà.

LXX. — *Nihil tam absurde dici potest, quod non dicatur ab aliquo philosophorum.* (Cicer., *de Divin.*, II, 58).

LXXI. — Ils ont vu par lumière naturelle que s'il y a une véritable religion sur la terre, la conduite de toutes choses doit y tendre comme à son centre.

LXXII. — Soumission et usage de la raison, en quoi consiste le vrai Christianisme.

LXXIII. — Deux sortes de personnes connaissent: ceux qui ont le cœur humilié et qui aiment la bassesse, quelque degré d'esprit qu'ils aient, haut ou bas ; ou ceux qui ont assez d'esprit pour voir la vérité, quelque opposition qu'ils y aient.

LXXIV. — Ceux qui n'aiment pas la vérité prennent le prétexte de la contestation de la multitude de ceux qui la nient. Et ainsi leur erreur ne vient que de ce qu'ils n'aiment pas la vérité ou la charité ; et ainsi ils ne sont pas excusés.

LXXV. — Pourquoi prendrai-je plutôt à diviser ma morale en 4 qu'en 6 ? Pourquoi établirai-je plutôt la vertu en 4, en 2, en 1 ? Pourquoi en *abstine* et *sustine* plutôt qu'en *suivre nature* ou *faire ses affaires particulières sans injustice*, comme Platon ; ou autre chose ?

Mais voilà, direz-vous, tout renfermé en un mot. Oui, mais cela est inutile si on ne l'explique, et quand on vient à l'expliquer, dès qu'on ouvre ce précepte qui contient tous les autres, ils en sortent en la première confusion que vous vouliez éviter. Ainsi, quand ils sont tous renfermés en un, ils y sont cachés et inutiles comme en un coffre, et ne paraissent jamais qu'en leur confusion naturelle. La nature les a tous établis sans renfermer l'un en l'autre.

III

Pensées morales.

I. — La science des choses extérieures ne me consolera pas de l'ignorance de la morale au temps d'affliction ; mais la science des mœurs me consolera toujours de l'ignorance des sciences extérieures.

II. — J'avais passé longtemps dans l'étude des sciences abstraites ; et le peu de communication qu'on en peut avoir m'en avait dégoûté. Quand j'ai commencé l'étude de l'homme, j'ai vu que ces sciences abstraites ne lui sont pas propres, et que je m'égarais plus de ma condition en y pénétrant que les autres en les ignorant. J'ai pardonné aux autres d'y peu savoir ; mais j'ai cru trouver au moins bien des compagnons en l'étude de l'homme, et que c'est la vraie étude qui lui est propre. J'ai été trompé. Il y en a encore moins qui l'étudient que la géométrie.

Ce n'est que manque de savoir étudier cela qu'on cherche le reste. Mais n'est-ce pas que ce n'est pas encore là la science que l'homme doit avoir, et qu'il lui est meilleur de l'ignorer pour être heureux ?

III. — On n'apprend pas aux hommes à être honnêtes hommes, et on leur apprend tout le reste ; et ils ne se piquent jamais tant de savoir rien du reste, comme d'être honnêtes hommes. Ils ne se piquent de savoir que la seule chose qu'ils n'apprennent point.

IV. — Il faut se connaître soi-même. Quand cela ne servirait pas à trouver le vrai, cela au moins sert à régler sa vie, et il n'y a rien de plus juste.

V. — Morale et langage sont des sciences particulières, mais universelles.

VI. — La raison nous commande bien plus impérieusement qu'un maître : car en désobéissant à l'un, on est malheureux ; et en désobéissant à l'autre, on est un sot.

VII. — Je n'admire point l'excès d'une vertu, comme de la valeur, si je ne vois en même temps l'excès de la vertu opposée, comme en Épaminondas qui avait l'extrême valeur et l'extrême bénignité ; car autrement ce n'est pas monter, c'est tomber. On ne montre pas sa grandeur pour être à une extrémité, mais bien en touchant les deux à la fois, et remplissant tout l'entre-deux.

Mais peut-être que ce n'est qu'un soudain mouvement de l'âme de l'un à l'autre de ces extrêmes, et qu'elle n'est jamais en effet qu'en un point, comme le tison de feux [que l'on tourne]. Soit. Mais au moins, cela marque l'agilité de l'âme, si cela n'en marque l'étendue.

VIII. — *Comminutum cor* (St Paul), voilà le caractère chrétien. — « Albe vous a nommé, je ne vous connais plus. » Voilà le caractère inhumain. Le caractère humain est le contraire.

IX. — Quand on veut poursuivre les vertus jusqu'aux extrêmes, de part et d'autre il se présente des vices qui s'y insinuent insensiblement dans leurs routes insensibles du côté du petit infini ; et il s'en présente, des vices, en foule du côté du grand infini ; de sorte qu'on se perd dans les vices et on ne voit plus les vertus.

On se prend à la perfection même.

X. — Ces grands efforts d'esprit où l'âme touche quelquefois sont choses où elle ne se tient pas. Elle y saute seulement ; non, comme sur le trône, pour toujours, mais pour un instant seulement.

XI. — Ce que peut la vertu d'un homme ne se doit pas mesurer par ses efforts, mais par son ordinaire.

XII. — Une personne me disait un jour qu'elle avait grande joie et confiance en sortant de la confession. L'autre me disait qu'elle restait en crainte. Je pensais sur cela que de ces deux on en ferait un bon, et que chacun manquait en ce qu'il n'avait pas le sentiment de l'autre. Cela arrive souvent de même en d'autres choses.

XIII. — Quand on veut reprendre avec utilité, et montrer à un autre qu'il se trompe, il faut observer par quel côté il envisage la chose, car elle est vraie ordinairement de ce côté-là, et lui avouer cette vérité, mais lui découvrir le côté par où elle est fausse. Il se contente de cela, car il voit qu'il ne se trompait pas, et qu'il manquait seulement à voir tous les côtés. Or on ne se fâche pas de ne pas tout voir, mais on ne veut pas s'être trompé ; et peut-être que cela vient de ce que naturellement l'homme ne peut tout voir, et de ce que naturellement il ne peut se tromper dans le côté qu'il envisage, comme les appréhensions des sens sont toujours vraies.

XIV. — C'est une plaisante chose à considérer, de ce qu'il y a des gens dans le monde qui, ayant renoncé à toutes les lois de Dieu et de la nature, s'en sont fait eux-mêmes auxquelles ils obéissent exactement, comme, par exemple, les soldats de Mahomet, les voleurs, les hérétiques, etc. Et ainsi les logiciens.

Il semble que leur licence doive être sans aucune borne ni barrière, voyant qu'ils en ont franchi tant de si justes et de si saintes.

XV. — L'exemple de la chasteté d'Alexandre n'a pas tant fait de continents que celui de son ivrognerie fait d'intempérants. Il n'est pas honteux de n'être pas aussi vertueux que lui, et il semble excusable de n'être pas plus vicieux que lui. On croit n'être pas tout à fait dans les vices du commun des hommes, quand on se voit dans les vices de ces grands hommes ; et cependant on ne prend pas garde qu'ils sont en cela du commun des hommes. On tient à eux par le bout par où ils tiennent au peuple ; car, quelque élevés qu'ils soient, si sont-ils unis aux moindres des hommes par quelque endroit. Ils ne sont pas suspendus en l'air, tout abstraits de notre société. Non, non ; s'ils sont plus grands que nous, c'est qu'ils ont la tête plus élevée ; mais ils ont les pieds aussi bas que les nôtres. Ils y sont tous à même niveau, et s'appuient sur la même terre ; et par cette extrémité ils sont aussi abaissés que nous, que les plus petits, que les enfants, que les bêtes.

XVI. — Il n'est pas honteux à l'homme de succomber sous la douleur, et il lui est honteux de succomber sous le plaisir. Ce qui ne vient pas de ce que la douleur nous vient d'ailleurs et que nous recherchons le plaisir, car on peut rechercher la douleur et y succomber à dessein sans ce genre de bassesse. D'où vient donc qu'il est glorieux à la raison de succomber sous l'effort de la douleur, et qu'il lui est honteux de succomber sous l'effort du plaisir ? C'est que ce n'est pas la douleur qui nous tente et nous attire. C'est nous-mêmes qui volontairement la choisissons et voulons la faire dominer sur nous, de sorte que nous sommes maîtres de la chose : et en cela c'est l'homme qui succombe à soi-même ; mais dans le plaisir c'est l'homme qui succombe au plaisir. Or, il n'y a que la maîtrise et l'empire qui fait la gloire, et que la servitude qui fait la honte.

XVII. — Nous ne nous soutenons pas dans la vertu par notre propre force, mais par le contre-poids de deux vices opposés, comme nous demeurons debout entre deux vents contraires : ôtez un de ces vices, nous tombons dans l'autre.

XVIII. — Il y a des vices qui ne tiennent à nous que par

d'autres et qui, en ôtant le tronc, s'emportent comme des branches.

XIX. — Quand la malignité a la raison de son côté, elle devient fière et étale la raison en tout son lustre.

Quand l'austérité ou le choix sévère n'a pas réussi au vrai bien et qu'il faut revenir à suivre la nature, elle devient fière par le retour.

XX. — On se corrige quelquefois mieux par la vue du mal que par l'exemple du bien ; et il est bon de s'accoutumer à profiter du mal puisqu'il est si ordinaire, au lieu que le bien est si rare.

XXI. — Le mal est aisé, il y en a une infinité ; le bien presque unique. Mais un certain genre de mal est aussi difficile à trouver que ce qu'on appelle bien ; et souvent on fait passer pour bien à cette marque ce mal particulier. Il faut même une grandeur extraordinaire d'âme pour y arriver, aussi bien qu'au bien.

XXII. — Jamais on ne fait le mal si pleinement et si gaiement que quand on le fait par conscience.

XXIII. — Faut-il tuer pour empêcher qu'il n'y ait des méchants ? C'est en faire deux au lieu d'un. *Vince in bono malum*[1].

XXIV. — Deux sortes de gens égalent les choses, comme les fêtes aux jours ouvriers, les chrétiens aux prêtres, tous les péchés entre eux, etc. Et de là les uns concluent que ce qui est donc mal aux prêtres l'est aussi aux chrétiens, et les autres que ce qui n'est pas mal aux chrétiens est permis aux prêtres.

XXV. — Dans un État établi en république, comme Venise, ce serait un très grand mal de contribuer à y mettre

---

1. Rom., XII, 21.

un roi, et à opprimer la liberté des peuples à qui Dieu l'a donnée. Mais dans un État où la puissance royale est établie, on ne pourrait violer le respect qu'on lui doit sans une espèce de sacrilège ; parce que la puissance que Dieu y a attachée étant non seulement une image, mais une participation de la puissance de Dieu, on ne pourrait s'y opposer sans résister manifestement à l'ordre de Dieu. De plus la guerre civile, qui en est une suite, étant un des plus grands maux qu'on puisse commettre contre la charité du prochain, on ne peut assez exagérer la grandeur de cette faute. Les premiers chrétiens ne nous ont pas appris la révolte, mais la patience, quand les princes ne s'acquittent pas bien de leur devoir.

XXVI. — *Lustravit lampade terras*[1] : Le temps et mes humeurs ont peu de liaison.

Mon humeur ne dépend guère du temps. J'ai mes brouillards et mon beau temps au dedans de moi ; le bien et le mal de mes affaires même y font peu. Je m'efforce quelquefois de moi-même contre la fortune ; la gloire de la dompter me la fait dompter gaiement ; au lieu que je fais quelquefois le dégoûté dans la bonne fortune.

XXVII. — Quand on se porte bien, on admire comment on pourrait faire si on était malade ; quand on l'est, on prend médecine gaiement ; le mal y résout. On n'a plus les passions et les désirs de divertissements et de promenades que la santé donnait, et qui sont incompatibles avec les nécessités de la maladie. La nature donne alors des passions et des désirs conformes à l'état présent. Il n'y a que les craintes que nous nous donnons nous-mêmes, et non pas la nature, qui nous troublent ; parce qu'elles joignent à l'état où nous sommes les passions de l'état où nous ne sommes pas.

---

1. HOMÈRE, *Odyss.*, VIII, 136.

XXVIII. — Craindre la mort hors du péril; et non dans le péril; car il faut être homme.

XXIX. — Mort soudaine seule à craindre: et c'est pourquoi les confesseurs demeurent chez les grands.

XXX. — La mort est plus aisée à supporter sans y penser, que la pensée de la mort sans péril.

XXXI. — L'expérience nous fait voir une différence énorme entre la dévotion et la bonté.

XXXII. — Les discours d'humilité sont matière d'orgueil aux gens glorieux, et d'humilité aux humbles. Ainsi ceux du pyrrhonisme sont matière d'affirmation aux affirmatifs. Peu parlent de l'humilité humblement; peu de la chasteté chastement; peu du pyrrhonisme en doutant. Nous ne sommes que mensonge, duplicité, contrariétés, et nous cachons et nous déguisons à nous-mêmes.

XXXIII. — On aime à voir l'erreur, la passion de Cléobuline[1], parce qu'elle ne la connaît pas; elle déplairait si elle n'était trompée.

XXXIV. — *Prince* à un roi plaît, parce qu'il diminue sa qualité.

XXXV. — Le respect est: *Incommodez-vous.*

Cela est vain en apparence, mais très juste, car c'est dire: Je m'incommoderais bien si vous en aviez besoin, puisque je le fais bien sans que cela vous serve: outre que le respect est pour distinguer les grands. Or, si le respect était d'être en fauteuil, on respecterait tout le monde, et ainsi on ne distinguerait pas; mais étant incommodé on distingue fort bien.

XXXVI. — Le bon air va à n'avoir pas de complai-

---

1. Personnage d'un des romans de Mlle de Scudéri.

sance, et la bonne piété à avoir complaisance pour les autres.

XXXVII. — En écrivant ma pensée, elle m'échappe quelquefois; mais cela me fait souvenir de ma faiblesse que j'oublie à toute heure; ce qui m'instruit autant que ma pensée oubliée; car je ne tends qu'à connaître mon néant.

XXXVIII. — Pensée échappée : je la voulais écrire. J'écris, au lieu, qu'elle m'est échappée.

XXXIX. — Le hasard donne les pensées, le hasard les ôte; point d'art pour conserver ni pour acquérir.

XL. — Nous nous connaissons si peu que plusieurs pensent aller mourir quand ils se portent bien, et plusieurs pensent se porter bien quand ils sont proches de mourir, ne sentant pas la fièvre prochaine ou l'abcès prêt à se former.

XLI. — Les enfants qui s'effrayent du visage qu'ils ont barbouillé, ce sont des enfants; mais le moyen que ce qui est si faible étant enfant soit bien fort étant plus âgé! On ne fait que changer de fantaisie.

XLII. — Tout ce qui se perfectionne par progrès périt aussi par progrès. Tout ce qui a été faible ne peut jamais être absolument fort. On a beau dire : Il est crû; il est changé; il est aussi le même.

XLIII. — Quoique les personnes n'aient point d'intérêt à ce qu'elles disent, il ne faut pas conclure de là absolument qu'elles ne mentent point; car il y a des gens qui mentent simplement pour mentir.

XLIV. — Diseur de bons mots, mauvais caractère.

XLV. — Je hais également le bouffon et l'enflé. — On ne ferait son ami de l'un ni l'autre.

XLVI. — On ne consulte que l'oreille parce qu'on manque de cœur.

Poëte et non honnête homme.

La règle est l'honnêteté.

XLVII. — La tyrannie. — Consiste au désir de domination universel et hors de son ordre.

Divers genres de forts, de beaux, de bons esprits, de pieux, dont chacun règne chez soi, non ailleurs; et quelquefois ils se rencontrent, et le fort et le beau se battent sottement à qui sera le maître l'un de l'autre; car leur maîtrise est de divers genres: Ils ne s'entendent pas, et leur faute est de vouloir régner partout. Rien ne le peut, non pas même la force; elle ne fait rien au royaume des savants; elle n'est maîtresse que des actions extérieures.

XLVIII. — Ainsi ces discours sont faux et tyranniques : Je suis beau, donc on doit me craindre. Je suis fort, donc on doit m'aimer. Je suis, etc.

La tyrannie est de vouloir avoir par une voie ce qu'on ne peut avoir que par une autre. On rend différents devoirs aux différents mérites : devoir d'amour à l'agrément; devoir de crainte à la force; devoir de créance à la science.

On doit rendre ces devoirs-là : on est injuste de les refuser et injuste d'en demander d'autres. Et c'est de même être faux et tyran de dire : Il n'est pas fort, donc je ne l'estimerai pas; il n'est pas habile, donc je ne le craindrai pas.

XLIX. — L'homme est plein de besoins, il n'aime que ceux qui peuvent les remplir tous. C'est un bon mathématicien, dira-t-on; mais je n'ai que faire de mathématiques : il me prendrait pour une proposition. C'est un bon guerrier : il me prendrait pour une place assiégée. Il faut donc un honnête homme qui puisse s'accommoder à tous mes besoins généralement.

L. — Puisqu'on ne peut être universel et savoir tout ce qui se peut savoir sur tout, il faut savoir peu de tout. Car il est bien plus beau de savoir quelque chose de tout que de savoir tout d'une chose; cette universalité est la plus belle. Si on pouvait avoir les deux, encore mieux; mais s'il faut choisir, il faut choisir celle-là, et le monde le sent et le fait, car le monde est un bon juge souvent.

LI. — On ne s'imagine Platon et Aristote qu'avec de grandes robes de pédants. C'étaient des gens honnêtes et, comme les autres, riant avec leurs amis. Et quand ils se sont divertis à faire leurs lois et leur politique, ils l'ont fait en se jouant. C'était la partie la moins philosophe et la moins sérieuse de leur vie. La plus philosophe était de vivre simplement et tranquillement.

S'ils ont écrit de politique, c'était comme pour régler un hôpital de fous. Et s'ils ont fait semblant d'en parler comme d'une grande chose, c'est qu'ils savaient que les fous à qui ils parlaient pensaient être rois et empereurs. Ils entraient dans leurs principes pour modérer leur folie au moins mal qu'il se pouvait.

LII. — A mesure qu'on a plus d'esprit, on trouve qu'il y a plus d'hommes originaux. Les gens du commun ne trouvent pas de différence entre les hommes.

LIII. — *Inconstance.* Les choses ont diverses qualités, et l'âme diverses inclinations; car rien n'est simple de ce qui s'offre à l'âme, et l'âme ne s'offre jamais simple à aucun sujet. De là vient qu'on pleure et qu'on rit quelquefois d'une même chose.

LIV. — Le sentiment de la fausseté des plaisirs présents, et l'ignorance de la vanité des plaisirs absents, causent l'inconstance.

LV. — Deux visages semblables, dont aucun ne fait rire en particulier, font rire ensemble par leur ressemblance.

LVI. — On croit toucher des orgues ordinaires en touchant l'homme. Ce sont des orgues à la vérité, mais bizarres, changeantes, variables, ne faisant pas d'accords.

LVII. — En sachant la passion dominante de chacun, on est sûr de lui plaire; et néanmoins chacun a ses fantaisies contraires à son propre bien, dans l'idée même qu'il a du bien; et c'est une bizarrerie qui met hors de gamme.

LVIII. — Un vrai ami est une chose si avantageuse, même pour les plus grands seigneurs, afin qu'il dise du bien d'eux et qu'il les soutienne en leur absence même, qu'ils doivent tout faire pour en avoir. Mais qu'ils choisissent bien; car s'ils font tous leurs efforts pour des sots, cela leur sera inutile, quelque bien qu'ils disent d'eux; et même ils n'en diront pas du bien, s'ils se trouvent les plus faibles; car ils n'ont pas d'autorité : et ainsi ils en médiront par compagnie.

LIX. — Voulez-vous qu'on croie du bien de vous? n'en dites point.

LX. — Plaindre les malheureux n'est pas contre la concupiscence; au contraire, on est bien aise d'avoir à rendre ce témoignage d'amitié et à s'attirer la réputation de tendresse sans rien donner.

LXI. — Ceux qui dans de fâcheuses affaires ont toujours bonne espérance et se réjouissent des aventures heureuses, s'ils ne s'affligent également des mauvaises, sont sujets d'être bien aises de la perte de l'affaire et sont ravis de trouver ces prétextes d'espérance pour montrer qu'ils s'y intéressent et couvrir par la joie qu'ils feignent d'en concevoir celles qu'ils ont de voir l'affaire perdue.

LXII. — Je me suis mal trouvé de ces compliments: *Je vous ai bien donné de la peine; je crains de vous ennuyer;*

je crains que cela soit trop long. Ou on entraîne, ou on irrite.

LXIII. — *Vous avez mauvaise grâce ; excusez-moi, s'il vous plaît...* Sans cette excuse, je n'eusse pas aperçu qu'il y eût d'injure. *Révérence parler...* Il n'y a rien de mauvais que leur excuse.

LXIV. — N'avez-vous jamais vu des gens qui, pour se plaindre du peu d'état que vous faites d'eux, vous étalent l'exemple des gens de condition qui les estiment ? Je leur répondrais à cela : Montrez-moi le mérite par où vous avez charmé ces personnes, et je vous estimerai de même.

LXV. — C'est un grand avantage que la qualité qui, dès dix-huit ou vingt ans, met un homme en passe, connu et respecté, comme un autre pourrait avoir mérité à cinquante ans; c'est trente ans gagnés sans peine.

LXVI. — Les bêtes ne s'admirent point. Un cheval n'admire point son compagnon. Ce n'est pas qu'il n'y ait entre eux de l'émulation à la course, mais c'est sans conséquence; car étant à l'étable, le plus pesant et plus mal taillé ne cède pas son avoine à l'autre, comme les hommes veulent qu'on leur fasse. Leur vertu se satisfait d'elle-même.

LXVII. — L'admiration gâte tout dès l'enfance. Oh! que cela est bien dit! qu'il a bien fait! qu'il est sage! etc.
Les enfants de Port-Royal auxquels on ne donne point cet aiguillon d'envie et de gloire tombent dans la nonchalance.

LXVIII. — Es-tu moins esclave pour être aimé et flatté de ton maître ?
Tu as bien du bien, esclave: ton maître te flatte. Il te battra bientôt.

LXIX. — Il est fâcheux d'être dans l'exception de la règle. Il faut même être sévère et contraire à l'exception.

Mais néanmoins, comme il est certain qu'il y a des exceptions de la règle, il faut en juger sévèrement, mais justement.

LXX. — On se persuade mieux pour l'ordinaire par les raisons qu'on a trouvées soi-même, que par celles qui sont venues dans l'esprit des autres.

LXXI. — On a bien de l'obligation à ceux qui avertissent des défauts, car ils mortifient. Ils apprennent qu'on a été méprisé; ils n'empêchent pas qu'on ne le soit à l'avenir, car on a bien d'autres défauts pour l'être. Ils préparent l'exercice de la correction et l'exemption d'un défaut.

LXXII. — Quand notre passion nous porte à faire quelque chose, nous oublions notre devoir. Comme on aime un livre, on le lit, lorsqu'on devrait faire autre chose. Mais, pour s'en souvenir, il faut se proposer de faire quelque chose qu'on hait; et lors on s'excuse sur ce qu'on a autre chose à faire, et on se souvient de son devoir par ce moyen.

LXXIII. — Les grands et les petits ont mêmes accidents, et mêmes fâcheries, et mêmes passions; mais l'un est au haut de la roue, et l'autre près du centre, et ainsi moins agité par les mêmes mouvements.

LXXIV. — Il n'est pas bon d'être trop libre.
Il n'est pas bon d'avoir tout le nécessaire.

LXXV. — L'homme est ainsi fait, qu'à force de lui dire qu'il est un sot, il le croit; et à force de se le dire à soi-même, on se le fait croire. Car l'homme fait lui seul une conversation intérieure qu'il importe de bien régler : *Corrumpunt mores bonos colloquia prava*[1]. Il faut se tenir en silence autant qu'on peut et ne s'entretenir que de Dieu

---

1. I Cor., 15, 33.

qu'on sait être la vérité; et ainsi on se le persuade à soi-même.

LXXV. — La Sagesse nous envoie à l'enfance : *Nisi efficiatis sicut parvuli*[1].

LXXVI. — Tous les grands divertissements sont dangereux pour la vie chrétienne; mais entre tous ceux que le monde a inventés, il n'y en a point qui soit plus à craindre que la comédie. C'est une représentation si naturelle et si délicate des passions, qu'elle les émeut et les fait naître dans notre cœur, et surtout celle de l'amour, principalement lorsqu'on le représente fort chaste et fort honnête; car, plus il paraît innocent aux âmes innocentes, plus elles sont capables d'en être touchées. Sa violence plaît à notre amour-propre, qui forme aussitôt un désir de causer les mêmes effets que l'on voit si bien représentés; et l'on se fait en même temps une conscience fondée sur l'honnêteté des sentiments qu'on y voit, qui éteint la crainte des âmes pures, lesquelles s'imaginent que ce n'est pas blesser la pureté d'aimer d'un amour qui leur semble si sage. Ainsi, l'on s'en va de la comédie le cœur si rempli de toutes les beautés et de toutes les douceurs de l'amour, l'âme et l'esprit si persuadés de son innocence, qu'on est tout préparé à recevoir ses premières impressions, ou plutôt à chercher l'occasion de les faire naître dans le cœur de quelqu'un, pour recevoir les mêmes plaisirs et les mêmes sacrifices que l'on a si bien dépeints dans la comédie.

LXXVII. — Le temps guérit les douleurs et les querelles, parce qu'on change : on n'est plus la même personne. Ni l'offensant ni l'offensé ne sont plus eux-mêmes. C'est comme un peuple qu'on a irrité, et qu'on reverrait après deux générations. Ce sont encore les Français, mais non les mêmes.

---

1. Matth., XVIII, 2.

LXXVIII. — Les hommes n'ayant pas accoutumé de former le mérite, mais seulement le récompenser où ils le trouvent formé, jugent de Dieu par eux-mêmes.

LXXIX. — La puissance des mouches. — Elles gagnent des batailles, empêchent notre âme d'agir, mangent notre corps.

LXXX. — Cromwell allait ravager toute la chrétienté: la famille royale était perdue, et la sienne à jamais puissante, sans un petit grain de sable qui se mit dans son uretère; Rome même allait trembler sous lui. Mais ce petit gravier s'étant mis là, il est mort, sa famille abaissée, tout en paix et le roi rétabli.

LXXXI. — Qui aurait eu l'amitié du roi d'Angleterre, du roi de Pologne, et de la reine de Suède, aurait-il cru pouvoir manquer de retraite et d'asile au monde?

LXXXII. — César était trop vieil, ce me semble, pour s'aller amuser à conquérir le monde. Cet amusement était bon à Auguste ou à Alexandre; c'étaient des jeunes gens qu'il est difficile d'arrêter; mais César devait être plus mûr.

LXXXIII. — Notre nature est dans le mouvement; le repos entier est la mort.

LXXXIV. — Le dernier acte est sanglant, quelque belle que soit la comédie en tout le reste. — On jette enfin de la terre sur la tête, et en voilà pour jamais.

IV

Pensées littéraires.

1° DU BEAU LITTÉRAIRE ET DU STYLE

I. — Il y a un certain modèle d'agrément et de beauté qui consiste en un certain rapport entre notre nature, faible ou forte, telle qu'elle est, et la chose qui nous plaît.

Tout ce qui est formé sur ce modèle nous agrée : soit maison, chanson, discours, vers, proses, femmes, oiseaux, rivières, arbres, chambres, habits, etc.

Tout ce qui n'est point fait sur ce modèle déplaît à ceux qui ont bon goût.

Et comme il y a un rapport parfait entre une chanson et une maison qui sont faites sur le bon modèle, parce qu'elles ressemblent à ce modèle unique, quoique chacune selon son genre, il y a de même un rapport parfait entre les choses faites sur le mauvais modèle. Ce n'est pas que le mauvais modèle soit unique, car il y en a une infinité. Mais chaque mauvais sonnet, par exemple, sur quelque faux modèle qu'il soit fait, ressemble parfaitement à une femme vêtue sur ce modèle.

Rien ne fait mieux entendre combien un faux sonnet est ridicule, que d'en considérer la nature et le modèle, et de s'imaginer ensuite une femme ou une maison faite sur ce modèle-là.

II. — Comme on dit beauté poétique, on devrait aussi dire beauté géométrique, et beauté médicinale. Cependant on ne le dit point : et la raison en est qu'on sait bien quel est l'objet de la géométrie, et qu'il consiste en preuves, et quel est l'objet de la médecine, et qu'il consiste en la guérison; mais on ne sait pas en quoi consiste l'agrément, qui est l'objet de la poésie. On ne sait ce que c'est que ce modèle qu'il faut imiter; et à faute de cette connaissance, on a inventé de certains termes bizarres, *siècle d'or, merveille de nos jours, fatal*, etc.; et on appelle ce jargon beauté poétique.

Mais qui s'imaginera une femme sur ce modèle-là, qui consiste à dire de petites choses avec de grands mots, verra une jolie demoiselle toute pleine de miroirs et de chaînes, dont il rira, parce qu'on sait mieux en quoi consiste l'agrément d'une femme que l'agrément des vers. Mais ceux qui ne s'y connaîtraient pas l'admireraient en cet équipage; et il y a bien des villages où on la prendrait pour la reine; et c'est pourquoi nous appelons les sonnets faits sur ce modèle-là, les reines de village.

III. — Quand on voit le style naturel, on est tout étonné et ravi; car on s'attendait de voir un auteur, et on trouve un homme. Au lieu que ceux qui ont le goût bon, et qui en voyant un livre croient trouver un homme, sont tout surpris de trouver un auteur: *Plus poetice quam humane locutus es*. Ceux-là honorent bien la nature, qui lui apprennent qu'elle peut parler de tout, et même de théologie.

IV. — Un même sens change selon les paroles qui l'expriment. Les sens reçoivent des paroles leur dignité, au lieu de la leur donner. Il en faut chercher des exemples...

V. — Ceux qui sont accoutumés à juger par le sentiment ne comprennent rien aux choses de raisonnement; car ils veulent d'abord pénétrer d'une vue, et ne sont point accoutumés à chercher les principes. Et les autres, au contraire, qui sont accoutumés à raisonner par principes, ne comprennent rien aux choses de sentiment, y cherchant des principes, et ne pouvant voir d'une vue.

VI. — Les langues sont des chiffres où non les lettres sont

changées en lettres, mais les mots en mots ; de sorte qu'une langue inconnue est déchiffrable.

VII. — Qu'on ne dise pas que je n'ai rien dit de nouveau; la disposition des matières est nouvelle. Quand on joue à la paume, c'est une même balle dont on joue l'un et l'autre; mais l'un la place mieux.

J'aimerais autant qu'on me dit que je me suis servi des mots anciens ; et comme si les mêmes pensées ne formaient pas un autre corps de discours par une disposition différente, aussi bien que les mêmes mots forment d'autres pensées par leur différente disposition.

VIII. — Certains auteurs, parlant de leurs ouvrages disent : Mon livre, mon commentaire, mon histoire, etc. Ils sentent leurs bourgeois qui ont pignon sur rue, et toujours un « chez moi » à la bouche. Ils feraient mieux de dire : Notre livre, notre commentaire, notre histoire, etc., vu que d'ordinaire il y a plus en cela du bien d'autrui que du leur.

IX. — Langage. Ceux qui font les antithèses en forçant les mots sont comme ceux qui font de fausses fenêtres pour la symétrie.

Leur règle n'est pas de parler juste, mais de faire des figures justes.

X. — Si la foudre tombait sur les lieux bas, etc., les poètes, et ceux qui ne savent raisonner que sur les choses de cette nature, manqueraient de preuves.

XI. — Les mots diversement rangés font divers sens, et les sens diversement rangés font divers effets.

XII. — Masquer la nature, et la déguiser. Plus de roi, de pape, d'évêques ; mais *Auguste monarque*, etc. Point de Paris : *capitale du royaume*.

Il y a des lieux où il faut appeler Paris Paris ; et d'autres à il le faut appeler capitale du royaume.

XIII. — Deviner. *La part que je prends à votre déplaisir.* M. le Cardinal ne voulait point être deviné.

XIV. — Façon de parler: *Je m'étais voulu appliquer à cela.*

XV. — *J'ai l'esprit plein d'inquiétude.* Je suis plein d'inquiétude, vaut mieux.

XVI. — *Éteindre le flambeau de la sédition :* trop luxuriant.
L'inquiétude de son génie : trop de deux mots hardis.

XVII. — *Pyrrhonien* pour opiniâtre.
Nul ne dit *Courtisan* que ceux qui ne le sont pas ; *Pédant*, qu'un pédant, *Provincial*, qu'un provincial, et je gagerais que c'est l'imprimeur qui l'a mis au titre des *Lettres au provincial*.

XVIII. — Carrosse *versé* ou *renversé*, selon l'intention, *Répandre* ou *verser*, selon l'intention.

XIX. — *Vertu apéritive* d'une clef, *attractive* d'un croc.

XX. — La dernière chose qu'on trouve en faisant un ouvrage, est de savoir celle qu'il faut mettre la première.

XXI. — La manière d'écrire d'Épictète, de Montaigne et de Salomon de Tultie[1], est la plus d'usage, qui s'insinue le mieux, qui demeure plus dans la mémoire, et qui se fait le plus citer, parce qu'elle est toute composée de pensées nées sur les entretiens ordinaires de la vie. Comme quand on parlera de la commune erreur qui est parmi le monde que la lune est cause de tout, on ne manquera jamais de dire que Salomon de Tultie dit que, lorsqu'on ne sait pas la

---

1. M. Havet croit que les mots *Salomon de Tultie* sont l'anagramme de *Louis de Montalte*, pseudonyme sous lequel se cachait Pascal publiant les *Provinciales*.

vérité d'une chose, il est bon qu'il y ait une erreur commune qui fixe l'esprit des hommes, comme, par exemple, la lune, à qui on attribue le changement des saisons, le progrès des maladies, etc. Car la maladie principale de l'homme est la curiosité inquiète des choses qu'il ne peut savoir ; et il ne lui est pas si mauvais d'être dans l'erreur, que dans cette curiosité inutile.

2° De l'éloquence

XXII. — L'éloquence est un art de dire les choses de telle façon, 1° que ceux à qui l'on parle puissent les entendre sans peine, et avec plaisir; 2° qu'ils s'y sentent intéressés, en sorte que l'amour-propre les porte plus volontiers à y faire réflexion. Elle consiste donc dans une correspondance qu'on tâche d'établir entre l'esprit et le cœur de ceux à qui l'on parle d'un côté, et de l'autre les pensées et les expressions dont on se sert; ce qui suppose qu'on aura bien étudié le cœur de l'homme pour en savoir tous les ressorts, et pour trouver ensuite les justes proportions du discours qu'on veut y assortir. Il faut se mettre à la place de ceux qui doivent nous entendre, et faire essai sur son propre cœur du tour qu'on donne à son discours, pour voir si l'un est fait pour l'autre, et si l'on peut s'assurer que l'auditeur sera comme forcé de se rendre. Il faut se renfermer, le plus qu'il est possible, dans le simple naturel; ne pas faire grand ce qui est petit, ni petit ce qui est grand. Ce n'est pas assez qu'une chose soit belle, il faut qu'elle soit propre au sujet, qu'il n'y ait rien de trop, ni rien de manqué.

XXIII. — Quand un discours naturel peint une passion, ou un effet, on trouve dans soi-même la vérité de ce qu'on entend, laquelle on ne savait pas qu'elle y fût, en sorte qu'on est porté à aimer celui qui nous le fait sentir. Car il ne nous a pas fait montre de son bien, mais du nôtre; et ainsi ce bienfait nous le rend aimable; outre que cette communauté d'intelligence que nous avons avec lui incline nécessairement le cœur à l'aimer.

XXIV. — L'éloquence est une peinture de la pensée; et ainsi ceux qui, après avoir peint, ajoutent encore, font un tableau au lieu d'un portrait.

XXV. — Éloquence, qui persuade par douceur, non par empire; en tyran, non en roi.

XXVI. — Éloquence. Il faut de l'agréable et du réel; mais il faut que cet agréable soit lui-même pris du vrai.

XXVII. — Il faut, en tout dialogue et discours, qu'on puisse dire à ceux qui s'en offensent: De quoi vous plaignez-vous?

XXVIII. — L'éloquence continue ennuie.
La continuité dégoûte en tout. Le froid est agréable pour se chauffer.

XXIX. — Scaramouche qui ne pense qu'à une chose.
Le docteur qui parle un quart d'heure après avoir tout dit, tant il est plein du désir de dire.
Le bec du perroquet, qu'il essuie, quoiqu'il soit net.

XXX. — Changer de figures, à cause de notre faiblesse.

XXXI. — Talent principal qui règle tous les autres.

XXXII. — Il ne faut point détourner l'esprit ailleurs, pour le délasser, mais dans le temps où cela est à propos; le délasser quand il faut, et non autrement; car qui délasse hors de propos, il lasse. Et qui lasse hors de propos délasse, car on quitte tout là; tant la malice et la concupiscence se plaît à faire tout le contraire de ce qu'on veut obtenir de nous sans nous donner du plaisir, qui est la monnaie pour laquelle nous donnons tout ce qu'on veut!

XXXIII. — Symétrie est ce qu'on voit d'une vue. Fondée sur ce qu'il n'y a pas de raison de faire autrement. Et fondée aussi sur la figure de l'homme; d'où il arrive qu'on ne veut la symétrie qu'en largeur, non en hauteur ni profondeur.

XXXIV. — Il y en a qui parlent bien et qui n'écrivent pas bien. C'est que le lieu, l'assistance les échauffent, et tirent de leur esprit plus qu'ils n'y trouvent sans cette chaleur.

XXXV. — Quand, dans un discours, se trouvent des mots répétés, et qu'essayant de les corriger, on les trouve si propres qu'on gâterait le discours, il les faut laisser; c'en est la marque; et c'est là la part de l'envie, qui est aveugle, et qui ne sait pas que cette répétition n'est pas faute en cet endroit; car il n'y a point de règle générale.

3° DE LA CRITIQUE DES OUVRAGES

XXXVI. — Ceux qui jugent d'un ouvrage par règle sont, à l'égard des autres, comme ceux qui ont une montre à l'égard des autres. L'un dit: Il y a deux heures; l'autre dit: Il n'y a que trois quarts d'heure. Je regarde ma montre, je dis à l'un: Vous vous ennuyez; et à l'autre: Le temps ne vous dure guère; car il y a une heure et demie. Et je me moque de ceux qui me disent que le temps me dure à moi, et que j'en juge par fantaisie: ils ne savent pas que je juge par ma montre.

XXXVII. — On ne passe point dans le monde pour se connaître en vers, si l'on n'a mis l'enseigne de poète, de mathématicien, etc. Mais les gens universels ne veulent point d'enseigne, et ne mettent guère de différence entre le métier de poète et celui de brodeur.

Les gens universels ne sont appelés ni poètes, ni géomètres, etc.; mais ils sont tout cela et jugent de tous ceux-là. On ne les devine point. Ils parleront de ce qu'on parlait quand ils sont entrés. On ne s'aperçoit point en eux d'une qualité plutôt que d'une autre, hors de la nécessité de la mettre en usage ; mais alors on s'en souvient ; car il est également de ce caractère qu'on ne dise point d'eux qu'ils parlent bien, lorsqu'il n'est point question du langage ; et qu'on dise d'eux qu'ils parlent bien, quand il en est question.

C'est donc une fausse louange qu'on donne à un homme, quand on dit de lui, lorsqu'il entre, qu'il est fort habile en poésie ; et c'est une mauvaise marque, quand on n'a pas recours à un homme quand il s'agit de juger de quelques vers.

XXXVIII. — Il faut qu'on n'en puisse dire ni : Il est mathématicien, ni prédicateur, ni éloquent ; mais Il est honnête homme. Cette qualité universelle me plaît seule. Quand en voyant un homme on se souvient de son livre, c'est mauvais signe : je voudrais qu'on ne s'aperçût d'aucune qualité que par la rencontre et l'occasion d'en user. *Ne quid nimis*, de peur qu'une qualité ne l'emporte, et ne fasse baptiser. Qu'on ne songe point qu'il parle bien sinon quand il s'agit de bien parler, mais qu'on y songe alors.

XXXIX. — Toutes les fausses beautés que nous blâmons en Cicéron ont des admirateurs, et en grand nombre.

XL. — Montaigne. Les défauts de Montaigne sont grands. Mots lascifs. Cela ne vaut rien, malgré Mlle de Gournay. Crédule : *gens sans yeux ;* ignorant : *quadrature du cercle, monde plus grand.* Ses sentiments sur l'homicide volontaire, sur la mort ; il inspira une nonchalance du salut *sans crainte et sans repentir.* Son livre n'était pas fait pour porter à la piété, il n'y était pas obligé ; mais on est toujours obligé de n'en point détourner. On peut excuser ses sentiments un peu libres et voluptueux en quelques rencontres de la vie (730. 231) ; mais on ne peut excuser ses sentiments tout païens sur la mort ; car il faut renoncer à toute piété, si on ne veut au moins mourir chrétiennement; or il ne pense qu'à mourir lâchement et mollement par tout son livre.

XLI. — Ce que Montaigne a de bon ne peut être acquis que difficilement. Ce qu'il a de mauvais (j'entends hors les mœurs), eût pu être corrigé en un moment, si on l'eût averti qu'il faisait trop d'histoires, et qu'il parlait trop de soi.

XLII. — Le sot projet que Montaigne a eu de se peindre ! et cela non pas en passant et contre ses maximes, comme il arrive à tout le monde de faillir, mais par ses propres maximes et par un dessein premier et principal. Car de dire des sottises par hasard et par faiblesse, c'est un mal ordinaire ; mais d'en dire par dessein, c'est ce qui n'est pas supportable, et d'en dire de telles que celles-ci !...

XLIII. — Ce n'est pas dans Montaigne, mais dans moi, que je trouve tout ce que j'y vois.

XLIV. — Épigrammes de Martial. L'homme aime la malignité ; mais ce n'est pas contre les borgnes, ou les malheureux, mais contre les heureux superbes : on se trompe autrement.

Il faut plaire à ceux qui ont les sentiments humains et tendres.

Celle des deux borgnes ne vaut rien ; parce qu'elle ne les console pas, et ne fait que donner une pointe à la gloire de l'auteur. Tout ce qui n'est que pour l'auteur ne vaut rien. *Ambitiosa recidet ornamenta*[1].

---

1. Horace, *Art poét.*, vers 445.

V

Notes et Réflexions fragmentaires.

I. — *Ordre.* Les hommes ont mépris pour la religion; ils en ont haine et peur qu'elle soit vraie. Pour guérir cela, il faut commencer par montrer que la religion n'est point contraire à la raison; ensuite qu'elle est vénérable, en donner respect : la rendre ensuite aimable, faire souhaiter aux bons qu'elle fût vraie; et puis montrer qu'elle est vraie.

Vénérable, parce qu'elle a bien connu l'homme.
Aimable, parce qu'elle promet le vrai bien.

II. — *Ordre.* J'aurais bien plus de peur de me tromper et de trouver que la religion chrétienne soit vraie, que non pas de me tromper en la croyant vraie.

III. — Commencer par plaindre les incrédules : ils sont assez malheureux par leur condition. Il ne faudrait les injurier qu'au cas que cela servît, mais cela leur nuit.

IV.   Première partie.
Misère de l'homme sans Dieu
ou
Qre la nature est corrompue. Par la nature même.

V. — 1re partie : Misère de l'homme sans Dieu.
2e partie : Félicité de l'homme avec Dieu.
Autrement :
1re partie : Que la nature est corrompue. Par la nature même.
2e partie : Qu'il y a un réparateur. Par l'Écriture.

VI. — Préface de la première partie. — Parler de ceux qui ont traité de la connaissance de soi-même; des divisions de Charron, qui attristent et qui ennuient; de la confusion de Montaigne; qu'il avait bien senti le défaut du droit de méthode, qu'il l'évitait en sautant de sujet en sujet; qu'il cherchait le bon air.

VII. — *Ordre.* Après la corruption, dire : Il est juste que ceux qui sont en cet état le connaissent, et ceux qui s'y plaisent, et ceux qui s'y déplaisent. Mais il n'est pas juste que tous voient la rédemption.

VIII. — *Ordre.* J'aurais bien pris ce discours d'ordre comme celui-ci, pour montrer la vanité de toutes sortes de conditions, montrer la vanité des vies communes, et puis la vanité des vies philosophiques (pyrrhoniennes, stoïques); mais l'ordre ne serait pas gardé. Je sais un peu ce que c'est, et combien peu de gens l'entendent. Nulle science humaine ne le peut garder. Saint Thomas ne l'a pas gardé. La mathématique le garde; mais elle est inutile en sa profondeur.

IX. — Il faut mettre au chapitre des *Fondements* ce qui est en celui des *Figuratifs* touchant la cause des figures : pourquoi Jésus-Christ prophétisé en son premier avènement; pourquoi prophétisé obscurément en la manière.

X. — Parler contre les trop grands figuratifs.

XI. — *Ordre.* Voir ce qu'il y a de clair dans tout l'état des Juifs, et d'incontestable.

XII. — *Ordre par dialogues.* Que dois-je faire? je ne vois partout qu'obscurités. Croirai-je que je ne suis rien? Croirai-je que je suis Dieu?

Toutes choses changent et se succèdent...

Vous vous trompez : il y a...

XIII. — *Ordre par lettres.* Une lettre de la folie de la

science humaine et de la philosophie; cette lettre avant le divertissement.

XIV. — *Ordre.* Une lettre d'exhortation à un ami pour le porter à chercher, et il répondra : Mais à quoi me servira de chercher, rien ne paraît. Et lui répondre : Ne désespérez pas. Et il me répondrait qu'il serait heureux de trouver quelque lumière, mais que, selon cette religion même, quand il croirait ainsi, cela ne lui servirait de rien, et qu'ainsi il aime autant ne point chercher. Et à cela lui répondre : La machine.

XV. — *Ordre.* Après la lettre *qu'on doit chercher Dieu*, faire la lettre d'*ôter les obstacles*, qui est le discours *de la machine*, de préparer la machine, de chercher par raison.

XVI. — *Lettre qui marque l'utilité des preuves par la machine.*

La foi est différente de la preuve : l'une est humaine, l'autre est un don de Dieu, *Justus ex fide vivit;* c'est de cette foi que Dieu lui-même met dans le cœur, dont la preuve est souvent l'instrument, *Fides ex auditu.* Mais cette foi est dans le cœur et fait dire non *Scio*, mais *Credo*.

XVII. — *Lettre pour porter à rechercher Dieu...*

Et puis le faire chercher chez les philosophes, pyrrhoniens et dogmatistes, qui travaillent celui qui les recherche.

XVIII. — Dans la *Lettre de l'injustice*, peut venir la plaisanterie des aînés qui ont tout. Mon ami, vous êtes né de ce côté de la montagne, il est donc juste que votre aîné ait tout.

Pourquoi me tuez-vous ?

XIX. — 1ᵉʳ degré. Être blâmé en faisant mal et loué en faisant bien.

2ᵉ degré : N'être ni loué ni blâmé.

XX. — La vie ordinaire des hommes est semblable à

celle des saints. Ils recherchent tous leur satisfaction, et ne diffèrent qu'en l'objet où ils la placent. Ils appellent leurs ennemis ceux qui les en empêchent, etc. Dieu a donc montré le pouvoir qu'il a de donner les biens invisibles, par celui qu'il a montré qu'il avait sur les choses visibles.

XXI. — Le monde subsiste pour exercer miséricorde et jugement; non pas comme si les hommes y étaient sortant des mains de Dieu, mais comme des ennemis de Dieu auxquels il donne par grâce assez de lumière pour revenir s'ils le veulent chercher et le suivre; mais pour les punir, s'ils refusent de le chercher et de le suivre.

XXII. — La juridiction ne se donne pas pour le juridiciant, mais pour le juridicié. Il est dangereux de le dire au peuple. Mais le peuple a trop de croyance en vous; cela ne lui nuira pas et peut vous servir. Il faut donc le publier: *Pasce oves meas, non tuas.* Vous me devez pâture.

XXIII. — *Ferox gens nullam esse vitam sine armis putat*[1]. Ils aiment mieux la mort que la paix : les autres aiment mieux la mort que la guerre. Toute opinion peut être préférable à la vie dont l'amour paraît si fort et si naturel.

XXIV. — Toutes les bonnes maximes sont dans le monde : on ne manque qu'à les appliquer. Par exemple, on ne doute pas qu'il ne faille exposer sa vie pour défendre le bien public, et plusieurs le font; mais pour la religion, point.

XXV. — Miton voit bien que la nature est corrompue, et que les hommes sont contraires à l'honnêteté; mais il ne sait pas pourquoi ils ne peuvent voler plus haut.

XXVI. — Grandeur. Les raisons des effets marquent la grandeur de l'homme, d'avoir tiré de la concupiscence un si bel ordre.

---

1. Tite-Live, XXXIV, 17.

XXVII. — Raison des effets. Il faut avoir une pensée de derrière, et juger de tout par là, en parlant cependant comme le nombre.

XXVIII. — Roi. Tyran. J'aurai aussi mes pensées de derrière la tête. Je prendrai garde à chaque voyage.

XXIX. — Grandeur d'établissement. Respect d'établissement.

Le plaisir des grands est de pouvoir faire des heureux.

Le propre de la richesse est d'être donné libéralement.

Le propre de chaque chose doit être cherché. Le propre de la puissance est de protéger.

XXX. — Ainsi saint Thomas explique le lieu de saint Jacques pour la préférence des riches, que, s'ils ne le font dans la vue de Dieu, ils sortent de l'ordre de la religion.

XXXI. — Vanité, jeu, chasses, visites, comédies fausses, perpétuité de nom.

XXXII. — La faiblesse de l'homme est la cause de tant de beautés qu'on établit, comme de savoir bien jouer du luth.

Ce n'est un mal qu'à cause de notre faiblesse.

XXXIII. — Quelle vanité que la peinture qui attire l'admiration par la ressemblance des choses dont on n'admire pas les originaux!

XXXIV. — La machine d'arithmétique fait des effets qui approchent plus de la pensée que tout ce que font les animaux; mais elle ne fait rien qui puisse faire dire qu'elle a de la volonté comme les animaux.

XXXV. — L'histoire du brochet et de la grenouille de Liancourt. Ils le font toujours, et jamais autrement, ni autre chose d'esprit.

XXXVI. — L'éternuement absorbe toutes les fonctions de

l'âme, aussi bien que la besogne. Mais on n'en tire pas les mêmes conséquences contre la grandeur de l'homme, parce que c'est contre son gré. Et quoiqu'on se le procure, ce n'est pas en vue de la chose même, c'est pour une autre fin; et ainsi ce n'est pas une marque de la faiblesse de l'homme et de sa servitude sous cette action.

XXXVII. — Ne vivre que de son travail et régner sur le plus puissant État du monde sont choses très opposées; elles sont unies dans la personne du Grand Seigneur des Turcs.

XXXVIII. — Les hommes s'occupent à suivre une balle et un lièvre; c'est le plaisir même des rois.

Agitation. Quand un soldat se plaint de la peine qu'il a, ou un laboureur, etc., qu'on les mette sans rien faire.

XXXIX. — Il n'aime plus cette personne qu'il aimait il y a dix ans. Je crois bien; elle n'est plus la même, ni lui non plus. Il était jeune et elle aussi; elle est tout autre. Il l'aimerait peut-être encore, telle qu'elle était alors.

XL. — Talon bien tourné. Talon de soulier. Oh! que cela est bien tourné! que voilà un habile ouvrier! Que ce soldat est hardi! Voilà la source de nos inclinations et du choix des conditions. Que celui-là boit bien! Que celui-là boit peu! Voilà ce qui fait les gens sobres et ivrognes, soldats, poltrons, etc.

XLI. — On ne s'ennuie point de manger et dormir tous les jours, car la faim renaît et le sommeil. Sans cela on s'en ennuierait. Ainsi sans la faim des choses spirituelles, on s'en ennuie. Faim de la justice, béatitude. *Beati qui esuriunt et sitiunt justitiam.*

XLII. — Il y a beaucoup de gens qui entendent le sermon de la même manière qu'ils entendent vêpres.

XLIII. — Hommes naturellement couvreurs, et de toutes vocations, hormis en chambre.

XLIV. — C'est l'effet de la force, non de la coutume; car ceux qui sont capables d'inventer sont rares; les plus forts en nombre ne veulent que suivre, et refusent la gloire à ces inventeurs qui la cherchent par leurs inventions. Et s'ils s'obstinent à la vouloir obtenir, et mépriser ceux qui n'inventent pas, les autres leur donneront des noms ridicules, leur donneraient des coups de bâton. Qu'on ne se pique donc pas de cette subtilité, ou qu'on se contente en soi-même.

XLV. — Quand la force attaque la grimace, quand un simple soldat prend le bonnet carré d'un premier président et le fait voler par la fenêtre.

XLVI. — Le chancelier est grave et revêtu d'ornements, car son poste est faux. Et non le roi; il a la force, il n'a que faire de l'imagination. Les juges, médecins, etc., n'ont que l'imagination.

XLVII. — Trop et trop peu de vin : ne lui en donnez pas, il ne peut trouver la vérité; donnez-lui en trop, de même.

XLVIII. — Quand on lit trop vite ou trop doucement, on n'entend rien.

XLIX. — Les rivières sont des chemins qui marchent, et qui portent où l'on veut aller.

L. — Les Juifs charnels et les païens ont des misères; et les chrétiens aussi. Il n'y a point de Rédempteur pour les païens; car ils n'en espèrent pas seulement. Il n'y a point de Rédempteur pour les Juifs; ils l'espèrent en vain. Il n'y a de Rédempteur que pour les chrétiens.

LI. — Moïse d'abord enseigna : la Trinité, le péché originel, le Messie.

LII. — Un mot de David ou de Moïse, comme que Dieu circoncira les cœurs, fait juger de leur esprit. Que tous les autres discours soient équivoques et douteux d'être philosophes ou chrétiens; enfin un mot de cette nature détermine tous les autres, comme un mot d'Épictète détermine tout le reste au contraire. Jusque-là l'ambiguïté dure, et non pas après.

LIII. — La pénitence seule de tous les mystères a été déclarée manifestement aux Juifs et par saint Jean précurseur : et puis les autres mystères, pour marquer qu'en chaque homme comme au monde entier cet ordre doit être observé.

LIV. — Nul païen depuis Moïse jusqu'à Jésus-Christ, selon les rabbins mêmes. La foule des païens, après Jésus-Christ, croit les livres de Moïse et en observe l'essence et l'esprit, et n'en rejette que l'inutile.

LV. — Les rabbins prennent pour figures les mamelles de l'épouse et tout ce qui n'exprime pas l'unique but qu'ils ont des biens temporels.
Et les chrétiens prennent même l'Eucharistie pour figure de la gloire où ils tendent.

LVI. — La République chrétienne et même judaïque n'a eu que Dieu pour maître, comme remarque Philon, Juif. (*De la Monarchie.*)
Quand ils combattaient, ce n'était que pour Dieu; ils n'espéraient principalement que de Dieu; ils ne considéraient leurs villes que comme étant à Dieu et les conservaient pour Dieu. (*I Paralip.*, xix, 13.)

LVII. — Les prophètes prophétisaient par figures, de ceinture, de barbe et cheveux brûlés, etc.

LVIII. — Le vieux Testament est un chiffre.
Figuratives. Clef du chiffre : *Veri adoratores.* (*Joan.*

iv, 23.) *Ecce Agnus Dei qui tollit peccata mundi. (Joan.,* i, 29.)

LIX. — Les six âges. Les six Pères des six âges. Les six merveilles à l'entrée des six âges. Les six orients à l'entrée des six âges.

LX. — Fais toutes choses selon le patron qui t'a été montré en la montagne. Sur quoi saint Paul dit que les Juifs ont peint les choses célestes.

LXI. — Saint Paul dit lui-même que des gens défendront les mariages, et lui-même en parle aux Corinthiens.

Car si un prophète avait dit l'un, et que saint Paul eût dit ensuite l'autre, on l'eût accusé.

LXII. — Il y a des figures claires et démonstratives; mais il y en a d'autres qui semblent un peu tirées par les cheveux, et qui ne prouvent qu'à ceux qui sont persuadés d'ailleurs. Celles-là sont semblables aux apocalyptiques. Mais la différence qu'il y a, est qu'ils n'en ont point d'indubitables, tellement qu'il n'y a rien de si injuste que quand ils montrent que les leurs sont aussi bien fondées que quelques-unes des nôtres; car ils n'en ont pas de démonstratives comme quelques-unes des nôtres. La partie n'est donc pas égale. Il ne faut pas égaler et confondre ces choses parce qu'elles semblent être semblables par un bout, étant si différentes par l'autre.

Ce sont les clartés qui méritent, quand elles sont divines, qu'on révère les obscurités.

LXIII. — La prophétie n'est point appelée *miracle*, comme saint Jean parle du premier miracle en Cana, et puis de ce que Jésus-Christ dit à la Samaritaine qui découvre toute sa vie cachée; et puis guérit le fils d'un sergent; et saint Jean appelle cela le deuxième signe.

LXIV. — Les prophètes mêlés de choses particulières et

de celles du Messie, afin que les prophéties du Messie ne fussent pas sans preuve, et que les prophéties particulières ne fussent pas sans fruit.

LXV. — On n'entend les prophètes que quand on voit les choses arrivées; ainsi les preuves de la retraite et de la discrétion, du silence, etc., ne se prouvent qu'à ceux qui les savent et les croient.

LXVI. — Les soixante-dix semaines de Daniel sont équivoques pour le terme du commencement, à cause des termes de la prophétie, et pour le terme de la fin, à cause des diversités des chronologistes. Mais toute cette différence ne va qu'à deux cents ans.

LXVII. — Que peut-on avoir, sinon de la vénération, d'un homme qui prédit clairement des choses qui arrivent, et qui déclare son dessein et d'aveugler et d'éclairer, et qui mêle des obscurités parmi des choses claires qui arrivent?

LXVIII. — Et ce qui couronne tout cela est la prédiction, afin qu'on ne dît point que c'est le hasard qui l'a faite.

L'événement ayant prouvé la divinité de ces prophéties, le reste doit en être cru; et par là nous voyons l'ordre du monde en cette sorte.

LXIX. — Montaigne contre les miracles.
Montaigne pour les miracles.

LXX. — Miracle. C'est un effet qui excède la force naturelle des moyens qu'on y emploie; et non-miracle est un effet qui n'excède pas la force naturelle des moyens qu'on y emploie. Ainsi ceux qui guérissent par l'invocation du diable ne font pas un miracle : car cela n'excède pas la force naturelle du diable. Mais...

LXXI. Miracle ne signifie pas toujours miracle. *I Rois*, xiv, 15, miracle signifie crainte, et est ainsi en l'hébreu.

De même en *Job* manifestement, xxxiii, 7. Et encore : *Isaïe*, xxi, 4; *Jérémie*, xliv, 12. *Portentum* signifie terreur, *Jér.*, l, 38; et est ainsi en l'hébreu et en Vatable, *Is.*, viii, 18. Jésus-Christ dit que lui et les siens seront en miracles.

Jérémie, xxiii, 32, les miracles des faux prophètes. En l'hébreu et Vatable il y a les « légèretés ».

LXXII. — S'il n'y avait point de faux miracles, il y aurait certitude.

Or il n'y a pas humainement de certitude humaine, mais raison.

S'il n'y avait point de règle pour les discerner, les miracles seraient inutiles, et il n'y aurait pas de raison de croire.

Jug., xiii, 23. Si le Seigneur nous eût voulu faire mourir, il ne nous eût pas montré toutes ces choses.

Ezéchias. Sennachérib.

Jérémie. Hananias, faux prophète, meurt le septième mois.

II Machab., iii. Le temple prêt à piller (*sic*), secouru miraculeusement. II Machab., xv.

III Rois, xvii. La veuve à Élie qui avait ressuscité l'enfant : « Par là je connais que tes paroles sont vraies. »

III Rois, xviii. Élie avec les prophètes de Baal.

LXXIII. — Moïse en a donné deux règles : que la prédiction n'arrive pas (Deut., xviii), et qu'ils ne mènent point à l'idolâtrie (Deut., xiii); et Jésus-Christ une.

Si la doctrine règle les miracles, les miracles sont inutiles pour la doctrine...

Les miracles sont pour la doctrine, et non pas la doctrine pour les miracles.

Si les miracles règlent..., pourra-t-on persuader toute doctrine ? Non, car cela n'arrivera pas. *Si Angelus*...

Car il faut distinguer les temps.

LXXIV. — *Première objection.* — Ange du ciel...

LXXV. — Il ne faut pas juger de la vérité par les miracles, mais du miracle par la vérité.

Donc les miracles sont inutiles.

Or ils servent et ils ne font point être contre la vérité.

Donc ce qu'a dit le P. Lingende, que Dieu ne permettra pas qu'un miracle puisse induire en erreur...

Lorsqu'il y aura contestation dans la même Église, le miracle décidera.

Objection à la règle. Le discernement des temps : autre règle durant Moïse, autre règle à présent.

LXXVI. — Miracles. Il est fâcheux d'être dans l'exception de la règle. Il faut même être sévère et contraire à l'exception. Mais néanmoins comme il est certain qu'il y a des exceptions de la règle, il faut en juger sévèrement, mais justement.

LXXVII. — Jamais on ne s'est fait martyriser pour les miracles qu'on dit avoir vus, car ceux que les uns croient par tradition. La folie des hommes va peut-être jusqu'au martyre, mais non pour ceux qu'on a vus.

LXXVIII. — En montrant la vérité on la fait croire ; mais en montrant l'injustice des ministres on ne la corrige pas. On assure la conscience en montrant la fausseté ; on n'assure pas la bourse en montrant l'injustice.

LXXIX. — Les combinaisons des miracles.

Le second miracle peut supposer le premier ; mais le premier ne peut supposer le second.

LXXX. — Raisons pourquoi on ne croit point.

Cum autem tanta signa fecisset, non credebant in eum, ut sermo Isaiæ impleretur : Excæcavit, etc. Hæc dixit Isaias quando vidit gloriam ejus et locutus est de eo.

Judæi signa petunt, et Græci sapientiam quærunt.

Nos autem Jesum (Christum) crucifixum.

Sed plenum signis, sed plenum sapientia.

Vos autem Christum non crucifixum et religionem sine miraculis et sine sapientia.

LXXXI. — Aveuglement de l'Écriture. L'Écriture, disaient les Juifs, dit qu'on ne saura d'où le Christ viendra.

L'Écriture dit que le Christ demeure éternellement, et celui-ci dit qu'il mourra. Ainsi, dit saint Jean, ils ne croyaient point, quoiqu'il eût tant fait de miracles, afin que la parole d'Isaïe fût accomplie : *Il les a aveuglés*, etc.

LXXXII. — Abraham, Gédéon, sont au-dessus de la révélation.

Les Juifs s'aveuglaient en jugeant des miracles par l'Écriture.

Dieu n'a jamais laissé ses vrais adorateurs.

J'aime mieux suivre Jésus-Christ qu'aucun autre, parce qu'il a les miracles, prophéties, doctrine, perpétuité, etc.

Donatistes. Point de miracle qui oblige à dire que c'est le diable.

LXXXIII. — S'ensuit-il de là qu'ils auraient droit d'exclure tous les prophètes qui leur sont venus ? Non. Ils eussent péché en n'excluant pas ceux qui niaient Dieu, et aussi péché d'exclure ceux qui ne niaient pas Dieu.

D'abord donc qu'on voit un miracle, il faut, ou se soumettre, ou avoir d'étranges marques du contraire. Il faut voir s'ils nient ou un Dieu, ou Jésus-Christ, ou l'Église.

LXXXIV. — *Non est hic homo a Deo, qui sabbatum non custodit.* Alii : *Quomodo potest homo peccator hæc signa facere ?*

Lequel est le plus clair ?

Cette maison n'est pas de Dieu, car on n'y croit pas que les cinq propositions soient dans Jansenius. — Les autres :

Cette maison est de Dieu, car il y fait d'étranges miracles. — Lequel est le plus clair?

Tu quid dicis? Dico *quia propheta est.* — *Nisi esse hic a Deo, non poterat facere quidquam.*

Non quia vidistis signa, sed saturati estis.

LXXXV. — Figures. Quand la parole de Dieu, qui est véritable, est fausse littéralement, elle est vraie spirituellement. *Sede a dextris meis.* Psal. CIX, 1. Cela est faux littéralement, donc cela est vrai spirituellement. En ces expressions, il est parlé de Dieu à la manière des hommes; et cela ne signifie autre chose, sinon que l'intention que les hommes ont en faisant asseoir à leur droite, Dieu l'aura aussi. C'est donc une marque de l'intention de Dieu, non de sa manière de l'exécuter.

Ainsi quand il dit : Dieu a reçu l'odeur de vos parfums, et vous donnera en récompense une terre grasse, c'est-à-dire la même intention qu'aurait un homme qui, agréant vos parfums, vous donnerait en récompense une terre grasse, Dieu aurait la même intention pour vous, parce que vous avez eu pour lui la même intention qu'un homme a pour celui à qui il donne des parfums. Ainsi *Iratus est*, Isaïe, V, 25, Dieu jaloux, etc. Car les choses de Dieu étant inexprimables, elles ne peuvent être dites autrement; et l'Église aujourd'hui en use encore : *Quia confortavit seras*, etc. Psal. CXLVII, 13.

Il ne nous est pas permis d'attribuer à l'Écriture les sens qu'elle ne nous a pas révélé qu'elle a. Ainsi de dire que le *mem* fermé d'Isaïe signifie 600, cela n'est pas révélé. Il eût pu dire que le *tsadé* final et les *hé deficientes* signifieraient des mystères. Il n'est donc pas permis de le dire, et encore moins de dire que c'est la manière de la pierre philosophale. Mais nous disons que le sens littéral n'est pas le vrai parce que les prophètes l'ont dit eux-mêmes.

LXXXVI. — La généalogie de Jésus-Christ dans l'Ancien Testament est mêlée parmi tant d'autres inutiles, qu'elle ne peut être discernée. Si Moïse n'eût tenu registre que des ancêtres de Jésus-Christ, cela eût été trop visible... S'il n'eût pas marqué celle de Jésus-Christ, cela n'eût pas été assez visible. Mais, après tout, qui regarde de près, voit celle de Jésus-Christ bien discernée par Thamar, Ruth, etc.

LXXXVII. — Ainsi toutes les faiblesses apparentes sont des forces. Exemple : les deux généalogies de saint Matthieu et de saint Luc. Qu'y a-t-il de plus clair que cela n'a pas été fait de concert?

LXXXVIII. — Jésus-Christ leur ouvrait l'esprit pour entendre les Écritures.

Deux grandes ouvertures sont celles-là : 1° Toutes choses leur arrivaient en figures : *Vere Israelitæ, vere liberi*, vrai pain du ciel. 2° Un Dieu humilié jusqu'à la croix : il a fallu que le Christ ait souffert pour entrer dans sa gloire, qu'il vainquît la mort par sa mort. Deux avènements.

LXXXIX. — Preuves de Jésus-Christ. Pourquoi le livre de Ruth conservé. Pourquoi l'histoire de Thamar ?

XC. — Pourquoi Jésus-Christ n'est-il pas venu d'une manière visible, au lieu de tirer sa preuve des prophéties précédentes ?

Pourquoi s'est-il fait prédire en figures ?

XCI. — Les figures de la totalité de la rédemption, comme, que le soleil éclaire à tous, ne marquent qu'une totalité; mais les figurantes des exclusions, comme des Juifs élus à l'exclusion des Gentils, marquent l'exclusion.

Jésus-Christ, rédempteur de tous. Oui; car il a offert, comme un homme qui a racheté tous ceux qui voudront venir à lui. Ceux qui mourront en chemin, c'est leur malheur; mais, quant à lui, il leur offrait rédemption. Cela est bon en cet exemple, où celui qui rachète et celui qui empêche de mourir sont deux, mais non pas en Jésus-Christ, qui fait l'un et l'autre.

Non, car Jésus-Christ, en qualité de rédempteur, n'est pas peut-être maître de tous, et ainsi, en tant qu'il est en lui, il est rédempteur de tous.

XCII. — Treizième chapitre de saint Marc. Jésus-Christ y fait un grand discours à ses Apôtres sur son dernier avènement, et comme tout ce qui arrive à l'Église arrive aussi à chaque chrétien en particulier, il est certain que tout ce chapitre prédit aussi bien l'état de chaque personne qui, en se convertissant, détruit le vieil homme en elle, que l'état de l'univers entier qui sera détruit pour faire place à de nouveaux cieux et à une nouvelle terre, comme dit l'Écriture. La prédiction qui y est contenue de la ruine du temple réprouvé, qui figure la ruine de l'homme réprouvé qui est en chacun de nous, et dont il est dit qu'il ne sera laissé pierre sur pierre, marque qu'il ne doit être laissé aucune passion du vieil homme; et ces effroyables guerres civiles et domestiques représentent si bien le trouble intérieur de ceux qui se donnent à Dieu qu'il n'y a rien de mieux peint.

XCIII. — Impiété de ne pas croire l'Eucharistie sur ce qu'on ne la voit pas.

XCIV. — Elle est *toute* le corps de Jésus-Christ, en son patois; mais il ne peut dire qu'elle est *tout* le corps de Jésus-Christ.

L'union de deux choses sans changement ne fait point qu'on puisse dire que l'une devient l'autre. Ainsi l'âme étant unie au corps, le feu au bois, sans changement. Mais il faut changement qui fasse que la forme de l'une devienne la forme de l'autre : Ainsi l'union du Verbe à l'homme.

Parce que mon corps sans mon âme ne ferait pas le corps d'un homme, mon âme, unie à quelque matière que ce soit, fera mon corps.

Reliure serrée

Il me distingue la condition nécessaire d'avec la condition suffisante. L'union est nécessaire, mais non suffisant

Le bras gauche n'est pas le droit.

L'impénétrabilité est une propriété des corps.

Identité de numéro, au regard du même temps, exig l'identité de la matière. — Ainsi si Dieu unissait mo corps à un corps de la Chine, le même corps, *idem numero* serait à la Chine. La même rivière qui coule là est *iden numero* que celle qui coule en même temps à la Chine.

XCV. — Différence entre dîner et souper...

Eucharistie après la cène. Vérité après figure.

Ruine de Jérusalem, figure de la ruine du monde, quarante ans après la mort de Jésus-Christ. « Je ne sais pas comme homme ou comme légat. Jésus-Christ condamn pas les Juifs et les Gentils. Les Juifs et les Gentils figuré par les deux fils. Aug., *de Civit. Dei*, XX, xxix.

XCVI. — Les figures de l'Évangile pour l'état de l'âm malade sont des corps malades; mais parce qu'un corps n peut être assez malade pour le bien exprimer, il en a fall plusieurs. Ainsi il y a le sourd, le muet, l'aveugle, le para lytique, le Lazare mort, le possédé; tout cela ensemble es dans l'âme malade.

XCVII. — Non la viande qui périt, mais celle qui n périt point.

Vous seriez vraiment libres. Donc l'autre liberté n'es qu'une figure de liberté.

Je suis le vrai pain du ciel.

XCVIII. — Contre ceux qui abusent des passages d l'Écriture, et qui se prévalent de ce qu'ils en trouven quelqu'un qui semble favoriser leur erreur.

Le chapitre de vêpres, le dimanche de la Passion, l'ora son pour le roi.

Explication de ces paroles : « Qui n'est pas pour moi e

ntre moi; » et de ces autres : « Qui n'est point contre ous est pour vous. »

Une personne qui dit : Je ne suis ni pour ni contre; on oit lui répondre.

Une des antiennes des vêpres de Noël : *Exortum est in enebris lumen rectis corde.*

XCIX. — *Obj.* Visiblement l'Écriture pleine de choses non dictées du Saint-Esprit. — R. Elles ne nuisent donc pas à la foi. — *Obj.* Mais l'Église a décidé que tout est du Saint-Esprit. — R. Je réponds deux choses : que l'Église n'a point décidé cela; l'autre, que quand elle l'aurait décidé, cela se pourrait soutenir.

Les prophéties citées dans l'Évangile, vous croyez qu'elles sont rapportées pour vous faire croire. Non, c'est pour vous éloigner de croire.

C. — Les deux raisons contraires : il faut commencer par là; sans cela on n'entend rien, et tout est hérétique. Et même, à la fin de chaque vérité, il faut ajouter qu'on se souvient de la vérité opposée.

CI. — Hérétiques. Ézéchiel. Tous les païens disaient du mal d'Israël, et le prophète aussi : et tant s'en faut que les Israélites eussent droit de lui dire : Vous parlez comme les païens; qu'il fait sa plus grande force sur ce que les païens parlent comme lui.

CII. — Dieu et les apôtres, prévoyant que les semences d'orgueil feraient naître les hérésies, et ne voulant pas leur donner occasion de naître par des termes propres, a mis dans l'Écriture et les prières de l'Église des mots et des sentences contraires, pour produire leurs fruits dans le temps.

De même qu'il donne dans la morale la charité, qui produit des fruits contre la concupiscence.

Celui qui sait la volonté de son maître sera battu de plus de coups, à cause du pouvoir qu'il a par la connaissance.

Qui justus est justificetur adhuc; à cause du pouvoir qu'il a par la justice.

A celui qui a le plus reçu sera le plus grand compte demandé, à cause du pouvoir qu'il a par le secours.

CIII. — Canoniques. Les hérétiques, au commencement de l'Église, servent à prouver les canoniques.

CIV. — Je puis bien aimer l'obscurité totale; mais si Dieu m'engage dans un état à demi obscur, ce peu d'obscurité qui y est me déplaît; et parce que je n'y vois pas le mérite d'une entière obscurité, il ne me plaît pas. C'est un défaut, et une marque que je me fais une idole de l'obscurité séparée de l'ordre de Dieu. Or il ne faut adorer que son ordre.

CV. — La coutume est notre nature. Qui s'accoutume à la foi la croit et ne peut plus ne pas craindre l'enfer, et ne croit autre chose. Qui s'accoutume à croire que le roi est terrible, etc. Qui doute donc, que notre âme étant accoutumée à voir nombre, espace, mouvement, croie cela, et rien que cela?

CVI. — *Obj.* Ceux qui espèrent leur salut sont heureux en cela, mais ils ont pour contre-poids la crainte de l'enfer.

Rép. Qui a plus de sujet de craindre l'enfer, ou celui qui est dans l'ignorance s'il y a un enfer, et dans la certitude de damnation s'il y en a; ou celui qui est dans une certaine persuasion qu'il y a un enfer, et dans l'espérance d'être sauvé s'il est?

CVII. — Le peuple juif, moqué des gentils; le peuple chrétien, persécuté.

CVIII. — Les sages qui ont dit qu'il y a un Dieu, ont été persécutés, les Juifs haïs, les chrétiens encore plus.

CIX. — Plaindre les athées qui cherchent; car ne sont-ils pas assez malheureux? Invectiver contre ceux qui en font vanité.

CX. — On a beau dire, il faut avouer que la religion chrétienne a quelque chose d'étonnant! C'est parce que vous y êtes né, dira-t-on. Tant s'en faut; je me roidis contre, par cette raison-là même, de peur que cette prévention ne me suborne. Mais, quoique j'y sois né, je ne laisse pas de le trouver ainsi.

CXI. — *Sur ce que la religion chrétienne n'est pas unique.* Tant s'en faut que ce soit une raison qui fasse croire qu'elle n'est pas la véritable, qu'au contraire, c'est ce qui fait voir qu'elle l'est.

CXII. — Ce que les hommes, par leurs plus grandes lumières, avaient pu connaître, cette religion l'enseignait à ses enfants.

CXIII. — Le monde ordinaire a le pouvoir de ne pas songer à ce qu'il ne veut pas songer. Ne pensez pas aux passages du Messie, disait le Juif à son fils. Ainsi font les nôtres souvent. Ainsi se conservent les fausses religions; et la vraie même, à l'égard de beaucoup de gens.

Mais il y en a qui n'ont pas le pouvoir de s'empêcher ainsi de songer, et qui songent d'autant plus qu'on leur défend. Ceux-là se défont des fausses religions, et de la vraie même, s'ils ne trouvent des discours solides.

CXIV. — Les impies, qui font profession de suivre la raison, doivent être étrangement forts en raison.

Que disent-ils donc?

Ne voyons-nous pas, disent-ils, mourir et vivre les bêtes comme les hommes, et les Turcs comme les chrétiens? Ils ont leurs cérémonies, leurs prophètes, leurs docteurs, leurs saints, leurs religieux comme nous, etc. Cela est-il contraire à l'Écriture? Ne dit-elle pas tout cela?

Si vous ne vous souciez guère de savoir la vérité, en

voilà assez pour vous laisser en repos. Mais si vous désirez de tout votre cœur de la connaître, ce n'est pas assez ; regardez au détail. C'en serait assez pour une question de philosophie ; mais ici, où il va de tout...

Et cependant, après une réflexion légère de cette sorte, on s'amusera, etc.

Qu'on s'informe de cette religion même si elle ne rend pas raison de cette obscurité ; peut-être qu'elle nous l'apprendra.

CXV. — J'aurais bien plus de peur de me tromper et de trouver que la religion chrétienne soit vraie, que non pas de me tromper en la croyant vraie.

CXVI. — Je porte envie à ceux que je vois dans la foi vivre avec tant de négligence, et qui usent si mal d'un don duquel il me semble que je ferais un usage si différent.

CXVII. — Il y a peu de vrais chrétiens, je dis même pour la foi. Il y en a bien qui croient, mais par superstition ; il y en a bien qui ne croient pas, mais par libertinage : peu sont entre deux.

CXVIII. — Le croire est si important !
Cent contradictions seraient vraies.
Si l'antiquité était la règle de la créance, les anciens étaient donc sans règle.
Si le consentement général... Si les hommes étaient péris.
Fausse humilité, orgueil.
Levez le rideau.
Vous avez beau faire, si faut-il ou croire, ou nier ou douter.
N'aurons-nous donc pas de règle ?
Nous jugeons des animaux qu'ils font bien ce qu'ils font, n'y aura-t-il point une règle pour juger des hommes ?

Nier, croire et douter bien sont à l'homme ce que le courir est au cheval.

Punition de ceux qui pèchent, erreur.

CXIX. — Il est non seulement impossible, mais inutile, de connaître Dieu sans Jésus-Christ. Ils ne s'en sont pas éloignés, mais approchés; ils ne se sont pas abaissés, mais...

Quo quisquam optimus est, pessimus si hoc ipsum, quod sit optimus, ascribat sibi.

CXX. — *Rom.*, III, 27. Gloire exclue : par quelle loi? Des œuvres; non; mais par la foi. Donc la foi n'est pas en notre puissance comme les œuvres de la loi, et elle nous est donnée d'une autre manière.

CXXI. — La concupiscence nous est devenue naturelle et a fait notre seconde nature. Ainsi il y a deux natures en nous : l'une bonne, l'autre mauvaise... Où est Dieu? Où vous n'êtes pas, et le royaume de Dieu est dans vous.

CXXII. — La concupiscence et la force sont la source de toutes nos actions : la concupiscence fait les volontaires; la force les involontaires.

CXXIII. — La dignité de l'homme consistait, dans son innocence, à user et dominer sur les créatures; mais aujourd'hui à s'en séparer et s'y assujettir.

CXXIV. — Les fleuves de Babylone coulent, et tombent, et entraînent.

O sainte Sion! où tout est stable et où rien ne tombe.

Il faut s'asseoir sur les fleuves, non sous ou dedans, mais dessus; et non debout, mais assis; pour être humble étant assis, et en sûreté étant dessus. Mais nous serons debout dans les porches de Hiérusalem.

Qu'on voie si ce plaisir est stable en coulant : s'il passe, c'est un fleuve de Babylone.

Concupiscence de la chair, concupiscence des yeux, orgueil, etc.

CXXV. — Saint Augustin a dit formellement que les forces seraient ôtées au péché. Mais c'est par hasard qu'il l'a dit ; car il pouvait arriver que l'occasion de le dire ne s'offrît pas. Mais ses principes font voir que, l'occasion s'en présentant, il était impossible qu'il ne le dît, ou qu'il dît rien de contraire. C'est donc plus d'être forcé à le dire, l'occasion s'en offrant, que de l'avoir dit, l'occasion s'étant offerte, l'un étant de nécessité, l'autre de hasard. Mais les deux sont tout ce qu'on peut demander.

CXXVI. — Il n'y a point de doctrine plus propre à l'homme que celle-là qui l'instruit de sa double capacité de recevoir et de perdre la grâce, à cause du double péril où il est toujours exposé, de désespoir ou d'orgueil.

CXXVII. — Ce n'est pas une chose rare qu'il faille reprendre le monde de trop de docilité. C'est un vice naturel comme l'incrédulité, et aussi pernicieux. — Superstition.

CXXVIII. — C'est être superstitieux de mettre son espérance dans les formalités; mais c'est être superbe de ne vouloir s'y soumettre.

CXXIX. — La piété est différente de la superstition.
Soutenir la piété jusqu'à la superstition, c'est la détruire.
Les hérétiques nous reprochent cette soumission superstitieuse. C'est faire ce qu'ils nous reprochent [que d'exiger cette soumission dans les choses qui ne sont pas matière de soumission.]

CXXX. — Les pénitences extérieures disposent à l'intérieure, comme les humiliations à l'humilité.

CXXXI. — Il faut que l'extérieur soit joint à l'intérieur

pour obtenir de Dieu, c'est-à-dire que l'on se mette à genoux, prie des lèvres, etc. afin que l'homme orgueilleux qui n'a voulu se soumettre à Dieu soit maintenant soumis à la créature. Attendre de cet extérieur le secours, est superstition; ne pas vouloir le joindre à l'intérieur, est être superbe.

CXXXII. — L'unité et la multitude : *Duo aut tres in unum*. Erreur à exclure l'une des deux comme font les papistes qui excluent la multitude, ou les huguenots qui excluent l'unité.

Il n'y a presque plus que la France où il soit permis de dire que le Concile est au-dessus du Pape.

CXXXIII. — Les opinions relâchées plaisent tant aux hommes, qu'il est étrange que les leurs déplaisent. C'est qu'ils ont excédé toute borne. Et de plus il y a bien des gens qui voient le vrai et qui n'y peuvent atteindre; mais il y en a peu qui ne sachent que la pureté de la religion est contraire à nos corruptions. Ridicule de dire qu'une récompense éternelle est offerte à des mœurs *escobartines*.

CXXXIV. — Les malheureux qui m'ont obligé de parler du fond de la religion... Des pécheurs purifiés sans pénitence, des justes justifiés sans charité ; tous les chrétiens sans la grâce de Jésus-Christ; Dieu sans pouvoir sur les volontés des hommes, une prédestination sans mystère, une rédemption sans certitude.

CXXXV. — S'il y a jamais eu un temps auquel on doit faire profession des deux contraires, c'est quand on reproche qu'on en omet un.

Donc, les jésuites et les jansénistes ont tort en les célant ; mais les jansénistes plus, car les jésuites ont mieux fait profession des deux.

CXXXVI. — Si Dieu nous donnait des maîtres de sa

main, oh qu'il leur faudrait obéir de bon cœur! La nécessité et les événements en sont infailliblement.

CXXXVII. — Si on vous unit à Dieu, c'est par grâce, non par nature. Si on vous abaisse, c'est par pénitence, non par nature.

CXXXVIII. — Histoire de la Chine... Il n'est pas question de voir cela en gros. Je vous dis qu'il y a de quoi aveugler et de quoi éclairer. Par ce mot seul, je ruine tous vos raisonnements. — Mais la Chine obscurcit, dites-vous; et je réponds : la Chine obscurcit, mais il y a clarté à trouver; cherchez-la. Ainsi tout ce que vous dites voit à un des desseins, et rien contre l'autre. Ainsi cela sert et ne nuit pas. Il faut donc voir cela en détail; il faut mettre papiers sur table.

Contre l'histoire de la Chine. Les historiens de Mexico. Des cinq soleils dont le dernier est il n'y a que huit cents ans...

CXXXIX. — Le commun des hommes...
Ceux qui sont plus élevés...
Les philosophes. Ils étonnent le commun des hommes.
Les chrétiens. Ils étonnent les philosophes.
Qui s'étonnera donc de voir que la Religion ne fasse que connaître à fond, ce qu'on reconnaît d'autant plus qu'on a plus de lumière?

CXL. — Description de l'homme. Dépendance, désir d'indépendance, besoin.

CXLI. — Reprocher à Milton de ne pas se remuer.

CXLII. — Fascination. *Somnum suum* (*Ps.* 75). *Figura hujus mundi* (*Cor.*, VII. 31).
L'Eucharistie. *Comedes panem tuum* (*Deut.*, VIII). *Panem nostrum* (*Luc.*, XI. 3).

CXLIII. — *Inimici Dei terram lingent* (*Ps.* 71). Les pécheurs lèchent la terre, c'est-à-dire aiment les plaisirs terrestres.

Singularis ego sum donec transeam (*Ps.* 140). Jésus-Christ avant sa mort était presque seul de martyr.

CXLIV. — Extravagances des apocalyptiques et préadamites millénaires, etc. Qui voudra fonder des opinions extravagantes sur l'Écriture, en fondera par exemple sur cela. Il est dit que « cette génération ne passera point jusqu'à ce que tout cela se fasse ». (Matth., xxiv, 34.) Sur cela je dirai qu'après cette génération il viendra une autre génération, et toujours successivement. Il est parlé dans les IIes Paralipomènes (i, 14) de Salomon et de roi, comme si c'étaient deux personnes diverses. Je dirai que c'en étaient deux.

CXLV. — *Sur Esdras*. Fable, que les livres ont été brûlés avec le temple. Faux par les Machabées : Jérémie leur donna la loi.

Fable, qu'il récita tout par cœur : Josèphe et Esdras marquent qu'il lut le livre. Baronius, ann. 180 : *Nullus penitus Hebræorum antiquiorum reperitur, qui tradiderit libros periisse et per Esdram esse restitutos, nisi in IV Esdræ.*

Fable, qu'il changea les lettres. Philo in Vita Moysis : *Illa lingua ac character, quo antiquitus scripta est lex, sic permansit usque ad* 70. Josèphe dit que la loi était en hébreu quand elle fut traduite par les Septante.

Sous Antiochus et Vespasien, où l'on a voulu abolir les livres, et où il n'y avait point de prophète, on ne l'a pu faire. Et sous les Babyloniens, où nulle persécution n'a été faite, et où il y avait tant de prophètes, l'auraient-ils laissé brûler ?

Josèphe se moque des Grecs qui ne souffriraient...

CXLVI. — *Contre la fable d'Esdras*. Josèphe, *Anti-*

quités : Cyrus prit sujet de la prophétie d'Isaïe de relâcher le peuple. Les Juifs avaient des possessions paisibles sous Cyrus en Babylone, donc ils pouvaient bien avoir la loi. Josèphe, en toute l'histoire d'Esdras, ne dit pas un mot de ce rétablissement. *IV Reg.*, XVII, 27.

Si la fable d'Esdras est croyable, donc il faut croire que l'Écriture est l'Écriture sainte ; car cette fable n'est fondée que sur l'autorité de ceux qui disent celle des Septante, qui montre que l'Écriture est sainte.

Donc, si ce conte est vrai, nous avons notre compte par là, sinon nous l'avons d'ailleurs. Et ainsi ceux qui voudraient ruiner la vérité de notre religion, fondée sur Moïse, l'établissent par la même autorité par où ils l'attaquent. Ainsi, par cette providence, elle subsiste toujours.

Tertullien : *Perinde potuit abolefactam eam violentia cataclysmi in spiritu rursus reformare, quemadmodum et Hierosolymis Babylonia expugnatione deletis, omne instrumentum Judaicæ litteraturæ per Esdram constat restauratum.* (Tertull., *de Cultu fœmin.*, lib. I, cap. III.)

Il (Tertullien) dit que Noé a pu aussi bien rétablir en esprit le livre d'Énoch, perdu par le déluge, qu'Esdras a pu rétablir les Écritures perdues durant la captivité.

Eusèbe, *Hist.*, lib. V, cap. VIII : *Deus glorificatus est*, etc. Il allègue cela pour prouver qu'il n'est pas incroyable que les Septante aient expliqué les Écritures saintes avec cette uniformité que l'on admire en eux. Et il a pris cela de saint Irénée. (*Hérés.*, livre V, chap. XXV.)

Saint Hilaire, dans la préface sur les Psaumes, dit qu'Esdras mit les Psaumes en ordre.

L'origine de cette tradition vient du XIV° chapitre du IV° livre (apocryphe) d'Esdras.

CXLVII. — *Tradition ample du péché originel selon les Juifs.*

Sur le mot de la *Genèse* (ch. VIII, 21) : La composition du cœur de l'homme est mauvaise dès son enfance.

R. Moïse Haddarschan : Ce mauvais levain est mis dans l'homme dès l'heure où il est formé.

Massechet Succa : Ce mauvais levain a sept noms dans l'Écriture. Il est appelé mal, prépuce, immonde, ennemi, scandale, cœur de pierre, aquilon ; tout cela signifie la malignité qui est cachée et empreinte dans le cœur de l'homme. Midrasch Tillim dit la même chose, et que Dieu délivrera la bonne nature de l'homme de la mauvaise.

Cette malignité se renouvelle tous les jours contre l'homme, comme il est écrit, psaume xxxvii : « L'impie observe le juste et cherche à le faire mourir ; mais Dieu ne l'abandonnera point. »

Cette malignité tente le cœur de l'homme en cette vie, et l'accusera en l'autre.

Tout cela se trouve dans le Talmud.

Midrasch Tillim sur le psaume iv : « Frémissez et vous ne pécherez point : » frémissez et épouvantez votre concupiscence, et elle ne vous induira point à pécher. Et sur le psaume xxxvi : « L'impie a dit en son cœur que la crainte de Dieu ne soit point devant moi ; » c'est-à-dire que la malignité naturelle à l'homme a dit cela à l'impie.

Midrasch Kohelet : « Meilleur est l'enfant pauvre et sage que le roi vieux et fol qui ne sait pas prévoir l'avenir. » L'enfant est la vertu, et le roi est la malignité de l'homme ; elle est appelée roi parce que tous les membres lui obéissent, et vieux parce qu'il est dans le cœur de l'homme depuis l'enfance jusqu'à la vieillesse, et fol parce qu'il conduit l'homme dans la voie de perdition qu'il ne prévoit point.

La même chose est dans Midrasch Tillim.

Bereschit Rabba, sur le psaume xxxv : « Seigneur, tous mes os te béniront, parce que tu délivres le pauvre du tyran, » et y a-t-il un plus grand tyran que le mauvais levain ? Et sur les *Proverbes*, xxv : « Si ton ennemi a faim, donne-lui à manger, » c'est-à-dire si le mauvais levain a faim, donne-lui du pain de la sagesse dont il est parlé, *Proverbes*, ix ; et s'il a soif, donne-lui de l'eau dont il est parlé, *Isaïe*, ch. iv.

Midrasch Tillim dit la même chose, et que l'Écriture en cet endroit, en parlant de notre ennemi, entend le mauvais levain; et qu'en lui donnant ce pain et cette eau, on lui assemblera des charbons sur la tête.

Midrasch Kohelet, sur l'*Ecclés.*, ix : « Un grand roi a assiégé une petite ville. » Le grand roi est le mauvais levain; les grandes machines dont il l'environne sont les tentations, et il a été trouver un homme sage et pauvre qui l'a délivrée, c'est-à-dire la vertu. Et sur le psaume xli : « Bienheureux qui a égard au pauvre. » Et sur le psaume lxxviii : « L'esprit s'en va et ne revient plus, » dont quelques-uns ont pris sujet d'errer contre l'immortalité de l'âme; mais le sens est, que cet esprit est le mauvais levain, qui s'en va avec l'homme jusqu'à la mort, et ne reviendra point en la résurrection. Et sur le psaume ciii, la même chose. Et sur le psaume xvi.

Principes des rabbins. Deux Messies.

CXLVIII. — « *Chronologie du rabbinisme*. Les citations des pages sont du livre *Pugio*. Page 27, Hakadosch, an 200, auteur de *mischna*, ou loi vocale, ou seconde loi. Commentaires de mischna : l'un *Siphra*. — *Barajetot*. — *Talmud Hierosol.*, ann. 340. — *Tosiahtot*.

» *Bereschit Rabah*, par R. Osaia Rabah, commentaire de *mischna*.

» *Bereschit Rabah,* par Naconi, sont des discours subtils, agréables, historiques et théologiques. Ce même auteur a fait des livres appelés *Rabot*.

» Cent ans après le *Talmud Hierosol.*, fut fait le Talmud babylonien, par R. Ase, par le consentement universel de tous les Juifs, qui sont nécessairement obligés d'observer tout ce qui y est contenu (an) 440. L'addition de R. Ase s'appelle *gemara*, c'est-à-dire le commentaire de *mischna*. Et le Talmud comprend ensemble le *mischna* et le *gemara*. »

★

Qu'il y a des Certitudes d'un autre ordre et aussi complètes que celles de la Géométrie [1].

La plupart des plus grandes certitudes que nous ayons ne sont fondées que sur un fort petit nombre de preuves qui ne sont pas infaillibles séparées, et qui pourtant dans certaines circonstances se fortifient tellement par l'addition de l'une à l'autre, qu'il y en a plus qu'il n'en faut pour condamner d'extravagance quiconque y resterait, et qu'il n'y a point de démonstration dont il ne fût plus aisé de se faire naître le doute dans l'esprit.

Que la ville de Londres, par exemple, ait été brûlée il y a quelques années, il est certain que cela n'est pas plus vrai en soi, qu'il est vrai que les trois angles de tout triangle sont égaux à deux droits; mais il est plus vrai pour ainsi dire par rapport aux hommes en général. Que chacun examine là-dessus s'il lui serait possible de se porter à en douter, et qu'il voie par quels degrés il a acquis cette certitude, que l'on sent bien être d'une autre nature et plus intime que celle qui vient des démonstrations, et tout aussi pleine que si l'on avait vu cet incendie de ses propres yeux.

Cependant combien y a-t-il de gens qui n'ont pas ouï

---

[1]. Ce morceau de philosophie chrétienne, quoique la rédaction n'en appartienne point à Pascal, a été publié à la suite des premières éditions de ses *Pensées*. Ce fut Filleau de la Chaise qui le rédigea en développant « dans les vues de M. Pascal » une idée que celui-ci avait esquissée dans la célèbre conférence à Port-Royal où il expose son plan, et dont le susdit écrivain nous a conservé le sommaire en son *Discours*.

parler vingt fois de cet embrasement ? La première, ils auraient peut-être parié égal que la chose était ; peut-être double contre simple à la seconde : mais après cela, qu'ils y songent, ils auraient mis cent contre un à la troisième ; à la quatrième peut-être mille, et enfin leur vie la dixième. Car cette multiplication est encore tout autre que celle des nombres dont l'addition de l'unité augmente si terriblement les combinaisons, comme si aux vingt-quatre lettres par exemple on en ajoutait une, cela ferait une multiplication effroyable des mots qu'on en pourrait composer. Et la raison en est bien claire ; car à quelque point que l'addition d'un nombre puisse porter la multiplication, il y a toujours bien loin de là à l'infini : au lieu que de l'autre côté, dès la troisième ou seconde preuve, selon qu'elles sont circonstanciées, on peut arriver à l'infini c'est-à-dire à la certitude que la chose est.

Ainsi comme un homme passerait pour fou, s'il hésitait tant soit peu à prendre le parti de se laisser donner la mort en cas qu'avec trois dés on fît vingt fois de suite trois six, ou d'être empereur si l'on y manquait, il y aurait infiniment plus d'extravagance à douter que la ville de Londres ait été brûlée. Car enfin il est aisé d'assigner au juste quel est le parti, et en combien de coups on peut entreprendre de faire vingt fois de suite trois six. Mais il n'en va pas ainsi des preuves qui nous font croire cet embrasement. Ce n'est pas une chose assignable, et tout infinis que sont les nombres, il n'y en a point qui la puisse déterminer. Nous sentons fort bien que cela est d'une autre nature, et que nous n'en sommes pas moins persuadés que des premiers principes.

Car à quelque degré qu'on puisse pousser la difficulté d'un certain hasard, comme par exemple de faire retrouver du premier coup à un aveugle une oraison de Cicéron, après avoir brouillé les caractères qui la composent, et qu'il prendrait l'un après l'autre au hasard ; il est certain que, quoique cela paraisse extravagant à proposer, un homme profond dans la connaissance des nombres déterminera au juste ce qu'il y a parier en cette occasion, n'y ayant point d'impossibilité réelle que cela ne puisse arriver. Mais pour les choses de fait, elles sont sûrement ou ne sont pas. Il y a une ville qu'on appelle Rome, ou il n'y en a point. La ville de Londres a été brûlée, ou elle ne l'a pas été : il n'y a point de parti sur cela.

Mais, dira quelqu'un, supposons qu'un homme ait effectivement arrangé ces caractères, et qu'on me veuille faire parier si oui ou non il a rencontré cette oraison de Cicéron : voilà une chose de fait et d'un fait de même espèce que celui de Rome ; cependant on peut déterminer ce qui se doit parier. Cela est vrai, mais c'est que vous n'avez pas vu ce qu'il a trouvé, car alors il n'y aurait plus de pari. Vous sauriez sûrement si l'oraison y est ou n'y est pas. Il en est ainsi de Rome. Les choses qui nous prouvent qu'il y a une ville de ce nom-là nous l'ont fait voir comme si nous y avions passé toute notre vie. Il n'y a plus à parier.

Aussi la certitude qu'on a de Rome est une démonstration en son espèce. Car il y en a de plusieurs sortes, et où l'on arrive par d'autres voies que par celles de la géométrie, et même plus convaincantes, quoiqu'on n'en voie pas le progrès. Tout ce qui ne dépend point du hasard est de cette nature, et il est certain qu'il y a des choses où, malgré la multiplicité des combinaisons, il est impossible d'arriver. Qu'on prenne par exemple un homme sans esprit, qu'on le mette à la place de M. le premier Président, et qu'on lui dise de faire une harangue ; sera-t-il possible d'assigner ce qu'il y a à parier qu'il ne rencontrera point mot pour mot la dernière harangue de M. le premier Président ? Non en vérité, et cela vient de ce que les choses d'esprit et de pensée ne sont point de la nature des corps.

Que l'on rencontre une oraison de Cicéron en assemblant au hasard des caractères d'imprimerie, il est visible que cela se peut. Ce ne sont que des assemblages de corps qui sont possibles dans l'infini. Mais de rencontrer une harangue par la pensée, c'est tout autre chose. Car un homme ne dit jamais rien que parce qu'il le veut dire, et il ne peut rien vouloir dire que ce que la lumière de son esprit lui peut découvrir. Ainsi il ne voit que selon qu'il en a plus ou moins. Et il y a une infinité de choses où il est impossible que cette lumière particulière de chaque esprit puisse aller, comme il y en a une infinité où tout ce que les hommes ensemble ont de lumière ne saurait atteindre. Il est donc visible que si cet homme agissait comme une machine, il ne serait pas impossible que le hasard le menât à cette harangue, et le parti s'en pourrait assigner. Mais de ce qu'il pense, il est certain que jamais il ne la rencontrera, et que jamais la lumière de son esprit, selon laquelle il faut qu'il marche, ne le saurait mener de ce côté-là.

On dira peut-être que cet homme peut vouloir agir comme une machine, et prononcer seulement des mots qui, ne signifiant rien dans son intention, peuvent exprimer les pensées de M. le premier Président. Mais c'est ce qui ne saurait être, parce qu'il est impossible qu'un homme se défasse à ce point-là de son esprit. Il faudrait qu'il n'en gardât que le vouloir de remuer la langue ; et alors il ne prononcerait pas un mot seulement. Que s'il la remuait pour en prononcer, ce ne saurait être que des mots qu'il aurait auparavant formés dans sa tête, et qui ne signifiant rien étant assemblés, parce qu'il les voudrait assembler quoiqu'ils ne signifiassent rien, ne feraient pas la harangue qui a du sens. Ou s'il voulait que leur assemblage signifiât quelque chose, ce ne serait pas non plus la harangue dont il ne saurait avoir les idées.

Voilà donc une chose qui ne consiste qu'en combinaisons, et à laquelle il est néanmoins impossible que le hasard puisse aller. Et ce qu'il y a d'admirable, c'est que ces divers assemblages de caractères qui composent une oraison de Cicéron, s'étendant à toutes les langues, sont incomparablement en plus grand nombre que les mots de la langue française que M. le premier Président a parlée ; et que cependant il n'est pas impossible qu'on rencontre cette oraison ; et qu'il l'est visiblement que cet homme arrive à cette harangue. Mais c'est, comme il a déjà été dit, que la main qui arrange ces caractères au hasard est elle-même entre les mains du hasard ; et que cet homme qui parle est gouverné par une volonté et un esprit qui n'y est nullement soumis ; le hasard ne pouvant jamais faire qu'un homme agisse contre sa volonté, ni l'élever au-dessus de son intelligence.

On pourrait bien montrer que le parti que Rome soit est de cette nature, et que le hasard n'y a nulle part. Car enfin de tous ceux qui ont dit qu'il y avait une ville de ce nom-là, il n'y en a pas un qui ne l'ait voulu dire, qui n'ait su ce qu'il faisait en le disant, et qui n'ait même eu en cela quelque but ; toutes choses qui ne sont point du domaine du hasard. Et comme il ne se peut qu'entre ceux-là il n'y en ait eu un nombre presque infini qui auraient su que cette ville n'était point, si elle n'était point en effet, il faut avoir perdu le sens pour s'imaginer que le hasard a pu faire qu'ils aient tous eu des raisons pour aimer mieux dire ce mensonge que la vérité, ou que tous l'aient mieux aimé sans raison. Il n'est pas nécessaire de pousser cela plus loin, on l'affaiblirait plutôt par le détail qu'on ne le ferait comprendre à qui ne le sent pas d'abord. Mais on peut soutenir hardiment qu'il est impossible de ne le pas sentir, non plus qu'un premier principe, et que si l'existence de la ville de Rome n'est pas démontrée pour ceux qui n'y ont pas été, il s'ensuit qu'il y a des choses non démontrées plus certaines, pour ainsi dire, que des démonstrations.

La religion chrétienne est assurément de ce genre ; et qui aurait assez d'esprit, d'application et de lecture, on viendrait à bout de le faire voir. Car que l'on pense profondément à tant de grandes et d'inconcevables choses qui se sont passées depuis six mille ans aux yeux des hommes, et dont on trouve des restes et des traces par tout le monde, et à l'antiquité de cette histoire qui comprend ce qu'on connaît de plus éloigné dans la durée de l'univers, sans qu'il se soit jamais rien trouvé qui l'ait démentie.

Que l'on pense aux réflexions de toute nature qu'il y a à faire sur les événements et sur les mystères qui nous sont enseignés par la religion chrétienne ; sur la manière dont ils se sont passés jusqu'à nous ; sur le style, l'uniformité et l'élévation de ceux qui nous ont donné les livres saints ; sur la profondeur des vérités que seuls entre les hommes ils nous ont découvertes, et dans la nature de l'homme, et dans celle de la Divinité, et dans celle des vertus et des vices. Que l'on considère la distance infinie qu'il y a de leurs idées, et de leur manière de penser, de s'exprimer et d'agir, à celle de tout le reste des hommes, en sorte qu'il semble qu'ils aient été d'une espèce différente ; la qualité d'originaux qu'ils possèdent avec tant d'avantage, que non seulement tout ce qui a été dit avec quelque sens par les hommes n'en est qu'une faible copie, mais qu'on y trouve même la source de leurs erreurs et de leurs égarements qui n'en sont qu'une grossière dépravation ; et les voies par où tout ce que nous croyons s'est établi, a subsisté jusqu'ici, subsiste encore, et doit visiblement subsister autant que le monde.

Enfin, que l'on rassemble tout ce qui a été remarqué à ce sujet par tant de grands personnages qui en ont écrit, et qu'on y joigne même ce qui leur est échappé ; car cela doit encore entrer en compte, puisque la faiblesse de l'esprit humain ne lui permettant jamais de voir dans les choses qu'une partie de ce qu'elles enferment, l'abondance de ce qu'il découvre marque infailliblement celle de ce qui lui resterait à découvrir. Que l'on envisage, dis-je, tout cela, et qu'on le pèse de bonne foi, il sera visible qu'on pourrait faire voir une si grande accumulation de preuves pour notre religion qu'il n'y a point de démonstration plus convaincante, et qu'il serait aussi difficile d'en douter que d'une proposition de géométrie, quand même on n'aurait que le seul secours de la raison.

Car quoiqu'on ne pût peut-être démontrer, dans la rigueur de la géométrie, qu'aucune de ces preuves en particulier soit indubitable, elles ont néanmoins une telle force étant assemblées, qu'elles convainquent tout autrement que ce que les géomètres appellent démonstrations. Ce qui vient de ce que les preuves de géométrie ne font le plus souvent qu'ôter la réplique, sans répandre aucune lumière dans l'esprit, ni montrer la chose à découvert; au lieu que celles-ci la mettent, pour ainsi dire, devant les yeux ; et la raison en est qu'elles sont dans nos véritables voies, et que nous avons plus de facilité à nous en servir, et à nous en servir sûrement, que des principes de géométrie dont peu de têtes sont capables, jusque-là que tout infaillibles qu'ils sont, les géomètres eux-mêmes s'y trompent et s'y brouillent souvent.

FIN

TABLE DES MATIÈRES

	Pages
Avertissement des éditeurs........................	V

ESSAI SUR L'APOLOGÉTIQUE DE PASCAL

I. — Pascal et son œuvre........................	XI
II. — Le livre des *Pensées*.....................	XIX
III. — Plan et doctrine des *Pensées*.............	XXXIX
IV. — Méthode et principes de cette apologétique...	LXI
V. — Génie de l'apologiste et de l'écrivain.........	LXXIV
VI. — Pascal et le scepticisme....................	LXXXII
VII. — Pascal et le scepticisme. — Textes et objections.	XCIII
VIII. — Pascal et le jansénisme...................	CXX
IX. — Pascal et notre temps......................	CLX

PENSÉES DE PASCAL

PREMIÈRE PARTIE

L'HOMME DÉCHU DE SA GRANDEUR PAR LE PÉCHÉ

CHAPITRE PREMIER

L'homme en présence du problème de sa destinée.

1. L'indifférentisme en matière de religion. — 2. Les vérités religieuses peuvent être connues malgré leur obscurité. — 3. Impossible de ne pas songer à notre destinée future. — 4. Le problème de l'éternité. — 5. Les croyants, les chercheurs, les indifférents. — 6. Faire comme si l'on était seul. — 7. Mortels ou immortels. — 8. Deux hypothèses. — 9. S'attacher à quelque chose de permanent.. 1

CHAPITRE II
L'homme au regard de Dieu et d'une éternité de bonheur.

1. Pari sur le problème de l'éternité. Le parti le plus sûr. Impuissance de croire et diminution des passions. Quitter les plaisirs. — 2. Fascinés par des hochets. — 3-4. Rechercher la vérité. — 5-6. Etre contingent et être nécessaire. — 7-8. Incompréhensibilité et infinité de Dieu. — 9. La nature image de Dieu. — 10. Fini et infini ; justice et miséricorde. — 11. Mal vivre en croyant Dieu. — 12. Dieu et le monde. — 13. Toute-puissance...... 14

CHAPITRE III
L'homme au regard de la raison et de la vérité.

1. Trois moyens de croire. — 2-3. Les raisons et l'ordre du cœur. — 4. Raison, sentiment, foi. — 5. La vérité connue par la raison et le cœur. — 6. Instinct et expérience. — 7-8. La dernière démarche de la raison. — 9-10. Ni exagérer ni choquer. — 11-12. Soumission raisonnable. — 13-14. Deux excès. — 15. La religion proportionnée à toutes sortes d'esprits. — 16. Aimer la vérité. — 17. Christianisme et raison. — Fausse règle de créance. — 19. Le consentement de nous à nous-même............ 23

CHAPITRE IV
L'homme au regard de la foi et de la persuasion.

1. La raison et la grâce. — 2. La foi, don de Dieu. — 3. véritable méthode. — 4-5. La foi des simples. — 6. Foi et grâce. — 7. Dieu caché et découvert. — 9. Conviction de l'esprit, habitude, inclination du cœur.................................... 30

CHAPITRE V
L'homme placé entre deux infinis.

1. Grandeur du monde et petitesse relative de l'homme. Grandeur dans l'infiniment petit. Impossible de connaître tout. — 2. Présomption à vouloir connaître les derniers principes des choses. L'homme borné entre deux extrêmes. Il ne peut se fixer dans le fini. — 3. Contingence de la vie humaine. — 4. Notre nature bornée. — 5-6. Entourée d'ignorance et de silence.......... 34

CHAPITRE VI
L'Homme considéré dans sa grandeur et dans sa misère.

1. Roseau pensant. — 2. Régler sa pensée. — 3. La pensée fait l'homme. — 4. Penser comme il faut. — 5. Pensée grande et basse. — 6. Misère, preuve de grandeur. — 7-9. Connaître sa misère. — 10. Misères de grand seigneur. — 11. L'instinct nous élève. — 12-13. Recherche de l'estime des hommes. — 14. L'homme double. — 15. Plus de lumière. La religion................ 41

CHAPITRE VII

L'Homme entraîné par l'orgueil et l'égoïsme, source de sa corruption et de sa misère.

1. L'amour-propre et le *Moi* humain. Pas vouloir connaître ses défauts. Déguisement et mensonge. — 2. Nous nous efforçons de paraître. — 3. Vanité ancrée dans le cœur. — 4. Orgueil contrepesant toutes les misères. — 5. Présomption. — 6. Douceur de la gloire. — 7-8. Curiosité n'est que vanité. — 9. Les belles actions cachées. — 10-11. On n'aime que pour des qualités empruntées. — 12. Le vilain fard de l'homme. — 13. Le *Moi* haïssable. — 14. Se mettre au-dessus du reste du monde. — 15. Amour-propre et injustice. — 17-18. N'aimer que Dieu. — 19. Philosophes inconséquents. — 20. La piété et le *Moi*.................................. 46

CHAPITRE VIII

L'Homme considéré dans les étonnantes faiblesses de sa raison et de sa volonté.

1. Piperie des sens. — 2. Incapables de vrai et de bien. — 3. Le bon sens et la raison humiliée. — 4. Céder au sentiment. — 5. La volonté détourne l'esprit. — 6-8. Difficile de voir du point juste. — 9-10. Le point fixe en morale. — 11-12. La présomption fournit des armes au scepticisme........................... 57

CHAPITRE IX

L'Homme dominé et égaré par les fantaisies de l'imagination.

1. Maîtresse d'erreurs et dispensatrice de réputations. Magistrat et prédicateur. Philosophe sur une planche. Avocat bien payé. Magistrats et gens de guerre. Effets d'une faculté trompeuse. — 2. Par quoi le penseur se laisse troubler. — 3. Tour d'imagination. — 4. Grossissement et amoindrissement. — 5. Difficile de ne point démontrer un jugement. — 6. Imagination, temps, éternité... 62

CHAPITRE X

L'Homme dominé dans sa vie et dans ses actions par la coutume.

1. Hasard, coutume et métiers — 2. Choix de la condition et de la patrie. — 3. Que de natures en l'homme! — 4. Principes naturels et principes accoutumés. — 5. Naturel acquis et perdu. — 6. — Comment tout devient nature........................... 67

CHAPITRE XI

L'Homme faisant de la coutume ou de la force le règlement de la justice.

1. Justice qu'une rivière borne. Vérité en deçà, erreur au delà. Loi naturelle corrompue. La coutume fait l'équité. — 2. Montaigne a tort: obéir aux lois et coutumes parce qu'elles sont établies (?). — 3. Dangereux de nier que les lois sont justes. — 4-5. Pourquoi la

guerre ? — 6. Commencement d'usurpation. — 7-11. Justice, mœurs, loi, force, pluralité, inégalité. — 12-13. Opinion, force. — 14-15. Justice sans la force. — 16. Mode et justice. — 17. La justice est ce qui est établi (?).. 70

CHAPITRE XII

La raison de l'homme, entravée dans la connaissance de la vérité par les sens, les maladies, l'intérêt, le sentiment de la difficulté même des choses à connaître.

1. Fausses impressions et illusion des sens. — 2. Les maladies gâtent le jugement et le sens. — 3. Notre intérêt, l'affection ou la haine changent la justice. — 4. Vérité et justice, deux pointes subtiles. — 5-6. Juger par sentiment ou raisonnement. — 7. Comment on se gâte l'esprit et le sentiment. — 8-9. Connaître les parties et le tout. — 10-11. Choses matérielles et connaissances immatérielles. — 12. Connaître la matière, le souverain bien, la nature de l'âme.. 79

CHAPITRE XIII.

La faiblesse de notre raison mise au grand jour par l'inconsistance et la contradiction des opinions communes.

1-4. Voir la raison des effets. — 5. Utilité d'une erreur commune. — 6-7. Se tenir au milieu. — 8-9. Opinions du peuple saines. — 10-11. Raison et déraison. Un sot qui succède par droit de naissance. — 12-14. Distinguer les hommes par l'extérieur. — 15-16. Cordes de respect et d'imagination. — 17. Nécessairement fous. — 18-19. Prestige et puissance des rois. — 20-21. Partout mêmes passions. — 22. Ignorance et demi-science. — 23-24. Opinions à la fois saines et fausses. — 25. L'obéissance des chrétiens.. 86

CHAPITRE XIV

La misère de l'homme marquée d'une manière ineffaçable dans ce fonds d'ennui et d'inquiétude qui est le grand obstacle à son bonheur.

1-2. Ennui du fond de l'âme. — 3-4. Ne pas y penser, misérable consolation. — 5-7. S'oublier dans les affaires, les divertissements, les passions. — 8-9. Royauté, bonheur, divertissement. — 10. Bruit, remuement, occupations impétueuses. — 11. Ennui sans cause d'ennui. — 12. Joueur et chasseur. Tristesse et divertissement. — 13-14. Ennui, amusements, occupations. — 15-17. Mirage de bonheur. — 18. Le combat non la victoire. — 19-21. Plaisirs, affections, consolations également médiocres. — 22. La continuité dégoûte. — 23-24. Vanité des choses. — 25. Inconstance, ennui, inquiétude. — 26-28. Connaître la misère : vanité des plaisirs, égalité des maux.. 95

CHAPITRE XV

Contrariétés étonnantes de la nature de l'homme à l'égard de la vertu.

1. Recherche ardente et possession difficile de la vérité. — 2. Les forces des pyrrhoniens. — 3. Le fort des dogmatistes. — 4. Guerre de systèmes. — 5. Le doute universel : la nature soutient la raison et confond les pyrrhoniens, — 6. Clarté naturelle non éteinte, mais ternie. — 7. Invincibles au dogmatisme et au pyrrhonisme.. 110

CHAPITRE XVI

Contrariétés qui se rencontrent dans la nature de l'homme à l'égard du bonheur.

1. Tous les hommes recherchent d'être heureux. — 2. Vains efforts. — 3. Fausses conclusions. — 4. Les trois concupiscences et les sectes. — 5-6. Raison et passion en guerre. — 7. Le bonheur hors de nous. — 8-10. Les solutions des stoïques. — 11. Comment incapables de certitude et de bonheur. — 12-13. Le bonheur en Dieu. Tendre les bras au libérateur.............. 117

CHAPITRE XVII

Étrange condition de l'homme soumis à ces profondes contrariétés de la nature.

1-3. Contrariétés, nature corrompue, contradictions. — 4-7. Instinct et raison ; étrange renversement ; bassesse et présomption. — 8-10. Ni ange, ni bête. — 11. L'homme sans Dieu. — 12. Louer, blâmer, divertir. — 13. S'il se vante, je l'abaisse. — 14. Que l'homme s'estime son prix. Capacité naturelle. Vérité ni constante ni satisfaisante. — 15. Égaré et tombé du vrai bien......... 123

CHAPITRE XVIII

L'homme ne trouve la raison de ces contrariétés et le remède à sa misère ni dans la nature, ni chez les philosophes, ni dans les autres religions.

1. Y a-t-il autre chose que ce que je vois ? — 2. Ce que je vois et qui me trouble. Rien trop cher pour l'éternité. — 3. Egal à Dieu ou aux bêtes ? — 4-5. Foisons de religions. — 6. Les philosophes ont-ils trouvé le remède ? — 7. Quelle religion guérira l'orgueil et la concupiscence ?..................... 126

SECONDE PARTIE

L'HOMME RELEVÉ DE SA RUINE PAR JÉSUS-CHRIST SON SAUVEUR

CHAPITRE PREMIER

La vraie Religion peut seule rendre compte des étonnantes contrariétés de l'homme et indiquer le remède à sa misère.

1. Tout pour lui, tout par lui. — 2. La vraie religion doit rendre raison des contrariétés de la nature humaine et enseigner les remèdes. — 3-5. Ecoutons la sagesse de Dieu. Déchéance. Fausses tentatives. Foi sûre. — 6. Principe de lumière dans la corruption originelle. — 7. Incapables d'ignorer et de savoir certainement. — 8-9. Vanité des systèmes philosophiques à cet égard. — 10-12. Deux points fondamentaux du christianisme. — 13-14. Adam et Jésus, concupiscence et grâce; l'Incarnation. — 15. Liaison rompue et réparée. — 16-19. L'homme et Dieu dans la religion chrétienne. — 20. Misérables et rachetés.................... 131

CHAPITRE II

Comment cette religion se rencontre dans la révélation donnée au peuple juif et dans le livre des Ecritures.

1. Christianisme fondé sur Judaïsme. — 2. Un peuple en un coin du monde. — 3. Le peuple le plus ancien. — 4-5. Différence d'un livre à un autre. — 6. Les deux plus anciens livres. — 7. Religion messianique. — 8-9. Peuple du Messie............. 140

CHAPITRE III

Vérité de cette révélation attestée par le caractère extraordinaire de Moïse et de son récit.

1. Historien de la création. — 2-4. Moïse et les patriarches. — 5-6. Moïse et les tribus d'Israël. — 7-8. Sincérité sans exemple. 148

CHAPITRE IV

Intégrité de cette Révélation gardée et conservée comme un dépôt inviolable par le peuple juif.

1-2. Providence sur l'humanité primitive. — 3-4. Les Juifs ne comprennent pas le Messie. — 5. Cela ajoute à la valeur de leur témoignage. — 6. Doctrine du peuple et doctrine de la loi. — 7. Religion des Juifs figurative. — 8-10. Vrais Juifs et vrais Chrétiens. — 11. Peuple fait exprès. — 12. Zèle des Juifs. — 13. Prédit et adoré. — 14-16. Enchaînement de la religion dans la foi au Libérateur.. 152

CHAPITRE V
Le Messie et la Loi nouvelle, indiqués et marqués d'avance dans les Figures de l'ancienne Loi.

1. L'ancien Testament figuratif ou typique. — 2. Figures ou sottises. — 3-4. Vieillis dans les pensées terrestres. — 5. Dépositaires du Testament spirituel. — 6. Jésus-Christ figuré par Joseph. — 7. Adam *forma futuri*. — 8. Juif et Egyptien. — 9-10. Les deux Testaments. — 11. Réalité et figure. — 12. Contrariétés accordées dans la figure. — 13-15. L'ancien Testament avec chiffre. — 16. Clef du chiffre. — Nature, image de la grâce. — 18. Charité, objet de l'Ecriture. — 19. Charité et cupidité. — 20-21. Les charnels et les spirituels. — 22. Il y a un Libérateur....... 158

CHAPITRE VI
Le Messie ou Libérateur annoncé et prédit par les prophètes d'Israël.

1-2. Prophéties et peuple qui ne peut les comprendre, mais les conserve et les porte. — Captivité, péché, délivrance. — 4. Aveugler les uns, éclairer les autres. — 5-7. Messie connaissable et méconnaissable. — 8-9. Les deux sens de l'Ecriture. — 10-11. Prophéties, préparation et preuve de l'Evangile. — 12-14. Continuité et multiplicité de la manifestation prophétique......... 170

CHAPITRE VII
La vie et l'œuvre du Messie annoncées dans leurs moindres particularités par les anciens prophètes.

1. Evolution de l'idée messianique. — 2. Les prophéties relatives à la vie du Messie. — 3. A son œuvre. — 4. A sa loi. — 5. A son peuple. — 6. A son culte nouveau. — 7. L'histoire, préface à l'Evangile... 179

CHAPITRE VIII
Ordre et suite des prophéties relatives au Messie.

§ 1. — Prophéties qui annoncent la succession des temps et la chute des empires....................................... 184
§ 2. — Prophéties qui annoncent la vengeance de Dieu sur Israël, la réprobation des Juifs et la conversion des Gentils... 192
§ 3 — Prophéties qui annoncent la réprobation du temple et la captivité du peuple juif sans retour......................... 195
§ 4.— Prophéties qui annoncent l'avènement de Jésus-Christ. 197

CHAPITRE IX
Jésus-Christ ou le Messie lien des deux testaments.

1. Centre des deux testaments. — 2. Qualités multiples d

Messie. — 3. La religion des Juifs contradictoire sans le Messie — 4. Circoncision et sabbat. — 5. L'amour de Dieu dans l'Ancien Testament. Contradictions prophétiques et synthèse messianique.. 204

CHAPITRE X

Jésus-Christ accomplissant dans sa vie et dans son œuvre les anciennes prophéties.

1. Divinité des prophéties. — 2. Le double avènement. — 3. Le temps du Messie. — 4. Le Christ pour son peuple nouveau. — 5. Jésus-Christ et les deux catégories d'hommes. — 6-7. Comment les Juifs n'ont-ils pas cru ? — 8. Le voile sur l'Ecriture. 9. Clartés et obscurités. — 10. Les impies et les juifs. — 11-20. Prophétie de Jacob ; le sceptre sorti de Juda. — 21-26. Isaïe et le nouveau règne messianique. — 27-29. Daniel et la suite des empires. — 30-31. — Osée, Aggée et le culte nouveau........ 208

CHAPITRE XI

Jésus-Christ considéré dans l'éclat de son excellence et de sa divine supériorité.

1. Quel homme eut jamais plus d'éclat ! — 2. Les grandeurs de la matière, de l'esprit, de la sainteté. Archimède et Jésus-Christ. — 3. Clarté et simplicité. — 4. Ce que Jésus-Christ apprend aux hommes. — 5. Ce qu'il leur dit. — 6. Sans orgueil, sans désespoir. — 7. Modèle de toutes conditions...................... 216

CHAPITRE XII

Jésus-Christ considéré dans sa vie et dans sa passion.

1. Jésus-Christ dans l'obscurité. — 2-3. Homme et Dieu. — 4. Tout par rapport à Jésus-Christ. — 5. Prédit et prédisant. — 6. Mort pour tous. — 7. Triple communion. — 8. Jésus-Christ et Josué — 9-10. Témoignage de Dieu et du démon. — 11-12. Vrais disciples ; Judas. — 13. Pilate et Jésus. — 14-16. Formes de la justice et fausse justice............................... 220

CHAPITRE XIII

Le Mystère de Jésus.

1. Jésus dans sa passion. — 2. Paroles de Jésus à l'âme. — 3. L'âme pénitente à Jésus. — 4. Sépulcre de Jésus-Christ. — 5. Nous unir à ses souffrances............................... 223

CHAPITRE XIV

Jésus prouvant sa mission divine par ses miracles.

1-2. Miracles et prophéties diversement nécessaires. — 3-4. Miracle, démon et Dieu. — 5. Coupables devant le miracle. — 6. Miracles et blasphèmes. — 7-8. Valeur du miracle. — 9-11. Prophéties et miracles. — 12. Le Christ et les Juifs. — 13. Suivre Jésus-Christ et honorer ses miracles. — 14. Saint Augustin et la foi par les miracles. — 15. Incrédules les plus incrédules... 228

CHAPITRE XV

La Mission divine de Jésus prouvée par les Évangélistes et les Apôtres

1. Le style de l'Évangile. — 2. Dieu parlant de Dieu. — 3. Les Évangélistes et la figure du Christ. — 4-5. Apôtres trompés ou trompeurs. — 6. Dissemblances utiles. — 7. Témoins qui se font égorger... 234

CHAPITRE XVI

La Mission divine de Jésus confirmée par l'état actuel et le témoignage du peuple juif.

1-2. Subsistant pour la preuve de Jésus-Christ. — 3. Pourquoi ils ne l'ont pas reçu. — 4. Recevoir ou renoncer le Messie. — 5. La dernière marque du Messie... 236

CHAPITRE XVII

La Mission et l'œuvre de Jésus en regard des infidèles.

1. Jésus-Christ et le silence des historiens. — 2. Paganisme et mahométisme sans fondement. — 3. Le témoignage de Mahomet. — 4. Mahomet sans autorité. — 5-6. Sottises au mystère. — 7. Le Coran et saint Matthieu. — 8. Mahomet et Moïse. — 9. Jésus-Christ et Mahomet. — 10-11. Ni miracles, ni prophéties, ni témoins.. 238

CHAPITRE XVIII

L'Œuvre de Jésus en regard de la connaissance et de l'amour de Dieu. — Unique médiateur entre Dieu et les hommes.

1. Les preuves cosmologiques de l'existence de Dieu. — 2. Preuves métaphysiques. — 3-4. Le Dieu des chrétiens. — 5. Connaître Dieu et notre misère. — 6. Jésus-Christ objet et centre de tout. — 7. Athéisme ou déisme. — 8. Comment le pyrrhonisme est utile et vrai. — 9. La vérité même peut devenir une idole. — 10. En Jésus-Christ et par Jésus-Christ. — 11. Notre ignorance hors de Jésus-Christ. — 12-13. L'homme et le monde sans Jésus-Christ. 242

CHAPITRE XIX

L'œuvre de Jésus dans l'éclat et dans le mystère de sa manifestation.

1. Comment Dieu se découvre et se cache. — 2. Connaissable aux uns, obscur aux autres. — Ni exclusion totale, ni présence manifeste. — 4. Plus disposer la volonté que l'esprit. — 5. Connaître assez. — 6-7. Indignes et capables de Dieu. — 8. Avec ou sans Dieu. — 9. Ignorances des élus et des réprouvés. — 10. Laissés dans l'aveuglement. — 11-12. Ne pas se plaindre des obscurités. — 13-14. Religion sage et folle. — 15-16. Comment les preuves de la religion ne sont pas absolument convaincantes. — 17.

Jésus-Christ inconnu. — 18. Lumière de Dieu. — 19-20. Aveugler les uns, éclairer les autres. — 21. Science de l'esprit et du cœur. — 22-23. Impies et Juifs : preuves de la foi. — 24. Vérité de la religion dans son obscurité même.................................. 248

CHAPITRE XX

L'œuvre de Jésus dans la vie du chrétien par la victoire de la grâce sur la concupiscence.

1-2. La triple concupiscence. — 3. Les deux sources de péchés. — 4. Un homme et un saint. — 5-6. Grâce et nature. — 7-9. La loi et la grâce. — 10-11. Joies et peines de la piété chrétienne. — 12. On ne se détache pas sans douleur. — 13. Passé et avenir. — 14-15. Vie des hommes et vie des saints. — 16. Bonne et fausse crainte.. 257

CHAPITRE XXI

L'œuvre de Jésus dans le don et l'accroissement des vertus chrétiennes.

§ 1. La foi. — § 2. L'espérance et la charité. — § 3. La prière et les œuvres. — § 4. Défense de la vérité. — § 5. Amour de la paix. — § 6. Amour de la pauvreté et de la souffrance..... 267

CHAPITRE XXII

L'Œuvre de Jésus dans le triomphe de la grâce sur le péché. Sur la conversion du pécheur........................... 280

CHAPITRE XXIII

L'œuvre de Jésus dans le triomphe de la grâce sur la douleur et la mort.

Lettre de Blaise Pascal à M. Périer, son beau-frère, et à Mme Périer, sa sœur, au sujet de la mort de M. Etienne Pascal, leur frère... 285

CHAPITRE XXIV

L'œuvre de Jésus perpétuellement continuée en dépit des schismes et des hérésies, dans l'Eglise et dans la Papauté.

1. Un Vaisseau battu par l'orage. — 2-3. Fondements surnaturels et Saint-Esprit. — 4-5. Esclaves, libres, deux lois. — 6-7. Dieu et l'Eglise : l'intérieur et l'extérieur. — 8. Unité, multitude, le Pape. — 9-11. Sûreté : Pape infaillible et chef premier. — 12. L'Eglise et le Pape. — 13. L'Eglise et Dieu. — 14. Guide de la raison et règles de Jésus-Christ. — 15. Des ennemis de l'Eglise. — 16. Bel état.-- 17. L'hérésie et le sens universel. — 18. L'Eglise combattue par les erreurs contraires. — 19. Bonnes œuvres hors la communion du Pape........................ 300

TABLE DES MATIÈRES

CHAPITRE XXV
Valeur philosophique des preuves surnaturelles du Christianisme.

1. Il y en a de vrais, parce qu'il y en a de faux. — 2-3. Discerner doctrine et miracles. — 4-6. Résurrection, Virginité, Eucharistie. — 7. Miracles et manque de charité. — 8. Devoir réciproque entre Dieu et les hommes. — 9-10. Eviter et induire en erreur. — 11. Impossibilité de miracles en faveur de l'erreur. — 12-14. Les miracles discernent aux choses douteuses et contestées. — 15. Miracles de Jésus-Christ. — 16-17. Miracles de l'Antéchrist... — 18. Miracles de schismatiques et d'hérétiques. — 19. Force des miracles. — 20-22. L'Eglise, les miracles, et l'excitation de la charité. — 23. Les miracles nécessaires. — 24-26. Les miracles inutiles. — 27. La foi sans les œuvres............ 307

CHAPITRE XXVI
Marques de la véritable Religion réunies dans la seule Religion chrétienne.

I. Comme la nature de l'homme. — Devoirs et remèdes. — Christianisme étrange. — Le péché originel.
II. Oblige et apprend à aimer Dieu. — Se haïr. — Remèdes souhaitables.
III. Proportionnée à tous. — Admiration de Jésus-Christ. — Dieu caché. — Centre de toutes choses. — Christianisme et déisme. — Le mystère du Rédempteur.
IV. Toujours subsisté. — Nulle autre toujours sur terre. — Cela est divin ! — Conservé dans une Eglise visible.
§ I. *Première marque* : La religion chrétienne explique seule la nature de l'homme, ses contrariétés et sa corruption...... 318
§ II. *Deuxième marque* : Elle apprend à aimer Dieu jusqu'au sacrifice de soi-même....................... 321
§ III. *Troisième marque* : Sa parfaite convenance à la nature de l'homme et de Dieu........................ 322
§ IV. *Quatrième marque* : Sa perpétuité et son universalité 325

CHAPITRE XXVII
Synthèse des preuves du christianisme. — Conclusion.

1. Marche à suivre. — 2. L'héritier trouvant ses titres. — 3. Indication des preuves. — 4. Les preuves ramassées ensemble. 329

RÉSUMÉ DE L'APOLOGIE
Entretien de Pascal avec M. de Saci sur Epictète et Montaigne.

Représentants de deux doctrines. — L'une exagérant la grandeur, l'autre la misère de l'homme. — Egale impuissance des deux doctrines. — Solution du problème fournie par la Révélation seule................................ 333

TABLE DES MATIÈRES

OPUSCULES RELIGIEUX

I
Comparaison des Chrétiens des premiers temps avec ceux d'aujourd'hui..................................... 350

II
Trois discours sur la condition des Grands............ 355

III
Prière pour demander à Dieu le bon usage des maladies. 363

OPUSCULES PHILOSOPHIQUES

I
De l'autorité en matière de philosophie................ 374

II
De l'esprit géométrique............................... 383
Section I. — De la méthode des démonstrations géométriques, c'est-à-dire méthodiques et parfaites.............. 384

III
De l'art de persuader................................ 403

PENSÉES DIVERSES

I
Pensées sur l'Esprit de géométrie et l'Esprit de finesse.. 417

II
Pensées et mélanges philosophiques................... 421

III
Pensées morales..................................... 436

IV
Pensées littéraires................................... 451
1° Du beau littéraire et du style....................... 451
2° De l'éloquence.................................... 455
3° De la critique des ouvrages........................ 457

V
Notes et réflexions fragmentaires.................... 460

* *

Qu'il y a des certitudes d'un autre ordre et aussi complètes que celles de la géométrie............................ 489

FIN

Reliure serrée

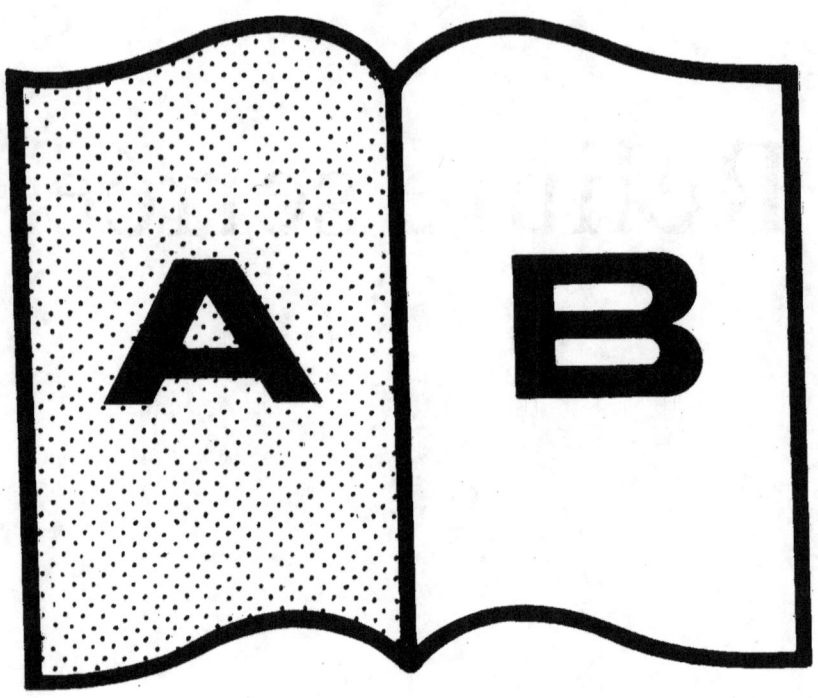

Contraste insuffisant

NF Z 43-120-14

www.ingramcontent.com/pod-product-compliance
Lightning Source LLC
Chambersburg PA
CBHW061951300426
44117CB00010B/1298